Lern- und Arbeitsbuch Umweltpolitik

W0065572

Martin Jänicke
Philip Kunig
Michael Stitzel

Lern- und Arbeitsbuch
Umweltpolitik

Politik, Recht und Management
des Umweltschutzes
in Staat und Unternehmen

Bibliogafische Information Der Deutschen Bibliothek

Die Deutsche Bibliothek verzeichnet diese Publikation in der Deutschen Nationalbibliografie;
detaillierte bibliografische Daten sind im Internet über http://dnb.ddb.de abrufbar.

ISBN 3-8012-0319-0

2., aktualisierte Auflage 2003

Copyright © 2003 by
Verlag J.H.W. Dietz Nachf. GmbH
Dreizehnmorgenweg 24, 53175 Bonn
Umschlaggestaltung: Groothuis & Consorten, Hamburg
Titelfoto: Krienke/Bavaria Bildagentur

Gesamtherstellung unter Einhaltung der Umweltrichtlinien:
Ebner & Spiegel, Ulm
zertifiziert nach den EU Öko-Auditverordnung 1836/93/EWG

Alle Rechte vorbehalten
Printed in Germany 2003

Inhalt

Teil III Umweltrecht

Anhang

Vorbemerkung

Die drei Autoren des Lern- und Arbeitsbuches Umweltpolitik sind Wissenschaftler verschiedener Disziplinen. Die Politik-, die Rechts- und die Wirtschaftswissenschaft betrachten das Umweltthema aus unterschiedlichen Blickwinkeln (die sogleich in Teil I erläutert werden). Der Politologe, der Jurist und der Ökonom haben nicht nur je eigene Methoden und Erfahrungen, sondern auch eine von diesen Erfahrungen geprägte Wahrnehmung der Fragestellungen und der Gegenstände der jeweils anderen Disziplinen. Daraus können sich gelegentlich Kommunikationsschwierigkeiten ergeben, viel häufiger aber ergeben sich interessante Anregungen. Das ist den Beteiligten bei der Arbeit *an* dem Buch erneut deutlich geworden und wird *in* ihm gelegentlich vermerkt. Bei der Arbeit *mit* dem Buch wird es, so hoffen wir, erkenntnisfördernd sein.

Jeder Autor hat das „sein" Fach betreffende Kapitel verfasst und verantwortet es; doch sind jeweils viele Anregungen der anderen Autoren eingegangen. Soweit Wertungen zum Ausdruck kommen, sind sie solche des jeweiligen Autors.

Für redaktionelle Mitarbeit und Anregungen danken die Autoren Dr. Kirsten Jörgensen, Dipl.-Pol. Claudia Koll, Assessor jur. Ulf Marzik und cand. rer. pol. Steffen Hermann. Herr Marzik hat auch die Abbildungen in Kapitel III entworfen; Herr Hermann hat viele Koordinationsleistungen zwischen den drei Autoren erbracht.

Berlin, im April 1999

Bei der Erarbeitung der 2. Auflage haben wir wertvolle Unterstützung errfahren vor allem durch Assessor jur. Ulf Marzik (Studiengang Öffentliches und betriebliches Umweltmanagement) sowie durch Jens Nusser, Holger Pillau, Jana Gebauer, Daniel Argyropoulos.
Wir sagen vielmals Dank.

Berlin, im Frühjahr 2003

Martin Jänicke   *Philip Kunig*   *Michael Stitzel*

11

Teil I
Einleitung

1. Umweltschutz im Spannungsfeld von Umweltpolitik, Umweltrecht und Unternehmensmanagement

Dieses Lern- und Arbeitsbuch will aufzeigen, auf welche Weise, in welchem Ausmaß, aber auch unter welchen Schwierigkeiten durch das Zusammenwirken von staatlicher Umweltpolitik, Umweltrecht sowie dem Umweltmanagement der Unternehmen wirksamer Umweltschutz realisiert werden kann. Umweltschutz verstehen wir als Identifizierung und Handhabung industriegesellschaftlicher Umweltprobleme. Unter Umweltpolitik wird die Summe der öffentlichen Maßnahmen verstanden, die die Beseitigung, Reduzierung oder Vermeidung von Umweltbelastungen zum Ziel hat. Umweltrecht ist ein Sammelbegriff für alle Rechtsvorschriften, die innerstaatlich und international den normativen Rahmen für die Bewältigung der Umweltprobleme darstellen. Unternehmerisches Umweltmanagement bezeichnet das Bemühen von Unternehmen, bei der Verfolgung ihrer primären ökonomischen Interessen die Umwelt möglichst wenig zu beeinträchtigen.

Nach der in diesem Buch vertretenen Auffassung ist eine wichtige Voraussetzung für die Bewahrung der natürlichen Umwelt, speziell im Sinn von generationenübergreifender Nachhaltigkeit, eine effiziente wechselseitige Abstimmung von Umweltpolitik, Umweltrecht sowie den Umweltaktivitäten der Unternehmen. Dieser Ansatz erfordert Zusammenarbeit der jeweils zuständigen Wissenschaften, also der Politologie, der Rechtswissenschaft sowie der Betriebswirtschaftslehre. In dieser Ausrichtung liegt das Neue dieses Buches: Die vorliegenden Lehrbücher und Monographien zur Umweltpolitik, zum Umweltrecht und zum unternehmerischen Umweltmanagement konzentrieren sich zumeist auf ihre jeweilige fachliche Zuordnung, sie nehmen auf die anderen Bereiche kaum Bezug, und sie sind wegen ihres hohen Spezialisierungsgrades sowie auch schon wegen ihrer Fachterminologie den anderen wissenschaftlichen Disziplinen und vielmehr noch den Praktikern in Politik und Unternehmen nur schwer zugänglich. Um dem nur teilweise in den drei Wissenschaften kundigen Leser das Verständnis zu erleichtern, befindet sich am Ende dieses Buches ein ausführliches Glossar, in dem die relevanten Begriffe allgemeinverständlich erläutert sind.

Ein weiteres Charakteristikum dieses Buches ist seine Orientierung an dem in der Betriebswirtschaftslehre, mehr noch in Unternehmen gängigen Begriff des Managements. Management bezeichnet eine Menge von Techniken, mit deren Hilfe komplexe soziale Systeme, also z.B. Staaten oder Unternehmen, effizient im Hinblick auf die Erreichung ihrer Ziele gesteuert werden können. Die Erhaltung der natürlichen Umwelt ist auch eine derartige Managementaufgabe; allein mit Anordnungen oder reaktivem, vorschriftenorientiertem Verwaltungshandeln können die Umweltprobleme moderner Industriegesellschaften im Spannungsfeld von Politik, Recht und Unternehmen nicht gelöst werden. In diesem Sinne hat sich der Managementbegriff in der umweltpolitischen Fachsprache international zunehmend durchgesetzt und ist auch Teil der Rechtssprache geworden, z.B. in niederländischen und neuseeländischen Umweltgesetzen, und europaweit z.B. in den Bestimmungen zum Öko-Audit. Zunehmend werden im Verwaltungsbereich, und damit auch in den Umweltbehörden, Techniken des „New Public Management", die aus dem unternehmerischen Management abgeleitet sind, angewendet.

Staatliches und unternehmerisches Umweltmanagement ist dann effizient, wenn es gelingt, eindeutig formulierte Umweltziele innerhalb des vorgegebenen Zeitrahmens unter möglichst sparsamem Mitteleinsatz (z.B. Geld, Anwendung von Zwang) zu erreichen oder mit vorhandenen Mitteln möglichst viel Nutzen für die Umwelt zu realisieren; Umweltmanagement bedeutet also immer Optimierung von Mittel-Zweck-Relationen im Hinblick auf die Bewahrung der natürlichen Umwelt. Das Ziel des Umweltschutzes ist dabei ganzheitlich zu verstehen: Die Umwelt soll als Gesamtheit der natürlichen Lebensgrundlage im Sinne der Staatszielbestimmung des Art 20 a GG *(s. III 1.1)* geschützt werden. Konkrete umweltschützende Maßnahmen setzen zwar an bestimmten Umweltmedien an, also an der Reinhaltung der Luft oder der Bewahrung des Bodens, oder sie betreffen einzelne gefährliche Stoffe wie z.B. Chemikalien oder Abfälle. Ein effizientes Umweltmanagement im Sinn dieses Buches versucht jedoch die Einzelaktivitäten von Staat und Unternehmen so zusammenzufassen, dass sie in ihrer Gesamtheit ein Umweltoptimum ergeben.

2. Die Politik-Analyse im Konzert der Umweltwissenschaften

Umweltpolitik hat sich Anfang der siebziger Jahre in den Industrieländern als neues Politikfeld (Ressort) etabliert, nicht zuletzt als Reaktion auf massive Umweltprobleme, die das umweltintensive industrielle Produktionsmuster und das hohe Wachstumstempo der Nachkriegszeit hervorgebracht haben. Zwar hat in den alten Industrieländern der Schutz vor Umweltbelastungen in Teilbereichen eine längere, bis in das vergangene Jahrhundert zurückreichende Tradition. Aber Umweltpolitik als eigenständiges Ressort ist ein Novum, das in den Industrieländern erst im Laufe der siebziger Jahre institutionelle Gestalt annahm und sich seitdem ständig weiterentwickelt und ausdifferenziert hat.

Für dieses neue Politikfeld sind unterschiedliche Wissenschaften zuständig. Während die Naturwissenschaften mit ihren Ermittlungen über Tatsachenbefunde, Kausalzusammenhänge und Entwicklungsprognosen wesentliche Voraussetzungen der Problembearbeitung schaffen, haben andere Disziplinen es mit den gesellschaftlichen Mechanismen zu tun, die die Umweltprobleme verursachen. Hier geht es um sozialwissenschaftliche Aspekte einer Umsteuerung von Interessen-, Macht- und Bewusstseinslagen. Ziel dieser Umsteuerung sind Verhaltensänderungen von Akteuren in den privatwirtschaftlichen und öffentlichen Bereichen, die Umweltprobleme verursachen. Dabei kommt der Politikwissenschaft, hier speziell in der Variante der Policy-Analyse, aber auch des New Public Management, eine besondere Bedeutung zu. Was ist deren spezifischer Beitrag im Konzert der Umweltwissenschaften?

In der öffentlichen Umweltdebatte werden üblicherweise Probleme benannt und umstandslos an den Staat adressiert. Umweltbelastungen sollen reduziert, Problemlösungen umgesetzt werden. Dass dies oft – selbst bei hoch plausiblen Vorschlägen – nicht oder nur sehr unzulänglich geschieht, ist hinlänglich bekannt. Aber dieses Bewusstsein begnügt sich allzu oft mit Erklärungen, die aus der Sicht der professionellen Politikanalyse als naiv gelten müssen, weil sie die komplizierte Funktionsweise von Staat und Politik ignorieren. So wird die Moral „der Politiker" bemüht, oder es werden eine bestimmte Partei oder „die Industrie" verantwortlich gemacht. Andere sehen den Bürger selbst, sein „falsches" Bewusstsein oder Wahlverhalten als entscheidendes Problem an. Es gibt auch Umweltwissenschaftler, die den Staat in Modellrechnungen so behandeln, als wäre er ein einfach zu bedienender Apparat, ein trivialer Mechanismus, bei dem es nur auf die richtige („rationale") Eingabe ankommt.

Die moderne Politik-Analyse zeigt, dass der Staat dies nicht ist. Sie zeigt auch, dass die in der Öffentlichkeit sichtbaren Parteien und „Politiker" in aller Regel einen geringeren Anteil am Ergebnis von Politik haben, als dies allgemein vermutet wird. Die Politik-Analyse macht deutlich, dass die Fachverwaltungen und die Einfluss- und Entscheidungsstrukturen im Vorfeld der parlamentarischen Institutionen eine ungleich größere Bedeutung haben. Sie zeigt, dass Politik – und speziell die Umweltpolitik – in einem hoch dynamischen und komplexen Interaktionsgefüge von Einflussfaktoren entsteht und umgesetzt wird.

Es lohnt sich also, Umweltpolitik im Lichte der Politik-Analyse zu betrachten. In der Politik- bzw. Policy-Analyse geht es um: die politischen Akteure, ihre Motive, Interessen und Machtressourcen (wer?), ihre politischen Ziele und die ihnen zugrunde liegenden Probleme (was?), die Mittel und Strategien der Zielverwirklichung (wie?), die Wirkungen und Folgen politischer Maßnahmen (wozu?), und die Handlungsbedingungen, unter denen Akteure Wirkungen erzielen (warum?).

Vorrangige Umweltthemen aus der Sicht der Policy-Analyse sind:

- die Analyse und Bewertung (Evaluation) des gesamten Politikprozesses (policy cycle) von der Thematisierung eines Umweltproblems (agenda setting), über die Stadien der Willensbildung, den Verwaltungsvollzug bis hin zur Wirkung umweltpolitischer Maßnahmen;
- die Akteure, die staatlichen und gesellschaftlichen Träger von Umweltbelangen, ihre Kontrahenten, ihre Konstellationen, Netzwerke, Interessenlagen und Machtressourcen;
- die umweltpolitischen Instrumente und Strategien;
- die politischen, ökonomischen, gesellschaftlichen und informationellen Handlungsbedingungen und die Chancen oder Hemmnisse, die sie umweltpolitischen Akteuren bieten;
- die politische – im Gegensatz zur ökologischen – Dimension von Umweltproblemen: ihre Politisierbarkeit, das unterschiedliche politische Gewicht von Verursachern und Betroffenen und der Schwierigkeitsgrad der Problemlösung;
- die internationale Dimension von Umweltpolitik im Zeichen der Globalisierung, die internationalen Institutionen und Vereinbarungen des

Umweltschutzes, die internationale Ausbreitung (Diffusion) umweltpolitischer Neuerungen und deren Bedeutung für den Weltmarkt.

Zu den Aspekten der in anderen Disziplinen thematisierten ökologischen Notwendigkeit, technischen Machbarkeit und Wirtschaftlichkeit von umweltpolitischen Maßnahmen tritt hier vor allem der Aspekt der politischen Umsetzbarkeit.

Im Politikteil dieses Buches *(Teil II)* sollen – nach einem Überblick über die Umweltpolitik der Bundesrepublik *(II 1)* – die wichtigsten Charakteristika und Grundbegriffe der Politikanalyse, insbesondere das angelsächsische Begriffsarsenal von public policy und new public management vorgestellt werden *(II 2)*. In *Kapitel II 3* werden die wichtigsten Einflussfaktoren der Umweltpolitik im Modell dargestellt. Dies führt in *Kapitel II 4* zur Frage der umweltpolitischen Steuerung. Moderne Umweltpolitik ergänzt die Steuerung über allgemeine, rechtsförmige Regeln und Instrumente durch politisches Management im Sinne der flexiblen, kontrollierten Umsetzung konkreter Zielvorgaben und strategischer Ansätze einer zielorientierten kooperativen Umweltplanung. Dem entspricht auch der Übergang von nachsorgenden Vorgehensweisen der Umweltpolitik (sogenannte end-of-pipe treatment) hin zur innovationsorientierten Strategie der „ökologischen Modernisierung" und zu weitergehenden strukturellen Lösungen im Sinne der nachhaltigen Entwicklung *(Kap. II 5)*. In diesem Zusammenhang werden fortgeschrittene empirische Handlungsstrategien – best practice – aus entwickelten Industrieländern vorgestellt, mit denen Möglichkeiten weitergehender Umweltschutzmaßnahmen verdeutlicht werden. Abschließend wird dem Leser der globale Kontext der nationalstaatlichen Umweltpolitik vorgestellt *(Kap. II 6)*. Die Globalisierung bietet keineswegs nur Hemmnisse, sondern auch Chancen für eine proaktive, innovationsorientierte Umweltpolitik, bei der nicht nur Unternehmen, sondern auch Nationalstaaten Pionierverhalten an den Tag legen.

Durchgängig wird der Zusammenhang von Staat und Unternehmen verfolgt. Staaten, die den Handlungsbedingungen von Unternehmen nicht gerecht werden, handeln in der Umweltpolitik ähnlich suboptimal wie Unternehmen, die die Erfordernisse des Umweltschutzes ignorieren oder sich ihnen gar widersetzen.

Lernziel ist insgesamt ein realistisches Politikverständnis, das der Komplexität von Politikprozessen Rechnung trägt. Insbesondere Praktiker des Umweltschutzes sollen in die Lage versetzt werden, dem Schwierigkeitsgrad dieser Art von Politik, aber auch ihrer Chancenstruktur im Interesse optimaler Handlungsstrategien Rechnung zu tragen.

3. Das Umweltrecht: Grenze und Instrument von Umweltpolitik und betrieblichem Umweltmanagement

Recht begrenzt und legitimiert menschliches Handeln. Recht erwächst aus politischen Prozessen, kanalisiert diese aber auch und stellt Anforderungen an die Ergebnisse politischer Entscheidungen. Das Recht zieht den Rahmen für staatlich gestaltete Umweltpolitik und ist ein Mittel, mit dem sie auf Unternehmen einwirkt. Es verschafft den Unternehmen aber auch Abwehrpositionen gegenüber solchen Einwirkungen. Und es gibt im übrigen den von umweltbelastendem Geschehen betroffenen Bürgern Chancen zur Verfolgung von Umweltbewahrungsinteressen.

Umweltrecht ist also Hemmschuh und Gestaltungschance gleichermaßen. Das gilt für die nationale ebenso wie für die internationale Umweltpolitik. Mit der Herausbildung dieser Politikfelder in den 70er Jahren entstand das Umweltrecht als ein gegenüber anderen Teilgebieten des Rechts gemeinsame Züge aufweisender Bereich, allerdings eine „Querschnittsmaterie" insoweit, als das Thema des Umweltschutzes Rechtsnormen betrifft, die auf verschiedenen Ebenen der Rechtsetzung (Bund, Länder, Kommunen, Europäische Gemeinschaft, universelle Staatengemeinschaft) entstehen, und als verschiedene Akteure für die Sicherstellung ihrer Einhaltung zuständig sind. Querschnittsmaterie ist das Umweltrecht auch insofern, als es Rechtsbeziehungen zwischen dem Staat und privaten Akteuren betrifft, darüber hinaus aber auch die Rechtsverhältnisse jener privaten Akteure untereinander. In diesem Sinne „privat" sind aus der Sicht des Rechts sowohl die Unternehmen wie jeder einzelne Bürger.

Das Umweltrecht und wohl die Rechtsordnung insgesamt gelten als in hohem Maße komplex, schwer überschaubar, manchmal widersprüchlich. In der öffentlichen Wahrnehmung werden umweltpolitische Misserfolge nicht selten dem Zustand des Umweltrechts zugeschrieben. Recht erscheint den mit ihm nicht Vertrauten auch angesichts seiner Vielfalt, seiner sprachlichen Eigenart und vor allem wegen des Umstandes, dass der Einzelne es als Hemmnis gerade für seine individuelle Interessenverfolgung erlebt, als Last. Mit Recht werden Zwang und Strafe assoziiert. Das trübt den Blick dafür, dass Recht unerlässlich ist, um die Entfaltungschancen aller und die menschliche Freiheit dadurch zu wahren, dass es die Vielzahl unterschiedlicher individueller Interessen kanalisiert und zum Ausgleich bringt. Im Umweltrecht geht es wesentlich darum, das Interesse an der Erhaltung einer lebenswerten Umwelt, das -- anders als etwa ein Interesse an der Erlangung finanzieller Ressourcen – nicht natürlicherweise individuell verwurzelt ist, durchzusetzen.

Wenn Recht auch Umweltrecht ist, ist Rechtswissenschaft auch Umweltwissenschaft. Was aber ist das Erkenntnisinteresse von Rechtswissenschaft? Ihr geht es im Ausgangspunkt um die Erkenntnis des geltenden Rechts, nicht die Bewertung seiner Qualität oder die Suche nach seiner Verbesserung. Darin unterscheidet sie sich deutlich von Umweltpolitik und Umweltmanagement. Rechtswissenschaft ist eine Normwissenschaft, die ermitteln möchte, welche Folgerungen sich in rechtlicher Hinsicht aus dem Tun oder Unterlassen staatlicher oder gesellschaftlicher Akteure ergeben. Den Maßstab dafür bildet das geltende Recht, nicht denkbares oder künftiges Recht. Die Rechtswissenschaft nimmt demzufolge traditionell die Perspektive des Richters ein. Sie orientiert ihr Handeln allerdings, anders als das richterliche Handeln, nicht auf einen Einzelfall, sondern beantwortet Rechtsfragen abstrakt. Sie hat dazu verschiedene Methoden zur Erkenntnis des Inhalts und Anspruchs von Rechtstexten entwickelt, wobei das Bemühen um eine Interpretation des Rechts im Sinne seiner Widerspruchsfreiheit eine wichtige Rolle spielt.

Dieser Ansatz begrenzt den von der Rechtswissenschaft als Umweltwissenschaft zu erwartenden Ertrag für die Förderung von Umweltinteressen von vornherein. Denn die Rechtswissenschaft kann nur ermitteln, in welchem Ausmaß das vorhandene Recht geeignet ist, Umweltinteressen zu schützen. Sie kann die Potenziale des geltenden Rechts aufdecken. Fragestellungen wie diejenige nach (für Umweltinteressen) „optimalem" Recht, nach der Steuerungsleistung verschiedener rechtlicher Instrumente und nach Stärken und Schwächen bestimmter rechtlich geordneter Verfahren verweist die Rechtswissenschaft zunächst entweder an Sozialwissenschaften, also z.B. die Politologie oder die Umweltökonomie, oder überlässt sie „Zwischenbereichen" wie dem Fach der Rechtssoziologie (die als Umweltrechtssoziologie allerdings jedenfalls in Deutschland bisher eher wenig ausgebildet ist). Die Sozialwissenschaften indessen resignieren oft vor dem als komplex empfundenen Recht und erklären sich für unzuständig, nach der Leistung von Recht zu fragen.

Diese Ausgangslage wird hier nicht mitgeteilt, um womöglich den Anspruch zu formulieren, im (juristischen) *Teil III* dieses Buches über die traditionelle Begrenztheit der Umweltrechtswissenschaft hinaus zu gelangen. Wichtig erscheint ein solcher Hinweis aber deshalb, weil der nicht juristisch vorgebildete Leser, beschäftigt er sich mit den in *Teil III* gegebenen Literaturhinweisen auf juristisches Schrifttum, häufig bemerken wird (und anders als im politikwissenschaftlichen und im ökonomischen Schrifttum), dass dort erörtert wird, „was gilt" – und weniger, was gelten könnte oder sollte.

Festzuhalten ist ferner, dass die Rechtswissenschaft, ungeachtet ihres geschilderten Ausgangspunktes, nicht stehengeblieben ist bei der Erkenntnis geltenden Rechts. Das gilt auch und gerade für ihre Beschäftigung mit dem Umweltrecht. Ohne in wissenschaftstheoretische Überlegungen zu verfallen, kann gesagt werden: Das Nachdenken über einen optimalen Einsatz des Instruments Recht für die Förderung von Umweltinteressen und die Herstellung des notwendigen Ausgleichs mit anderweitigen Interessen muss jedenfalls immer vom rechtlichen Istzustand seinen Ausgangspunkt nehmen. Nur derjenige, der beurteilen kann, wie sich die Ausgangslage darstellt, kann seriös Defizite diagnostizieren, Alternativen und deren Wirkung und Innovationsfähigkeit erwägen und sich fragen, welche – wiederum rechtlich determinierten – Wege offenstehen, gewünschtes Recht zu geltendem Recht zu machen. Diese Wege wiederum sind solche der Umweltpolitik.

Der umweltrechtliche Abschnitt dieses Buches geht wie folgt vor. Er erörtert zunächst, in welcher Weise die Umwelt ein Thema des Rechts geworden ist, erklärt die Unterschiede zwischen dem Faktor Recht innerhalb eines Staates und im Verhältnis zwischen den Staaten und bestimmt sodann den Begriff des Umweltrechts systematisch. *Kapitel III 2* beschäftigt sich mit dem für die Praxis wichtigsten Teilgebiet des Umweltrechts, demjenigen der Umweltverwaltung. Hier geht es um das Verhältnis der mit dem Umweltschutz befassten Behörden zu den Bürgern und den Unternehmen. Es wird gezeigt, aus welchen verschiedenen Quellen Umweltrechtsnormen gespeist sind, und in welchem Verhältnis zueinander sie sich befinden, welchen Grundprinzipien sie folgen, welche Umweltschutzanliegen sie fördern möchten. In *Kap. III 3* werden die Instrumente der umweltrechtlichen Gestaltung vorgestellt, ehe in *Kap. III 4* die besonders wichtigen Bereiche des Immissionsschutzes, des Umgangs mit Abfällen (und ihrer Vermeidung) sowie der Schutz von Natur und Landschaft exemplarisch zur Sprache kommen.

Kapitel III 5 behandelt das Völkerrecht als Rahmen internationaler Umweltpolitik, auch hier schließlich mit drei Hauptbeispielen, dem Klimaschutz, der Erhaltung natürlicher Vielfalt und der Reinhaltung der Meere. In einer abschließenden Bilanz werden Chancen und Grenzen des Rechts im Management der Umwelt – auf der Suche nach *Umweltgerechtigkeit* – markiert.

Auch *Teil III* dieses Buches richtet sich nicht an spezifisch vorgebildete Leser. Vielmehr soll der eingangs angedeuteten Irritation vor dem Umweltrecht entgegengewirkt werden. Es geht darum, eine Orientierung in der Normenvielfalt zu vermitteln, auf Wandel, Entwicklungslinien und Perspektiven aufmerksam zu machen und zu verdeutlichen, in welcher Weise das Recht die Prozesse der Umweltpolitik in Staat und Unternehmen mitbestimmt.

4. Betriebswirtschaftliche Umweltwissenschaft: Das Umweltmanagement des Unternehmens

Im Spannungsfeld der Umweltpolitik nehmen die Unternehmen – zumindest auf den ersten Blick – die Rolle der Verursacher von Umweltbeeinträchtigungen ein: Sie sind also Adressaten von Umweltpolitik und Umweltrecht mit der deutlichen, teils auch sanktionsgestützten Aufforderung, diese Umweltbeeinträchtigungen zu vermindern oder zu unterlassen.

Wie kommt es zu dieser Konstellation, in der die Unternehmen den Negativaspekt der Umweltpolitik besetzen? Unternehmen sind diejenigen Institutionen, die in Marktwirtschaften in eigener Entscheidung und auf eigenes Risiko Güter sowie Dienste herstellen und auf Märkten anbieten. Im Zusammenhang damit schaffen sie Arbeitsplätze und Einkommen, sie zahlen Steuern und realisieren technischen Fortschritt – all dies gesellschaftlich erwünschte Wirkungen. Triebfeder des Handelns von Unternehmen ist der Eigennutz, wichtigstes Mittel, diesen Eigennutz zu verwirklichen, ist die Erzielung von Gewinn, verstanden als Differenz zwischen Erträgen und Kosten.[1]

Die negative Kehrseite der Tätigkeit von Unternehmen besteht darin, dass sie als (ungewollte!) Nebenwirkung ihrer Aktivitäten der natürlichen Umwelt in vielfältiger Weise Schaden zufügen, z.B. indem sie ökologisch knappe Ressourcen verbrauchen und Emissionen an die Umweltmedien abgeben. Die unternehmensverursachte Beeinträchtigung erfolgt direkt, vor allem im Rahmen der Produktion, aber auch indirekt, im Rahmen der Nutzung und Entsorgung der von den Unternehmen hergestellten Produkte. Hintergrund und Ursache der Umweltbeeinträchtigungen ist die ökonomische Rationalität, an der sich die Unternehmen existenznotwendig orientieren müssen, also das Streben nach Senkung bzw. Vermeidung von Kosten und nach Erhöhung von Erträgen, insgesamt damit nach Gewinnerzielung.

Die Rolle, die Unternehmen in der umweltpolitischen Auseinandersetzung oft zugewiesen wird, ist nicht schmeichelhaft (was zumindest partieller Korrektur bedarf): Einerseits werden sie häufig als „Verschmutzer" gebrandmarkt, eine Kennzeichnung, die ihnen in der Regel nicht gegebene Böswilligkeit unterstellt und dadurch ein positives Klima verhindert, das für eine erfolgreiche und konsensorientierte Umweltpolitik erforderlich wäre. Zum anderen wird behauptet, die Unternehmen bzw., allgemeiner und unschärfer, „die Wirtschaft" dominierten auf Grund ihrer Machtpotenziale den Staat und damit das Gemeinwohl. Im Hinblick auf Umweltpolitik geht die überwiegende Meinung dahin, dass es der Wirtschaft zum Schaden der Umwelt gelinge, Verschärfungen des Umweltrechts zu verhindern oder zumindest zu verwässern.

Unternehmen werden in der Umweltpolitik als nachgelagert gesehen, sie sind Adressaten von Vorschriften bzw. Anreizen und Sanktionen, die sie zu umweltverträglichem Verhalten bringen sollen und an die sie sich halten (oder auch nicht). Eine eigenständige und aktive Rolle von Unternehmen im Kräftefeld Politik – Recht – Unternehmen wird im Rahmen der Umweltpolitik kaum diskutiert. Auch die für Unternehmen zuständige Wissen-

---

1 In diesem überwiegend für Nichtökonomen geschriebenen Buch werden betriebswirtschaftliche Tatbestände vielfach in ihrer umgangssprachlichen Terminologie, nicht in der exakt betriebswirtschaftlichen Formulierung wiedergegeben. Obige Aussage müsste exakt betriebswirtschaftlich heißen: Bilanzgewinn = Erträge minus Aufwendungen.

schaft, die Betriebswirtschaftslehre, versteht Politik und Recht ganz überwiegend als nicht weiter zu hinterfragende Rahmenbedingungen unternehmerischen Handelns. Die denkbare Rolle als Politikberaterin in Fragen der Gestaltung von Umweltpolitik und Umweltrecht beansprucht die Betriebswirtschaftslehre nur selten. Umweltrecht als faktisch zentraler Begrenzungsfaktor des Umwelthandelns des Unternehmens wird, wenn überhaupt, nur knapp und fallweise aufgegriffen, nirgendwo jedoch systematisch in die Lehre vom unternehmerischen Umweltmanagement integriert. Zusammenfassend kann also kritisch festgestellt werden, dass die Lehre vom Umweltmanagement die Bedeutung von Umweltpolitik und Umweltrecht zu wenig berücksichtigt.

Wie steht es nun um die Struktur und Schlüssigkeit der Wissenschaft vom unternehmerischen Umweltmanagement?[2]

Betriebswirtschaftliche Forscher, die sich mit Umweltmanagement auseinandersetzen, tun das in der Regel mit der Absicht, einen Beitrag zur Erhaltung der Umwelt zu leisten. Andererseits ist die Betriebswirtschaftslehre von ihrem ursprünglichen Selbstverständnis Sachverwalterin der Interessen von Unternehmen, d.h. sie hat die Funktion, Hilfestellung für den Erfolg von Unternehmen zu geben – so zumindest das vorherrschende anwendungsbezogene betriebswirtschaftliche Wissenschaftsverständnis. Welche Position bezieht die Betriebswirtschaftslehre, wenn die Erfolgsbedingungen von Unternehmen und die Erfordernisse des Schutzes der Umwelt einander behindern bzw. ausschließen? Was empfiehlt sie, wenn z.B. die Vermeidung schädigender Emission die Veränderungen von Produktionsstrukturen erfordert und damit wichtige ökonomische Aspekte (z.B. Kostenwirtschaftlichkeit, im Extremfall Liquidität) beeinträchtigt werden? Leider treten derartige Konstellationen nicht selten auf.

Ein Ausweg für diese Dilemmasituation liegt in der Definition dessen, was unter „Erfolg des Unternehmens" zu verstehen ist.

Die klassische Sichtweise von Erfolg ist die Realisierung von möglichst hohem individuellem Nutzen, konkret von Gewinnmaximierung. Das in

---

2 Mit Umweltfragen beschäftigt sich in den Wirtschaftswissenschaften neben der hier vertretenen betriebswirtschaftlichen Lehre vom Umweltmanagement auch die volkswirtschaftlich orientierte Umweltökonomik. Dem in der Umweltökonomik überwiegend vertretenen stark mathematisch formalisierten und auf rigiden Verhaltensprämissen aufbauenden Ansatz (als Beispiel Weimann 1991) wird in diesem Buch nicht gefolgt, weil er für eine praxisnahe Erklärung des Umwelthandelns von Unternehmen als weniger geeignet angesehen wird als der Ansatz der management-orientierten Betriebswirtschaftslehre.

dieser Sicht erfolgreiche Unternehmen nützt jede Chance, um kurzfristigen Profit zu machen, ohne Rücksicht auf Nachteile, die anderen und damit auch der Umwelt zugefügt werden und auch ohne Rücksicht auf Fern- und Spätfolgen. Natur degeneriert dann zu einem beliebig ausbeutbaren Produktionsfaktor bzw. zum beliebig nutzbaren Immissionsmedium, solange dem rechtliche und sanktionsfähige Restriktionen nicht entgegenstehen.

Ein derartiges Unternehmenshandeln führt zu einer klaren Frontstellung innerhalb der Umweltpolitik. Sachverwalter der Umwelt ist der mit Machtmitteln ausgestattete Staat, der widerspenstige umweltschädigende Unternehmen mit Zuckerbrot (Anreize zu umweltverträglichem Verhalten aus Eigennutz, z.B. durch Subventionen) oder Peitsche (Abgaben oder Strafandrohung) davon abzuhalten versucht, die Umwelt zu beeinträchtigen. In diesem Buch wird dagegen die Auffassung vertreten, dass ein solch instrumentell und hoheitliches Verständnis von Umweltpolitik häufig nicht geeignet ist, hohe Umweltqualität sicherzustellen, weil es der Realität des politischen Prozesses nicht gerecht wird, und weil die Unternehmen in eine Rolle gedrängt werden, von der aus sie keine positiven Impulse für die Umwelt geben können.

Die betriebswirtschaftliche Lehre vom Umweltmanagement und auch viele Unternehmen haben zwischenzeitlich eine andere Vorstellung vom Erfolg des Unternehmens. Erfolgreich ist ein Unternehmen dann,

- wenn es seine langfristige Existenz sichern kann, was in der Regel dadurch erreicht wird, dass das Unternehmen im Durchschnitt mehrerer Perioden einen angemessenen Gewinn erwirtschaftet;
- wenn es von allen relevanten Bezugsgruppen akzeptiert wird, d.h. wenn Kapitalgeber den Unternehmen Kapital zur Verfügung stellen, die Kunden die von ihm angebotenen Güter und Dienste nachfragen sowie Staat und Gesellschaft keinen Anlass sehen, negative Sanktionen zu ergreifen.

Eine derartige Definition von Unternehmenserfolg lässt Raum für ein aktives Umweltmanagement. Die Unternehmen können damit zu innovativen Akteuren der Umweltpolitik werden. Die Orientierung an den externen Bezugsgruppen schließt die Berücksichtigung des Umweltinteresses, vertreten z.B. durch Umweltorganisationen, ein. Die Ausrichtung am Ziel des angemessenen und damit nicht ausschließlich am Ziel des maximalen Gewinns ermöglicht es, bei konkreten Entscheidungen um des Umweltinteresses willen die Realisierung kurzfristiger Erträge zurückzustellen und z.B. in die Entwicklung innovativer Technologien und Produkte zu investieren. Die zuvor beschriebene dysfunktionale Frontstellung von Politik und Unternehmen wird damit zumindest zum Teil aufgebrochen.

Die betriebswirtschaftlichen Überlegungen dieses Buches *(Teil IV)* beginnen mit dem Aufzeigen der unternehmensverursachten Umweltbeeinträchtigungen sowie ihrer Gründe. Im Gegenzug wird dargelegt, welches Interesse Unternehmen daran haben können, durch sie verursachte Umweltschäden zu vermeiden bzw. zumindest zu vermindern. Eine zentrale Rolle spielt dabei die Frage der Möglichkeiten und Grenzen der Integration umweltbezogener Ziele in das dominant ökonomisch geprägte Zielsystem des Unternehmens. Darauf aufbauend wird in *IV 2* erörtert, wie in den drei materie- und energierelevanten betrieblichen Funktionen, nämlich Logistik, Produktion sowie Absatz (Marketing) umweltverträglich entschieden und gehandelt werden kann bzw. was eine derartige Orientierung hemmt oder gar unmöglich macht. *Teil IV 3* beschäftigt sich mit den informations- und organisationsbezogenen Voraussetzungen für ein erfolgreiches Umweltmanagement. Behandelt werden hier einerseits die Instrumente des Umweltcontrolling (z.B. Öko-Bilanz, Öko-Audit) sowie andererseits die Orientierung der Mitarbeiter auf das Umweltinteresse und den Einbau der Funktion Umweltschutz in die unternehmerische Organisation.

Teil IV 4 führt die Vielzahl der zuvor im Detail erörterten Bausteine umweltorientierten Unternehmenshandelns zusammen zu einer integrierten Konzeption eines umweltstrategischen Managements, das – im Idealfall – das Unternehmen ausrichtet auf eine ganzheitliche, langfristig orientierte, innovative Management-Konzeption, die es ihm ermöglicht, bei weitgehender Reduzierung von Umweltbeeinträchtigungen wirtschaftlich erfolgreich zu sein. Eine besondere Rolle spielen dabei zunehmend Unternehmenskooperationen.

Der angestrebte Lernertrag richtet sich nach der jeweiligen Position der Leser: Diejenigen, die mit umweltrelevanten Entscheidungen im Unternehmen betraut sind (das sind letztendlich alle, die Managementfunktionen ausüben), finden ein Kompendium des Umweltmanagements als Überblicksdarstellung (mit den entsprechenden Hinweisen auf Konkretisierungen und Vertiefungsmöglichkeiten). Die nicht in unternehmerischen Management-Funktionen Tätigen bzw. nicht betriebswirtschaftlich Vorgebildeten sollen erkennen, warum Unternehmen im Umweltbereich so handeln, wie sie handeln. Das ist wichtig für all diejenigen, die in öffentlichen Verwaltungen, im Rahmen von Politikgestaltung bzw. Rechtsprechung oder einfach als am Thema „Umwelt" Interessierte mit umweltrelevanten, häufig umweltschädigendem Verhalten von Unternehmen konfrontiert werden.

Insgesamt möchte die betriebswirtschaftliche Lehre vom Umweltmanagement des Unternehmens aufzeigen, welche Spielräume Unternehmen zur Verfügung stehen, sich umweltverträglich zu verhalten, wo aber auch die Grenzen liegen, die Umweltverträglichkeit verhindern bzw. erschweren – und wie diese Grenzen ggf. überwunden werden können. Zentrales Anliegen ist die Entwicklung von Strategien, mit deren Hilfe Unternehmen sowohl wirtschaftlich erfolgreich sein können als auch Umweltschutzanforderungen (weitgehend) gerecht werden.

Teil II
Umweltpolitik

1. Umweltpolitik in Deutschland

Wie in anderen Industrieländern hat Umweltpolitik in Deutschland eine bis in das vergangene Jahrhundert zurückreichende Tradition *(s. III 1)*. Als neues Politikfeld, das die Problembereiche vor allem des Gewässerschutzes, der Luftreinhaltung, des Lärmschutzes, der Abfallregulierung, des Natur- und Strahlenschutzes integriert, entstand sie in den beiden deutschen Staaten jedoch erst Ende der sechziger bzw. Anfang der siebziger Jahre. Wie in anderen Industrieländern auch reagierte die Politik damit auf die fortschreitende Belastung von Wasser, Boden, Luft und Landschaft und auf den außerordentlichen Nachholbedarf im Umweltschutz nach einer Phase hohen Industriewachstums *(Jänicke/Mez 2000)*.

1.1 Zur Entwicklung des neuen Politikfeldes

Interessanterweise ging die Initiative zur Gestaltung dieses neuen Politikfeldes nicht von außerparlamentarischen Kräften, sondern vom politischen System selbst aus. Im Sinne der (in *Kap. II 2* dargestellten) Policy-Analyse folgte der Start des neuen Politikfeldes, das „agenda setting", einer staatlichen Initiative („inside initiation"). Die Bundesregierung war der eindeutige Initiator. Erst im Laufe der siebziger Jahre wurde die außerparlamentarische Umweltbewegung zu einem Motor der Umweltpolitik. Bis heute ist sie ein wichtiger Faktor umweltpolitischer Veränderungen geblieben.

Die ersten Initiativen der 1969 gebildeten sozial-liberalen Regierung – beginnend 1970 mit einem Sofortprogramm zum Umweltschutz und dem Umweltprogramm 1971 – orientierten sich zunächst an internationalen Entwicklungen wie der frühen Umweltgesetzgebung der USA (National Environmental Policy Act von 1969). Von Bedeutung waren ebenfalls Initiativen des Europarates zum Gewässer- und Immissionsschutz (Wassercharta, Charta zur Reinhaltung der Luft 1968, Europäisches Naturschutzjahr 1970) und vor allem die vorbereitenden Aktivitäten zur Stockholmer UNO-Umweltkonferenz im Jahre 1972 *(Müller 1995, Jänicke/Weidner 1997)*.

Das Umweltprogramm 1971, das 1976 evaluiert und fortgeschrieben wurde, hatte aus heutiger Sicht bereits den Charakter eines modernen Umwelt(aktions)plans: Weit über 100 Gesetze und Verordnungen wurden geplant, 54 von ihnen wurden sogar budgetiert. Neben dem „Verursacherprinzip" wurden moderne Grundsätze wie die vorsorgliche „Umweltplanung auf lange Sicht" verkündet. In der Fortschreibung des Umweltprogramms von 1976 werden das „Kooperationsprinzip" wie auch das spätere Integrationsprinzip („Umweltpolitik als Querschnittsaufgabe") verkündet *(s. Kap. III 2.2)*.

Von der Errichtung eines Umweltministeriums wurde lange Zeit abgesehen. Die Zusammenarbeit der mit Umweltaufgaben befassten Bundesressorts erfolgte im Kabinettsausschuss für Umweltfragen, dem so genannten Umweltkabinett, und im Ständigen Abteilungsleiterausschuss für Umweltfragen. Die Federführung lag beim Bundesminister des Innern. Daneben entstanden Beratungs- und Koordinierungsgremien wie der Sachverständigenrat für Umweltfragen (1971), die Umweltministerkonferenz der Länder (1972) und das Umweltbundesamt (1974). Die Bündelung der umweltpolitischen Kompetenzen in einem eigenständigen Umweltministerium erfolgte erst 1986 nach der Katastrophe von Tschernobyl.

Einer der ersten Schritte war 1972 die Stärkung der Bundeskompetenzen durch Änderung des Grundgesetzes: Die konkurrierende Gesetzgebung wurde in diesem Sinne auf die Bereiche Abfallbeseitigung, Luftreinhaltung und Lärmbekämpfung ausgedehnt. Wie auch in den USA war Umweltschutz bis dahin vorwiegend Ländersache (z.B. mit eigenen Länder-Luftreinhaltegesetzen). Beginnend mit dem Benzin-Blei-Gesetz (1971) und dem Abfallbeseitigungsgesetz (1972) kam es in den Folgejahren zum raschen Aufbau eines überwiegend medial (auf spezifische Umweltmedien wie Luft, Wasser etc. orientierten) Rechtsinstrumentariums. Anders als die meisten Industrieländer hat Deutschland aber kein eigenständiges Grundlagengesetz des Umweltschutzes *(s. III 2.3)*.

Das für die Luftreinhaltung maßgebliche Gesetz, das Bundes-Immissionsschutzgesetz (BImSchG), trägt gewisse Züge eines solchen Grundlagengesetzes. Es markiert zugleich den Höhepunkt der umweltpolitischen Dynamik der sozial-liberalen Regierung. Nach seinem Inkrafttreten (1974) gerieten umweltpolitische Reformbestrebungen im Zeichen der Ölpreiskrise und des schwierigen Strukturwandels zunehmend in die Defensive. Bis 1976 wurden Gesetze – z.T. in abgeschwächter Form – neu vorgelegt bzw.

novelliert, deren Ausarbeitung bereits 1974 abgeschlossen war: das Waschmittelgesetz, die Novelle des Wasserhaushaltsgesetzes, das Abwasserabgaben- und das Bundesnaturschutzgesetz. Hinzu kam 1980 das in seiner Wirksamkeit zunächst umstrittene Chemikaliengesetz.

Unter den Verursachungsbereichen konnten vor allem die Stromwirtschaft, die Automobilindustrie, die Chemieindustrie und die Landwirtschaft – anders als etwa die Mineralölindustrie – Regelungen zunächst relativ erfolgreich behindern.

In den siebziger Jahren setzte mit dem Konflikt um das geplante (nie gebaute) KKW Wyhl eine leidenschaftlich geführte Atomdiskussion ein. Anfang der achtziger Jahre kam als Konfliktfeld die unübersehbar gewordene Problematik des Waldsterbens hinzu. Beides führte zu einer wachsenden Sensibilisierung der Öffentlichkeit für Belange des Umweltschutzes. Der Legitimationsdruck wurde durch die Bürgerinitiativbewegung forciert, die ab 1973 bei wachsender organisatorischer Stärke eine thematische Erweiterung in diese Richtung erfuhr. Ab 1976 wurden in allen Bundesländern als Gegenpol zu den so genannten „etablierten" Parteien grüne und alternative Gruppierungen und Parteien gegründet. 1983 zogen die Grünen in den Bundestag ein. Damit sah sich das bestehende Parteiensystem einem neuen Konkurrenzpartner und einer neuen Thematik gegenüber. Diese Tatsache, aber auch eine mit dem Wirtschaftsaufschwung nach 1983 gewandelte Einschätzung der ökonomischen Wirkungen des Umweltschutzes führten zu einer starken Reaktivierung der westdeutschen Umweltpolitik, die eine umweltpolitische Akzentuierung der Parteiprogramme einschloss.

In der Amtszeit von Umweltminister Klaus Töpfer (1987-94) ist die Bundesrepublik international, vor allem aber innerhalb der EG zu einem Vorreiter der Umweltpolitik geworden. Dies gilt besonders für die mit der Großfeuerungsanlagen-Verordnung (1983), der novellierten TA Luft (1986) und den Abgasregulierungen für Kraftfahrzeuge betriebene Luftreinhaltepolitik, später auch für das 1994 beschlossene und 1996 in Kraft getretene Kreislaufwirtschafts- und Abfallgesetz. Auch die – seit 1987 durch eine Enquete-Kommission des Deutschen Bundestages vorbereitete – Klimaschutzpolitik der Bundesregierung setzte internationale Maßstäbe. Zumindest gilt dies für das Ziel, die CO_2-Emissionen von 1990 bis zum Jahr 2005 um 25 Prozent zu reduzieren. Aber auch Folgemaßnahmen wie die Einspeisevergütung für Strom aus Alternativenergien – mit dem Effekt eines Windenergie-Booms – können international als wegweisend angesehen werden.

Mit der Regierungsneubildung nach der Bundestagswahl von 1994 war eine deutliche, häufig kritisierte Tempoverlangsamung der deutschen Umweltpolitik zu verzeichnen. Sie wurde u. a. an der Einschränkung der Bürgerbeteiligung zur Beschleunigung von Genehmigungsverfahren erkennbar. Die Bundesrepublik gehörte nun auch zu den letzten Industrieländern, die eine formelle Strategie nachhaltiger Entwicklung vorlegte. Und diese war auch nur der „Entwurf" eines umweltpolitischen Schwerpunktprogramms, der noch nicht einmal vom Kabinett verabschiedet worden war (BMU 1998). Auch die Widerstände bei der Umsetzung von EG-Richtlinien (etwa der Flora-Fauna-Habitat-Richtlinie von 1992) kennzeichnen diese eher restriktive Phase der umweltpolitischen Entwicklung.

Diese Rückwärtsentwicklung ist weniger dem Ministerwechsel (von Töpfer zu Merkel) als der Tatsache zuzuschreiben, dass sich die gesellschaftlichen und politischen Prioritäten nach der deutschen Einigung und den mit ihr verbundenen Wirtschafts-, Finanz- und Beschäftigungsprobleme zu Lasten des Umweltschutzes verschoben. Zwei weitere Ursachen dieses Wandels können als wahrscheinlich gelten: Gerade die „Ära Töpfer" führte im Bereich der sichtbaren, am stärksten politisierten Umweltproblemen zu ebenso sichtbaren Verbesserungen. Dieser gleichsam sich selbst zerstörende Erfolg minderte offenbar die Handlungschancen bei dem schwierigeren Pensum ökologisch nachhaltiger Entwicklung mit seinen weniger spektakulären, erst langfristig krisenhaften Umweltproblemen. Als ebenfalls ungünstig für den Umweltschutz dürfte sich die Kommerzialisierung der bisher öffentlich-rechtlichen Rundfunk- und Fernsehlandschaft in den achtziger Jahren (mit ihrer Tendenz zur Entpolitisierung der Berichterstattung) ausgewirkt haben.

Die im Herbst 1998 gebildete rot-grüne Bundesregierung setzte unter diesen verschlechterten Rahmenbedingungen gleichwohl neue Zeichen in der Umweltpolitik. 2001 wurde der „Ausstieg aus der Atomenergie" durch Laufzeitbegrenzung für die 19 Atomkraftwerke auf etwa 32 Jahre und Maßnahmen wie die Verzehnfachung der Deckungsvorsorge gesetzlich geregelt. Der gleichzeitige Umstieg in die erneuerbaren Energien wurde durch einen Ausbau der schon von der Vorgängerregierung eingeführten Einspeisevergütung beschleunigt: Durch die Abnahmegarantie zu attraktiven Preisen wird Strom aus Alternativenergien massiv gefördert, was einen Boom in diesem Wirtschaftszweig auslöste. Ebenfalls auf der Linie der Vorgängerregierung wurde der Klimaschutz und mit ihm die Vorreiterposi-

tion Deutschlands auf diesem Gebiet weiter ausgebaut, so dass die Erreichung zumindest des Kyoto-Ziels (minus 21 Prozent für sechs Treibhausgase bis 2008/12) realistisch erscheint. Nach mehreren vergeblichen Versuchen in früheren Legislaturperioden wurde unter weiterhin erheblichen
Widerständen das Bundesnaturschutzgesetz 2001 grundlegend novelliert
(Einführung der Verbandsklage auf Bundesebene, 10 % der Fläche als Bio-
topverbund). Die „Ökosteuer" – u.a. mit einem Aufschlag auf Kraftstoffe
von insgesamt 30 Pfennig in fünf Stufen bis 2003 – und die LKW-Maut auf
Autobahnen setzten ebenfalls neue Akzente. Dies gilt nicht zuletzt auch für
die mit der BSE-Krise (Dezember 2000) eingeleiteten Maßnahmen im Bereich Landwirtschaft/Ernährung. Vorhaben wie das Umweltgesetzbuch
scheiterten allerdings. Hier will die im September 2002 wiedergewählte rot-
grüne Bundesregierung einen neuen Versuch unternehmen.

1.2 Politiketappen und Akteurskonstellationen

Entwicklung und Lernprozesse der deutschen Umweltpolitik lassen sich
auch im Zusammenhang mit den Änderungen der Akteurskonstellation
verdeutlichen (s. Abb. 1). Dabei werden folgende Phasen erkennbar:
- 1969-73: Die Startphase der deutschen Umweltpolitik ist durch eine
  einfache Akteurskonstellation gekennzeichnet, bei der der Staat die Initiative ergreift und die Industrie eine Haltung passiver Hinnahme prak-
  tiziert. Es ist dies die Phase einer grundlegenden Gesetzgebung, deren Effekt zunächst aber nur eine Umverteilung von Schadstoffen durch höhere Schornsteine, Verdünnung etc. war. Bei den Kohlekraftwerken hat die
  Politik der hohen Schornsteine unmittelbar zum Waldsterben in den
  Mittelgebirgen beigetragen.
- 1974-82: Im Zeichen der Ölkrisen (1973, 1979) tritt eine Tempoverlangsamung der deutschen Umweltpolitik ein. Der Ansatz besteht weiter in
  einer Schadstoffumverteilung, ergänzt durch nachgeschaltete end-of-
  pipe-Maßnahmen des Gewässerschutzes (s. II 5.2; IV 2.2). Nunmehr
  handelt die Regierung unter dem Druck von Bürgerinitiativen und Umweltverbänden, wie insbesondere dem BBU.
- 1983-87: Im Zeichen des Waldsterbens und des Einzugs der Grünen in
  den Bundestag kommt es zu einer erheblichen umweltpolitischen Aktivi-

Abbildung 1: *Phasen des Politikkonzeptes und der umweltpolitischen Akteurskonstellationen in der Bundesrepublik Deutschland seit 1969*

Phase 1 (1969-73): „Verteilung":

Phase 2 (1974-82): „Verteilung plus end-of-pipe-Technologien":

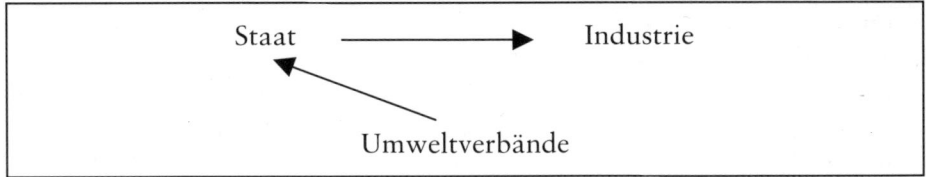

Phase 3 (1983-87): „Intensive Nutzung von end-of-pipe-Technologien":

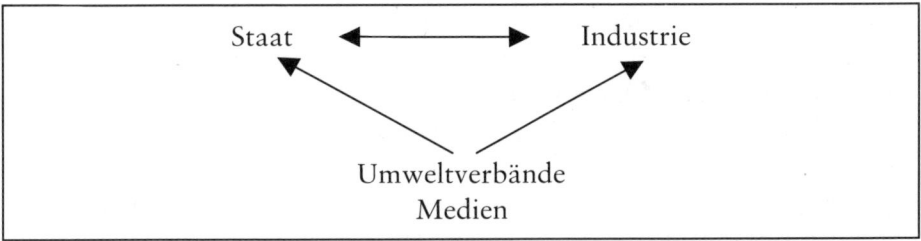

Phase 4 (1988-): „Ökologische Modernisierung":

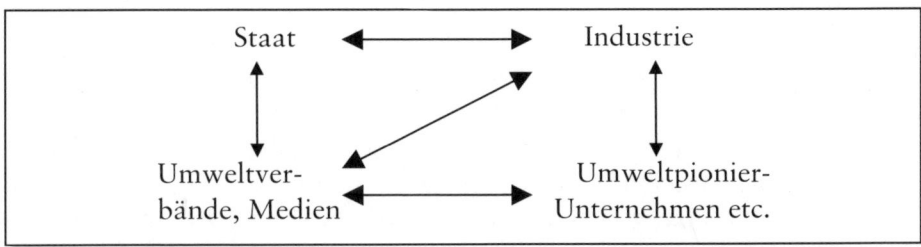

Quelle: Jänicke/Weidner 1997

tät der neuen rechts-liberalen Bundesregierung. Besonders markant wird dies an der nunmehr konsequent durchgesetzten Luftreinhaltung durch Filtertechnik (end-of-pipe treatment). An die Stelle einer eher einseitigen umweltpolitischen Intervention kommt es dabei zu einer eher kooperativen Konstellation zwischen Regierung und Industrie. Zugleich nimmt der Druck vor allem der Umweltorganisationen, aber auch der Öffentlichkeit auf besonders auffällige umweltbeeinträchtigende Unternehmen bzw. Branchen zu – bei zunehmender Akzeptanz des Umweltthemas in den Medien.

- 1988-1994: Bei stark situativem Rückenwind durch Katastrophenmeldungen (Tschernobyl, Sandoz, Robbensterben, Klimadiskussion etc.) und internationalen Aktivitäten (Brundtland-Report) entwickelt sich eine wirtschafts-immanente Tendenz der ökologischen Modernisierung hin zu angepassteren Technologien, die über den nachgeschalteten (teuren) Umweltschutz hinausgeht. Sie ist gekennzeichnet durch einen allgemeinen Übergang zu Dialogstrategien und Netzwerkbildungen, an denen auch die Umweltverbände aktiv beteiligt sind. Als neue Akteure treten hierbei prononciert umweltorientierte Unternehmen und ihre Organisationen auf *(s. u. sowie Kap. IV 4)*.

- 1994-98: Spätestens nach der Bundestagswahl von 1994 kommt es zu einer erneuten Verlangsamung des umweltpolitischen Tempos. Bei unveränderter Akteurskonstellation und gleichem politischen Ansatz ändern sich im Zeichen der deutschen Einigung und der verschlechterten Wirtschaftslage vor allem die situativen Rahmenbedingungen zu Ungunsten des Umweltschutzes (s. o.).

- Seit 1998: Die neue rot-grüne Bundesregierung erklärt die „ökologische Modernisierung" nun ausdrücklich zum Programm und setzt vor allem im Klima- und Naturschutz neue Akzente. Die Akteurskonstellation erfährt insofern eine wesentliche Änderung, als, verstärkt durch die entsprechende EU-Strategie („Cardiff-Prozess"), nunmehr die Integration von Umweltbelangen in die einzelnen Politikfelder stärker um sich greift. Damit wird das jeweilige Interessenumfeld der Fachverwaltungen – insbesondere in den Bereichen Energie, Landwirtschaft, Verkehr und Bauen – stärker als zuvor mit der Umweltproblematik konfrontiert.

Die hier bereits angesprochenen wichtigsten Akteure der deutschen Umweltpolitik sollen nun noch einmal im Zusammenhang betrachtet werden.

1.3 Akteure der deutschen Umweltpolitik

Wie in anderen Industrieländern auch sind in der Bundesrepublik die staatlichen Umweltschutzinstitutionen, insbesondere das Bundesministerium für Umwelt, Naturschutz und Reaktorsicherheit (BMU), das Umweltbundesamt (UBA), aber auch das 1993 gegründete Bundesamt für Naturschutz (BfN), als zentrale Akteure der Umweltpolitik zu nennen *(Pehle 1998)*. Hier ist seit 1970 eine qualitativ wie quantitativ beachtliche Handlungskapazität entstanden. Zusammen mit den übergeordneten EU-Einrichtungen, den Landes- und Kommunal-Institutionen des Umwelt- und Naturschutzes bilden sie das institutionelle Gefüge der deutschen Umweltpolitik. Dabei ist wesentlich, dass mit der Ausdifferenzierung des institutionellen Gefüges der Umweltpolitik in den meisten anderen Ressorts wiederum spezielle Umweltabteilungen entstanden sind (ohne die fremde Fachverwaltungen gewissermaßen „blind" für die Erfordernisse des Umweltschutzes sind). Hinzu kommen Experten-Gremien wie der Sachverständigenrat für Umweltfragen, der Wissenschaftliche Beirat Globale Umweltveränderungen oder die für die öffentliche Meinungsbildung oft wesentlichen Bundestags-Enquetekommissionen, ferner Koordinierungseinrichtungen wie die Umweltministerkonferenz der Länder (UMK) oder Interministerielle Ausschüsse der Bundesregierung.

Die Umweltverbände werden in unterschiedlichen Befragungen immer wieder als zweitwichtigster Träger von Umweltbelangen in Deutschland angeführt. Mit rund vier bis fünf Millionen Mitgliedern repräsentieren sie einen hohen Organisationsgrad des Umweltinteresses *(Jänicke/Weidner 1997, OECD 2001)*. Nach einer Expertenbefragung über den umweltpolitischen Einfluss wichtiger Institutionen rangierte Greenpeace an dritter Stelle nach der Bundesregierung und der EG-Kommission, der BUND an vierter Stelle (noch vor dem UBA), an neunter Stelle rangierte die Partei Bündnis 90/Die Grünen *(Herbert/Häberle 1992)*.

Die Ökologiebewegung verfügt in Deutschland auch über eine beachtliche organisatorische, wissenschaftliche und publizistische Infrastruktur. 1989 gab es in der alten Bundesrepublik 37 Umweltzeitschriften mit einer Auflage von über 4 Millionen. 16 dieser Publikums-Zeitschriften hatten eine Auflage von mehr als 100.000. Die zahlreichen engagierten Fachzeitschriften sind in dieser Zählung nicht einmal enthalten. Seit Ende der achtziger Jahre ist die Umweltthematik in der deutschen Presse nicht nur grundsätzlich akzeptiert. Viele Tageszeitungen und Rundfunkanstalten unterhalten spezielle Umweltredaktionen. Auch darin äußert sich ein wesentliches Kapazitätswachstum der Umweltpolitik.

Mehr als in den meisten Industrieländern ist der Umweltschutz in der Bundesrepublik zu einem wichtigen Wirtschaftszweig geworden, zumal wenn der Bereich der öffentlichen und privaten Dienstleistungen hinzugezählt wird. Mit 1,37 Millionen direkt und indirekt Beschäftigten – 3,6 Prozent der Gesamtbeschäftigten – erreichte dieser Sektor 1998 eine Größenordnung, die die der deutschen Auto-Industrie übertraf *(UBA Mitteilung v. 21.6.01)*. Das deckt sich mit der Tatsache, dass Deutschland – zusammen mit den USA – die führende Rolle im Export von Umweltschutzgütern einnimmt. Die durch Umweltschutzmaßnahmen angestoßenen privaten und öffentlichen Ausgaben machten 1997 1,8 Prozent des Bruttoinlandsproduktes (BIP) aus *(OECD 2001)*.

Unbestreitbar stellt aber die Umwelt-Industrie in Deutschland einen wichtigen umweltpolitischen Akteur dar, der die vergleichsweise hohe Akzeptanz des Umweltschutzes in der deutschen Wirtschaft über lange Jahre – aber auch die Präferenz für nachgeschaltete end-of-pipe-Technologien – erklärbar macht. In der angeführten Zahl sind die eigentlich wichtigen Hersteller integrierter, umwelteffizienterer Technologien nur teilweise enthalten, die als Basis eines innovationsorientierten Umweltschutzes besondere Bedeutung besitzen. Mittlerweile gibt es eine ganze Reihe von Organisationen mit dieser weiterreichenden Zielsetzung einer ökologischen Modernisierung der Technik (BAUM, BJU, Förderkreis Umwelt future, UnternehmensGrün etc.). Sie nehmen auch aktiv am öffentlichen Umweltdiskurs teil *(s. auch Teil IV)*.

Neben Staat, Umweltverbänden und umweltorientierten Wirtschaftsunternehmen kommt der Fachwissenschaft eine erhebliche, kapazitätsbildende Bedeutung für die Umweltpolitik zu. Anfangs wurden umweltkritische Positionen häufig von „umstrittenen Wissenschaftlern" vorgetragen, die auch in ihren hochspezialisierten Disziplinen keine nennenswerte Basis hatten, weil das Umweltthema die Universitäten erst spät erreichte. 1977 wurde das private umweltkritische Öko-Institut in Freiburg gegründet. Im Laufe der achtziger Jahre hat es nicht nur seine Außenseiterposition überwunden, es besteht heute eine Vielzahl ähnlicher Institute, die sich im Wettbewerb mit staatlichen und kommerziellen Forschungseinrichtungen gut behaupten und öffentliche Anerkennung genießen. Der Bedeutungszuwachs des Akteurs „Umweltwissenschaft" wird auch darin erkennbar, dass die staatlichen Ausgaben für Umweltforschung 1997 1,5 Mrd. DM ausmachten *(BMU 1998: 44)*. Hinzu kommen Fördermaßnahmen der Bundesstiftung Umwelt und die ebenfalls umfangreiche Umweltforschung der EU. Die deutsche Umweltforschung ist heute Teil globaler Forschungsprogramme und -netzwerke, denen bei der Problemdefinition und Politikberatung auf diesem Gebiet zunehmende Bedeutung zukommt.

1.4 Zuständigkeiten

Die Verteilung der Kompetenzen auf EU, Bund, Länder und Kommunen werden in *Teil III* in rechtlicher Hinsicht ausführlich dargestellt. Es handelt sich hier um ein ausdifferenziertes „Mehrebenensystem", das nicht nur beachtliche Handlungsmöglichkeiten, sondern auch erhebliche Koordinationserfordernisse mit sich bringt. Diese Koordinationsaufgaben ergeben sich nicht nur „vertikal" von der lokalen zur europäischen Ebene (bei oft unklaren und verflochtenen Verantwortlichkeiten gerade des deutschen Föderalismus); sie ergeben sich auch „horizontal" zwischen einer Vielzahl von Ministerien und Fachverwaltungen.

Zu den spezifischen Merkmalen der deutschen Umweltpolitik gehört deren föderative Struktur. Der Bund hat im Rahmen der konkurrierenden Gesetzgebung in den Bereichen Abfallbeseitigung, Luftreinhaltung, Lärmbekämpfung und Atomrecht Gesetzgebungskompetenzen. Bei Naturschutz, Landschaftspflege und Wasserhaushalt kann er lediglich Rahmenvorschriften erlassen, die durch Landesgesetze ausgefüllt werden müssen. Die Länder verfügen neben dem faktischen Vollzugsmonopol im Umweltrecht, das zumeist in Form eigener Angelegenheiten wahrgenommen wird, über Einflussmöglichkeiten auf den Prozess zentralstaatlicher Normbildung. Über den Bundesrat und die Umweltministerkonferenz wirken die Länder an der Umweltgesetzgebung mit. Daneben haben Expertengremien (Ständiger Abteilungsleiterausschuss, Facharbeitsgemeinschaften Bund/Länder, Sachverständigenrat für Umweltfragen, WBGU, Rat für Nachhaltige Entwicklung, Enquete-Kommissionen des Bundestages) eine wesentliche Rolle bei der umweltpolitischen Konsensbildung.

Neben der Bundes- und der Landesebene ist auch die Ebene der kommunalen Umweltpolitik durch vielfältige Verflechtungen gekennzeichnet, zu denen auch internationale Vernetzungen der Kommunen in speziellen Organisationen gehören *(s. II 6.2)*. Die Kommunen besitzen (mit ihrer verfassungsrechtlichen Selbstverwaltungsgarantie) eigene umweltrelevante Kompetenzen. Dies gilt besonders für die Bereiche Abfall- und Abwasserentsorgung, Wasserversorgung, Versorgung mit leitungsgebundenen Energien, Bauleitplanung und Verkehr. Im Gegensatz zur regelsetzenden Aktivität auf Bundes- und Landesebene steht hier – neben Dienstleistungen und Infrastrukturmaßnahmen – die konkrete Umsetzung umweltpolitischer Regelungen im Vordergrund. Die Finanzierung erfolgt überwiegend durch Beiträge und Gebühren. Die Entwicklung kommunaler Organisationsstrukturen ist in den letzten Jahren durch die Konzentration der Aufgaben in eigenständigen Umweltämtern geprägt.

1.5 Das dominierende Politikmuster

Instrumentarium und Politikstil der (west-)deutschen Umweltpolitik entsprachen bis in die späten achtziger Jahre einem ordnungsrechtlichen command-and-control-Ansatz mit zunehmend kompetenten Fachverwaltungen als dominanten Handlungsträgern. Technikbezogene Detailregelungen, Grenzwerte und Genehmigungsbedingungen standen beim Instrumenten-Mix im Vordergrund, oft ergänzt durch Subventionen/Steuerpräferenzen oder planerische Vorgaben in Spezialbereichen. Das ökonomische Instrument der Umweltabgabe spielte (bis auf die Abwasserabgabe) eine auffallend geringe Rolle. Unter den wenigen „weicheren" Instrumenten ist das Umweltkennzeichen „Blauer Engel" (seit 1978) wegen seiner internationalen Vorreiterfunktion zu erwähnen. Der dominierende Politikansatz zielte ansonsten darauf ab, umweltpolitisches Verhalten über traditionelle Instrumente des Ordnungsrechts zu beeinflussen *(ausführlich Teil III)*. Es ist nicht verwunderlich, dass auch in der Leistungsbilanz des Umweltschutzes das ordnungsrechtliche Instrumentarium (bisher) die größte Wirksamkeit aufwies *(Uebersohn 1990)*.

Dennoch geriet dieses Regelungsmuster zunehmend in die Kritik. Sie betraf:

- das Ausmaß der „Vollzugsdefizite" im Sinne einer unzulänglichen Umsetzung staatlicher Maßnahmen *(Mayntz 1978)*,
- den nur reagierenden, häufig symptombezogenen, kurativen Charakter des dominierenden Ansatzes und seine Tendenz zur medialen, zeitlichen und räumlichen Problemverschiebung *(Jänicke 1978, Kap. II 5.2)*,
- die einseitige Ausrichtung des rechtlichen und institutionellen Systems auf einzelne Umweltmedien und die Vernachlässigung integrierter Lösungen im Sinne der frühzeitig proklamierten Querschnittspolitik,
- das Ausmaß der nicht verhinderten Schadenskosten,
- die Staatszentrierung, die geringe ökonomische Effizienz, den weitgehenden Verzicht auf marktwirtschaftliche Instrumente und die innovationshemmende Wirkung eines detaillierten Vorschriftswesens *(Wicke 1993, Kap. IV 1)*.

Ein Nachteil der raschen Zunahme staatlicher Detailregelungen war auch der wachsende Widerstand der Politikadressaten und die interessenbedingten Hemmnisse, auf die neue Regelungen im politischen Entscheidungsprozess stießen.

Der Übergang zu stärker dialogorientierten Politikformen und das Umsichgreifen von Politik-Netzwerken unter Einschluss von Umweltorganisationen führte in den späten achtziger Jahren zu einem flexibleren Ansatz. Dazu gehört die stärkere Internalisierung der Verantwortung für Umweltbeeinträchtigungen in die Verursacherbereiche. Das Umwelthaftungsgesetz von 1990 war ein erstes Beispiel hierfür.

Das hervorstechende Merkmal des neuen Ansatzes lässt sich mit der Formel „Verhandlungen im Schatten der Hierarchie" *(Scharpf 1991)* charakterisieren. Gemeint ist die Zurückstellung – nicht Aufgabe – ordnungsrechtlicher Staatsinterventionen zugunsten von einvernehmlichen Lösungen unter Beteiligung der problemerzeugenden Zielgruppe.

Die Verpackungs-Verordnung von 1991 ist ein typisches Beispiel hierfür. Die staatliche Option der Festlegung von Rücknahmeverpflichtungen für den Handel wird zurückgestellt zugunsten der Selbstregulierung durch das private Duale System. Auch im Kreislaufwirtschafts- und Abfallgesetz von 1994 findet sich der Ansatz einer weitgehenden Einbeziehung der Verursacher in die Problemlösung *(s. Kap. III 4)*. Das Instrument der freiwilligen Vereinbarung erhält hier einen wichtigen Stellenwert. Es findet sich auch im Klimaschutzprogramm der Bundesregierung, das in seinen ersten Fassungen von 1990 und 1991 noch eine große Zahl ordnungsrechtlicher

Maßnahmen (von Wärmedämm-Standards bis zur Regelung von Einspeisevergütungen für Strom aus regenerativen Energiequellen) vorsah, später aber verstärkt auf freiwillige Vereinbarungen setzte. Das Instrument der freiwilligen Vereinbarung ist in seiner Verbindlichkeit und Wirksamkeit umstritten. Im Gegensatz zu Japan oder den Niederlanden hat es in Deutschland kaum eine Tradition, setzt mithin eine gewisse Lernphase voraus. Inzwischen gibt es rund 100 (rechtlich unverbindliche) Selbstverpflichtungs-Erklärungen der Industrie *(OECD 2001)*.

Ohne den klassischen Staatsinterventionismus als Option im Hintergrund sind freiwillige Problemlösungen allerdings nach aller Erfahrung wenig erfolgversprechend. Es scheint auch, dass das herkömmliche Ordnungsrecht in der Bundesrepublik – ungeachtet der dargestellten Flexibilisierungen – einen anerkannten Stellenwert behalten hat. Abgabenlösungen und besonders die Einführung der bereits seit Anfang der achtziger Jahre öffentlich thematisierten ökologischen Steuerreform (mit Entlastungen für den Faktor Arbeit) stießen hingegen auf starke Widerstände, ungeachtet einer weitgehenden programmatischen Akzeptanz im Parteiensystem.

Auch das 1998 beschlossene Bodenschutz-Gesetz ist ein Beleg für die anhaltende Bedeutung ordnungsrechtlicher Regelungen. Es ist zugleich Ausdruck für die Selektivität der deutschen Umweltpolitik mit ihrer vorrangigen Berücksichtigung von Umweltproblemen mit hoher Sichtbarkeit und technischer Lösbarkeit: Die diesem Muster widersprechende Problematik des Bodenschutzes war bereits im Umweltprogramm 1971 angesprochen worden; sie wurde aber erst im „Aktionsprogramm Ökologie" von 1983 und im Bodenschutzprogramm von 1985 wieder aufgegriffen. Das – teilweise als unzulänglich kritisierte – Gesetz benötigte dann weitere 13 Jahre bis zur Verabschiedung.

Im Gegensatz zur Startphase der deutschen Umweltpolitik und im Gegensatz zu den Vorgaben der Agenda 21 (1992) spielte der Ansatz einer kooperativen nationalen Umweltplanung mit kontrollierten Zielvorgaben *(Kap. II 4.6)* bis zur Bildung der rot-grünen Koalition 1998 eine auffallend geringe Rolle. Erst 2002 wurde eine deutsche Nachhaltigkeitsstrategie vorgelegt *(Bundesreg. 2002)*.

1.6 Bilanz

Zumindest im Industrieländervergleich rangierte die Bundesrepublik bis in die Mitte der achtziger Jahre deutlich hinter Ländern wie Japan, Schweden, den USA oder der Schweiz. Besonders deutlich wurde dies u.a. am Niveau der Abgasregelungen (mit Ausnahme des Bleigehalts im Benzin) oder am Emissionsverhalten der Elektrizitätswirtschaft. Hier bewirkten erst die Großfeuerungsanlagen-Verordnung, die Novellierung der TA Luft und die Abgasgesetzgebung für PKW eine deutliche Veränderung. Die rasch eintretenden Verbesserungen machten die Bundesrepublik nun allerdings in der Luftreinhaltung wie auch im Gewässerschutz zu einem Vorreiterland zumindest im EU-Maßstab (vgl. Abb. 2 und 3). Die Entwicklung des Abfallaufkommens blieb seit 1990 etwa konstant. Beim Klimaschutz hat die deutsche Bundesregierung schon unter der Regierung Kohl eine internationale Vorreiterrolle übernommen und diese unter der rot-grünen Koalition weiter ausgebaut. Das ehrgeizige Ziel, die Kohlendioxid-Emissionen bis 2005 um 25 Prozent gegenüber 1990 zu verringern, wird zwar durch den wirtschaftlichen Strukturwandel in den neuen Bundesländern wesentlich erleichtert, zugleich aber auch politisch mit über 150 Einzelmaßnahmen verfolgt. Eine Reihe dieser Maßnahmen wird erst nach 2005 wirksam, weshalb eine volle Zielerreichung nicht wahrscheinlich ist (bis 2001 betrug der Rückgang etwa 15 Prozent). Das Kyoto-Ziel einer Reduzierung der wichtigsten Treibhausgase um 21 Prozent bis 2008/12 wird hingegen – auch bei gleichzeitigem Rückgang der Kernenergienutzung – als erreichbar angesehen.

Verbesserungen erzielte nicht nur der klassische end-of-pipe-Ansatz der Umweltpolitik. Ökologisch vorteilhafte Modernisierungen vor allem in der Industrie hatten eine zusätzliche Wirkung. Trotz wirtschaftlichem Wachstum blieb der Rohstoff- und Energieverbrauch in den neunziger Jahren etwa konstant. Der industrielle Wasserverbrauch ging ebenso wie das Abfallaufkommen zurück.

Anhaltende Probleme ergaben sich vor allem beim Flächenverbrauch, bei der Boden- und Grundwasserbelastung, dem Sonderabfall, der Belastung durch den Straßenverkehr und dem Artenschutz (s. Abb. 4). Anders als etwa in Schweden hat sich der Pestizideinsatz nicht verringert (s. Abb. 5). 1998 bestanden in Gesamtdeutschland 190.000 erfasste Altlasten-Verdachtsflächen, von denen etwa 10-20 Prozent saniert werden mussten

Abbildung 2: *Emissionsminderung wichtiger Luftschadstoffe in Deutschland 1970-1996 (in Prozent)*

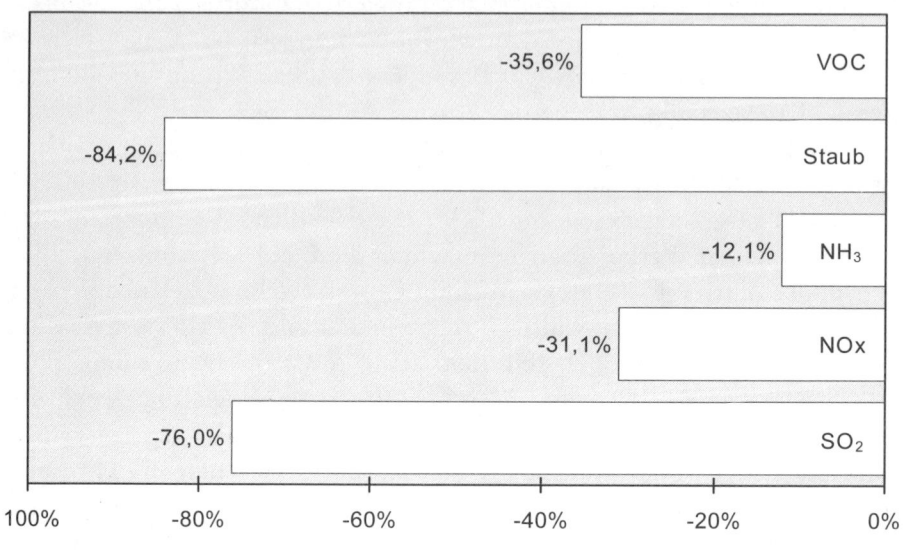

Quelle: BMU 1998

Abbildung 3: *Kenngrößen großer Fließgewässer (Reduktion 1985 bis 1994 in Prozent)*

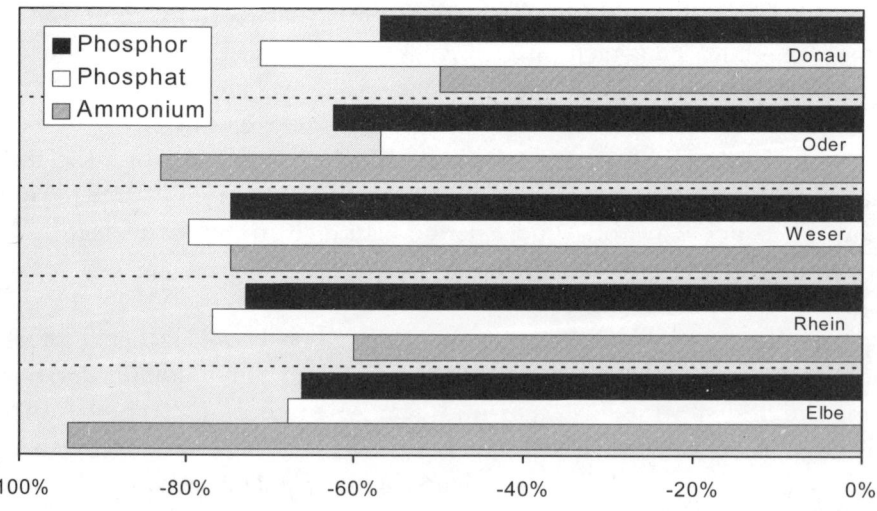

Quelle: BMU 1998

44

Abbildung 4: ***Bestandsgefährdete Arten in der Bundesrepublik Deutschland***

Zusammenstellung der Gefährdungsstufen			
Tierartengruppe	Zahl der untersuchten Arten	bestandsgefährdete Arten*	
		absolut	prozentual
Säugetiere	100	33	33
Brutvögel	256	70	27
Kriechtiere	14	11	79
Lurche	21	13	62
Fische	257	66	26
Schwebfliegen	428	149	35
Großschmetterlinge	1.450	451	31
Bienen	547	237	43
Ameisen	108	69	55
Käfer	6.537	2.635	40
Libellen	80	44	55
* „Bestandsgefährdet" fasst die Rote-Listen-Kategorien „gefährdet", „stark gefährdet" und „vom Aussterben bedroht" zusammen.			

Quelle: Umwelt Nr. 7/8, 1998: 339.

Abbildung 5: ***Inlandsabsatz von Pflanzenschutzmitteln[1]***

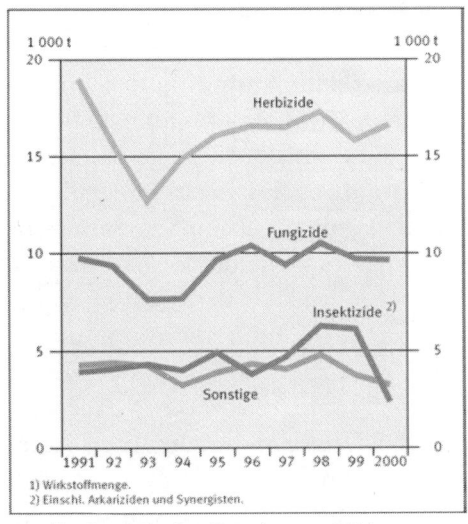

Quelle: Statistisches Bundesamt 2001

(BMU 1998: 85). Spätere Berechnungen gingen von mehr als 300.000 Alt-lasten-Verdachtsflächen aus *(SRU 2000: 243f.)*. Tatsächlich wird davon nur ein geringer Teil angemessen bearbeitet. Hier zeigt sich, dass mit dem Reichtum des Landes bereits ein Schadensvolumen akkumuliert wurde, das die ökonomische Kapazität des entwickelten Industrielandes Bundesrepublik zu übersteigen droht.

1.7 Zur Umweltpolitik der DDR

Einige Bemerkungen zur ehemaligen DDR. Die formelle Institutionalisierung von Umweltpolitik begann dort 1968 mit der Verfassungsverankerung des Umweltschutzes und damit früher als in der Bundesrepublik. Als zweites Land Europas nach Schweden (1969) erließ die DDR 1970 mit dem Landeskulturgesetz ein umfassendes Umweltrahmengesetz, das in der Folge durch zahlreiche Einzelgesetze und Durchführungsverordnungen konkretisiert wurde. Das umweltpolitische Instrumentarium reichte von der Integration von Umweltaspekten in die verschiedenen Ebenen zentralstaatlicher und betrieblicher Planung über Formen ordnungsrechtlicher Verhaltenssteuerung, z. B. durch Grenzwerte oder Strafrechtsvorschriften, bis hin zu ökonomischen Instrumenten wie dem Staub- und Abgasgeld, dem Wassernutzungsentgelt, dem Abwassergeld und der Bodennutzungsgebühr *(Kloepfer/Reinert 1990, Paucke 1994)*.

Auch im administrativen Bereich erfolgte relativ frühzeitig der Aufbau differenzierter Institutionen. So wurde bereits 1971 das für die staatliche Planung und Leitung von Umweltschutzmaßnahmen zuständige Ministerium für Umwelt und Wasserwirtschaft gegründet. Auf bezirklicher Ebene waren staatliche Umweltinspektionen und die dem Gesundheitsministerium unterstellten Hygieneinspektionen für die Kontrolle der Einhaltung von Umweltvorschriften verantwortlich.

Den relativ umfassenden formalen Regelungen stand allerdings ein offensichtlicher Mangel an substantieller Umweltpolitik gegenüber. Zwar wurden in der ersten Hälfte der siebziger Jahre – etwa bei den SO_2-Emissionen – vorübergehend gewisse Verbesserungen erzielt. Aber spätestens seit Mitte der siebziger Jahre wurde Umweltpolitik grundsätzlich ökonomischen und auch sozialpolitischen Erwägungen untergeordnet. So erwies sich ab 1979 die (erneute) einseitige Ausrichtung der Energiewirtschaft auf die einheimische Braunkohle als ökologisch verheerend. Auch die sozialpolitisch motivierte Subventionierung des privaten Energie- und Wasserverbrauchs war umweltpolitisch höchst nachteilig.

Daneben betrieb das SED-System eine repressive Abschottung seiner zentralisierten Informations- und Entscheidungsstrukturen. Aus vergleichenden Untersuchungen ist bekannt, wie wichtig die Offenheit der Meinungs- und Willensbildungsorgane für eine erfolgreiche Umweltpolitik ist *(s. II 3)*. Wie bei allen osteuropäischen Volksrepubliken war dies in der DDR ein zentraler Schwachpunkt ihrer Umweltpolitik. Auch das umweltrechtliche Instrumentarium erwies sich aufgrund schwacher Grenzwerte, niedriger Umweltabgaben (die Umweltschädigungen eher legitimierten), geringer Strafen und unvollkommener Kontrolle als ineffektiv. Zudem wurde vielfach mit ökonomisch begründeten Ausnahmegenehmigungen operiert. Letztlich ist der Umweltschutz bis zur Wende in einer Weise vernachlässigt worden, die allenfalls in anderen Ländern des RGW-Bereichs ihresgleichen fand.

Die DDR wies am Ende ihres Bestehens dramatische Umweltprobleme auf *(Töpfer 1991):* Im Bereich der Luftverschmutzung betrugen die Emissionen je Einwohner 1988 bei Schwefeldioxid (SO_2) mehr als das Dreißigfache von Japan, bei Staub mehr als das Hundertfache und bei CO_2 fast das Dreifache *(Mez/Jänicke/Pöschk 1991)*. Das Kraftwerk Jänschwalde hatte Schwefeldioxid-Emissionen wie ganz Dänemark und Norwegen zusammengenommen! Die Gewässerverschmutzung war, insbesondere im Süden der DDR, extrem hoch. Die Mehrheit der Einwohner erhielt zeitweise oder ständig qualitativ beeinträchtigtes Trinkwasser. Der Einsatz von Pflanzenschutzmitteln lag flächenbezogen im Vergleich zu Westdeutschland etwa doppelt so hoch.

Als Pluspunkt in der Vergleichsbilanz ist allerdings zu vermerken, dass die DDR nach 1979 den Gütertransport auf der Straße drastisch verringerte, teils durch Verlagerung auf die Schiene, teils durch transportmindernde dirigistische Eingriffe. Diese Maßnahmen waren allerdings nicht ökologisch motiviert, sondern das Ergebnis energiewirtschaftlicher Zwänge bei extrem hohen Importpreisen für sowjetisches Öl.

Vergleichsweise günstig entwickelte sich auch die Wiederverwertung von Rohstoffen (Sero-System). Im Industrieländervergleich ungewöhnlich war die Flächenentwicklung. Die Siedlungs- und Verkehrsfläche blieb seit

1970 aufgrund staatlicher Regulation (BodennutzungsVO, Bodennutzungsgebühr) nahezu konstant, während sie in der Bundesrepublik stark zunahm *(Wirtschaft und Statistik 7/1991)*. Nur bei der Ausweisung von Naturschutzflächen hatte die DDR eine vergleichsweise günstige Bilanz vorzuweisen, die auch einer ökologischen Motivation entsprang.

Basisliteratur

Jänicke, M./Weidner, H.: Germany, in: Jänicke, M./Weidner, H. (Eds.): National Environmental Policies. A Comparative Study of Capacity-Building, Berlin etc. 1997.

Kloepfer, M./Reinert, S.: Aspekte des Umweltrechts in der DDR, in: Zeitschrift für Umweltpolitik und Umweltrecht, 1/1990, S. 1-17.

Müller, E.: Innenwelt der Umweltpolitik. Sozial-liberale Umweltpolitik – (Ohn)macht durch Organisation? 2. Aufl., Opladen 1995.

OECD: Environmental Performance Review: Germany, Paris 2001.

Pehle, H.: Das Bundesministerium für Umwelt, Naturschutz und Reaktorsicherheit: Ausgegrenzt statt integriert? Das institutionelle Fundament der deutschen Umweltpolitik, Leverkusen 1998

Weiterführende Literatur

Bundesministerium für Umwelt, Naturschutz und Reaktorsicherheit (BMU): Nachhaltige Entwicklung in Deutschland. Entwurf eines umweltpolitischen Schwerpunktprogramms, Bonn 1998.

Bundesregierung: Perspektiven für Deutschland – Unsere Strategie für eine nachhaltige Entwicklung, Berlin 2002.

Hartkopf, G./Bohne, E.: Umweltpolitik, Bd. 1: Grundlagen, Analysen und Perspektiven, Opladen 1983.

Herbert, W./Häberle, T.: Zwischenbericht zum Projekt Umweltbewußtsein bei Experten und Bevölkerung, Forschungsstelle für gesellschaftliche Entwicklungen, Universität Mannheim 1992.

Jänicke, M. (Hrsg.): Umweltpolitik: Beiträge zur Politologie des Umweltschutzes, Opladen 1978.

Jänicke, M./Mez, L.: Umweltpolitik, in: Andersen, U./Woyke, W. (Hrsg.): Handwörterbuch des politischen Systems der Bundesrepublik, 4. Aufl., Opladen 2000.

Mayntz, R. (Hrsg.): Vollzugsprobleme der Umweltpolitik, Stuttgart 1978.

Mez, L./Jänicke, M./Pöschk, J.: Die Energiesituation in der vormaligen DDR. Darstellung, Kritik und Perspektiven der Elektrizitätsversorgung, Berlin 1991.

Paucke, H.: Chancen für Umweltpolitik und Umweltforschung. Zur Situation in der ehemaligen DDR, Marburg 1994.

Rat von Sachverständigen für Umweltfragen: Umweltgutachten 2000, 2002, Stuttgart 2000, 2002.

Scharpf, F. W.: Die Handlungsfähigkeit des Staates am Ende des zwanzigsten Jahrhunderts, in: Politische Vierteljahresschrift, 32. Heft 4/1991, S.621-634.

Storm, P.-C. (Hrsg.): Umweltrecht. Wichtige Gesetze und Verordnungen zum Schutz der Umwelt, 14. Aufl., München 2002.

Töpfer, K.: Eckwerte der ökologischen Sanierung und Entwicklung in den neuen Bundesländern, in: Umwelt (BMU), 1/1991.

Uebersohn, G.: Effektive Umweltpolitik. Folgerungen aus der Implementations- und Evaluationsforschung, Frankfurt/M. etc. 1990.

Weidner, H.: Reagieren statt Agieren. Entwicklungslinien staatlicher Umweltpolitik in der Bundesrepublik Deutschland, in: Politische Ökologie, 23/1991, S. 14-22.

Wicke, L.: Umweltökonomie, 4. Aufl., München 1993.

Wittkämper, G. W.: Umweltschutz. Einführung in Umweltpolitik und Umweltverwaltung unter Berücksichtigung des Umweltrechts, Berlin, Bonn, Regensburg 1992.

Umweltbundesamt: Umweltdaten Deutschland 2002, Berlin 2002.

2. Public Policy und Public Management – Grundbegriffe der Politikanalyse

In diesem Kapitel sollen Grundbegriffe der Politikanalyse dargestellt werden, die für die Umweltpolitik von Bedeutung sind. Dabei wird zunächst das Grundgerüst der Policy-Analyse dargestellt. Auf dieser Basis wird der neuere Ansatz des New Public Management behandelt. Im folgenden Kapitel wird sodann ein spezifisches Modell der Umweltpolitikanalyse dargestellt, das zentrale Begriffe dieses Kapitels aufgreift.

Die Politikwissenschaft gliedert ihre zentralen Themenfelder mit drei Schlüsselbegriffen, die dem angelsächsischen Sprachgebrauch entstammen: ‚polity', ‚politics' und ‚policy' *(Windhoff-Héritier 1987, Schubert 1991, Prittwitz 1994)*.

- *Polity* kennzeichnet die *Ordnung* des politischen Systems, die institutionellen, organisatorischen und normativen Rahmenbedingungen der Politik.
- *Politics* beschreibt *Prozesse* von Konfliktaustragung und Konsensbildung, von Machterwerb und Machterhaltung auf der Grundlage konkurrierender Interessen. Politics bezieht sich somit auf die dynamische und konflikthafte Seite des Politischen.
- *Policy* schließlich meint die *Inhalte*, Ziele, Programme und Instrumente in konkreten Politikfeldern (wie dem des Umweltschutzes), die Problemdimension, Art und Substanz von Sachentscheidungen, ihre Determinanten und Auswirkungen.

Es geht bei der Policy-Analyse also nicht um das politische System im allgemeinen und politische Prozesse im besonderen, sondern um die konkrete Staatstätigkeit in einem speziellen Politikfeld, hier dem des Umweltschutzes. „Policy" wird im Deutschen meist mit „Politikfeld" übersetzt und Policy-Analyse auch mit „Politikanalyse". Wie in diesen Fällen ist die Fachterminologie dieses Gebietes auch insgesamt schwer übersetzbar. Es hat sich daher eingebürgert, die englische Terminologie einfach zu übernehmen. Dies soll auch hier geschehen.

Aus der Sicht der Umweltpolitikforschung hat die Policy-Analyse, die heute ein etablierter Forschungsansatz ist *(Howlett/Ramesh 1995, Sabatier*

1999), besondere Bedeutung. Ihr wichtigster Beitrag könnte im Konzert der Umweltwissenschaften darin liegen, den Schwierigkeitsgrad der Umsetzung umweltpolitischer Ziele zu verdeutlichen und auf dieser Basis verbesserte Politikstrategien zu entwickeln. Damit wirkt sie zugleich vereinfachenden oder naiven Vorstellungen von Staat und Politik entgegen, wie sie in der öffentlichen Umweltdebatte und gelegentlich auch in anderen Umweltdisziplinen anzutreffen sind. Im folgenden sollen Charakteristika und Begrifflichkeiten der Policy-Analyse vorgestellt und in Bezug zur Umweltpolitik-Analyse gesetzt werden.

2.1 Charakteristika der Policy-Analyse

Geprägt durch die Erfahrungen des Zweiten Weltkriegs konstituierte sich die Nachkriegspolitologie in den USA wie in der Bundesrepublik Deutschland in erster Linie als ,Demokratiewissenschaft' (mit der Totalitarismusforschung als Pendant). Dabei konzentrierte sie sich auf Formen der Machtausübung, auf das Regierungssystem, auf Parteien und Verbände sowie Prozesse der politischen Meinungs- und Willensbildung (z. B. Wahlen). Die Policy-Forschung ist als Reaktion auf diese einseitig auf Institutionen und Politikprozesse beschränkte Betrachtungsweise entstanden. Ein weiterer Entstehungsgrund war die in den sechziger Jahren zu beobachtende Angleichung der Politiken („Konvergenz") in Ost und West: Die unbestreitbar radikale Verschiedenheit der beiden Regierungssysteme gab keine Erklärung dafür, dass sich die Politikfelder eher ähnlich entwickelten. Die Entstehung des Politikfeldes der Umweltpolitik war dafür besonders kennzeichnend. Ähnlich wie sie waren aber auch die Energiepolitik, Verkehrspolitik, Technologiepolitik, Gesundheitspolitik, Regionalpolitik oder Agrarpolitik durch in Ost und West ähnliche industriegesellschaftliche Problemtendenzen gekennzeichnet, die eine zunehmende Nachahmung (Diffusion) bewährter Problemlösungen ergab *(vgl. Pryor 1968, Wilensky 1975)*. Auch im globalen Vergleich der Industrie- und Entwicklungsländer konnten bestehende Unterschiede oft eher durch das Entwicklungsniveau (BIP pro Einwohner) als durch den Unterschied des Regierungssystems erklärt werden *(Zapf 1969)*. Die gesellschaftlichen Funktionen des Staates – und damit die Inhalte der Politik – traten daher gegenüber seinen institutionellen Strukturen in den Vordergrund. Erst jetzt geriet die Frage nach den Wirkungen, Erfolgen und Kosten von Politik ins Zentrum der Betrachtung.

Zur Entstehung der modernen, anwendungsorientierten Policy-Analyse trug auch die amerikanische Reformpolitik der späten sechziger Jahre bei. Policy-Analyse ist aber auch eine Reaktion auf die Verlagerung der politischen Gewichte auf Exekutive und Verwaltung zu Lasten der Legislative (Parlamente). Mit ihr nahm auch die Ausdifferenzierung und Abgrenzung spezialisierter Politikbereiche zu. Mit der Spezialisierung nahm auch deren internationale Vernetzung zu. Fachverwaltungen werden heute nicht nur durch nationale Willensbildungen, sondern auch durch einen internationalen Stand des Wissens motiviert (und legitimiert).

Policy- oder Politikfeldanalyse kann auf einzelne Ressorts bezogen sein. Ihr Gegenstand ist aber nicht beispielsweise auf den Tätigkeitsbereich eines Ministeriums begrenzt. Sie betrifft jede Art politischer Tätigkeiten in einem speziellen Problembereich, einschließlich derer, die sich institutionell erst herausbilden (Beispiele: Frauenpolitik, Klimaschutzpolitik).

Bei ihrer vorrangigen Betrachtung der Inhalte, Voraussetzungen und Folgen von Politik blendet die Policy-Analyse die Aspekte von Macht, Herrschaft und Legitimität keineswegs aus. Vielmehr fragt sie am konkreten Entscheidungsgegenstand, wo, von wem, wie und mit welchen Wirkungen Macht ausgeübt wird. Macht wird hier an konkrete Akteure und Akteurskonstellationen geknüpft. Sie wird an den Ergebnissen und Wirkungen von Politik gemessen. Politische Strukturen und Handlungsbedingungen prägen den Politikprozess und die Chancen von Akteuren und diese wirken ihrerseits auf den Politikprozess und die Institutionen zurück. Insofern bleiben alle drei Dimensionen von Politik (polity, politics, policy) wesentlich, auch wenn die konkreten Inhalte im Vordergrund stehen.

Policy-Forschung arbeitet notwendig interdisziplinär. Die Umweltthematik, mit der nahezu alle Wissenschaftsdisziplinen befasst sind, macht dies Erfordernis besonders deutlich. Interdisziplinäres Arbeiten bedeutet dabei nicht etwa, dass die eigene Fachdisziplin an Bedeutung verliert. Vielmehr geht es darum, ihren spezifischen Stellenwert im Kontext der beteiligten Wissenschaften herauszuarbeiten. Die Umweltpolitikforschung sieht ihr Spezifikum im interdisziplinären Kontext vor allem in der Analyse politischer Willensbildungsprozesse bei der Lösung von Umweltproblemen.

2.2 Der Policy-Zyklus

Einer der wichtigsten Grundbegriffe der Policy-Analyse ist der Politik-
zyklus (policy cycle). Ausgangspunkt ist hier die Beobachtung, dass politische Maßnahmen bestimmte typische Stadien durchlaufen. Ähnliche Pha-
senmodelle hat auch die Managementliteratur entwickelt *(vgl. Damkows-
ki/Precht 1995: 19)*, mit dem wesentlichen Unterschied, dass hier die Zielbildung eine zentrale Rolle spielt. In der Policy-Analyse werden folgende
Stadien des Policy-Zyklus unterschieden *(Windhoff-Héritier 1987, Jann
1991, Prittwitz 1994, Howlett/Ramesh 1995)*:

Abbildung 6: *Der Policy-Zyklus*

- **Problemwahrnehmung (Problem perception),**
- **Thematisierung (Agenda setting),**
- **Politikformulierung (Policy formulation),**
- **Entscheidung (Decision making),**
- **Politik- und Verwaltungsvollzug (Implementation),**
- **Ergebnisbewertung (Evaluation) und**
- **Politikneuformulierung oder -beendigung (Termination).**

Die einzelnen Phasen lassen sich jedoch nur typologisch so klar voneinander unterscheiden. In der politischen Realität gehen sie häufig ineinander
über oder laufen parallel, finden zeitliche und inhaltliche Überschneidungen statt *(vgl. Sabatier 1993)*. Es wurde kritisiert, dass das Modell des
Politik-Zyklus zu sehr an parlamentarischen Willensbildungsprozessen von
unten nach oben und zurück orientiert sei, während doch erwiesenermaßen
weitaus die meisten Initiativen aus der Verwaltung kommen. Genau genommen ist das Modell hier aber nicht festgelegt. Es bietet unbestritten
einen „heuristischen" Orientierungsrahmen, der in der Politikanalyse einen
hohen Stellenwert hat. In dem wichtigen Standardwerk zur Policy-Analyse
von Howlett und Ramesh steht er – zu Recht – im Mittelpunkt der Darstellung *(Howlett/Ramesh 1995)*.

   Im Folgenden sollen die einzelnen Phasen des Policy-Zyklus erläutert
werden.

Problemwahrnehmung

Politische Probleme sind kollektiv wahrgenommene Probleme. Auch Umweltprobleme bedürfen der „Perzeption" durch politische Akteure, um eine politische Bedeutung zu erlangen. Sie können von einem großen Teil der Bevölkerung – im vergangenen Jahrhundert auch durch Schriftsteller – wahrgenommen werden, ohne dass diese Beobachtung politisch von Belang ist. Erst dadurch, dass sie von relevanten politischen Akteuren als solche anerkannt werden, erhalten sie die Chance, in den politischen Entscheidungsprozess eingebracht zu werden. Von einer Vielzahl möglicher Themen gelangen jedoch nur wenige in den Brennpunkt politischen Inte-resses. Welche Themen sich dabei durchsetzen, hängt von zahlreichen Faktoren ab. In der Policy-Analyse *(Mayntz 1983)*, vor allem aber in der Umweltpolitik-Analyse wird in diesem Zusammenhang die Bedeutung der Problemstruktur betont *(Jänicke 1996)*: Die objektive Wahrnehmbarkeit von Umweltproblemen ist höchst unterschiedlich. Während die Explosion einer Chemieanlage oder das Waldsterben in der Umgebung unübersehbar ist, setzt die Wahrnehmung des Flächenverbrauchs oder des Artenverlustes schon die Kenntnis früherer Zustände und die Fähigkeit voraus, eine Teilbeobachtung zeitlich und räumlich hochzurechnen. Die Grundwasserverschmutzung ist nicht unmittelbar wahrnehmbar. Hier muss die unmittelbare Wahrnehmung durch die „wissenschaftliche Wahrnehmung" ersetzt werden.

Neben der Natur der Sache selbst sind für die politische Problemwahrnehmung die beteiligten Akteure und ihre Nähe oder Ferne zu den Medien und den politischen Institutionen von Bedeutung. Die Wahrnehmung kann auf die Betroffenen beschränkt und ohne Interesse für die Medien sein. Bei hinreichender Breite und sozialer Kommunikation der Negativerfahrung kann in diesem Fall aber bereits von einer öffentlichen Angelegenheit *(public agenda, society's agenda, Howlett/Ramesh 1995: 112)* gesprochen werden. Die Wahrnehmung kann aber auch eine Presse-Kampagne sein *(media agenda)*. Sie kann auch direkt durch interessierte Fachverwaltungen erfolgen. Aber erst wenn die Fachebene – oder die Presse – die legitimierten politischen Institutionen für das Thema zu interessieren vermag, gelangt dieses auf die politische Tagesordnung *(policy agenda, institutional agenda, vgl. Kap. IV 4.4)*.

Agenda setting

„Agenda setting" ist schwer zu übersetzen. Wörtlich geht es darum, etwas auf die Tagesordnung zu setzen, hier um die politisch-institutionelle Etablierung eines Themas. Die politische Agenda betrifft die Liste der Themen oder Probleme, denen politische Entscheidungsträger und ihr Einflussumfeld zu einem gegebenen Zeitpunkt besondere Aufmerksamkeit widmen *(Kingdon 1995: 3)*. Genau genommen geht es dabei nicht um jeden Diskurs in politischen Institutionen und nicht um jede Parlamentsdebatte, sondern um die Tagesordnung konkreter politisch-institutioneller Entscheidungen. Mit dem agenda setting beginnt ein Politikzyklus. Und das bedeutet implizit die institutionelle Befassung mit Maßnahmen, die vollzogen werden und Wirkungen haben sollen.

Im Gegensatz zur Problemwahrnehmung ist die Frage, wie ein in der Gesellschaft und/oder in den Medien wahrgenommenes Problem – z. B. ein Umweltproblem – auf die Tagesordnung der politischen Institutionen gerät, ein umfassend erforschtes Gebiet der Politikforschung.

Zur Frage des agenda setting liegen unterschiedliche theoretische Erklärungsansätze vor. Systemtheoretisch orientierte Ansätze der politischen Modernisierung und Entwicklung gehen implizit von einer Entwicklungslogik der politischen Thematisierung aus *(Zapf 1969)*: Auf bestimmten Stufen der sozio-ökonomischen Entwicklung eines Landes ergeben sich typische Herausforderungen oder Krisen, auf die das politische System früher oder später und bei entsprechendem situativen Auslöser reagieren muss *(Jänicke 1973)*. Der Sozialstaat entsteht so auf bestimmten Entwicklungsstufen industrieller Gesellschaften und ebenso der Umweltschutz. Marxistische Ansätze des Staatsinterventionismus gehen von ähnlichen entwicklungsbedingten Funktionserfordernissen aus, die sich so oder so krisenbedingt durchsetzen *(Altvater 1973)*.

In diesen Ansätzen werden die Bedingungen des agenda setting als zweitrangig angesehen. Tatsächlich ergeben sich viele Umweltthemen gleichsam „entwicklungslogisch" – Chemiepolitik wird beispielsweise erst bei einem bestimmten Stadium der Chemisierung unumgänglich, und die Motorisierungsproblematik stellt sich in armen Ländern anders als in reichen. Für eine rasche politische Thematisierung von Problemlösungen ist aber die Kenntnis der Bedingungen des agenda setting dennoch von hoher praktischer Bedeutung.

Ein ähnlicher Ansatz geht davon aus, dass Probleme im Regelfall erst wahrgenommen werden, wenn die Kapazität zu ihrer Lösung vorhanden ist. Diese schafft dann wiederum ein aktives „Helferinteresse" an der Thematisierung *(Prittwitz 1990)*. Die Handlungskapazitäten der Umweltpolitik haben sich in den Industrieländern beispielsweise im Laufe von 30 Jahren aufgebaut. Für bestimmt Problemlösungen reichen sie aus, für andere – insbesondere für die Problematik nachhaltiger Entwicklung – müssen sie meist noch entwickelt werden.

Die Bedeutung der Problemstruktur wurde bereits erwähnt *(vgl. auch 3.2 und 5.3)*. Sie gilt natürlich auch für die Etablierung eines entsprechenden Themas auf der politischen Agenda: Probleme mit hoher Sichtbarkeit und Betroffenheit gelangen eher auf die Tagesordnung. Dies gilt auch für die leicht lösbaren Probleme, was wiederum auf den Kapazitätsaspekt verweist: Probleme, für die es (noch) keine Lösungsmöglichkeit und keine ausreichende Handlungskapazität gibt, haben es schwer, sich als politisches Thema zu etablieren. Das liegt auch daran, dass vorhandene Lösungsmöglichkeiten in aller Regel aktiv durch Akteure thematisiert und propagiert werden, die von ihrer Verwirklichung einen direkten Vorteil haben.

Ein anderer Theorieansatz hebt die situative Seite des agenda setting besonders hervor. Er hat vor allem die US-amerikanischen Verhältnisse vor Augen. Aufbauend auf der so genannten „garbage-can-Theorie" von Cohen, March und Olsen (1972) geht John W. Kingdon (1995) von drei voneinander unabhängigen, eigenlogischen „Strömen" aus, deren mehr oder weniger zufälliges Zusammentreffen ein Politikfenster (policy window) schafft und so die Etablierung eines politischen Themas ermöglicht. Der erste Strom betrifft Informationen über Probleme, die auf eine politische Lösung hindrängen (problem stream). Der zweite Strom betrifft die Aktivität von Fachverwaltungen und Experten, die – oft für den Abfall-eimer (garbage can) – Probleme analysieren und Lösungen vorschlagen (policy stream). Hier ergibt sich auch das erwähnte „Helferinteresse". Die Spezialisten der Problemlösung bedürfen der Unterstützung derer, die Probleme benennen und an das politische System adressieren. Beide bedürfen jedoch des dritten Stromes (political stream): Der politische Prozess muss sich für sie günstig entwickeln. Die „Politiker" müssen sich für das Thema interessieren. So kann eine neue Regierung nach neuen Profilierungsfeldern suchen (wie die Regierung Brandt/Scheel im Jahre 1969); eine neue politische

Strömung oder „Aufbruchstimmung" kann bestimmte Problemlösungen begünstigen. Die Theorie Kingdons verdeutlicht die Eigenlogiken der gesellschaftlichen Thematisierung von Problemen, der Entwicklung und Aussonderung von Problemlösungen auf der Experten-ebene und der politischen Konjunkturen. Sie stellt eine Gegenposition zu den systemischen Ansätzen dar und stellt deren Determinismus ähnlich einseitig das Zufallsmoment in der politischen Themenfestsetzung entgegen. Es handelt sich in beiden Fällen um sich ergänzende Perspektiven.

Wichtig ist auch das Verhältnis der im vorigen Abschnitt erwähnten drei Agenden zueinander. Politik und Verwaltung können Themen ohne Medienbegleitung (media agenda) oder öffentliche Anteilnahme (public agenda) behandeln und auf die Tagesordnung der staatlichen Willensbildungseinrichtungen (policy agenda) bringen (Dearing/Rogers 1992). Diese eigenständige Thematisierungsleistung hat heute sogar zunehmende Bedeutung, zumal im Zeichen der Internationalisierung und Verwissenschaftlichung von Politik. Besteht aber zwischen der politischen Tagesordnung und der Tagesordnung der Medien oder aber auch des gesellschaftlichen Publikums eine zu große Kluft, so kann die Politik Rückschläge erleiden. Es geht letztlich also nicht nur um die Frage, wie die Themen auf die politische Tagesordnung gelangen, sondern auch umgekehrt darum, wie gut die politische Tagesordnung in den Medien und im öffentlichen Diskurs verankert ist.

Die angeführten unterschiedlichen theoretischen Erklärungsansätze der Etablierung eines politischen Themas schließen sich nicht aus. Sie lassen sich als ein „Kausalitätstrichter" (funnel of causality) darstellen, der die Entstehung einer neuen politischen Thematik aus der Abstufung von Einflussfaktoren erklärt, die in zunehmender Konkretheit aufeinander wirken (Hofferbert 1974, Howlett/Ramesh 1995: 111). Neben den allgemeinen historischen und geographischen Ausgangsbedingungen eines Landes wird dessen sozio-ökonomischer Entwicklungsstand hohe Bedeutung besitzen. Politische und kulturell-ideelle Faktoren werden die konkrete Gestaltung bzw. „Konstruktion" des Themas beeinflussen. Und schließlich werden auch situative Zufallsmomente das Früher oder Später der Verankerung des Themas im Entscheidungsprozess beeinflussen.

Ein weiterer Aspekt der Agenda-Gestaltung betrifft die Frage, woher die Initiative für diesen Schritt kommt. Die politische Thematisierung kann von unten (bottom up) durch Politisierungen in der Gesellschaft entstehen.

In der angelsächsischen Fachliteratur wird dann von einer Außeninitiative (*outside initiation model*) gesprochen *(Cobb, Ross, Ross 1976)*. Die Initiative kann aber auch als staatliche Aktivität von oben (*top down*) erfolgen (*inside initiation model*). Dabei wird aber die Rolle internationaler Einflüsse noch nicht berücksichtigt. Inhaltlich kann eine Thematisierung durch neue Konzepte im eigenen Lande angeregt sein; dies läuft auf nationale Politikinnovationen hinaus, wie sie uns aus umweltpolitischen Pionierländern bekannt sind. Die Thematisierung kann inhaltlich aber auch auf Modelle bzw. Politikinnovationen in anderen Ländern oder auch der internationalen Ebene zurückgehen. Dieser Anstoß durch bereits vorliegende Politikinnovationen außerhalb des eigenen Landes ist heute im Zeichen der Globalisierung von Umweltpolitik besonders häufig *(s. II 6)*. Der Anstoß kann nun wiederum über staatliche Institutionen von oben (inside initiation) oder über gesellschaftliche Organisationen von unten (outside initiation) in das politische System gebracht werden.

Dies ergibt *vier Varianten des agenda setting:*

> a) **staatliche Politikinnovation,**
> b) **staatliche Politikübernahme,**
> c) **gesellschaftliche Politikinnovation,**
> d) **gesellschaftliche Politikübernahme.**

Politikformulierung

In dieser Phase des Politik-Zyklus werden politische Maßnahmen in Form von Gesetzen, Verordnungen, Plänen oder Programmen festgelegt. „Programm" ist dabei zugleich der allgemeine Oberbegriff. Bei der Programmformulierung geht es um die eigentlichen Politikinhalte, um Ziele, Instrumente, Strategien, Zuständigkeiten, Geldmittel etc. Es geht damit auch um Interessenkonflikte über die Ausformulierung im einzelnen, um Handlungsalternativen, um die Strenge oder Oberflächlichkeit der Regelungen. Es geht um Begünstigte und um Benachteiligte, um die Berücksichtigung und den Ausgleich unterschiedlicher Interessen.

Die Formulierung eines Politikprogramms, die abschließende Beschlussfassung und die Umsetzung des Programms im Staatsapparat bilden die zentralen Leistungen des politischen Systems im Politik-Zyklus. Ihr Ergebnis sind Maßnahmen des politisch-administrativen Systems, die sich an bestimmte Politikadressaten richten; sie werden als *policy output* bezeichnet. Bei der Analyse von outputs spielt die inhaltliche Substanz der Entscheidungen eine wesentliche Rolle. Hier kann es sich um vordergründig symbolische Politik *(Edelman 1964)* handeln, um Beschlüsse ohne finanzielle, personelle oder institutionelle Konsequenzen (Beispiele: die Einsetzung eines Ausschusses, der Rekurs auf bloße Forschungstätigkeit, unklare Vollzugskompetenzen oder die Verlagerung der Entscheidung auf eine andere Ebene). Die Programme können andererseits präzise operationalisierte Problemlösungsversuche sein, mit eingebundenen Zeitplänen, Erfolgskontrollen etc.

Die Bedeutung der Politikformulierungs-Phase zeigt sich nicht zuletzt auch in ihrer Dauer. Oft dauert es viele Jahre, bis der Parteitagsbeschluss einer Regierungspartei, eine Koalitionsvereinbarung oder die Vorgabe einer Expertenkommission zu einer Vorlage wird, die abschließend entschieden werden kann *(vgl. Smeddinck/Tils 2002)*. „Abschließend entschieden" bedeutet: Es wird auch zuvor ständig entschieden, in zahlreichen Ausschüssen und Unterausschüssen der Verwaltungen, des Parlaments, der Parteien und Interessenverbände, vor allem aber in Politik-Netzwerken (s. u.): Vor dem Kabinettsentwurf gibt es in aller Regel bereits mehrere Vorentwürfe, die unterschiedlichen Interessen Rechnung tragen. Nach dem Kabinettsentwurf gibt es bei Gesetzen noch immer drei Lesungen im Parlament. In aller Regel wird die Politikformulierung auch von der EU beeinflusst. In der Bundesrepublik kann auch der Bundesrat intervenieren und eine veränderte Fassung durchsetzen *(vgl. III 2.1)*.

Dieser langwierige und mühsame Entscheidungsprozess – ein Prozess ständiger Umformulierung – macht mechanistische Vorstellungen von politischer Steuerung zur Illusion. Aber auch bei Wissenschaftlern ist die Vorstellung von staatlicher Steuerung gewissermaßen im Sinne eines *Autofahrermodells* verbreitet, bei dem ein Fahrer ein Ziel mit wenigen Schalthebeln verfolgt. Die empirische Forschung zur Politikformulierung zeigt demgegenüber, dass schon in die Zielbildung unterschiedliche Interessen eingehen. Die Umweltpolitik will beispielsweise den Gewässerschutz verbessern; die Arbeitsmarktpolitik, die Wirtschafts- und Baupolitik (mit ihrer wirtschaftlichen Klientel) werden dafür möglicherweise als Bündnispartner gewonnen, wenn das Ziel baupolitisch umformuliert wird und Arbeitsplätze geschaffen werden. Das führt dann beispielsweise – wie in den siebziger

Jahren – zur Strategie eines forcierten Kläranlagenbaus. Am Steuer sitzen also in aller Regel mehrere Fahrer mit unterschiedlichen Zielen. Der Kompromisscharakter der Ziele erklärt deren häufige Uneindeutigkeit. Bereits deshalb gibt es auch kein einzelnes optimales Instrument. Und auch über das Instrumentarium entscheiden in aller Regel unterschiedliche Interessen *(zum Instrumentarium s. Kap. II 4)*.

Andererseits können politische Maßnahmen und Programme grundsätzlich auch rational geplant werden; die Policy-Analyse als wissenschaftliche Politikberatung bietet hierzu Lösungsvorschläge. Cohen und Kamieniecki (1991) haben beispielsweise ein Modell „strategischer regulatorischer Planung" entwickelt: Die ersten analytischen Schritte betreffen die Natur des zu lösenden Problems, die beteiligten Akteure und die bisher ergriffenen Maßnahmen. Der wichtige nächste Schritt ist die Abklärung der Ziele und die Beantwortung der Frage nach den „Motiven, Zielen, Positionen und Handlungsressourcen jeder Partei, die erwünschte Verhaltensänderung entweder zu vollziehen, zu ignorieren oder zu bekämpfen" *(Cohen/Kamieniecki 1991: 31)*. Beim nächsten Schritt geht es um die Prüfung der Instrumente: Welches Ausmaß an Freiwilligkeit bzw. Zwang ist zur Verhaltensänderung der Zielgruppe (target group) angemessen. Und schließlich wird die Machbarkeit der auf diese Weise geplanten Maßnahme vorweg evaluiert. Mit dieser Vorausabschätzung der Hemmnis- und Chancenstruktur kann die Vorgehensweise noch einmal optimiert werden. Die Politikforschung tendiert dabei zu der Auffassung, dass ausgehandelte Regulierungen die Widerstände der Zielgruppe verringern und institutionelle Abläufe erleichtern.

Die neuere Umweltpolitikforschung zeigt im übrigen, dass der Prozess der Politikformulierung selbst bereits eine Lenkungswirkung haben kann: Dieser Prozess ist durch die Vielzahl von Diskursen und Abstimmungsprozessen mit vielfältigen Lernprozessen verbunden. Das Lernen über wechselseitige Vorteile – sog. Win-win-Lösungen – gehört dazu. Innovateure können sich auf die absehbare Regelung frühzeitig einstellen. Sie können dadurch Anpassungszwänge in ihrer Branche hervorrufen und damit den Handlungsspielraum der Politik erweitern *(Jacob/Jänicke 1998, Conrad 1998)*. Moderne Umweltpolitik bringt mitunter den Prozess der Politikformulierung bewusst in Gang, um solche Wirkungen zu stimulieren, ohne dass am Ende tatsächlich staatliche Entscheidungen stehen müssen. Moderne Umweltplanung mit konsensualer Zielbestimmung auf breiter Basis ist ein Ansatz, diese indirekte Steuerung zu forcieren.

Entscheidung

Entscheidung ist die verbindliche Auswahl (choice) zwischen mehreren, nicht gleichzeitig realisierbaren Handlungsalternativen durch institutionell befugte Entscheidungsträger. Sie setzt die Vorentscheidungen der Politikformulierung voraus. Zur Entscheidungsanalyse gehört auch die Untersuchung der Nichtentscheidungen (non-decisions), verstanden als nicht zufällige Handlungsverzichte *(Bachrach/Baratz 1970)*. In der Umweltpolitik ist der schon in den sechziger Jahren geforderte, aber nur selten oder (wie in der Bundesrepublik) spät gesetzlich geregelte Bodenschutz ein Beispiel hierfür *(Kap. II 1, vgl. Weale 1992: 16)*.

Die politische Entscheidung war lange Zeit das dominante Thema der gesamten Politikanalyse. Bevorzugte Themen waren hierbei: die Charakteristika der Entscheidungsträger, ferner die Entscheidungssituation, z.B. krisenhafte Entscheidungen unter Zeitdruck, und in letzter Zeit vor allem die Rationalität oder Irrationalität von Entscheidungen. Spiel- und modelltheoretische Darstellungen von Entscheidungskalkülen und Entscheidungslogiken spielten in der Literatur eine wesentliche Rolle *(Howlett/Ramesh 1995, Prittwitz 1994)*. Der Versuch, der Politik bestimmte Entscheidungskalküle – zum Beispiel die Nutzen-Maximierung als rational choice – zu unterstellen und Politik somit prognosefähig zu machen *(Downs 1967)*, erweist sich hier letztlich als ähnlich einseitig und vereinfachend wie die Unterstellung einer prinzipiellen Irrationalität und Zufallsbestimmtheit von Entscheidungsvorgängen.

Die Policy-Analyse hat demgegenüber einen eher empirischen Ansatz, der den Realitäten von Entscheidungsprozessen, der Komplexität und Dynamik möglicher Einflussfaktoren Rechnung zu tragen sucht. Dies führt zu einer wichtigen Erkenntnis der empirischen Politikforschung: Während herkömmliche Entscheidungsanalysen den legitimierten Entscheidungsträgern – z.B. Parlamentsmehrheiten oder Ministern – die zentrale, souveräne Rolle zusprachen, wird nun nach den Akteuren gefragt, die tatsächlich den inhaltlichen Ausgang von Entscheidungen bestimmen. Diese Frage führt zu den „Herren der Vorentscheidungen" im Vorfeld der formalen Verfas-

61

sungsinstitutionen. Zentrale Erkenntnis war hier, dass gerade die Vorent-scheidungen in Politik-Netzwerken (policy networks) fallen, die oft bereits den Vorlauf des agenda setting mit beeinflussen. Viel wichtiger als die Frage politischer Parlamentsmehrheiten wurde nun die Frage, ob diese Politik-Netzwerke offen und pluralistisch oder geschlossen und interessen-homogen strukturiert sind *(Windhoff-Heritier 1987)*. Empirische Untersu-chungen ergaben hierbei eine Bandbreite von Möglichkeiten, die von der völligen Beherrschung eines Politikfeldes durch Interessengruppen (captu-red network) über die Beherrschung dieser Klientel durch den Verwal-tungsapparat (clientelistic network) bis hin zur pluralistischen Beteiligung unterschiedlicher Interessen an der Willensbildung (pluralistic network) reichte oder vollends offenen thematischen Netzwerken (issue network) *(Howlett/Ramesh 1995: 125)*. Die gerade im Umweltschutz oft anzutref-fende „Ohnmacht der Politik" gegenüber den organisierten Wirtschaftsin-teressen *(Jänicke 1986)* kann weitgehend über die Struktur der Politik-Netzwerke beschrieben werden. Netzwerkanalysen zeigen – je nach Poli-tikfeld – eine große Bandbreite *(s. Abb. 7, vgl. II 2.3)*. Änderungen im Interesse einer höheren „*Strategiefähigkeit*" haben ebenfalls hier anzuset-zen.

Abbildung 7: *Typen von Politiknetzwerken*

Netzwerkbeteiligte:	Staatsdominiert:	Gesellschaftsdominiert:
Mehrere Staatsverwaltungen:	Bürokrattisches Netzwerk	Partizipattives staatliches Netzwerk
Staat + eine gesellschaftliche Gruppe	Klientelistisches Netzwerk (captured network)	Erobertes Netzwerk
Staat + zwei gesellschaftliche Gruppen	Triadisches Netzwerk (Staat, Kapital, Arbeit)	Korporaistisches Netzwerk
Staat + drei oder mehr Gruppen	Pluralistisches Netzwerk (issue network)	Themenbezogenes Netzwerk

Politik- und Verwaltungsvollzug (Implementation)

Diese Phase beschreibt die Durchführung politischer Programme *(Mayntz 1983)*. Sie ist ganz überwiegend Aufgabe der Verwaltungen *(vgl. III 2)*. Es wäre aber ein Missverständnis des Politik-Zyklus, wenn die Verwaltungen erst auf dieser Stufe des Politikprozesses ins Blickfeld gerieten. Ein großer Teil der Thematisierung geht, wie gezeigt, auf die Expertenebene der Verwaltung zurück. Im Zuge der internationalen Vernetzung und „Globalisierung" dieser Fachverwaltungen dürften diese noch stärker als zuvor bereits in Frühphasen des Politik-Zyklus wirksam werden. Durch den zunehmenden Übergang zu Verhandlungslösungen haben sich Verwaltungen zudem eine eigene Legitimationsbasis geschaffen. Der parlamentarischen Legitimation durch Mehrheit wird oft die Legitimation durch Konsens – als Zustimmung der wichtigsten Beteiligten (stakeholder) – erfolgreich entgegengestellt. Auch in bezug auf die wissenschaftliche Legitimation besitzen die Fachressorts durch Beiräte, Fachgutachten etc. oft einen Vorsprung gegenüber der parlamentarischen Ebene. Die dienende Rolle der Verwaltungen, als bloße Vollzugsinstanz, erweist sich häufig als Fiktion. Es fragt sich durchaus, in welchem Maße parlamentarische Institutionen umgekehrt auf die Rolle der bloßen Legitimationsbeschaffung für den Verwaltungsapparat reduziert sein können *(Luhmann 1969)*.

Das Problem politischer Steuerung stellt sich nicht nur im Verhältnis Staat und Gesellschaft oder Staat und Wirtschaft. Zu den Steuerungsproblemen *des Staates* treten die Steuerungsprobleme *im Staat (Jänicke 1986)*, verstanden als die Schwierigkeit, parlamentarisch legitimierte Politik im bürokratischen Apparat effektiv durchzusetzen *(vgl. II 4.5)*. Diese Problematik wurde erstaunlich spät entdeckt. Bis in die siebziger Jahre hinein galt als selbstverständlich, dass beschlossene Politik auch umgesetzt wird *(Howlett/Ramesh 1995)*. Die „Vollzugsdefizite" *(Mayntz 1983)* bei der Umsetzung des Umweltrechts – beispielsweise durch eine Dominanz lokaler Standortinteressen bei Genehmigungsverfahren – sind erst seit den späten siebziger Jahren ein wichtiges Thema der Umweltpolitikforschung geworden *(Wollmann 1991)*.

Ergebnisbewertung (Evaluation)

Die Politikevaluation ist mehr als die Bewertung von Politik in der Öffentlichkeit, wie sie etwa vor Wahlen stattfindet. Sie ist auch etwas anderes als die rechtliche Überprüfung von Verwaltungsakten oder die Prüfung der öffentlichen Mittelverwendung durch den Rechnungshof. Politikevaluation ist – bei wachsender Breite ihrer Anwendungskriterien – im Kern die Prüfung der Effektivität und Effizienz sowie der Wirkungsbedingungen politischer Maßnahmen und Programme. Sie ist ein eigenständiges Berufsfeld mit wachsender Bedeutung *(vgl. Rossi/Freeman/Hofmann 1988, Fischer 1995, Bussmann/Klöti/Knoepfel 1997).* Ihre Professionalisierung hängt nicht zuletzt mit der zunehmenden Komplexität, Spezialisierung und Verwissenschaftlichung politischer Regelungen zusammen, welche die Politik nur noch begrenzt durch Bürger „mit bloßem Auge" beobachtbar macht. Dass nach den Wirkungen der Politik überhaupt systematisch gefragt wird, ist aber eine Errungenschaft, die erstaunlich spät in den Politikprozess eingeführt wurde. Bis in die sechziger Jahre hinein begnügte sich auch die Selbstdarstellung staatlicher Politik vorwiegend damit, ihr bloßes Tätigwerden zu dokumentieren. Und auch die politische Debatte konzentrierte sich auf dieses Tätigwerden, den policy output, und nicht auf die Wirkungen.

Abbildung 8: ***Evaluationskriterien umweltpolitischer Maßnahmen und Programme***

---

1) Wirkungsanalyse:
- *Effektivität: Ist die erwünschte Wirkung eingetreten?*
  - **Gratiseffekte**: Rührt die Wirkung von externen Faktoren oder einem anderen Ressort?
  - **Problemverschiebung**: Wurde das Problem nur zeitlich, räumlich oder medial verschoben?
  - **Kausalität**: Wurden Ursachen oder Symptome beseitigt?
  - **Nachhaltigkeit**: Wird das Problem (wachstumsbedingt) wieder ansteigen?
- *Effizienz: Nutzen-Kosten-Bilanz*
- *Fairness (equity): Entstehen ungerechte Belastungen?*
- *Akzeptanz: Wird die Lösung akzeptiert?*
- *Unerwünschte Begleiteffekte?*

---

2) Prozessanalyse:

- *Zielstruktur: Defizite der Zielformulierung?*
- *Instrumente: Defizite der Instrumentierung?*
- *Implementation: Vollzugsdefizite? Administrative Praktikabilität?*
- *Restriktionen: Wurden Widerstandspotenziale oder Anpassungsprobleme der Zielgruppe berücksichtigt?*
- *Potenziale: Wurden Eigeninteressen und Innovationspotenziale der Zielgruppe genutzt?*

Im Zentrum der Policy-Evaluation stehen die Wirkungen staatlicher Maßnahmen. Dabei werden mitunter die durch den policy output ausgelösten Verhaltensänderungen beim Politikadressaten (*policy impacts*) von den Wirkungen in der Sache (*policy outcomes*) unterschieden *(Bussmann/Klöti/Knoepfel 1997: 100-110)*. Gegenstand der Evaluationsforschung sind aber alle Phasen des Politikzyklus. Der Umgang mit Hemmnissen ist dabei ein durchgängiger Aspekt (Restriktionsanalyse). Policy-Evaluation erfolgt zumeist nachträglich, ex post, häufig auch parallel als „Begleitforschung", zunehmend auch ex ante als Vorausabschätzung von Maßnahmen *(Cohen/Kamieniecki 1991)*.

Die Professionalisierung der Politik-Evaluation bringt zugleich eine gewisse Rationalisierung in die schwierige Frage politischer Werturteile. Ob ein politisches Programm „gut" oder „schlecht", „erfolgreich" oder „gescheitert" ist, muss nun nicht mehr dem Stammtischurteil überlassen werden, über dessen „Richtigkeit" wissenschaftlich nicht entschieden werden kann. Wissenschaftliche Politik-Evaluation ist dagegen die systematische empirische Prüfung einer Maßnahme anhand expliziter Kriterien, die einen nachvollziehbaren Maßstab der Bewertung bilden und selbst auf anerkannten Forschungen basieren. In der Abbildung 8 werden mögliche Evaluationskriterien der Umweltpolitikanalyse genannt.

Politikneuformulierung oder -terminierung

Dass eine Politik auch durch Erfolg beendet werden könne, ist aus der Sicht des politischen Beobachters eine Trivialität. Für die Verwaltungen liegt dieser Gedanke weniger nahe, weil sie ja dem zu behandelnden Problem oft ihre Existenzberechtigung verdanken. Die Institutionalisierung einer Problembearbeitung durch große Verwaltungsapparate bringt immer die Gefahr mit sich, dass sie letztlich ein Interesse am Fortbestand der Probleme begünstigt (die dann nicht ursächlich sondern in ihren Symptomen bekämpft werden). Die wirkliche Problemlösung kann somit ihren Interessen zuwiderlaufen. Vielleicht ist dies der Grund, warum die Politikbeendigung erst in den sechziger Jahren durch die Policy-Analyse thematisiert worden ist. Eine vollkommene Problemlösung, die ein Programm überflüssig macht, ist – vor allem in der Umweltpolitik – eher die Ausnahme als die Regel.

Die erfolgreiche Beendigung eines Politikprogramms, das Freiwerden von Personal und Finanzmitteln, ist aber ein sinnvolles Handlungsziel. Es setzt eine den Erfolg feststellende Evaluation voraus. War die Maßnahme bzw. das Programm nicht erfolgreich, führt die Evaluation des Politikprozesses in aller Regel zu dem, was die Politikanalyse als *Policy-Lernen (policy learning)* bezeichnet. Nach Sabatier beziehen sich solche Lernprozesse vor allem auf die instrumentelle Seite der Politik, kaum auf die Kernüberzeugungen *(core beliefs)* der handelnden Akteure *(Sabatier 1993)*. Die Politik wird auf der Basis einer entsprechenden Analyse neu konzipiert. In der Gesetzgebung kommt es dann zur Neufassung (Novellierung) eines Gesetzes. Bezeichnenderweise hat das Tempo der Novellierung in der Bundesrepublik und anderen Ländern stark zugenommen.

Die schon im Ansatz der Policy-Analyse angelegte Politik-Revision verweist auf eine implizite Erkenntnis der empirischen Evaluationsforschung: Entgegen allen mechanistischen Politikmodellen haben politische Maßnahmen in aller Regel keine hohe Treffsicherheit. Sie bedürfen mithin der ständigen Überprüfung und Verbesserung. Der Politik-Zyklus ist – bei aller Kritik *(Sabatier 1999)* – auch deshalb ein sinnvolles Konzept geblieben, weil er dieser Tatsache angemessen Rechnung trägt.

2.3 Akteure und Politik-Netzwerke

Quer zur Systematik des Politik-Zyklus verwendet die Policy-Analyse weitere zentrale Begriffe, von denen hier nur die wichtigsten angeführt werden sollen. Wie schon Kapitel 1 zeigte, spielen die politischen Akteure und ihre Konstellationen in der Politik-Analyse eine zentrale Rolle. In einer Studie über umweltpolitische Kapazitäten unterscheidet die OECD „Akteure" von „Funktionen" (die sie erfüllen), politischen und gesellschaftlichen „Kontexten" (in denen sie handeln) und „Ressourcen" (auf die sie sich stützen). Den Akteursbegriff bezieht die Studie ebenso auf Individuen (Mikroakteure) wie auf Institutionen und organisierte Systeme (Makroakteure) *(OECD 1995: 8)*. *Politische Institutionen* sind aber bei strenger Definition selbst keine Akteure. Sie sind von Akteuren unabhängige stabile Regelsysteme, die in kalkulierbaren Verhaltens- und Erwartungsmustern zur Geltung kommen. Dies gilt sowohl für *Verfahren* wie Streiks oder Wahlen wie für *organisierte Systeme,* etwa eine Partei oder ein Ministerium. In diesem Sinne ist das konkrete Handeln eines Umweltministeriums durch individuelle Akteure bestimmt und dennoch institutionell strukturiert. Sein Handlungsauftrag und seine Zuständigkeiten sind institutionell vorgegeben. Und dennoch ist das Handeln eines Ministers mehr als die Verkörperung einer Institution. Das spricht dafür, vom individuellen Akteur auszugehen, seine institutionelle Rolle aber in besonderem Maße zu berücksichtigen. Nicht immer sind politische Akteure Repräsentanten von Institutionen. In Politik-Netzwerken (s.u.) sind sie zunächst einmal Individuen mit mehr oder weniger homogener Interessenlage, die sie für oder gegen eine bestimmte Politik aktiviert. Sabatiers Begriff der „advocacy coalitions" bezieht sich bewusst nur auf Koalitionen aus Individuen mit gleicher Handlungsmotivation und Kernüberzeugung *(Sabatier 1993)*. In der Tat sind gerade in der Umweltpolitik Koalitionen aus Überzeugungstätern quer durch die Institutionen außerordentlich wichtig.

Die *Handlungsressourcen* politischer Akteure können in ihrer institutionellen oder organisatorischen Basis, in der Existenz von Bündnispartnern und Unterstützungsgruppen oder in den verfügbaren materiellen oder informationellen Mitteln bestehen. Sie können aber auch in günstigen politischen oder ökonomischen Bedingungen liegen, unter denen sie handeln. Für die Akteure der Umweltpolitik wird dies in Kap. 3 näher ausgeführt. Das Gegenteil von Handlungsressource ist die Handlungs*restriktion*, die in der Politikevaluation Gegenstand entsprechender Hemmnisanalysen ist *(s. Kap. 4.5)*.

Das *Politik-Netzwerk* (policy network) bezeichnet die Gesamtheit der an der Durchführung einer bestimmten Policy tatsächlich und regelmäßig beteiligten Akteure sowie die Struktur ihrer gegenseitigen Beziehungen *(Windhoff-Héritier 1987, Marin/Mayntz 1991, Kenis/Schneider 1996, Kickert/Klijn/Koppenjan 1997)*. Erfahrungsgemäß bilden sich Politiknetzwerke aus Entscheidungsinteressierten im Umfeld der zuständigen Fachverwaltungen. Zu den Akteuren gehören in aller Regel Vertreter der für eine Policy zuständigen staatlichen Institutionen, Vertreter betroffener Wirtschaftsinteressen (etwa Branchenverbände) und externe Experten. Ihre gegenseitigen Beziehungen sind meist kooperativ.

Policy-Netzwerke lassen sich zum einen nach dem Grad ihrer Reichweite unterscheiden, d.h. danach, ob es sich um spezielle, klar abgegrenzte Gegenstände handelt (z.B. die Abwasserabgabe) oder um ganze Politikfelder (z.B. Gewässerschutz, Luftreinhaltung). Ein zweites Unterscheidungskriterium liegt in der Exklusivität von bzw. den Zugangsmöglichkeiten zu einzelnen Politik-Netzwerken. Hier wird danach unterschieden, ob ein offenes Netz mit vielen z.T. wechselnden Akteuren (Beispiel: Hochschulpolitik) vorliegt oder ein enges, weitgehend geschlossenes Politik-Netzwerk (Beispiel Atompolitik, Verteidigungspolitik). Problematisch ist die Existenz solcher Netzwerke vor allem dann, wenn wichtige gesellschaftliche Interessen von den Verhandlungen ausgeschlossen werden. In einigen Politikfeldern – vom Baubereich, über den Rüstungssektor bis hin zur Energiepolitik – ist eine sehr enge Verflechtung (mitunter „Verfilzung") interessierter Akteure von Staat und Gesellschaft in solchen Netzwerken erkennbar, oft ohne jede Öffentlichkeitsbeteiligung, mitunter sogar ohne Beteiligung von Parlamentsvertretern. Die paradoxe Bedeutung der Politik-Netzwerke liegt also darin, dass sie einerseits – in der geschlossen-exklusiven Variante – ein zentrales Problem des demokratischen Entscheidungsprozesses bilden, andererseits aber als Verhandlungssysteme – in der offen-pluralistischen Variante – besondere Chancen für breit akzeptierte Lösungen bieten.

In Teilbereichen der Umweltpolitik gelang es einer zunehmend professionalisierten und von weiten Teilen der Bevölkerung unterstützten Umweltschutzbewegung in den letzten Jahren, einige der alten, exklusiven Netzwerke aufzubrechen. Knoepfel (1993) spricht für die Schweiz sogar von einer „trilateralen Grundstruktur" der Umweltpolitik, bei der die staatliche Verwaltung, die (industriellen) Adressaten von Umweltpolitik und die Umweltschutzorganisationen gleichberechtigt an der Formulierung wie auch der Umsetzung umweltpolitischer Programme beteiligt sind.

Dient der Begriff des Politik-Netzwerks zur Charakterisierung der beteiligten Akteure und der generellen Struktur ihrer Beziehungen in einem Politikfeld, so bezeichnet die *Politikarena* die konkreten Konflikt- und

Konsensusprozesse innerhalb dieses Feldes *(Lowi 1972)*. Entscheidend dafür, ob der politische Prozess harmonisch und konsensual oder konfliktreich und polarisierend verläuft, sind unter anderem die tatsächlichen oder von den Akteuren erwarteten Wirkungen politischer Maßnahmen und die damit verbundenen Kosten und Nutzen. So sind verteilende, *distributive* Politiken weniger konfliktträchtig als ordnungsrechtliche, *regulative*; auf noch größere Widerstände stoßen umverteilende, *redistributive* Maßnahmen. Dass Subventionen (distributive Politik) besser ankommen als beispielsweise (redistributive) Energiesteuern, entspricht dieser Unterscheidung der Politikarenen.

Damit ist das wichtige Thema der *Policy-Instrumente* angesprochen. Diese seien an dieser Stelle nur als zentraler Grundbegriff der Policy-Analyse erwähnt. Ihnen ist ein gesondertes Kapitel gewidmet *(Kap. II 4, vgl. Kap. III 3 und Kap. IV 4.3)*. Moderne Umweltpolitik zeichnet sich durch ein verändertes Verständnis des Politik-Instrumentariums aus und sieht dieses mitsamt dem wichtigen Begriff des *Politikstils* (policy style) in einem eher strategischen Kontext, bei dem auch die *Zielbildung* eine ganz andere Bedeutung hat als in der herkömmlichen Policy-Analyse. Zu diesem Wandel hat der Ansatz des Public Management wesentlich beigetragen, von dem nunmehr die Rede sein soll.

2.4 Public Management

In der umweltpolitischen Fachsprache hat sich neben dem Begriff der Policy zunehmend der Managementbegriff durchgesetzt. So heißt das zentrale niederländische Umweltgesetz von 1993 erstmals „Environmental Management Act". In Neuseeland hatte das Basisgesetz des Umweltschutzes schon 1991 die Bezeichnung „Resource Management Act" erhalten. Die Beispiele ließen sich beliebig vermehren.

Mit dem aus der Betriebswirtschaft stammenden Managementbegriff wird also mehr benannt als nur „Leitungsorganisation" oder „Führungspersonal" *(ausführlich Teil IV)*. Der Begriff bezeichnet die rationale, effiziente und zielorientierte Steuerung von Unternehmen bzw. – im weiteren Sinne – von sozialen Systemen. Er betrifft einen – optimierbaren – Funktionszusammenhang aus *Planung, Organisation, Personaleinsatz, Führung*

und *Kontrolle.* Der Managementbegriff impliziert auch die Professionalisierung der Organisation und Kontrolle von Abläufen *(Budäus 1994, Dam-
kowski/Precht 1995, Naschold/Bogumil 1998, Blanke et al. 1998, Ede-
ling/Jann/Wagner 1998).*

Zur „public policy" tritt also der Aspekt des „public management". Und
erst die beiden Begriffe gemeinsam bezeichnen das, was heute als moderne
Politik anzusehen ist. Der Begriff des „public management" bezeichnete
frühzeitig eine Reformperspektive für den öffentlichen Sektor. Zwar ist das
Managementkonzept nicht immer frei von fragwürdigen Annahmen (wie
die volle Rationalität der Akteure oder die weitgehende Steuerbarkeit
komplexer Systeme). Dennoch haben Management-Theorien und -Kon-
zepte im öffentlichen Sektor einen Modernisierungsansatz begründet, der
nicht zuletzt in der Umweltpolitik Bedeutung erlangt hat. Er verweist zugleich auf die praktische Seite konkreten, zielgerichteten, organisierten
Umwelthandelns mit Erfolgskontrolle; des weiteren auf die mögliche Optimierung des gesamten Politikzyklus. Daher sollen die wichtigsten Grundbegriffe des Public Management dargestellt und auf die Umweltpolitik
bezogen werden.

Dies geschieht selektiv und unter Weglassung derjenigen dezidiert
marktwirtschaftlich orientierten Public-Management-Konzepte, die die
Privatisierung staatlicher Leistungen und die „Deregulierung" staatlicher
Steuerung einseitig in den Vordergrund stellen. Public-Management-
Konzepte skandinavischer Länder setzen hier z. B. andere Akzente und
sehen in Privatisierungen kein universelles Heilmittel. Und es sind immer
auch Re-Regulierungen *(OECD 1997)* nötig, um die „Produktionsbedingungen" der Staatstätigkeit zu verbessern. Im folgenden geht es primär um
die Aspekte von Public Management – oder New Public Management –,
die für die Steigerung von Effektivität und Effizienz der staatlichen Umweltpolitik wirkliche Chancen bieten *(vgl. Schaltegger et al. 1996).*

Zugespitzt formuliert ließe sich sagen: Herkömmliche Staatstätigkeit
konnte ihr Personal und ihre Finanzen abstrakt durch „den Gesetzgeber"
oder auch die bloße Existenz von Problemen rechtfertigen, ganz gleich ob
sie gelöst wurden oder nicht. Moderne Staatstätigkeit muss sich stärker
über die erfolgreiche Verwirklichung inhaltlich konkreter und zeitlich
terminierter Zielvorgaben legitimieren. Reformbestrebungen des Public
Management gehen in diese Richtung. Der Umweltschutz ist nicht der

einzige Bereich, der von diesem Reformziel betroffen ist, aber hier sind die Änderungen im internationalen Vergleich besonders anschaulich.

Die Bedeutung des Managementansatzes in der Politik wird am besten deutlich, wenn man ihn gegen den herkömmlichen Ansatz der „public policy" abgrenzt. Letztere konzentrierte sich auf die Entscheidung und den Vollzug von *allgemeinen Regeln* (Standards, Abgaben, Subventionen etc.). Die Instrumente interessierten hier letztlich mehr als die Ziele. Wurden diese bisher eher vage formuliert, waren die Instrumente meist präzis verwaltungsbezogen verrechtlicht. Moderne Umweltpolitik hingegen ist präziser in der Zielformulierung, im Instrumentarium dagegen flexibler. Sie steuert weniger über allgemeine Regeln und stärker über konkrete Organisationstätigkeiten. Erfahrungen des unternehmerischen Managements spielen dabei eine wesentliche Rolle.

Public Management betrifft also die konkrete, flexible Verfolgung *spezifischer Ziele*. Diese werden so genau wie möglich formuliert und terminiert. An die Stelle der Instrumenten-Fixierung tritt im neuen Modell ein flexibler, eher strategischer Ansatz. Die aus der Zeit des Absolutismus herrührende bis ins Detail zentral festgelegte und durch Rechnungshöfe überprüfte Budgetgestaltung mit ihrer unflexiblen Festlegung von Ausgabentypen (Personalausgaben, Sachausgaben, Investitionen etc.) wird anpassungsfähiger und zugleich unabhängiger durch die Einführung von *Globalhaushalten* und mehr *dezentraler Ressourcenverantwortung*. Auch die Legitimation ist eine andere. Beruft sich herkömmliche Politik vorwiegend auf „den Gesetzgeber", so verweisen öffentliche „Manager" typischerweise darauf, dass die „relevanten Gruppen" (oder die sogenannten „Stakeholder", *s. IV 1.2)* zugestimmt haben. Als zusätzliche Legitimationsbasis wird verstärkt auch die tatsächliche Zielerreichung herangezogen. Die Handlungsmotivation im Staatsapparat, bisher durch förmliche Anweisung, hierarchische Unterstellung oder das Ethos der Pflichterfüllung bestimmt, soll nun stärker aus konkreten Sachgesichtspunkten entstehen, die sich aus dezentralen Entscheidungsbefugnissen vor Ort ergeben (Abbildung 9).

Bei diesen Unterscheidungen ist anzumerken: Sie stellen eine idealtypische Vereinfachung zur Verdeutlichung von Veränderungen dar. Die Unterscheidung betrifft in der Realität weniger Alternativen als Ergänzungen. Und schließlich ist (New) Public Management vor allem ein Reformkonzept, dessen schwierige Realisierung ein eigenständiges Thema ist.

Die Schaffung zusätzlicher Handlungsmotivation ist ein zentraler Aspekt des neuen Modells. Eine Reihe zentraler Begriffe des Public Management weist in diese Richtung. Das sogenannte *„benchmarking"* – die vergleichende Leistungsbewertung und die Orientierung an best practice – dient beispielsweise einer Steigerung der Leistungsmotivation. Dies kennzeichnet auch die moderne Umweltpolitik. So wird im dritten Niederländischen Umweltplan das Ziel erklärt, dass „alle Zielgruppen und Sektoren ... zu den energie-effizientesten in der Welt gehören sollen" *(Ministry of Housing, Spatial Planning and the Environment 1998: 47)*. Wird hier ein ideelles Wettbewerbselement geschaffen, so führt *„management by competition"* dies auch in realer Form ein. Notfalls werden Aufträge in Konkurrenz zur eigenen Bürokratie an Private vergeben.

Abbildung 9: *Public Policy und Public Management*

Public Policy:
- Steuerung über allgemeine Regeln
- Schwerpunkt: Entscheidung und Vollzug
- Allgemeine Ziele, konkrete Instrumente („Instrumenten-Fixierung")
- Steuerung über detailliert fixierte Zentralhaushalte („Kameralistik")
- Demokratisch-formale Legitimation
- Hierarchischer Handlungsimpuls (Anweisung, „Beamtenethos")

Public Management:
- Steuerung über konkrete Organisationstätigkeiten
- Schwerpunkt: Zielbildung und Ergebniskontrolle
- Konkrete Ziele, flexible Instrumente (strategischer Ansatz)
- Dezentrale Ressourcenverantwortung (Globalhaushalte)
- Legitimation durch Konsens (Stakeholder-Ansatz, s. IV.1.2.)
- Erschließung dezentraler Handlungsmotive

In der modernen Umweltpolitik spielt der herkömmliche betriebswirtschaftliche Ansatz des *„management by objectives"* bzw. „management by results" eine besondere Rolle. Hier dienen konkrete Zielsetzungen einer grundlegenden Neubestimmung des Handlungskonzepts. Während die Steuerung über allgemeine Regeln sich darin erschöpfen konnte, die Umsetzung der Politik nur im Staatsapparat selbst zu kontrollieren (haben die

Verwaltungen die fälligen Maßnahmen ergriffen?), geht es nun um spezifische Wirkungen. Quantitative Ziele mit Fristsetzungen erfordern für eine wirksame Umsetzung eine umfassende Diagnose des Handlungsfeldes und eine Kausalerklärung der zu lösenden Probleme. In der Regel hat diese Problemerklärung die Konsequenz, dass andere Politikfelder an der Problemlösung beteiligt werden müssen, wenn das erstrebte Ziel wirklich erreicht werden soll. *Politik-Integration* und Querschnittspolitik werden dann ebenso unumgänglich wie ein eher strategisch ausgerichtetes Vorgehen. Jugendkriminalität ist dann beispielsweise nicht nur Sache von Polizei und Justiz, sondern als komplexes Problemfeld Gegenstand eines umfassenderen Vorgehens, das andere Politikfelder wie etwa die Arbeitsmarkt- und Bildungspolitik maßgeblich beteiligt.

In der modernen Umweltpolitik ist diese Politik-Integration eng mit ergebnisorientierter kooperativer Planung verbunden. Das neue, vom Parlament beschlossene Umweltpolitik-Programm Schwedens mit dem bezeichnenden Titel „Schwedische Umweltqualitätsziele" stellt einleitend fest: „In der neuen Struktur werden Umweltqualitätsziele die Basis eines Systems des management by objectives and results bilden, das nach Meinung der Regierung der beste Weg ist, eine breite Umweltstrategie umzusetzen, die Akteure in allen Sektoren beteiligt" *(Ministry of Environment 1998)*.

Das zitierte Beispiel ist zugleich typisch für das Konzept, die demokratisch legitimierten Institutionen stärker auf die politisch-strategische Rolle der Zielbildung und Ergebniskontrolle zu konzentrieren und die Ausführung an zuständige, meist dezentrale Institutionen und Organisationen zu delegieren. Es geht dabei um eine Leistungsbeziehung zwischen staatlichem Auftraggeber *(principal)* und Auftragnehmer *(agent)*. Die Form dieser Beziehung ist dabei offen. Der Auftragnehmer kann auf dem Wege des *„contracting out"* außerhalb der staatlichen Institutionen gefunden werden. Vertragsbeziehungen zur Erfüllung konkreter Aufträge der Politik können aber auch mit staatlichen Verwaltungen aufgenommen werden.

Dass auch der Ansatz des Public Management Probleme und Schwächen aufweist, dass seine Grundbegriffe – wie viele Management-Konzepte überhaupt – oft der Präzisierung bedürfen, dass neue Formeln mit Verheißungen verbunden sind, deren empirische Fundierung oft noch aussteht, darf nicht übersehen werden. Kritiker sprechen hier von einem „Festival der Visionen" und warnen vor einer undifferenzierten Gleichsetzung privater und öffentlicher Organisationen *(vgl. Edeling/Jann/Wagner 1998)*. Die schwierigste Aufgabe ist vermutlich – wie bisher auch – die überzeugende Gestaltung der Leistungsbeziehung zwischen der zielsetzenden Instanz des Auftraggebers (Politik) und der vollziehenden Instanz des Auftragnehmers (Verwaltung). Dennoch lassen sich gerade in der Umweltpolitik viele Beispiele dafür finden, dass der Ansatz des Public Management durchaus geeignet sein kann, die Effektivität und Effizienz von Problemlösungen zu verbessern. Dies gilt besonders dann, wenn er sich – im Sinne der Formel „Public Environmental Policy and Management" – als Erweiterung und nicht als Alternative zu bisherigen staatlichen Interventionsformen versteht.

2.5 Hierarchischer und kooperativer Staat

Dies gilt auch für die Ergänzung des herkömmlichen, durch Mehrheitsentscheidung legitimierten hierarchischen Staates durch den „kooperativen Staat" (Ritter). Gemeint ist die neue Doppelstruktur des Staates, die sich im Laufe der letzten 20 bis 30 Jahre entwickelt hat. Zu den klassischen Steuerungsmechanismen des Marktes tritt nun neben dem Staat (Hierarchie, Macht) der Steuerungsmechanismus des *„Verhandlungssystems" (Benz/ Scharpf/Zintl 1992)*. Damit wird abschließend eine zentrale Kategorie speziell der deutschen Politikanalyse angesprochen. Verhandlungssysteme sind zielgerichtete, oft für spezifische, sachlich und zeitlich abgrenzbare Aufgaben gebildete Politik-Netzwerke und typischerweise mit nicht homogener Interessenlage *(s. 2.3)*. Als solche sind sie ein wichtiges Mittel der Politikintegration.

Auch Verhandlungssysteme steuern nicht über allgemeine, verbindliche Regeln sondern über Absprachen zu konkreten Zielen und Problemlösungen. Hier sind sie dem Management-Ansatz sehr nahe. Die Bedeutung von Verhandlungssystemen wird am besten illustriert am Beispiel der politischen Steuerung von Ballungsräumen (etwa Berlin und Umland). Als solche haben sie keine Verfassung, kein Parlament, keine Regierung und kein Budget. Und dennoch sind sie im Wettbewerb der Regionen und bei der Lösung von Verkehrs- oder Abfallproblemen durchaus politisch handlungsfähig. Auch in der Umweltpolitik spielen Verhandlungssysteme inzwischen eine wichtige Rolle. Auch hier geht es nicht um Alternativen sondern Ergänzungen und produktive Kombinationen.

Basisliteratur

Bussmann, W./Klöti, U./Knoepfel, P. (Hrsg.): Einführung in die Politikevaluation, Basel, Frankfurt/M. 1997.
Damkowski, W./Precht, C.: Public Management. Neuere Steuerungskonzepte für den öffentlichen Sektor, Berlin, Köln 1995.
Héritier, A. (Hrsg.): Policy-Analyse. Kritik und Neuorientierung. Politische Vierteljahresschrift, Sonderheft 24, Opladen 1993.
Howlett, M./Ramesh, M.: Studying Public Policy: Policy Cycles and Policy Subsystems, Toronto, New York, Oxford 1995.
Naschold, F./Bogumil, J.: Modernisierung des Staates. New Public Management und Verwaltungsreform, Opladen 1998.
Prittwitz, V. v.: Politikanalyse, Opladen 1994.
Sabatier, P.A. (Ed.): Theories of the Policy Process, Boulder, Col., 1999

Weiterführende Literatur

Altvater, E.: Zu einigen Problemen des ‚Krisenmanagement' in der kapitalistischen Gesellschaft, in: M. Jänicke (Hrsg.): Herrschaft und Krise, Köln, Opladen 1973.
Bachrach, P./Baratz, M. S.: Power and Poverty, Theory and Practice, London 1970.
Benz, A./Scharpf, F. W./Zintl, R.: Horizontale Politikverflechtung. Zur Theorie von Verhandlungssystemen, Frankfurt/M., New York 1992.
Blanke, B./Bandemer, St. v./Nullmeier, F./Wewer, G.: Handbuch zur Verwaltungsreform, Opladen 1998.
Budäus, D.: Public Management: Konzepte und Verfahren zur Modernisierung öffentlicher Verwaltungen, Berlin 1994.
Cobb, R./Ross, J.-K./Ross, M. H.: Agenda Building as a Comparative Political Process, American Political Science Review 70, 1/1976, S. 126-138.
Cohen, M./March, J./Olsen, J.: A Garbage Can Model of Organizational Choice, in: Administrative Science Quarterly 17/March 1972, S. 1-25.
Cohen, St./Kamieniecki, S.: Environmental Regulation Through Strategic Planning, Boulder, San Francisco, Oxford 1991.
Conrad, J. (Ed.): Environmental Management in European Companies. Success Stories and Evaluation, Amsterdam 1998.
Dearing, J. W./Rogers, E. M.: Agenda Setting, Thousand Oakes 1992.
Downs, A.: Ökonomische Theorie der Demokratie, Tübingen 1967.
Edeling, T./Jann, W./Wagner, D. (Hrsg.): Öffentliches und privates Management. Fundamentally Alike in All Unimportant Respects? Opladen 1998.
Edelman, M.: The Symbolic Uses of Politics, Urbana Ill 1964.

Fischer, F.: Evaluating Public Policy, Chicago 1995.

Hofferbert, R. I.: The Study of Public Policy, Indianapolis 1974.

Jacob, K./Jänicke, M.: Ökologische Innovationen in der chemischen Industrie: Umweltentlastung ohne Staat? Zeitschrift für Umweltpolitik und Umweltrecht, 21. Jg., 4/1998, S. 519-547.

Jänicke, M.: Staatsversagen. Die Ohnmacht der Politik in der Industriegesellschaft, München, Zürich 1986.

Jänicke, M. (Hrsg.): Politische Systemkrisen, Köln 1973.

Jänicke, M. (Hrsg.): Umweltpolitik der Industrieländer, Berlin 1996.

Jänicke, M./Weidner, H. (Eds.): National Environmental Policies. A Comparative Study of Capacity-Building. In Collaboration with H. Jörgens, Berlin, Heidelberg, New York etc. 1997.

Jann, W.: Politikfeldanalyse, in: Nohlen, D. (Hrsg.): Wörterbuch Staat und Politik, München 1991.

Kickert, W. J. M./Klijn, E.-H./Koppenjan, J. F. M. (Eds.): Managing Complex Networks. Strategies for the Public Sector, London 1997.

Kenis, P./Schneider, V. (Hrsg.): Organisation und Netzwerk. Institutionelle Steuerung in Wirtschaft und Politik, Frankfurt/M., New York.

Kingdon, J. W.: Agendas, Alternatives and Public Policies, 2. Ed, New York 1995.

Knoepfel, P.: Bedingungen einer wirksamen Umsetzung umweltpolitischer Programme – Erfahrungen aus westeuropäischen Staaten, Cahiers de L'IDHEAP no. 108, Lausanne 1993.

Lowi, T. J.: Four Systems of Policy, Politics, and Choice, in: Public Administration Review 32/1972, S. 298-310.

Luhmann, N.: Legitimation durch Verfahren, Berlin, Neuwied 1969.

Marin, B./Mayntz, R. (Eds.): Policy Networks. Empirical Evidence and Theoretical Considerations, Frankfurt/M., Boulder 1991.

Mayntz, R. (Hrsg.): Implementation politischer Programme II. Ansätze zur Theoriebildung, Opladen 1983.

Ministry of Environment: Swedish Environmental Objectives, Stockholm 1998.

Ministry of Housing, Spatial Planning and the Environment (and other Ministries): National Environmental Policy Plan 3, Den Haag 1998.

OECD: Developing Environmental Capacity. A Framework for Donor Involvement, Paris 1995.

OECD: Reforming Environmental Regulation in OECD Countries, Paris 1997.

Parsons, W.: Public Policy. An Introduction to the Theory and Practice of Policy Analysis, Cheltenham 1997.

Prittwitz, V. v.: Das Katastrophenparadox. Elemente einer Theorie der Umweltpolitik, Opladen 1990.

Pryor, F.: Public Expenditures in Communist and Capitalist Nations, Homewood IL 1968.

Rossi, P. H./Freeman, H. E./Hofman, G.: Programm-Evaluation. Einführung in die Methoden angewandter Sozialforschung, Stuttgart 1988.

Sabatier, P. A.: Advocacy-Koalitionen, Policy-Wandel und Policy-Lernen: Eine Alternative zur Phasenheuristik, in: Héritier, A. (Hrsg.): Policy-Analyse, Opladen 1993, S.116-148.

Schaltegger, S./Kubat, R./Hilber, C./Vaterlaus, S. (u. Mitarb. von A. Flütsch und A. Sturm): Innovatives Management staatlicher Umweltpolitik. Das Konzept des New Public Environmental Management, Basel, Boston, Berlin 1996.

Schubert, K.: Politikfeldanalyse, Opladen 1991.

Smeddinck, U./Tils, R.: Normgenese und Handlungslogiken in der Ministerialverwaltung – Die Entstehung des Bundes-Bodenschutzgesetzes: eine politik- und rechtswissenschaftliche Analyse, Baden-Baden 2002.

Weale, A.: The New Politics of Pollution, Manchester, New York 1992.

Wilensky, H.: The Welfare State and Equality, Berkeley 1975.

Windhoff-Héritier, A.: Policy-Analyse. Eine Einführung, Frankfurt/M., New York 1987.

Wollmann, H.: Implementationsforschung/Evaluationsforschung, in: Nohlen, D. (Hrsg.): Wörterbuch Staat und Politik, München 1991.

Zapf, W. (Hrsg): Theorien des sozialen Wandels, Köln, Berlin 1969.

3. Determinanten und Erfolgsbedingungen von Umweltpolitik

Im vorigen Kapitel wurden Grundbegriffe der Politikanalyse dargestellt. Sie dienen der Hervorhebung wichtiger Aspekte und der Beschreibung des (umwelt-)politischen Prozesses. Im Fall des Politikzyklus ging es um ein Modell der wichtigsten Stufen politischer Willensbildung und ihrer Umsetzung. In diesem Kapitel soll nun die dabei ausgeklammerte Systematisierung der wichtigsten Determinanten von Umweltpolitik vorgenommen werden. Sie wird hier ausdrücklich auf die Umweltpolitik bezogen. Dabei wird auf empirische Forschungen insbesondere zum internationalen Vergleich von Umweltpolitik zurückgegriffen.

Zentrales Thema der Umweltpolitikanalyse ist letztlich die Frage, welche Bedingungen erfolgreiche Umweltpolitik ermöglichen oder begünstigen. Die international vergleichende Umweltpolitikforschung lässt hierzu Aussagen zu. Allerdings geht es dabei nicht um Erfolgsrezepte, sondern um Aussagen darüber, welche Bedingungen und Einflussfaktoren eine vergleichsweise erfolgreichere Umweltpolitik erklären können. Eine Reihe von Einflussfaktoren – etwa das Entwicklungsniveau oder die Kultur eines Landes – sind überdies Gegebenheiten, die sich der umweltpolitischen Einflussnahme entziehen. Von „Erfolgsbedingungen" kann auch nur in dem Sinne gesprochen werden, dass sie eine im Vergleich höhere Leistungsfähigkeit erklären helfen. Wirklicher Erfolg in der Sache kann dadurch nicht bestätigt werden.

3.1 Zur Systematisierung umweltpolitischer Erfolgsfaktoren

Für die Analyse der umweltpolitischen Leistungs- und Erfolgsfähigkeit eines Landes haben sich zumindest die folgenden Aspekte als wesentlich erwiesen (*Jänicke/Weidner 1995, Jänicke 1996*):

- die *Problemstruktur:* bestimmt durch die wahrgenommene Dringlichkeit des Umweltproblems und die verfügbaren Lösungsoptionen;

Abbildung 10: *Modell der Umweltpolitikanalyse*

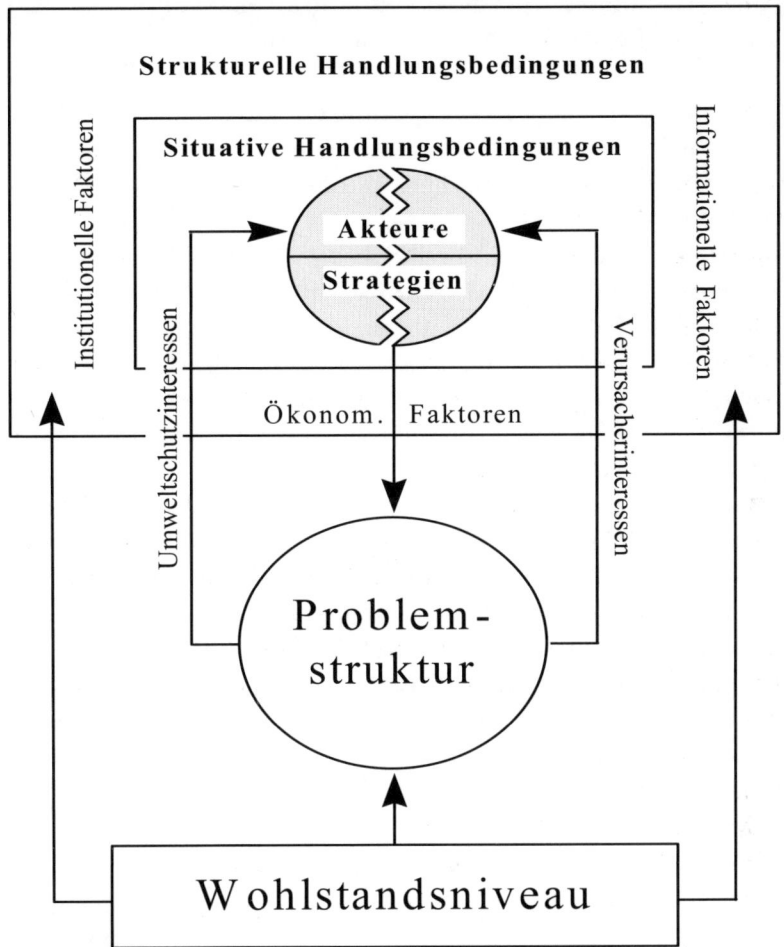

M. Jänicke/FFU (1998)

- *Akteure:* Verfechter von Umweltschutzinteressen („Protagonisten"), charakterisiert durch spezifische Handlungsressourcen (Anzahl, Organisationsgrad, Kompetenz, Bündnispartner etc.), denen die Vertreter von Verursacherinteressen mit ihren Handlungsressourcen gegenüberstehen;
- *Strategien:* als allgemeinster Begriff für die Handlungsentwürfe dieser Akteure, der Ziele und Mittel (Instrumente) einschließt;

79

- *systemische Handlungsbedingungen:* die Summe der relativ stabilen Chancen und Hemmnisse, die diese Akteure in den politischen und ökonomischen Strukturen sowie dem vorhandenen Wissen und Bewusstsein eines Landes vorfinden;
- *situative Handlungsbedingungen:* die Summe der kurzfristig veränderlichen Chancen und Hemmnisse für die genannten Akteure, die sich durch wechselnde politische, ökonomische oder informationelle Situationen und Ereignisse ergeben.

Das Handlungsfeld der Umweltpolitik schließt die internationalen Einflüsse ein. Naturgemäß erfordert es eine dynamische Betrachtung. Das wirtschaftliche Wohlstandsniveau ist bei alledem eine ambivalente Einflussgröße, weil es gleichermaßen das Ausmaß zu lösender Probleme wie die Ressourcen umweltschützenden Handelns beeinflusst.

Umweltpolitischer Erfolg oder Misserfolg bestimmen sich danach durch die Stärke und das strategische Geschick der Vertreter von Umweltbelangen, durch die systemisch-stabilen und situativ-veränderlichen Handlungschancen und durch den politischen „Schwierigkeitsgrad" des zu lösenden Problems. Der Stärke und der Chancenstruktur der Verfechter von Umweltinteressen ist also diejenige der Verfechter von Verursacherinteressen gegenüber zu stellen; die Macht der Verursacher von Umweltproblemen ist nicht zufällig ein Dauerthema kritischer Umweltpolitikanalysen. Im Folgenden sollen jedoch vor allem die Handlungsmöglichkeiten der Träger von Umweltbelangen dargestellt werden.

Die Handlungschancen der Verfechter von Umweltinteressen lassen sich auch als umweltpolitische *Kapazität* verstehen *(vgl. II 4.5)*. Diese ergibt sich aus

- ihrer organisatorischen Stärke, Kompetenz und ihren Unterstützungsgruppen und
- der Summe ihrer Chancen und Hemmnisse, die sie in den strukturierten Verhältnissen vorfinden.

Ihr Erfolg oder Misserfolg bestimmt sich aus dieser Kapazität und dem, was sie daraus strategisch und unter der Gunst bzw. Ungunst veränderlicher Handlungssituationen machen.

Dieses Modell stellt keine empirische Verallgemeinerung, sondern eine Systematisierung der wichtigsten Aspekte der Erklärung umweltpolitischer Erfolgsbilanzen (auf der Wirkungsebene) dar. Es kombiniert objektive Handlungschancen und mehr oder weniger zufällige Ereignisfaktoren mit

Akteursstrukturen. Dabei können die Handlungsbedingungen wiederum Ergebnis aktiven Handelns sein. Umweltpolitische Strategien werden immer nur so wirkungsvoll sein, wie sie die Verbesserung von Handlungsbedingungen (capacity building) einschließen *(s. Kap. II 4.5)*.

Ein ähnliches Kausalmodell der Policy-Analyse hat Sabatier *(1993)* vorgelegt. Er spricht von gegensätzlichen „advocacy coalitions", ihren Strategien und ihren Handlungsbedingungen, die kurzfristige „Ereignisse" einschließen. Die stabilen Handlungsbedingungen betreffen die Verfassungsstruktur und politischen Regeln, die Sozialstruktur und das Wertesystem sowie die „natürlichen Gegebenheiten". Die einflussreichen „Ereignisse" betreffen Veränderungen der Wirtschaftslage, der öffentlichen Meinung, veränderte Regierungskoalitionen und Entscheidungen in anderen Politikfeldern (subsystems). Auch bei Sabatier hängt die Wirkung der politischen Maßnahmen (policy outputs) zugleich von der Natur des zu behandelnden Problems ab. Die Dynamik des Erklärungsmodells wird mit dem Begriff des Policy-Lernens berücksichtigt.

Das oben vorgestellte weiterentwickelte Modell ist auch das *methodologische* Resultat von Forschungen zu Erfolgsfällen von Umweltpolitik *(Jänicke/Weidner 1995)*. Es betont stärker als Sabatier die Beziehung der Akteure zum Problem, den Stellenwert der ökonomischen Ausgangslage und die Bedeutung von Informationslagen. Als Erklärungsmodell soll es die Komplexität der Einflussfaktoren sowohl verdeutlichen als auch – durch Akzentuierung – verringern. Der Hinweis auf die Vielfalt der die umweltpolitische Erfolgsbilanz bestimmenden Einflussfaktoren ist dabei keineswegs trivial. Die Umweltpolitikdebatte, aber auch die Umweltpolitikforschung, sind oft geprägt von isolierten Rezepten und Erklärungsfaktoren. Mitunter werden institutionelle Patentlösungen angeboten (Stichwort: Umweltsicherheitsrat) oder es werden Faktoren wie Moral und Bewusstsein verabsolutiert. In der umweltökonomischen Literatur findet man wiederum die Neigung, die Instrumentenwahl zur entscheidenden Einflussebene zu erheben. Oft sind es sogar bestimmte Instrumente, von denen der umweltpolitische Erfolg abhängen soll. Demgegenüber wird hier das dynamische Zusammenspiel der Vielzahl von Einflussfaktoren betont.

Verhaltensänderungen werden oft als Ergebnis von Machtkonflikten erklärt. Gerade in der Umweltpolitik ist die Durchsetzung von Maßnahmen gegen Widerstände der Verursacher eine gängige Vorstellung. Verbesserungen können aber auch andere Ursachen haben. Machtfaktoren sind als restriktive Bedingung von Umweltschutz gewiss nicht zu ignorieren. Aber gerade deshalb ist es von Bedeutung, dass Verhaltensänderungen industrieller Verursacher von Umweltproblemen auch unterhalb der Schwelle von Machtveränderungen erzielbar sind. Oft ist dies die entscheidende Chance von Umweltpolitik.

Nach Deutsch ist Macht mit dem Privileg verbunden, nicht lernen zu müssen *(Deutsch 1969)*. Aber zum einen relativiert sich Macht durch Verwundbarkeit; die Wirksamkeit von Medien- oder Greenpeace-Attacken gegen mächtige Verursacher beruht auf dieser Tatsache. Zum anderen sind Interessenlagen einflussreicher Verursacher – in Grenzen – auch innerhalb gegebener Machtkonstellationen veränderbar. Neue ökonomische Anreize können ebenso zu einer Umdefinition von Interessen führen wie neues Wissen *(s. IV 4.3)*. Umweltpolitische Lernprozesse sind nach heutiger Erkenntnis vor allem eine Frage von Kommunikationsbedingungen, durch die ökologisch relevante Informationen in die Entscheidungszentren transportiert werden und dort über Diskurse zur Neubestimmung von Interessenlagen führen.

Wir wollen nun die oben im Modell angeführten Determinanten umweltpolitischer Leistungsfähigkeit eines Landes im Lichte der Forschung näher beleuchten.

3.2 Problemstrukturen

Erfolgsbilanzen und Kapazitäten von Umweltpolitik sind nur im Hinblick auf die Struktur der zu lösenden Probleme zu beurteilen. Gemeint ist nicht die naturwissenschaftliche, sondern die sozialwissenschaftliche Dimension des Umweltproblems. Wir hatten ihre Bedeutung schon bei der Problemwahrnehmung kennengelernt. Die Problemstruktur lässt sich als Resultante aus Handlungsdruck und Handlungshemmnissen (Restriktion) bestimmen:

Erleichtert wird die Lösung durch den wahrgenommenen ökologischen Problemdruck. Die objektive Wahrnehmbarkeit von Umweltproblemen und die mit ihr verbundene „politisierbare" Betroffenheit ist jedoch, wie oben erwähnt, höchst unterschiedlich *(Kap. II 2.2)*. Die Einflussmöglichkeiten der Verursacher, bestimmt durch Anzahl, Macht, gesellschaftliche Bedeutung und Staatsnähe sind ein weiteres Bestimmungsmerkmal von

Umweltproblemen. Oft stellen sie eine breite Allianz dar, die durch Liefer-beziehungen, Kapitalverflechtungen etc. geprägt ist. Die Staatsnähe eines Verursachers ist in diesem Zusammenhang oft eher ein problemverschär-fendes Hemmnis als ein Vorteil, vor allem weil die größere Staatsnähe auch verbesserte Einflusskanäle für Verursacher bietet. Im internationalen Ver-gleich der Umweltpolitik wurde z.B. wiederholt festgestellt, dass Staatsun-ternehmen größere Vollzugsprobleme beim Umweltschutz aufweisen als Privatunternehmen *(Hettige et al. 1996)*.

Die Macht der Verursacher kann sich nun aber im Effekt dadurch rela-tivieren, dass ihnen technische Optionen verfügbar sind, die möglicherwei-se sogar Vorteile bieten. Die bisherige umweltpolitische Erfolgsbilanz der entwickelten Industrieländer ist stark geprägt von win-win-Lösungen. Wo die potentiellen Verlierer überwiegen, sind problemstrukturelle Hemmnisse für staatliches Handeln ebenso zu erwarten wie im Falle starker Lobby-macht. Aus der Sicht staatlicher Umweltpolitik spielt die Bilanz der Verlie-rer und Gewinner eine wesentliche Rolle.

Abbildung 11: *Die politische Dimension von Umweltproblemen*

- **Politisierbarkeit: Sichtbarkeit, Eindeutigkeit und Zurechenbarkeit des Problems, Anzahl der Betroffenen,**

- **Macht: Anzahl, wirtschaftliche Verflechtung und Staatsnähe der Ver-ursacher,**

- **Optionen: Verfügbare technische Lösungen, Gewinner-Verlierer-Bi-lanz.**

In der Landwirtschaft bestimmt sich die politische Dimension der Umwelt-probleme beispielsweise einerseits durch die geringe Betroffenheit relevan-ter Gruppen, den diffusen Charakter und die Komplexität der Problemla-gen. Andererseits bestimmt sie sich durch die Anzahl der Verursacher (Wählerbasis), die hohe Verflechtung des Sektors mit anderen Wirtschafts-bereichen (Agrochemie, Landmaschinenbau, Lebensmittelindustrie, Han-del) und die Staatsnähe, die aus der hohen Regelungsdichte erwächst. Die starke Lobby-Position wäre eher zu überwinden, wenn es technische Lö-sungen, insbesondere solche mit wirtschaftlichen Vorteilen gäbe. Ähnlich ungünstige *politische* Problemstrukturen finden sich auch beim Flächen-verbrauch durch Bebauung (geringe allgemeine Betroffenheit, kaum techni-sche Optionen, breites, wirtschaftlich starkes Verursacherinteresse, Staats-nähe des Bausektors).

Probleme des Energieverbrauchs oder des Autoverkehrs sind zwar leich-ter identifizierbar. Dafür sind die Betroffenen aber auch zugleich Verursa-cher mit hoher Anzahl und einem Industriezweig im Hintergrund, der in vielen Industrieländern mit der Gesamtindustrie stark verflochten ist. Wie bei der Landwirtschaft und im Bausektor besteht in der Energiewirtschaft und beim Straßenverkehrssektor eine starke Staatsnähe durch intensive Regulierung, aber auch durch öffentlichen Straßenbau. Technische end-of-pipe-Lösungen – Katalysatoren – haben sich am Ende erst unter hohem wahrgenommenen Problemdruck durchgesetzt.

3.3 Akteure/Protagonisten des Umweltschutzes

Zunächst einmal sind es Akteure, die Umweltprobleme erkennen, auf die politische Agenda bringen oder Lösungen anstreben *(zum Akteursbegriff s. Kap. II 2)*. Wir nennen diese Träger von Umweltbelangen auch Protagonis-ten des Umweltschutzes. Ihnen stehen andere politische Akteure gegenüber, die den kritisierten Zustand verursachen (wie Unternehmen oder Autofah-rer), von ihm bislang profitiert haben und sich einer Lösung daher tenden-ziell widersetzen. Dazu gehören in aller Regel auch Vertreter des Staatsap-parates. Denn der Staat vertritt nicht nur Umweltschutzinteressen. In ande-ren Ressorts fördert er das Wachstum von Wirtschaftszweigen mit hohem Umweltverbrauch. Der Staat ist durchaus in der Lage, gegensätzliche Ziel-systeme zu institutionalisieren. Der Staat als einheitlich handelnder Akteur ist ein Mythos. Die Integration seiner unterschiedlichen Politiken – und Verwaltungen – ist im Gegenteil ein Leistungspensum, das nur mühsam erbracht wird.

Für Erfolg oder Misserfolg der Träger von Umweltschutzinteressen kommt es nun auf bestimmte Eigenschaften an:

Erstens geht es um die Kompetenz, Anzahl und organisatorische Stärke, insbesondere die materielle und personelle Ausstattung von Umweltinstitu-tionen oder Umweltverbänden. Betont wird seit der Agenda 21 (1992) die

Bedeutung des Humankapitals in der Umweltpolitik; gemeint sind „Können, Wissen und technisches Know-how" von Individuen, Gruppen und Institutionen *(BMU 1993: 268, OECD 1995)*.

Zweitens geht es, wie gezeigt *(s. Kap. II 1)*, um Akteurskonfigurationen. Umweltpolitische Kapazität wächst auch mit der Bündnisfähigkeit ökologischer Interessen und mit der Fähigkeit zum Dialog mit ihren Kontrahenten (sofern dies nicht ihre Konfliktfähigkeit mindert).

Drittens geht es um die subjektive Entschlossenheit und Fähigkeit von Akteuren, objektive Möglichkeiten zu nutzen. Unter Verweis auf Shonfield bezeichnet Manfred Schmidt „Wille und Geschick" als einen generellen Erfolgsfaktor von Politik *(Schmidt 1988: 17)*. In der Umweltpolitikforschung wird dies ebenfalls betont. Gerade die situative Seite der Umweltpolitik verweist auf diese Seite des Handelns.

Welches sind nun (bisher) die empirisch wichtigsten Protagonisten des Umweltschutzes in Industrieländern? Unternehmensbefragungen über die wichtigsten externen Druckfaktoren des Umweltschutzes ergaben für vier europäische Länder (Deutschland, Schweden, Norwegen, Finnland) folgende Reihenfolge *(Gothenburg Research Institute 1995, Brinkmann/Kirchgeorg 1995)*:

- staatliche Umweltinstitutionen (mit eindeutiger Priorität in allen vier Ländern),
- die Medien,
- die Umweltorganisationen und
- die Kunden, wobei der Nachfrage durch umweltbewusste Unternehmen eine besondere Steuerungswirkung zukommt.

Eine Analyse von 24 Erfolgsfällen des Umweltschutzes ergab ein ähnliches Bild dieser vier umweltpolitischen Einflussfaktoren, mit klarer Priorität des Staates *(Jänicke/Weidner 1995)*. Die genannten vier Protagonisten des Umweltschutzes sollen daher näher betrachtet werden.

a) Staatliche Umweltinstitutionen: Naheliegenderweise bedarf erfolgreiche Umweltpolitik einer Institutionalisierung des staatlichen Interesses am Umweltschutz *(Weale 1992: 14)*. Dementsprechend wird in der Literatur die Rolle einer mit Kompetenzen und Finanzressourcen ausgestatteten Verwaltung hervorgehoben *(Knoepfel 1993)*, wobei – vor allem im Zeichen der „Agenda 21" – zunehmend auch spezielle Einrichtungen kooperativer Langzeitplanung hervorgehoben werden *(Jörgens 1996)*.

Mit den staatlichen Umweltinstitutionen entstehen Akteure, denen ein eigenständiges Interesse an Umweltbelangen unterstellt werden kann. Sie sind eine wichtige Bedingung für die staatliche Motivation und Fähigkeit, Umweltprobleme zu erkennen und zu lösen. Auf objektive Wirkungen staatlicher Umweltinstitutionen verweist der messbare Output an Regulationen: Für mehrere Länder liegen Zeitreihen vor, die eine Steigerung der umweltpolitischen Staatstätigkeit seit 1970 belegen. Die Zunahme der Zahl internationaler Verträge mit Umweltrelevanz beginnt bereits in den sechziger Jahren, steigert sich aber ebenfalls verstärkt seit 1970 *(Choucri 1994: 7)*. Die Wirksamkeit staatlicher Umweltinstitutionen ist, wie erwähnt, auch in der Wahrnehmung der Unternehmen nachweisbar. Zumindest ist also plausibel, dass der umweltpolitische Institutionalisierungsschub im Vorfeld der Stockholmer Konferenz von 1972 in den Industrieländern die Voraussetzung für eine entsprechende „Politikproduktion" (policy output) – mithin auch „Erfolgsbedingung" für diese – war. Über den Erfolg ist damit ebenso wenig ausgesagt wie darüber, welche anderen Einflüsse wirksam wurden.

Die Wirkungen umweltpolitischer Institutionen im Sinne tatsächlicher Umweltverbesserungen lassen sich aus vielerlei Gründen kaum messen. Eine Möglichkeit hierzu wäre es, den Zeitpunkt der Schaffung formaler Institutionen, eines Umweltministeriums bzw. einer Umweltbehörde, mit der Veränderung umweltpolitischer Belastungsindikatoren in Beziehung zu setzen. Dies ist jedoch nicht unproblematisch. Das Datum der formalen Institutionenbildung wird stark von externen Faktoren wie der Stockholmer Umweltkonferenz von 1972 bestimmt. Vor allem aber besteht ein Unterschied in der gesellschaftlichen Verankerung von Umweltinstitutionen. In der DDR, Polen und Ungarn hat die frühe Schaffung von Umweltschutzinstitutionen kaum einen Niederschlag in der Umweltpolitik dieser Länder gefunden. Die Schwäche und politische Behinderung der Umweltverbände in diesen Ländern ließ sie als Klientel der Umweltverwaltungen kaum ins Gewicht fallen. Und der Mangel an kritischer Publizistik und öffentlich verfügbaren Umweltinformationen verbesserte nicht eben die Chancenstruktur der Umweltinstitutionen innerhalb des politischen Systems. Dies zeigt zugleich auch, wie bedeutend die systemischen Handlungsbedingungen auch von staatlichen Umweltinstitutionen sind.

Für die Vermutung, dass die institutionellen Vorreiter tendenziell auch eher striktere Normen durchsetzten, gibt es Indizien wie etwa die Grenzwerte für Schwefeldioxid-Immissionen. Auch bei der Strenge von Auto-abgasstandards ist – mit der Rangfolge Japan, USA, Schweden, Schweiz, EG, Osteuropa – ein solcher Zusammenhang erkennbar *(OECD 1988: 87)*.

Während staatliche Umweltinstitutionen in der Erklärung umweltpolitischer Erfolgsbilanzen einen hohen Stellenwert in der Literatur haben, gilt dies kaum für die Parteien. Auch die Parteizusammensetzung von Regierungen scheint für das Umweltpolitikergebnis vergleichsweise unerheblich *(Jänicke 1990, Fey 1994, Binder 1996)*. Desgleichen fand sich unter den 24 Erfolgsfällen von Umweltpolitik nicht ein einziger, in dem auf eine Partei als Erklärungsfaktor verwiesen wurde *(Jänicke/Weidner 1995)*. Die Parteienkonkurrenz als solche scheint aber durchaus von Bedeutung zu sein, speziell dann, wenn eine grüne Partei das Themenspektrum beeinflusst *(Enloe 1975)*. Für die USA wurde allerdings eine Parteiendifferenz im Abstimmungsverhalten der Abgeordneten in der Umweltgesetzgebung des Bundes und der Einzelstaaten nachgewiesen *(z.B. Khator 1993)*.

b) Umweltverbände sind die zweite wichtige Gruppe organisierter Träger von Umweltbelangen, und ihre Bedeutung ist offenbar stärker als die von Parteien (s. o.). Ihre Stärke und Kompetenz kann als wichtige Erfolgsbedingung von Umweltpolitik gelten. Für Länder wie Deutschland, die Niederlande oder Großbritannien ist ein kontinuierlich steigender Mitgliederzuwachs für die letzten beiden Jahrzehnte ermittelt worden. In den 12 EG-Ländern sind 10 Millionen Bürger allein in den fünf größten Umweltverbänden organisiert *(Hey/Brendle 1994: 27)*. In den Niederlanden gibt es mehr Mitglieder von Umweltorganisationen als Gewerkschaftsmitglieder; in der Schweiz ist das Verhältnis etwa gleich *(Jänicke/Weidner 1997)*. Mit der Anzahl haben die finanziellen Ressourcen, Aktivitäten und Kompetenzen ebenso zugenommen wie der gesellschaftliche Integrationsgrad. Von Autoren wie Rucht oder Roth wird daher die These einer Institutionalisierung der Ökologiebewegung vertreten.

c) Ein ähnliches Kapazitätswachstum kann bei den *Medien* beobachtet werden, die heute oft spezielle Umweltressorts besitzen. War die Umweltfrage in der konservativen Presse der Bundesrepublik noch Mitte der achtziger Jahre umstritten, so änderte sich dies im Laufe dieses Jahrzehnts. Dieser Wandel ist auch in anderen Ländern erkennbar. Wieweit die Kommerzialisierung der elektronischen Medien mit ihrer Tendenz zur Entpolitisierung der Berichterstattung und ihrer latenten Propagierung einer ökologisch bedenkenlosen Konsumfreiheit *(s. Kap. II 1)* demgegenüber Kapazitätseinbußen verursacht, bleibt abzuwarten.

d) Den *umweltbewussten Unternehmen* und ihren Organisationen kommt seit Ende der achtziger Jahre eine wachsende Bedeutung als nichtstaatlicher Einflussfaktor zu. Die starke Bedeutung ökologischer Pionierunternehmen liegt heute nicht nur in ihrer Rolle im Wettbewerb. Ihr Nachfrageverhalten innerhalb der Wirtschaft (chain management) enthält ein Steuerungspotenzial, das dem des Staates gleichkommen kann. Das gilt in besonderem Maße für den Handel, der seinerseits auf ein verändertes Verbraucherverhalten reagiert *(ausführlich Teil IV)*.

Quer zu diesen organisierten Einflussgruppen liegt der Einfluss von ökologischen Wissensgemeinschaften in *Universitäten, Forschungseinrichtungen* und internationalen Fachverbänden. Hier geht es nicht nur um die systemische Ressource „Umweltbewusstsein und Umweltwissen", sondern um wissenschaftliche Akteure, die an Entscheidungs- und Normbildungsprozessen beteiligt sind. Es scheint, dass der von diesen Akteuren vorgetragene Stand wissenschaftlicher Erkenntnisse gerade auf der internationalen Handlungsebene eine eigenständige Einflussgröße geworden ist, die über internationale Umweltregime auf nationalstaatliche Politik zurückwirkt. Die Existenz einer ökologischen Wissensgemeinschaft (sog. epistemic community) wird gelegentlich als eine Erfolgsbedingung von Umweltpolitik angesehen *(vgl. Haas 1992)*.

3.4 Systemische Handlungsbedingungen

Die stabilen systemischen Erfolgsbedingungen lassen sich als a) ökonomisch-technische, b) politisch-institutionelle und c) sozio-kulturelle bzw. auch kognitiv-informationelle zusammenfassen. Unter Einbeziehung von Untersuchungen zu umweltpolitischen Erfolgsfällen *(Jänicke/Weidner 1995, Conrad 1998)* ergibt sich folgendes Bild:

Ökonomische Handlungsbedingungen

Wie bei anderen wichtigen gesellschaftlichen Variablen (Sozialleistungs-quote, Lebenserwartung, Bildungsgrad) ist das Wohlstandsniveau eines Landes, gemessen als Bruttoinlandsprodukt pro Einwohner, auch im Umweltschutz ein zentraler Erklärungsfaktor. Allerdings ist er eher eine Hintergrundvariable für eine Vielzahl direkterer Einflussfaktoren, z.B. den technologischen Entwicklungsstand oder die Konsumverhältnisse. Für Zwecke der Policy-Analyse ist die Wirtschaftsleistung, ungeachtet ihrer unübersehbaren Bedeutung, vor allem aus zwei Gründen ein eher schwieriger Faktor: Zum einen ist das Wohlstandsniveau eines Landes – zumindest für die nicht-wirtschaftlichen Ressorts – eine Gegebenheit und keine Zielgröße für Umweltpolitik. Zum anderen aber korreliert das Wohlstandsniveau je nach Problemstruktur sowohl mit positiven wie negativen Umweltentwicklungen. Hat sich eine ökologische Problemlösung als – in der Regel technische – Standardlösung herausgebildet, so wirkt sie sich in den reicheren Industrieländern eher und deutlicher aus als in den ärmeren. Hier gilt dann die Gleichzeitigkeit von Notwendigkeit und Möglichkeit reicher Länder, mehr im Umweltschutz zu leisten als andere *(Jänicke/Mönch 1988, Ringquist 1993: 107, vgl. Khator 1993)*. Ist die praktikable Standardlösung jedoch nicht vorhanden oder politisch nicht durchsetzbar, so ergibt das Wohlstandsniveau eine ganz andere Prognose. Denn nun bewirken ökologische Problemtendenzen der Motorisierung, Elektrifizierung, Chemisierung oder Betonierung in den entwickelten Industrieländern eine höhere Belastung als in den weniger entwickelten. Mit anderen Worten: *die Wirtschaftsleistung eines Landes beeinflusst sowohl die ökologische Problemstruktur als auch die Chancenstruktur des Umweltschutzes, aber je nach Problemtypus unterschiedlich (Jänicke 1996).*

Kein nennenswerter Zusammenhang zur Umweltverbesserung ergab sich beim Wirtschafts*wachstum*. Dagegen korreliert niedrige Arbeitslosigkeit stark mit bestimmten Umweltverbesserungen *(Jänicke 1990, Binder 1996)*. Eine mögliche Erklärung dieses Zusammenhanges wäre, dass Arbeitsmarktpolitik, Inflationsbekämpfung und Umweltpolitik von den gleichen – in der Regel kooperativen – Steuerungsmechanismen profitieren *(vgl. Schmidt 1986)*. Ein anderer Erklärungsfaktor wäre das den Umweltschutz begünstigende Fehlen einer Themenkonkurrenz durch hohe Arbeitslosigkeit. Hinzu kommt der nicht geringe Beschäftigungseffekt von Umweltpolitik.

Eine vergleichende Untersuchung von Binder ergab auch einen positiven statistischen Zusammenhang zwischen niedriger Schwefeldioxidbelastung und hohen Forschungsaufwendungen *(Binder 1996)*. Der Modernitätsgrad einer Volkswirtschaft wirkt sich offenbar auch bei dem „Hintergrundfaktor" Energieverbrauch positiv aus. Strukturwandel, Effizienzsteigerungen beim Energieverbrauch und ein veränderter Energiemix haben in der Luftreinhaltung ähnliche Wirkungen wie direkte Umweltschutzmaßnahmen *(vgl. Knoepfel/Weidner 1985, Jänicke/Mönch 1988, Ringquist 1993)*.

Für den Siedlungsabfall, den Flächenverbrauch und die mit der Motorisierung zusammenhängenden Emissionen von NO_x und VOC besteht im internationalen Vergleich hingegen ein negativer Zusammenhang zum Wohlstandsniveau. Die Liste dieser Misserfolgsindikatoren auch von reichen Ländern ist natürlich länger und schließt so wichtige Gebiete wie das Abfallaufkommen insgesamt, die Bodenkontamination, die Grundwasserbelastung oder den Artenverlust ein.

Politisch-institutionelle Handlungsbedingungen

Die politisch-institutionellen Erfolgsbedingungen von Umweltpolitik betreffen vor allem die stabilen Regeln, deren Einhaltung als verbindlich akzeptiert wird und von anderen erwartet werden kann. Es geht um Rechtslagen *(s. Teil III)* und politische Willensbildungsstrukturen, die Handlungschancen eröffnen oder einschränken. Bei diesem Thema erweist sich die empirische Literatur allerdings als unzulänglich und die vergleichende Analyse als schwierig. Insgesamt ergibt sich folgendes Bild:

Partizipative Strukturen und die Offenheit der Willensbildungsmechanismen gelten in der Literatur generell als eine wichtige Bedingung umweltpolitischen Erfolgs *(Kitschelt 1983, Jänicke 1990, Zilleßen et al. 1993, Carew-Reid et al. 1994, OECD 1995)*. Partizipation ist die Beteiligung zusätzlicher Akteure – speziell der Vertreter bisher unzureichend berücksichtigter Interessen – am Prozess der Politikgestaltung. Dies kann die Form der Öffnung der Politiknetzwerke im Vorfeld politischer Entscheidungen oder pluralistischer Beiräte ebenso annehmen wie die Form der Bürgerbeteiligung bei Genehmigungsverfahren oder die Form der Volksabstimmung. Fallstudien über die Umweltpolitik entwickelter, demokratisch

verfasster Industrieländer machen die These plausibel, dass die Umweltproblematik wesentlich zur Erweiterung partizipativer Kapazitäten moderner Demokratien beigetragen hat *(Paehlke 1990, Jänicke 1993, Weidner
1996)*. Sie hat auch Dezentralisierungstendenzen gefördert, die in der Literatur immer wieder als günstige Bedingung für Umweltschutzaktivitäten
angesehen werden. Auch der bisherige Ost-West-Vergleich macht die Bedeutung partizipativer und dezentraler Strukturen für den Umweltschutz
außerordentlich plausibel. Allerdings ist Partizipation kein Patentrezept.
Sie kann auch Entscheidungsprozesse überfordern. Die Kompetenz der
beteiligten Akteure und das zielorientierte, professionelle Management der
Beteiligung sind nach aller Erfahrung eine wichtige Voraussetzung von
Beteiligungsprozessen. Erst dann wird die Beteiligung zusätzlicher Akteure
und Interessen eine Ressource der Umweltpolitik.

Als eine spezielle Form der Partizipation kann der Klageweg angesehen
werden. Die Offenheit des Rechtssystems für die Wahrnehmung von Umweltschutzinteressen hatte in Vorreiterländern wie den USA und Japan eine
starke Bedeutung – auch für die Gestaltung von Umweltpolitik. Sie kann
aber auch – wie ebenfalls in den USA – die Gegenseite begünstigen und ist
daher keine eindeutige Erfolgsbedingung. Die starke Bedeutung des Umweltrechts als Rahmenbedingung und Ressource umweltpolitischen Handelns muss hier nicht besonders hervorgehoben werden *(s. Teil III)*.

Partizipative Strukturen kommen erst zur Geltung, wenn das politische
System sie auch bewältigen kann. Das betrifft seine *Integrationsfähigkeit*,
definiert durch das Ausmaß und die Unterschiedlichkeit von Teilinteressen,
die politische Systeme zu verarbeiten und auf einen Nenner zu bringen
vermögen. Dass hohe Integrationsfähigkeit eine wichtige Bedingung umweltpolitischen Erfolgs ist, lässt sich durch eine Vielzahl von Untersuchungen gut belegen *(Badaracco 1985, Jänicke 1990, Fey 1994: 136, Zilleßen et
al. 1993, Carew-Reid et al. 1994, Ricken 1995)*. Stichworte wie „network
management" oder „Dialogstrategie" *(Glasbergen 1995)* kennzeichnen die
neuere Diskussion. Unter Einbeziehung der Langzeitorientierung eines
politischen Systems ist die Politikintegration zugleich die Basis für *Strategiefähigkeit*. Sie soll hier als die Fähigkeit definiert werden, langfristige
Allgemeininteressen gegen kurzfristige Teilinteressen durchzusetzen. Der
Gegenbegriff zur Integration ist die „Fragmentierung", das Auseinanderfallen der Politikfelder eines Staates und die isolierte Verfolgung von Einzelin-
teressen durch spezialisierte Interessenverbände, denen die isolierten

Staatsverwaltungen dann auch leicht zum Opfer fallen. Staaten, die eine Vielzahl unterschiedlicher Interessen zu integrieren vermögen, besitzen in aller Regel auch eine größere Unabhängigkeit und Objektivität gegenüber organisierten Spezialinteressen.

Für die USA sieht Kitschelt z. B. einen Gegensatz zwischen großer Offenheit der Willensbildungsstrukturen und einer unzureichenden integrativen Verarbeitung entsprechender Impulse *(Kitschelt 1983)*. Das französische Regierungssystem gilt wiederum als hochintegriert, aber wenig offen für neue Interessen. Knoepfel *(1993)* unterscheidet die Kooperation von Umweltpolitikern auf unterschiedlichen Ebenen des politischen Systems (intrapolicy cooperation) von der Kooperation zwischen Umweltpolitik und anderen Ressorts (interpolicy cooperation), insbesondere mit schwierigen Politikfeldern wie der Energie-, Verkehrs-, Bau- oder Agrarpolitik. Mindestens ebenso wichtig ist für ihn aber die Kooperation zwischen Umweltverbänden, Industrie und Staat. Ähnlich betont die OECD die Bedeutung „intersektoraler Koordination" und einer Struktur, die „die Beteiligung unterschiedlicher öffentlicher und privater Interessen" erlaubt *(OECD 1994: 19)*. Andere Autoren betonen die Bedeutung des Korporatismus für den Umweltschutz *(Badaracco 1985, Ricken 1995)*.

Insbesondere im Hinblick auf eine ökologische Industriepolitik scheint der Ausbau integrativer Kapazitäten von hoher Bedeutung. Erfolgreiche Industriepolitik beruhte bisher ganz wesentlich auf institutionellen Mechanismen der Konzertierung und Netzwerkbildung *(Traxler/Unger 1991)*. Konsensfähigkeit und ein kooperativer Politikstil sind hierfür wichtige kulturelle Bedingungen. Sie haben zugleich eine Bedeutung für die Innovationsfähigkeit eines Landes, da ökologische Neuerer schneller in den Meinungs- und Willensbildungsprozess integriert bzw. weniger lange ausgegrenzt werden als in Ländern mit einem prononciert konfrontativen Politikstil *(Jänicke 1990)*. Nach Inglehart korreliert die Vertrauensbereitschaft einer Gesellschaft, eine Voraussetzung für Konsensfähigkeit, wiederum mit dem Wohlstandsniveau *(Inglehart 1989: 53)*.

Wissen und Bewusstsein als Handlungsbedingungen

Kulturelle Einflussfaktoren haben im internationalen Vergleich der Leistungsfähigkeit der Umweltpolitik durchaus Bedeutung. Protestantische Länder z.B. schneiden meist vergleichsweise besser ab als katholische. In diesem Sinne gibt es kulturelle Hintergrundbedingungen von Umweltbewusstsein. Aber wie bei der Wirtschaftsleistung sind diese ein der politischen Einflussnahme weitgehend entzogener Einflussfaktor. Dagegen erweisen sich „Wissen und Bewusstsein" *(OECD 1994: 12)* oder die informationellen und kognitiven Handlungsbedingungen als politisch gestaltbar. In jedem Fall sind sie eine wesentliche Ressource der Umweltpolitik. Sie beeinflussen die Chancenstruktur ihrer Befürworter.

Hier geht es um die Leistungsfähigkeit des gesamten Systems der Erzeugung, Verbreitung und Anwendung von Umweltwissen. Und es geht um die *dominierenden Deutungsmuster*, darum, ob und wie Umweltprobleme wahrgenommen werden. Die Sozialwissenschaft bezeichnet dies recht abstrakt als „die kognitive Strukturierung" des Handelns bzw. als Struktur der „Wissensbestände und Denkprozesse" *(Vowe 1994: 424, vgl. Nullmeier 1993, Keck 1993).*

Die Offenheit und die Leistungsfähigkeit wissenschaftlicher Institutionen ebenso wie des Mediensystems ist als Erfolgsbedingung von Umweltpolitik noch wenig im internationalen Vergleich erforscht *(vgl. OECD 1994, Brown Weiss/Jacobson 1998).* Qualität und Breite der Umweltberichterstattung sind allerdings als Einflussgröße im internationalen Vergleich dargestellt worden *(Weidner/Zieschank/Knoepfel 1992).* Mit hoher Plausibilität sind die publizistischen Verhältnisse und die Medienagenda für das Resultat überaus wichtig. Dafür spricht, dass in der erwähnten Sammlung von 24 Erfolgsfällen fast alle die Hintergrundbedingung „public awareness" aufwiesen, etwa die Hälfte der Fälle zeichnete sich sogar durch direkten öffentlichen Druck aus *(Jänicke/Weidner 1995).* Und der muss publizistisch vermittelt werden. In einer vergleichenden Regressionsanalyse der OECD-Länder ergab sich für 1982 ebenfalls ein statistischer Zusammenhang zwischen der Sorge über die lokale und nationale Luftverschmutzung und der Verbesserung bei Schwefeldioxid. 1992, im Zeichen einer deutlich verbesserten Situation, bestand der Zusammenhang nicht mehr *(Binder 1996).*

Umweltpolitische Lernprozesse betreffen aber auch die kognitive Seite des Umweltwissens. Neben der Fähigkeit zur Erzeugung und Verbreitung von Umweltinformation geht es hier vorrangig um die Angemessenheit dieser Informationen und der Deutungsmuster, die ihre Struktur bestimmen *(Nullmeier 1993, Vowe 1994).* Die weißen Flecken in der internationalen Umweltberichterstattung über die Siedlungsflächen oder den Rohstoffverbrauch der Volkswirtschaft sind nicht so sehr Ausdruck einer quantitativ unterentwickelten Umweltstatistik als die Folge älterer, auf Immissionen und Emissionen bezogenen Deutungsmuster des Umweltdiskurses. Und die sind gesellschaftlich kein Zufall. Sie haben einen Hintergrund von Interessenlagen und Definitionsmacht. Und sie haben Folgen: Beim Paradigma des Immissionsschutzes reicht das kognitive Niveau der Umweltpolitik für eine Politik der hohen Schornsteine. Beim Paradigma des Emissionsschutzes reichen end-of-pipe-Maßnahmen aus. Bei einer Orientierung an Gefahrstoffen (Risiko-Paradigma) kann eine Strategie der Stoffsubstitution als ausreichend angesehen werden. Beim Paradigma tragfähiger Entwicklung hingegen geht es um eine Strategie ungleich höherer Wirkungstiefe: die Minimierung der Ressourcen-Inputs in den Produktionsprozess.

3.5 Situative Handlungsbedingungen

Kurzfristig veränderliche Situationen und Ereignisse sind für eine Interpretation konkreter Umweltpolitikerfolge ein wesentlicher Faktor. Wir hatten diese situativen Handlungsbedingungen bereits beim Thema „agenda setting" kennengelernt *(s. Kap. II 2).* Diese veränderlichen Handlungsbedingungen beeinflussen aber auch das Umweltpolitik-Ergebnis. Sie können wiederum aus der Politik, aus der Ökonomie oder aus neuen Informations- und Bewusstseinslagen erwachsen.

Neue Regierungen (oft unabhängig von der Parteifärbung), Veränderungen im Parteiensystem (wie nach dem Wahlerfolg der Grünen im Jahre 1983) oder auch Umweltschutzmaßnahmen in wichtigen Auslandsmärkten sind Ereignisse, die immer wieder unmittelbare Steuerungswirkungen für heimische Produzenten haben. Dasselbe gilt für gezielte Attacken von Umweltverbänden.

Der plötzliche Anstieg der Ölpreise ist im Jahre 1973 situativ vermutlich der stärkste ökonomische Impuls für die Energie- und Umweltpolitik gewesen. Ökonomische Ereignisse wie das Auftauchen eines Öko-Innova-teurs bzw. einer neuen Technologie können ähnliche Lenkungswirkung haben. Dies kann einer staatlichen Steuerung gleichkommen, oft mit größerer Wirkungsgeschwindigkeit. Das gleiche gilt für die Entscheidung einer Großhandelskette, bestimmte umweltschädliche Produkte vom Markt zu nehmen.

Hinsichtlich der Informationslagen hat das Vorhandensein oder Fehlen aktueller Schlagzeilen für konkrete Problemlösungen und ihre Thematisierung oft hohe Bedeutung. Themenkonkurrenz im Zeichen einer schweren Rezession kann hingegen ein wichtiger Störfaktor sein. Die gegenläufige, von der Wirtschaftskonjunktur abhängige Medien-Präferenz entweder für Wirtschafts- oder für Umweltbelange ist für Schweden seit 1970 nachgewiesen worden.

Das Moment der Unkalkulierbarkeit günstiger und ungünstiger Ereignisse und Konstellationen (policy windows) wird in der Umweltpolitik leicht als schicksalhaft hingenommen: Man resigniert vor ungünstigen Konjunkturlagen und hofft letztlich auf Rückenwind durch Katastrophenmeldungen. Dabei hat die praktisch vollzogene Umweltpolitik Beispiele zu bieten, wie Umweltpolitik ihre eigene Handlungssituation verbessern kann: Das bisher dramatischste und umweltpolitisch einflussreichste Informations-Ereignis war 1972 die Studie des Club of Rome über die „Grenzen des Wachstums". Die in letzter Zeit international tonangebende niederländische Umweltpolitik startete 1988 mit einer dramatischen Studie des Umweltamtes über die ökologische Perspektive des Landes (Zorgen voor morgen). Und in Schweden wurde die neue strategische Phase der Umweltpolitik 1996 eingeleitet mit einer Studie „Crossroads for the Environment". Wie in dem niederländischen Fall ging es um die Darlegung, was geschieht, wenn nicht mehr geschieht. Es scheint mehr als naheliegend, weitgehende Umweltpolitiken durch die umfassende Darlegung der Probleme einzuleiten.

Die strategische Verbesserung von Handlungssituationen ist eine weithin noch unerschlossene Ressource der Umweltpolitik.

3.6 Strategien

Dies führt zum Thema der Umweltstrategie. Sie ist ans Ende der behandelten Grundbegriffe des obigen Modells gestellt, weil es am Ende die entscheidende Frage ist, wie umweltpolitische Akteure mit dem gestaltbaren Teil der Einflussfaktoren umgehen, die Erfolg oder Misserfolg von Umweltpolitik determinieren. Schließlich bestimmen Strategien, was Akteure subjektiv aus objektiven Handlungschancen machen. Dies ist der Kern dessen, was Umweltpolitik im Sinne sowohl von public policy als auch von public management ausmacht. Hier soll der Strategiebegriff indes nur systematisch eingeordnet werden, zunächst als formaler Oberbegriff für Teilaspekte von Umwelthandeln wie Ziele, Instrumente oder Politikstil. Im nächsten Kapitel *(II 4)* werden die instrumentellen Teilaspekte umweltpolitischer Vorgehensweisen ausführlicher dargestellt. Darauf soll in Kapitel II 5 inhaltlich skizziert werden, wie sich umweltpolitische Strategie, vor allem in fortgeschrittenen Ländern, weiterentwickelt hat und wo ihre Potenziale liegen.

Strategien sind planmäßiges Handeln im Sinne einer langfristigen Zweck-Mittel-Orientierung, was Modifikationen als Folge von Lernprozessen einschließt. Mit dieser Kategorie wird der Stellenwert der Zielbildung, der Planmäßigkeit, des Zeitfaktors und der Flexibilität des umweltpolitischen Handelns unterstrichen *(Carew-Reid et al. 1994, OECD 1994)*. Strategien müssen für die flexible, taktische Nutzung situativer Handlungschancen offen sein. Auf strategisches Geschick (einschließlich der operativen Flexibilität) sind die Träger von Umweltbelangen nicht zuletzt wegen ihrer Schwäche im Verhältnis zu mächtigen Verursacherinteressen angewiesen. Strategie schließt die systematische Verbesserung der eigenen Handlungsbedingungen (Kapazitätsbildung) ein. Welche Bedeutung wissenschaftlich erarbeitete Strategien in der umweltpolitischen Praxis besitzen, wird heute von fortschrittlichen Umweltverwaltungen ebenso wie etwa von Greenpeace demonstriert.

Hier ist zunächst im Lichte vergleichender Umweltpolitikforschung festzuhalten, dass in der bisherigen Erfolgsbilanz der Umweltpolitik der Industrieländer das ordnungsrechtliche Instrumentarium des Staates (command and control) die entscheidende Rolle gespielt hat *(Low 1992, Uebersohn 1990, Jänicke/Weidner 1995)* – oft verstärkt durch Subventionen. Die Bedeutung weicherer – monetärer, informationeller und kommunikativer – Instrumente hat erst langsam zugenommen *(OECD 1997)*.

Die relative Schwäche auch von staatlichen Umweltverwaltungen hat aber zu neuen Modalitäten und geschickteren Einsatzformen der ordnungsrechtlichen Intervention geführt. Ein wichtiges Beispiel ist die Politikankündigung, die *prospektive Staatsintervention*: Hierbei werden Interventionen mit zeitlichen Anpassungsfristen angekündigt und als notwendig begründet *(vgl. II 5.4 u. III)*. Auf dieser Basis wird mit der Zielgruppe verhandelt, ohne dass der komplizierte staatliche Entscheidungsmechanismus in Anspruch genommen werden muss. Ordnungsrechtliche Auflagen können durch diesen „weichen" Politikstil überflüssig gemacht werden.

Basisliteratur

Huber, J.: Allgemeine Umweltsoziologie, Opladen 2001
Jänicke, M. (Hrsg.): Umweltpolitik der Industrieländer. Entwicklung – Bilanz – Erfolgsbedingungen, Berlin 1996.
Knoepfel, P.: Bedingungen einer wirksamen Umsetzung umweltpolitischer Programme – Erfahrungen aus westeuropäischen Staaten, Cahiers de l'IDHEAP no. 108, Institut des Hautes Etudes en Administration Publique, Lausanne 1993.
Sabatier, P. A.: Advocacy-Koalitionen, Policy-Wandel und Policy-Lernen: Eine Alternative zur Phasenheuristik, in: Héritier, A. (Hrsg.): Policy-Analyse. Kritik und Neuorientierung, Politische Vierteljahresschrift, Sonderheft 24, Opladen 1993, S. 116-148.
Schmidt, M. G.: Einführung zu ders. (Hrsg): Staatstätigkeit. International und historisch vergleichende Analysen, Politische Vierteljahresschrift, Sonderheft 19, Opladen 1988.

Weiterführende Literatur

Badaracco, J. L.: Loading the Dice. A Five-Country Study of Vinyl Chloride Regulation, Boston, Harvard Business School Press 1985.
Binder, M.: Mögliche Erfolgsbedingungen der Schwefeldioxidminderung im internationalen Vergleich, in: Jänicke, M. (Hrsg.): Umweltpolitik der Industrieländer, Berlin 1996.
BMU (Bundesministerium f. Umwelt, Naturschutz u. Reaktorsicherheit): Konferenz der Vereinten Nationen für Umwelt und Entwicklung im Juni 1992 in Rio de Janeiro (Dokumente): Agenda 21, Bonn o. J. (1993).
Brinkmann, J./Kirchgeorg, M.: Umweltorientiertes Unternehmensverhalten. Deutsche und norwegische Daten im Vergleich, Zeitschrift für Umweltpolitik und Umweltrecht, 18. Jg., 3/1995, S. 377-390.
Brown Weiss, E./Jacobson, H.K.: Engaging Countries: Strengthening Compliance with International Accords, Cambridge (Mass.)-London 1998.

Carew-Reid, J./Prescott-Allen, R./Bass, St./Dalal-Clayton, B.: Strategies for National Sustainable Development – A Handbook for their Planning and Implementation, IIED/IUCN, London 1994.

Choucri, N.: Introduction, Business and the Contemporary World 6, No 2. (Special Issue: Global Environmental Accords) 1994, S.6-8.

Conrad, J.: Environmental Management in European Companies. Success Stories and Evaluation, Amsterdam 1998.

Deutsch, K. W.: Politische Kybernetik – Modelle und Perspektiven, Freiburg i. Br. 1969.

Enloe, C. H.: The Politics of Pollution in a Comparative Perspective. Ecology and Power in Four Nations, New York 1975.

Fey, A.: Umweltsituation und Umweltpolitik in der ausgehenden Sowjetunion. Eine vergleichende Fallstudie, Frankfurt/M 1994.

Glasbergen, P. (Ed.): Managing Environmental Disputes – Network Management as an Alternative, Dordrecht, Boston, London 1995.

Gothenburg Research Institute: The Nordic Business Environmental Barometer, Oslo 1995.

Haas, P. M.: Introduction: epistemic communities and international policy coordination, in: International Organization 46, 1/1992, S. 1-36.

Hettige, M./Huq, M./Pargal, S./Wheeler, D.: Determinants of Pollution Abatement in Developing Countries: Evidence from South and Southeast Asia, in: World Development, Vol. 24, No. 12/1996, S. 1891-1904.

Hey, C./Brendle, U.: Umweltverbände und EG. Strategien, Politische Kulturen und Organisationsformen, Opladen 1994.

Inglehart, R.: Kultureller Umbruch. Wertwandel in der westlichen Welt, Frankfurt/M., New York 1989.

Jänicke, M.: Erfolgsbedingungen von Umweltpolitik im internationalen Vergleich, Zeitschrift für Umweltpolitik und Umweltrecht 13/1990, S. 213-232.

Jänicke, M.: Über ökologische und politische Modernisierungen, Zeitschrift für Umweltpolitik und Umweltrecht 16/1993, S. 159-175.

Jänicke, M./Mönch, H.: Ökologischer und wirtschaftlicher Wandel im Industrieländervergleich. Eine explorative Studie über Modernisierungskapazitäten, in: Schmidt, M. G. (Hrsg.): Staatstätigkeit. International und historisch vergleichende Analysen, Politische Vierteljahresschrift, Sonderheft 19, Opladen 1988, S.391-405.

Jänicke, M./Weidner, H. (Hrsg.): Successful Environmental Policy – A Critical Evaluation of 24 Cases, Berlin 1995.

Jänicke, M./Weidner, H. (in collaboration with Helge Jörgens) (Eds.): National Environmental Policies – A Comparative Study of Capacity-Building, Berlin, Heidelberg, New York etc. 1997.

Jörgens, H.: Die Institutionalisierung von Umweltpolitik im internationalen Vergleich, in: Jänicke, M. (Hrsg.): Umweltpolitik der Industrieländer, Berlin 1996, S. 59-111.

Keck, O.: Information, Macht und gesellschaftliche Rationalität. Das Dilemma rationalen kommunikativen Handelns, dargestellt am Beispiel eines internationalen Vergleichs der Kernenergiepolitik, Baden-Baden 1993.

Kitschelt, H.: Politik und Energie, Frankfurt/M., New York 1983.

Khator, R.: Recycling: A Policy Dilemma for American States? In: Policy Studies Journal 21/1993, S. 210-226.

Knoepfel, P./Weidner, H.: Luftreinhaltepolitik (stationäre Quellen) im internationalen Vergleich, Bd. 1, Berlin 1985.

Low, P.: International Trade and the Environment: An Overview, in: Low, P. (Ed.): International Trade and the Environment, World Bank Diskussion Papers, 159, Washington 1992.

Nullmeier, F.: Wissen und Policy-Forschung. Wissenspolitologie und rhetorisch-dialektisches Handlungsmodell, in: Héritier, A. (Hrsg.): Policy-Analyse. Kritik und Neuorientierung, Politische Vierteljahresschrift Sonderheft 24, Opladen 1993, S.175-196.

OECD: Transport and the Environment, Paris 1988.

OECD: Capacity Development in Environment, OECD Documents, Paris 1994.

OECD: Developing Environmental Capacity – A Framework for Donor Involvement, Paris 1995.

OECD: Reforming Environmental Regulation in OECD Countries, Paris 1997.

Paehlke, R.: Democracy and Environmentalism: Opening a Door to the Administrative State, in: Paehlke, R./Torgerson, D. (Hrsg.): Managing Leviathan. Environmental Politics and the Administrative State, Petersborough, Ontario 1990, S.35-51.

Ricken, Ch.: Nationaler Politikstil, Netzwerkstrukturen sowie ökonomischer Entwicklungsstand als Determinanten einer effektiven Umweltpolitik. Ein empirischer Industrieländervergleich, in: Zeitschrift für Umweltpolitik und Umweltrecht, 4/1995, S. 481-501.

Ringquist, E. J.: Environmental Protection at the State Level. Politics and Progress in Controlling Pollution, Armonk, London 1993.

Traxler, F./Unger, B.: Institutionelle Erfolgsbedingungen wirtschaftlichen Strukturwandels, in: Wirtschaft und Gesellschaft, 16/1991, S. 189-223.

Uebersohn, G.: Effektive Umweltpolitik. Folgerungen aus der Implementations- und Evaluationsforschung, Frankfurt/M. 1990.

Vowe, G.: Politische Kognition. Umrisse eines kognitionsorientierten Ansatzes für die Analyse politischen Handelns, in: Politische Vierteljahresschrift, 35/1994, S.423-447.

Weale, A.: The New Politics of Pollution, Manchester, New York 1992.

Weidner, H.: Basiselemente einer erfolgreichen Umweltpolitik. Eine Analyse und Evaluation der Instrumente der japanischen Umweltpolitik, Berlin 1996.

Weidner, H./Zieschank, R./Knoepfel, P. (Hrsg.): Umwelt-Information. Berichterstattung und Informationssysteme in zwölf Ländern, Berlin 1992.

Zilleßen, H./Dienel, P./Strubelt, W. (Hrsg.): Die Modernisierung der Demokratie. Internationale Ansätze, Opladen 1993.

4. Umweltpolitische Steuerung:
Vom instrumentellen zum strategischen Ansatz

In diesem Kapitel wenden wir uns der umweltpolitischen Steuerung zu. Sie betrifft die Frage, wie politische Ziele im Staat und durch den Staat verwirklicht werden. Umweltpolitische Steuerung kann mit allgemeinen Regeln – Instrumenten – aber auch mit ausdifferenzierten Politikmustern operieren. Eine Entwicklung hin zu differenzierteren, eher strategischen Ansätzen ist in der modernen Umweltpolitik unverkennbar.

Im Vordergrund der Umweltpolitikdebatte standen bisher die Instrumente. Bis in die jüngste Zeit hinein sind sie dort ein geradezu ausuferndes Thema. Erstaunlicherweise ist die Zielstruktur und die Zielbildung erst in der jüngsten Zeit ein Forschungsthema geworden. Weil dies so ist, soll die instrumentelle Seite der Umweltpolitik hier vorweg knapp skizziert werden. Nur so wird deutlich, dass die Entdeckung der Ziele in der Umweltpolitikforschung ein wesentlicher Fortschritt ist.

4.1 Umweltpolitische Instrumente

Als umweltpolitisches Instrumentarium wird hier die Gesamtheit aller eingeführten generellen Handlungsoptionen umweltpolitischer Akteure zur Verwirklichung umweltpolitischer Ziele bezeichnet *(Jänicke et al. o. J.)*. Die Zahl möglicher Instrumente ist letztlich eine Frage der Kreativität von Politik. Der niederländische Ökonom E. S. Kirschen und seine Kollegen haben in den frühen 1960er Jahren allein für die Wirtschaftspolitik 64 allgemeine Instrumententypen ausfindig gemacht. Die Gesamtzahl der Instrumente wird daher in Gruppen unterteilt *(Howlett/Ramesh 1995: 80ff.)*. Kriterien sind u. a. die Rolle der öffentlichen Finanzen und der Grad der Verhaltensbestimmung.

Wicke unterscheidet die große Gruppe der (a) nicht-fiskalischen Instrumente von (b) Instrumenten mit öffentlichen Ausgaben und (c) Instrumenten mit öffentlichen Einnahmen *(Wicke 1993)*. Dies hat den Vorzug, dass

Abbildung 12: *Systematisierung wichtiger umweltpolitischer Instrumente*

Instrumentengruppe	Instrumente	Grad der staatl. Vehaltensdeterminierung
Ordnungsrechtliche Instrumente	– Ge- und Verbote – Genehmigungen – Grenzwertsetzung – Produktstandards – Prozessstandards – Umweltstrafrecht	hoch
Planerische Instrumente	– Raumordnungspläne – Bauleitpläne – Landschaftspläne – Luftreinhaltepläne (bubble policy) – Abfallwirtschaftspläne – Wasserhaushaltspläne	hoch bis mittel
Marktwirtschaftliche Instrumente	*Öffentliche Einnahmen* – Umweltsteuern – Umweltabgaben – Gebühren – Lizenzen, Zertifikate *Öffentliche Ausgaben* – Steuervergünstigungen – Subventionen – umweltbewusste Beschaffung *Andere* – Benutzervorteile – Umwelthaftung	mittel
Kooperation	– Verhandlungen – Netzwerkbildung – formale oder informale Vereinbarungen – Branchenabkommen – Selbstverpflichtungen	mittel bis niedrig
Information	– Information und Aufklärung durch staatliche Institutionen – standardisierte private Berichtsformen – Umweltzeichen – Umweltbildung	niedrig

die im Sinne der Policy-Analyse konfliktreichen „redistributiven" Maßnahmen auf der Einnahmenseite (Stichwort Energiesteuern) von den konfliktarmen „distributiven" Maßnahmen auf der Ausgabenseite öffentlicher Haushalte unterschieden werden. Im umweltrechtlichen Teil *(III 3)* dieses Buches wird zwischen ordnungsrechtlichem, planungsrechtlichem und indirekt steuerndem Instrumentarium unterschieden.

In der Politikwissenschaft werden politische Instrumente zumeist nach dem Grad der staatlichen Verhaltensdeterminierung zwischen den Polen des Zwanges und der Freiwilligkeit unterschieden *(Cohen/Kamieniecki 1991, Carius/Schneller 1992, Howlett/Ramesh 1995)*. Dies trägt der Tatsache Rechnung, dass Instrumente nicht nur unter dem Aspekt der Wirksamkeit, sondern auch unter dem Aspekt des Schwierigkeitsgrades der politischen Willensbildung gesehen werden müssen. Zwangsmittel des Staates und Konfliktstrategien rufen oft schon bei der Politikformulierung Widerstände hervor (s. u.). Sinnvoll ist die erwähnte Unterscheidung nach dem Grad der Freiwilligkeit auch dann, wenn Umweltpolitik nicht allein aus der Perspektive von Staat und Verwaltung gesehen, sondern als Summe *aller* gesellschaftlichen Aktivitäten im Bereich des Umweltschutzes verstanden wird, also über den engen Bereich staatlicher Handlungen hinausgeht. So sprechen Howlett und Ramesh von „freiwilligen Instrumenten", wenn es um den eigenständigen Beitrag von Gemeinschaften, Organisationen oder Unternehmen bzw. Märkten geht *(Howlett/Ramesh 1995: 82)*.

In Abbildung 12 werden umweltpolitische Instrumente entsprechend nach dem Grad der staatlichen Einflussnahme systematisiert *(s. auch III 3)*.

Ordnungsrechtliche Instrumente

Ordnungsrechtliche *Ge- und Verbote* bilden nicht zufällig das bevorzugte Instrumentarium des Umweltschutzes *(s. III 3)*. Sie sind gewissermaßen der administrativ-polizeiliche Ansatz, der überall da unverzichtbar ist, wo unmittelbare Umweltbeeinträchtigungen zu vermeiden und Umweltgefahren abzuwehren sind, aber auch dort, wo klare Vorgaben gemacht und realisiert werden können. Dieser Maßnahmetypus, der etwa in der *Festlegung von Grenzwerten* zur Geltung kommt, ist mit dem entsorgenden Umweltschutz eng verbunden. Das umweltpolitische Minimum ist aber anders als mit diesem Instrumentarium und dieser Strategie kaum durchzusetzen.

Gleichwohl hat der ordnungsrechtliche Ansatz Schwächen, die zusätzliche Instrumente nahelegen. Ein Schwächemoment des ordnungsrechtlichen Ansatzes ist häufig die verstärkte Abwehrreaktion der betroffenen Industrie. Da ordnungsrechtliche Instrumente eher einem konfliktbetonten Politikstil entsprechen, führen sie tendenziell auch zu entsprechenden Reaktionen. Sie werfen Machtfragen im Verhältnis von Staat und Industrie auf, bei denen sich der Staat als relativ ohnmächtig erweisen kann: Maßnahmen werden oft verspätet, nach zeitraubenden Widerstandsreaktionen der Politikadressaten, oder nur stark „verwässert" durchgesetzt. Oder sie werden unzureichend befolgt. Die hohe Zahl der Umweltdelikte ist dafür symptomatisch. Ein weiterer Mangel des ordnungsrechtlichen Ansatzes lag bisher darin, dass er zumeist wenig technischen Fortschritt stimuliert: Knappe Investitionsmittel fließen in additive Umweltschutztechnik und nicht in ökologisch angepasstere Technik. Ökologische Innovationen lassen sich offenbar schwer verordnen und erfordern ein flexibleres Vorgehen (s. II 5.3).

Planerische Instrumente

Das umweltrelevante *Planungsinstrumentarium* der Bundesrepublik ist breitgefächert *(vgl. III 3.1):* Zu ihm gehören u. a. Luftreinhalte-, Abfallbeseitigungs-, Landschafts-, Abwasserbeseitigungs-, wasserwirtschaftliche Rahmen- und Bewirtschaftungspläne *(Buchwald/Engelhardt, 1996).* Zu diesen sektoralen Fachplänen kommen heute integrierte Planungskonzepte hinzu, wie sie die förmlichen Strategien nachhaltiger Entwicklung im Sinne der Agenda 21 darstellen *(Jänicke/Jörgens 2000).* Hier ist allerdings in den meisten Ländern der Grad der Verhaltensdeterminierung durch den Staat ausdrücklich niedriger, da auf konsensuale Zielbestimmungen gesetzt wird.

Das Herzstück der *sektoralen* Umweltplanung bildet das räumliche Planungsrecht, das in Raumordnung, Regionalplanung und kommunale Bauleitplanung unterteilt ist. In kommunalen Bauleitplänen wird nach Maßgabe des Baugesetzbuches über die bauliche und sonstige Verwendung des Grund und Bodens innerhalb des Gemeindegebietes entschieden. Dabei sollen die verschiedenartigen räumlichen Ansprüche zu einem einheitlichen städtebaulichen Handlungskonzept zusammengefasst werden.

Die kommunale Bauleitplanung eröffnet prinzipiell vielfältige Möglichkeiten zur ökologischen Steuerung der raumbezogenen Nutzungskonkurrenzen. Zum Beispiel können Grünflächen ausgewiesen werden oder Standorte für umweltbeeinträchtigende Industrien nicht oder nur unter strengen Auflagen genehmigt werden. Wenn von dieser Möglichkeit in der administrativen Praxis zu wenig Gebrauch gemacht wird, liegt dies meist an der finanziellen Abhängigkeit der Kommunen von der Ansiedlung von Unternehmen bzw. vom Gewerbesteuereinkommen. Einige Ursachen der mangelnden Durchsetzungsfähigkeit ökologischer Belange resultieren aber auch aus der Komplexität des Instrumentariums und der hohen Durchsetzungsfähigkeit von Bauinteressen.

Marktwirtschaftliche Instrumente

Wirtschaftliche Anreize sind relativ einfach durchzusetzen, soweit es sich um *Subventionen* oder *Steuerabschreibungen* – also um distributive Maßnahmen – handelt. Hier kommt es aber oft lediglich zu Mitnahmeeffekten. Subventionen und Steuervorteile verstoßen auch gegen das Leitbild des Verursacherprinzips. Verursacher, die ohnehin Umweltschäden und Umweltschutzkosten auf die Allgemeinheit abwälzen, werden durch sie erneut begünstigt. Die Kosten der nicht verhinderten Umweltschäden sind gewaltig – viel höher als die des Umweltschutzes. Wicke *(1993: 114)* errechnete Schadenskosten in Höhe von 5 Prozent der jährlichen Wirtschaftsleistung (BSP) der Bundesrepublik. Andere Studien kommen auf deutlich höhere Schadenskosten. Die Europäische Umweltagentur verzeichnet für Deutschland allein im Verkehrsbereich externe Kosten in Höhe von 4,5 Prozent des BIP *(EEA 1996: 16)*. Dem standen 1994 1,4 BSP-Prozente für Umweltschutzmaßnahmen gegenüber. Es kommt also gerade darauf an, diese Relationen zu Lasten der Verursachersektoren zu verschieben. Ökonomen sprechen hier von der „Internalisierung" externer Kosten *(ausführlich IV 1.2)*. Dies ist ein wichtiger Leitgedanke (auch wenn die suggerierte staatliche Preiskorrektur gerade unter Marktbedingungen weder in der nötigen Breite noch quantitativ exakt möglich ist).

Abgaben auf umweltbelastende Produktionen oder Produkte sind unabhängig von der Internalisierungsproblematik – und unabhängig von ihrer Lenkungswirkung – eine legitime Form der öffentlichen Einnahmen.

Sie stimulieren den technischen Wandel. Strukturpolitische Wirkungen haben, erkennbar an den Wirkungen hoher Ölpreise, vor allem Abgaben, die wichtige Produktionsinputs wie den Ressourcenverbrauch verteuern. Energiesteuern spielen dabei eine wichtige Rolle, weil mit ihnen nicht nur der Energieverbrauch, sondern auch die Wirtschaftsstruktur ökologisch positiv beeinflusst wird. Denn die energieintensiven Industrien zeichnen sich in aller Regel nicht nur durch hohe Emissionen oder Risiken aus, sie sind meist auch mit hohem Transportvolumen, Abfallaufkommen, Wasser- oder Bodenverbrauch verbunden.

Beispiele wirksamer Umweltabgaben findet man im Gewässerschutz einiger Industrieländer. Bekannt wurde die japanische Schwefeldioxid-Abgabe, die ihre Wirkung allerdings im Kontext zahlreicher anderer Instrumente, darunter einer strengen staatlichen Grenzwertregelung erzielte *(Weidner 1996)*. Selbst in der umweltpolitisch wenig erfolgreichen DDR hat das Instrument einer Bodennutzungsgebühr für nichtagrarischen Flächenverbrauch – zusammen mit ordnungsrechtlichen Maßnahmen – die Flächenbilanz lange Zeit vergleichsweise ökologisch günstig beeinflusst.

Eine umfassende Weiterentwicklung des marktwirtschaftlichen Instrumentariums ist das zu Beginn der achtziger Jahre entwickelte Konzept einer *ökologischen Steuerreform (Nutzinger/Zahrndt 1989, OECD 1997a)*. Sein Kerngedanke ist eine steuerliche Entlastung der Arbeit und eine steuerliche Belastung umweltbeeinträchtigender Produktionen und Produkte. Seit Beginn der neunziger Jahre haben die skandinavischen Länder, aber auch die Niederlande Schritte in diese Richtung unternommen. Sie stößt aber in der Regel – als redistributive Maßnahme – auf erhebliche Widerstände der betroffenen umweltintensiven Branchen. Die OECD stellte unlängst fest, dass weniger Sachargumente als „die starke Opposition von Interessengruppen" die Umweltabgaben zu einem politischen Problem machen *(OECD 1997a: 7)*.

Kooperation

Kooperative Instrumente wie informale oder formale *Absprachen* und *Verhandlungen* haben immer da eine besondere Bedeutung, wo zwischen Umweltschutz- und Industrieinteressen eine gewisse Waffengleichheit besteht, wo beide Seiten also in Form von Verhandlungslösungen aufeinander zugehen müssen. Unterscheiden lassen sich Vereinbarungen zwischen staatlichen Behörden und Verursachern von Umweltbelastungen – mit der kontrollierten Selbstverpflichtung als häufiger Variante – und Absprachen zwischen Umweltschutzverbänden und Verursachern, unter Ausschluss des Staates.

Verhandlungen zwischen Umweltbehörden und Verursachern sind zwar keine neue Erscheinung in der Umweltpolitik, in den letzten Jahren haben sie jedoch sehr stark an Bedeutung gewonnen. Vor allem in den Niederlanden sind Vereinbarungen staatlicher Institutionen mit Branchenverbänden (target group policy) inzwischen ein zentrales Element der nationalen Umweltpolitik *(Weale 1992, Glasbergen 1998)*. Auch in Japan haben freiwillige Vereinbarungen eine lange Tradition im Umweltschutz *(Weidner 1996)*. Die OECD sieht in ihnen ein wesentliches Element einer „Reform der Umweltregulierung" *(OECD 1997)*.

Absprachen zwischen Betroffenen oder Umweltschutzverbänden auf der einen und Verursachern auf der anderen Seite ohne direkte Beteiligung des Staates haben ebenfalls an Bedeutung gewonnen. Hierfür sind nicht zuletzt der inzwischen hohe Organisationsgrad, die fachliche Kompetenz und die öffentliche Resonanz von Umweltverbänden wie Greenpeace oder BUND verantwortlich. Die Steuerungswirkung lässt sich am Beispiel der Absprachen zwischen dem BUND und dem Hertie-Konzern ermessen, durch die 3.500 Produkte des Unternehmens überprüft und verändert wurden *(Conrad 1998: 162)*. Von Umweltbelastungen Betroffene können auch ihre Klagemöglichkeiten als Drohpotenzial einsetzen, um die Verursacher an den Verhandlungstisch zu bringen. In Japan sind auf diese Weise Tausende von Verträgen zwischen Investoren und Betroffenen entstanden, in denen mehr Umweltschutz durchgesetzt wurde, als das Gesetz vorsah.

Verhandlungen und Absprachen können von den Politikadressaten auch genutzt werden, um ordnungsrechtliche Maßnahmen zu vermeiden oder zu verzögern. Der Staat muss sich daher immer die Möglichkeit vorbehalten, durch Ge- und Verbote regulierend einzugreifen.

Information

Eine Voraussetzung für die wirksame Wahrnehmung von Beteiligungsrechten durch betroffene Bürger sind *Informationen* (zu den Wissensvoraussetzungen der Umweltpolitik siehe auch *Kap. II 3)*. Interessenwahrnehmung ist fundamental behindert, wenn Betroffenen eine Interessenschädigung durch fehlende Information unbekannt bleibt. Viele Umweltgefährdungen – etwa durch krebserzeugende Luftschadstoffe – sind dem Verursacher bekannt, für den Betroffenen aber zunächst nicht erkennbar. Hier sind Informationen entscheidend. Ihre Verweigerung ist somit institutionell eine wesentliche Ursache für unzureichende Abwehrreaktionen. Die Unterdrückung einer Information kann das Verbot einer Demonstration ersetzen. Umweltpolitik ist mit einem ständigen Kampf um Informationen verbunden. Sie bestimmen auch die umweltpolitische „Wahrnehmung": Ob Statistiken nur über örtliche Immissionen, über Emissionen oder aber über den stofflichen Input in die Produktion verfügbar sind, entscheidet meist auch über den gewählten politischen Ansatz. Umweltstatistiken selbst sind – wie das Umweltstatistik-Gesetz – Gegenstand der Gesetzgebung.

Der Staat kann Umweltinformationen im Sinne von Umweltberichterstattung zur Verfügung stellen. Er kann sie aber auch gezielt als Instrument einsetzen, wo spezifische Aufklärungseffekte oder Verhaltensänderungen angestrebt werden. Staatliche Umweltkennzeichen haben diese Funktion *(Landmann 1998)*. Informationen werden oft als Begleitmaßnahme einer staatlichen Aktivität eingesetzt und sind wichtiger Bestandteil in einem Instrumenten-Mix. Sie können auch sicherstellen, dass die staatliche und die öffentliche Agenda (policy und public agenda) nicht auseinanderfallen.

Das Politikum der Umweltinformation liegt nicht zuletzt darin, dass sie eine unmittelbare Steuerungswirkung haben kann. Diese Wirkung kann sogar besonders groß sein, wenn Umweltinformationen von nichtstaatlichen Akteuren eingesetzt werden: Wenn elektronische Medien vor krebserregenden Stoffen warnen, verschwinden die beanstandeten Produkte oft bereits am nächsten Tag aus den Regalen des Handels. Dies ist nach Wirkungsbreite und Wirkungsgeschwindigkeit eine Umweltschutzintervention, zu der der Staat wegen der Länge seiner Entscheidungswege und der rechtlichen wie politischen Angreifbarkeit seiner Maßnahmen kaum fähig ist.

Sonstige typische Handlungsoptionen

Die Bandbreite typischer Handlungsoptionen des Staates ist größer, als es die angeführte Typologie vermuten lässt. Sie reicht von der Umweltschutzmaßnahme als Eigentätigkeit des öffentlichen Sektors (etwa in der Altlastensanierung) bis zum Gegenteil: der Delegierung staatlicher Teilfunktionen an Bürger oder Umweltschutzorganisationen.

Ein solches Vorgehen, das den subjektiv oder objektiv betroffenen Bürger zu einer Ressource der Umweltpolitik macht, ist die Bürgerbeteiligung, wie sie verschiedene Umweltgesetze der Bundesrepublik – so etwa das Bundesimmissionsschutz-Gesetz, aber auch das Baurecht – vorsehen. Zu einer wirksamen Bürgerbeteiligung an der Planung von Großprojekten kommt es allerdings oft erst auf gerichtlichem Wege. Deshalb sind die rechtlichen Möglichkeiten des Bürgers hier von besonderem Belang *(ausführlich III 3.1)*. In diesem Zusammenhang ist die *Verbandsklage* zu erwähnen, die es nur in einigen Bundesländern und im Bereich des Naturschutzes gibt (und die nunmehr von der rot-grünen Koalition auch im Bund eingeführt werden soll). Klagemöglichkeiten von Verbänden können ihre Position in Verhandlungen verbessern *(Zilleßen 1993)*. Volksbegehren oder Volksentscheide sind kein „Instrument" eines speziellen Politikbereichs. Aber sie können als generelle Handlungsressource der Verfechter von Umweltinteressen ebenfalls Bedeutung haben.

4.2 Kritik der einseitigen Instrumenten-Fixierung

Unbestritten ist die Analyse genereller Vor- und Nachteile umweltpolitischer Instrumente ein sinnvolles Thema der Umweltforschung. Die Fixierung auf das Instrumentarium oder gar auf bestimmte umweltpolitische Instrumente ergibt gleichwohl eine einseitige Betrachtungsweise: Die Vorstellung, dass spezifischen Instrumenten spezifische Wirkungen zukommen, ist meist irreführend. Die meisten Instrumente sind zu einem gewissen Maße austauschbar *(Howlett/Ramesh 1995: 82)*. Der niederländische Gewässerschutz war vorrangig mit einer Abgabenlösung, der schwedische Gewässerschutz vorrangig mit einer Subventionslösung erfolgreich; in beiden Fällen wirkte im übrigen ein Mix von Instrumenten.

Generell ist die mechanistische Perspektive der „Instrumentendebatte" fragwürdig, weil sie einem Bild staatlicher Steuerung folgt, das im Lichte neuerer Politikforschungen *(Héritier 1993, Prittwitz 1994, Jänicke/Weidner 1995, s. a. Conrad 1998)* als überholt gelten muss. Die Instrumentenwahl kann das Ergebnis einer Politik zumeist nicht erklären. Die Stärke oder Kompetenz der Akteure, ihre strategische Orientierung, ihre Handlungsbedingungen und der Charakter des Problems sind weitere Erklärungsfaktoren *(s. Kap. 3).* Bereits die einseitige Staatsfixierung wird den tatsächlich wirkenden Einflussfaktoren nicht gerecht. Oft ist es nicht primär die konkrete Instrumentenwahl, die zählt, sondern der informationelle Signaleffekt der Maßnahme als solcher. Wichtig sind dabei Informations- und Kommunikationsprozesse, die von Interventionen ausgelöst werden. Der Verzicht auf PCB durch die holländische Industrie wurde z. B. nachweislich stärker durch diese Nebeneffekte als durch das eingesetzte Instrument (Subvention) stimuliert.

Auch der *Politikstil*, die Art wie eine staatliche Maßnahme beschlossen und umgesetzt wird, ist eine wichtige Einflussgröße, wie erstmals Richardson *(1982)* zeigte. Er kann höhere Bedeutung haben als die konkrete Maßnahme selbst: Ordnungsrechtliche Auflagen haben bisher zwar die meisten Wirkungen des Umweltschutzes erzielt, sie haben aber die erwähnten Schwächen. Wird die Regulation indes nur angedroht und stattdessen „im Schatten der Hierarchie" verhandelt, der komplizierte Entscheidungsprozess also umgangen, so kann das Instrument in seiner Potenzialität erhebliche Vorteile bieten (s. u.).

Die Instrumentenfrage relativiert sich auch im Lichte von Strategieanalysen. Akteure lernen im Zeitverlauf; gerade die Flexibilität ihres Instrumentariums kann entscheidend sein. Der umweltpolitische Instrumentalismus vernachlässigt nicht zuletzt die Bedeutung und die Qualität von Zielbildungsprozessen. Erfolgt die Zielbildung konsensual, ist die Zielerreichung – relativ unabhängig vom Instrumentarium – wahrscheinlich. Im Lichte der Kapazitätsdiskussion des Umweltschutzes wird überdies deutlich: Es geht nicht allein um „richtige Entscheidungen", sondern auch um verfügbare Optionen und objektive Handlungschancen.

Wie auch im 3. Kapitel wird hier anstelle der Thematisierung von Einzelinstrumenten der Oberbegriff der Strategie befürwortet, welcher die Ziele und Mittel in einen Zusammenhang bringt. Bezogen auf umweltpolitische Teilregelungen ziehen wir den Begriff des Politikmusters (policy pattern) vor, der das Instrumentengefüge, den Politikstil und den politisch-institutionellen Handlungskontext zusammenfasst *(Jänicke 1998)*.

4.3 Politikmuster: Instrumenten-Mix, Politikstil und politisch-institutioneller Kontext

Im Lichte empirischer Untersuchungen erwachsen Umweltverbesserungen also nicht nur aus gezieltem staatlichen Handeln, sondern auch aus der dynamischen Interaktion staatlicher und nichtstaatlicher Akteure unter komplexen Handlungsbedingungen *(Jänicke/Weidner 1995, Conrad 1998)*. Renate Mayntz verwies schon 1983 darauf, dass der Erfolg einer Regulation, abgesehen vom Problem selbst, vom formulierten „Programm" und der Interaktion zwischen Regulierenden und Regulierten (dem „Interventionsfeld") abhänge und mit dem Zielkonsens der Akteure die Bedeutung des Instrumentariums sinke *(Mayntz 1983)*.

Abbildung 13: **Merkmale umweltpolitischer Politikmuster**

---

1. Instrumentierung:
  - Dominante Instrumente im Instrumentenmix
  - Grad der Verhaltensdeterminierung
  - Punktueller versus strategischer Ansatz

2. Politikstil:
  - Art der Zielbildung
  - Konsensorientierung
  - Flexibilität des Instrumenteneinsatzes
  - Timing der Maßnahme
  - Grad der Verrechtlichung
  - Kalkulierbarkeit

3. Politisch-institutioneller Handlungskontext:
  - Kompetenz und Einfluss der Regulierungsinstanz(en)
  - Rolle anderer policies (Politikintegration!)
  - Beziehung zwischen Regulatoren und Regulierten
  - Rolle nichtstaatlicher Träger von Umweltbelangen

Quelle: Jänicke 1998

In einem großen Projektverbund des Bundesforschungsministeriums über die Innovationswirkungen umweltpolitischer Instrumente wurde 1997 die wissenschaftliche wie politische Schwierigkeit thematisiert, Innovationswirkungen auf ein einzelnes Instrument zurückzuführen. Stattdessen wurde von einem komplexen Muster der Steuerung gesprochen. Dafür wurde schließlich der Begriff des *„Politikmusters"* geprägt, definiert als die Summe aller kalkulierbaren Regeln, Vorgehensweisen und institutionellen Handlungskontexte in einem Gegenstandsbereich staatlicher Steuerung *(Jänicke 1998, Blazejczak et al. 1998, Klemmer/Lehr/Löbbe 1999)*. Es wurde davon ausgegangen, dass zumindest bei Innovationsprozessen der gesamte Willensbildungsprozess und nicht erst die entschiedene Maßnahme bedeutsam ist. Es geht dabei nicht nur um das jeweilige Instrumentengefüge, sondern auch um den die Willensbildung prägenden Politikstil und den politisch-institutionellen Handlungskontext, insbesondere um das Verhältnis zwischen Staat und Zielgruppe, Regulatoren und Regulierten. Es zeigte sich dann auch empirisch, dass Innovationseffekte durch einen solch „multifaktoriellen" Ansatz gut erklärt werden können *(vgl. Kap. 5.3)*.

4.4 Zielbildung im Zeichen eines neuen umweltpolitischen Steuerungsmodells

Wir kommen nun zurück auf die umweltpolitische Zielbildung, die logischerweise am Anfang dieser Betrachtung über das Instrumentarium hätte stehen müssen. Sie ist erst im Zusammenhang mit der modernen, kooperativen Umweltplanung zu einem großen Thema der Umweltpolitikanalyse und -gestaltung geworden (s. u.).
Grundgedanken hierbei sind, dass:

- möglichst einvernehmliche Zielbildung den Vollzug der Politik erleichtert,
- die Verursacher an der Problemlösung beteiligt werden sollten,
- nationale Zielvorgaben für unterschiedliche Akteure konkretisiert werden sollten,
- unterschiedliche Akteure über unterschiedliche operative Mittel verfügen und
- insgesamt die Mittelwahl der kontrollierten Zielerreichung untergeordnet wird.

Neben der übergreifenden Zielvorgabe werden flankierende Maßnahmen des Staates -- insbesondere eine ökologische Finanzreform und das Management von freiwilligen Vereinbarungen – für wichtig erachtet *(OECD 1997).*

Dies nunmehr strategisch angelegte Politikmuster findet sich in den nationalen Umweltplänen der Niederlande (seit 1989) ebenso wie in der Agenda 21 (1992), ansatzweise auch im Fünften Aktionsprogramm der EU (1993). Es findet sich auch in dem schwedischen und norwegischen Ansatz der regelmäßigen parlamentarischen Zielvorgaben mit anschließender Ergebniskontrolle. In den genannten skandinavischen Ländern wird dies – grundsätzlich auch von der OECD befürwortete – Politikmuster, wie erwähnt, ausdrücklich als „management by objectives and results" bezeichnet *(Kap. 2).* Damit wird die Verbindung dieses neuen Politikmusters mit dem Reformansatz des New Public Management deutlich, der auch in anderen Ländern ausdrücklich betont wird.

Es geht in diesem Ansatz im Kern darum, das herkömmliche Muster „vage Ziele – präzise Instrumente" so zu verändern, dass nun die Ziele möglichst genau (quantitativ und mit Fristsetzung) und die Instrumente möglichst flexibel gehalten sind, immer aber die Erfolgskontrolle einschließen. Eines der wichtigen Themen moderner umweltpolitischer Zielbildung ist dabei die Frage, in welchem Maße die Zielbildung zweistufig erfolgen soll: einmal als wissenschaftlich erarbeitete Zielvorgabe, zum anderen als politische Zielvorgabe. Dabei kann es wichtig sein, den Eigenlogiken beider Systeme Rechnung zu tragen, wissenschaftliche Ziele also nicht bereits unter dem Aspekt politischer Restriktionen zu formulieren. In den Niederlanden und Schweden spielt das nationale Umweltamt (RIVM, SEPA) die Rolle des Organisators wissenschaftlicher Zielvorgaben für den anschließenden politischen Prozess. Die in politischen Konsensprozessen abgeschwächten Zielvorgaben können eher hingenommen werden, wenn sie mit der in aller Regel weitergehenden wissenschaftlichen Zielvorgabe verglichen und öffentlich diskutiert werden können. Ein anderer Aspekt dieses Ansatzes ist die Übersetzung staatlicher Zielvorgaben in die Zielsysteme dezentraler Akteure und das Management entsprechender Verhandlungssysteme. Hier hat sich eine Matrix-Struktur der Zielbildung bewährt, wie sie der niederländische Umweltpolitikplan erstmals entwickelt hat: Die wichtigsten, national festgelegten Umweltthemen (Probleme wie Ziele) werden für die wichtigsten Zielgruppen aufgegliedert und verdeutlichen so deren Rolle im Planungsprozess.

4.5 Kapazitätsbildung

Ein wichtiger Aspekt einer strategisch angelegten Umweltpolitik ist die Erweiterung der Handlungskapazität derer, die sie betreiben. Kapazitäts-bildung (capacity building) wird daher – auf der Linie der Agenda 21 – in neueren Ansätzen betont. Die OECD bezeichnet diese „Umweltschutz-kapazität" („capacity in environment") sehr weit als „... die Fähigkeit einer Gesellschaft, Umweltprobleme zu identifizieren und zu lösen" *(OECD 1994: 8)*. Im Kern geht es um die stabilen Handlungsressourcen, die politi-sche Verfechter von Umweltbelangen selbst besitzen oder in den systemi-schen Handlungsbedingungen vorfinden *(s. Kap. II 3)*.

Akteursspezifische Ressourcen sind, wie oben dargestellt, u. a. Organi-sationsstärke, Fachkompetenz, finanzielle Mittel oder Bündnispartner. Zur Kapazität gehört aber auch die Chancenstruktur, die Protagonisten von Umweltpolitik im Institutions- und Rechtsgefüge eines Landes, in den technologischen Gegebenheiten, im verfügbaren Wissen oder im vorherr-schenden Umweltbewusstsein vorfinden. Beides ergibt die Summe objekti-ver Handlungsmöglichkeiten, die sich diesen Akteuren bei optimaler Stra-tegie und intelligenter Nutzung situativer Chancen bieten.

Der *Kapazitätsbegriff (vgl. Jänicke 1978, Prittwitz 1994)* ist nicht präzise operationalisierbar. Aber er hat einen „heuristischen" Wert, d. h. er lenkt den Blick auf wesentliche Zusammenhänge. Er lenkt den Blick von der Frage der richtigen Entscheidung oder Instrumentenwahl auf die Frage der Handlungsbedingungen und ihrer Verbesserung. Er thematisiert Hand-lungsgrenzen und Restriktionen *(OECD 1994, Carew-Reid et al. 1994, Jänicke/Weidner 1997, Weidner 2002)*: Sie ergeben die Möglichkeit der *Kapazitätsüberforderung*. Ein Problem kann die vorhandenen objektiven Möglichkeiten derer übersteigen, die es lösen wollen. In diesem Fall ist nicht die Instrumentenwahl oder die Zielbildung, sondern die Kapazitäts-verbesserung die vorrangige Aufgabe. Ihre Möglichkeiten reichen von der Verbesserung der Wissensbasis über die Institutionsentwicklung bis hin zur Öffnung bisher geschlossener Politiknetzwerke der Verursacher, der Verbesserung der Politikintegration oder der Erweiterung der politischen Basis durch Bündnispolitik.

Der Kapazitätsaspekt ergibt sich auch als Konsequenz aus der *Restriktionsanalyse* der Umweltpolitik: der Analyse der Hemmnisstrukturen und der fallweisen Nichtlösung von Umweltproblemen. Kapazitätserweiterungen sind auch nötig, weil in wachsenden Volkswirtschaften Umweltprobleme – bisher jedenfalls – selten auf Dauer gelöst werden. Für Luhmann machen die bestehenden Umweltprobleme „vollends deutlich, dass die Politik viel können müsste und wenig können kann" *(Luhmann 1990: 169)*. Dies geht schon in die Richtung auf Hemmnisse, die staatlichem Handeln grundsätzlich nachgesagt werden. Gemeint sind Restriktionen, die auch als „government failure" oder „Staatsversagen" *(Jänicke 1986)* – im Sinne einer systematischen Interventionsschwäche politischer Instanzen beschrieben wurden *(OECD 1992: 46)*.

Hier hat umweltpolitische Strategie konstruktiv anzusetzen. Ein Ansatz hierzu ist nationale Umweltplanung, die mehr ist als die bereits bestehende sektorale Fachplanung.

4.6 Nationale Umweltplanung

Umweltplanung oder auch die förmliche Nachhaltigkeitsstrategie eines Landes sind die bisher am weitesten entwickelte übergreifende Form von Umweltstrategie. Gemeint ist der Typus von Planung, der in der Agenda 21 beschrieben wird *(s. Abbildung 14)*.

Abbildung 14: *Modell der Umweltplanung im Sinne der Agenda 21*

Modell der Umweltplanung im Sinne der Agenda 21:
• konsensuale Zielbildung auf breiter Basis,   • Integration des Umweltschutzes in andere Politikfelder (Querschnittspolitik),   • Beteiligung von Verursacherbereichen an der Problemlösung,   • Beteiligung zusätzlicher Akteure an der Problemlösung (Partizipation),   • Berichtspflichten, Erfolgskontrolle (Monitoring).

Planung als organisierte und kontrollierte Umsetzung von Zielen im Zeit-verlauf ist eine Realität moderner Industriegesellschaften. In der Umwelt-politik ist sie ein relativ neues Phänomen (soweit es sich nicht um sektorale Fachplanung handelt). Den ersten „Nationalen Umweltplan" führten 1989 die Niederlande ein. 1993 stellten sie ihn auf eine gesetzliche Grundlage. 1998 wurde der dritte Nationale Umweltplan vorgelegt. Mit der Konferenz in Rio (1992) kam es zu einer raschen Ausbreitung dieses neuen strategi-schen Ansatzes *(s. II 6).*

Für diesen Boom in nationaler Umweltplanung gibt es politische und wirtschaftliche Gründe.

Zunächst einmal ergibt sich ein Bezug zum Umsichgreifen des Mana-gement-Ansatzes in der Politik. Das Umsichgreifen von Umweltplanung gerade in hochentwickelten Industrieländern ist sichtbarer Ausdruck hier-von. Bezeichnenderweise war die Einführung von Umweltplanung in eini-gen Ländern (z. B. Holland und Neuseeland) mit Verwaltungsvereinfa-chungen verbunden.

Strategische Umweltplanung besitzt eine Reihe umweltpolitischer Vor-teile: Bereits die bloße Zusammenfassung der bestehenden Zielvorgaben – aus internationalen Abkommen ebenso wie aus bereits bestehenden sekt-oralen Fachplanungen der Umweltpolitik – ist ein Gewinn für die beteilig-ten Akteure. Meist ist das Gedächtnis staatlicher Apparate für übernom-mene Verpflichtungen nicht besonders ausgeprägt. In Deutschland musste ein ganzes Forschungsvorhaben über bestehende Umweltzielvorgaben diese Erinnerungsleistung der Umweltverwaltungen ersetzen! Die Evaluation von Wirkungen und die Ermittlung wesentlicher Regelungsdefizite wird auf der Basis von Umweltplanung erleichtert. Die Festlegung von Zielprioritäten kann die Effektivität der Politik fördern, weil sie die politischen Ressour-cen auf Schwerpunkte konzentriert.

Umweltplanung macht die Umweltpolitik zugleich besser kalkulierbar. Sie bedeutet eine Institutionalisierung des gesellschaftlichen Diskurses über die ökologische Zukunftsfähigkeit wirtschaftlicher Entwicklungen. Mit ihren Berichtspflichten verankert sie auch die Erfolgskontrolle von Maß-nahmen.

Sie ist zugleich die institutionelle Form, die dem Schwierigkeitsgrad der bisher ungelösten Umweltprobleme besser gerecht werden kann. Umwelt-planung trägt im Ansatz der Tatsache Rechnung, dass es zu ihrer Lösung einer größeren gesellschaftlichen Anstrengung bedarf. Gerade die Probleme des Typus der schleichenden Degeneration, die nicht mehr auf der Basis unmittelbarer Betroffenheit politisierbar sind *(s. II 5.3)*, bedürfen einer neuen institutionellen Form der Sicherung von Zukunftsfähigkeit. Die Einbeziehung einer breiten Basis von Akteuren in diesen Prozess der Zielbildung, der Zielverwirklichung und der Erfolgskontrolle ist über diesen Mechanismus am ehesten zu gewährleisten.

Es gibt aber auch einzelwirtschaftliche Gründe für diesen planerischen, strategischen Ansatz von Umweltpolitik. Schließlich ist Planung für das Management von Wirtschaftsunternehmen eine Selbstverständlichkeit *(ausführlich Teil IV)*. Gerade deshalb sind Unternehmen sehr wohl daran interessiert, Planungssicherheit auch von seiten der Umweltpolitik zu haben. Eine langfristig kalkulierbare Strategie des Staates ist ihnen letztlich lieber als ein hektischer Interventionismus, der mit jeder Schlagzeile und jedem Regierungswechsel eine neue Richtung nimmt. Eine kalkulierbare Handlungssituation ist nicht zuletzt für Innovationsprozesse wichtig *(s. II 5.3)*. Entscheidend ist, dass betriebliche Abläufe und Innovationsprozesse erleichtert und nicht erschwert werden. Die Beteiligung von Zielgruppen (target groups) an der umweltpolitischen Zielbildung kann in diese Richtung wirken.

Ferner geht es um eine Internalisierung der Umwelt-Verantwortung in die Verursacherbereiche, die die zuständigen öffentlichen Verwaltungen einschließt. Eine realistische Umweltstrategie wird ihre Augen nicht davor verschließen, dass Maßnahmen in der Vergangenheit immer wieder am Widerstand wichtiger Verursacherbereiche gescheitert sind. Hier geht es um einen institutionalisierten Umweltdiskurs, der diese Verursacherbereiche mit den von ihnen hervorgerufenen Problemen konfrontiert und entsprechende eigenständige Problemlösungen einfordert.

Ein solcher, auf breiter Basis verfolgter strategischer Ansatz der Umweltpolitik erfordert hohe Professionalität. Eine Zielbildung, die gleichermaßen problemgerecht wie breit akzeptiert ist, ist auch eine Managementleistung – runde Tische sind zur Konsensbildung wichtig, aber zu dieser Leistung allein nicht in der Lage. Man vergleiche nur die hochentwickelte Planungs- und Managementkapazität des Energie-, Verkehrs- oder Bausektors mit der Art, wie langfristige Umweltprobleme in Deutschland angegangen werden!

In der Mehrheit der Industrieländer ist die eingeführte Umweltplanung bzw. Nachhaltigkeitsstrategie noch weit von Modellfällen etwa der Niederlande bzw. von den skizzierten objektiven Möglichkeiten einer kooperativen Strategie entfernt. In den meisten Fällen ist nationale Umweltplanung bzw. Nachhaltigkeitsstrategie kaum mehr als ein erster Schritt hin zu einer integrierten Umweltstrategie und einer stärkeren Einbeziehung von Verursacherbereichen in den öffentlichen Umweltdiskurs. Meist sind die Umweltziele noch vage, also nicht überprüfbar, ihre Umsetzung noch ebenso wenig geklärt wie die Rolle der Verursacherbereiche, einschließlich der zuständigen Politikressorts. Auch der Modellfall der Niederlande weist noch erhebliche Defizite auf; die verkehrsbedingten Umweltprobleme sind beispielsweise auch dort kaum gelöst. Wie auch sonst in der Policy-Analyse ist dies nicht überraschend. Die Einführung von Umweltplanung ist in dem langfristigen Prozess des umweltpolitikorientierten Lernens nur ein wesentlicher Schritt, aber sicher nicht der letzte.

Basisliteratur

Fiorino, D. J.: Making Environmental Policy, Berkeley, Los Angeles, London 1995.
Jänicke, M./Jörgens, H. (Hrsg.): Umweltplanung im internationalen Vergleich. Strategien der Nachhaltigkeit, Berlin-Heidelberg-New York 2000.
OECD: Reforming Environmental Regulation in OECD Countries, Paris 1997.
OECD/UNDP: Sustainable Development Strategies – A Resource Book, London, Sterling (VA) 2002.

Weiterführende Literatur

Blazejczak, J./Edler, D./Hemmelskamp, J./Jänicke, M.: Umweltpolitik und Innovation: Politikmuster und Innovationswirkungen im internationalen Vergleich. Zeitschrift für Umweltpolitik und Umweltrecht 1/1999, S. 1-32.
Buchwald, K./Engelhardt, W. (Hrsg.): Umweltschutz: Grundlagen und Praxis, Bd. II: Bewertung und Planung im Umweltschutz, Bonn 1996.
Carew-Reid, J./Prescott-Allan, R./Bass, St./Dalal-Clayton, B.: Strategies for National Sustainable Development. A Handbook for their Planning and Implementation, London 1994.
Carius, A./Schneller, M.: Instrumente der Umweltpolitik, in: Dreyhaupt, F. J./Peine, F. J./Wittkämper, G. W. (Hrsg.): Umwelt – Handwörterbuch, Berlin, Bonn, Regensburg 1992.
Cohen, St./Kamieniecki, S.: Environmental Regulation Through Strategic Planning, Boulder, San Francisco, Oxford 1991.
Conrad, J. (Ed.): Environmental Management in European Companies. Success Stories and Evaluation, Amsterdam 1998.

117

Dalal-Clayton, B.: Green Plans, London 1996.

European Environment Agency (EEA): Environmental Taxes. Implementation and Environmental Effectiveness, Copenhagen 1996.

Glasbergen, P. (Ed.): Co-Operative Environmental Governance. Public-Private Agreements as a Policy-Strategy, Dordrecht, Boston, London 1998.

Héritier, A. (Hrsg.): Policy-Analyse. Kritik und Neuorientierung. Politische Vierteljahresschrift, Sonderheft 24, Opladen 1993.

Howlett, M./Ramesh, M.: Studying Public Policy: Policy Cycles and Policy Subsystems, Toronto, New York, Oxford 1995.

Jänicke, M.: Staatsversagen. Die Ohnmacht der Politik in der Industriegesellschaft, München 1986.

Jänicke, M.: Umweltinnovationen aus der Sicht der Policy-Analyse: Vom instrumentellen zum strategischen Ansatz der Umweltpolitik, in: Jann, W./König, K./Landfried, Ch./Wordelmann, P. (Hrsg.): Politik und Verwaltung auf dem Weg in die transindustrielle Gesellschaft, Baden-Baden 1998.

Jänicke, M./Jörgens, H./Pöschk, J./Schneller, M./Wanke, A.: Einführung in die Umweltpolitik: Politologie des Umweltschutzes, Forschungsstelle für Umweltpolitik, Ms., FU Berlin o. J.

Jänicke, M. (Hrsg.): Umweltpolitik, Opladen 1978.

Jänicke, M./Weidner, H. (Eds.): Successful Environmental Policy. A Critical Evaluation of 24 Cases, Berlin 1995.

Jänicke, M./Weidner, H. (Eds.): National Environmental Policies. A Comparative Study of Capacity-Building, Berlin, Heidelberg etc 1997.

Klemmer, P./Lehr, U./Löbbe, K.: Umweltinnovationen. Anreize und Hemmnisse, Berlin 1999.

Landmann, U.: Nationale Umweltzeichen im Zuge der Globalisierung von Wirtschafts-, Umwelt- und Sozialpolitik. Diss. FB. Politische Wissenschaft, Freie Universität Berlin 1998.

Luhmann, N.: Ökologische Kommunikation. Kann die Gesellschaft sich auf ökologische Gefährdungen einstellen? Opladen 1990.

Nutzinger, H. G./Zahrnt, A. (Hrsg.): Öko-Steuern. Umweltsteuern und -abgaben in der Diskussion, Karlsruhe 1989.

Mayntz, R. (Hrsg.): Implementation politischer Programme II. Ansätze zur Theoriebildung, Opladen 1983.

Ministry of Environment: Swedish Environmental Quality Objectives, Stockholm 1998.

OECD: Market and Government Failures in Environmental Management, Paris 1992.

OECD: Capacity Development in Environment, Paris 1994.

OECD: Environmental Taxes and Green Tax Reform, Paris 1997 (1997a).

Prittwitz, V. v.: Politikanalyse, Opladen 1994.

Richardson, J. J. (Ed.): Policy Styles in Western Europe, London 1982.

Weale, A.: The New Politics of Pollution, Manchester; New York 1992.

Weidner, H.: Basiselemente einer erfolgreichen Umweltpolitik. Eine Analyse und Evaluation der Instrumente der japanischen Umweltpolitik, Berlin 1996.

Weidner, H.: Capacity Building for Ecological Modernization – Lessons from Cross-National Research, American Behavioral Scientist, Vol. 4 No. 9, May 2002, 1340-1368.

Wicke, L.: Umweltökonomie, 4. Aufl., München 1993.

Zilleßen, H.: Die Modernisierung der Demokratie im Zeichen der Umweltproblematik, in: Zilleßen, H./Dienel, P. C./Strubelt, W. (Hrsg.): Die Modernisierung der Demokratie. Internationale Ansätze, Opladen 1993.

5. Von der Nachsorge zur Nachhaltigkeit

Lange Zeit waren die Ansätze der Umweltpolitik ebenso wie die Forschungsperspektiven der Umweltwissenschaften vorrangig reaktiv auf die Abwehr akuter Gefahren und Beeinträchtigungen ausgerichtet und – dieser Logik folgend – hauptsächlich medienbezogen. In dieser Hinsicht war Umweltpolitik vor allem unterteilt in die Bereiche: Immissionsschutz (Luftreinhaltung und Lärmschutz), Gewässerschutz, Schutz vor Gefahrstoffen, Abfallvermeidung und -entsorgung, Natur- und Bodenschutz, Strahlenschutz und Reaktorsicherheit.

Präventiver und strategischer Umweltschutz hingegen, wie er sich seit der UN-Konferenz für Umwelt und Entwicklung in Rio (1992) immer mehr durchsetzt, ist vorrangig auf Verursachungsbereiche bezogen und betrifft somit auch andere Politikfelder als die eigentliche Umweltpolitik. Hier geht es beispielsweise um eine umweltgerechte Verkehrspolitik, Energiepolitik, Industriestrukturpolitik, Agrarpolitik oder Stadtplanung.

5.1 Stufen von Umweltpolitik

Die Wirkungstiefe von Umweltpolitik *(Prittwitz 1994)* kann durch vier Stufen beschrieben werden *(Gerau 1978, Jänicke 1984)*, von denen zwei den Charakter von Vorstufen haben: Umweltpolitische *Reparatur* (1) und *Entsorgung* (2) sind Varianten des nachsorgenden Umweltschutzes. Die *ökologische Modernisierung* (3) und die *ökologische Strukturveränderung* (4) liegen auf der Ebene der Prävention und zielen auf den langfristigen Abbau der Ursachen von Umweltproblemen *(siehe Abbildung 15, vgl. IV 2.2)*.

Nach Lage der Dinge wird es immer ein gewisses Nebeneinander dieser Stufen geben, beispielsweise, weil auf späteren Stufen mehr Reparaturen möglich sind als auf früheren und weil ein gewisses Maß an Entsorgung unverzichtbar ist.

Abbildung 15: *Modell und Beispiele umweltpolitischer Strategien*

Nachsorge		Vorsorge	
Reparatur/ Kompensation von Umweltschäden	*Entsorgung*: Additive Umwelttechnik	*Ökologische Modernisierung*: umweltangepasste Technik	*Ökologische Strukturveränderung*
B E I S P I E L E Kompensation von Lärmschäden	passiver Lärmschutz	leisere Motoren	veränderte Verkehrsstrukturen
Kompensation von Waldschäden	Rauchgasentschwefelung von Kraftwerken	rationellere Primärenergienutzung in Kraftwerken	Stromsparende Formen von Produktion und Konsum
Beseitigung von Industriemüllschäden	Müllverbrennung	Abfall-Recycling	abfallarme Wirtschaftsformen

Jänicke 1984

Die unterste Stufe von Umweltpolitik, die bloße *Reparatur* eingetretener Umweltschäden oder deren kompensatorischer Ausgleich (Schadenersatz), steht am Anfang umweltpolitischer Bemühungen im Vordergrund. Die zweite Stufe bildet der nachgeschaltete *entsorgende Umweltschutz* („end-of-pipe treatment" oder additiver Umweltschutz). Er versieht eine insgesamt umweltunfreundliche Produktions-, Verbrauchs- und Verkehrsstruktur mit Zusatzanlagen, die die Umweltbeeinträchtigungen mindern: Filteranlagen, Kläranlagen, Abfallverbrennungsanlagen, Lärmschutzwälle, Messgeräte und andere Produkte der Öko-Industrie sind seine bevorzugte Technik.

Erst mit der dritten Stufe der *ökologischen Modernisierung (Jänicke 1984, Zimmermann/Hartje/Ryll 1990, Weale 1992, Mol/Sonnenfeld 2000)* erreicht Umweltpolitik präventive Dimensionen. Sie zielt auf eine von vornherein umweltfreundlichere Technik, die in der Regel auch Ressourcen spart.

Die vierte Stufe der Umweltpolitik zielt auf *ökologischen Strukturwandel*. Hier geht es nun nicht mehr darum, ökologisch unangepasste Technologien oder Wirtschaftsformen durch Zusatzmaßnahmen oder Innovationen zu verbessern. Vielmehr werden diese selbst ersetzt: Es geht in ökonomischer Hinsicht um den Strukturwandel, beispielsweise um eine radikale Gewichtsverlagerung von schwerindustriellen zu „nachindustriellen" Produktionsweisen des Dienstleistungs- und Informationssektors.

5.2 Nachsorgende Strategien

Der nachsorgende Umweltschutz, insbesondere in der Form nachgeschalteter Reinigungsanlagen, ist zwar im ersten Schritt fast immer unerlässlich, aber seine Leistungsfähigkeit ist mehrfach begrenzt:

- Er betrifft meist nur einzelne Schadstoffe, nicht das Gesamtproblem. Von den Filteranlagen der Kohlekraftwerke werden beispielsweise die für das Klima bedeutsamen CO_2-Emissionen nicht erfasst, ganz zu schweigen von der hohen Transportbelastung, den Abfallmengen, den extremen Kühlwassermengen der Stromwirtschaft oder den Umweltproblemen bei der Kohlegewinnung.
- Ein Teil der durch nachgeschaltete Umweltschutztechnik scheinbar gelösten Probleme wird nur in andere Bereiche abgelenkt: Die gefilterten Schadstoffe werden z.B. als Klärschlamm verbrannt und schaffen so wiederum Luftbelastungen. Andere Filterrückstände werden als Abfall deponiert und verursachen so neue Umweltprobleme. Für diesen Vorgang hat sich der Begriff der Problemverschiebung *(Jänicke 1978)* eingebürgert. Eine solche Problemverschiebung kann mediale, zeitliche und/ oder räumliche Dimensionen haben.
- Der entsorgende Umweltschutz ist teuer, da er im Regelfall für jede Schadkomponente eine spezielle Reinigungsanlage vorsieht.
- Zur Herstellung der Umweltschutz-Technik müssen Rohstoffe, Energie und sonstige Ressourcen eingesetzt werden, die zu neuen Belastungsformen führen.
- Entsorgender Umweltschutz ist meist auch keine langfristige Lösung, weil die verbleibenden Restemissionen im Zeitverlauf durch Wachstumsprozesse wieder ansteigen. Auf diese wachstumsbedingte Problematik der N-Kurven (Anstieg – Reduzierung – Wiederanstieg) als Problem nicht ursächlicher Umweltschutzmaßnahmen wird sogleich eingegangen werden.

Präventive Umweltpolitik ist demgegenüber langfristige Politik. Ökologische Modernisierung und ökologisch orientierter wirtschaftlicher Strukturwandel sind ihre Handlungsebenen: Werden ökologisch schädliche Wachstumsprozesse nicht durch Innovationen und Strukturwandel zumindest kompensiert, wird wirtschaftliche Entwicklung langfristig unmöglich. Vor diesem Veränderungsdruck stehen vor allem die reichen, traditionellen Industriegesellschaften.

5.3 Vorsorgende Umweltpolitik als Strategie nachhaltiger Entwicklung

Diesem Veränderungsdruck entspricht auch das Konzept ökologisch nachhaltiger Umweltentwicklung. Die dabei zu lösende Aufgabe betrifft vor allem:

- die Verteilungsgerechtigkeit zwischen den Generationen bei den verfügbaren Umweltgütern und
- die langfristig zu lösenden, heute ungelösten Umweltprobleme, insbesondere die Probleme langfristig akkumulierter Umweltbelastungen.

In einem hochentwickelten Land wie Deutschland entstehen langfristige Umweltprobleme vor allem durch die Akkumulation von Umweltbelastungen auf hohem Niveau. Kritisch sind also die im Zeitverlauf entstandenen „Bestandsgrößen" an Umweltbelastungen im Boden, im Grundwasser, in den Flusssedimenten oder auch in der Lufthülle der Erde. Sie steigen weiter an, selbst wenn die jährlichen „Flussgrößen" der Schadstoffemissionen oder Abfälle sinken. Abbildung 16 zeigt beide Kurvenvarianten in reiner Form (hier ohne Berücksichtigung von Abbauprozessen).

Reiche Länder wie die Bundesrepublik sind zugleich alte Industrieländer, Umweltbelastungen haben sich hier also über viele Jahrzehnte akkumuliert. Die jährliche Belastungszufuhr nimmt zwar als Folge von Umweltpolitik oft ab. Aber die Kurve angehäufter Belastungen steigt dennoch weiter an, nur langsamer. Wie im Falle des Waldsterbens werden dabei oft bereits kritische Grenzen erreicht. Potentiell führt dies zu einem Zustand, bei dem die Sanierung der angehäuften Umweltbelastungen die Wirtschaftskraft auch von reichen Ländern übersteigt. Mit über 300.000 Altlastenverdachtsflächen ist dieser Zustand in Deutschland möglicherweise bereits erreicht.

Abbildung 16: *Anstieg der akkumulierten Belastung trotz rückläufiger Belastungszufuhr*

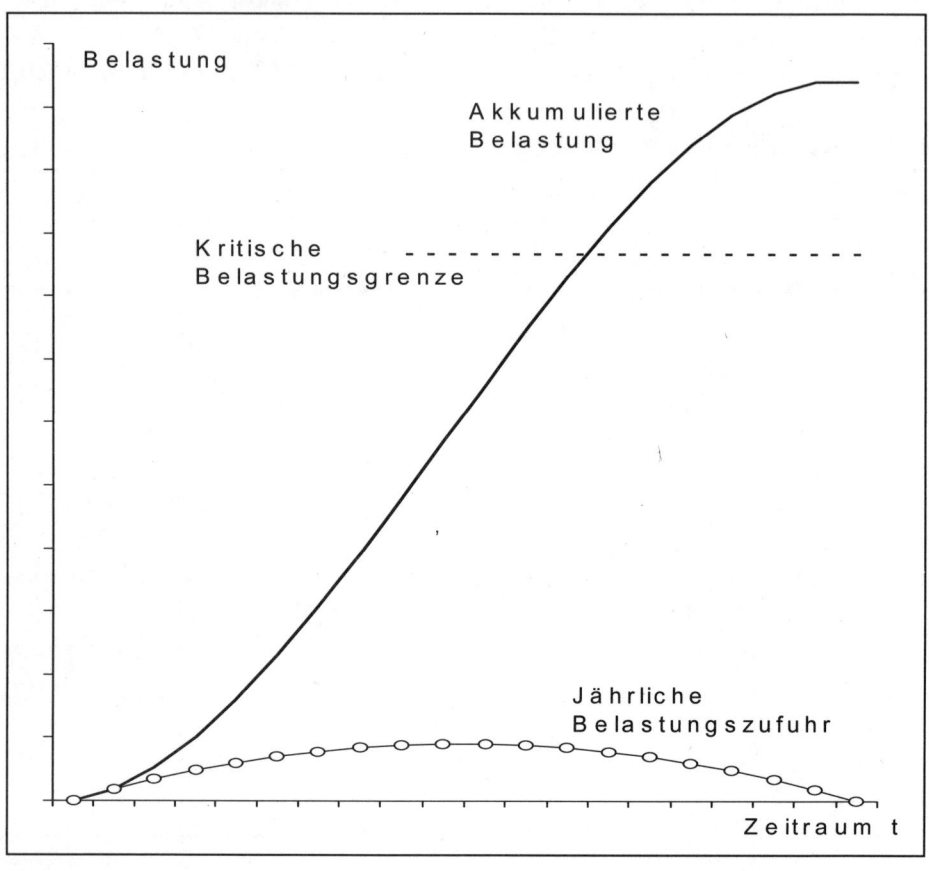

Bei kurzfristiger Perspektive ergibt sich für die reichen Industrieländer hingegen ein paradoxer Entwarnungseffekt: Die jährlichen Emissionsmengen an Luftschadstoffen wie Schwefeldioxid, Staub oder Kohlenmonoxid, an organischen oder toxischen Gewässerbelastungen oder an ausgebrachten Düngemitteln sind zurückgegangen. Belastungen, die mit der Industrialisierung ansteigen und mit dem Übergang zur Dienstleistungs- und Informationsgesellschaft wieder sinken, gibt es tatsächlich, und das nicht einmal selten. Dieser Entwicklungsverlauf wird auch als sogenannte *„ökologische Kuznets-Kurve"* der Umweltbelastung bezeichnet *(Grossman/Krueger*

1994). Diese dem Muster eines umgekehrten „U" (Anstieg/Rückgang) entsprechenden Erfolgskurven stehen in jedem Umweltbericht und verleiten mitunter selbst Fachleute zu dem Urteil, dass die wichtigsten Probleme inzwischen „im Griff" seien. In Ländern wie den USA, Japan, aber auch Deutschland trägt dieser Entwarnungseffekt dazu bei, den Stellenwert des Umweltschutzes zu untergraben – ein sich selbst zerstörender Erfolg! Dabei wurden nachhaltige ökologische Problemlösungen bei den kritischen Bestandsgrößen langfristiger Umweltbelastung kaum irgendwo erzielt. Die ökologischen Kuznets-Kurven betreffen nur einen Teil der Umweltprobleme. Vor allem aber betreffen sie immer nur Flussgrößen *(s. Abb. 16).* Bei den kritischen Bestandsgrößen muss die Umweltpolitik dagegen im Grunde neu beginnen.

Dabei geht es um ein verändertes Paradigma: Die bisherige Umweltpolitik war vor allem bei der Lösung deutlich sichtbarer und öffentlichkeitswirksamer Umweltprobleme erfolgreich (zur Problemstruktur *vgl. II 2.2 und 3.2).* Sie entsprechen einem *Risikoparadigma,* bei dem Gesundheitsrisiken besonders hoch rangieren. Die heute weitgehend ungelösten Probleme entsprechen hingegen eher einem *Paradigma der schleichenden Degeneration* der Umweltverhältnisse *(vgl. Böhret 1990).* Zu ihnen zählen Flächenverluste, die erst langfristig und in der Summe bedrohlich sind, Boden- und Grundwasserbelastungen, Artenverluste und natürlich Klimaveränderungen. Hier fehlt die unmittelbare individuelle Erfahrbarkeit und damit die politisierbare Betroffenheit als Ressource staatlicher Umweltpolitik.

Diesem Wandel in der Problemstruktur muss ein neuer, strategischer Ansatz langfristiger Umweltpolitik ensprechen, bei dem nicht zuletzt wissenschaftliche Antizipation die (noch) fehlende Erfahrung ersetzt.

Die Schwierigkeiten eines solchen Ansatzes werden durch die Tatsache verringert, dass das Industriesystem – zumal im Wettbewerb – unter einem gewaltigen Modernisierungsdruck steht, der zu einem erheblichen Teil in den Dienst der Umweltfrage gestellt werden kann.

Ökologische Modernisierung

Während weniger entwickelte Länder mit ihren Standardprodukten auf dem Weltmarkt vor allem einem Preiswettbewerb unterliegen, ist die Chance hochentwickelter Industrieländer ein Qualitäts- und Innovationswettbewerb, bei dem neue, noch konkurrenzlose Produkte zunächst auch teurer sein können. Umwelttechnische Innovationen spielen hier eine besondere Rolle. Unsicherheit über zukünftige Märkte besteht hier in vergleichsweise geringerem Maße. Denn bei wachsender Weltbevölkerung, steigender globaler Güterproduktion und sinkender Aufnahmekapazität der Erde für Emissionen und Abfälle ist eine ständig zunehmende Nachfrage nach Umweltinnovationen bei Verfahren und Produkten zu erwarten. Die Prognose ist hier vermutlich einfacher als Voraussagen über sich wandelnde Konsumpräferenzen in anderen Bereichen.

Entwickelte Länder verfügen auch über die Qualifikationen und Forschungskapazitäten, technologische Umweltverbesserungen systematisch hervorzubringen. Dabei ist die Umweltfrage längst zu einem Motor auch der ökonomischen Modernisierung geworden *(Brickwedde 1997)*. In der Literatur werden zunehmend auch Wettbewerbsvorteile in einer aktiven – allerdings flexiblen und innovationsfreundlichen – Umweltpolitik gesehen *(vgl. IV 4.2)*. So stellen die Wettbewerbsforscher Porter und van der Linde fest:

„Erfolgreiche Umweltschützer, regulierende Behörden und Unternehmen werden ... auf die wirtschaftliche Logik setzen, die Umweltschutz, Ressourcenproduktivität, Innovation und Wettbewerbsfähigkeit miteinander verbindet" *(Porter/van der Linde 1995)*. Und der Umweltpolitik-Experte Wallace kommt zu dem Ergebnis: „Strenge Standards stimulieren industrielle Innovation" *(Wallace 1995)*.

Ähnliche Aussagen machen heute aber auch Regierungen. So heißt es im jüngsten schwedischen Umweltbericht: „Umweltpolitik trägt zur Modernisierung der schwedischen Unternehmen bei. Umweltverbesserungen sind ein wichtiger Wettbewerbsfaktor geworden" *(Ministry of Environment 1996)*. Auch das koreanische Umweltministerium will Umweltschutzmaßnahmen verschärfen, um die Wettbewerbsfähigkeit der koreanischen Unternehmen zu verbessern *(s. Kap. 6.5)*.

Der Begriff der „ökologischen Modernisierung" wurde Anfang der 80er Jahre mit der Absicht eingeführt, den aus Rationalisierungszwängen und Wettbewerbsdruck gespeisten Modernisierungszwang entwickelter kapitalistischer Industriegesellschaften auf umweltgerechte technische Neuerungen auszurichten *(Jänicke 1984)*.

Modernisierung ist eine systematische Optimierung und Kapazitätsverbesserung auf der Basis technischer und sozialer Neuerungen. Sie ist ein

Systemzwang marktwirtschaftlicher Industriegesellschaften, dessen unbestreitbare Problematik am ehesten durch eine veränderte Funktionsbestimmung der Modernisierung einzudämmen ist. Ökologische Modernisierung bedeutet eine solche Neuausrichtung. Sie betrifft die Neuerung und ihre Ausbreitung, die Innovation und Diffusion ökologisch besser angepasster Verfahren und Produkte. Häufig bietet sie win-win-Lösungen, vor allem in Form von Kostensenkungen und Erfolgen auf neuen Märkten. Ökologische Modernisierung betrifft die:

- Materialintensität (Ressourceneffizienz),
- Energieintensität (Energieeffizienz),
- Flächenintensität (effiziente Bodennutzung),
- Wasserintensität (effiziente Wassernutzung),
- Transportintensität (effiziente Logistik) und
- Risikointensität (Anlagen, Stoffe, Produkte).

Implizit betrifft sie damit auch Abfallintensität und Emissionsintensität.

Ökologische Modernisierung hat ihre Grenzen dort, wo unmittelbare Gefahrenabwehr zu leisten ist, wo technische Standardlösungen nicht verfügbar und win-win-Lösungen nicht zu erwarten sind. Vor allem die Wirkungen langfristigen Wachstums machen weitergehende Lösungen nötig. Hier geht es um eine veränderte Nachfrage, um Änderungen des Lebensstils und strukturelle Lösungen aller Art. Im Nahbereich ist das technische Potenzial zur Umweltentlastung aber so umfassend, dass umweltpolitische Strategien mit diesem Ansatz beginnen und darauf aufbauend die Akzeptanz für weitergehende Ansätze suchen sollten.

Ökologische Strukturveränderung

Der Strukturwandel weg von den alten „Schornstein-" und Risikoindustrien ist die andere Seite einer langfristig präventiven Umweltschutzstrategie. Mit dem Schlagwort der Schornsteinindustrie sind Wirtschaftszweige gemeint, die einen hohen Energie- und Materialverbrauch aufweisen. Hinzu kommen Industrien mit einem hohen Risikopotenzial ihrer Produktionen bzw. Produkte. Der ökologisch vorteilhafte Strukturwandel betrifft den Übergang zu Produktionen, die eine hohe Wertschöpfung mit einem geringen Ressourcenverbrauch bzw. Risikoniveau verbinden. Diese Eigenschaft zeichnet die meisten Bereiche des Dienstleistungs- und Informationssektors aus.

Aber auch Industrieproduktionen, die in hohem Maße Dienstleistungen und Informationsleistungen in Anspruch nehmen, stellen eine ökologische Strukturverbesserung dar. Auch Industrien, die natürliche Rohstoffe verarbeiten, leisten in dieser Hinsicht oft einen positiven Beitrag. Strukturpolitische Umweltpolitik zielt vor allem auf eine Angebots- bzw. Nachfrageverschiebung zugunsten ökologisch angepassterer Produktionen und Produkte.

Dass die eindrucksvollen Potenziale der ökologischen Modernisierung und ihrer technologischen Innovationen für eine langfristige Umweltstabilisierung nicht ausreichen, liegt nicht nur daran, dass sie nicht allen Umweltproblemen angemessen sind. Dass Umweltschutzeffekte durch Wachstum neutralisiert werden, dass einem Rückgang ein tendenzieller Wiederanstieg folgt, gilt auch hier. Dies wurde frühzeitig als *„Dilemma der N-Kurve"* bezeichnet *(Jänicke 1979: 111)*. Es ergibt sich immer dann, wenn ein Problem unter Wachstumsbedingungen nicht ursächlich, sondern als Symptom bekämpft wird. Und dies Dilemma gilt nicht nur beim entsorgenden Umweltschutz, sondern selbst bei Effizienzverbesserungen. So haben japanische Industrien zwischen 1973 und 1985 in bemerkenswerter Weise Energie und Rohstoffe eingespart; das damalige hohe Industriewachstum hat diesen Effekt aber wieder aufgehoben. Am Ende sind strukturelle Lösungen im Kausalbereich unumgänglich.

Wichtiger ist, dass die ökologische Modernisierung und Effizienzverbesserung regelmäßig an eine weitere Grenze stößt. Es geht hier um eine Problematik, die man das *„Hase-und-Igel-Dilemma der ökologischen Modernisierung"* nennen könnte: Wenn Industrien Energie sparen, den Materialverbrauch verringern oder weniger umweltintensive Materialien verwenden, ergibt dies Einbußen für Zulieferer. Andererseits gelingt es solchen Industrien meist, neue Märkte zu erschließen. Ökologische Modernisierung findet also im Ausweichverhalten der Modernisierungsverlierer ihre Schranken. So findet die Stromwirtschaft immer wieder neue Einsatzmöglichkeiten von Strom, die vorangegangene Einsparbemühungen neutralisieren (z. B. durch stand-by-Verbräuche). Ähnlich wurden die erfolgreichen Umweltschutz-Kampagnen gegen Chlorverwendungen mitunter durch die Expansion des Chloreinsatzes an anderer Stelle kompensiert. Solange eine umweltintensive Branche gegen den ökologisch gewollten Rückgang ihrer Produktion angeht, muss wiederum mit einer ökologischen N-Kurve gerechnet werden. Eine solche Reaktion ist nur zu verständlich, solange eine solche Industrie keine andere Perspektive hat und der Wandel nicht wirtschafts- und sozialverträglich abläuft.

Hier nun hat ökologische Industriepolitik anzusetzen. Ihre Funktion ist es vor allem, den umweltentlastenden Strukturwandel sozial und wirtschaftlich akzeptabel zu machen. Sie kann Diversifizierungen in andere Produktionsbereiche oder einen wirtschaftsverträglichen Kapazitätsabbau fördern. Und sie kann für soziale Abfederungen, Umschulungen und Umstellungshilfen vor Ort sorgen. Kandidaten einer solchen Strukturpolitik sind beispielsweise der Bergbau, die Energieerzeugung auf der Basis fossiler und nuklearer Energieträger und viele Grundstoffindustrien. Ökologische Industriepolitik ist besonders naheliegend bei Wirtschaftszweigen, die gleichermaßen ökologisch wie ökonomisch krisenhaft sind.

Es geht also darum, parallel zur ökologischen Modernisierung den damit verbundenen Strukturwandel sozial abzufedern und innovative Investitionen gerade in den betroffenen Gebieten zu begünstigen. Statt alte Anlagen zu erneuern, können Unternehmen in neue, ökologisch angepasstere Produktionen investieren *(s. IV 2.2)*. Kapitalbewegungen von alten zu neuen Produktionsfeldern sind etwas ganz Normales. Probleme ergeben sich aber für die Beschäftigten. Hier bietet z. B. die Umwidmung von bisherigen Erhaltungssubventionen Mittel für den gezielten Wandel. Deutschland hat mit hohem Subventionsaufwand eine Reihe ökonomisch und ökologisch nicht zukunftsfähiger, aber oft lobbystarker Industrien künstlich stabilisiert. Die staatlichen Erhaltungssubventionen machten laut DIW in den alten Bundesländern 1996 ein Drittel aller Fördermaßnahmen aus; ihr Anteil ist höher als noch in den siebziger Jahren. Ökologische Industriepolitik kann mit gleichem Aufwand den unvermeidlichen Wandel begünstigen.

5.4 Umweltinnovation als Strategie

Spätestens hier zeigt sich: Die komplexe Aufgabe ökologisch nachhaltiger Entwicklung ist durch einen herkömmlichen, auf bevorzugte Instrumente und Einzelmaßnahmen setzenden Ansatz von Umweltpolitik nicht zu bewältigen. Benötigt wird ein umfassender, integrierter, strategischer Ansatz.

Dies gilt auch für die planmäßige, auf Zielgruppen bezogene Innovations-förderung im Umweltbereich.

Innovationen können nicht das Ergebnis bürokratischer Steuerung sein (s. II 4). Sie entstehen unter komplexen und dynamischen Bedingungen. Und sie entstehen typischerweise gerade im Vorfeld staatlicher Maßnahmen; Umweltinnovatoren antizipieren diese. Umweltpolitik hat sich bisher weitgehend darauf beschränkt, bereits bekannte Techniken zu fördern und zu ihrer Diffusion beizutragen. Zur Förderung von Innovationen bedarf es hingegen:

- klarer und anspruchsvoller mittel- und langfristiger Zielvorgaben, wie sie insbesondere durch moderne Umweltplanung entstehen;
- kalkulierbarer staatlicher Rahmenbedingungen, insbesondere durch die veränderten Preissignale einer ökologischen Finanzreform;
- einer engen Kommunikation staatlicher Stellen mit den Zielgruppen, die bereits im Stadium der Zielbildung einsetzt und potentielle Innovateure frühzeitig motiviert;
- einer größeren Flexibilität der Instrumentierung, die den Innovateur anders behandelt als den widerstrebenden Nachzügler des Diffusions-prozesses; und
- einer angemessenen, für neue Themen offenen Forschungsinfrastruktur.

Darüber hinaus hat sich eine aktive, kritische Öffentlichkeit überall als unerlässliche Innovationsbedingung erwiesen.

Im Kern geht es um eine Strategie, die die ökologische Motivation und die Informationslage potentieller Innovatoren verbessert und vor allem ihr Investitionsrisiko durch kalkulierbare Vorgaben verringert. Erst im zweiten Schritt geht es um die Förderung der Diffusion ökologisch angepasster Technik. Eine Strategie der ökologischen Modernisierung wird mit klaren Zielvorgaben, aber mit „weichen" Instrumenten beginnen und die Vorschrift als letztes Mittel ansehen (Wallace 1995, Jacob/Jänicke 1998). Freilich gilt hier: Je glaubhafter staatliche Auflagen und Sanktionen bereits zu Beginn angedroht werden, desto wirksamer sind die „weicheren" Mittel.

Im BMBF-„Forschungsverbund innovativen Wirkungen umweltpolitischer Instrumente (FIU)" wurde auf der Basis interpretierter internationaler Fallstudien von industriellen Umweltverbesserungen ein innovationsfreundliches Politikmuster der Umweltpolitik entwickelt, das in Abbildung 17, unwesentlich verändert, dargestellt ist (vgl. Kap. 4.4).

Abbildung 17: *Elemente eines innovationsfreundlichen Politikmusters der Umweltpolitik*

Elemente eines innovationsfreundlichen Politikmusters der Umweltpolitik

Die *Instrumentierung* ist innovationsfreundlich, wenn sie ...
- auf strategischer Planung und Zielbildung basiert,
- mehrere Instrumente kombiniert,
- ökonomische Anreize setzt und
- Innovation als Prozess in allen Phasen unterstützt.

Der *Politikstil* ist innovationsfreundlich, wenn er ...
- dialogisch und konsensorientiert,
- kalkulierbar,
- entschlossen und anspruchsvoll,
- flexibel und
- management-orientiert ist.

Die *Akteurskonstellation* ist innovationsfreundlich, wenn...
- sie die Politikintegration und die Vernetzung verschiedener Instanzen begünstigt,
- die Vernetzung von Regulierern und Regulierten eng ist,
- wichtige Interessen (Stakeholder) am Politikdialog beteiligt sind und
- auch die Politikadressaten breit vernetzt sind.

Nach: Blazejczak, Edler, Hemmelskamp, Jänicke 1999

Ein solcher Ansatz innovationsorientierter Umweltpolitik *(vgl. Hemmelskamp et al. 2000, Klemmer et al. 1999)* wird durch umweltpolitische Neuerungen der letzten Zeit begünstigt. Dazu gehört insbesondere die kooperative Umweltplanung im Sinne der Agenda 21 *(s. Kap. 4):* Strategische Zielvorgaben verringern die hohen Risiken entsprechender Innovationsprozesse und bieten den Neuerern besser kalkulierbare Investitionsbedingungen. Ist z. B. ein Gefahrstoff in angegebener Frist vom Markt zu nehmen, so hat der potentielle Anbieter eines Ersatzstoffes mehr Sicherheit über die Rentabilität seiner Forschungs- und Investitionsplanungen. Nachhaltige Umweltplanung kann aber auch Innovationsmotive schaffen, weil und sofern sie mit einem breiten zielorientierten Diskurs über konkrete

Problemlagen verbunden ist. In der Regel ist moderne Umweltplanung mit Netzwerkbildungen verbunden, die auch den für Innovationen so wichtigen Informationsaustausch begünstigen.

Ein weiterer wichtiger Baustein zu einer innovationsorientierten Umweltstrategie ist die ökologische Steuerreform mit ihren veränderten Preissignalen, die die Wettbewerbsfähigkeit neuer, ökologisch angepassterer Technologien verbessern helfen *(OECD 1997a)*. Die Trias von Umweltplanung, ökologischer Steuerreform und gezielter Förderung von Umweltinnovationen kennzeichnet die heutigen Vorreiterländer der ökologischen Modernisierung.

5.5 Ökologische Modernisierung in Pionierländern

Innovationen und speziell Umweltinnovationen sind nicht nur eine Angelegenheit von Pionierunternehmen, sie werden ganz wesentlich auch durch Pionierländer vorangetrieben *(Andersen/Liefferink 1997)*. Technische Innovationen waren immer eng mit politisch-sozialen Innovationen verbunden. Umweltpolitische und technologische Pionierleistungen gingen tendenziell immer Hand in Hand. Pionierländer des Umweltschutzes haben dies seit Anfang 1970 deutlich gemacht *(s. Kap. 6.4)*.

Im internationalen Vergleich hat sich gezeigt, dass Länder durch nationale umweltpolitische Alleingänge immer wieder erfolgreich versuchen, die Politikentwicklung auf der europäischen und internationalen Ebene ihren Interessen gemäß voranzutreiben. Bei diesem „regulativen Wettbewerb" schaffen Vorreiterländer umweltorientierte Pilot-Märkte im eigenen Lande. Diese können – frühzeitig konsultierte – heimische Innovateure begünstigen. Sie strahlen aber auch auf Exportindustrien anderer Länder aus *(vgl. Meyer-Krahmer 1997)*. Kalifornien als Pilot-Markt für abgasarme PKW, Deutschland als Pilot-Markt für (seit 1997 steuerlich begünstigte) Drei-Liter-Autos oder Dänemark als Pilot-Markt für stromsparende Kühlschränke sind Beispiele *(s. Kap. 6.4)*.

Vorreiterländer der ökologischen Modernisierung im Sinne der *Trias von Umweltplanung, ökologischer Steuerreform und einer innovationsorientierten Umweltstrategie* sind heute vor allem die Niederlande und die skandinavischen Länder Dänemark und Schweden. Diese Länder sind in den Weltmarkt hochgradig integriert. Sie stehen für eine Reformpolitik, die Umwelt, Arbeitsmarkt, aber auch den öffentlichen Sektor insgesamt betrifft.

Insbesondere die *Niederlande* gelten heute ebenso als Modellfall der Wirtschafts- und Arbeitsmarktpolitik wie der Umweltpolitik und der Reform des öffentlichen Sektors. Sie haben 1989 den ersten nationalen Umweltplan eingeführt, der Beschluss über den zweiten Plan fiel 1993 mit der Rezession zusammen. Der Plan enthält über 200 meist quantitative Einzelziele, die im Zusammengehen mit der Industrie umgesetzt werden. Bis 1995 wurden bei diesen Zielen wesentliche Verbesserungen erreicht, auch wenn sie, vor allem im Verkehrssektor, nicht alle erfüllt wurden (viele wurden allerdings übererfüllt). Die Niederlande hatten nach einem starken Anstieg bereits 1993 in der EU die umfangreichsten Umweltsteuern vor Dänemark *(EEA 1996)*. 1996 erfolgte der erste Schritt einer umfassenden, den Faktor Arbeit entlastenden ökologischen Steuerreform. 1998 machten die Umweltsteuern bereits ca. 14 Prozent der Steuereinnahmen des Zentralstaates aus (1994: 11 Prozent). Der 1997 eingebrachte 3. Umweltplan sieht mittelfristig ein weiteres Paket grüner Steuern vor *(Ministry of Housing, Spatial Planning and the Environment 1998: 220-226)*. Der Anteil integrierter Umwelttechnik im Vergleich zur herkömmlichen end-of-pipe-Technik stieg nach 1989 deutlich an. Als Teil einer allgemeinen Verwaltungsreform bewirkte die kooperative Umweltplanung u. a. auch eine Vereinfachung von Genehmigungsverfahren. Die Arbeitslosigkeit nahm seit 1993 um etwa ein Drittel ab, und dies gewiss nicht im Gegensatz zur eingeschlagenen Umweltstrategie.

Dänemark hat eine lange Tradition erfolgreicher sektoraler Umweltplanung, die seit 1988, verstärkt seit 1993 zu einer integrierten Langzeitplanung ausgebaut wird. Angestrebt wird eine generelle Verringerung des Ressourcenverbrauchs. Der Plan „Energy 21" (1996) sieht bis zum Jahr 2030 u. a. eine Verringerung des Energieverbrauchs um 15 Prozent, die Verringerung der CO_2-Emissionen im Verkehrssektor um 25 Prozent und die Steigerung des Anteils der erneuerbaren Energien auf ein Drittel vor. 1993, mitten in der Rezession, wurde eine umfassende ökologische Steuerreform eingeführt, die bis 1998 etwa 5 Prozent der Steuern vom Faktor Arbeit zum Umweltverbrauch umschichten sollte. 1996 wurde die bestehende CO_2-Steuer auch auf die Industrie ausgeweitet. Wie in Holland und anderen Ländern werden aber energieintensive Produktionen weitgehend geschont; ebenfalls wie in Holland können Unternehmen eine Steuerentlastung auch durch freiwillige Energiesparmaßnahmen erhalten. Es gilt der Grundsatz der Aufkommensneutralität: Die Steuern fließen dem besteuerten Sektor (z. B. als verringerte Sozialabgaben oder Investitionszulage für Sparmaßnahmen) wieder zu. Insgesamt hat diese Politik wirtschaftlich keineswegs geschadet: Seit 1993 hat die Arbeitslosigkeit auch in Dänemark um etwa die Hälfte abgenommen. Der Export ist nicht zuletzt bei neuen Energietechniken erfolgreich (65 Prozent Weltmarktanteil bei Windkraftanlagen). 1998 wurde auch ein steuerlicher Haushaltsüberschuss erreicht. Der Anteil an Kraft-Wärme-Kopplung ist in Dänemark (mit 25 Prozent) besonders hoch, der Einsatz erneuerbarer Energien hat stark zugenommen. Die Nachfrage nach energieeffizienten Haushaltsgeräten ist seit 1994 drastisch gestiegen *(Blazejczak et al. 1999).*

Schweden, das sich selbst zu einem „Pionier des Umweltschutzes" erklärt hat, entwickelte seit 1988 ein System planerischer Zielvorgaben im Umweltbereich, das schrittweise auf rund 170 meist sehr konkrete Ziele ausgebaut wurde. Von 67 im Jahre 1997 überprüften Planungsvorgaben wurden 46 erreicht (bzw. werden in absehbarer Zeit erreicht). 1998 wurde eine umfassende nationale Umweltstrategie vom Parlament verabschiedet. Sie erwähnt das allgemeine Ziel, den Rohstoffeinsatz innerhalb einer Generation um 90 Prozent zu senken. 15 neue Umweltqualitätsziele wurden formuliert. Wie auch in Holland und Dänemark ist diese Planung mit einer – auch exportorientierten – massiven Technologieförderung verbunden. Bereits 1991 wurde eine ökologische Steuerreform durchgeführt. Während der Rezession 1993 wurde die Industrie von diesen Steuern – auf Kosten von Haushalten, Verkehr und Kleinverbrauch – entlastet. Aber auch hier sollen die Umweltabgaben wieder ansteigen, der Anstieg der CO_2-Steuer soll generell über der Inflationsrate liegen. Für energieintensive Unternehmen wird es weiterhin Entlastungsmöglichkeiten geben. Schweden hat auch ein kommunales Investitionsprogramm zur Umweltverbesserung von immerhin 12,6 Mrd. Skr. für den Zeitraum 1998-2000 beschlossen. Dies gibt dem umfassend in Gang gesetzten Prozess der lokalen Agenda 21 eine besondere „materielle" Bedeutung. Auch in Schweden war diese aktive Umweltpolitik durchaus wirtschaftskonform: Die Wirtschaft entwickelte sich seit 1993 vergleichsweise günstig. Die Arbeitslosigkeit ging zurück. 1998 wurde ein ausgeglichener Staatshaushalt erreicht. Die Umweltpolitik wird von der Regierung, wie erwähnt, ausdrücklich als Beitrag zur Verbesserung der Wettbewerbsfähigkeit bezeichnet.

Die angeführten Fälle umweltpolitischer Vorreiter machen – bei allem Vorbehalt im Detail – deutlich, welche Schritte einer weitergehend angelegten Umweltpolitik bereits praktisch erprobt wurden. Sie bieten empirisches Anschauungsmaterial dafür, wie ein strategischer Ansatz nachhaltiger Umweltpolitik aussehen könnte. Sie bieten aber auch Anschauungsmaterial dafür, wie sehr eine Vernachlässigung der Ökologie aus Angst vor dem Weltmarkt tatsächlichen Entwicklungen widerspricht *(s. Kap. 6)*.

Strategische Ansätze der Umweltpolitik sind also nicht nur ein Postulat, sondern längst auch politische Realität. Wieweit sie zur ökonomischen Globalisierung und der hohen Dynamik des Weltmarktes im Widerspruch stehen oder mit ihr vereinbar sind, wird im abschließenden Kapitel dargestellt.

Basisliteratur

Andersen, M. S./Liefferink, D. (Eds.): European Environmental Policy. The Pioneers, Manchester, New York 1997.

Hemmelskamp, J./Rennings, K./Leone, F. (Eds.): Innovation-oriented Environmental Regulation, Heidelberg-New York 2000.

Jänicke, M.: Ökologische Modernisierung, in: Simonis, U. E. (Hrsg.): Präventive Umweltpolitik, Frankfurt/M., New York 1988.

Mol, A.P.J./Sonnenfeld, D.A. (Eds.): Ecological Modernisation around the World – Perspectives and Critical Debates, London-Portland (Or.) 2000.

Wallace, D.: Environmental Policy and Industrial Innovation. Strategies in Europe, the USA and Japan, London 1995.

Weiterführende Literatur

Blazejczak, J./Edler, D./Hemmelskamp, J./Jänicke, M.: Umweltpolitik und Innovation: Politikmuster und Innovationswirkungen im internationalen Vergleich. Zeitschrift für Umweltpolitik und Umweltrecht, 22. Jg., 1/1999, S. 1-32.

Böhret, C.: Folgen. Entwurf einer aktiven Politik gegen schleichende Katastrophen, Opladen 1990.

Brickwedde, F. (Hrsg.): Umwelt und Arbeit – Innovationen als Motor des Strukturwandels, Bramsche 1997.

European Environmental Agency (EEA): Environmental Taxes. Implementation and Environmental Effectiveness, Copenhagen 1996.

Gerau, J.: Zur politischen Ökologie der Industrialisierung des Umweltschutzes, in: Jänicke, M. (Hrsg.): Umweltpolitik, Opladen 1978.

Jacob, K./Jänicke, M.: Ökologische Innovationen in der chemischen Industrie: Umwelt-entlastung ohne Staat? In: Zeitschrift für Umweltpolitik und Umweltrecht, 21. Jg., 4/1998, S. 519-547.

Jänicke, M.: Blauer Himmel über den Industriestädten – eine optische Täuschung, in: Jänicke, M. (Hrsg.): Umweltpolitik, Opladen 1978.

Jänicke, M.: Wie das Industriesystem von seinen Mißständen profitiert, Opladen 1979.

Jänicke, M.: Umweltpolitische Prävention als ökologische Modernisierung und Strukturpolitik, in: Wissenschaftszentrum Berlin (WZB) (Hrsg.): IIUG discussion papers, Berlin 1984.

Jänicke, M./Binder, M./Mönch, H.: ‚Dirty Industries': Patterns of Change in Industrial Countries, in: Environmental and Resource Economics, 9/1997, S. 467-491.

Grossman, G./Krueger, A.: Economic Growth and the Environment, Working Paper No. 4634 of the National Bureau of Economic Research, Cambridge, MA 1994.

Klemmer, P./Lehr, U./Löbbe, K.: Umweltinnovationen. Anreize und Hemmnisse, Berlin 1999.

Meyer-Krahmer, F.: Innovation und Nachhaltigkeit im Zeichen der Globalisierung, in: Ökologisch Wirtschaften, 1/1997, S. 20-22.

Ministry of Environment: Korea's Green Vision 21, Kwacheon 1995.

Ministry of Environment: Our Environment, Stockholm 1996.

Ministry of Housing, Spatial Planning and the Environment u. a.: National Environmental Policy Plan 3, o. Ort 1998.

OECD: Environmental Taxes and Green Tax Reform, Paris 1997 (1997 a).

OECD: Sustainable Development. OECD Policy Approaches for the 21st Century, Paris 1997 (1997 b).

Prittwitz, V. v.: Politikanalyse, Opladen 1994.

Porter, M. E./van der Linde, C.: Green and Competitive: Ending the Stalemate, in: Harvard Business Review, September – October/1995, S. 12-134.

Weale, A.: The New Politics of Pollution, Manchester, New York 1992.

Zimmermann, K./Hartje, V./Ryll, A.: Ökologische Modernisierung der Produktion. Strukturen und Trends, Berlin 1990.

6. Die Globalisierung von Umweltpolitik

6.1 Einleitung

In der Umweltdebatte wird oft die Sorge vorgetragen, dass der Nationalstaat und mit ihm auch die Umweltpolitik durch die Globalisierung der
Güter- und Kapitalmärkte in ihren Handlungsmöglichkeiten zunehmend
eingeschränkt werde *(vgl. Altvater/Mahnkopf 1996; Martin/Schumann
1996)*. Dabei spielen auch Vorstellungen vom „Ende des Nationalstaates",
von einer Verlagerung umweltintensiver Industrien in Länder mit schwachen Umweltschutzregelungen („pollution havens") und von einem generellen Trend zum niedrigsten Regelungsniveau („race to the bottom") eine
Rolle. Dem stehen Positionen gegenüber, die die Globalisierung eher als
eine Chance des Umweltschutzes ansehen. Dabei wird zum einen auf die
zunehmende Globalisierung auch der Umweltpolitik und auf die aktive
Rolle von Pionierländern in diesem Prozess verwiesen. Zum anderen werden Studien vorgelegt, aus denen hervorgeht, dass kein „race to the bottom" erkennbar sei, dass im Gegenteil Länder mit hohem Regelungsniveau
Länder mit niedrigerem Schutzniveau beeinflussen, dass speziell Exportländer sich auf Märkte mit strengen Umweltstandards einstellen und dass
selbst Entwicklungsländer zunehmend den internationalen Stand der Umweltschutztechnik übernehmen.

Für die Beurteilung der nationalen wie der internationalen Chancen von
Umweltpolitik ist dies ein zentrales Thema, das wir im Lichte der folgenden Problematisierung *(s. Kasten)* näher untersuchen wollen.

Umweltpolitik im Spannungsfeld der Globalisierung:

1. Zwar hat sich die Rolle des Nationalstaates im Zeichen der Globalisierung der Güter- und Finanzmärkte, der wachsenden Bedeutung multinationaler Unternehmen und der regionalen Zusammenschlüsse (EU,
   NAFTA etc.) verändert. Die Frage ist jedoch, wieweit der Nationalstaat
   im Rahmen internationaler Netzwerke und Institutionen neue umweltpolitische Einflussmöglichkeiten erhält.

2. Zwar ist ein starker internationaler Wettbewerbsdruck auf die nationalen Steuersysteme, die Sozialsysteme und das Einkommensniveau erkennbar. Die Frage ist aber, in welchem Maße die Umweltfrage von diesem Muster abweicht und mit technischen Entwicklungen verbunden ist, die für den Innovationswettbewerb gerade zwischen entwickelten Industrieländern wesentlich sind.

3. Zwar konkurrieren nationale Standorte weltweit um Investoren – und nicht Investoren um Standorte. Aber zu den Faktoren der Standortkonkurrenz gehört auch die ökologische und wissenschaftlich-technische Attraktivität eines Landes. Zwischen beiden bestehen zunehmend enge Beziehungen.

4. Zwar schafft die ökonomische Globalisierung durch wachsendes Transportaufkommen oder die Inanspruchnahme bisher naturnaher Räume zusätzliche Umweltprobleme. Die Frage ist aber, in welchem Maße eine durch Globalisierungsprozesse ebenfalls geförderte Ausbreitung umwelteffizienterer Technologien, umweltpolitischer Ansprüche und Handlungskapazitäten dem entgegenwirkt.

5. Zwar hat Umweltpolitik, auch in den entwickelten Ländern, in vielen Bereichen versagt. Die Frage ist jedoch, ob dies vorwiegend internationalen Entwicklungen geschuldet ist oder ob nicht die wichtigsten Hindernisse innerhalb der Nationalstaaten entstehen.

6.2 Zur Globalisierung von Umweltpolitik

Die globale Ausbreitung der Umweltpolitik ist ein Prozess, der inzwischen rund dreißig Jahre andauert. In den siebziger und achtziger Jahren schufen sich zunächst die Industrieländer umweltpolitische Einrichtungen und Gesetze. Seit Ende der achtziger Jahre ist es zu einer Globalisierung der Umweltpolitik gekommen. Die weltweite Ausbreitung staatlicher Umweltinstitutionen in ganz unterschiedlich entwickelten Ländern ist heute eine wichtige Tatsache *(Mol 2001)*.

Rasches Ausbreitungstempo umweltpolitischer Neuerungen

Eigenständige Umweltministerien entstanden in Vorreiterländern erstmals Ende der sechziger Jahre. Inzwischen haben alle Industrieländer diese Institution eingeführt, als letztes Land unternahm Spanien 1996 einen solchen Schritt. In Entwicklungsländern vollzog sich der Diffusionsprozess meist erst in den neunziger Jahren, dann aber oft sehr rasch. Rund 80 Prozent aller Industrieländer hatten 1998 einen nationalen Umweltplan bzw. eine formelle Strategie nachhaltiger Entwicklung *(s. Kap. 4.6)*. Aber auch 28 afrikanische Länder hatten 1996 bereits einen „Nationalen Umweltaktionsplan" (NEAP), der dem Muster von Madagaskar (1988) folgt und vor allem von der Weltbank gefördert (und gefordert) wird; sein Zweck ist die nachholende Entwicklung der Umweltpolitik in diesen Ländern. Bei kritischer Betrachtung sind diese Umweltaktionspläne in den meisten Fällen nicht mehr als vage Willensbekundungen. Das allerdings ist in der Startphase der Umweltpolitik auch entwickelter Industrieländer üblich gewesen.

Abbildung 18 zeigt u.a. die Ausbreitung nationaler Umweltministerien (bzw. Umweltagenturen) und die Ausbreitung der nationalen Umweltplanung.

Das in Rio initiierte Modell einer lokalen Agenda 21 hatten 1996 rund 1.800 Städte begonnen oder abgeschlossen *(Zimmermann 1997)*. Sechs Jahre später wurden 6.416 lokale Agenda-21-Prozesse verzeichnet *(OECD/ UNDP 2002)*.

Die Ausbreitung umweltpolitischer Neuerungen geschieht in einem beachtlichen Tempo, wenn man bedenkt, dass die weltweite Ausbreitung des parlamentarischen Systems (seit der Glorious Revolution von 1688) immerhin dreihundert Jahre brauchte. Die Ausbreitung des Wohlfahrtsstaates benötigte ein Jahrhundert. Aber selbst technische Neuerungen haben im allgemeinen ein langsameres Tempo. Während diese sich oft erst mit langen Verzögerungszeiten über horizontale Diffusions- und Nachahmungsprozesse ausbreiten, bedient sich die politische Innovation – jedenfalls im Umweltbereich – in großem Umfang der Diffusionsmechanismen internationaler Institutionen und Netzwerke *(vgl. Kern 2000)*.

Abbildung 18: *Globale Verbreitung umweltpolitischer Innovationen*

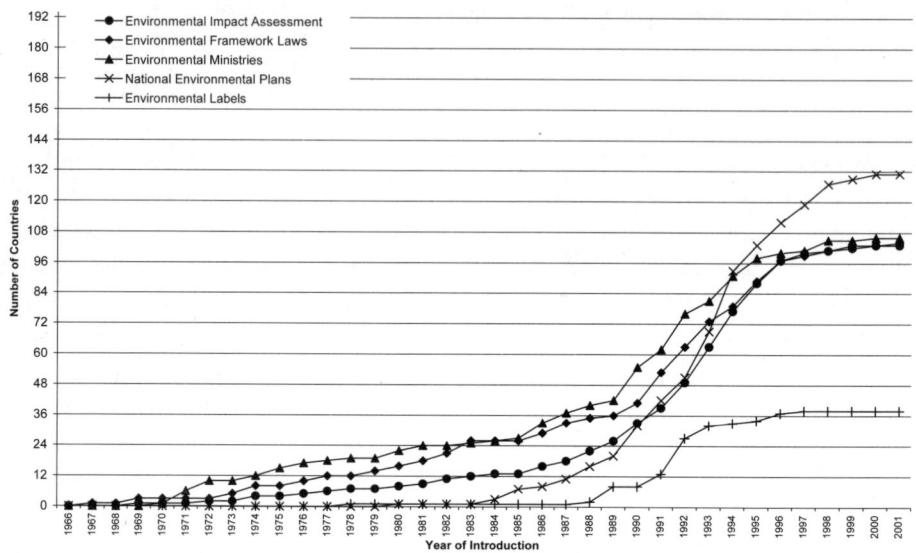

Busch/Jörgens 2002

Mechanismen der Globalisierung von Umweltpolitik

Die Globalisierung von Umweltpolitik erfolgt gleichzeitig auf zwei Ebenen, der internationalen wie der nationalstaatlichen Ebene. Ihre wichtigsten Ausbreitungsmechanismen sind:

Auf der *internationalen Ebene:*

- die wachsende Bedeutung internationaler Umweltinstitutionen (Beispiel: UNEP),
- die teilweise „Ökologisierung" bestehender internationaler Institutionen und Organisationen (Beispiel: OECD, Weltbank),
- die wachsende Bedeutung internationaler Umwelt-NGOs (Beispiel: Greenpeace), von Netzwerken und Programmen der Umweltforschung (Beispiel: das Welt-Klimaforschungsprogramm) und der internationalen Umweltberichterstattung (Beispiel: Berichtspflichten seit der Rio-Konferenz).

140

Auf der *nationalstaatlichen Ebene:*

- die Ausbreitung staatlicher umweltpolitischer Institutionen in immer mehr Ländern (Beispiel: Umweltministerien),
- die globale Vernetzung dieser Institutionen und
- die direkte Diffusion umweltpolitischer Innovationen über diese Netzwerke als Imitation und „horizontales" Politiklernen von Land zu Land (Beispiel: nationale Umweltplanung).

Gleichzeitig kommt es zu einem *Zusammenspiel* beider Ebenen:

Die globale Ebene wird zur Arena für umweltpolitische Profilierung und regulativen Innovationswettbewerb zwischen Nationalstaaten (Bedeutung von Pionierländern und Leadmärkten). Internationale Institutionen wirken als Diffusionsinstanzen für umweltpolitische Neuerungen aus Pionierländern. Zugleich entwickeln sie – oft im Zusammenwirken mit Vorreiterländern – eigenständige umweltpolitische Innovationen. Betont sei in jedem Fall, dass nicht nur die internationale Handlungsebene zur Globalisierung von Umweltpolitik beiträgt. Die horizontale Ausbreitung umweltpolitischer Neuerungen auf der nationalstaatlichen Ebene – mit und ohne Verstärkung durch internationale Einrichtungen – ist lange vernachlässigt worden. Sie hat aber erhebliche Bedeutung für die Herausbildung global verbreiteter Umweltpolitikmuster der Nationalstaaten. Dazu einige Erläuterungen.

Internationale Institutionen und Organisationen

Der Bedeutungszuwachs der *internationalen* Umweltpolitik ergab sich zum einen durch die Schaffung neuer Umweltschutzeinrichtungen (Beispiel UN Environmental Programme 1972, Commission on Sustainable Development 1992) und „Umwelt-Regime" (Beispiel: Basler Konvention, *s. III 5).* Viele dieser Einrichtungen sind regionaler Natur (Beispiel: die Nordseeminister-Konferenz).

Zum anderen wuchs die Bedeutung der internationalen Umweltpolitik durch die tendenzielle *„Ökologisierung" bestehender internationaler Einrichtungen.* Fast alle internationalen Organisationen haben das Ausmaß ihrer Umweltaktivitäten erweitert. Eine besonders aktive Rolle spielte die OECD. Von 170 Maßnahmen und Empfehlungen dieser Wirtschaftsorganisation der entwickelten Industrieländer betreffen immerhin 65 den Umweltschutz *(Ministry of Environment 1998: 153)*. Für die Diffusion fortschrittlicher Regelungen einzelner Pionierländer spielte die OECD seit den siebziger Jahren eine wesentliche Rolle, nicht zuletzt durch die Veröffentlichung umweltpolitischer Leistungsbilanzen („Performance Reviews") ihrer Mitgliedsländer. Ende der achtziger Jahre übernahm die Weltbank eine ähnliche Rolle, dies nach scharfer öffentlicher Kritik an ihrer Missachtung ökologischer Prinzipien. Sie hat z. B. eine große Zahl von Ländern der Dritten Welt und Osteuropas zur Vorlage nationaler Umweltaktionspläne gebracht und dies zur Voraussetzung einer Kreditvergabe gemacht. Oft wurde selbst die Vorlage des Plans von ihr erarbeitet. Auch einige regionale Organisationen erfuhren eine teilweise „Ökologisierung" ihrer Aufgabenfelder (z. B. die ECE, ASEAN oder NAFTA).

Eine wichtige Bedeutung für die Globalisierung von Umweltpolitik hat die *Kooperation von Regionen und Städten*. Baylis und Smith *(1997: 23)* nennen diese globale Steuerung unterhalb der Ebene des Nationalstaates „substate global governance". In Europa sind regionale Organisationen zu nennen wie die Assembly of European Regions oder der Council of Municipalities and Regions in Europe. Eine besondere Umweltkooperation hat sich zwischen Städten entwickelt. Genannt seien hier Organisationen wie ICLEI oder das Klimabündnis Europäischer Städte. Kooperationen zwischen Städten und Regionen sind besonders wichtig, da zwischen ihnen ein zunehmend erbitterter ökonomischer Wettbewerb stattfindet.

Mit diesem Bedeutungszuwachs von Einrichtungen, die sich ganz oder teilweise dem Umweltschutz widmen, ist auch eine international wirksame *Umweltberichterstattung* entstanden, die die Schwächen und Stärken einzelner Länder aufzeigt und so einen gewissen umweltpolitischen Wettbewerbsdruck erzeugt.

Die Globalisierung von Umweltpolitik ist nicht auf staatliche Institutionen beschränkt. Ausbreitung und internationale Vernetzung *von Umweltverbänden und anderen privaten Organisationen und Einrichtungen* hat sich ebenfalls in raschem Tempo vollzogen, bei internationalen Umweltregimen spielen sie eine wichtige Rolle.

Neben den Umweltverbänden gilt dies für die Organisationen umweltorientierter Unternehmen vom Schlage des World Business Council for Sustainable Development, des Social Venture Network (800 Mitglieder weltweit) oder der European Partners for the Environment. Ansätze einer ökologischen Profilierung einzelner Unternehmen finden sich heute auch in Entwicklungsländern.

Die *internationale Medienberichterstattung* trägt wesentlich dazu bei, dass es einen globalen Umweltpolitikdiskurs gibt. Die Kampagne gegen Shell Nigeria ist ein Beispiel für die kommunikative Globalisierung von Umweltschutz. Ähnliches hatte schon der amerikanische Multi Union Carbide im Anschluss an die Chemie-Katastrophe im indischen Bhopal 1984 erfahren: Auch Missstände in Ländern, die weit von der Muttergesellschaft und Hauptabnehmern entfernt liegen, können in den Hauptabnehmerländern multinationaler Verursacher zu empfindlichen Einbußen führen.

Ganz wesentlich ist heute die *Globalisierung von Umweltwissenschaft.* Wissenschaftsorganisationen – wie ICSU (International Council of Scientific Unions), IGBP (International Geosphere-Biosphere Programme), WCRP (World Climate Research Programme) oder neuerdings auch das IHDP (International Human Dimensions of Global Environmental Change Programme) – und spezielle Forschungsnetzwerke spielen z. T. eine erhebliche, eigendynamische Rolle in der Umweltpolitik. Da die ökologisch nachhaltige Entwicklung viele langfristige Umweltprobleme betrifft, die nicht unmittelbar vom Bürger, sondern nur „wissenschaftlich" wahrgenommen werden, haben die Problemdefinitionen der global vernetzten Wissenschaften einen erheblichen Stellenwert erlangt.

Die „horizontale" Ausbreitung umweltpolitischer Innovationen

Bisher wurde die wachsende Bedeutung der internationalen Umweltpolitik vorrangig den internationalen Organisationen zugeschrieben. Die direkte horizontale Ausbreitung umweltpolitischer Neuerungen in Pionierländern hat jedoch eine ähnliche Bedeutung. Sie könnte sogar den größeren Anteil an der Globalisierung der Umweltpolitik ausmachen. Dafür spricht die hohe Bedeutung, die nationale und regionale Pionierleistungen auch für die Umweltpolitik internationaler Organisationen haben.

Die unmittelbare Ausbreitung umweltpolitischer Pionierleistungen einzelner Regionen und Länder erfolgt auf dem Wege der Nachahmung. Die Ausbreitung erfolgt aber auch über den Mechanismus übergeordneter Institutionen. Die Nachahmung umweltpolitischer Pionierleistungen Kaliforniéns innerhalb der USA in den frühen siebziger Jahren und die anschließende Nachahmung der USA durch Länder wie Deutschland sind hierfür ein Beispiel *(Kern 2000)*. Wir finden hier das unmittelbare Lernen vom Vorreiter ebenso wie die internationale Bekanntmachung von Erfolgsbeispielen (durch die UN-Konferenz von Stockholm 1972).

Das Ausbreitungstempo umweltpolitischer Neuerungen scheint übrigens auch ein guter Indikator dafür zu sein, ob eine Maßnahme ein einfaches oder ein schwieriges Thema nationaler Umweltpolitik ist. So haben sich beispielsweise Umweltkennzeichen sehr rasch in der Welt ausgebreitet. Aber die Diffusion von Bodenschutzgesetzen erfolgt nur äußerst langsam. Diese Materie ist durch eine Problemstruktur gekennzeichnet, die Politisierungen erschwert (s. o.). Auch die 1990 zuerst in Finnland und den Niederlanden eingeführte Klimaschutzsteuer auf Energie/CO_2 breitete sich angesichts erheblicher Widerstände aus der Wirtschaft zunächst nur langsam aus.

Heute findet die horizontale Ausbreitung umweltpolitischer Neuerungen eine Verstärkung durch die aus der Managementlehre stammende Norm des „benchmarking", der systematischen Bezugnahme auf und Übernahme von best practice. Der Gedanke des benchmarking hat sich seinerseits – vor allem mit der Reform des öffentlichen Sektors im Sinne des New Public Management – international ausgebreitet.

Die globale Vernetzung staatlicher und nicht-staatlicher Umweltschutzakteure

Wir müssen also unser Bild der internationalen Umweltpolitik korrigieren: Sie vollzieht sich nicht primär von oben nach unten. Globalisierung von Umweltpolitik bedeutet zuallererst ein globales Policy-Lernen, das sich auf vielfältige Weise und auf vielen Ebenen vollzieht. Sie bedeutet die Zunahme internationaler Umwelteinrichtungen und Umweltregulierungen. Sie bedeutet die Zunahme von Umweltinstitutionen und Umweltakteuren in immer mehr Ländern. Und sie bedeutet die zunehmende globale Vernetzung dieser nationalen Träger von Umweltbelangen. Auffällig ist in den letzten zehn Jahren vor allem die Parallelität einer raschen globalen Diffusion *und* Vernetzung umweltpolitischer Einrichtungen auf nationaler Ebene.

Es gibt mittlerweile eine beachtliche Vernetzung der Umwelt-Fachverwaltungen, *globale Netzwerke der Umwelt-Abteilungsleiter* sozusagen. Ein Beispiel ist das Intergovernmental Panel for Climate Change; oder das globale Network of Green Planners. Letzteres trug zu einer raschen internationalen Ausbreitung von politischen Planungskonzepten bei. Hier entstehen neue Loyalitäten, Wissensgemeinschaften und neue „Sachlogiken" jenseits der Willensbildung der nationalen Institutionen. Wo der nationale Druck gering ist oder nachgelassen hat, wird er mitunter durch diese Netzwerkstrukturen ersetzt.

Diese Vernetzung bedeutet grundsätzlich eine Stärkung der nationalen Umweltpolitik. Deren Bedeutung ist zumindest nicht geringer als die der internationalen Umweltinstitutionen und Umweltregime. Der anhaltend hohe Stellenwert der Nationalstaaten ergibt sich nicht zuletzt dadurch, dass staatliche Zentralverwaltungen im Wettbewerb der unterschiedlichen Handlungsebenen die vergleichsweise stärksten, kompetentesten und am besten legitimierten Akteure sind.

6.3 Wirkungen globaler Umweltpolitik

Globale Konvergenz der umweltpolitischen Muster

Die Folge der Globalisierung von Umweltpolitik ist eine zunehmende internationale „Politikangleichung" (*policy convergence*), unabhängig von Unterschieden nationaler Politikstile. Die Länder weisen eine zunehmende Ähnlichkeit der umweltpolitischen Institutionen, Gesetze und Strategien auf. Selbst der Wandel des vorherrschenden Politikmusters vollzieht sich oft parallel: Am Anfang dominierten überall staatliche Auflagenpolitik, Hochschornsteinpolitik und die nachgeschaltete Filtertechnik. Der Wandel hin zu weicheren Instrumenten wie Umweltabgaben oder informationellen Steuerungsformen erfolgt ebenso im globalen Maßstab wie etwa die Einführung kooperativer Langzeitstrategien.

Insgesamt unterscheiden sich die Länder heute weniger durch das vorherrschende Muster der Umweltpolitik als durch ihre Handlungsmöglichkeiten (capacity) und Politikresultate. China und Russland haben ein umfassendes Regelwerk des Umweltschutzes, die Probleme der Umweltpolitik liegen hier in den Kapazitäten: der geringen Fähigkeit zur Umsetzung.

Die Bedeutung internationaler Umweltschutz-Normen

Es muss nicht betont werden, dass die Dichte der *internationalen Regelungen* ständig zugenommen hat *(Choucri 1994)*. Das gilt für internationale Umweltregime ebenso wie etwa für internationale Normungen (ISO 14000, Öko-Audit).

Die Globalisierung von Umweltpolitik hat dazu geführt, dass heute kaum noch ein Land der Welt aus dem Normengefüge internationaler Umweltpolitik ausbrechen kann: Seit Präsident Reagan haben die USA internationale Umweltabkommen häufig abgelehnt und dann doch übernommen. Sie haben sich dem Basler Abkommen wesentlich widersetzt und mussten es schließlich doch akzeptieren. Interessanter noch ist das Beispiel Nigerias, das umweltpolitisch ansonsten eher als worst case anzusehen ist: Ein illegaler Import von Giftmüll löste 1988 in diesem autoritär regierten Land eine Pressekampagne aus, die die nationale Umweltpolitik insgesamt aktivierte. In der Folge spielte die Regierung eine maßgebliche Rolle beim internationalen Verbot des Sondermüll-Exports aus OECD-Ländern.

Globale Grenzen des ökologischen Rückschritts

Bestehende institutionelle Handlungskapazitäten des Umweltschutzes sind auf der nationalen Ebene gelegentlich wieder eingeschränkt worden (in den USA unter Reagan, in Großbritannien unter Margret Thatcher, in Deutschland im Zeichen der Beschleunigungsgesetze). Doch fanden solche Entwicklungen ihre Grenze in der internationalen Umweltpolitik, die ihre eigene Gesetzmäßigkeit erhalten hat.

Eine Konsequenz der globalen Umweltpolitik-Angleichung ist der Rückgang von Ländern, die als Fluchtburg für Verschmutzer („pollution havens") in Frage kommen. Das zeigt nicht nur das angeführte Beispiel Nigerias. Eine Weltbank-Untersuchung über das Umweltverhalten von Unternehmen in Bangladesch, Indien, Indonesien und Thailand kommt zu dem Ergebnis, dass diese Länder „rasch Umweltschutzstandards übernehmen, die denen der entwickelten Länder ähnlich sind" *(Hettige et al. 1996: 1901)*. Mit dem Einkommens- und Bildungsniveau steigen danach auch die Umweltansprüche. Eine andere vergleichende Studie für die Weltbank fand ebenfalls keinen Beweis einer umweltpolitischen Abwärtsspirale ("race to the bottom"): "Länder mit offeneren Handelsregimen haben strengere Umweltregulierungen" *(Eliste/Fredriksson 1998)*. Ähnlich kommen zwei vergleichende Untersuchungen zu dem Ergebnis, dass in neuerer Zeit gerade kleine, hochgradig in den Weltmarkt integrierte westeuropäische Länder häufig eine Vorreiterrolle im Umweltschutz wahrnehmen *(Jänicke/Weidner 1997, Andersen/Liefferink 1997)*. Die in vergleichenden Untersuchungen vorgefundene Parallelität erfolgreicher Umwelt- und Beschäftigungspolitik *(Jänicke 1990, Binder 1996)* gilt nicht zuletzt für diese kleinen, ökonomisch offenen Länder *(vgl. Katzenstein 1985, McCann 1995)*.

Verbreitet werden Abwanderungen umweltintensiver Industrien aus den reichen Industrieländern als Folge der ökonomischen Globalisierung befürchtet. Die Folge wäre – so das Argument – eine Umweltsanierung zu Lasten der Entwicklungsländer und zugleich eine Verschlechterung der globalen Umweltsituation durch insgesamt schwächere Standards. Unterschiedliche Lohn- und Steuerniveaus sind zwar als Abwanderungsmotiv nachgewiesen. Eine generelle, durch Umweltschutzkosten nahegelegte Abwanderung von Industrien aus hochentwickelten Ländern ist hingegen alles in allem wenig naheliegend. Dazu müssten sich zum einen die Umweltstandards global stark unterscheiden, und zum anderen müsste die Bedeutung des Umweltschutzes als Kostenfaktor sehr hoch sein. Beide Bedingungen werden selten erfüllt *(Jaffe et al. 1995)*. Und die zunehmende globale Konvergenz von Umweltpolitik lässt den Abstand eher schrumpfen. Innerhalb der OECD-Länder sind Abwanderungen aus umweltpolitischen Gründen durch die Angleichung der Standards in dieser Ländergruppe ohnehin wenig wahrscheinlich. Dass umweltintensive Grundstoffindustrien in Entwicklungsländern dennoch an Gewicht zunehmen, hängt vor allem mit ihrer eigenen Industrialisierung und der damit verursachten inländischen Nachfrage nach Grundstoffen zusammen. Eine *Verlagerung* umweltintensiver Industrien aus den reichen Ländern mit anschließendem Rück-Import in diese Länder ist dies jedoch nicht. Es hat solche Verlagerungen in Japan und auch von West- nach Osteuropa gegeben. Eine generelle, allein durch ein hohes Niveau des Umweltschutzes verursachte Strategie der Auslagerung ist dagegen bisher nicht zu erkennen. Erklärungsbedürftig ist eher, warum sich in Westeuropa umweltintensive Industrien des Grundstoffsektors (z. B. Rohstahl oder Düngemittel) trotz sinkender Nachfrage so hartnäckig gehalten haben. Der globale Strukturwandel zu Lasten dieser Industrien in den entwickelten Ländern ist also eher behindert worden *(Jänicke/Binder/Mönch 1997)*.

6.4 Zur Rolle umweltpolitischer Pionierländer

Nationale Vorreiterpolitik im Umweltschutz ist, wie in Kap. 5.5 gezeigt, nicht nur möglich, ihre Bedeutung hat vermutlich zugenommen. Großbritannien war in den sechziger Jahren mit seiner Luftreinhaltepolitik (als Folge katastrophaler Smog-Situationen) und einem relativ fortschrittlichen Gewässerschutz ein noch etwas unprofilierter Vorreiter. Die USA und Schweden setzten im Vorfeld der Stockholmer UNO-Konferenz von 1972 international bereits markantere Maßstäbe. In den siebziger und den frühen achtziger Jahren spielte Japan eine Vorreiterrolle, die auch mit einer führenden Rolle auf dem Weltmarkt der Umwelttechnik zusammenfiel. In den achtziger Jahren – nach einer schweren Rezession – übernahm die Bundesrepublik diese Führungsrolle, auch als Exporteur von Umweltschutzgütern *(s. Kap. 1)*. Ende der achtziger Jahre folgten die Niederlande und Dänemark. Beide Länder gelten auch in ihrer erfolgreichen Wirtschafts- und Beschäftigungspolitik als Modellfälle *(s. Kap. 5)*. Besonderen Ehrgeiz im Umweltschutz entwickelt inzwischen wiederum Schweden, das in einem programmatischen Gesetz das Ziel verkündet, „Modell ökologisch nachhaltiger Entwicklung" werden zu wollen *(Ministry of Environment 1998)*.

Mit neuen Vorreiterländern ist unter den Schwellenländern zu rechnen. Vor allem gilt dies für Länder, bei denen die Umweltfolgen hohen Wirtschaftswachstums mit dem Übergang zu innovationsorientierten Exportstrategien und mit politischer Demokratisierung zusammenfallen. Südkorea erklärt z.B. in seinem Umweltplan von 1995 ausdrücklich das Motto: „Von einem Musterland des Wirtschaftswachstums zu einem Musterland der Umwelterhaltung" *(Ministry of Environment 1995)*. Auch hier soll ein ambitiöser Umweltschutz zugleich ein entscheidendes Aktivitätsfeld des Exportes eröffnen.

Erfahrungsgemäß sind staatliche Verlautbarungen dieser Art nicht umstandslos für bare Münze zu nehmen. Aber sie zeigen doch, welche Bedeutung dem Umweltschutz im globalen Wettbewerb – über die hochentwickelten Länder hinaus – inzwischen zukommt.

6.5 Zur Bedeutung der ökologischen Modernisierung für den internationalen Wettbewerb

Wettbewerbsvorteile durch proaktiven Umweltschutz – eine sich ausbreitende Doktrin

Zur These von der Ohnmacht des Umweltschutzes im Zeichen der Globalisierung gibt es die bereits angeführte Gegenthese, dass „proaktive" Umweltpolitik Wettbewerbsvorteile („first-mover advantages") für ein Land schaffen könne und eine Art technologisches Fitnesstraining bewirke. „Wie eine Industrie auf Umweltprobleme reagiert, kann tatsächlich ein führender Indikator ihrer Wettbewerbsfähigkeit insgesamt sein" *(Porter/van der Linde 1995, vgl. Meyer-Krahmer 1999)*. Oder: „... strenge Regulierungen ... machen Firmen generell fitter und wettbewerbsfähiger" *(Wallace 1995)*. Voraussetzung ist nach Meinung dieser Autoren allerdings ein intelligenter, flexibler und innovationsfreundlicher Modus der Umweltpolitik *(s. Kap. 5)*. Unternehmensbezogen betont die Weltbank auch den „Marktwert der Umweltreputation" *(Hettige et al. 1996: 1901)*.

Eine ganze Reihe von Regierungen hat diese Position in ihren offiziellen Nachhaltigkeitsstrategien übernommen, wie sie nach der UN-Konferenz von Rio (1992) üblich geworden ist. Nachhaltige Entwicklung ist heute in vielen Ländern zu einem wichtigen Thema innovationsorientierter Technologiepolitik geworden *(OECD 1997a)*. Auch das „grüne Image" eines Landes wird in nationalen Nachhaltigkeitsstrategien als Wettbewerbsvorteil angeführt (Irland, Neuseeland).

Allerdings kann die Position eines Wettbewerbsvorteils durch ökologische Modernisierung nicht für alle Länder gleich gelten. Plausibel ist sie vor allem für technologisch hochentwickelte Volkswirtschaften, für die der Innovationswettbewerb – im Gegensatz zum Preiswettbewerb – hohe Bedeutung hat. Umfangreiches empirisches Material legt aber den Schluss nahe, dass sich eine aktive nationale Umweltpolitik bisher nirgends als ernsthafter Wettbewerbsnachteil erwies, umweltpolitisch stimulierte Exporterfolge hingegen häufig erzielt werden *(Wallace 1995, OECD 2000)*.

„Regulativer Wettbewerb" im Umweltschutz

Wettbewerb findet nicht nur in ökonomischen Märkten, sondern auch in politischen Arenen statt. Ebenso sind innovative Pionierleistungen gleichermaßen bei Unternehmen wie bei Nationalstaaten, Regionen oder Städten anzutreffen. So gibt es weltweit einen regulativen Wettbewerb zwischen Ländern, bei dem der Umweltschutz eine erhebliche Rolle spielt. Der Anspruch, ein umweltpolitisches Pionierland (model country) zu sein, wird erstaunlich oft erhoben. In aller Regel dient er der innenpolitischen Profilierung von Regierungen. Vorreiterländer entwickeln aber auch internationale Aktivitäten zur Propagierung ihrer umweltpolitischen Neuerungen. Dies ist nicht nur eine Folge von Wettbewerbsverhalten im Politischen: Der Vorreiter kann (wie bereits in *Kap*. 5.5 angedeutet) auch ein ökonomisches Interesse haben, dass seine strengeren Standards von anderen Ländern übernommen werden *(Héritier et al. 1994)*.

Wir finden gerade in der Europäischen Union, nach Maastricht (1992) und Amsterdam (1997), eine gewisse institutionelle Begünstigung sowohl von umweltpolitischen Innovationen als auch ihrer raschen Diffusion. Unter bestimmten Bedingungen ist es möglich, strengere Regelungen als die EU einzuführen oder beizubehalten (Art 95 u. 176 EGV). Ein umweltpolitisches Vorreiterland kann „ein hohes Schutzniveau" anstreben *(s. III)*. Es kann meist auch damit rechnen, dass seine Pionierlösung anschließend die entsprechenden EU-Regelungen beeinflusst. Das kann die heimische Wirtschaft begünstigen, deren Technik bereits den höheren Ansprüchen entspricht. Allerdings besteht in der EU noch immer ein Veto-Recht auf ökologisch wichtigen Gebieten wie Energie, Wasserressourcen, Flächennutzung und Steuern *(vgl. Weale et al. 2000)*.

Bei aller Unzulänglichkeit der globalen Umweltpolitik – ihre Entwicklung bestimmen eher die hoch regulierten Teilmärkte als die Nachhutländer *(vgl. Wheeler 2001, Drezner 2001)*. Das gilt für die Exportindustrien in den Schwellenländern ebenso wie für die Länder Osteuropas, insbesondere für die Beitrittskandidaten der EU. Über die wichtigen Exportindustrien

Japans (Auto, Elektrotechnik, Maschinenbau) wird gesagt, ihr ökologisches Innovationsverhalten sei „unmittelbar weder durch politischen noch durch gesellschaftlichen Druck ausgelöst worden, sondern durch Anpassungszwänge an veränderte Weltmarktbedingungen, insbesondere die Angst vor dem Verlust von Konkurrenzfähigkeit auf dem europäischen Markt" *(Foljanty-Jost 1997: 327)*. Die hier bestehende Furcht vor ökologisch legitimierten Exportbarrieren oder Fördermaßnahmen ist keineswegs unbegründet. Regelungen über Altautos, Elektronikschrott oder – neuerdings – 3-Liter-Autos (die faktisch die Firmen Volkswagen und Mercedes-Benz begünstigten) sind Beispiele dafür. Aus der Sicht eines Landes wie Südkorea dienen strenge Umweltvorschriften in entwickelten OECD-Ländern oft der Abwehr ausländischer Wettbewerber. Eine bezeichnende Antwort lautet in diesem Falle: „Korea wird den Umweltschutz verschärfen, um die Umweltqualität und die Wettbewerbsfähigkeit der koreanischen Unternehmen zu verbessern" *(Ministry of Environment 1995: 331f.)*. Ganz in diesem Sinne ergab eine neuere Untersuchung für die Weltbank, dass Länder, die Handel mit umweltpolitisch anspruchsvollen Ländern treiben, selbst zu strengeren Vorschriften tendieren *(Eliste/Fredriksson 1998)*. Neuerdings wird auch die Pionierrolle von nationalen „Lead-Märkten" betont *(Beise 2001, Meyer-Krahmer 1999)*. Für die ökologische Modernisierung globaler Märkte hat sie erhebliche Bedeutung. Aber gerade Umweltinnovationen erfordern einen aktiven Staat *(Jänicke 2000)*.

6.6 Die Besonderheit des Umweltschutzes im internationalen Standortwettbewerb

Wie gezeigt wurde, war eine nationalstaatliche Vorreiterpolitik im Umweltschutz immer möglich, und ihre Bedeutung hat sich keineswegs verringert. Umweltpolitische Pionierländer sind – zumindest während sie diese Rolle spielten – immer auch wirtschaftlich und technologisch erfolgreiche Länder gewesen. Sie sind gerade heute oft stark in den Weltmarkt integriert. Die Umweltthematik ist ein wichtiges Thema des internationalen – politischen wie ökonomischen – Innovationswettbewerbs geworden. Zwischen dem Niveau der Umweltpolitik und der Wettbewerbsfähigkeit eines Landes besteht nach neueren Untersuchungen eine eindeutige Korrelation

(*World Economic Forum 2000*). Obwohl damit kein Kausalitätsverweis erbracht wird, sind generelle Annahmen eines Zielkonfliktes zwischen Umweltschutz und Wettbewerb unhaltbar geworden. Es ist keine Frage, dass der einzelne Nationalstaat im internationalen Wettbewerb Handlungsbeschränkungen unterliegt. Aber seine Fähigkeit, aus dem eher zunehmenden globalen Konsens über Umweltschutzerfordernisse auszubrechen, ist auch gesunken. Das gängige Bild des Nationalstaates, der dem Weltmarkt allein und handlungsunfähig gegenübersteht, muss im Lichte neuerer Forschungen korrigiert werden. Das Gegenbild ist das eines *international vernetzten Staates, der im Kollektiv und unter Zuhilfenahme globaler Institutionen handelt*. Umweltbehörden vor Ort handeln heute nicht nur als Teil des Nationalstaates, sondern auch als Bestandteil internationaler Regime, Netzwerke und Wissensgemeinschaften.

Warum aber wirkt der globale Anpassungsdruck beim Umweltschutz weniger als bei den Lohn- und Steuersystemen *(s. Abb. 19)?*

Ein wesentlicher Grund ist die Tatsache, dass der Umweltschutz inzwischen erhebliche Bedeutung im internationalen Innovationswettbewerb erlangt hat und zunehmend mit industrieller Modernisierung, mit neuen Märkten und auch mit Produktivitätsverbesserungen verknüpft ist. Ein weiterer Grund für die Besonderheit des Umweltschutzes ist, dass das internationale Gefälle der Umweltstandards geringere Bedeutung hat als das Lohn- und Steuergefälle. Und schließlich zeigt sich, dass Innovationsprozesse und Wettbewerb nicht nur ökonomische sondern auch politische Mechanismen sind. Oft bilden beide ein enges Interaktionsgefüge. Die vielfältigen, oft versteckten Möglichkeiten, den Umweltschutz als Mittel der Standortförderung zu nutzen (faktische Handelshemmnisse eingeschlossen) bieten im Wettbewerb Chancen, die der Fiskal- und Einkommenspolitik kaum zur Verfügung stehen.

6.7 Nationale Hemmnisse

Dies alles bedeutet nun keineswegs, dass die politische Globalisierung bisher nennenswert zur Umweltentlastung geführt hat. Der globalen Umweltsituation angemessen wäre ein breiter Durchbruch der besten Ansätze, ein „race to the top". Und auch den gibt es nicht *(Vogel 1995)*. Ökologische

Abbildung 19: *Warum unterliegt der Umweltschutz nicht dem gleichen globalen Anpassungsdruck wie Löhne und Steuern?*

- Das Gefälle der Umweltstandards und der Kostenanteil des Umweltschutzes sind international allgemein nicht hoch genug (anders als Steuern und Lohnkosten).

- Integrierter Umweltschutz und effizienter Ressourceneinsatz sind häufig positive Wettbewerbsfaktoren.

- Der Umweltschutz ist oft positiv mit dem technischen Fortschritt verkoppelt. Er ist daher ein wichtiges Aktionsfeld von Pionierunternehmen. Im Innovationswettbewerb entwickelter Länder spielt der Umweltschutz eine wesentliche Rolle.

- Regulativer Wettbewerb durch Pionierländer (faktische Handelshemmnisse eingeschlossen) begünstigt den Umweltschutz häufig. Er setzt weniger entwickelte Exportländer tendenziell unter Anpassungsdruck.

Einschränkung:
Ökologische Modernisierung ist nur auf einen Teil der Umweltprobleme anwendbar. Umweltschutz jenseits der ökologischen Modernisierung unterliegt anderen, meist weniger günstigen Wettbewerbsbedingungen.

Modernisierung ist nicht zwangsläufig mit globaler Ausbreitung verbunden. Oft bleibt sie auf Inseln der Innovation und Nischenmärkte beschränkt. Insgesamt haben wir es bisher mit einem Umweltschutz zu tun, der Erfolge in aller Regel nur in den reichen Industrieländern und hier auch nur in Teilbereichen vorzuweisen hat; ein Umweltschutz, der in Bezug auf ökologische Nachhaltigkeit gravierende Defizite aufweist. In entwi-ckelten Industrieländern wie den USA, Japan oder Deutschland leidet der Umweltschutz überdies an dem erwähnten Entwarnungseffekt *(s. Kap. 5.3)*. Wie unzureichend der erreichte Stand ist, zeigt die Bilanz des Jahres 1997 zur Umsetzung der Maßnahmen der Rio-Konferenz. Das hier beschriebene umweltpolitische Kapazitätswachstum hat bisher nicht das typische Dilemma überwunden, dass die erkannten Umweltprobleme schneller wachsen als die Handlungsfähigkeiten.

Es fragt sich nur, ob die unübersehbaren Defizite des Umweltschutzes innerhalb wie außerhalb der Industrieländer vorrangig der ökonomischen Globalisierung geschuldet sind. Es darf nicht übersehen werden, in wie starkem Maße umweltpolitische Hemmnisse gerade auf der nationalstaatlichen Ebene entstehen.

In einer Expertenbefragung der Freien Universität Berlin für 20 unterschiedliche Länder ergab die Frage nach den ungelösten Umweltproblemen regelmäßig die gleichen widerständigen Verursacherbereiche. Ungelöst bleiben danach weltweit die Umweltprobleme vor allem der vier Sektoren Energieversorgung, Straßenverkehr, Landwirtschaft und Bau *(Jänicke/ Weidner 1997)*.

In diesen vier Bereichen aber spielen die Globalisierung und der internationale Wettbewerb eine vergleichsweise geringe Rolle. Dies führt zurück zu der Frage, ob die unbestreitbaren Defizite und Hemmnisse nationalstaatlicher Umweltpolitik primär auf internationale Entwicklungen zurückzuführen sind. Die Eigenlogik nationaler industrieller Interessenkartelle bietet für viele Unzulänglichkeiten die bessere Erklärung. Die Bundesrepublik Deutschland verzichtet beispielsweise nicht wegen des Weltmarktes auf ein Tempo-Limit auf Autobahnen. Und es ist nicht die Globalisierung, die zur politischen Begünstigung von Kohle, Strom, Bau- oder Landwirtschaft führte.

Gegenüber den hochorganisierten Wirtschaftsinteressen des eigenen Landes war der Staat schon immer ein eher schwacher Akteur. Dies ist keine Folge neuerer Entwicklungen des Weltmarktes. Zur Eigenlogik industrieller Macht gehört es auch, dass sie tendenziell „alt" ist, nur langsam entsteht und die innovativen Erfolgsphasen einer Branche lange überdauern kann – nicht zuletzt mit Hilfe des Nationalstaates *(Jänicke 1986)*. Dies kann die Innovationsfähigkeit von Ländern einschränken.

Die internationale Ebene bietet demgegenüber gerade dem Umweltschutz neue Einflusschancen. Einen Weg zurück zur souveränen Nationalstaatlichkeit gibt es ohnehin nicht. Letztlich kann der wachsenden Globalität gesellschaftlicher, wirtschaftlicher und ökologischer Handlungszusammenhänge nur durch eine wachsende Globalität des Regierens begegnet werden *(Zürn 1998)*. Im Bereich der Umweltpolitik ist dieser Prozess in den neunziger Jahren ein wesentliches Stück vorangekommen. Die Bedeutung des Nationalstaats hat sich dabei verändert, nicht jedoch verringert.

Basisliteratur

Altvater, E./Mahnkopf, B.: Grenzen der Globalisierung. Ökonomie, Ökologie und Politik der Weltgesellschaft, Münster 1996.

Jänicke, M./Weidner, H. (in collaboration with Helge Jörgens) (Hrsg.): National Environmental Policies – A Comparative Study of Capacity-Building, Berlin, Heidelberg, New York etc. 1997.

Kohler-Koch, B. (Hrsg.): Regieren in entgrenzten Räumen, Politische Vierteljahresschrift, Sonderheft 29, Opladen 1998.

Mol, A.P.J.: Globalization and Environmental Reform. The Ecological Modernization of the Global Economy, Cambridge (Mass.) 2001.

OECD: Globalization and Environment. Preliminary Perspectives, Paris 1997.

Simonis, U. E. (Hrsg.): Weltumweltpolitik. Grundriß und Bausteine eines neuen Politikfeldes, Berlin 1996.

Weiterführende Literatur

Andersen, M. S./Liefferink, D. (Eds.): European Environmental Policy. The Pioneers, Manchester, New York 1997.

Baylis, J./Smith, St.: The Globalization of World Politics. An Introduction into International Relations, Oxford 1997.

Beise, M.: Lead Markets. Country-specific Success Factors of the Global Diffusion of Innovation, Heidelberg-New York 2001.

Bernauer, Th.: Staaten im Weltmarkt. Zur Handlungsfähigkeit von Staaten trotz wirtschaftlicher Globalisierung, Opladen 2000.

Binder, M.: Mögliche Erfolgsbedingungen der Schwefeldioxidminderung im internationalen Vergleich, in: Jänicke, M. (Hrsg.): Umweltpolitik der Industrieländer, Berlin 1996, S. 153-201.

Busch, P.O./Jörgens, H.: Globale Diffusionsmuster umweltpolitischer Innovationen, Ms. Forschungsstelle für Umweltpolitik/FU Berlin (im Erscheinen).

Choucri, N. (Hrsg.): Global Environmental Accords: Implications for Technology, Industry and International Relations, Special Issue of: Business and the Contemporary World, Vol. VI, 2/1994.

Drezner, D.W.: Globalization and Policy Convergence, The International Studies Review, Vol. 3, No. 1, 2001, 53-78.

Eliste, P./Fredriksson, P. G.: Does Open Trade Result in a Race to the Bottom? Cross-Country Evidence, unpubl. Ms. (Weltbank) 1998.

Foljanty-Jost, G.: Die Bedeutung Japans für die internationale Umweltpolitikforschung: vom Modell zum Auslaufmodell? In: Mez, L./Weidner, H. (Hrsg.): Umweltpolitik und Staatsversagen. Die Berliner Schule der Umweltpolitikanalyse: Kritik, Anregungen und Perspektiven, Berlin 1997.

Héritier, A./Mingers, S./Knill, C./Becka, M.: Die Veränderung von Staatlichkeit in Europa. Ein regulativer Wettbewerb: Deutschland, Großbritannien, Frankreich, Opladen 1994.

Hettige, M./Huq, M./Pargal, S./Wheeler, D.: Determinants of Pollution Abatement in Developing Countries: Evidence from South and Southeast Asia, in: World Development, Vol. 24, 12/1996, S. 1891-1904.

Jaffe, A. B./Peterson, St./Portney, P. R./Stavins, R.: Environmental Regulation and the Competitiveness of U.S. Manufacturing, in: Journal of Economic Literature, Vol. 33, 1/1995, S. 132-163.

Jänicke, M.: Staatsversagen. Die Ohnmacht der Politik in der Industriegesellschaft, München, Zürich 1986.

Jänicke, M.: Erfolgsbedingungen von Umweltpolitik im internationalen Vergleich, in: Zeitschrift für Umweltpolitik und Umweltrecht, 13. Jg. 1990, S. 213-232.

Jänicke, M.: Ökologische Modernisierung als Innovation und Diffusion in Politik und Technik: Möglichkeiten und Grenzen eines Konzeptes, Zeitschrift für angewandte Umweltforschung, 13. Jg. (2000), H. 3/4, 281-97.

Jänicke, M./Binder, M./Mönch, H.: „Dirty Industries": Patterns of Change in Industrial Countries, in: Environmental and Resource Economics. Vol. 9, 4/1997, S. 467-491.

Katzenstein, P. J.: Small States in World Markets – Industrial Policy in Europe, New York 1985.

Kern, K.: Die Diffusion von Politikinnovationen. Umweltpolitische Innovationen im Mehrebenensystem der USA, Opladen 2000.

McCann, D.: Small States, Open Markets and the Organization of Business Interests, Aldershot 1995.

Martin, H.-P./Schumann, H.: Die Globalisierungfalle. Der Angriff auf Demokratie und Wohlstand, Reinbek bei Hamburg 1996.

Meyer-Krahmer, F.: Was bedeutet Globalisierung für Aufgaben und Handlungsspielräume nationaler Innovationspolitiken? In: Grimmer, K./Kuhlmann, St./Meyer-Krahmer, F. (Hrsg.): Innovationspolitiken in globalisierten Arenen, Opladen 1999, S. 43-85.

Ministry of Environment: Environmental Protection in Korea 1995, Kwacheon 1995.

Ministry of Environment: Environmental Protection in Korea 1997, Kwacheon 1998.

Ministry of Environment: Swedish Environmental Quality Objectives, Stockholm 1998.

OECD: Sustainable Development. OECD Policy Approaches for the 21st Century, Paris 1997 (1997a).

OECD: Innovation and the Environment, Paris 2000.

OECD/UNDP: Sustainable Development Strategies – A Resource Book, London, Sterling (VA).

Porter, M. E./van der Linde, C.: Green and Competitive, Harvard Business Review, September-November/1995, S. 120-134.

Sassen, S.: Globalization and its Discontents, New York 1998.

Vogel, D.: Trading Up. Consumer and Environmental Regulation in the Global Economy, Cambridge, Mass., 1995.

Wallace, D.: Environmental Policy and Industrial Innovation. Strategies in Europe, USA and Japan, London 1995.

Weale, A./Pridham, G./Cini, M./Konstadakopoulos, D./Porter, M./Flynn, B.: Environmental Governance in Europe, Oxford 2000.

Wheeler, D.: Racing to the Bottom? Journal of Environment and Development, Vol. 10, No. 3, Sept. 2001, 225-45.

World Economic Forum: Global Competitiveness Report 2000, New York 2000.

Zimmermann, M.: Lokale Agenda 21, in: Aus Politik und Zeitgeschichte, Beilage zur Wochenzeitung Das Parlament v. 27. 6. 1997.

Zürn, M.: Regieren jenseits des Nationalstaates. Globalisierung und Denationalisierung als Chance, Frankfurt/M 1998.

Teil III
Umweltrecht

Vorbemerkung

Die nachfolgende Darstellung *setzt juristische Fachkenntnis des Lesers nicht voraus.* Sie ist auch nicht auf spezielle Bedürfnisse einer einzelnen Gruppe von Professionen und beruflichen Rollen zugeschnitten, die jeweils in ihr eigentümlicher Perspektive am Umweltrecht interessiert ist, weil sie mit ihm gelegentlich in Berührung kommt. Vielmehr soll versucht werden, für diejenigen, die in welcher Weise auch immer im Bereich von *Umweltpolitik* und *Umweltmanagement* tätig sind, tätig werden wollen oder einfach nur ein politisches Interesse an diesem Bereich entwickeln, eine Vorstellung vom Umweltrecht als Rahmenbedingung und Steuerungsfaktor zu vermitteln.

Jedes Handeln in der modernen Gesellschaft stößt auf rechtliche *Grenzen,* ist aber auch Ausdruck rechtlicher *Freiheit.* Rechtliche Mittel werden von staatlichen Instanzen, aber auch von Wirtschaftssubjekten und durch den Bürger in Reaktion auf das Handeln wirtschaftender Subjekte eingesetzt, um bestimmte Ziele zu erreichen. *Umweltmanagement „ohne" Umweltrecht ist nicht denkbar.*

Vorrangig verfolgt die Darstellung das Ziel, eine Orientierung in der Rechtsvielfalt zu vermitteln, möchte aber auch erkennen lassen, dass das Recht nicht nur als ein Faktor verstanden werden kann, welcher das Handeln von Behörden und Gerichten bestimmt. Es geht im Recht nicht allein um die Erzwingung von Handlungen, um Vollstreckung, Buße und Strafe. Die Notwendigkeit von deren Einsatz deutet eher auf Fehlentwicklungen. Das Recht bietet Gestaltungsmöglichkeiten und Chancen, dies gerade auch im Sinne gesteigerter Wahrung von Umweltbelangen (s. dazu als Zwischenbilanz 3.2 sowie resümierend 6).

1. Umwelt als Thema des Rechts

Im folgenden wird zunächst beschrieben, in welcher Weise sich die Umwelt als Thema des Rechts erweist. Wer über Umweltrecht spricht, muss sich allerdings noch zuvor vergewissert haben, was *„Recht"* ausmacht; dabei muss das Recht „im" Staat vom zwischenstaatlichen Recht unterschieden werden *(1.1)*. Im Anschluss wird das Umweltrecht als ein eigenständiges *Rechtsgebiet* umrissen *(1.2)*. Damit soll die Grundlage geschaffen werden, auf der sodann die Grundzüge des deutschen *Umweltverwaltungsrechts* (eines Teils des „öffentlichen" Umweltrechts und insofern dem „privaten" Umweltrecht gegenüberzustellen) geschildert werden können *(2)*. Im Anschluss daran werden die *Instrumente der umweltrechtlichen Gestaltung* vorgestellt *(3)*, wobei einerseits die Perspektive von Verwaltung und gerichtlicher Kontrolle anzusprechen ist, andererseits die unternehmerische Ebene. Vor dem Hintergrund des so Erarbeiteten wird sodann ein Eindruck von der Regelungsvielfalt des Umweltrechts anhand der praktisch bedeutsamsten Teilbereiche gegeben *(4)*: *Immissionsschutz, Abfall, Naturschutz*. Danach geht es um *Völkerrecht (5)* und damit zugleich um internationale Umweltpolitik. Abschließend soll versucht werden, im Rückblick auf diese Einzelkapitel eine Vorstellung von den *Chancen*, aber auch den *Grenzen* des Rechts für das staatliche und unternehmerische Umweltmanagement zu vermitteln *(6)*.

Flächendeckend kann das Umweltrecht so nicht erfasst werden. Vielmehr geht es um *Grundstrukturen*. Diese können allerdings nur plastisch werden, wenn mit *Beispielen*, vor allem mit Hinweisen auf einzelne Gesetze und Rechtsvorschriften gearbeitet wird. Solche streuen wir deshalb durchgängig ein.

1.1 Recht im Staat, Recht zwischen Staaten, Recht in Europa

Etwas begriffliche Vorarbeit ist zunächst erforderlich. Was ist überhaupt *Recht?* Im Recht geht es um Normen, regelmäßig um einen Tatbestand und eine Rechtsfolge, d.h.: Ein Verhalten oder ein Zustand werden sprachlich umschrieben; für die so erfassten Tatbestände gibt die Norm eine Rechts-folge vor. Es ist Sache der *Rechtsanwendung*, die Konsequenzen aus der so bestimmten Rechtslage zu ziehen.

So bestimmt das Bundesimmissionsschutzgesetz (BImSchG), die Errich-tung und der Betrieb welcher Anlagen einer immissionsschutzrechtlichen Genehmigung bedürfen. Wer eine Anlage errichten möchte, von der – etwa – Lärmentwicklungen ausgehen, muss sich deshalb darum kümmern, ob diese Anlage der Genehmigungspflicht unterliegt. Gehört sie in den Kreis der genehmigungsbedürftigen Anlagen, so ergibt sich als Rechtsfolge: Errichtung und Betrieb *ohne* Genehmigung sind rechtswidrig. Dann eröff-nen sich Handlungsspielräume für die einen solchen Sachverhalt bemer-kende Verwaltung – ggf. auch für Nachbarn, die die Behörde zum Ein-schreiten veranlassen wollen oder dies erzwingen möchten. Die Behörde kann die Einstellung des Betriebes verfügen, u.U. auch den Abriss der Anlage. Weitere Rechtsfolgen können sich z.B. aus dem Ordnungswidrig-keiten- und dem Strafrecht ergeben *(s.u. 3.2)*.

Erfüllt die Anlage hingegen alle Genehmigungsvoraussetzungen, so er-gibt sich – im Immissionsschutzrecht (es kann in anderen Bereichen des Umweltrechts auch anders liegen) – als Rechtsfolge: Der Betreiber hat gegenüber der Behörde den Anspruch auf die Erteilung der Genehmigung. Bei ihrer Verweigerung kann er diesen Anspruch gerichtlich durchsetzen. Die Genehmigung berechtigt zu einem bestimmten Verhalten, ggf. „zur Umweltverschmutzung", und sie entfaltet Wirkungen gegenüber dem Staat (der eine Genehmigung nicht ohne weiteres „zurücknehmen" oder ihren Inhalt ändern kann) sowie u.U. auch gegenüber Dritten, welche aus dem genehmigten Verhalten Nachteile erleiden.

Geht es im Recht also um Normen und die Folgen der Einschlägigkeit einer Norm für einen Sachverhalt, so sind doch nicht alle Normen auch Rechtsnormen. Rechtsnormen entstehen – Ausnahmen hier vernachlässigt – in förmlichen Verfahren der Rechtsetzung. Von ihnen qualitativ zu un-terscheiden sind Normen der Moral und der Ethik (welche aber inhaltlich oft mit Rechtsnormen übereinstimmen oder ihren Erlass mitbestimmt haben). Qualitativ besteht der grundlegende Unterschied darin, dass *Rechtsnormen* von staatlichen Instanzen – ggf. auch auf Veranlassung von Bürgern – *durchgesetzt* werden können. Die Einhaltung lediglich morali-scher Normen kann der Staat demgegenüber nicht erzwingen. Zu beachten ist, dass mitunter – und im Umweltrecht sogar zunehmend – in Gesetzen bloße Appelle und Programme erscheinen, also Verhaltensanforderungen an den Bürger, die sich angesichts ihrer Unbestimmtheit dann aber der Durchsetzung entziehen, hierfür inhaltlich gar nicht geeignet sind.

Diese Abgrenzungen des Rechts von anderen Phänomenen gelten grundsätzlich für jedes Recht, für das Recht „im Staat" und für das Recht zwischen Staaten, zu dessen Bezeichnung sich in Deutschland der Begriff „Völkerrecht" herausgebildet hat (obwohl „Völker" als solche nicht miteinander in Rechtsbeziehungen stehen). Zwar kennt das Völkerrecht keine dem innerstaatlichen Recht vergleichbaren Durchsetzungsmechanismen, sondern lebt wesentlich aus dem Diskurs der Rechtssubjekte. Neben den Staaten sind es im Völkerrecht vor allem die internationalen Organisationen, während Individuen, Einzelpersonen, nur ganz ausnahmsweise die Einhaltung von Völkerrecht einfordern können (Menschenrechte) oder von ihm unmittelbar in die Pflicht genommen werden. Auch in der *zwischenstaatlichen Interaktion* gibt es – wie im innerstaatlichen Recht – die deutliche Unterscheidung zwischen Normen, deren Einhaltung als Recht eingefordert und die als Recht eingehalten werden, und anderen Verhaltensnormen, die in Entsprechung zur Situation im innerstaatlichen Bereich als solche der internationalen Moral bezeichnet werden könnten (näher dazu 5.1).

Festzuhalten ist hier zunächst: Das Phänomen des Rechts als einer Menge von Normen, die zur Durchsetzung geeignet und bestimmt ist, begegnet uns im Innern der Staaten wie auch im Verhältnis der Staaten zueinander. So gibt es deutsches Umweltrecht und Umweltvölkerrecht. Sie unterscheiden sich nicht nur, wie vorhin angesprochen, hinsichtlich der Mechanismen ihrer Durchsetzung, sondern auch in ihrer Regelungsdichte und bezüglich der Rechtserzeugung, vor allem: Im Völkerrecht geht es vornehmlich um Staaten als Rechtssubjekte, d.h. Berechtigte und Verpflichtete aus Rechtsnormen, im staatlichen Recht steht das Rechtssubjekt „Bürger" im Vordergrund. Das macht es notwendig, beide Ebenen auseinander zu halten.

Ein Sonderproblem ergibt sich angesichts der Existenz einer *europäischen Rechtsordnung*, derjenigen, die 1957 durch die Gründung der Europäischen Wirtschaftsgemeinschaft (und zweier strukturähnlicher Gemeinschaften) auf den Weg gebracht wurde, mittlerweile den Status einer Europäischen Union erreicht hat und auf weitere Integration hin angelegt ist, möglicherweise mit dem Ende einer europäischen Verfassungsstaatlichkeit. Diese gegenwärtige Union beruht auf völkerrechtlicher Grundlage, begann als internationale Organisation, welche durch einen Vertragsschluss einzelner Staaten ins Leben gerufen wurde. Allerdings besteht eine Besonderheit, die die völkerrechtlich begründete Integrationsgemeinschaft von allen anderen vergleichbaren Bemühungen nachhaltig unterscheidet: Die Mitgliedsstaaten sind übereingekommen, auf jenes internationale Gebilde *Hoheitsbefugnisse zu übertragen,* solche also, die klassisch staatliche Befugnisse sind. Das hat dazu geführt, dass die Union selbst zur Rechtssetzung gegenüber den einzelnen Rechtssubjekten „im" Mitgliedsstaat befugt ist. Sie hat ein legislatives „Durchgriffsrecht" auf die Rechtsordnungen der Mitglieder, und sie hat davon zunehmend und in reichem Umfang auch für das Umweltrecht Gebrauch gemacht. Solchem europäischen Recht kommt Anwendungsvorrang gegenüber dem innerstaatlichen Recht zu. Widersprechendes einzelstaatliches Recht ist zwar nicht nichtig und damit insgesamt unbeachtlich (so wie Gesetzesrecht, das nicht in Übereinstimmung mit dem Verfassungsrecht steht, nichtig sein kann, dazu *2.1),* wohl aber unanwendbar, *soweit* es mit europäischem Recht nicht übereinstimmt.

Eine Besonderheit der europäischen Gesetzgebung liegt darin, dass sie eher selten unmittelbar im innerstaatlichen Rechtsraum anwendbare Vorschriften schafft, vielmehr die Richtliniengesetzgebung im Vordergrund steht: Eine Richtlinie als europäische Vorgabe bestimmt ein normatives Ziel, das die innerstaatliche Rechtsordnung durch entsprechende Gesetzgebung verwirklichen muss. Soweit dabei mehrere Wege zum Ziel führen, ist die Auswahl dem innerstaatlichen Gesetzgeber überlassen. Auf diese Weise hat die europäische Richtliniengesetzgebung in den letzten Jahrzehnten das deutsche Umweltrecht deutlich verändert und auch vorangebracht. Schwerpunkte sektorieller Maßnahmen betreffen den Gewässerschutz, die Luftreinhaltung, das Abfallrecht und die Bekämpfung des Waldsterbens. Europäische Vorgaben bestehen zunehmend auch für das Verfahrensrecht und allgemein den Einsatz umweltpolitischer Instrumente. Die Erfordernisse des Umweltschutzes müssen im übrigen gemäß Art. 6 EGV (sog. Querschnittsklausel) in sämtliche Politikfelder der Gemeinschaft einbezogen werden. Die *Europäisierung des Umweltrechts* hat einen solchen Grad erreicht, dass es heute nicht mehr – wie aber traditionell lange üblich – sinnvoll erscheint, zwischen europäischem und deutschem Umweltrecht zu trennen. Deswegen wird hier das nationale Recht „in europäischer Bedingtheit" dargestellt *(s. Kap. 2).*

1.2 Umweltrecht als Rechtsgebiet

Beschreibt man Umweltrecht pragmatisch als solches Recht, dem es vorrangig um die Reinhaltung der Luft, den Schutz vor Lärm, die Qualität der Gewässer und des Bodens geht, so könnte man sagen: *Umweltrecht gab es seit jeher.* Vorschriften zur Unterbindung störender Geruchsentwicklung sind schon für die Antike nachweisbar. Vorschriften zur Gewässerreinhaltung kannte das Mittelalter. Vorschriften, welche solchen des heutigen Immissionsschutzrechtes ziemlich ähnlich sehen – nämlich zur Abwehr von Gefahren für das Publikum aus dem Betrieb emittierender gewerblicher Anlagen – finden sich in den Gewerbeordnungen des 19. Jahrhunderts. Dessen ungeachtet wird von *Umweltrecht* unter Juristen erst etwa *seit Beginn der 80er Jahre* des 20. Jahrhunderts gesprochen, mit einer zeitlichen Verschiebung, aber doch letztlich in Reaktion auf den Umstand, dass der politische Diskurs in den 70er Jahren ein eigenständiges Politikfeld Umweltschutz entwickelte.

Man gewöhnte sich damals an, einige schon bestehende ältere Gesetze, etwa im Bereich des Naturschutzes und des Gewässerschutzes, nunmehr als „Umweltrecht" zu bezeichnen; hinzu kamen die ebenfalls in den 70er Jahren entstandenen Gesetze zum Immissionsschutz (in Herauslösung aus der im übrigen fortbestehenden, traditionsreichen Gewerbeordnung und um zusätzliche Regelungsansätze ergänzt) und das Abfallgesetz (das zunächst ein reines Abfallbeseitigungsgesetz, also ein solches der Müllabfuhr war, dann Ansätze zur Abfallvermeidung aufnahm und seit kurzem mit der Ambition eines Stoffstromrechts oder Kreislaufwirtschaftsrechts auftritt). Der Aufschwung der politischen Idee des Umweltschutzes in der Folgezeit führte auch zu einer Verselbständigung bzw. teils zur Umbenennung administrativer Akteure (Herauslösung des Bereichs Umweltschutz aus der Zuständigkeit der Innenministerien hin zu Umweltministerien; Gründung eines Umweltbundesamtes). Umweltrecht wurde zum Sammelbegriff ohne trennscharfe Ränder zu anderen Teilgebieten des Rechts.

Umwelt als Rechtsbegriff

Jeder juristische Begriff muss sich definieren lassen. Begriffe, die im Tatbestand von Rechtsvorschriften auftauchen, können ihre Funktion, nämlich

Rechtsfolgen auszulösen *(s. o. 1.1)*, nur erfüllen, wenn sie definierbar sind. Viele Gesetze beziehen sich explizit auf „Umwelt", so § 1 des Gesetzes über die Umweltverträglichkeitsprüfung (UVPG; dazu näher *u. 3.1).*

---

§ 1 UVPG *Zweck des Gesetzes (in der Fassung seit 2001)*

Zweck dieses Gesetzes ist es sicherzustellen, dass bei bestimmten öffentlichen und privaten Vorhaben zur wirksamen Umweltvorsorge nach einheitlichen Grundsätzen

1. die Auswirkungen auf die Umwelt frühzeitig und umfassend ermittelt, beschrieben und bewertet werden,
2. das Ergebnis der Umweltverträglichkeitsprüfung so früh wie möglich bei allen behördlichen Entscheidungen über die Zulässigkeit berücksichtigt wird.

„Umwelt" meint dann den in einer gegebenen zeitlichen und räumlichen Situation jeweils bestehenden Zustand natürlicher Lebensgrundlagen, der Umweltmedien Wasser, Luft, Boden in ihrer Gesamtheit.

---

§ 2 UVPG *Begriffsbestimmungen (in der Fassung seit 2001)*

(1) ... Die Umweltverträglichkeitsprüfung umfasst die Ermittlung, Beschreibung und Bewertung der unmittelbaren und mittelbaren Auswirkungen eines Vorhabens auf

1. Menschen, Tiere und Pflanzen,
2. Boden, Wasser, Luft, Klima und Landschaft,
3. Kulturgüter und sonstige Sachgüter sowie
4. die Wechselwirkung zwischen den vorgenannten Schutzgütern.

Man hat sich des längeren darüber unterhalten, ob der Begriff „Umwelt" eine glückliche Begriffsprägung darstellt (s. dazu *v. Lersner 1991).* Ein Verständnis im Sinne von „einen Menschen (oder alle Menschen) umgebende Welt" ist wenig sinnstiftend. Und „natürliche" Umwelt im Sinne von „naturbelassen", „vom Menschen unbeeinflusst", ist kaum noch anzutreffen, jedenfalls dann nicht, wenn man eine etwas übergreifende historische Perspektive einnimmt: Versucht man etwa, die letzten zweieinhalbtausend Jahre Besiedelungsgeschichte in Mitteleuropa wegzudenken und sich einen entsprechenden „natürlichen" Umweltzustand vorzustellen, so kommt eine gänzlich anders geartete Umwelt im Vergleich zur heute bestehenden in den Blick – übrigens ein Umweltzustand, der jedenfalls aus der Perspektive heute für wünschenswert gehaltener menschlicher Lebensweisen wohl eher ungemütlich wäre.

Versteht man unter Umwelt die genannten *Umweltmedien*, so ist Umweltrecht Recht, das deren Schutz zu dienen bestimmt ist, also jedenfalls *Gewässerschutz-, Bodenschutz-, Luftreinhaltungsrecht* ebenso das *Naturschutzrecht*. Andererseits leisten auch viele andere Teilgebiete des Rechts einen gewissen Umweltschutz, so z.B. das kontinuierlich ökologischen Aspekten geöffnete Baurecht, das es erfordert, etwa bei der Schaffung von Bebauungsplänen den Umweltschutz mitzubedenken (und das die Verwendung umweltverträglicher Baustoffe vorgeben kann), auch Teile des Energierechts, des Straßenverkehrsrechts. Sie unterscheiden sich von dem speziell einzelne Umweltmedien schützenden Recht dadurch, dass es ihnen um die Ermöglichung und gemeinwohlverträgliche Begrenzung bestimmter Aktivitäten geht, wobei das Umweltschutzinteresse nur als *ein* Gemeinwohlbelang unter anderen zu berücksichtigen ist. Manchmal wird deshalb, etwas hilflos, von *Umweltrecht im engeren und im weiteren Sinne* gesprochen. Umweltrecht im engeren Sinne ist dann solches, bei dem das Regelungsziel Umweltschutz ganz im Vordergrund steht.

Umweltrecht ist im übrigen nicht nur Recht, das bei einzelnen Umweltmedien ansetzt und zu deren Schutz geschaffen ist. Es gibt auch Rechtsbereiche, die auf *einzelne Stoffe* gerichtet sind, dann aber – im Unterschied zum Umweltrecht im weiteren Sinne – in erster Linie auf den Schutz vor Konsequenzen aus dem Umgang mit diesen Stoffen für die Umwelt. Im Unterschied zum Umweltmedienrecht wird der Blick hier nicht nur auf ein einzelnes Umweltmedium gerichtet, sondern auf alle. Das gilt etwa für das *Abfallrecht*, das *Chemikalienrecht*, das *Kernenergierecht*. Auch diese rechnet man zum Umweltrecht im engeren Sinne.

Abbildung 20: *Umweltrecht als Querschnittsmaterie (1)*

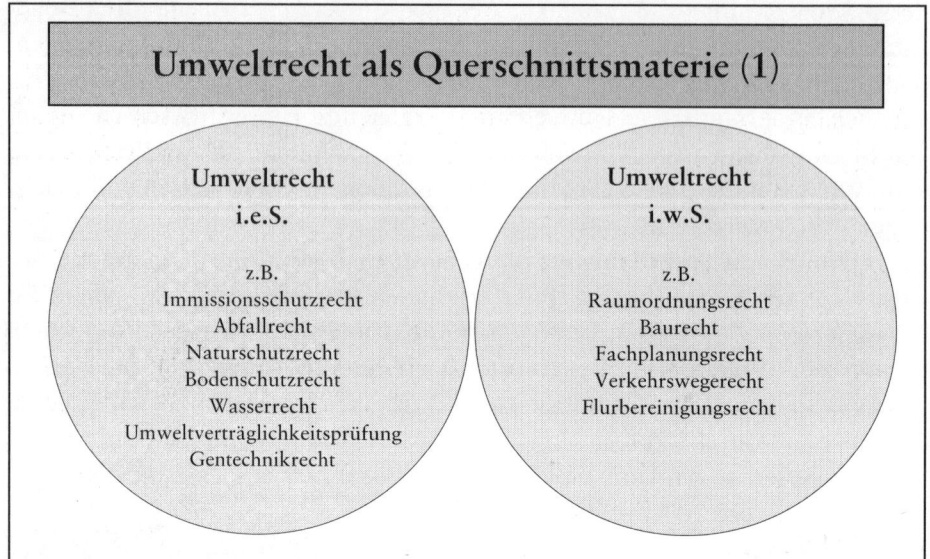

Umweltrecht als Querschnittsmaterie (1)

Umweltrecht i.e.S.

z.B.
Immissionsschutzrecht
Abfallrecht
Naturschutzrecht
Bodenschutzrecht
Wasserrecht
Umweltverträglichkeitsprüfung
Gentechnikrecht

Umweltrecht i.w.S.

z.B.
Raumordnungsrecht
Baurecht
Fachplanungsrecht
Verkehrswegerecht
Flurbereinigungsrecht

Umweltrecht im Rechtssystem

Die deutsche Rechtsordnung unterscheidet besonders deutlich zwischen *öffentlichem* und *privatem* Recht. Diese Unterscheidung ist praktisch sehr wichtig. So entscheidet sie über den zulässigen Weg zur Rechtsverfolgung, den „Rechtsweg", zieht die Grenze zwischen den Zuständigkeiten der sogenannten ordentlichen Gerichte (dieser Begriff ist nur historisch erklärbar) und derjenigen der Verwaltungsgerichte. Das öffentliche und das private Recht unterscheiden sich etwa auch im Bereich der Haftung. Sie unterscheiden sich ferner bei der Rechtsetzung, denn öffentliches Recht kann grundsätzlich nur von Trägern öffentlicher Gewalt in Geltung gesetzt werden (mit einer Ausnahme bei öffentlich-rechtlichen Verträgen, die auch den Bürger mit im Spiel sehen, *s.u. 3.1)*. Auch die Rechtsdurchsetzung erfolgt in unterschiedlichen Formen und Verfahren.

Als ein Ausgangspunkt lässt sich sagen: Im öffentlichen Recht geht es um das *Verhältnis des Staates zum Bürger*, soweit dabei vom Staat einseitig Rechtsmacht eingesetzt wird. Das private Recht ist ein Recht der *Gleichordnung*, es begegnen sich hier zwei Rechtssubjekte, die sich auf

gleicher Stufe befinden. Die Struktur einer jeweils zur Anwendung ge-
langenden Rechtsnorm, aber auch noch weitere Umstände geben jeweils
Auskunft darüber, ob ein Rechtskontakt zwischen Staat und Bürger öffent-
lich-rechtlich (wie zumeist) oder privatrechtlich einzuordnen ist. Deutlich
ist danach jedenfalls, dass auch das Strafrecht zum öffentlichen Recht
zählt. Umweltrecht kommt sowohl als öffentliches wie als privates Recht
vor.

Abbildung 21: *Umweltrecht als Querschnittsmaterie (2)*

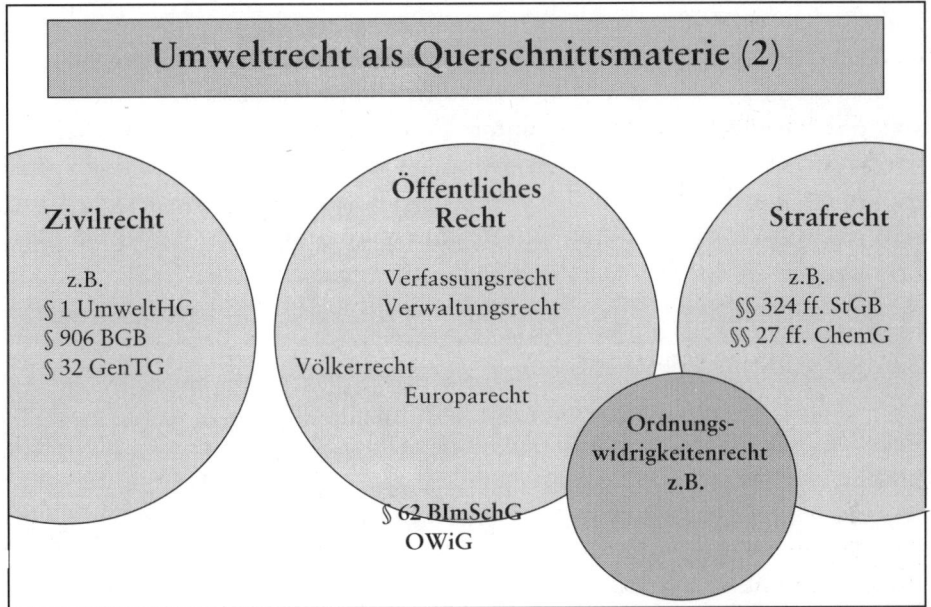

Als *Umweltprivatrecht* bezeichnet man heute solche (seit langem bestehende) Rechtsvorschriften, vor allem im Bürgerlichen Gesetzbuch, die den
Schutz vor Störung und den Schadensausgleich im nachbarlichen Verhältnis regeln. Hinzu gekommen ist ein eigenständiges Umwelthaftungsrecht in
Reaktion auf die Erkenntnis, dass das herkömmliche Deliktsrecht in Ansehung „privater" Umweltschäden zu unbefriedigenden Ergebnissen führen
kann (vor allem wegen des Erfordernisses, einen schädigenden Kausalver-
lauf klar und im einzelnen darzulegen). Privates Umweltrecht ist immer
solches, das eine Konfliktsituation betrifft, in welcher eine Privatperson an

einem oder über ein Umweltmedium erlittene Schäden an einem Gut geltend macht, das ihm privat zugeordnet ist, vor allem am Eigentum (s. dazu *Olzen 1992*).

Daran wird schon deutlich, dass das *Schwergewicht des Umweltrechts im öffentlichen Umweltrecht* liegen muss. Denn ob privatrechtliche Rechtspositionen wirklich eingefordert werden, liegt in der freien Entscheidung, man mag es Autonomie oder Willkür nennen, des jeweils Betroffenen. Er mag Gründe haben, von einer solchen Forderung abzusehen. Das öffentliche Umweltrecht hingegen ist von vornherein auf das Gemeinwohl bezogen und seine Umsetzung im Sinne von Überwachung und ggf. Durchsetzung deshalb dem Staat anvertraut.

Abgesehen vom Strafrecht (zur Bedeutung des Umweltstrafrechts für Unternehmen *s.u. 3.2*) pflegt man das öffentliche Recht in das *Staatsrecht* und das *Verwaltungsrecht* zu unterteilen. Staatsrecht betrifft vor allem Verfassungsorgane in ihren Beziehungen zueinander, kanalisiert, programmiert und begrenzt ihr Handeln. Das *Staatsrecht* interessiert sich für den Umweltschutz programmatisch durch eine im Jahre 1992 in das Grundgesetz aufgenommene Staatszielbestimmung (Art. 20 a GG).

Art. 20 a GG

Der Staat schützt auch in Verantwortung für die künftigen Generationen die natürlichen Lebensgrundlagen und die Tiere im Rahmen der verfassungsmäßigen Ordnung durch die Gesetzgebung und nach Maßgabe von Gesetz und Recht durch die vollziehende Gewalt und die Rechtsprechung.

Darüber hinaus enthält der Grundrechtsteil der Verfassung Rechtspositionen, welche unter Umständen auch zur Einforderung von Umweltschutz geltend gemacht werden können; wie insbesondere Art. 2 II 1 GG, das Grundrecht auf Leben und körperliche Unversehrtheit, das auch die menschliche Gesundheit schützt, sowie das vor Beeinträchtigungen des Eigentums schützende Grundrecht in Art. 14 I GG. Gegenläufig vermögen Grundrechte aber auch umweltbelastende Handlungen zu schützen. Das Staatsrecht verteilt auch die Zuständigkeiten für die Gesetzgebung (zwischen Bund und Ländern), regelt das Verfahren der Gesetzesentstehung und die Verwaltungszuständigkeiten und stellt qualitative (vor allem

„rechtsstaatliche") Anforderungen an Gesetze und Verwaltungshandeln. Von alledem wird noch die Rede sein.

Verwaltungsrecht ist vor allem das Recht, das die Handlungen von staatlichen Stellen unterhalb der Verfassungsebene, vor allem der Behörden, organisiert und anleitet. Das Staatsrecht ist dem Verwaltungsrecht insofern übergeordnet, als es sich im Falle der Kollision als das *ranghöhere* Recht durchsetzt. Es gibt so einen Rahmen vor, innerhalb dessen das Verwaltungsrecht (als sogenanntes einfaches Recht) entsteht und anzuwenden ist. Es wird deshalb, insofern ähnlich der „europäischen Bedingtheit" (s.o.), teilweise mitzuberücksichtigen sein, wenn im folgenden Kapitel die Grundzüge des deutschen Umweltverwaltungsrechts skizziert werden. Das durch die Verfassungsordnung umgrenzte und europäisch beeinflusste deutsche Umweltverwaltungsrecht macht unter Gesichtspunkten der Quantität und der Relevanz denjenigen Teil des für das Thema Umweltmanagement maßgeblichen Rechts aus, der im folgenden daher ganz im Vordergrund steht. *Im Umweltverwaltungsrecht mit seinen zahlreichen Teilgebieten (Auflistung u. 2.3) entscheidet sich, inwieweit Wirtschaftssubjekte Umweltinteressen beachten müssen und die staatlichen Stellen dies erzwingen dürfen.*

Literatur

1. Sammlungen umweltrechtlicher Vorschriften

a) Arbeitsgrundlage
Stober, R. (Hrsg.): Wichtige Umweltgesetze für die Wirtschaft, 6. Aufl., Herne, Berlin 1998 (Taschenbuch).
Storm, P.-Chr. (Hrsg.): Umweltrecht, 14. Aufl., Stand: 1. November, München 2002 (Taschenbuch).

b) Umfangreichere Sammlungen
Burhenne W.: Umweltrecht, Systematische Sammlung der Rechtsvorschriften des Bundes und der Länder, Loseblattausgabe, Stand: August, Berlin 2001.
Kloepfer, M.: Umweltschutz, Loseblattsammlung, 33. Ergänzungslieferung, Stand: 1. März, München 2001.

2. Einführende Gesamtdarstellungen

Beck, M.: Umweltrecht für Nichtjuristen, 2. Aufl., Würzburg 1996.

Bender, B./ Sparwasser, R./Engel, R.: Umweltrecht, 4. Aufl., Heidelberg 2000.

Frenz, W.: Europäisches Umweltrecht, Köln, Berlin u.a. 1997.

Henneke, F.J.: Jura für Chemiker. Eine Orientierungshilfe, Heidelberg 1997.

Hoppe, W./Beckmann, M./Kauch, P.: Umweltrecht, 2. Aufl., München 2000.

Kahl, W./Voßkuhle. A. (Hrsg.): Grundkurs Umweltrecht. Einführung für Naturwissenschaftler und Ökonomen, 2. Aufl., Heidelberg, Berlin 1998.

Kloepfer, M.: Umweltrecht, 2. Aufl., München 1998.

Koch, H.-J.: Umweltrecht, Neuwied 2002.

Peters, H.-J.: Umweltverwaltungsrecht, 2. Aufl., Heidelberg 1996.

Prümm, H.: Umweltschutzrecht, 2. Aufl., Neuwied 1998.

Sanden, J.: Umweltrecht, Baden-Baden 1999.

Schmidt, R./Müller, H.: Einführung in das Umweltrecht, 6. Aufl., München 2001.

Schulte, H.: Umweltrecht, Heidelberg 1999.

Wilhelm, S.: Umweltrecht, Grundriß, Heidelberg 1996.

Wolf, J.: Umweltrecht, München 2002.

3. Zum Nachschlagen

Kimminich, O./v. Lersner, H./Storm, P.-Ch. (Hrsg.): Handwörterbuch des Umweltrechts, Bd. 1: A-M, Bd. 2: N-Z, 2. Aufl., Berlin 1994.

Rengeling, H.: Handbuch zum europäischen und deutschen Umweltrecht, Bd. 1: Allgemeines Umweltrecht, Bd. 2: Besonderes Umweltrecht, Köln, Berlin u.a. 1998.

4. Weiteres zu den Grundlagen

Baumeister, H. (Hrsg.): Wege zum ökologischen Rechtsstaat, Taunusstein 1994.

Calliess, Chr.: Rechtsstaat und Umweltstaat, Tübingen 2001.

Kimminich, O.: Umweltschutz – Prüfstein der Rechtsstaatlichkeit, Linz 1987.

Kloepfer, M. (Hrsg.): Umweltstaat, Berlin, Heidelberg u.a. 1989.

Kloepfer, M.: Aspekte eines Umweltstaates Deutschland – eine umweltverfassungsrechtliche Zwischenbilanz, in: Dolde, K.-P.(Hrsg.), Umweltrecht im Wandel. Bilanz und Perspektiven aus Anlaß des 25-jährigen Bestehens der Gesellschaft für Umweltrecht, Berlin 2001, S. 745.

Kotulla, M./Ristau, H./Smeddinck, U. (Hrsg.): Umweltrecht und Umweltpolitik, Heidelberg 1998.

Kunig, Ph.: Zehn Fragen zur Entwicklung des Umweltrechts, Jura 1996, S. 663.

v. Lersner, H.: Zur Entstehung von Begriffen des Umweltrechts, Festschrift für H. Sendler, München 1991, S. 259.

Lübbe-Wolff, G.: Zielorientierte Umweltpolitik – Probleme der rechtlichen Steuerung, in: A. Renner/F. Hinterberger (Hrsg.), Zukunftsfähigkeit und Neoliberalismus, Baden-Baden 1998, S. 397.

Olzen, D.: Zivilrechtlicher Schutz gegen Belastungen aus der Umwelt, Jura 1992, S. 281.

Steinberg, R.: Verfassungsrechtlicher Umweltschutz durch Grundrechte und Staatszielbestimmungen, NJW 1996, S. 1985.

Steinberg, R.: Der ökologische Verfassungsstaat, Frankfurt a.M. 1998.

Volkmann, U.: Der dezente Staat – Verhaltenssteuerung im Umweltrecht, JuS 2001, S. 521.

5. Ausgewähles Schrifttum zur Umweltrechtsgeschichte

Brüggemeier, F.-J.: Das unendliche Meer der Lüfte, Essen 1996.

Ebel, F.: Artikel „Umweltrechtsgeschichte", in: Kimminich, O./v.Lersner, H./Storm, P.-Chr. (Hrsg.), Handwörterbuch des Umweltrechts, Bd. 2, 2. Aufl., Berlin 1994, Sp. 2364.

Feldhaus, G.: Zur Geschichte des Umweltrechts in Deutschland, in: Dolde, K.-P. (Hrsg.), Umweltrecht im Wandel. Bilanz und Perspektiven aus Anlaß des 25-jährigen Bestehens der Gesellschaft für Umweltrecht, Berlin 2001, S. 15.

Kloepfer, M.: Zur Geschichte des deutschen Umweltrechts, Berlin 1994.

2. Grundzüge deutschen Umweltverwaltungsrechts: Nationales Recht in europäischer Bedingtheit

Hatten wir im vorigen Kapitel umrissen, in welcher Weise das Recht die Umwelt thematisiert, und begründet, weshalb für das Umweltmanagement das Umweltverwaltungsrecht im Vordergrund des Interesses steht, so geht es nun darum, dieses Teilgebiet des Rechts – als europäisch beeinflusstes deutsches Recht – näher kennenzulernen. Das geschieht im vorliegenden Abschnitt in der Weise, dass zunächst die *verschiedenen Ebenen der Rechtsetzung* angesprochen werden, aus denen das Umweltrecht fließt („Rechtsquellen", *s. 2.1)*. Danach wird gezeigt, dass das Umweltrecht gewissen *Grundprinzipien* folgt, besser: dass sich einzelne umweltrechtliche Regelungen solchen Prinzipien mehr oder weniger deutlich zuordnen lassen *(2.2)*. Es wird auch ein Überblick über die Vielfalt *einzelner umweltrechtlicher Materien* gegeben *(2.3)*. Vor diesem Hintergrund können sodann in den folgenden Abschnitten die *Instrumente der umweltrechtlichen Gestaltung (Kap. 3)* gezeigt und danach einzelne *Teilgebiete* des Umweltverwaltungsrechts näher vorgestellt werden *(Kap. 4),* um das Wirken dieser Instrumente zu verdeutlichen.

2.1 Die Ebenen der Rechtsetzung: Quellen des Umweltrechts

Rechtsnormen entstehen auf unterschiedlichen Rechtsetzungsebenen. Soweit es um das innerstaatliche Recht geht (zum Völkerrecht schon *1.1* und näher *s. Kap. 5)*, sind *Bund, Länder und Gemeinden* (genauer: Städte, Gemeinden, Gemeindeverbände, Kreise – sogenanntes Kommunalrecht) zu unterscheiden. Bund, Länder und Gemeinden erlassen Gesetze. Ihr Verhältnis zueinander bestimmt das Grundgesetz als Verfassung des Bundesstaats. Die Landesgesetzgebung unterliegt darüber hinaus Vorgaben der jeweiligen Landesverfassung. Die Handlungsspielräume der Gemeinden werden im einzelnen vor allem durch Landesrecht bestimmt.

Abbildung 22: *Rechtsetzungsebenen und -quellen*

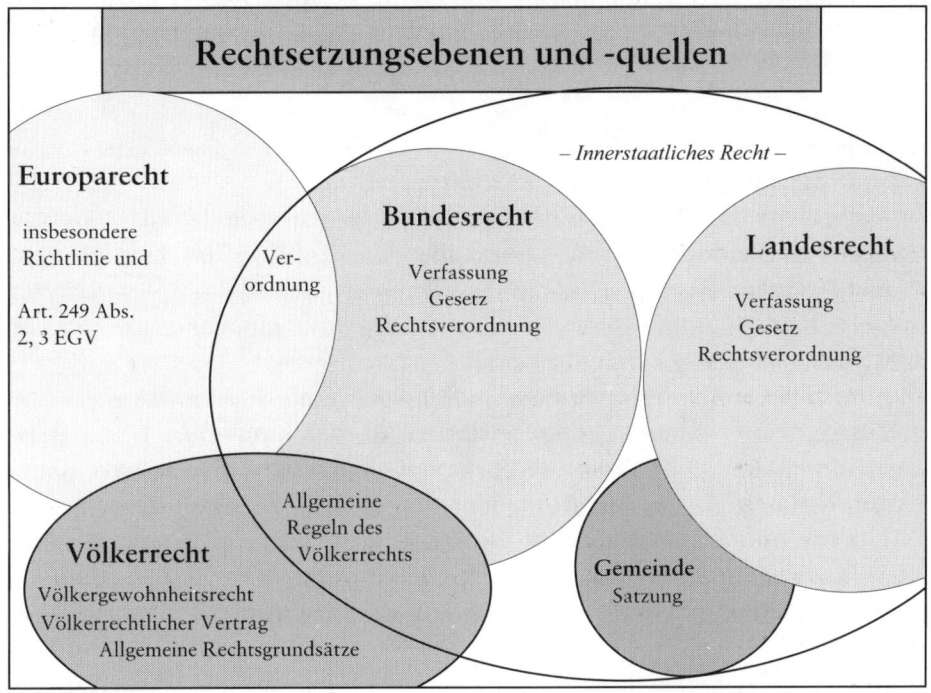

Nach dem Modell des Grundgesetzes übt das Volk seine Staatsgewalt „in Wahlen und Abstimmungen" sowie durch „besondere Organe" für die drei Gewalten (neben der Gesetzgebung die vollziehende Gewalt und die Rechtsprechung) aus (Art. 20 II GG). Für die Gesetzgebung steht dabei im Bund die repräsentative Demokratie ganz im Vordergrund, eine Abstimmung des Volkes über Gesetze ist nicht vorgesehen. In den Ländern besteht indes darüber hinaus eine Vielfalt von Verfahren unmittelbarer Demokratie (Volksinitiative, Volksbegehren, Volksentscheid) in unterschiedlichen Ausformungen, die teilweise auch für die Umweltgesetzgebung Bedeutung erlangt haben, wenn auch in den Ländern die parlamentarische Gesetzgebung eindeutig dominiert.

Auch auf europäischer Gemeinschaftsebene erfolgt Gesetzgebung, entweder durch unmittelbar im innerstaatlichen Recht geltende *Verordnungen* oder (häufiger) durch *Richtlinien*, welche die Bundesrepublik zur Umsetzungsgesetzgebung verpflichten (s. bereits o.). Im Falle fehlender, verspäteter oder ungenügender Umsetzung können unter Umständen auch Richtlinien unmittelbar Wirkung entfalten, sofern sie – die Anforderungen dafür hat der Europäische Gerichtshof (EuGH) entwickelt – hinreichend klar und bestimmt sind und sich ihnen unmissverständlich eine konkrete Verpflichtung entnehmen lässt. Das hat der EuGH etwa hinsichtlich der durch Richtlinie geregelten Pflicht zur Durchführung einer Umweltverträglichkeitsprüfung angenommen *(dazu Ruffert 1996)*.

Das Recht aus Bund, Ländern und Gemeinden befindet sich in einer *Hierarchie*. Bundesrecht bricht im Falle der Kollision das Landesrecht, Kommunalrecht muss ebenfalls in dem Rahmen verbleiben, der ihm durch Bundes- bzw. Landesrecht belassen ist. Gemeinschaftsrecht beansprucht Anwendungsvorrang vor deutschem Recht.

Eine Normenhierarchie besteht auch insofern, als das *Verfassungsrecht* sich gegenüber anderem innerstaatlichen Recht durchsetzt. Bei diesem sogenannten einfachen Gesetzesrecht ist wiederum zu unterscheiden, nämlich zwischen Gesetzen im formellen und solchen im materiellen Sinne. Ersteres meint *Parlamentsgesetze* (in Bund und Ländern), letzteres *Rechtsverordnungen* und *Satzungen* (als Rechtsetzungsform der Gemeinden). Rechtsverordnungen sind von der Administrative gesetzte Vorschriften, welche nur aufgrund einer vorherigen parlamentsgesetzlichen Ermächtigung erlassen werden dürfen: Der Parlamentsgesetzgeber delegiert seine Rechtsetzungsbefugnis auf die Exekutive. Satzungen sind Vorschriften, die (ebenfalls aufgrund gesetzlicher Ermächtigung) von Selbstverwaltungskörperschaften – wie den Gemeinden – erlassen werden. Alle solche Normen können die Bürger als rechtsunterworfene Rechtssubjekte in Pflicht nehmen.

Wie das Verfassungsrecht sich gegenüber einfachem Recht durchsetzt, so müssen Rechtsverordnungen und Satzungen, die in Widerspruch mit Parlamentsgesetzen stehen, diesen weichen. Der zuvor angesprochene Vorrang des Bundesrechts gegenüber dem Landesrecht gilt unabhängig von der Einordnung als Verfassungsrecht, Parlamentsgesetz oder Rechtsverordnung: Auch eine Rechtsverordnung des Bundes kann den Vorrang vor einer Bestimmung der Landesverfassung beanspruchen.

In dieser Situation ist die *Kompetenzordnung* von besonderer Bedeutung, die Frage also, welcher Rechtssetzer jeweils zur Regelung befugt ist. Das Grundgesetz scheint dabei den Ländern einen Vorrang einzuräumen, wenn es in Art. 70 I sagt: „Die Länder haben das Recht der Gesetzgebung, soweit

Abbildung 23: *Rangfolge der Rechtsquellen*

Rangfolge der Rechtsquellen

Europäisches Gemeinschaftsrecht

Grundgesetz

Völkergewohnheitsrecht

Bundesgesetze

Rechtsverordnungen des Bundes

Landesverfassung

Landesgesetze

Rechtsverordnungen des Landes

Satzungen der Gemeinde

dieses Grundgesetz nicht dem Bund Gesetzgebungsbefugnisse verleiht." Im Bereich des Umweltrechts ist eine solche „Verleihung" an den Bund weiten Ausmaßes erfolgt. Das betrifft vor allem den Bereich der so genannten *konkurrierenden Gesetzgebung.* Hier ist der Bund regelungsbefugt, „wenn

und soweit die Herstellung gleichwertiger Lebensverhältnisse im Bundes-
gebiet oder die Wahrung der Rechts- oder Wirtschaftseinheit im gesamt-
staatlichen Interesse eine bundesgesetzliche Regelung erforderlich macht"
(Art. 72 II GG). Diese Vorschrift wird in der Praxis großzügig zugunsten
des Bundes interpretiert, zieht ihm also nicht eigentlich Grenzen, wenn er
regelungswillig ist.

Konkurrierende Gesetzgebungsbefugnis besteht etwa für die Abfallbeseitigung, die Luftreinhaltung und die Lärmbekämpfung, den Verkehr mit
Giften, die Erzeugung und Nutzung der Kernenergie, den Strahlenschutz,
die Beseitigung radioaktiver Stoffe, nach vorherrschender Auffassung auch
für den Bodenschutz (dazu *Degenhart* 1997). Zu einer Art Auffangkompe-
tenz hat sich die – gleichfalls umweltrechtlich relevante – Verleihung der
Gesetzgebungsbefugnis an den Bund für das „Recht der Wirtschaft" entwickelt.

Der *Bund* verfügt also von Verfassungs wegen über *weitreichende Kompetenzen* zur Schaffung umweltrechtlicher Normen, von denen er jeweils
auch Gebrauch gemacht hat. Die Länder sind in diesen Bereichen nur zuständig, wenn und soweit ihnen der Bund Regelungsbefugnisse belässt. Das
kann etwa dadurch geschehen, dass der Bund lediglich zu einer Teilrege-
lung schreitet, aber auch dadurch, dass er Landesbehörden ausdrücklich
zum Erlass von Rechtsverordnungen im vorbezeichneten Sinne ermächtigt.

Eine etwas andere Situation besteht in den Bereichen Naturschutz und
Landschaftspflege sowie Gewässerschutz. Dort steht dem Bund eine Variante konkurrierender Gesetzgebungsbefugnis zur Verfügung, nämlich
diejenige zur *Rahmengesetzgebung*. Das bedeutet, dass der Bund von vornherein nur einen Rahmen setzen darf, welcher der weiteren Ausfüllung
durch die Länder bedarf, ihnen also Spielräume lassen muss (wobei aber
einzelne Vorschriften solcher Rahmengesetze bei isolierter Betrachtung
auch unmittelbar anwendbar sein dürfen). So erklärt sich, dass vor allem
im Naturschutzrecht und im Wasserrecht landesrechtliche Vielfalt unter
dem Dach einer gewissen bundesrechtlich vorgegebenen Einheitlichkeit
besteht.

Zu beachten ist, dass den Ländern Einflussmöglichkeiten auch hinsichtlich der Bundesgesetzgebung eröffnet sind, dies durch den aus Mitgliedern
der Regierung der Länder bestehenden *Bundesrat*, der über ein eigenes
Initiativrecht für die Bundesgesetzgebung verfügt und dessen positive Entscheidung bei sogenannten Zustimmungsgesetzen erforderlich ist. Um

solche handelt es sich im Umweltrecht zumeist, dies vor allem wegen der Auswirkungen von Umweltschutzgesetzen auch auf die Einrichtung und das Verfahren von Landesbehörden. Die Befugnisse des Bundesrats sind verfassungsrechtlich als teilweise Kompensation für die kompetenzielle Dominanz des Bundes bei der Gesetzgebung konzipiert.

Genuine *Landeszuständigkeiten* im Umweltrecht bestehen insofern, als das sogenannte Polizeirecht – damit meint man allgemeine und subsidiäre (im Fall des Vorliegens speziellerer Bestimmungen also nicht anwendbare) Vorschriften über die Gefahrenabwehr bei Störungen der öffentlichen Sicherheit – der Landesgesetzgebung unterliegt. Das spielte vor allem im Bereich der Altlastensanierung eine Rolle, solange sie nicht – wie in den letzten Jahren zunehmend – Gegenstand (teils bundesrechtlicher, teils landesrechtlicher) Bodenschutzgesetzgebung geworden ist.

Deutlich zu unterscheiden von Parlamentsgesetzen und Rechtsverordnungen sind *Verwaltungsvorschriften*, mitunter als Erlasse bezeichnet. Hier handelt es sich lediglich um *verwaltungsinterne* Regelungen, denen also im Ausgangspunkt nicht die Eigenschaft zukommt, den Bürger zu einem Verhalten zu berechtigen oder zu verpflichten. Verwaltungsvorschriften sind Ausdruck der innerbehördlichen Hierarchie und auf Gleichmäßigkeit des Gesetzesvollzuges gerichtet. Der einzelne Amtswalter ist zu ihrer Beachtung verpflichtet und hat sie bei der Gesetzesanwendung seinen Entscheidungen zugrunde zu legen. Verwaltungsvorschriften programmieren also Einzelfallentscheidungen vor, womit ihnen eine wichtige Steuerungsfunktion zukommt.

Das spielt auch im Umweltverwaltungsrecht eine wichtige Rolle. Dabei hat sich ein besonderer Typus von Verwaltungsvorschriften herausgebildet, nämlich so genannte *Technische Anleitungen*, wie die TA Luft, die TA Lärm zum Immissionsschutzrecht und die TA Siedlungsabfall sowie die TA Abfall zum Kreislaufwirtschafts- bzw. Abfallrecht. Hier handelt es sich um Vorschriften des behördlichen Binnenraums, deren Erlass in Parlamentsgesetzen ausdrücklich vorgesehen ist, welche auch Verfahrensvorgaben für die Erarbeitung der „Anleitungen" enthalten. Während „normale" Verwaltungsvorschriften ohne Außenbeteiligung von der jeweiligen Behördenspitze (Ministerium) erlassen werden, sind am Erlass der Technischen Anleitungen andere Akteure zu beteiligen, die sogenannten beteiligten Kreise. Meinte man früher, dass es insoweit allein darum gehe, technischnaturwissenschaftliche Entscheidungen zu treffen, also das „Richtige" zu finden, so ist mittlerweile deutlich, dass es sich um volitive Akte, letztlich politische Entscheidungen handelt.

Das wird besonders deutlich an Grenzwertfestsetzungen zur Bestimmung von im Gesetzesrecht letztlich allgemein bleibenden Vorgaben. So ergibt sich erst aus der TA Lärm im einzelnen, welche Lärmentwicklung zu welcher Tageszeit in einem wie beschaffenen Gebiet als schädliche Umwelteinwirkung im Sinne der gesetzlichen Vorgabe zu bewerten ist. Dem Gesetz selbst ist das nicht zu entnehmen. Und auch die Naturwissenschaften sind überfordert, über „Schädlichkeit" punktgenau zu befinden. Es handelt sich um eine relative, politischer Bewertung bedürftige Größe (vgl. dazu *Hansmann 1997*; zur am 1.11.1998 in Kraft getretenen „TA Lärm 1998", die eine solche von 1968 abgelöst hat, s. *Feldhaus 1999*).

Abbildung 24: *Bedeutung Technischer Anleitungen für das Genehmigungsverfahren*

Bedeutung Technischer Anleitungen für das Genehmigungsverfahren

§ 48 BImSchG Verwaltungsvorschriften. „Die Bundesregierung erläßt nach Anhörung der beteiligten Kreise (§ 51) mit Zustimmung des Bundesrates zur Durchführung dieses Gesetzes und der auf Grund dieses Gesetzes erlassenen Rechtsverordnungen des Bundes allgemeine Verwaltungsvorschriften, insbesondere über
1. Immissionswerte (...),
2. Emissionswerte (...),
3. das Verfahren zur Ermittlung der Emissionen und Immissionen,"
4. Maßnahmen der zuständigen Behörde bei genehmigungsbedürftigen Anlagen

⇨ **TA Luft** vom 24.07.2002
(Immissions- und Emissionsgrenzwerte, Meßverfahren)
⇨ **TA Lärm** vom 26.08.1998
(Regelungen über Lärm von Anlagen nach dem BImSchG)

• **Norminterpretation und -konkretisierung:**
  Die TA sind zu beachten bei *Genehmigungsverfahren*
    sowie bei *nachträglichen Anordnungen* durch die zuständigen Behörden
• im Rahmen der gesetzlichen Ermächtigung (z.B. § 48 BImSchG).
• Die *zuständige Behörde* stellt in *eigener Verantwortung* fest,
  ob der Inhalt der TA nicht mittlerweile *veraltet*
  oder in der Wissenschaft *bezweifelt* oder *widerlegt* worden ist.

Am 24.7.2002 ist die neue TA Luft in Kraft getreten, die am 12.12.2001 von der Bundesregierung beschlossen worden war (zum Entwurf *Otting* 2001).

Das partizipative Verfahren bei der Erarbeitung solcher Verwaltungsvorschriften hat es nahegelegt und legitimiert, dass ihnen in der Rechtsanwendungspraxis *besonderes Gewicht* zukommt. Die Gerichte, eigentlich nur an Gesetze in dem angesprochenen engeren Sinne gebunden, gehen von einer den Anleitungen im Ansatz nicht zukommenden Verbindlichkeit aus, dies aber mit gewissen Einschränkungen: Es kommt etwa darauf an, ob eine Technische Anleitung auch neueren Standards noch genügt, ob sie verfahrensgerecht entstanden ist, ob womöglich eine atypische Situation vorliegt, auf welche die Vorgabe der Anleitung nicht „passt". Von solchen Ausnahmen abgesehen, wird die Anleitung angewandt als eine sogenannte *normkonkretisierende Verwaltungsvorschrift (s. Sendler 1994, Hendler 1998)*, „gilt" also ein dort festgelegter Grenzwert (etwa) bei gerichtlichen Entscheidungen über Genehmigungen oder auch nachträgliche Anordnungen.

Wiederum von den Verwaltungsvorschriften zu unterscheiden sind im gesellschaftlichen Raum erfolgte Normsetzungen, sogenannte *private Regelwerke*, wie Richtlinien des VDI, Normen des DIN. Sie sind für die Rechtsanwendung zunächst unverbindlich. Praktisches Gewicht kommt ihnen dennoch zu, soweit davon ausgegangen werden darf, dass sie von besonderem Fach- und Sachverstand zeugen. Auch damit sind schwierige Abgrenzungsfragen verbunden.

Das Umweltverfassungsrecht erschöpft sich nicht darin, die eingangs dieses Abschnitts über die Rechtssetzung angesprochenen Gesetzgebungskompetenzen im Bundesstaat zu verteilen. Es konstituiert vielmehr insgesamt die Rahmenbedingungen für das „einfache" Umweltrecht. Das gilt – eine *weitere Kompetenzfrage* – für die Zuständigkeit zum *Gesetzesvollzug*. Auch sie liegt nach der grundgesetzlichen Systematik „grundsätzlich" bei den Ländern. Auch die Bundesgesetze werden durch Landesbehörden ausgeführt, wenn das Grundgesetz selbst nichts anderes vorsieht. Letzteres ist etwa im Bereich der Kernenergie der Fall, wo eine Auftragsverwaltung der Länder eingeführt ist. Dies ist ein Kompetenztypus, bei dem dem Bund stärkere Einwirkungsbefugnisse auf den Gesetzesvollzug der Länder eingeräumt sind als beim Regeltypus der Gesetzesausführung als „eigene" Angelegenheit der Länder. Hier kann Konfliktpotenzial entstehen, sofern eine Bundes- und eine Landesregierung hinsichtlich der Nutzung belassener

Handlungsspielräume von Gesetzen grundsätzlich unterschiedliche Vorstellungen entwickeln, wie z.B. über längere Zeit hinsichtlich der Kernenergiepolitik bzw. des Vollzugs des Atomgesetzes.

Von besonderer Bedeutung sind die *rechtsstaatlichen Vorgaben* des Grundgesetzes für das Umweltrecht. Sie ziehen den Gesetzesinhalten Grenzen, und sie bestimmen deren Verständnis mit. Ein Gesetz muss bestimmte rechtsstaatliche Qualitätsanforderungen erfüllen. Unterschreitet es diese, so ist es verfassungswidrig und regelmäßig nichtig. Bei Parlamentsgesetzen bedarf dies der Feststellung durch das Bundesverfassungsgericht, womit vorgebeugt werden soll, dass womöglich ein jedes Gericht „von sich aus" ein Gesetz unter Berufung auf verfassungsrechtliche Bedenken als unbeachtlich außer Anwendung lässt. Kommt ein solches Gericht zu einer solchen Einschätzung, kann es allerdings eine diesbezügliche verfassungsgerichtliche Entscheidung herbeizuführen versuchen, die konkrete Normenkontrolle (vgl. Art. 100 I GG).

Die Bedeutung der rechtsstaatlichen Anforderungen an Gesetze erschöpft sich nicht darin, eine Grenzlinie zwischen verfassungsmäßigen und verfassungswidrigen Gesetzen zu markieren. Das ergibt sich aus dem Phänomen der sogenannten *verfassungskonformen Auslegung*. Damit ist gemeint, dass ein (wie ja regelmäßig) mehrdeutiges Gesetz, das nur bei einer der denkbaren mehreren Auslegungen als grundgesetzmäßig erscheint, zwingend im Sinne dieser einen Auslegung „verfassungskonform" ausgelegt werden muss. Rechtsstaatliche Anforderungen, namentlich die Grundrechte, sind also bei der Gesetzesanwendung durch die Behörden und bei der gerichtlichen Kontrolle dieser Gesetzesanwendung durch die (vor allem) Verwaltungsgerichte stets präsent.

Zu den rechtsstaatlichen Erfordernissen gehört der Grundsatz der *Bestimmtheit der Gesetze*. Er steht für ein juristisches Paradoxon: Das Verwaltungsrecht arbeitet seit jeher mit in der Rechtswissenschaft auch ausdrücklich so bezeichneten „unbestimmten Rechtsbegriffen" und ist auf sie angewiesen. Nicht jede Unbestimmtheit von Rechtsbegriffen ist verfassungswidrig. Der Bestimmtheitsgrundsatz lässt „unbestimmte" Rechtsbegriffe zu, er fordert – bereichsspezifisch zu beurteilen – lediglich „hinreichende" Bestimmtheit. Beispiele dafür sind Begriffe wie „erhebliche Nachteile", „erhebliche Belästigung" für Umweltinteressen der Allgemeinheit. Sie sind rechtsstaatlich jedenfalls dann nicht zu beanstanden, wenn sich für den Rechtsanwender aus einem Maßstab außerhalb des Gesetzesrechts „hinreichend" eine inhaltliche Konkretisierung entnehmen lässt, wie sie für die genannten Begriffe übrigens die zuvor angesprochenen Technischen Anleitungen leisten.

Häufig verwendet das Umweltrecht sogenannte *Technikklauseln* in verschiedenen Formulierungen. Es spricht etwa vom „Stand von Wissenschaft und Technik" (so im Atom- und Gentechnikrecht) und meint damit die Erkenntnis in Betracht kommender vorsorgebedürftiger Risiken und der damit verbundenen Bedingungs- und Wirkungszusammenhänge. Spricht das Recht demgegenüber vom „Stand der Technik", so bezieht es sich auf Verfahren, Einrichtungen, Betriebsweisen, die bereits mit Erfolg im Betrieb erprobt worden sind bzw. deren praktische Eignung jedenfalls als gesichert erscheint (vgl. § 3 VI BImSchG). Spricht es von „anerkannten Regeln der Technik", so bezieht es sich auf die überwiegende Mehrheit der Fachleute und die praktische Bewährung von Regeln; diese Anforderungen („herrschende Auffassung der Techniker") können hinter dem „Stand der Technik" zurückbleiben. Hier verbergen sich durchaus praxisrelevante Niveauunterschiede (s. dazu *Heimlich 1998)*.

Ungeachtet der Zulässigkeit („hinreichend bestimmbarer") unbestimmter Rechtsbegriffe ist zu berücksichtigen, dass nach dem Grundsatz der Gewaltenteilung der Gesetzgeber verpflichtet ist, die entscheidenden Weichenstellungen selbst vorzunehmen. Das Bundesverfassungsgericht hat daraus den Schluss gezogen, dass der Gesetzgeber „in grundlegenden normativen Bereichen, zumal im Bereich der Grundrechtsausübung, soweit diese staatlicher Regelung zugänglich ist, alle wesentlichen Entscheidungen selbst zu treffen" habe, was als *„Wesentlichkeitstheorie"* bezeichnet wird. Gewaltenteilungsidee und Grundrechte der Bürger verlangen eine gewisse inhaltliche Regelungsgenauigkeit (nicht zu verwechseln mit – quantitativer – Normenfülle) – das ergibt sich aus dem Blickwinkel des Grundrechtsschutzes für das Leben und die Gesundheit ebenso wie aus dem Blickwinkel der Umweltrisiken produzierenden wirtschaftenden Subjekte, welche Umweltschutzvorschriften als Begrenzungen ihrer (nicht nur die Wahl des Berufs, sondern auch die Art und Weise seiner Ausübung, also die ökonomischen Alternativen ausdrücklich grundrechtlich schützenden) Berufsfreiheit oder auch ihres Eigentumsschutzes erfahren.

Zu unterscheiden von dem so angesprochenen Verhältnis des Gesetzgebers zum Bürger ist das Verhältnis zwischen den Staatsfunktionen Verwaltung und Gerichte. Gerade in Bereichen, in denen der Gesetzgeber unbestimmte, mehrdeutige Vorgaben macht, stellt sich das Problem der *Konkretisierungsbefugnis*. Auch wenn die grundrechtlich geschützte Garantie effektiven Rechtsschutzes für die volle gerichtliche Überprüfung jeden Rechtsanwendungsakts seitens der Verwaltung spricht, ist anerkannt, dass dieser in gewissen Bereichen eine gerichtlich dann unüberprüfbare Einschätzungsmacht, eine Einschätzungsprärogative, zukommt. Das gilt vor allem dann, wenn es um die laufende Anpassung an jeweils neueste Erkenntnisstände geht. Die gerichtliche Kontrolle ist dann im Sinne einer Plausibilitätskontrolle zurückgenommen, denn anderenfalls würden die Gerichte Gestaltungsaufgaben übernehmen, die ihnen nicht zukommen.

Im Zusammenhang mit der Wesentlichkeitsrechtsprechung des Bundesverfassungsgerichts kam oben zur Sprache, dass die *Grundrechte pro und contra Umweltschutz* streiten. Gesundheits- und Eigentumsschutz als individuelle Abwehrrechte können eingesetzt werden, um Umweltinteressen einzufordern, Betreibergrundrechte, namentlich die Berufsfreiheit und der Eigentümerschutz, können dem entgegengesetzt werden; daraus ergibt sich auch ein gewisser Bestandsschutz. Die „einfache" Gesetzgebung lässt sich als Ausgleich in diesem Sinne gegenläufiger Interessen begreifen. Dabei ist wichtig, dass den Grundrechten nicht allein eine *Abwehrfunktion* in dem Sinne zukommt, dass sie einen rechtlich umgrenzten Raum vor staatlichen Eingriffen schützen. In der Rechtsprechung des Bundesverfassungsgerichts ist ihnen darüber hinaus eine *Schutzfunktion* zuerkannt worden, dies in dem Sinne, dass der Gesetzgeber, aber auch die anderen staatlichen Gewalten grundsätzlich gehalten sind, sich schützend und fördernd vor grundrechtlich geschützte Güter zu stellen. Auf dieser Linie liegt auch die Anerkennung einer *Verfahrensfunktion* der Grundrechte: Wenn aus staatlich zugelassener oder hingenommener Aktivität im gesellschaftlichen Bereich Grundrechtsgefährdungen erwachsen, kann es angezeigt sein, dass der Gesetzgeber durch Verfahrensrecht die grundrechtlich geschützten Interessen einzelner Betroffener wahrt, ihnen also ermöglicht, etwa in einem Zulassungsverfahren Beteiligung zu finden, um ihre Interessen zu artikulieren.

Ein eigenständiges „*Grundrecht auf Umweltschutz*" kennt das Grundgesetz *nicht* ausdrücklich, ebensowenig bietet es eine Grundlage für Eigenrechte „der Natur". Es ist zwar durchaus vorgekommen, dass die Rechtsprechung den Bestand der im Grundgesetz ausformulierten Grundrechte durch Rechtsfortbildung erweitert hat, wofür als prominentestes Beispiel das Grundrecht auf informationelle Selbstbestimmung (für den Daten-schutz) steht. Das hat hinsichtlich des Umweltschutzes aber keine Parallele gefunden (worüber eine Weile gestritten wurde). Auch zu einer über einen längeren Zeitraum hin politisch geforderten Einfügung eines Grundrechts auf Umweltschutz im Wege der Verfassungsänderung ist es nicht gekom-men. Vielmehr ist der Umweltschutz – statt einer solchen subjektiv-rechtlichen, von einzelnen Bürgern individuell einforderbaren und ggf. gerichtlich durchsetzbaren Verbürgung – zum Thema des Verfassungs-rechts geworden, indem Art. 20 a GG ihn zur Staatsaufgabe erklärt hat. Diese *Staatszielbestimmung*, vergleichbar dem Sozialstaatsprinzip des Grundgesetzes, richtet sich in erster Linie an den Gesetzgeber, hat aber im Sinne der angesprochenen verfassungskonformen Auslegung auch bereits argumentativ Eingang in Gerichtsentscheidungen gefunden. Das Umwelt-schutzanliegen ist dadurch aufgewertet worden (dazu *Vitzthum/Geddert-Steinacher 1996, Henneke 1996, v.Bubnoff 2001*).

2.2 Die Prinzipien des Umweltrechts

Das Umweltrecht folgt insgesamt bestimmten umweltpolitischen Prinzi-pien, sei es, dass einzelne Regelungen ihnen systematisierend zugeschrieben werden können, sei es auch mit ausdrücklicher Bezugnahme auf ein derar-tiges Prinzip. Die Ursprünge der Ausformulierung derartiger Prinzipien, betrachtet man allein die deutsche Innenpolitik, liegen in den Diskussio-nen, die schließlich im Umweltprogramm der Bundesregierung von 1971 ihren Niederschlag fanden und später vielfach fortgeschrieben wurden. Das Grundgesetz selbst gibt die Befolgung solcher Prinzipien nicht unmittelbar vor. Auch auf europäischer und internationaler Ebene erfolgt die Defini-tion von Umweltschutzprinzipien.

Im Vordergrund der umweltrechtlichen Diskussion stehen das *Verursa-cher-, das Vorsorge- und das Kooperationsprinzip,* die im folgenden etwas näher vorgestellt werden. Darüber hinaus werden oft genannt etwa ein *Gemeinlastprinzip* (Kostentragung von Umweltbelastungen durch die Allgemeinheit), ein *Substitutionsprinzip* (etwa: Pflicht zur Ersetzung von Gefahrstoffen, für die es umweltfreundlichere Ersatzstoffe gibt), sowie das *Prinzip der Vorsicht* (precautionary principle) und das *Prinzip nachhaltiger*

Entwicklung (sustainable development). „Vorsichtsprinzip" steht für die Überlegung, im Falle des Mangels an zuverlässigen wissenschaftlichen Risikoabschätzungen „im Zweifel" eine Entscheidung zugunsten des Verbots einer Betätigung oder Produktentwicklung zu treffen. „Nachhaltige Entwicklung" ist ein Leitbegriff der internationalen Umweltpolitik und aus dieser vor allem als Ergebnis des Rio-Prozesses (s.o. *II 6*, sowie in diesem *Kap. u. 5*) in die innerstaatliche Diskussion gelangt. Seit 1999 sprechen auch der europäische Unionsvertrag und der EGV von „sustainable development". Der Begriff zielt auf die generationsübergreifende Sicherung von Ressourcen und sucht diese Ambition in Ausgleich mit sozioökonomischen Faktoren („Entwicklung") zu bringen. Die *Agenda 21* der Rio-Konferenz („Handlungsanleitungen für das 21. Jahrhundert") enthält dazu umfangreiche Empfehlungen zu allen relevanten Bereichen der Umwelt- und Entwicklungspolitik, die auf innerstaatlicher Ebene weiter zu konkretisieren sind, aber auch innerstaatlich (und durchaus auch kleinräumig, also auch auf lokaler Ebene) der Abarbeitung i.S. fallbezogener Konkretisierung bedürfen.

Abbildung 25: *Prinzipientrias des Umweltrechts*

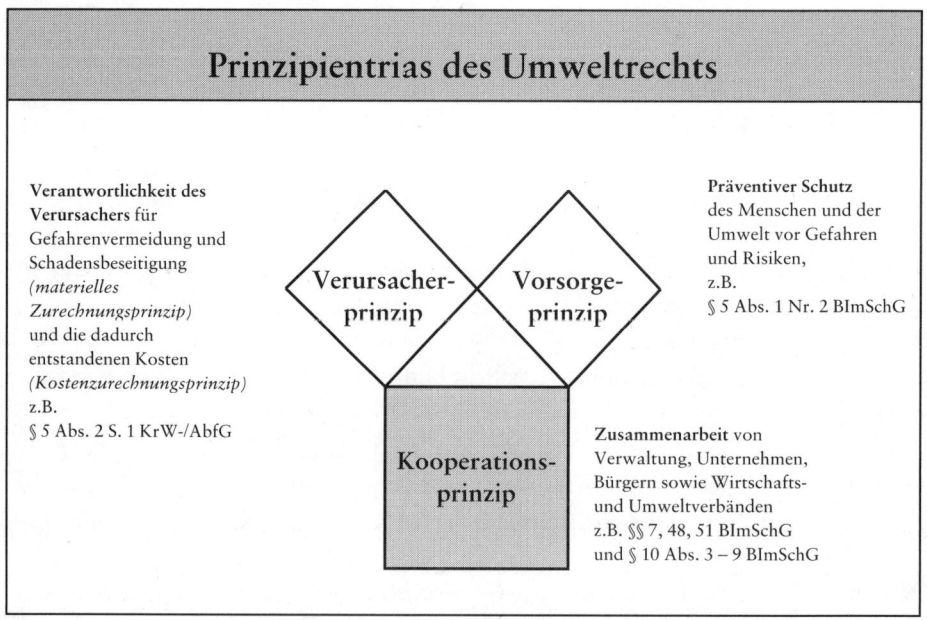

Auf der *europäischen Ebene* sind umweltrechtliche Prinzipien in Art. 174 II 2 EGV genannt. Danach beruht die Umweltpolitik der Gemeinschaft auf den Grundsätzen der Vorsorge und Vorbeugung, dem Grundsatz, Umweltbeeinträchtigungen mit Vorrang an ihrem Ursprung zu bekämpfen, sowie auf dem Verursacherprinzip. Hier handelt es sich der formellen Qualität nach durchaus um bindende Rechtssätze, allerdings mit einem solchen Abstraktionsgrad, dass es schwer fallen muss, einzelne Handlungen als Verletzung dieser Prinzipien auszuweisen.

Vertrag zur Gründung der Europäischen Gemeinschaft vom 25. März 1957 (der zitierte Artikel ist als Art. 130 r am 1.7.1987 in Kraft getreten; hier wiedergegeben ist die Fassung aufgrund des am 1.5.1999 in Kraft getretenen Vertrages von Amsterdam)

Art. 174 Umweltpolitische Ziele; Schutzmaßnahmen, internationale Zusammenarbeit

(1) Die Umweltpolitik der Gemeinschaft trägt zur Verfolgung der nachstehenden Ziele bei:
- Erhaltung und Schutz der Umwelt sowie Verbesserung ihrer Qualität;
- Schutz der menschlichen Gesundheit;
- umsichtige und rationelle Verwendung der natürlichen Resourcen;
- Förderung von Maßnahmen auf internationaler Ebene zur Bewältigung regionaler und globaler Umweltprobleme.

(2) Die Umweltpolitik der Gemeinschaft zielt unter Berücksichtigung der unterschiedlichen Gegebenheiten in den einzelnen Regionen der Gemeinschaft auf ein hohes Schutzniveau ab. Sie beruht auf den Grundsätzen der Vorsorge und Vorbeugung, auf dem Grundsatz, Umweltbeeinträchtigungen mit Vorrang nach ihrem Ursprung zu bekämpfen, sowie auf dem Verursacherprinzip.

Das *Verursacherprinzip* meint die Grundidee, dass derjenige, der eine Umweltbeeinträchtigung herbeiführt, auch die Folgen zu tragen habe, ggf. in Form der Zahlung eines Äquivalents für die Beeinträchtigung. Im Sinne dieser Zahlungsfolge setzen etwa Vorschriften des Abwasserabgabengesetzes an, welche an die Einleitung von Abwasser eine Kostenlast knüpfen. Auch das Naturschutzrecht bietet Beispiele: Baumschutzsatzungen sind derart ausgestaltet, dass für die Entfernung eines Baumes eine Abgabe zu erbringen ist. Das grundsätzliche Verbot von Eingriffen in Natur und Landschaft lässt Ausnahmen zu, die mit „Ausgleichspflichten" verbunden sind, letztlich aber auch zu „Ersatzmaßnahmen" (etwa: Anpflanzungen) führen können. Sofern solche Kosten nicht prohibitiv wirken, vermag das Verursacherprinzip hier also allenfalls in dem Sinne Umweltschutz zu leisten, als die erlangten Mittel dann für Umweltschutzmaßnahmen eingesetzt werden (vgl. dazu auch *IV 1.1*).

Von Verursacherprinzip wird oft auch im Sinne eines Zurechnungskriteriums gesprochen, so im allgemeinen Recht der Gefahrenabwehr. Hier geht es um die Störungsbeseitigung, deutlich sichtbar im Bereich der Altlasten. Wer durch sein Verhalten unmittelbar die Ursache für die Altlast gesetzt hat, wird zum Adressaten auf Störungsbeseitigung zielender Verfügungen, sei es im Sinne einer Sanierung, sei es zunächst zur Gefahrerforschung als Feststellung, ob eine vermutete Gefahrenlage tatsächlich konkret besteht. Auch hier geht es im wesentlichen um Kostenabwälzung. Die Frage, „wer" der Verursacher ist, bereitet dabei nicht selten Probleme, denn üblicherweise haben verschiedene Personen Teilbeiträge „geleistet", beginnend mit der Erzeugung eines später die Altlast hervorrufenden Produkts über den Verbraucher dieses Produkts bis hin zum Transporteur der Sache zum Ort ihres endgültigen Verbleibs, den Betreiber einer Deponie oder gar den Eigentümer eines kontaminierten Grundstücks, der untätig bleibt. Auch hier ermöglicht das Postulat Verursacherprinzip noch keine treffsichere Zuordnung.

Das Verursacherprinzip ist, rechtlich gesehen, vor allem ein *Leitgedanke* für die Gesetzgebung. In heutiger Zeit prägt es insbesondere die Diskussion um den Einsatz von Umweltabgaben zur umweltpolitischen Steuerung. Hierauf ist im Zuge der Instrumentendiskussion zurückzukommen *(u. 3.1)*.

Die Leistungsfähigkeit des Verursachergedankens für den Umweltschutz, so plausibel er erscheint, ist begrenzt. Sieht man seinen Kern darin, dass derjenige, der knappe Ressourcen bindet, dafür auf andere Güter (Geld) verzichten soll, dann wird die Gefahr umweltpolitischer Neutralität des Prinzips sichtbar. Denn Kosten durch Umweltbelastungen treffen durchweg jedenfalls auch die Allgemeinheit und sind insoweit „externe" Kosten. Umweltbelastungen können überdies nicht schlicht durch Zahlungen ausgeglichen werden. Die Ermittlung des physischen Urhebers und dessen finanzielle Inanspruchnahme sind daher unzureichend. Wirksam wird die rechtliche Umsetzung des Verursacherprinzips vor allem dann, wenn sie dem potentiellen Verursacher Anlass gibt, eine Umweltbelastung zu unterlassen oder zu reduzieren. So lässt sich sagen, die Idee der Verantwortungszuweisung im Sinne des Verursacherprinzips ist eine *rechtspolitische Gerechtigkeitsmaxime*. Ihre rechtliche Umsetzung ist nur teilweise verwirklicht. Wirksames Umweltrecht kann sich nicht auf die Verwirklichung des Verursacherprinzips beschränken.

Das *Vorsorgeprinzip* bezeichnet Maßnahmen, die im Vorfeld der Gefahrenabwehr ergriffen werden. Das Umweltrecht diente ursprünglich allein solcher Gefahrenabwehr. Gefahr meint eine Situation, bei der eine nachteilige Einwirkung auf ein rechtliches Schutzgut eingetreten oder nach Lage der Dinge mit hinreichender Wahrscheinlichkeit zu erwarten ist. Eine Gefahrenlage ist von Konkretheit und Überschaubarkeit geprägt. Das Vorsorgeprinzip steht demgegenüber für *gefahrenunabhängige Umweltpolitik*.

Insofern zielen etwa das Bau- und das Planungsrecht auf planerische Vorsorge, indem sie Freiräume für künftige Nutzungen offenhalten. Dem Gedanken der Vorsorge folgt etwa auch § 1 des Wasch- und Reinigungsmittelgesetzes, in dem es heißt, dass solche Mittel nur so in den Verkehr gebracht werden dürfen, dass nach ihrem Gebrauch jede vermeidbare Beeinträchtigung der Beschaffenheit der Gewässer unterbleibt. Man spricht von einem Minimierungsgebot. Erinnern wir uns der im Zusammenhang mit dem Verfassungsrecht als Rechtsquelle des Umweltrechts herausgestellten Qualitätsanforderungen an die Gesetzgebung, so wird deutlich: Eine Norm wie diese eignet sich nicht unmittelbar für den Vollzug. Wer beim Gebrauch von Waschmitteln „an sich vermeidbare" Gewässerbeeinträchtigungen hervorruft, kann nicht sanktioniert werden. Ihm kann dies nicht durch Verwaltungsakt für die Zukunft verboten werden, ihm kann – für die Vergangenheit – kein Bußgeld auferlegt werden. Es handelt sich um eine allein programmatische Ausformung des Vorsorgegedankens mit demzufolge begrenzter, auf die „Einsicht" der Rechtssubjekte angewiesener Steuerungskraft.

Der Begriff der Vorsorge taucht allerdings auch in gesetzlichen Entscheidungsprogrammen für die *Zulassung von Einzelfallvorhaben* auf. Das wichtigste Beispiel dafür bietet § 5 BImSchG. Diese Vorschrift nennt die

Pflichten der Betreiber genehmigungsbedürftiger Anlagen. Die Erteilung einer Genehmigung hängt u.a. davon ab, ob sichergestellt ist, dass der Betreiber diese Pflichten einhält. Zu den Pflichten gehört einerseits, die Anlage so zu errichten und zu betreiben, dass schädliche Umwelteinwirkungen und sonstige Gefahren nicht hervorgerufen werden können – was man dem Verursacherprinzip und dem „urspünglichen Gedanken" der Gefahrenabwehr zuordnen kann; darüber hinaus findet sich u.a. die Pflicht, Vorsorge gegen schädliche Umwelteinwirkungen zu treffen, insbesondere durch die dem Stand der Technik entsprechenden Maßnahmen. Hier verwendet das Gesetz den Begriff der Vorsorge als (unbestimmten, s.o.) Rechtsbegriff, als Genehmigungsvoraussetzung und als darüber hinaus den gesamten künftigen Anlagenbetrieb begleitende, insoweit behördlicher Überwachung unterliegende Betreiberpflicht.

Wiederum aus den schon behandelten rechtsstaatlichen Anforderungen ergibt sich, dass diese gesetzliche Vorgabe weiterer normativer Konkretisierung bedarf. Sie darf kein Blankett für den Richter sein, dasjenige einzufordern, was er subjektiv aus Vorsorgegründen für geboten hält. Eine Konkretisierungsaufgabe leisten die angesprochenen Technischen Anleitungen. Sie formen aus, was für konkrete Anlagen als Vorsorge zu leisten ist, *„mehr" als Gefahrenabwehr*, nämlich Schutz bereits vor hypothetischen Umweltauswirkungen. Es geht nicht nur um die Bewahrung eines Status quo, sondern tendenziell um eine Verbesserung der Umweltbedingungen auch unabhängig von Schadensverhütung oder Schadensbehebung. Deshalb ist es konsequent, hier nicht bei den Immissionen, gemessen am Einwirkungsgrad auf ein Umweltmedium, sondern bei den Emissionen, gemessen an der Quelle und also ungeachtet des Eintritts von Immissionen im Messgebiet anzusetzen.

Im Einzelnen ist streitig, welche Ziele in diesem Sinne mit dem Vorsorgeprinzip verfolgt werden dürfen, ob es etwa gleichsam um die Errichtung von „Sicherheitszonen" vor dem Überschreiten der Gefahrenschwelle geht oder lediglich um die Erhaltung von Freiräumen für künftige Nutzung. Letzteres ist abzulehnen, denn dann wäre Vorsorge nicht einzufordern, solange sich eine derartige anderweitige Nutzung nicht abzeichnet. Andererseits ist auch deutlich, dass unter dem Motto des Vorsorgeprinzips nicht jede mögliche Maßnahme auferlegt werden darf. Die Festsetzung von Vorsorgeanforderungen muss vielmehr den vom Grundgesetz für alle staatlichen Eingriffe in Grundrechte (vgl. bereits o. *1.2)* verfassungskräftig vorgegebenen Grundsatz der Verhältnismäßigkeit wahren, welcher verlangt, dass Aufwand und Ertrag sich in einem angemessenen Verhältnis befinden.

Ein drittes Regelungsprinzip des Umweltrechts ist das *Kooperationsprinzip*. Erfasst man die typische Interessenkonstellation bei umweltpolitischen Problemen als Dreieck von Staat, umweltbelastenden Unternehmen und in hervorgehobenem Maße potenziell betroffenen Dritten, so bezieht sich das Kooperationsprinzip zunächst nur auf eine Schiene, nämlich das Verhältnis des Staates, hier: der Umweltadministration, zu den Unternehmen. Es geht darum, die Umweltverantwortung auch der Unternehmen anzumahnen und ihr diesbezügliches Handlungspotenzial (Finanzen, Sachverstand) zu aktivieren (s. auch *IV 4*). Insofern drückt sich der Gedanke des Kooperationsprinzips seit langem darin aus, dass sich im Bereich der Überwachungsinstrumente auch Verpflichtungen zur *Eigenüberwachung* (unter Vorlage der so gewonnenen Erkenntnisse) finden. Das Kooperationsprinzip setzt ferner in Verwaltungsverfahren, die auf die Erlangung einer erforderlichen Genehmigung gerichtet sind, an, hier dadurch, dass den Antragstellern auferlegt ist, die zur behördlichen Beurteilung gestellten Sachverhalte selbst beizubringen und hierbei mit der Zulassungsbehörde zu kooperieren. Das hat zu deutlichen Modifizierungen des herkömmlich das Verwaltungsverfahrensrecht beherrschenden Untersuchungsgrundsatzes geführt, wonach es Sache der Behörde ist, die Grundlagen ihrer Entscheidungen zu ermitteln. Was das allgemeine Umweltrecht anlangt, so ist vor allem das Recht der *Umweltverträglichkeitsprüfung* vom Prinzip der „Beibringung" geprägt, wonach derjenige, der eine Zulassungsentscheidung erstrebt, die Tatsachen zu ermitteln und zur behördlichen Überprüfung zu stellen hat. In den Teilbereichen des besonderen Umweltrechts gilt gleiches namentlich für das Chemikalienrecht.

Was die *innerbetriebliche Organisation* anlangt, so lassen sich die gesetzlichen Verpflichtungen zur Bestellung von Umweltschutzbeauftragten im Betrieb als Ausdruck des Kooperationsprinzips begreifen. In besonderem Maße gilt dies für die Regelungen über das Öko-Audit als – einstweilen – freiwillige Selbstevaluierung von Unternehmen. Beides wird unten im Zusammenhang mit „indirekten Instrumenten" des Umweltrechts angesprochen *(3.1)*.

2.3 Die einzelnen Materien des Umweltrechts im Überblick

Auch in diesem Unterabschnitt verstehen wir unter „Umweltrecht" erneut lediglich das *Umweltverwaltungsrecht* in seiner durch europäische Vorgaben und verfassungsrechtliche Anforderungen vorgeformten und inhaltlich beeinflussten Gestalt, nicht also das private Umweltrecht oder das Umweltstrafrecht *(vgl. o. 1.2)*. In einigen Rechtsgebieten ist es üblich und hilfreich, die Aufteilung der Rechtsmasse auf einen *Allgemeinen Teil* und einen *Besonderen Teil* vorzunehmen. Rechtshistorisch gesehen ist dies oft mit dem Erreichen eines Zeitpunktes möglich geworden, zu dem ein zuvor eher unsystematisch gewachsener Normenbestand sich als kodifikationsreif erwies. Die bekanntesten Beispiele sind das Strafgesetzbuch und das Bürgerliche Gesetzbuch, für das Öffentliche Recht ist das Sozialgesetzbuch zu nennen. Für das Umweltrecht gibt es – nachhaltig vorangebracht in den 90er Jahren – entsprechende Bemühungen.

Die vor allem seit Beginn der 70er Jahre erfolgte „Entdeckung" des Umweltthemas durch die Gesetzgebung erfolgte insgesamt wildwüchsig insofern, als für einzelne Teilmaterien sektoral Gesetzeswerke geschaffen wurden, die teils wenig aufeinander abgestimmt waren, teils gleiche Phänomene zu regeln suchten, dies dann mitunter aber unterschiedlich. Normenflut erschwert den Rechtsanwendern die Arbeit und den Rechtsuchenden die Erkenntnis dessen, was sie vom Recht für ihre Interessenwahrnehmung zu erwarten haben. Ein Neben- und (wenig koordiniertes) Miteinander von Rechtsvorschriften begründet auch Folgelasten durch die Vermehrung behördlicher Zuständigkeiten, ggf. Konkurrenzsituationen zwischen Behörden, was zu negativen Kompetenzkonflikten, aber auch zu gegenläufigen Entscheidungen führen kann.

Vor solchen Hintergründen geriet die Frage in den politischen Blick, ob nicht bestandsaufnehmend und fortentwickelnd die umweltrechtliche Normenfülle vernünftigerweise dadurch zu beschneiden sei, dass allen Teilgebieten des Umweltrechts gemeinsame, jedenfalls für den Einsatz in allen diesen Teilbereichen geeignete Instrumente gleichsam vor die Klammer gezogen einen Allgemeinen Teil des Umweltrechts bilden sollten, welcher dann in einem Besonderen Teil bereichsspezifisch aufgenommen und – wo nötig – modifiziert werden kann. Mehrere Entwürfe eines so strukturierten *„Umweltgesetzbuchs"* sind in letzter Zeit vorgelegt worden, darunter zunächst ein in der umweltpolitischen Diskussion meist so bezeichneter *Professorenentwurf* eines Allgemeinen Teils (1990) und später eines Besonderen Teils (1994). Im Jahre 1997 wurde von einer *Unabhängigen Sachverständigenkommission*, der nicht mehr allein Hochschullehrer angehörten, unter dem Vorsitz des ehemaligen Präsidenten des Bundesverwaltungsgerichts, Horst Sendler (daher: *Sendler-Kommission*), der Entwurf eines ebenfalls in einen Allgemeinen und einen Besonderen Teil gegliederten Umweltgesetzbuchs vorgelegt. Die seit dem Oktober 1998 im Amt befindliche Bundesregierung hatte angekündigt – und in der ihrer Bildung vorausgehenden Koalitionsvereinbarung war dies ausdrücklich angesprochen – das Vorhaben weiterhin zu verfolgen. Diese Pläne sind seither erheblich modifiziert worden.

War rechtspolitisch zunächst vor allem streitig, ob der Stand der Rechtsentwicklung es als angezeigt erscheinen lasse, zum jetzigen Zeitpunkt eine dann mutmaßlich für längere Zeit bestehende Kodifikation anzustreben – Widerstände hiergegen kamen teils aus einzelnen Ressorts der an „ihr" jeweiliges Recht gewöhnten Umweltverwaltungen in Bund und Ländern, aber auch aus der Rechtswissenschaft –, so war die Debatte zeitweilig eher inhaltlich bestimmt. Die mögliche Sinnhaftigkeit einer umfassenden Kodifikation des Umweltrechts stand dabei weitgehend außer Frage. Die vorliegenden Entwürfe wurden teils als hinter dem im ökologischen Interesse Gewünschten zurückbleibend allerdings kritisiert, teils aber auch als eine zu weit gehende Beschränkung unternehmerischen Wirtschaftens bzw. für erforderlich gehaltenen Infrastrukturausbaus (dazu Beiträge in *Bohne 1999*). Im Jahre 1999 setzten sich – für viele Beobachter überraschend – im politischen Raum Bedenken kompetenzieller Natur durch: Es wurde gemeint, für eine Vollkodifikation des bis dahin ins Auge gefassten Ausmaßes reiche die Gesetzgebungskompetenz des Bundes *(s. oben 2.1)* nicht aus, und es bedürfe deshalb zunächst einer Änderung des GG im Sinne einer Erweiterung der konkurrierenden Gesetzgebungsbefugnis, namentlich für Gewässer- und Naturschutz. Ob es dazu kommt, kann derzeit nicht verlässlich eingeschätzt werden. Mittlerweile werden angesichts der Unübersichtlichkeit (auch) der europäischen Umweltrechtssetzung Rufe nach einem Europäischen Umwelgesetzbuch laut (dazu *Rengeling 2001*).

Das derzeitige Recht kennt *also kein (geltendes) Umweltgesetzbuch.* Unabhängig davon ist die kategoriale Unterscheidung zwischen einem

Allgemeinen und einem Besonderen Teil auch für das Verständnis der gegenwärtigen Rechtslage hilfreich.

Der Allgemeine Teil des Umweltrechts

Dem *allgemeinen Umweltrecht* lassen sich *derzeit* einige organisatorische Gesetze zuordnen, so das Gesetz über die Errichtung eines Umweltbundesamtes und das Gesetz über Umweltstatistiken, darüber hinaus
– das Gesetz über die Umweltverträglichkeitsprüfung (UVPG),
– das Umweltinformationsgesetz (UIG),
– die Verordnung (EG) Nr. 761/2001 des Europäischen Parlaments und des Rates vom 19. März 2001 über die freiwillige Beteiligung von Oganisationen an einem Gemeinschaftssystem für das Umweltmanagement und die Umweltbetriebsprüfung (EMAS) sowie das Gesetz zur Ausführung der vorgenannten Verordnung, das Umwelt-Audit-Gesetz (UAG).
Die vorgenannten Vorschriften gelten „allgemein" in dem Sinne, dass sie grundsätzlich für alle Teilbereiche der Umweltverwaltung Geltung beanspruchen. Es ist bezeichnend für die deutsche Umweltrechtsentwicklung, dass Umweltverträglichkeitsprüfung, Umweltinformationsrecht und Umwelt-Audit sämtlich gemeinschaftsrechtlichen Ursprungs sind.

Die Umweltverträglichkeitsprüfung (UVP) gehört in den Zusammenhang des „Ordnungsrechts", weil es hier um Vorschriften geht, die auf die Zulassung umweltbeeinträchtigender Vorhaben bezogen sind, und zugleich um „Verwaltungsverfahren" *(3.1,* dort auch näher zur UVP); der Verfahrensaspekt, die ergänzende Umgestaltung bestehender Entscheidungsverfahren zur Verbesserung der Würdigung von Umweltbelangen ist der Kern dieses Regelungsansatzes. „Umweltinformation" und „Umwelt-Audit" sind neuere Erscheinungen „indirekter" Steuerung durch Recht.

Der Umsetzung zahlreicher EG-Richtlinien diente zuletzt das „Gesetz zur Umsetzung der UVP-Änderungsrichtlinie, der IVU-Richtlinie und weiterer EG-Richtlinien zum Umweltschutz" vom 27. Juli 2001. „IVU" steht hierbei für „integrierte Vermeidung und Verminderung der Umweltverschmutzung". Dieses Gesetz hat vor allem das UVPG, aber u.a. auch das BImSchG und das KrW-/AbfG erheblich umgestaltet und liegt damit quer zur Vorstellung der Unterscheidung allgemeinen und besonderen Umweltrechts. Eine gewisse Harmonisierungsleistung ist ihm aber nicht abzusprechen.

Der Besondere Teil des Umweltrechts

Zum *besonderen Umweltrecht* (des Bundes) sind vor allem zu rechnen:

Für den Bereich der *Natur*:
- das Gesetz über Naturschutz und Landschaftspflege (Bundesnaturschutzgesetz, BNatSchG),
- das Gesetz zur Erhaltung des Waldes und zur Förderung der Forstwirtschaft (Bundeswaldgesetz, BWaldG).

Für den Bereich des *Gewässerschutzes*:
- das Gesetz zur Ordnung des Wasserhaushalts (Wasserhaushaltsgesetz, WHG),
- das Gesetz über Abgaben für das Einleiten von Abwasser in Gewässer (Abwasserabgabengesetz, AbwAG),
- das Gesetz über die Umweltverträglichkeit von Wasch- und Reinigungsmitteln (Wasch- und Reinigungsmittelgesetz, WRMG).

Für den Bereich des *Abfallwesens*:
- das Gesetz zur Förderung der Kreislaufwirtschaft und Sicherung der umweltverträglichen Beseitigung von Abfällen (Kreislaufwirtschafts- und Abfallgesetz, KrW-/AbfG),
- das Gesetz über die Überwachung und Kontrolle der grenzüberschreitenden Verbringung von Abfällen (Abfallverbringungsgesetz, AbfVerbrG).

Für den Bereich *Luftreinhaltung* und *Lärmbekämpfung*:
- das Gesetz zum Schutz vor schädlichen Umwelteinwirkungen durch Luftverunreinigung, Geräusche, Erschütterungen und ähnliche Vorgänge (Bundes-Immissionsschutzgesetz, BImSchG) – mit derzeit 31 Rechtsverordnungen,
- das Gesetz zur Verminderung von Luftverunreinigungen durch Bleiverbindungen in Autokraftstoffen für Kraftfahrzeugmotoren (Benzinbleigesetz, BzBlG),
- das Gesetz zum Schutz gegen Fluglärm.

Für den Bereich des *Bodenschutzes*:
- Gesetz zum Schutz vor schädlichen Bodenveränderungen und zur Sanierung von Altlasten (Bundes-Bodenschutzgesetz, BBodSchG).

Für den Bereich des *Strahlenschutzes*:
- das Gesetz über die friedliche Verwendung der Kernenergie und den Schutz gegen ihre Gefahren (Atomgesetz, AtG), das mittlerweile durch das Gesetz zur geordneten Beendigung der Kernenergienutzung und zur gewerblichen Erzeugung von Elektrizität geändert wurde,
- das Gesetz zum vorsorgenden Schutz der Bevölkerung gegen Strahlenbelastungen (Strahlenschutzvorsorgegesetz, StrVG).

Für den *Schutz vor gefährlichen Stoffen*:
- das Gesetz zum Schutz vor gefährlichen Stoffen (Chemikaliengesetz, ChemG),
- das Gesetz zum Schutz der Kulturpflanzen (Pflanzenschutzgesetz, PflSchG),
- das Düngemittelgesetz,
- das Gesetz zur Regelung der Gentechnik (Gentechnikgesetz, GenTG).

Hinweis: Näher vorgestellt werden in diesem Buch – nachdem zunächst noch die Instrumente zu schildern sind, die das Umweltrecht in seiner Breite einsetzt (Kapitel 3) – drei Teilgebiete des „Besonderen Teils", nämlich das Immissionsschutz-, das Abfall- und das Naturschutzrecht (Kapitel 4). Literaturhinweise zu den weiteren Teilgebieten erschließen sich über die nach Abschnitt 1 angeführten einführenden Gesamtvorstellungen und Nachschlagewerke. Die vorstehend angeführten Gesetze finden sich in den an gleicher Stelle genannten Textsammlungen.

Literatur

Soweit in Abschnitt 2 allgemeine verfassungsrechtliche Fragen zur Sprache gebracht werden, sei pauschal auf das Einführungsbuch von C. Degenhart, Staatsrecht I, 17. Aufl., Heidelberg 2001, verwiesen, zur Klärung von Einzelfragen auf Kommentare zum Grundgesetz wie H.-D. Jarass/B. Pieroth, 5. Aufl., München 2000, I. v. Münch/Ph. Kunig (Hrsg.), 5. Aufl., München 2000 ff., M. Sachs, 2. Aufl., München 1998.

Becker, U.: Die Berücksichtigung des Staatsziels Umweltschutz beim Gesetzesvollzug, DVBl. 1995, S. 713.
Degenhart, C.: Bundeskompetenz für ein Bodenschutzgesetz, ZRP 1997, S. 396.

Dolde, K.-P.: Die EG-Richtlinie über die integrierte Vermeidung und Verminderung der Umweltverschmutzung (IVU-Richtlinie) – Auswirkungen auf das deutsche Umweltrecht, NVwZ 1997, S. 313.

Enders, Chr.: Ökonomische Prinzipien im Dienst des Umweltrechts, DÖV 1998, S. 184.

Feldhaus, G.: Einführung in die TA Lärm 1998, UPR 1999, S. 1.

Frenz, W./Unnerstall, H.: Nachhaltige Entwicklung im Europarecht, Baden-Baden 1999.

Hansmann, K.: TA Lärm, Kommentar, München 2000.

Heimlich, J.: Der Begriff „Stand der Technik" im deutschen und europäischen Umweltrecht, NuR 1998, S. 582.

Hendler, R.: Umweltrechtliche Grenzwerte in der Gerichts- und Verwaltungspraxis, DÖV 1998, S. 481.

Henneke, H.-G.: Der Schutz der natürlichen Lebensgrundlagen in Art. 20a GG, NuR 1996, S. 325.

Huth, R.: Gentechnik und Umweltrechtskodifikation, Baden-Baden 2001.

Kahl, W.: Das Kooperationsprinzip im Städtebaurecht, DÖV 2000, S. 793.

Klöck, O.: Der Atomausstieg im Konsens – ein Paradefall des umweltrechtlichen Kooperationsprinzips?, NuR 2001, S. 1.

Kloepfer, M.: Freiheit und Umweltschutz als Verfassungsproblem, in: G. Frhr. zu Putlitz/D. Schade (Hrsg.), Wechselbeziehungen Mensch, Umwelt, Technik, Stuttgart 1997, S. 188 ff.

Koch, H.-J.: Das Kooperationsprinzip im Umweltrecht – ein Missverständnis?, NuR 2001, S. 541.

Köck, W.: Risikovorsorge als Staatsaufgabe, in: AöR 121 (1996), S. 1.

Kunig, Ph.: Exekutivische Rechtsetzung, in: H.-J. Koch (Hrsg.), Auf dem Weg zum Umweltgesetzbuch, Baden-Baden 1992, S. 157 ff.

Kutscheidt, E.: Anmerkungen zum Vorsorgegrundsatz, in: Dolde, K.-P. (Hrsg.), Umweltrecht im Wandel. Bilanz und Perspektiven aus Anlaß des 25-jährigen Bestehens der Gesellschaft für Umweltrecht, Berlin 2001, S. 437.

Lübbe-Wolff, G.: Das Kooperationsprinzip im Umweltrecht – Rechtsgrundsatz oder Deckmantel des Vollzugsdefizits, NuR 1989, S. 295.

Lübbe-Wolff, G.: Europarechtliche Grenzen der Deregulierung und Privatisierung im Umweltrecht, ÖWAV 141 (2000), S. 43.

Müller, R./Pohl-Schmeißer, D.: Die neue TA Lärm aus dem Jahre 1998 und ihre Probleme bei der Anwendung auf nich genehmigungsbedürftige Anlagen nach dem Bundes-Immissionsschutzgesetz, LKV 2001, S. 403.

Murswiek, D.: Das sogenannte Kooperartionsprinzip – ein Prinzip des Umweltschutzes?, ZUR 2001, S. 7.

Otting, O.: Der Entwurf einer neuen TA Luft, DVBl. 2001, S. 1792.

Pechstein, M.: EG-Umweltrechtskompetenzen und nationale Alleingänge beim Umweltschutz, Jura 1996, S. 176.

Peine, F.-J.: Probleme der Umweltschutzgesetzgebung im Bundesstaat, NUR 2001, S. 421.

Ruffert, M.: Subjektive Rechte und unmittelbare Wirkung von EG-Umweltschutzrichtlinien, ZUR 1996, S. 235.

Schmidt, A.: Die Vorbereitung des Umweltgesetzbuchs. Zum Stand der Dinge bei der Kodifikation des Umweltrechts, ZUR 1998, S. 277.

Schmidt-Preuß, M.: Veränderungen grundlegender Strukturen des deutschen (Umwelt-) Rechts durch das „Umweltgesetzbuch I", in: Rengeling, H.-W. (Hrsg.), Auf dem Weg zum Umweltgesetzbuch I, Köln u.a. 1999.

Schmidt-Preuß, M.: Die Entwicklung des deutschen Umweltrechts als verfassungsgeleitete Umsetzung der Maßgaben supra- und internationaler Umweltpolitik, JZ 2000, S. 581.

Schulze-Fielitz, H.: Die neue TA Lärm, DVBl. 1999, S. 65.

Sendler, H.: Die neue Rechtsprechung des Bundesverfassungsgerichts zu den Anforderungen an die verwaltungsgerichtliche Kontrolle, DVBl. 1994, S. 1989.

Vitzthum W./Geddert-Steinacher, T.: Umweltschutz im Grundgesetz, Jura 1996, S. 42.

Werner, S.: Das Vorsorgeprinzip – Grundlagen, Maßstäbe und Begrenzungen, UPR 2001, S. 335.

Wieland, J.: Das Kooperationsprinzip im Atomrecht, ZUR 2001, S. 20

Entwürfe eines Umweltgesetzbuchs:

Bohne, E. (Hrsg.): Das Umweltgesetzbuch als Motor oder Bremse der Innovationsfähigkeit in Wirtschaft und Verwaltung?, Berlin 1999.

Bundesministerium für Umwelt, Naturschutz und Reaktorsicherheit (Hrsg.), UGB-Kommissionsentwurf Berlin 1998; dazu Kloepfer, M./ Durner, W.: DVBl. 1997, S. 1081.

Jarass, H.D./Kloepfer, M./Kunig, Ph./Papier, H.-J./Peine, F.J./Rehbinder, E./Salzwedel, J./Schmidt-Aßmann, E.: UGB, Besonderer Teil, Berlin 1994; dazu Rehbinder, NuR 1994, S. 313.

Kloepfer, M./Rehbinder, E./Schmidt-Aßmann, E./Kunig, Ph.: UGB, Allgemeiner Teil, Berlin 1991; dazu dies., DVBl. 1991, S. 339.

Rengeling, H.-W.: Ein europäisches Umweltgesetzbuch: Utopie oder Vision?, in: Dolde, K.-P. (Hrsg.), Umweltrecht im Wandel. Bilanz und Perspektiven aus Anlaß des 25-jährigen Bestehens der Gesellschaft für Umweltrecht, Berlin 2001, S. 171.

3. Die Instrumente umweltrechtlicher Gestaltung

3.1 Der Vollzug des Umweltrechts durch die Verwaltung und seine gerichtliche Kontrolle

Wenn und soweit das Umweltrecht vornehmlich Verwaltungsrecht ist (s.o.), bleibt es auf die allgemein im Verwaltungsrecht zur Verfügung stehenden Instrumente verwiesen. Der Gesetzgeber hat die Auswahl darüber zu treffen, welche Instrumente Anwendung finden sollen. Er wird dabei deren *ökologische* und *ökonomische Auswirkungen* bedenken und sieht sich eingebunden in Rahmen und Vorgaben aus Verfassungsrecht und europäischem Recht. Die Rechtswissenschaft kann insoweit zu sachgerechten Entscheidungen durch Klärung des rechtlichen Istzustandes und der Zulässigkeit erwogener Änderungen im Blick auf jeweils höherrangiges Recht beitragen (s. oben *1.2*). Erst in jüngerer Zeit wendet sie sich auch der Wirkungsforschung und auf deren Basis der Innovationsforschung zu (vgl. dazu *Koch 1998, Schmidt-Eichstaedt 1998*).

Abbildung 26: *Instrumente des Umweltrechts*

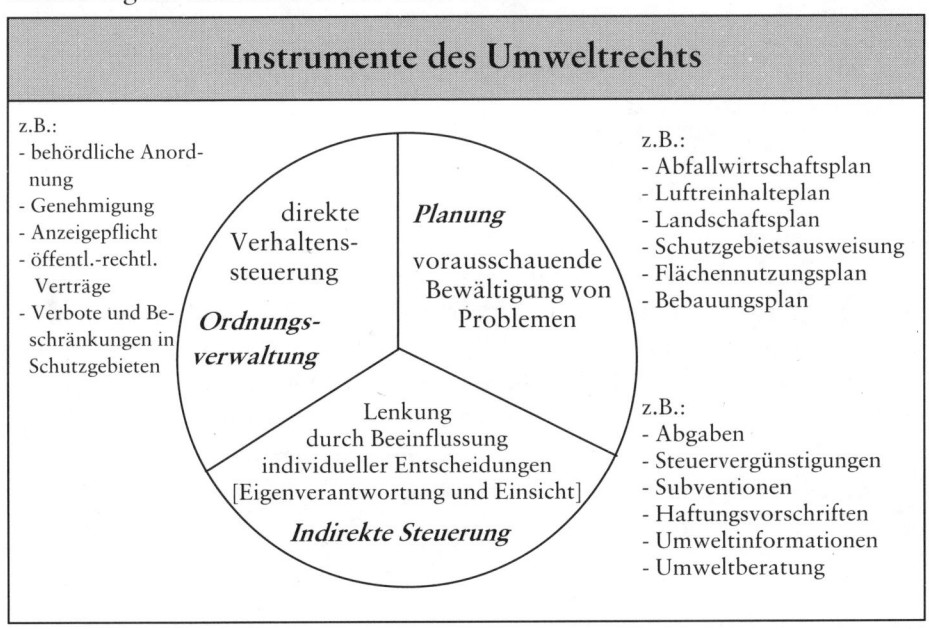

Im Laufe der Zeit hat sich gezeigt, dass ein struktureller Wandel eingetreten ist. Begann das Umweltrecht als *Ordnungsrecht* bzw. erschöpfte sich zunächst hierin, so traten zunehmend andere Instrumente auf den Plan, vor allem solche der *indirekten Steuerung*. Heute wird, viel zu weitgehend, sogar schon die Frage nach dem „Abschied vom Ordnungsrecht" aufgeworfen. Vor allem das Kooperationsprinzip *(s.o. 2.3)* findet sich heute stärker gesetzlich ausgeformt als früher. Insgesamt besteht eine Tendenz des Rückzuges staatlicher Einflussnahme und der *Verantwortungsverlagerung auf private Akteure.* Um die Relevanz des Einsatzes rechtlicher Instrumente in der Umweltpolitik richtig einschätzen zu können, bedarf es einer Skizze auch der *Grundzüge des Verwaltungsverfahrens und der gerichtlichen Kontrolle,* welche nicht umweltspezifisch ausgerichtet sind, aber doch für Teilgebiete des Umweltrechts besondere Modifizierungen erfahren haben bzw. jedenfalls besondere Problemstellungen aufwerfen.

Ordnungsrecht

Das Ordnungsrecht zielt auf die Regelung von Einzelfällen und wendet sich den potentiellen Verursachern von Umweltbeeinträchtigungen zu, „Verursachung" hier weit verstanden und also nicht allein im Sinne des Verursacher-, sondern auch des Vorsorgeprinzips *(s.o. 2.3)*.

Das Ordnungsrecht ist die *Urform* des Verwaltungsrechts, entstanden vor allem als sogenanntes Polizei- und Ordnungsrecht als klassische Form der *Eingriffsverwaltung*. Sein Ziel ist die Sicherstellung der Einhaltung der (aller) Rechtsvorschriften im Einzelfall. Man spricht von *direkter* Verhaltenssteuerung.

Die typische Handlungsform des Ordnungsrechts ist der *Verwaltungsakt*. Ein Verwaltungsakt ist jede Verfügung, Entscheidung oder andere hoheitliche Maßnahme, die eine Behörde, (nicht also: ein Gericht) zur Regelung eines Einzelfalls auf dem Gebiet des öffentlichen Rechts trifft und die auf unmittelbare Rechtswirkung nach außen gerichtet ist (Legaldefinition in § 35 VwVfG). Die inhaltlichen Voraussetzungen für den Erlass eines Verwaltungsakts ergeben sich aus Gesetzen (und müssen aus verfassungsrechtlichen Gründen gesetzlich geregelt sein, *s.o. 2.1)*. Die formellen, verfahrensbezogenen Anforderungen ergeben sich entweder aus den allgemeinen Verwaltungsverfahrensgesetzen des Bundes und der Länder, aus für

Abbildung 27: *Der Verwaltungsakt*

Verwaltungsakt ist jede

- *öffentlich-rechtliche (hoheitliche) Maßnahme* (Verfügung, Entscheidung)
- einer *Behörde*
- zur *Regelung*
- eines *Einzelfalls*
- mit *unmittelbarer Rechtswirkung nach außen.*

einzelne Umweltbereiche erlassenen besonderen Verfahrensvorschriften oder aus (weiteren) Zuständigkeitsregelungen. Zu unterscheiden ist der begünstigende Verwaltungsakt (z.B. die Genehmigung einer nach dem Immissionsschutzrecht genehmigungsbedürftigen Anlage) vom belastenden Verwaltungsakt (z.B. die Versagung einer solchen Erlaubnis; das Gebot, den Anlagenbetrieb zu modifizieren, zu reduzieren, einzustellen); das Gebot, durch eigene Untersuchungen festzustellen, in welcher Weise das Betriebsgrundstück kontaminiert ist.

Bei der Vorabkontrolle durch Zulassung kennt das umweltrechtliche Ordnungsrecht unterschiedliche sogenannte *Eröffnungskontrollen.* Die Bezeichnungen in den einzelnen Umweltgesetzen divergieren erheblich, z.B. Erlaubnis, Genehmigung, Bewilligung, Planfeststellung. Danach sind einzelne *Grundtypen* zu unterscheiden, etwa das präventive Verbot mit Erlaubnisvorbehalt (auch: Kontrollerlaubnis) vom repressiven Verbot mit Befreiungsvorbehalt (auch: Ausnahmebewilligung). Im ersten Fall besteht bei Vorliegen bzw. Erfüllung aller Zulassungsvoraussetzungen ein Anspruch des Antragstellers auf Erhalt der begehrten Genehmigung. Der gesetzliche Genehmigungsvorbehalt dient hier der präventiven Kontrolle eines vom Gesetz nicht von vornherein unerwünschten, eventuell sogar für förderungswürdig erachteten Verhaltens. Hierher gehört die Anlagengenehmigung nach dem BImSchG einschließlich der dort erfassten Genehmigung von Abfallbeseitigungsanlagen (außer den Deponien), ebenso etwa die abfallrechtliche Transportgenehmigung.

Abbildung 28: *Genehmigung und Befreiung*

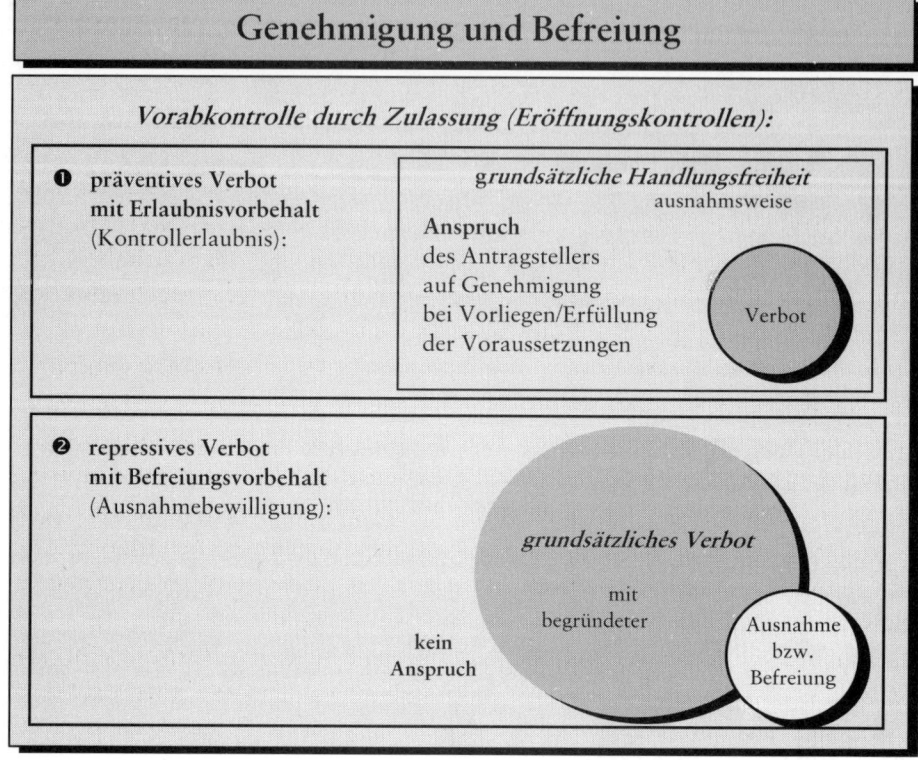

Errichtet ein Gesetz hingegen ein repressives Verbot mit Befreiungsvorbehalt, besteht auch bei Vorliegen aller Voraussetzungen, unter denen die Befreiung erteilt werden kann, kein Anspruch hierauf. Vielmehr ist der Behörde ein Handlungsspielraum eingeräumt. Sie kann aus sachlichen Gründen ablehnen. Solche Regelungen lassen erkennen, dass die Befreiung nur „ausnahmsweise" erfolgen soll. Das gilt etwa bei wasserrechtlichen Kontrollen für die Benutzung von Gewässern. Zu berücksichtigen ist allerdings, dass *Ermessen nicht „Willkür"* bedeutet: Der Ermessensspielraum kann sich verdichten; liegen keine sachlichen Gründe für die Nichterteilung der Ausnahme vor, so spricht man von Ermessensreduzierung. Obwohl also grundsätzlich Ermessen besteht, kann sich der Spielraum ausnahmsweise in dem Sinne verengen, dass nur eine einzige Entscheidung, nämlich die antragsgemäße Entscheidung, als rechtmäßig erscheint.

> ## § 40 VwVfG Ermessen
>
> Ist die Behörde ermächtigt, nach ihrem Ermessen zu handeln, hat sie ihr Ermessen entsprechend dem Zweck der Ermächtigung auszuüben und die gesetzlichen Grenzen des Ermessens einzuhalten.

Sofern es um die Zulassung umweltrelevanter Großvorhaben geht, sind verschiedene Zulassungsarten zu unterscheiden: Bei der *Vollgenehmigung* erfolgt eine abschließende Prüfung und Beurteilung des Vorhabens als Ganzes. Es ergeht eine umfassende Zulassung, die ggf. und regelmäßig mit Nebenbestimmungen, etwa Auflagen, verbunden wird.

Ein Instrument der Verfahrensabschichtung ist die *Teilgenehmigung*. Hier wird nur ein Teil eines Vorhabens zugelassen, sofern die Genehmigungsvoraussetzungen für diesen Teil vorliegen und eine vorläufige Beurteilung ergibt, dass dem Gesamtvorhaben nicht von vornherein unüberwindliche Hindernisse entgegenstehen. Die Teilgenehmigung hat für ihren sachlichen Regelungsgegenstand die Wirkung einer Vollgenehmigung: Die der Erlaubniskontrolle unterliegende Tätigkeit darf bereits in dem genehmigten Umfang aufgenommen werden.

Von der Teilgenehmigung zu unterscheiden ist der *Vorbescheid*. Ein solcher Verwaltungsakt schichtet nicht zwischen Teilen eines größeren Vorhabens ab, sondern zwischen einzelnen Genehmigungsvoraussetzungen. Auch hier ist ein vorläufiges positives Gesamturteil – hinsichtlich der noch nicht abschließend beurteilten Genehmigungsvoraussetzungen – erforderlich. Auf diese Weise wird „vorab", z.B. über die Geeignetheit des Standorts einer Anlage, entschieden und damit für diesen Teilaspekt dem Antragsteller Rechtssicherheit verschafft, *ohne* dass – Unterschied zur Teilgenehmigung – damit bereits die Durchführung zur genehmigungsbedürftigen Tätigkeit erlaubt würde.

Änderungsgenehmigungen betreffen die wesentliche Änderung eines schon genehmigten Vorhabens.

Nebenbestimmungen zu Verwaltungsakten versehen deren Inhalt mit Befristungen, Bedingungen, können auch in einem Widerrufsvorbehalt bestehen oder, wie bei einer Auflage, begleitend ein Tun, Dulden oder Unterlassen vorschreiben.

Abbildung 29: *Zulassungsarten im gestuften Verfahren*

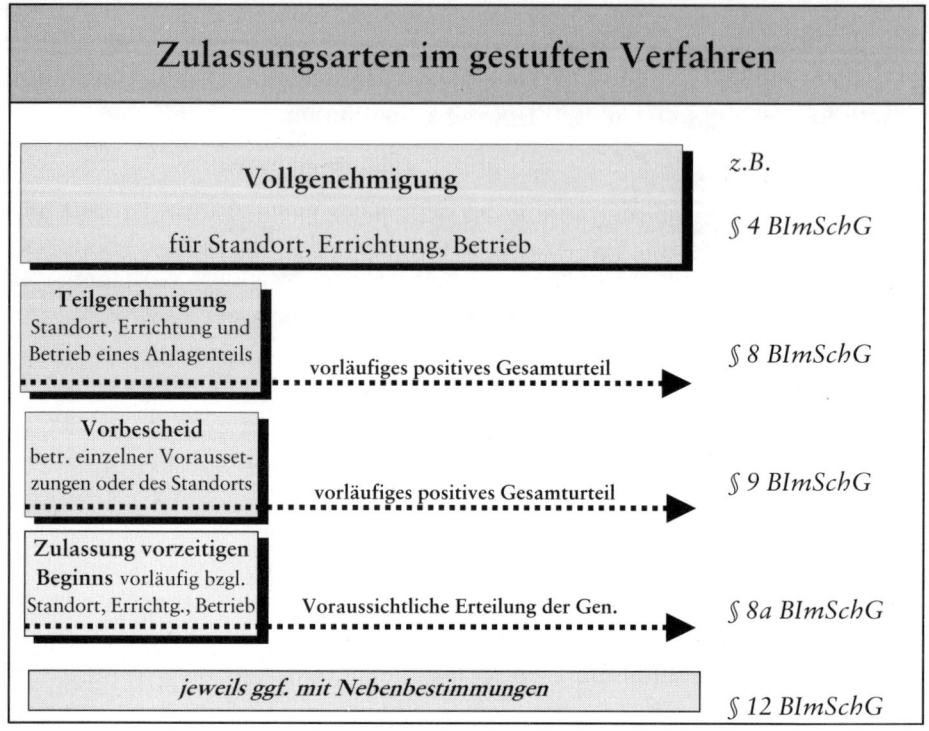

Eine Sonderform präventiver Kontrolle stellt der bloße *Anzeige- oder Anmeldungsvorbehalt* dar. Hier bedarf eine Tätigkeit keines begünstigenden Verwaltungsakts, vielmehr ist ihre Rechtmäßigkeit davon abhängig, dass die Absicht ihrer Aufnahme der zuständigen Behörde rechtzeitig vorab mitgeteilt wurde. Die Behörde wird so in die Lage versetzt, zunächst eine Prüfung vorzunehmen und kann ggf. untersagend einschreiten.

Ordnungsverfügungen erfolgen auch im Zuge der *nachträglichen Kontrolle* zugelassenen oder einer Zulassung von vornherein nicht bedürftigen Verhaltens. Dies geschieht etwa zur Umsetzung neugewonnener Erkenntnisse, oft auch als Ergebnis von Überwachungsmaßnahmen. Sofern emittierende Anlagen nach dem BImSchG nicht dem Kreis der genehmigungsbedürftigen Anlagen unterfallen, kann gegen diese nur im Wege „nachträglichen" Einschreitens vorgegangen werden.

Ist der Verwaltungsakt eine einseitig-hoheitliche Maßnahme, so gründet der *öffentlich-rechtliche Vertrag* auf dem Konsens der Vertragsparteien. § 54 des Verwaltungsverfahrensgesetzes (VwVfG) sagt in S. 1: „Ein Rechtsverhältnis auf dem Gebiet des öffentlichen Rechts kann durch Vertrag begründet, geändert oder aufgehoben werden (öffentlich-rechtlicher Vertrag), soweit Rechtsvorschriften nicht entgegenstehen." Zutreffender ist es, vom *verwaltungsrechtlichen Vertrag* zu sprechen, denn nur derartige (und nicht auch andere öffentlich-rechtliche Verträge, wie solche staatsrechtlicher Natur) Verträge unterliegen der Anwendung des VwVfG. Solche Verträge spielen in neuerer Zeit eine wachsende Rolle, vor allem im Städtebaurecht (dazu *Kunig 1992, Schröder 1998*).

Die Handlungsform des Vertrages ermöglicht einen Interessenausgleich zwischen Behörde und Bürger im Sinne gegenseitigen Gebens und Nehmens und kann dem (aber auch andere Interaktionsformen umfassenden, *s.o. 2.3*) Kooperationsprinzip zugeordnet werden. Unzulässig ist es, ein Genehmigungsverfahren, das im Interesse einzelner Dritter oder auch der Allgemeinheit besondere Verfahrensschritte vorsieht, durch einen Vertragsabschluss zu ersetzen. Dennoch tun sich auch im umweltrelevanten Bereich Anwendungsfelder für den Abschluss öffentlich-rechtlicher Verträge auf, so im Naturschutzrecht *(s.u. 4.3)*. Der Vertrag kann – etwa für eine Gemeinde – auch ein Instrument sein, mit welchem der Vertragspartner verpflichtet wird, Umweltschutzstandards über das gesetzlich geschuldete Maß hinaus einzuhalten. In diesem Bereich entstehen mannigfache und teilweise auch noch nicht eindeutig geklärte Rechtsfragen angesichts der gesetzlichen Erfordernisse an Angemessenheit und Sachzusammenhang zwischen Leistung und Gegenleistung, mit welchen die Rechtsordnung die Handlungsfreiheit der „paktierenden" öffentlichen Hand im Gemeinwohlinteresse und auch zum Schutz des Vertragspartners begrenzt.

§ 54 VwVfG Zulässigkeit des öffentlich-rechtlichen Vertrages

Ein Rechtsverhältnis auf dem Gebiet des öffentlichen Rechts kann durch Vertrag begründet, geändert oder aufgehoben werden (öffentlich-rechtlicher Vertrag), soweit Rechtsvorschriften nicht entgegenstehen. Insbesondere kann die Behörde, anstatt einen Verwaltungsakt zu erlassen, einen öffentlich-rechtlichen Vertrag mit demjenigen schließen, an den sie sonst den Verwaltungsakt richten würde.

§ 55 VwVfG Vergleichsvertrag

Ein öffentlich-rechtlicher Vertrag im Sinne des § 54 Satz 2, durch den eine bei verständiger Würdigung des Sachverhalts oder der Rechtslage bestehende Ungewissheit durch gegenseitiges Nachgeben beseitigt wird (Vergleich), kann geschlossen werden, wenn die Behörde den Abschluss des Vergleichs zur Beseitigung der Ungewissheit nach pflichtgemäßem Ermessen für zweckmäßig hält.

§ 56 VwVfG Austauschvertrag

(1) Ein öffentlich-rechtlicher Vertrag im Sinne des § 54 Satz 2, in dem sich der Vertragspartner der Behörde zu einer Gegenleistung verpflichtet, kann geschlossen werden, wenn die Gegenleistung für einen bestimmten Zweck im Vertrag vereinbart wird und der Behörde zur Erfüllung ihrer öffentlichen Aufgaben dient. Die Gegenleistung muss den gesamten Umständen nach angemessen sein und im sachlichen Zusammenhang mit den vertraglichen Leistungen der Behörde stehen.
(2) ...

Verwaltungsakt und öffentlich-rechtlicher Vertrag gehören zum *„formellen"* Verwaltungshandeln insofern, als diese Handlungsformen im Gesetz näher umrissen sind. Unter *„informellem" Verwaltungshandeln* versteht man demgegenüber eine Vorgehensweise, die sich außerhalb der gesetzlich vorgezeichneten Bahnen vollzieht. So kommt es durchaus vor, dass vor dem Erlass eines Verwaltungsaktes derartige informelle Verhandlungen stattfinden, evtl. auch von rechtlich unverbindlichen, aber dennoch faktisch gewichtigen Absprachen begleitet, und das Verhandlungsergebnis sich dann nur noch in einem formalen Sinne als ein einseitig-hoheitlich gesetztes Entscheidungsprodukt darstellt. Die Zulässigkeit informellen Verwaltungshandelns ist im einzelnen umstritten. Es wird immer dann problematisch, wenn es Interessen zu beeinträchtigen droht, zu deren Schutz förmliche Verwaltungsverfahren eingerichtet sind. Es darf also nicht zu deren Umgehung kommen. Für das Einschlagen informeller Wege kann sprechen, dass auf diese Weise eine Interessenabklärung in einer frühen Phase erfolgen kann, beiderseitige Akzeptanzgrenzen erprobt werden und auf diese Weise späterer Rechtsstreit vermieden wird. Dabei liegt bei komplexen Vorhaben eine Einbeziehung auch Dritter (potenziell klageberechtigte Bürger, Umweltverbände) nahe (dazu *Kunig/Rublack 1990*).

Als Phänomen der *Reformalisierung des Informellen* lassen sich Verfahren der *Konfliktmittlung* (*Mediation*) begreifen, die, angeregt durch US-amerikanische Vorbilder, in den letzten Jahren auch in Deutschland praktische Bedeutung erlangt haben (s. *Holznagel 1990*). Sie stehen für eine deutliche Abkehr von hiesiger Tradition. Zwar kennt das herkömmliche Verfahrensrecht auch unabhängig von der Handlungsform des verwaltungsrechtlichen Vertrages (s.o.) Instrumente, die auf Konsensfindung durch Kooperation gerichtet sind. Doch ist es bisher in seiner Breite geprägt von Grundsätzen, die es als ein Verfahren zur Vorbereitung „einseitig-hoheitlicher" Entscheidungen kennzeichnen. Die Einführung von Verhandlungslösungen unter Einschaltung von Verfahrensmittlern wirft auch verfassungsrechtliche Fragen auf. Solche Verfahren müssen die Grundsätze der Gesetzesbindung wahren und dürfen die im Demokratieprinzip und den grundrechtlichen Schutzverpflichtungen gründende staatliche Letztverantwortlichkeit nicht in Frage stellen. Das könnte dann der Fall sein, wenn hier faktische Entscheidungsmacht auf außerstaatliche Stellen übertragen würde. Sobald einem Verhandlungsgremium eigenständige Entscheidungsbefugnisse übertragen werden, wirft das auch die Frage nach der Interessenvertretung derjenigen auf, die nicht selbst verfahrensbeteiligt sind. Die „Konfliktmittlung" birgt daher Chancen und Risiken. „Betroffenendemokratie" entspricht nicht dem demokratischen Bild des Grundgesetzes, welches einen Rechtsstaat vorsehen möchte, der (auch) „die Betroffenen" repräsentiert und auf den Schutz (auch) derjenigen verpflichtet ist, welche ihre Interessen weniger nachhaltig und geschickt artikulieren oder artikulieren können als andere. Die Realisierung aus demokratisch geordneten Verfahren erwachsener Umweltschutzvorschriften darf nicht „freiem Spiel der Kräfte" überlassen werden.

Die angesprochene Tendenz zur „Reformalisierung" informaler Praktiken zur Entscheidungsvorbereitung drückt sich bisher bereichsspezifisch im immissionsschutzrechtlichen Genehmigungsverfahren aus (§§ 2 II, 2 a 9. BImSchV) und allgemein in den 1996 in das VwVfG eingefügten §§ 71 c, 71 e, die für Genehmigungsverfahren bei Vorhaben „im Rahmen einer wirtschaftlichen Unternehmung" vorbereitende Kontakte zwischen Vorhabenträger und Genehmigungsbehörde ggf. unter Hinzuziehung anderer beteiligter Stellen verlangen. Der Einsatz von Konfliktmittlern ist in § 2 II S. 3 Nr. 5 der 9. BImSchV und seit kurzem auch, bezogen auf die Bauleitplanung, in § 4 b des Baugesetzbuchs vorgesehen (dazu *Stollmann 1998*).

Planungsrecht

Neben dem Ordnungsrecht kennt das Umweltrecht auch den Einsatz planungsrechtlicher Instrumente, die in erster Linie dem Vorsorgeprinzip zugeordnet werden können. Charakteristisch für Planen der Verwaltung ist das behördliche *Planungsermessen*. Der Begriff des Ermessens wurde schon im Zusammenhang mit dem Ordnungsrecht eingeführt. In Konkretisierung von Ermessensspielräumen sind grundsätzlich mehrere (unterschiedliche) Entscheidungen als gleichermaßen rechtmäßig denkbar. Ermessen ist rechtsgebundene politische Entscheidung. Planungsermessen ist umgrenzt durch die jeweils einschlägigen Rechtsvorschriften und geprägt durch ein Nebeneinander inhaltlich unterschiedliche Ziele verfolgender Planungen und ein Miteinander von verschiedenen Planungsstufen, aber auch durch die Berücksichtigung anderer, eventuell höherrangiger Pläne.

Das deutsche Recht kennt – bisher – *keine umfassende Umweltplanung* (vgl. perspektivisch *Köck 1997*, sowie o. *Kap. II 4.5* aus politikwissenschaftlicher Sicht), wohl aber eine Gesamtplanung im Raumordnungsrecht und im Bauplanungsrecht. Hier finden auch Umweltfragen Berücksichtigung, etwa: Ausweisung von Flächen für Maßnahmen zum Schutz, zur Pflege und zur Entwicklung von Natur und Landschaft im Flächennutzungsplan (grundsätzlich auf das gesamte Gemeindegebiet bezogen und Vorgabe für den sodann parzellenscharf ansetzenden Bebauungsplan in Form einer Satzung).

Von der Gesamtplanung in diesem Sinne zu unterscheiden sind *sektorale Fachplanungen*. Von Fachplänen wird gesprochen, wenn für eine bestimmte Handlung, z.B. Abfallwirtschaftsplanung, neben einer Bestandsaufnahme Festsetzungen zur voraussichtlichen tatsächlichen Entwicklung und dem geplanten behördlichen Vorgehen für die Zukunft getroffen werden (zur Planung des Naturschutzes s. *4.3*).

„*Planfeststellung*" ist demgegenüber eine Einzelfallentscheidung und insofern „auch" dem oben behandelten Ordnungsrecht zuzuordnen, wobei systematisch ein Zusammenhang mit den weiter unten anzusprechenden

Verfahrensvorschriften besteht. Hier geht es um eine Genehmigungsent-
scheidung, die für ein komplexes, besonders auswirkungsreiches Vorhaben
alle betroffenen Belange einbezieht und im Wege *planerischer Abwägung*
bilanzierend gewichtet und in ein zur Einzelfallentscheidung führendes
Verhältnis zueinander bringt.

Das Umweltrecht kennt schließlich Schutzgebietsausweisungen, die der
Sicherung und Entwicklung eines Gebietes unabhängig von einer bevorste-
henden Nutzung dienen (wie Wasserschutzgebiete) sowie raumbezogene
Planungsakte, die, wie die Luftreinhaltepläne, im Zusammenhang mit
Überwachungsmaßnahmen stehen, mit den so gewonnenen Erkenntnissen
(auch) künftigen Genehmigungsentscheidungen vorarbeiten wollen bzw.
auf die Verbesserung eines vorfindlichen Ist-Zustandes zielen.

Abbildung 30: *Instrumente des Umweltplanungsrechts*

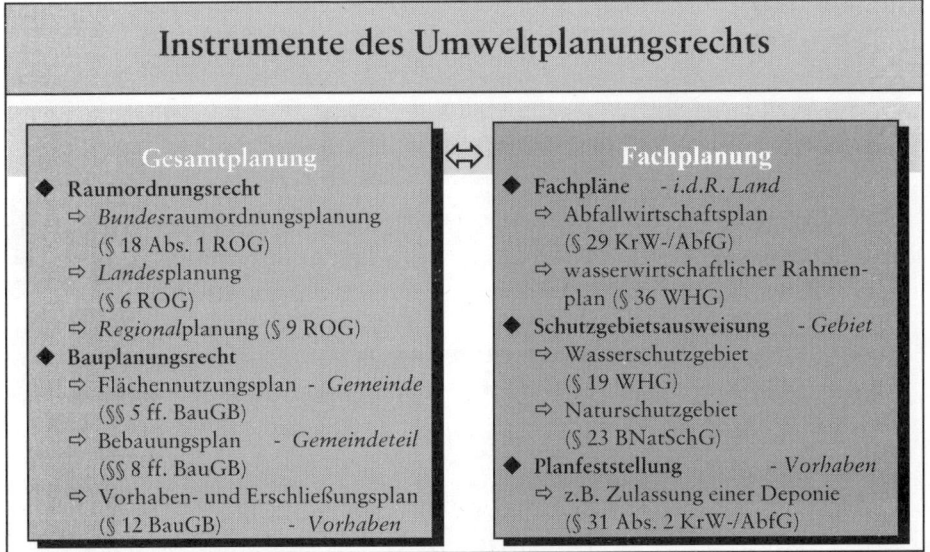

Indirekte Steuerung

Das auf den Einsatz hoheitlicher Befugnis zur unmittelbaren Zielerreichung
setzende Ordnungsrecht dient direkter Verhaltenssteuerung. Die danach
angesprochene Planung setzt ebenfalls „direkt" an, wenngleich in zeitlicher

Streckung. Ist das Ordnungsrecht eher reaktiv (und teils repressiv), so ist das Planungsrecht zukunftsgerichtet. Instrumente in beiden Bereichen rufen auch *indirekte Steuerungseffekte* insofern hervor, als der Rechtsunterworfene sein Handeln auf die Möglichkeit ihm gegenüber ergehender ordnungsrechtlicher Maßnahmen einstellen wird (etwa: sich so verhält, dass die Behörde zu intensiven Überwachungsmaßnahmen keinen Anlass sieht, in keine Erwägungen über den Erlass von Untersagungsmaßnahmen eintritt). Auch getroffene Planungsmaßnahmen beeinflussen das Verhalten der Bürger, naturgemäß auch den Markt. Das gilt auch unabhängig von Verbindlichkeitsvorgaben der Planung. Kann ein bestimmtes Gebiet auf absehbare Zeit mutmaßlich nicht für bestimmte umweltbelastende Aktivitäten genutzt werden, suchen diese andere Räume.

Abbildung 31: *Instrumente der indirekten Steuerung*

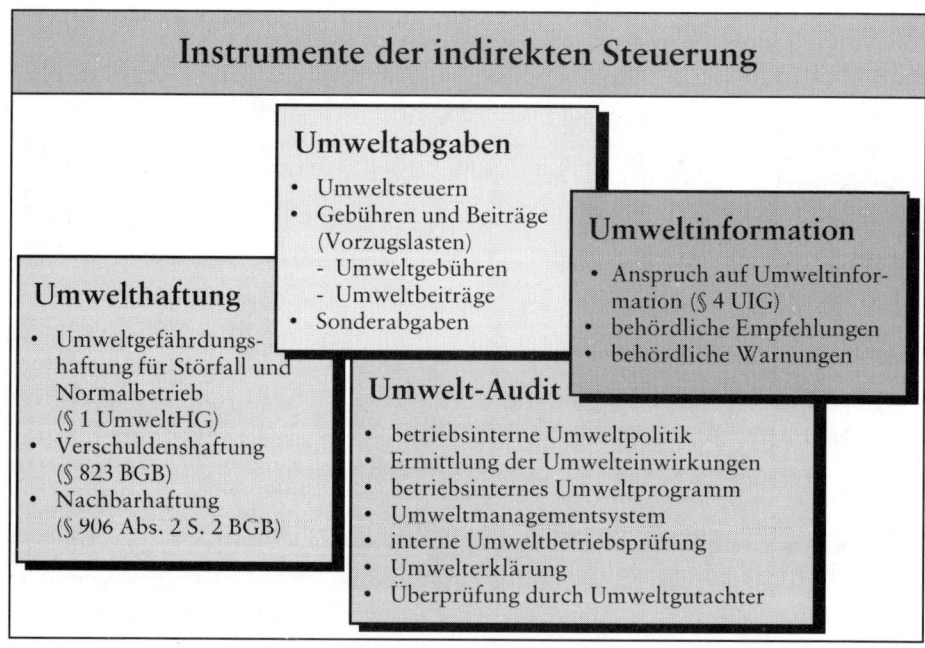

Indirekte Steuerung bezeichnet – untereinander sehr heterogene – Instrumente, die von vornherein auf *Eigenverantwortung, Einsicht, Beeinflussung marktorientierter Entscheidungen* setzt. Der Akzent liegt hier auf „Beeinflussung". Es wird nicht „vorgeschrieben", sondern eine Option nahegelegt. Weiter oben war schon festgehalten worden, dass dem Bereich des Kooperationsprinzips auch Maßnahmen der Eigenüberwachung oder Selbstkontrolle zugeordnet werden und dass diese ebenfalls auf die Aktivierung des bei wirtschaftenden Subjekten vorhandenen Sachverstandes setzen und sich an Eigeninteressen ausrichten. Dennoch gehört jener Bereich nicht zur indirekten Steuerung, denn entsprechende Überwachungsverpflichtungen werden „direkt" vorgegeben.

Ein besonders intensiv diskutiertes Instrument indirekter Steuerung sind *Umweltabgaben* (s. beispielhaft *Mohl/Dicken 1996, Murswiek 1994, Weidemann 1999*). Die Idee der Umweltabgabe erstreckt bekannte marktwirtschaftliche und fiskalische Steuerungsinstrumente auf das Feld der Umweltpolitik. Das geltende Recht kennt sie in Form der Abwasserabgabe, der Naturschutzausgleichsabgabe, landesrechtlich als sogenannter Wasserpfennig. Sofern in der politischen Diskussion von einer ökologischen Steuerreform oder auch von „Öko-Steuern" die Rede ist, führt das auch zu dem Zusammenhang zwischen durch steuerliche Anreize zur Vermeidung von Umweltbelastungen erhöhten Abgabenkosten einerseits und dem Ausmaß anders motivierter Besteuerung von Arbeit und Kapital andererseits – und zu der Frage, welche Balance insoweit bestehen sollte. Teils wird auch ein Widerspruch zwischen der Grundidee der finanzpolitischen Mittelbeschaffung durch Steuern und dem Einsatz dieses Instruments als eines solchen staatlicher Umweltvorsorgepolitik gesehen. Unabhängig von solchen Grundsatzfragen liegt es jedenfalls nahe, das Steuersystem zunächst von Auswirkungen zu befreien, die ihrerseits Umweltbelastungen hervorrufen, wie langjährig durch die sogenannte Kilometerpauschale geschehen.

Im übrigen kann Ressourcenschonung durch den Einsatz *unterschiedlicher Abgabeformen* bewirkt werden. Aus rechtlichem Blickwinkel ist begrifflich in folgender Weise zu unterscheiden.

Umweltsteuern sind Abgaben, die ohne Gegenleistung erhoben werden. Der Zweck einer Steuer ist zumindest immer auch derjenige der Einnahmenerzielung. Umweltsteuern sind dann solche, bei denen auch Umweltschutzzwecke verfolgt werden. Eine unmittelbar zweckgebundene Verwendung des Ertrages ist nicht vorausgesetzt. Diesem Typus kann etwa die Kfz-Steuer zugeordnet werden.

Vorzugslasten sind Gebühren und Beiträge, die als Gegenleistung für eine staatliche Leistung zu erbringen sind. Sie sind daher nicht auf die Einnahmenerzielung ausgerichtet. Von *Umweltgebühr* ist zu sprechen, wenn die zu zahlende staatliche Leistung in der Verschaffung eines – ansonsten nicht bestehenden – Rechts auf Nutzung von Umweltmedien besteht, wie es bei dem sogenannten Wasserpfennig der Fall ist. Ein *Beitrag* dient demgegenüber der (vollen oder teilweisen) Deckung des Aufwandes für die Bereitstellung einer öffentlichen Einrichtung. Umweltbeitrag ist demzufolge etwa ein von Grundeigentümern erhobener Betrag für die Errichtung einer Kläranlage.

Unter *Sonderabgaben* versteht man Abgaben, die nicht als Steuer, Beitrag oder Gebühr zu qualifizieren sind. Derartige Abgaben sind zulässig, wenn eine homogene gesellschaftliche Gruppe belastet wird, eine Sachnähe der in Anspruch genommenen zum Abgabezweck festgestellt werden kann, die Pflichtigen sich in einer Gruppenverantwortung befinden und eine gruppennützige Verwendung des Abgabeaufkommens erfolgt. Die Kategorie der Sonderabgabe ist von dem Bundesverfassungsgericht umrissen und ihre Zulässigkeit umgrenzt worden.

Eine Sonderstellung nimmt auch die *kommunale Verpackungssteuer* ein, welche nach Maßgabe der Kommunalabgabengesetze der Länder in verschiedenen Städten und Gemeinden eingeführt worden ist und nicht in erster Linie auf Einnahmenerzielung, sondern auf Verhaltenssteuerung i.S. der Abfallvermeidung gerichtet ist. Angesichts der insoweit bestehenden und auch in Anspruch genommenen Bundeskompetenzen sind die Handlungsspielräume für gemeindliche Gestaltung in diesem Bereich unsicher und nach der Auffassung des Bundesverfassungsgerichts eng.

Ein weiteres ökonomisches Steuerungsinstrument stellen *Zertifikats- und Kompensationsmechanismen* dar. Zertifikate bzw. Lizenzen beziehen sich auf Berechtigungen zur Emission, die handelbar sind. Dieses vor allem in den USA praktizierte Instrument beruht auf der Erwartung der marktwirtschaftlichen Herausbildung von Knappheitspreisen im Rahmen staatlich festgelegter Gesamtbelastungsgrenzen für ein Umweltmedium, ein Ökosystem oder auch bestimmte Gegenstände und Stoffe (etwa: Einwegflaschen). Probleme ergeben sich für den Interessenausgleich zwischen Alt-Emittenten und Newcomern, durch spekulativen Zertifikatshandel und wettbewerbsrechtliche Bedenken. Umweltschützender Effekt wird vor allem dann erwartet, wenn von vornherein eine „Abwertung" der Lizenz in zeitlicher Streckung vorgesehen ist. Bei Kompensationslösungen geht es darum, Unternehmen innerhalb bestehender ordnungsrechtlicher Vorgaben Spielräume für individuelle Entscheidungen in ökonomischer Orientierung

zu lassen, ggf. auch in Koordination mit anderen Unternehmen („Über-
tragbarkeit" der Übererfüllung von Anforderungen auf die Beurteilung
eines anderen Vorhabens). Solche Modelle finden sich vor allem in der
Luftreinhaltungspolitik (erneut) der USA, dort auch in Regelungen für die
Automobilindustrie (Festlegung des Benzinverbrauchs für alle von einem
Hersteller angebotenen Produkte, also Ermöglichung der Fortsetzung der
Produktion verbrauchsintensiver Fahrzeuge durch gesteigerten Absatz
schadstoffarmer Fahrzeuge). Das deutsche Recht verwirklicht den Gedan-
ken der Kompensation vor allem bei der immissionsschutzrechtlichen
Anlagensanierung.

Zwei für das deutsche Recht relativ junge umweltrechtliche Instrumente
indirekter Steuerung beruhen auf europarechtlichen Vorgaben, nämlich das
Umweltaudit und die Umweltinformation. Das *Umweltaudit* wurde durch
die Verordnung 1836/93/EWG des Rates vom 29.6.1993 eingeführt und
beruht heute auf der Verordnung 761/2001/EG des Europäischen Parlaments und des Rates vom 19.3.2001 über die freiwillige Beteiligung von
Organisationen an einem Gemeinschaftssystem für das Umweltmanagement und die Umweltbetriebsprüfung (EMAS), die EU-Umweltaudit-
Verordnung (Überblick: *Schmid 1997*). Als unmittelbar im Recht der Mitgliedsstaaten und also auch im deutschen Recht geltendes europäisches
„Gesetz" *(s.o. 2.1)* bedarf diese Verordnung keiner innerstaatlichen Umsetzung bzw. entzieht sich einer solchen. Sie regelt das Verfahren, die Beteiligten und den Inhalt der Auditierung. Das Umweltauditgesetz (UAG) von
1995, das 2002 geändert wurde, regelt im wesentlichen die Zulassungsvoraussetzungen und Zulassungsverfahren für die Gutachter, was das europäische Recht jeweils weitgehend den mitgliedsstaatlichen Rechtsordnungen
überlassen hat (s. näher *Lübbe-Wolff 1996*; im einzelnen *Waskow 1997*; s.
ferner *IV 3.1*).

Bei der Umweltauditierung geht es um die Festlegung einer Umweltpolitik zu den Gesamtzielen und Handlungsgrundsätzen eines Unternehmens
und anderer Organisationen, auch Behörden, einschließlich der Einhaltung
aller von der Organisation zu beachtenden Umweltvorschriften. Die Umweltpolitik ist in ein Umweltprogramm (Umweltmanagementprogramm)
umzusetzen und im Rahmen eines *Umweltmanagementsystems* zu vollziehen. Die Organisationen verpflichten sich zur Erstellung von Umwelterklärungen, welche sodann von externen Umweltgutachtern zu überprüfen und
ggf. zu bestätigen sind. Die Umwelterklärungen sind zu veröffentlichen.

Durch fortlaufende interne Auditierung soll ein System innerbetrieblichen Umweltschutzes entstehen.

Die Umweltauditierung kann in einen Zusammenhang gebracht werden mit in Deutschland schon früher ansetzenden Versuchen, im Recht der innerbetrieblichen Organsation umweltschutzfördernde Strukturen zu schaffen, nämlich vor allem durch sogenannte Betriebsbeauftragte bzw. *Umweltschutzbeauftragte* (s. dazu auch *Teil IV 3.2).* In Anknüpfung an den auch sonst ausgeformten Gedanken der Eigenüberwachung sind in verschiedene Umweltgesetze Vorschriften aufgenommen worden, welche die Bestellung, die Aufgaben und die Rechtsstellung von Umweltschutzbeauftragten betreffen. Derartige Betriebsbeauftragte kennen das Immissionsschutzrecht, das Wasserrecht und das Abfallrecht. In diesen Kreis gehören auch Störfallbeauftragte, Strahlenschutzbeauftragte, (kerntechnische) Sicherheitsbeauftragte und Gefahrgutbeauftragte. Sie alle haben die Funktion, innerbetrieblich die Einhaltung von umweltschutzbezogenen Vorschriften zu überwachen, wobei den Betriebsbeauftragten auch die Aufgabe zukommt, zur Entwicklung umweltschutzbezogener Zielvorstellungen im Unternehmen beizutragen. Die Gesetze umschreiben im einzelnen die Aufgaben und Kompetenzen der Beauftragten, die ihrer Rechtsstellung nach nicht etwa in die staatliche Verwaltung einbezogen, vom Staat „im Rechtssinne" beauftragt oder gar „beliehen" sind (was die der Rechtsordnung nicht unbekannte Übertragung von Hoheitsbefugnissen auf eine Privatperson meint). Eine Sonderstellung nimmt dabei allerdings der Strahlenschutzbeauftragte ein, der seine Aufgaben verglichen mit den allgemeinen Betriebsbeauftragten in stärkerer Verselbständigung gegenüber dem Unternehmen wahrnimmt und gegenüber der Behörde in einer Rechtspflicht steht, nämlich einer solchen zu bestimmten Mitteilungen, für die die Ahndungsmöglichkeit als Ordnungswidrigkeit besteht.

Die in der Praxis wohl überwiegend im mittleren Management tätigen Umweltschutzbeauftragten könnten eine Stärkung ihrer Stellung im jeweiligen Unternehmen durch weitere gesetzliche Vorgaben für ihre Einbeziehung in innerbetriebliche Entscheidungsprozesse erfahren. Mitunter wird kritisiert, dass eine Divergenz zwischen der Außendarstellung und dem Ausmaß der inneren Befugnisse bestehe. Allerdings darf nicht übersehen werden, dass eine „Fremdbestimmung" des Unternehmens auf enge verfassungsrechtliche Grenzen stößt. Bei Einführung der Umweltschutzbeauftragten zunächst unternehmensseitig laut gewordene Kritik dahingehend, dass auch das geltende Recht derartige Grenzen überschreite, wird allerdings wohl nicht mehr geäußert.

In diesem Zusammenhang zu erwähnen sind auch die immissionsschutzrechtlich und abfallrechtlich bestehenden *Mitteilungspflichten* zur Betriebsorganisation, die für bestimmte Unternehmen gelten. Sie sollen den zuständigen Behörden konkrete Informationen namentlich auch über Ansprechpartner im Unternehmen verschaffen, was etwa in Gefahrenlagen Bedeutung gewinnen kann. So müssen Kapitalgesellschaften, die durch mehrere Personen vertreten werden, eine Person benennen, die für die Einhaltung der bestehenden gesetzlichen Verpflichtungen (jeweils sektoral begrenzt auf Immissionsschutzrecht oder Abfallrecht) besondere Verantwortung trägt. Auch sind Organisationspläne zu erarbeiten, denen sich die wesentlichen Zuständigkeiten und Weisungsbefugnisse entnehmen lassen.

Die schon umrissene *Umweltauditierung greift erheblich weiter aus.* Einstweilen handelt es sich hier nicht um ein Pflichtensystem, sondern um ein Verfahren mit *freiwilliger* Beteiligung, zu der die Rechtsordnung Anreize setzt. Teilnahmeberechtigt waren zunächst nur Unternehmen, die an einem oder mehreren Standorten bestimmte gewerbliche Tätigkeiten ausüben. Dazu gehören Unternehmungen des produzierenden Gewerbes in den Bereichen Bergbau, Ernährungswirtschaft, Textilindustrie, Papierherstellung und Druckgewerbe, chemische Industrie, Metallerzeugung, Maschinen- und Fahrzeugbau und weitere, auch die Bereiche der Energieerzeugung und die Entsorgungswirtschaft. Seit 2001 wurde die Teilnahmemöglichkeit auch auf Dienstleistungsunternehmen und Behörden erweitert.

Das Verfahren hat mehrere Stufen (vgl. Anhang IA EMAS), beginnt mit der Vorlage eines Konzepts für die Umweltpolitik der jeweiligen Organisation. Es schließt sich eine sogenannte Umweltprüfung an, womit eine Situationsbeschreibung, insbesondere im Blick auf die Einhaltung umweltrechtlicher Vorschriften und die wesentlichen Auswirkungen des jeweiligen Standorts auf die Umwelt gemeint ist (Anhang VII EMAS). Aus den Erkenntnissen der Umweltprüfung sind die Umweltziele des Unternehmens mit Blick auf die Umsetzung der Umweltpolitik der Organisation zu entwickeln. Schließlich ist ein Programm zur Verwirklichung dieser Ziele in der Organisation aufzustellen. Das Kernanliegen des Auditierungsrechts ist die Entwicklung von *Umweltmanagementsystemen* zur wirksamen Umsetzung der Umweltpolitik der Organisation, z.B. des Unternehmens.

Nach der ersten Umweltprüfung und einer Umweltbetreibsprüfung aller Bereiche einer Organisation, die wesentliche Umweltauswirkungen hervorrufen, ist eine sogenannte Umwelterklärung abzugeben, eine Beschreibung der Aktivitäten der Organisation und seiner wesentlichen Umweltauswirkungen. Es folgt eine Prüfung durch einen von der Organisation unabhängigen, aber einer Zulassung bedürftigen Umweltgutachter, welcher über die „Gültigkeit" (Validierung) der Umwelterklärung befindet, d.h. festzustellen hat, ob den vorstehend skizzierten Verfahrensschritten in genügender Weise entsprochen wurde. Dies führt zur Eintragung der Organisation in das sogenannte *EMAS-Register*, das die zuständige Industrie- und Handelskammer führt. Ferner ergibt sich die Berechtigung des Unternehmens zur Verwendung eines speziellen Zeichens (Anhang IV EMAS), sogenannte *Zertifizierung*. Hiermit darf nur für Produkte, Tätigkeiten und Dienstleistungen geworben werden, wenn jegliche Verwechslung mit Umwelt-Produktkennzeichnungen ausgeschlossen ist, im übrigen darf allgemeine Imagewerbung betrieben werden. Das Auditrecht regelt ferner die turnusmäßige Durchführung des Verfahrens, wobei es wesentlich darum geht, die Überprüfung zuvor aufgestellter Ziele zu ermöglichen. Die erneute Überprüfung kann auch zur Streichung aus dem EMAS-Register führen.

Eine Bewertung des noch relaiv jungen Umweltauditsrechts fällt derzeit noch schwer (Erfahrungsbericht: *Wagner/Budde 1997;* s. auch *Bohne 1998* u. *Knopp 2000*). Ein kritischer Punkt betrifft die Zulassung der Umweltgutachter, welche einer Deutschen Akkreditierungs- und Zulassungsgesellschaft für Umweltgutachter mbH überantwortet ist, die durch Wirtschaftsverbände gegründet wurde, aber insoweit Hoheitsrechte ausübt. Das Bundesumweltministerium hat einen Umweltgutachterausschuss bestellt, welcher Richtlinien für die Zulassung der Gutachter und die Aufsicht über zugelassene Gutachter formuliert hat. Die Auswahl des jeweiligen Gutachters ist dem Unternehmen überlassen, also (auch) dem Markt mit der Gefahr, dass „beschönigende" Evaluierungen Platz greifen. Das mag hinnehmbar erschienen sein, solange der „Wert" der Zertifizierung begrenzt war. Bereits mit der rechtlichen Besserstellung von registrierten Organisationen in der EMAS-Privilegierungs-Verordnung von 2001 ändern sich für diese die Mitteilungspflichten zur Betriebsorganisation, die Pflicht zur Bestellung von Betriebsbeauftragten, Emissionskontrollen sowie Nachweispflichten. Jedenfalls wenn die rechtliche Bedeutung der Zertifizierung auch derart gesteigert werden sollte, dass vom Ergebnis der Auditierung Erleichterungen bei der Zulassung (künftiger) Vorhaben abhängen, bedarf es eventuell einer neuen Austarierung des Verhältnisses staatlicher (Fremd-) und unternehmerischer (Selbst-)Kontrolle *(vgl. auch u. 6)*.

Das *Umweltinformationsgesetz* (UIG) setzt die europäische Umweltinformationsrichtlinie um und verschafft dem Bürger ohne Nachweis eines besonderen Interesses den Anspruch auf freien Zugang zu Information über die Umwelt, die bei einer Behörde oder bei einer privaten, jedoch mit öffentlich-rechtlichen Aufgaben im Bereich des Umweltschutzes betrauten Stelle vorhanden sind (s. für einen Überblick *Kremer 1994*). Dieser „grundsätzliche" Anspruch ist indessen vielfach eingeschränkt, etwa auch zum Schutz von Betriebs- und Geschäftsgeheimnissen. Nach Beanstandungen durch ein Urteil des Europäischen Gerichtshofs (dazu *Becker 1999)* wurde das Gesetz im August 2001 neu gefasst.

Das Gesamtthema „Umweltinformation" ist besonders vielschichtig. *Umweltstatistiken* werden vor allem für Zwecke der Umweltplanung genutzt. Ihre Aufstellung berührt bereits das Verhältnis von Umweltschutz und Datenschutz. Staatliche *Umweltberichterstattung* und Aufklärung erfolgt im Sinne von politischen Appellen und kann verfassungsrechtlich problematisch werden, sofern, etwa in Form einer „Warnung", ein bestimmtes Verhalten erreicht werden soll. Sind hiermit Eingriffe in das Marktgeschehen verbunden, stellt sich die Frage nach dem Erfordernis einer gesetzlichen Ermächtigung (s. *Leidinger 1993*). Die Vergabe von *Umweltzeichen* ist ebenfalls eine wettbewerbsbeeinflussende Maßnahme, was nach geordneten Vergabeverfahren verlangt. In diesem weiteren Zusammenhang sind Zugangsrechte zu Umweltinformationen, wie sie das angesprochene Gesetz verschafft, ebenfalls ein Instrument indirekter Verhaltenssteuerung, weil hiermit dazu beigetragen werden soll, das Bewusstsein für Erfordernisse des Umweltschutzes bei Bürgern, aber auch bei Behörden zu fördern. Bürger und Medien erhalten auf diese Weise auch Kontrollpotenzial.

Für den Zugang (auch) zu Umweltinformationen galt bis zum Erlass des UIG eine Rechtslage, die sich an dem Grundsatz *„beschränkter Aktenöffentlichkeit"* ausrichtet, d.h. eine Begrenzung von Akteneinsichtsrechten auf Verfahrensbeteiligte. Darüber hinausführende Informationsmöglichkeiten ergeben sich durch das Erfordernis öffentlicher Auslegung von Genehmigungsunterlagen, etwa im Verfahren der immissionsschutzrechtlichen Genehmigungserteilung. Das UIG verwirklicht für *„jedermann"* und *verfahrensunabhängig* ein Recht auf Zugang zu Informationen, auch für juristische Personen des Privatrechts. Anspruchsverpflichtet sind Behörden sowie solche private Dritte, die öffentliche Aufgaben im Bereich des Umweltschutzes wahrnehmen und behördlicher Aufsicht unterliegen, wie z.B. privatrechtlich organisierte Betriebe der Abfallentsorgung. Der Anspruch erfasst Daten über den Zustand der Umwelt sowie objektive Beeinträchtigungen der Umwelt durch menschliche Betätigung, auch umweltschützende Aktivität. Es besteht dabei *kein Anspruch auf Akteneinsicht*. Vielmehr kann an deren Stelle nach pflichtgemäßer Ermessensentscheidung auch ein bloßer *Auskunftsanspruch* treten.

Bemerkenswert ist, dass in ausländischen Rechtsordnungen, welche schon seit längerem Umweltinformationsrechte kennen, die Erfahrung gemacht wurde, dass namentlich Unternehmen solche Möglichkeiten nutzten, um ggf. Informationen über andere Unternehmen zu erlangen. Aus betrieblicher Sicht können Regelungen zur Umweltinformation im übrigen auch die Perspektive einer (vorteilhaften) öffentlichen Selbstdarstellung erlangen und insofern in einem gewissen Zusammenhang mit der zuvor angesprochenen Auditierung gesehen werden.

Grundzüge des Verwaltungsverfahrens

Die *allgemeinen* Vorschriften über die Durchführung von Verwaltungsverfahren finden sich im Verwaltungsverfahrensgesetz des Bundes vom 25.5.1976 (VwVfG) und weithin gleichlautenden Verwaltungsverfahrensgesetzen der Länder. Zahlreiche umweltrechtliche Einzelgesetze enthalten jedoch *besondere Verfahrensvorschriften*, so z.B. § 10 BImSchG und die 9. BImSchVO betreffend das Genehmigungsverfahren für dem BImSchG unterfallende genehmigungsbedürftige Anlagen. Für zahlreiche Vorhaben, deren Zulässigkeit sich nach verschiedenen Einzelgesetzen bemisst, also nur einen Ausschnitt aus der umweltrechtlichen Vorhabenzulassung, fordert das UVPG die Durchführung einer *Umweltverträglichkeitsprüfung*.

Unter einem Verwaltungsverfahren versteht man die nach außen wirkende Tätigkeit der Behörden, die auf die Prüfung der Voraussetzungen, die Vorbereitung und den Erlass eines Verwaltungsakts oder auf den Abschluss eines öffentlich-rechtlichen Vertrages gerichtet ist; es schließt den Erlaß eines Verwaltungsaktes oder den Abschluß eines öffentlich-rechtlichen Vertrages ein.

Abbildung 32: *Verwaltungsverfahren*

Verwaltungsverfahren

Allgemeines Verwaltungsverfahren (§ 9 ff. VwVfG)

- **Behördenzuständigkeit** - örtlich: § 3 VwVfG
  - sachlich (Verbandszuständigkeit, Ressort-
    zuständigkeit und instantielle Zuständigkeit)
- **Beteiligte** (Antragsteller, Antragsgegner, Dritte): § 13 VwVfG
- **Verfahrensbeginn** nach pflichtgemäßem Ermessen oder auf Antrag
  (Ausnahme: von Amts wegen)
- **Untersuchungsgrundsatz**
  bei Sachverhaltsermittlung (§ 24)
- **Ermessen** (§ 40 VwVfG)

- **Anhörung Beteiligter** (§ 28) ⇔
- **Akteneinsicht** (§ 29) ⇔

**Förmliches Verwaltungsverfahren /
Planfeststellungsverfahren
(§§ 63 ff., 72 ff. VwVfG)**

- **schriftliche Ladung** und
- **mündliche Verhandlung** (§ 67)
- **Anhörungsverfahren** (§ 73)
- **Auslegung** (§ 73 Abs. 3)
- **Einwendungen Betroffener**
- **Planfeststellungsbeschluß**

§ 9 VwVfG Begriff des Verwaltungsverfahrens
Das Verwaltungsverfahren im Sinne dieses Gesetzes ist die nach außen
wirkende Tätigkeit der Behörden, die auf die Prüfung der Voraussetzungen, die Vorbereitung und den Erlass eines Verwaltungsakts gerichtet
ist; es schließt den Erlass eines Verwaltungsaktes oder den Abschluss
eines öffentlich-rechtlichen Vertrages ein.

Am Verwaltungsverfahren beteiligt sind im wesentlichen der *Antragsteller*,
der *Adressat des Antrags* sowie *Dritte*, deren rechtliche Interessen durch
den Ausgang des Verfahrens berührt werden können.

Ob und wann die Behörde ein Verfahren durchführt, entscheidet sie
grundsätzlich nach ihrem pflichtgemäßen Ermessen. Das gilt nicht, wenn
die Behörde aufgrund gesetzlicher Vorgaben von Amts wegen oder auf
Antrag tätig werden muss.

Für ihre Entscheidungen maßgebliche Fakten ermittelt die Behörde von Amts wegen (sogenannter *Untersuchungsgrundsatz,* teilweise überlagert durch das Kooperationsprinzip ausformende Verfahrensvorschriften, s.o.).

Bevor ein Verwaltungsakt erlassen wird, der in Rechte eines Beteiligten eingreift, ist diesem Gelegenheit zu geben, sich zu den für die Entscheidung erheblichen Tatsachen zu äußern (Anhörung). Soweit die Kenntnis des Inhalts von Akten zur Geltendmachung oder Verteidigung rechtlicher Interessen erforderlich ist, hat die Behörde den beteiligten Interessenträgern Einsicht in die das Verfahren betreffenden Akten zu geben (vgl. demgegenüber das an solche Einschränkungen nicht gebundene allgemeine Zugangsrecht zu Informationen über die Umwelt nach dem UIG, s.o., das aber anderen Beschränkungen unterliegt).

Unterschieden wird zwischen *förmlichen* und *nicht-förmlichen Verfahren.* Gemeint ist mit „Nicht-Förmlichkeit" der Umstand, dass für eine konkrete Entscheidung keine besonderen Verfahrensvorschriften bestehen. Solche gibt es für das „förmliche" Verwaltungsverfahren nach den §§ 63 ff. VwVfG und seine besondere Spielart, das Planfeststellungsverfahren gem. § 72 ff. VwVfG als – ordnungsrechtliche – Einzelfallentscheidung mit planerischen Elementen. Das VwVfG sieht in den §§ 35 ff. besondere Regeln für den Verwaltungsakt als Produkt des Verwaltungsverfahrens vor, in den §§ 54 ff. solche für den öffentlich-rechtlichen Vertrag.

Im Zusammenhang mit Verwaltungsakten ist wichtig, dass nur besonders schwerwiegende Fehler zu deren Nichtigkeit führen und insbesondere verschiedene Verfahrens- oder Formfehler auch nachträglich geheilt werden können. Ein Verwaltungsakt, der nicht nichtig ist, besitzt ungeachtet einer möglichen Rechtswidrigkeit Wirksamkeit und erlangt, wird er nicht erfolgreich angefochten, rechtlichen Bestand. Er kann durch die Behörde allerdings unter bestimmten Voraussetzungen zurückgenommen werden. Auch ein rechtmäßiger Verwaltungsakt kann – unter noch engeren Voraussetzungen, namentlich zur Wahrung öffentlicher Interessen – aufgehoben, nämlich widerrufen werden. In Ansehung rechtswidriger, aber etwa einen Dritten direkt oder indirekt belastender Verwaltungsakte besteht also Anlass zur Inanspruchnahme von Rechtsbehelfen durch den Dritten, um die ansonsten bei Ablauf der Anfechtungsfristen eintretende Bestandskraft zu verhindern.

Im Umweltrecht erfährt das allgemeine Verwaltungsverfahrensrecht eine wichtige, zahlreiche Rechtsfragen aufwerfende Ergänzung durch das

Recht der *Umweltverträglichkeitsprüfung* (s. im Überblick *Schink 1998*). Der Begriff Umweltverträglichkeitsprüfung ist amerikanischem Sprachgebrauch nachgebildet (environmental impact assessment). Gemeint sind Verfahrensregeln, deren Anwendung in die behördlichen Entscheidungsprozesse möglichst frühzeitig umfassende Erkenntnisse über die Umweltauswirkungen eines beabsichtigten Vorhabens einbringen soll (s. *Peters 1996*).

Das *UVPG* (des Bundes, ergänzt durch einige landesrechtliche Regelungen) dient der Umsetzung einer europäischen Richtlinie von 1985, welche in den 90er Jahren geändert und durch weitere Richtlinien ergänzt wurde. Es bildet daher in seiner heute geltenden Fassung verschiedene Richtlinien ab. Das Gesetz enthält Anforderungen an die vom Träger des Vorhabens zu übermittelnden Unterlagen und regelt die Behörden- und Öffentlichkeitsbeteiligung (Einholung von Stellungnahmen verschiedener Behörden, Auslegung von Unterlagen, Einwendungen aus der Öffentlichkeit, deren Erörterung). Die Entscheidungsphase im engeren Sinne setzt ein mit der *zusammenfassenden Darstellung* der Auswirkungen des Vorhabens auf die Umweltgüter einschließlich von *Wechselwirkungen* in dem Sinne, dass etwa auch der Frage nachzugehen ist, ob und inwieweit die zum Schutz eines Umweltmediums in Betracht kommenden Maßnahmen sich nachteilig auf ein anderes Umweltmedium auswirken. Auf dieser Grundlage führt die Umweltverträglichkeitsprüfung zur *Bewertung* der Umweltauswirkungen und schließlich zu ihrer *Berücksichtigung* innerhalb der nach dem jeweils einschlägigen Einzelgesetz (Fachgesetz) zu treffenden Entscheidung über das Vorhaben. Für die Bewertung soll nach dem Gesetz der Gesichtspunkt „wirksamer Umweltvorsorge" eine tragende Rolle spielen.

Sowohl hinsichtlich der Bewertungsmaßstäbe wie des Ausmaßes gebotener oder auch nur möglicher Berücksichtigung bei der Entscheidung über die Vorhabenzulassung bestehen rechtliche Unsicherheiten. Das betrifft vor allem Vorhaben, auf deren Zulassung bei Vorliegen der im einschlägigen Fachgesetz geregelten Anforderungen ein Rechtsanspruch besteht, wie es bei der immissionsschutzrechtlichen Anlagenzulassung der Fall ist. Wenig geklärt sind auch Fragen im Zusammenhang mit den Rechtsfolgen fehlerhafter oder unterbliebener Umweltverträglichkeitsprüfungen sowie solcher nach dem Rechtsschutz an deren Durchführung interessierter Dritter. Schließlich hat der Europäische Gerichtshof im Oktober 1998 die Umsetzung der erwähnten Richtlinie durch das UVPG bemängelt: Sie war verspätet erfolgt, und sie werde den europäischen Vorgaben vor allem dadurch nicht gerecht, dass sie bestimmte Vorhaben vom Erfordernis einer Umweltverträglichkeitsprüfung freistelle. Damit hat der Gerichtshof im Ergebnis den Anwendungbereich des geschilderten Verfahrens in Deutschland erweitert (bzw. eine dem europäischen Recht zu entnehmende Verpflichtung verbindlich festgestellt). Neuer Umsetzungsbedarf im deutschen Umweltrecht wird durch die EG-Richtlinie 2001/42/EG über die Prüfung der Umweltauswirkungen bestimmter Pläne und Programme von 2001 ausgelöst, die sich auf Pläne und Programme von Behörden in bestimmten Bereichen bezieht, die voraussichtlich erhebliche Umweltauswirkungen haben und durch die der Rahmen für die künftige Genehmigung aufgelisteter Projekte gesetzt wird.

Auf den Abbau von Verfahrenskomplexität unter dem Motto *Beschleunigung* zielen in den letzten Jahren verschiedene gesetzliche Maßnahmen, die teilweise auch mit Erfordernissen zügigen infrastrukturellen Ausbaus in den neuen Ländern begründet wurden (so etwa das Verkehrswegebeschleunigungsgesetz von 1991), sich aber nicht hierauf beschränken. Ein Genehmigungsverfahrensbeschleunigungsgesetz von 1996 hat das allgemeine Verfahrensrecht mit gleicher Zielrichtung verändert. Auch wenn Verfahrensbeschleunigung für sich genommen ein sinnvolles Ziel ist, besteht die Sorge, dass der Abbau von Beteiligungsmöglichkeiten (und auch die Reduzierung des Rechtschutzes) zu einer Hintanstellung ökologischer Belange bei der Entscheidungsfindung führen kann (s. *Koch 1997*).

Gerichtliche Kontrolle

Die Überprüfung der Rechtmäßigkeit von verwaltungsbehördlichen Entscheidungen erfolgt im verwaltungsgerichtlichen Verfahren. Zuständig hierfür ist die *Verwaltungsgerichtsbarkeit*, die für alle öffentlich-rechtlichen Streitigkeiten nicht-verfassungsrechtlicher Art gegeben ist, soweit solche Streitigkeiten nicht durch Bundesgesetz einem anderen Gericht ausdrücklich zugewiesen sind. Die Verwaltungsgerichtsbarkeit wird durch Verwaltungsgerichte, Oberverwaltungsgerichte (in jedem Land) und das Bundesverwaltungsgericht ausgeübt.

Mit einer verwaltungsgerichtlichen Klage kann etwa ein Verwaltungsakt angefochten (Anfechtungsklage) oder auch die Verpflichtung einer

Abbildung 33: *Gerichtsgliederung*

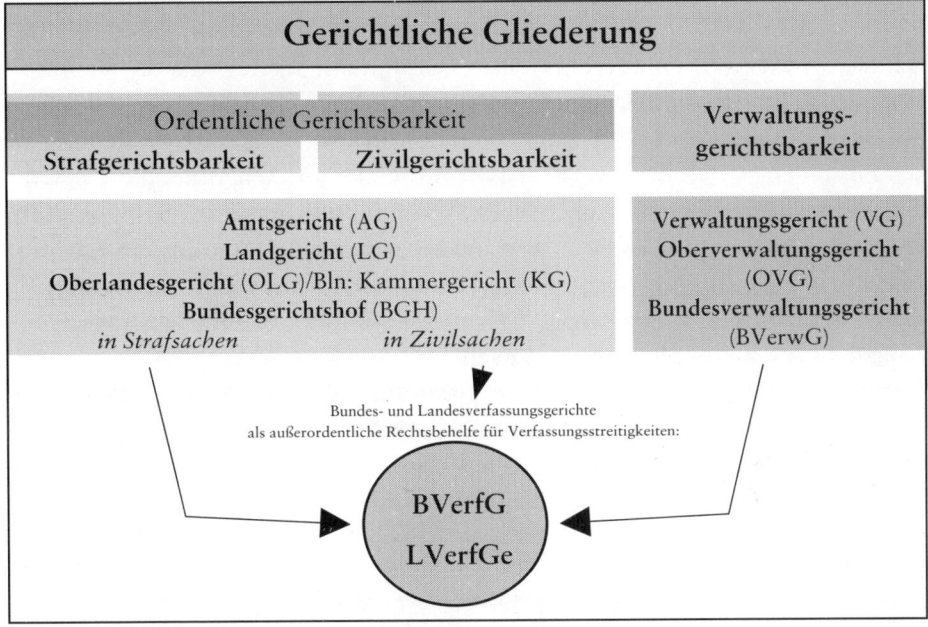

Behörde zum Erlass eines Verwaltungsakts (Verpflichtungsklage) erreicht werden. In diesen beiden Fällen hat vorher ein so genanntes Vorverfahren, das Widerspruchsverfahren, stattzufinden. Dies ist noch kein gerichtliches Verfahren, sondern dessen Voraussetzung. Im Widerspruchsverfahren entscheidet „nochmals" die Behörde: Die Ausgangsbehörde kann dem Widerspruch durch Aufhebung oder Änderung ihrer ursprünglichen Entscheidung abhelfen oder aber die Sache der nächsthöheren Behörde zum Erlass eines Widerspruchsbescheides zuleiten. Eines solchen Vorverfahrens bedarf es allerdings nur bei Entscheidungen im nicht-förmlichen Verwaltungsverfahren (s.o.), nicht aber bei solchen, die im förmlichen Verwaltungsverfahren oder im Planfeststellungsverfahren ergangen sind. Modifizierungen können sich wiederum aus den Fachgesetzen ergeben.

Für die schon angesprochenen wichtigsten Klagearten – die Anfechtungsklage und die Verpflichtungsklage – besteht ein gemeinsames Zulässigkeitserfordernis (das übrigens auch bei anderen Klagearten des Verwaltungsprozesses gewisse Entsprechungen findet): die *Klagebefugnis*. Damit ist gemeint, dass derjenige, der gerichtlichen Rechtsschutz erlangen möchte, über ein *subjektives Recht* verfügt, das den Erfolg der Sache jedenfalls als möglich erscheinen lässt. Mit anderen Worten: Klagen ermöglichen nicht jedermann die gerichtliche Überprüfung der Rechtmäßigkeit von Verwaltungsakten. Der Rechtsschutz ist individualisiert, die so genannte Popularklage ausgeschlossen. Ein Kläger muss geltend machen (können), durch den Verwaltungsakt oder dessen Ablehnung oder Unterlassung in seinen (eigenen) Rechten verletzt zu sein. Geltendmachen heißt in diesem Zusammenhang: Er muss nachvollziehbar die Möglichkeit darlegen, dass die Dinge so liegen. Ist die Klage in dieser (und jeder anderen Hinsicht) zulässig, so setzt sich diese Subjektivierung auch bei der Entscheidung über ihre Begründetheit fort. Erfolg hat die Klage nur, wenn und soweit der Kläger durch die beanstandete Entscheidung in *seinen* Rechten verletzt ist. Nicht „jede" Rechtswidrigkeit führt also zum Erfolg der Klage. Ist indessen der Verwaltungsakt rechtswidrig und der Kläger dadurch in seinen Rechten verletzt, so hebt das Gericht im Falle der Anfechtungsklage den Verwaltungsakt und den etwaigen Widerspruchsbescheid auf.

Abbildung 34: *Verwaltungsgerichtliche Klage*

Verwaltungsgerichtliche Klage

ggf. Vorverfahren: **Widerspruchsverfahren** (§§ 68 ff. VwGO)

Verwaltungsgerichtliche Klage

- **zuständiges Gericht**: *Verwaltungsgericht*
  (Ausnahme: Oberverwaltungsgericht, § 48 VwGO)
- **Klagearten**: *Anfechtungsklage, Verpflichtungsklage, ...*
- **Klagebefugnis**: ⇨ *Geltendmachung* einer
  ⇨ *Verletzung* ⇨ *eigener* ⇨ *Rechte (**Schutznormtheorie**)*
- Begrenztheit der Kontrolle (**Kontrolldichte**) bei:

  ⇨ *Ermessensentscheidungen* der Verwaltung: Anspruch
     auf ermessensfehlerfreie Entscheidung (§ 114 VwGO)

  ausnahmsweise: Ermessensreduzierung auf Null bei:

  ⇨ *unbestimmten Rechtsbegriffen*, ⇨ *Planungsermessen*,
  ⇨ *Prognoseentscheidungen*

Im Falle einer Verpflichtungsklage kann das Gericht lediglich die Verpflichtung der Behörde aussprechen, die beantragte Amtshandlung vorzunehmen, dies aber nicht durch eine eigene Entscheidung ersetzen: Das Gericht „genehmigt" nicht die auf Antrag rechtswidrig versagte Anlagengenehmigung, sondern reicht die Angelegenheit an die Behörde zurück.

Das Erfordernis der eigenen subjektiven Berechtigung bereitet keine Probleme, wenn sich jemand gegen einen an ihn ergangenen oder ihm gegenüber auf Antrag unterlassenen Verwaltungsakt wendet, wohl aber für so genannte *Dritte*. Dies werden oft Personen sein, die sich im Einwirkungsbereich einer umweltrelevanten Anlage oder eines sonstigen Vorhabens befinden oder jedenfalls Auswirkungen auf sich besorgen. Nach früherer Rechtslage war es solchen Personen nur möglich, mit Mitteln des Privatrechts ihren Rechtsschutz zu suchen – wenig ertragreich, da es Vorschriften für die Koordination des Verhältnisses von Privatrecht und öffentlichem Recht gibt, welche öffentlich-rechtlichen Zulassungsentscheidungen den Effekt beimessen, privatrechtliche Abwehransprüche gerade abzuschneiden. In der deutschen Nachkriegszeit hat indessen das Phänomen der *Nachbarklage* eine weite Ausbreitung erfahren, weitgehend entwickelt durch die Rechtsprechung. Referenzgebiet dieser Entwicklung war zunächst das Baurecht, für das Nachbarstreitigkeiten über die Nutzung insbesondere von Anrainergrundstücken geradezu typisch sind. Dort bildete sich der Ansatz heraus, dass es für die Rügefähigkeit einer die Rechtswidrigkeit eines Verwaltungsakts (etwa einer Baugenehmigung) hervorbringenden Vorschrift des Baurechts durch den Nachbarn darauf ankomme, ob diese Vorschrift allein im öffentlichen Interesse besteht oder aber von der Rechtsordnung eingesetzt wird, um zumindest auch dem Schutz von Individualinteressen zu dienen (sog. *Schutznormtheorie*).

Die hierzu im Baurecht entstandenen Grundsätze haben sich in den Teilgebieten des Umweltrechts weiter entfaltet und sind dort teilweise auch modifiziert worden. Der Ansatz der Schutznormtheorie prägt dabei nach wie vor die Rechtslage, jedenfalls in der Praxis. Wie kann man einer Norm entnehmen, ob sie „nur" öffentliche Interessen oder eben gerade auch diejenigen von Nachbarn oder noch weiteren Personenkreisen schützen möchte? Dies richtet sich nach den allgemeinen Grundsätzen zur Auslegung von Rechtsvorschriften. Es kommt also zunächst auf deren jeweiligen Wortlaut an, auf erkennbare gesetzgeberische Intentionen, auf systematische Zusammenhänge, auf grundrechtliche Hintergründe im Sinne verfassungskonformer Auslegung *(s.o. 2.1)*. Nennt eine Rechtsvorschrift ausdrücklich die Nachbarn und lässt sie so erkennen, dass sie auch deren Schutz in ihr Regelungsprogramm aufnimmt, so ist die Vorschrift nachbarschützend. Nachbarn können also in diesem Fall zulässigerweise klagen, und ihre Klage hat Erfolg, wenn die von ihnen angegriffene Entscheidung rechtswidrig ist.

So liegt es etwa bei § 5 Abs. 1 Nr. 1 BImSchG als *Prototyp einer nachbarschützenden umweltrechtlichen Bestimmung* (dazu *Kunig 1987*). § 5 Abs. 1 Nr. 2 BImSchG indessen, der die Betreiberpflicht zur Vorsorge zu einer Genehmigungsvoraussetzung erklärt, handelt nicht von Nachbarn. Der Wortlaut spricht also gegen eine nachbarschützende Wirkung, gestärkt durch das „systematische Argument" des Abgleichs der beiden unmittelbar nebeneinanderstehenden Grundpflichten in § 5 I BImSchG.

---

§ 5 BImSchG
Pflichten der Betreiber genehmigungsbedürftiger Anlagen

(1) Genehmigungsbedürftige Anlagen sind so zu errichten und zu betreiben, dass zur Gewährleistung eines hohen Schutzniveaus für die Umwelt insgesamt

1. schädliche Umwelteinwirkungen und sonstige Gefahren, erhebliche Nachteile und erhebliche Belästigungen für die Allgemeinheit und die Nachbarschaft nicht hervorgerufen werden können;
2. Vorsorge gegen schädliche Umwelteinwirkungen und sonstige Gefahren, erhebliche Nachteile und erhebliche Belästigungen getroffen wird, insbesondere durch die dem Stand der Technik entsprechenden Maßnahmen;
3. Abfälle vermieden, nicht zu vermeidende Abfälle verwertet und nicht zu verwertende Abfälle ohne Beeinträchtigung des Wohls der Allgemeinheit beseitigt werden; Abfälle sind nicht zu vermeiden, soweit die Vermeidung technisch nicht möglich oder nicht zumutbar ist; die Vermeidung ist unzulässig, soweit sie zu nachteiligeren Umweltauswirkungen führt als die Verwertung; die Verwertung und Beseitigung von Abfällen erfolgt nach den Vorschriften des Kreislaufwirtschafts- und Abfallgesetzes und den sonstigen für die Abfälle geltenden Vorschriften;
4. Energie sparsam und effizient verwendet wird.

Abbildung 35: *Gerichtlicher Rechtsschutz*

Gerichtlicher Rechtsschutz

1. Schutz vor Maßnahmen des Staates

- Abwehrrechte des Adressaten eines belastenden Verwaltungsakts

- Anspruch auf begünstigendes Verwaltungshandeln

- Anspruch auf ermessensfehlerfreie Entscheidung

2. Schutz vor Umweltbelastungen (Drittschutz)

- im Baurecht: Nachbarschutz

- im Umweltrecht: Drittschutz (z.B. Schutzpflicht des § 5 Abs. 1 Nr. 1 BImSchG im Gegensatz zur Vorsorgepflicht des § 5 Abs. 1 Nr. 2 BImSchG)

Erweist sich eine Norm als nachbarschützend, so bedarf freilich der Klärung, *wer als Nachbar* zu verstehen ist. Im baurechtlichen Kontext gilt als Nachbar grundsätzlich nur der Eigentümer eines benachbarten Grundstücks, wobei die Rechtsentwicklung darüber hinausgegangen ist, unter Nachbargrundstück, also im Sinne einer räumlichen Umgrenzung des Nachbarbegriffs, lediglich das unmittelbar anrainende Grundstück zu verstehen. Eine solche räumliche Begrenzung wäre für das Umweltrecht von vornherein sinnwidrig. Wenn es „Nachbarn" mit eigener Rechtsverfolgungsmacht ausstattet, wird es sie zur Abwehr der spezifischen Umweltgefahren befugen, welche das jeweilige Gesetz zu regeln bestimmt ist. Demzufolge kommt es für das Immissionsschutzrecht auf den Einwirkungsbereich der jeweiligen Anlage an. Für das Atomrecht ist offenkundig ein besonders weiter räumlicher Bereich anzusetzen.

Im Unterschied zum Baurecht stellt die Zuerkennung subjektiver Rechte im Umweltrecht auch nicht auf die Eigentumslage ab, sondern auf verfestigten Aufenthalt. Es reicht Besitz, also auch der Mieter ist klageberechtigt, im Ergebnis jeder, der einen Lebensschwerpunkt im Einwirkungsbereich hat. Denn anders als das Baurecht dient jedenfalls das Immissions-schutzrecht nicht dem Schutz von Grundeigentum, sondern (auch) von gesundheitlichen Interessen.

Insgesamt hat der umweltrechtliche „Nachbar"-Schutz eine erhebliche *Ausweitung* erfahren. Er besteht im Immissionsschutzrecht (dort im Be-reich der genehmigungsbedürftigen Anlagen allerdings, wie gesagt, nicht in bezug auf die Einhaltung des Vorsorgegrundsatzes), und er gilt auch im Bereich der nicht-genehmigungsbedürftigen Anlagen. Nachbarn kommen nicht nur ins Spiel, wenn es um Genehmigungen geht, sondern können auch nachträgliches Einschreiten erzwingen.

3.2 Recht als Handlungsbedingung und als Gestaltungselement für Unternehmen

Der vorstehende Unterabschnitt 3.1 hat die Instrumente umweltrechtlicher Gestaltung aus der Perspektive des Vollzugs des Umweltrechts durch die Verwaltung und der gerichtlichen Kontrolle solchen Vollzugs geschildert. Dabei wurde deutlich, dass das Recht speziell für Unternehmen sich in vielfältiger Hinsicht als Handlungsbedingung darstellt, doch zeigte es sich auch als ein Element unternehmerischer Gestaltung. Beide Gesichtspunkte sollen im folgenden aus dem *Blickwinkel der Unternehmen* bilanzierend aufgegriffen werden, um auf den nachfolgenden Abschnitt über drei aus-gewählte Teilgebiete des Umweltrechts vorzubereiten.

Das Recht ist *Rahmenbedingung unternehmerischen Handelns* insofern, als es *Entscheidungsspielräume begrenzt.* Das reicht hin bis zum Aus-schluss von Handlungsoptionen: Bestimmte Verhaltensweisen sind rechts-widrig. Andererseits zeigte sich, dass das Umweltrecht für Unternehmen *auch Ansprüche* bereithält. Das gilt zunächst für das Verfassungsrecht, so-weit Unternehmer (als Einzelpersonen) oder Unternehmen (als juristische Personen privaten Rechts) Grundrechtsträger sind und demzufolge Inhaber von Abwehransprüchen gegenüber behördlicher Einwirkung auf ihr Ver-halten. In diesem Zusammenhang fanden namentlich die Berufsfreiheit und der Eigentumsschutz und die daraus folgenden Ansprüche Erwähnung, vor unverhältnismäßigem staatlichen Handeln verschont zu bleiben.

Auch das einfache Gesetzesrecht beinhaltet aber Ansprüche, insbeson-dere solche auf Zulassung einer umweltbelastenden Verhaltensweise nach der Durchführung eines rechtlich geordneten Kontrollverfahrens. In diesem Spannungsfeld zwischen strikten Grenzen der Umweltbelastung und einem rechtlich geschützten Freiheitsbereich für die rechtmäßige Umweltbelastung durch ein Unternehmen besteht eine Vielzahl von Optionen. Bei der Wahrnehmung dieser Optionen wirkt das Recht als ein Element *unternehmerischer Gestaltung.*

Bevor dieser zweite Aspekt noch einmal angesprochen wird, soll die prinzipiell schärfste Grenze für (auch) unternehmerische Umweltschädigung zur Sprache kommen, das *Strafrecht.* Schon bei der einleitenden Umschreibung des „Umweltrechts als Rechtsgebiet" *(s.o. 1.2)* wurde erwähnt, dass neben dem – verfassungsrechtlich und europarechtlich vielfach mitgeprägten – Umweltverwaltungsrecht und dem privaten Umweltrecht das Umweltstrafrecht steht. Es wurde schon darauf hingewiesen, dass das Umweltstrafrecht in der modernen Entwicklung der auf Umweltschutz zielenden Gesamtrechtsordnung nur eine randständige Rolle spielt: Die Sanktion der Strafe kann nicht eingesetzt werden, um gegebene Umweltzustände zu verbessern; sie kann höchstens zur Erhaltung des Status quo beitragen. Insofern kommt dem Umweltstrafrecht allerdings eine wichtige Ergänzungsfunktion zu. Das gilt auch für das *Umweltordnungswidrigkeitenrecht.* Strafrecht und Ordnungswidrigkeitenrecht haben gemeinsam, dass eine Sanktion für schuldhaft begangenes, rechtswidriges Verhalten verhängt werden kann, und zwar durch eine staatliche Instanz. Bei den Ordnungswidrigkeiten geht es (lediglich) um so genanntes Verwaltungsunrecht, das mit Bußgeldern geahndet wird. Das Verfahren liegt in behördlicher Hand, die Rechtsgrundlagen sind innerhalb der einzelnen Umweltverwaltungsgesetze geregelt und werden im Rahmen des Gesetzes über Ordnungswidrigkeiten (OWiG) angewandt. Straf-rechtliche Ahndung betrifft demgegenüber kriminelles Unrecht, liegt in der Hand gesonderter Strafverfolgungsbehörden und beruht auf gerichtlicher Entscheidung. Zur Geldstrafe tritt die Freiheitsstrafe als eine mögliche Sanktion.

Das Umweltstrafrecht ist als eigenständiger (29.) Abschnitt des Besonderen Teils des *Strafgesetzbuchs* (StGB) in den §§ 324 bis 330d geregelt. Auch in Fachgesetzen gibt es aber strafrechtliche Bestimmungen, so im Chemikalienrecht. Durch das Sechste Gesetz zur Reform des Strafrechts vom 26.1.1998 wurden umfangreiche Änderungen eingeführt, die auch die Straftaten gegen die Umwelt betreffen.

Straftaten gegen die Umwelt (einige Beispiele)

§ 324 Gewässerverunreinigung

(1) Wer unbefugt ein Gewässer verunreinigt oder sonst dessen Eigenschaften nachteilig verändert, wird mit Freiheitsstrafe bis zu fünf Jahren oder mit Geldstrafe bestraft.

(2) Der Versuch ist strafbar.

(3) Handelt der Täter fahrlässig, so ist die Strafe Freiheitsstrafe bis zu drei Jahren oder Geldstrafe.

§ 327 Unerlaubtes Betreiben von Anlagen

(1) Wer ohne die erforderliche Genehmigung oder entgegen einer vollziehbaren Untersagung

1. eine kerntechnische Anlage betreibt, eine betriebsbereite oder stillgelegte kerntechnische Anlage innehat oder ganz oder teilweise abbaut oder eine solche Anlage oder ihren Betrieb wesentlich ändert oder

2. eine Betriebsstätte, in der Kernbrennstoffe verwendet werden, oder deren Lage wesentlich ändert,

wird mit Freiheitsstrafe bis zu fünf Jahren oder mit Geldstrafe bestraft.

(2) Mit Freiheitsstrafe bis zu drei Jahren oder mit Geldstrafe wird bestraft, wer

1. eine genehmigungsbedürftige Anlage oder eine sonstige Anlage im Sinne des Bundes-Immissionsschutzgesetzes, deren Betrieb zum Schutz vor Gefahren untersagt worden ist,

2. eine genehmigungsbedürftige oder anzeigepflichtige Rohrleitungsanlage zum Befördern wassergefährdender Stoffe im Sinne des Wasserhaushaltsgesetzes oder

3. eine Abfallentsorgungsanlage im Sinne des Kreislaufwirtschafts- und Abfallgesetzes

ohne die nach dem jeweiligen Gesetz erforderliche Genehmigung oder Planfeststellung oder entgegen einer auf dem jeweiligen Gesetz beruhenden vollziehbaren Untersagung betreibt.

(3) Handelt der Täter fahrlässig, so ist die Strafe

1. in den Fällen des Absatzes 1 Freiheitsstrafe bis zu drei Jahren oder Geldstrafe,

2. in den Fällen des Absatzes 2 Freiheitsstrafe bis zu zwei Jahren oder Geldstrafe.

§ 330 Besonders schwerer Fall einer Umweltstraftat

(1) In besonders schweren Fällen wird eine vorsätzliche Tat nach den §§ 324 bis 329 mit Freiheitsstrafe von sechs Monaten bis zu zehn Jahren bestraft. Ein besonders schwerer Fall liegt in der Regel vor, wenn der Täter

1. ein Gewässer, den Boden oder ein Schutzgebiet im Sinne des § 329 Abs. 3 derart beeinträchtigt, dass die Beeinträchtigung nicht, nur mit außerordentlichem Aufwand oder erst nach längerer Zeit beseitigt werden kann,

2. die öffentliche Wasserversorgung gefährdet,

3. einen Bestand von Tieren oder Pflanzen der vom Aussterben bedrohten Arten nachhaltig schädigt oder
4. aus Gewinnsucht handelt.

(2) Wer durch eine vorsätzliche Tat nach den §§ 324 bis 329
1. einen anderen Menschen in die Gefahr des Todes oder einer schweren Gesundheitsschädigung oder eine große Zahl von Menschen in die Gefahr einer Gesundheitsschädigung bringt oder
2. den Tod eines anderen Menschen verursacht,
wird in den Fällen der Nummer 1 mit Freiheitsstrafe von einem Jahr bis zu zehn Jahren, in den Fällen der Nummer 2 mit Freiheitsstrafe nicht unter drei Jahren bestraft, wenn die Tat nicht in § 330a Abs. 1 bis 3 mit Strafe bedroht ist.

(3) In minder schweren Fällen des Absatzes 2 Nr. 1 ist auf Freiheitsstrafe von sechs Monaten bis zu fünf Jahren, in minder schweren Fällen des Absatzes 2 Nr. 2 auf Freiheitsstrafe von einem Jahr bis zu zehn Jahren zu erkennen.

Die meisten Delikte des Umweltstrafrechts sind als so genannte *abstrakte Gefährdungsdelikte* ausgestaltet, was besagt, dass bereits die generelle Gefährlichkeit einer Handlung (nicht also erst die konkrete Gefährdung oder gar die tatsächliche Verletzung eines Rechtsguts) die Strafbarkeit herbeiführt. Schon aus verfassungsrechtlichen Gründen muss Strafrecht „Schuldstrafrecht" sein, darf nur vorsätzliches oder fahrlässiges Handeln bestraft werden. Zur Umschreibung des im Rahmen einer Bestrafung für Fahrlässigkeit erforderlichen Sorgfaltsmaßstabs verwendet die Rechtsprechung die Figur des „umweltbewussten Rechtsgenossen" und stellt damit relativ hohe Anforderungen.

Wichtig für das Verständnis des Umweltstrafrechts ist seine *Verwaltungsakzessorietät*. Dieser Begriff möchte verdeutlichen, dass das Umweltstrafrecht von der Rechtslage nach dem Umweltverwaltungsrecht abhängig ist, oft auch davon, in welcher Weise die Verwaltung von den ihr zur Verfügung stehenden Handlungsmöglichkeiten Gebrauch gemacht hat, etwa durch die Untersagung eines Verhaltens durch Verwaltungsakt. Die Nichtbeachtung eines solchen Verbots kann dann strafbar sein. In diesem Sinne knüpfen zahlreiche Vorschriften des Umweltstrafrechts an die Verletzung verwaltungsrechtlicher Pflichten an. Deshalb kann nicht allein aus dem StGB erschlossen werden, ob ein bestimmtes umweltbelastendes Verhalten auch strafbar ist. Besonders problematisch ist die Frage, welche Konsequenzen sich für die Strafbarkeit eines Verhaltens ergeben, das von behördlicher Seite hingenommen worden ist, etwa aus Gründen der Überlastung oder mangelnder Kapazität.

Für unternehmerische Betätigung besonders bedeutsam sind Fragen der Strafbarkeit der Betriebsbeauftragten, sofern diese pflichtwidrig ihre Kontroll- und Informationspflichten verletzt haben.

Das deutsche Strafrecht kennt bisher *keine Strafbarkeit juristischer Personen*, sondern in diesem Zusammenhang nur eine Organ- oder Vertreterverantwortlichkeit (§ 14 StGB; andere Rechtsordnungen verwirklichen demgegenüber eine „corporate liability", auch § 30 I OWiG kennt die Verbandsgeldbuße). Zahlreiche Fragen im Zusammenhang mit der strafrechtlichen Verantwortlichkeit der Unternehmensleitung sind ungeklärt. Ihre Bewältigung rührt auch an verfassungsrechtliche Grundlagen, soweit diese eine individuelle und individualisierende Ausrichtung des Strafrechts erfordern. Im politischen Raum wird auch in Deutschland die Einführung strafrechtlicher Sanktionen gegenüber Unternehmen in körperschaftlicher Struktur erwogen (perspektivisch dazu aus rechtswissenschaftlicher Sicht *Alwart 1998*).

Inhaltlich stehen im Mittelpunkt des Umweltstrafrechts Vorschriften über die Gewässerverunreinigung als nachteilige Veränderung der Gewässereigenschaften, die Luftverunreinigung und Lärmverursachung, verschiedene Delikte im Zusammenhang mit der Abfallbeseitigung, dem Strahlenschutz, dem Umgang mit Gefahrstoffen, neuerdings auch Bodenschutz betreffend das Einbringen, Eindringenlassen oder Freisetzen von Stoffen in den Boden. Im Vordergrund steht die Strafbarkeit unerlaubten Anlagenbetriebes, im Abfallrecht die unerlaubte Behandlung und Beseitigung sowie die unerlaubte Einfuhr, Ausfuhr und Durchfuhr von Abfällen. Illegale Abfallbeseitigung ist mit einem Anteil von über 70 % das häufigste Delikt, es folgen Gewässerverunreinigungen (ca. 16 %). Die Anzahl von registrierten Umweltstraftaten stieg in Deutschland über lange Zeit kontinuierlich an. Nach Angaben des Umweltbundesamts wurden im Jahr 1999 über 43.000 umweltrelevante Straftaten bekannt, wobei sich die Aufklärungsquote auf ca. 60 % belief (weitere Zahlen bei *Kloepfer/Vierhaus 1995*). Dies ist nach den Jahren des Anstiegs ein leichter Rückgang, ohne dass sich hiervon schon eine Trendwende erkennen ließe.

Nach diesem Blick auf das individuelles Fehlverhalten betreffende Strafrecht als strikte Grenze unternehmerischer Betätigung ist zurückzukehren zu demjenigen, was oben *Gestaltung durch Recht* in Wahrnehmung vom Recht belassener Optionen genannt wurde. Hier ist daran zu erinnern, dass in Umsetzung des *Kooperationsprinzips (o. 2.2)* verwaltungsverfahrensrechtlich *(3.1)*, aber auch in einzelnen Teilgebieten des Umweltrechts, Behörden und Unternehmen durch Recht zum *Zusammenwirken* angehalten sind bzw. dazu jedenfalls Anlass sehen. Das gilt z.B. bei der Entscheidungsfindung über umweltbelastende Vorhaben, aber auch bei der „Begleitung" der Durchführung solcher Vorhaben, sei es die Errichtung einer Anlage, sei es deren Betrieb (Überwachung). Es hat sich dabei gezeigt, dass Konsenssuche auch bei der Begegnung von Behörde und Unternehmen im Zuge von Rechtsverhältnissen, die einseitig hoheitlich angelegt sind, eine wichtige Rolle spielt. Ganz in den Vordergrund tritt der Konsens, wenn das Umweltrecht Raum für den Abschluss *verwaltungsrechtlicher Verträge* lässt und damit auf das Instrument zurückgreift, das für die eigenständige Gestaltung von Rechtsbeziehungen in der Privatrechtsordnung dominiert.

Weitere rechtliche Gestaltungselemente für Unternehmen zeigten sich im Bereich der *betrieblichen Organisation*, dort nunmehr hinführend bis zu Anreizen für die Entwicklung und Implementierung einer individuellen *„Umweltpolitik" des Unternehmens* durch die Vorschriften über die Auditierung *(3.1)* einschließlich damit verbundener Imagegewinne in Öffentlichkeit und Markt. Darauf wird noch einmal zurückzukommen sein, wenn am Schluss des Abschnitts über das Umweltrecht dessen „Chancen und Grenzen" für das Umweltmanagement bilanziert werden *(Kap. 6)*.

Literatur

Hinweis:
Die nachfolgend angegebene Literatur bezieht sich überwiegend auf die neuere juristische Diskussion spezifisch umweltrechtlicher Instrumente. *Allgemeine* Probleme verwaltungsrechtlicher Instrumente, des Verwaltungsverfahrens und der verwaltungsgerichtlichen Kontrolle finden sich etwa bei: Erichsen, H.U. (Hrsg.): Allgemeines Verwaltungsrecht, 11. Aufl., Berlin, New York 1998, u. Maurer, H.: Allgemeines Verwaltungsrecht, 13. Aufl., München 2000.

Alwart, H.: Unternehmensethik durch Sanktionen? Möglichkeiten und Grenzen des deutschen Straf- und Ordnungswidrigkeitenrechts, in: ders. (Hrsg.): Verantwortung und Steuerung von Unternehmen in der Marktwirtschaft, München 1998.
Blumenberg, H.: Die Umwelt-Informations-Richtlinie und ihre Umsetzung in das deutsche Recht, NuR 1992, S. 8.
Becker, F.: Das Urteil des Europäischen Gerichtshofs zum deutschen Umweltinformationsgesetz, NVwZ 1999, S. 1187.

Breuer, R.: Zunehmende Vielgestaltigkeit der Instrumente im deutschen und europäischen Umweltrecht. Probleme der Stimmigkeit und des Zusammenwirkens, NVwZ 1997, S. 833.

Bohne, E. (Hrsg.): Erfahrungen mit dem Umweltschutzgesetz, Baden-Baden 1998.

Cansier, D.: Gefahrenabwehr und Risikovorsorge im Umweltschutz und der Spielraum für ökonomische Instrumente, NVwZ 1994, S. 554.

Enders, R./Krings, M.: Zur Änderung des Gesetzes über die Umweltverträglichkeitsprüfung durch das Artikelgesetz zur Umsetzung der UVP-Änderungsrichtlinie, DVBl. 2001, S. 1242.

Erbguth, W./Schink, A.: Gesetz über die Umweltverträglichkeitsprüfung (UVPG), Kommentar, 2. Aufl., München 1996.

Faber, A.: Gesellschaftliche Selbstregulierungssysteme im Umweltrecht – unter besonderer Berücksichtigung der Selbstverpflichtungen, Köln 2001.

Gassner, U.M./Pisani, Chr.: Umweltinformationsanspruch und Geheimnisschutz – Zukunftsperspektiven, NuR 2001, S. 506.

Grewlich, K.W.: Umweltschutz durch „Umweltvereinbarungen" nach nationalem Recht und Europarecht, DÖV 1998, S. 54.

Holznagel, B.: Mediation im Umwelt- und Planungsrecht, Jura 1999, S. 71.

Kirchhof, F.: Grundriß des Steuer- und Abgabenrechts, 2. Aufl., Heidelberg 2001.

Kloepfer, M.: Marktwirtschaft und Umweltschutz als Rechtsproblem, Jura 1993, S. 583.

Kloepfer, M./Vierhaus, H.P.: Umweltstrafrecht, München 1995.

Knopp, L.: Umwelt-Audit: Quo vadis? – Erfahrungen und Novellierungsbestrebungen, NVwZ 2000, S. 1121.

Koch, H.J.: Beschleunigung, Deregulierung, Privatisierung: Modernisierung des Umweltrechts oder symbolische Standortpolitik – Erster Teil, ZAU 1997, S. 45.

Koch, H.-J.: Innovationssteuerung im Umweltrecht, in: Hoffmann-Riem, W./Schneider, J.-P.: Rechtswissenschaftliche Innovationsforschung, Baden-Baden 1998, S. 273.

Koch, H.-J./Siebel-Huffmann, H.: Das Artikelgesetz zur Umsetzung der UVP-Änderungsrichtlinie, der IVU-Richtlinie und weiterer Umweltschutzrichtlinien, NVwZ 2001, S. 1081.

Köck, W.: Rechtsfragen der Umweltzielplanung, NuR 1997, S. 528.

Kotulla, M.: Rechtliche Instrumente des Grundwasserschutzes, Berlin 1999.

Krieger, St.: Die Empfehlungen der Kommission über Umweltvereinbarungen, EuZW 1997, S. 648.

Kunig, Ph.: Dritte und Nachbarn im Immissionsschutzrecht, Gedächtnisschrift für W. Martens, 1987, S. 599.

Kunig, Ph.: Verträge und Absprachen zwischen Verwaltung und Privaten, DVBl. 1992, S. 1193.

Kunig, Ph./Rublack, S.: Aushandeln statt Entscheiden? – Das Verwaltungsverfahrensrecht vor neuen Herausforderungen, Jura 1990, S. 1.

Leidinger, T.: Hoheitliche Warnungen, Empfehlungen und Hinweise im Spektrum staatlichen Informationshandelns, DÖV 1993, S. 925.

Löwer, W.: Wen oder was steuert die Öko-Steuer?, Köln 2000.

Lübbe-Wolff, G.: Instrumente des Umweltrechts – Leistungsfähigkeit und Leistungsgrenzen, NVwZ 2001, S. 481..

Michaelis, P.: Ökonomische Instrumente im neuen Umweltgesetzbuch, ZUR 1998, S. 300.

Otto, H.: Das neue Umweltstrafrecht, Jura 1995, S. 134.

Otto, S.: Umweltverträglichkeitsprüfung von Plänen und Programmen, Diss., Sinzheim 1999.

Peters, H-J.: Zum gesamthaften Ansatz in der Umweltverträglichkeitsprüfung, NuR 1996, S. 235.

Rhein, C.: Das Gemeinschaftssystem für das Umweltmanagement und die Umweltbetriebsprüfung, Baden-Baden 1996.

Schink, A.: Die Umweltverträglichkeitsprüfung – offene Konzeptfragen, DVBl. 2001, S. 321.

Schmid, V.: Umweltaudit – Ein Schritt zu mehr Umweltschutz?, Jura 1997, S. 11.

Schmidt-Eichstaedt, G.: Wirkungsforschung im Recht. Unter welchen Voraussetzungen erfüllen Gesetze ihren Zweck?, DVBl. 1998, S. 322.

Schmidt-Preuß, M.: Integrative Anforderungen an das Verfahren der Vorhabenzulassung – Anwendung und Umsetzung der IVU-Richtlinie, NVwZ 2000, S. 252.

Schmidtt-Preuß, M.: Steuerung durch Organisation, DÖV 2001, S. 45.

Schottelius, D.: Umweltmanagement-Systeme, NVwZ 1998, S. 805.

Schröder, M.: Konsensuale Instrumente des Umweltschutzrechts, NVwZ 1998, S. 1011.

Schwab, J.: Die Umweltverträglichkeitsprüfung in der behördlichen Praxis, NVwZ 1997, S. 428.

Schweitzer, Th.: Rückzug des Ordnungsrechts im Umweltschutz, UPR 1999, S. 21.

Sendler, H.: Selbstregulierung im Konzept des Umweltgesetzbuches, UPR 1997, S. 381.

Spindler, G.: Das Öko-Audit im Kommissions- sowie Arbeitsentwurf zum Umweltgesetzbuch, ZUR 1998, S. 285.

Stüer, B./Spreen, H.: Emissionszertifikate – Ein Plädoyer zur Einführung marktwirtschaftlicher Instrumente in die Umweltpolitik, UPR 1999, S. 161.

Stollmann, F.: Aktuelle Rechtsprechung zum Umweltinformationsrecht, NuR 1997, S. 78.

Stollmann, F.: Die Einschaltung Dritter im neueren Städtebaurecht, NuR 1998, S. 578.

Trute, H.-H.: Vom Obrigkeitsstaat zur Kooperation – Zur Entwicklung des umweltrechtlichen Instrumentariums zwischen klassischem Ordnungsrecht und moderner Verwaltung, UTR 48 (1999), S. 13.

Turiaux, A.: Umweltinformationsgesetz (UIG), Kommentar, München 1995.

Umwelbundesamt (Hrsg.): Umweltdelikte 1999 – Eine Auswertung der Statistiken, VBA-Texte 51/00, Berlin 2000.

Vallendar, W.: Planungsrecht im Spiegel der aktuellen Rechtsprechung des Bundesverwaltungsgerichts, UPR 1996, S. 121.

Wagner, H./Budde, A.: Erfahrungen mit dem Umwelt-Audit-System in Deutschland, ZUR 1997, S. 254.

Wasielewski, A.: Beschleunigung von Planungs- und Genehmigungsverfahren, LKV 1997, S. 77.

Waskow, S.: Betriebliches Umweltmanagement. Anforderungen nach der Audit-Verordnung der EG und dem Umweltauditgesetz, 2. Aufl., Heidelberg 1997.

Weidemann, C.: Rechtsstaatliche Anforderungen an Umweltabgaben, DVBl. 1999, S. 73.

4. Teilgebiete des Umweltrechts

4.1 Immissionsschutzrecht

Das Immissionsschutzrecht dient der Bekämpfung von *Luftverunreinigungen und von Lärm.* Die Verunreinigung der Luft ist ein Hauptproblem des Umweltschutzes seit der Industrialisierung. Die wichtigsten Belastungsquellen sind neben der industriellen Wärmeerzeugung der Kraftfahrzeugverkehr, auch der Luftverkehr, dazu Kraftwerke; nach wie vor spielt auch der Hausbrand eine Rolle. Beeinträchtigende Wirkungen zeigen sich durch Gesundheitsschädigungen bei Mensch und Tier, erfassen Pflanzen (so genanntes Waldsterben), aber auch Sachen, etwa durch Korrosionserscheinungen oder die Schädigung von Mauerwerk. Hinzu treten Geruchsbelästigungen. Luftverunreinigungen können klein- und großräumige Wirkung haben und auch das Klima beeinflussen (zum – völkerrechtlichen – Klimaschutz *s.u. 5.3).*

Oft einhergehend mit Luftverunreinigungen ergeben sich Immissionen als Lärm oder Erschütterung. Auch hier stehen gewerbliche Anlagen als Verursacher im Vordergrund, ebenso die verschiedenen Verkehrsarten; hinzu tritt namentlich Baulärm.

Dem Immissionsschutz diente seit jeher privates Nachbarrecht (zur Abgrenzung *s.o. 1.2),* seit dem 19. Jahrhundert in Deutschland (öffentlich-rechtliches) Gewerberecht, aus welchem sodann das *moderne Immissionsschutzrecht* erwuchs. Es ist auf *Bundesebene* im BImSchG geregelt (s. die Gesetzesübersicht *o. 2.3).* Da es sich um eine Materie konkurrierender Gesetzgebungsbefugnis *(s.o. 1.2)* handelt und der Bundesgesetzgeber seine diesbezügliche Regelungsbefugnis weitgehend, aber nicht im vollen Umfang ausgeschöpft hat, bestehen ergänzend landesrechtliche Rechtsgrundlagen. Diese betreffen vor allem den handlungsbezogenen Immissionsschutz, während der anlagenbezogene Immissionsschutz im Zentrum des BImSchG steht. Neben dem im engeren Sinne „umweltrechtlichen" (vgl. in diesem Zusammenhang erneut *o. 1.2)* Immissionsschutz ist für den Verkehrslärm etwa das Straßenverkehrsrecht und das Eisenbahnrecht zu beachten, für den Baulärm und den Wohnlärm sind baurechtliche Vorschriften von Bedeutung. Zahlreiche europäische Richtlinien betreffen einzelne Emissionsquellen und bestimmte Stoffe.

Das BImSchG ist in seinem *Aufbau* prototypisch für ein modernes Umweltschutzgesetz: Es stellt eine Beschreibung des Gesetzeszweckes voran, regelt den sachlichen Geltungsbereich des Gesetzes im Zusammenspiel mit weiteren Rechtsgrundlagen und definiert sodann die zentralen, im weiteren immer wieder aufgenommenen Begriffe. Es stellt ferner Regelungen über die Errichtung und den Betrieb von Anlagen solchen über die Beschaffenheit von Anlagen, Stoffen, Erzeugnissen gegenüber und befasst sich im Anschluss daran mit der Beschaffenheit und dem Betrieb von Fahrzeugen sowie dem Bau von Straßen und Schienenwegen. Es regelt schließlich die Überwachung der Luftverunreinigung und die Aufstellung von Luftreinhalteplänen, dazu z.B. noch die einzelfallbezogene Überwachung des Anlagenbetriebes und die organisationsrechtliche Figur des Betriebsbeauftragten.

Für das immissionsschutzrechtliche Anlagenrecht ist die *Unterscheidung von genehmigungsbedürftigen und nicht-genehmigungsbedürftigen Anlagen grundlegend*. Angesichts der zahlreichen in dem Gesetz Verwendung findenden unbestimmten Rechtsbegriffe (etwa: „schädlich", „Nachteil", „Belästigung") ist hier die *Normkonkretisierung* durch Verwaltungsvorschriften (zu damit verbundenen Problemen *s.o. 2.1*) besonders bedeutsam. Das Immissionsschutzrecht ist schließlich dasjenige Teilgebiet des Umweltrechts, in dem sich die (ursprünglich im Baurecht entwickelten, *s. o. 3.1*) Grundsätze über *Drittschutz*, d.h. Rechtsverfolgungschancen von Personen herausbildeten, die zunächst außerhalb des die Rechtsbeziehungen zwischen Anlagenbetreiber einerseits, Behörde andererseits, betreffenden Rechtsverhältnisses stehen.

Besonders intensiv ist die Regelungsdichte des BImSchG hinsichtlich vor allem der gewerblichen Emittenten, während Regelungen zu verkehrsbedingten Emissionen demgegenüber zurückbleiben. Wird einerseits von *Immissionen*, andererseits von *Emissionen* gesprochen, so hat das folgenden Hintergrund: Das Gesetz definiert schädliche Umwelteinwirkungen als Immissionen, die nach Art, Ausmaß oder Dauer geeignet sind, Gefahren, erhebliche Nachteile oder erhebliche Belästigungen für die Allgemeinheit oder die Nachbarschaft herbeizuführen, und versteht unter Immissionen solche Luftverunreinigungen, Geräusche, Erschütterungen, auch Licht, Wärme, Strahlen und ähnliche Einwirkungen, die sich auf Menschen, Tiere und Pflanzen, Boden, Wasser, Atmosphäre, Kultur- und Sachgüter auswirken. Unter Emissionen versteht man die von einer Anlage ausgehenden Belastungen ohne Würdigung ihrer Auswirkungen. Der Unterschied liegt demnach darin, dass Emissionen von einem bestimmten Verursacher ausgehen, Immissionen hingegen unabhängig von einer Emissionsquelle festgestellte Einwirkungen bezeichnen. Es geht also jeweils um den Blickwinkel der Messung eines Phänomens. An einer Emissionsquelle austretende Emissionen verändern sich regelmäßig auf dem Umweltpfad: Werden sie als Immissionen, also aus der Sicht ihrer Rezeption betrachtet, haben sie eine naturwissenschaftliche Veränderung erfahren und können anders zu bewerten sein. Dabei kann die Umweltschädlichkeit zu- oder abnehmen (gestiegene Schädlichkeit infolge Vermischung mit Emissionen anderer Verursacher, andererseits „Verdünnung"). Die sogenannte Hochschornsteinpolitik früherer Zeiten ist Ausdruck dessen. Sie legte eine immissionsbezogene Bewertung zugrunde. Der heutigen Betonung des Vorsorgeprinzips *(s.o. 2.2)* entspricht hingegen der Ansatz bereits bei der Emission.

Abbildung 36: **Grundbegriffe des Immissionsschutzrechts**

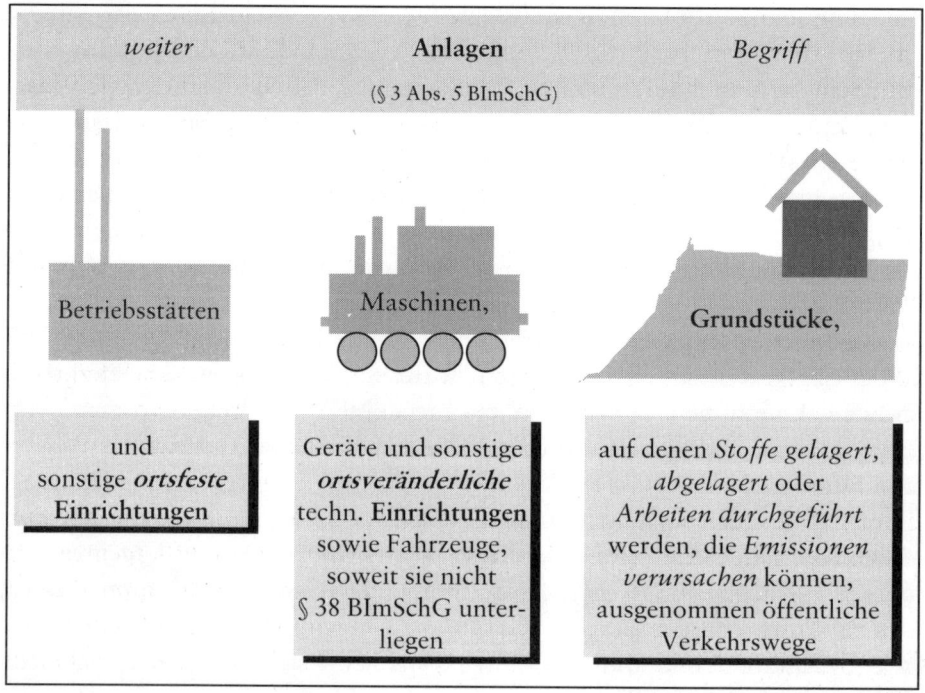

Nach dem zuvor Gesagten kommt dem immissionsschutzrechtlichen *Anlagenbegriff* eine erhebliche Bedeutung zu (s. *Jarass 1995* zu § 3). Als Anlagen erfasst das Gesetz nicht nur Betriebsstätten, sondern auch Maschinen und solche Grundstücke, auf denen Stoffe gelagert oder abgelagert oder Arbeiten durchgeführt werden, die Emissionen verursachen können (mit Ausnahme der öffentlichen Verkehrswege). „Anlage" ist, was als solche *„betrieben"* wird, nicht nur Fertigungsanlagen, sondern etwa auch Sportanlagen.

Das Gesetz unterscheidet sodann zwischen genehmigungsbedürftigen und nicht-genehmigungsbedürftigen Anlagen, solchen, die für die Errichtung und den Betrieb im Vorwege einer behördlichen Zulassung bedürfen und solchen, für die dies nicht gilt; auch die Betreiber nicht-genehmigungsbedürftiger Anlagen unterliegen aber im Gesetz näher ausgeformten Betreiberpflichten, deren Einhaltung die Behörde auch ungeachtet der Genehmigungsfreiheit durchsetzen kann. Die Grenzlinie zwischen genehmigungsbedürftigen und anderen Anlagen im Sinne des Immissionsschutzrechts ergibt sich recht detailgenau aus einer Rechtsverordnung, der 4. BImSchV. Unterliegt eine Anlage danach der Genehmigungspflicht, so hat der Betreiber gleichwohl einen *Anspruch auf die Genehmigung* der Anlage, sofern sichergestellt ist, dass die diesbezüglichen Pflichten nach dem BImSchG erfüllt werden und auch anderes öffentliches Recht sowie Belange des Arbeitsschutzes der Errichtung und dem Betrieb der Anlage nicht entgegenstehen. Aus dem Arsenal der verschiedenen Kontrollerlaubnisse wurde hier also die Gestaltungsmodalität der sogenannten gebundenen Erlaubnis gewählt (s. zur Einordnung *o. 3.1).*

Im Zentrum der Genehmigungsanforderungen stehen die so genannten *Betreiberpflichten* des § 5 BImSchG, nämlich die Schutzpflicht, die Vorsorgepflicht, die Abfallvermeidungs- und Abfallentsorgungspflicht sowie die Pflicht zu sparsamer und effizienter Energieverwendung. Die Schutzpflicht bezieht sich auf eine Schädlichkeitsschwelle, die sich an den voraussichtlichen Immissionen im Einwirkungsbereich der Anlage ausrichtet. Bei der Erfüllung der Vorsorgepflicht steht demgegenüber die Emissionsbegrenzung durch dem Stand der Technik entsprechende Maßnahmen im Vordergrund. Die abfallbezogene immissionsschutzrechtliche Pflichtenstellung ist im Zusammenhang mit den Vorgaben des KrW-/AbfG *(s.u. 4.2)* zu sehen, wobei sich ein Vorrang der Abfallvermeidung vor der Abfallverwertung sowie beider Vorrang vor der Abfallbeseitigung, soweit technisch möglich und zumutbar, auch für das Immissionsschutzrecht ergibt. Die Abwärmenutzungspflicht ist verordnungsrechtlich konkretisiert (17. BImSchV), wonach in bestimmten Fällen die Verpflichtung besteht, Abwärme zur Stromerzeugung zu nutzen.

Abbildung 37: *Genehmigungsvoraussetzungen für genehmigungsbedürftige Anlagen*

Genehmigungsvoraussetzungen für genehmigungsbedürftige Anlagen
(§ 6 BImSchG)

① *Sicherstellung* der **Betreiberpflichten** aus § 5 BImSchG:
   Nr. 1: *Schutzpflicht* bzw. Gefahrenabwehrpflicht
   Nr. 2: *Vorsorgepflicht* in Bezug auf potentiell schädliche Umwelteinwirkungen
   Nr. 3: *Abfallvermeidungs-, -verwertungs- und -beseitigungspflicht*
   Nr. 4: *Energieeinsparungsverpflichtung*

② *Sicherstellung* der **Pflichten aus Rechtsverordnungen** nach § 7 BImSchG (z.B. 7., 8., 12., 13., 17. BImSchV)

③ *Kein* Entgegenstehen
   • **anderer öffentlich-rechtlicher Vorschriften** oder von
   • Belangen des Arbeitsschutzes

Hinsichtlich des Genehmigungsverfahrens unterscheidet das BImSchG zwischen einem *förmlichen* und einem *vereinfachten Verfahren*. Die Zuordnung eines Anlagenprojekts zu diesen unterschiedlichen Verfahrensgängen ergibt sich wiederum aus der bereits über die Genehmigungsbedürftigkeit einer Anlage befindenden 4. BImSchV.

Das förmliche Genehmigungsverfahren als Regelfall beginnt mit der Vorlage prüfungsfähiger Antragsunterlagen durch den Antragsteller, wobei hinsichtlich solcher Anlagen, die von dem UVPG (s.o.) erfasst werden, erhöhte Anforderungen bestehen. Bei Vollständigkeit der Unterlagen wird das Vorhaben *öffentlich bekanntgemacht*, mit Grenzen hinsichtlich von Geschäfts- und Betriebsgeheimnissen. Die Bekanntmachung ermöglicht Einwendungen, die im immissionsschutzrechtlichen Verfahren nicht auf näher definierte Betroffenenkreise begrenzt sind, sondern für jedermann möglich. Einwendungen werden im Erörterungstermin von der Behörde gemeinsam mit Antragstellern und Einwendern erörtert. Der breiten Verfahrensteilhabe korrespondiert die Möglichkeit des so genannten *Einwendungsausschlusses* nach Fristablauf, welcher solche Einwendungen betrifft, die sich nicht auf besondere Rechte, wie das Eigentum gründen können. Hieraus ergeben sich auch Begrenzungen für ggf. nachfolgende verwaltungsgerichtliche Verfahren mit dem Ziel einer Genehmigungsanfechtung.

Die immissionsschutzrechtliche Anlagengenehmigung entfaltet nicht nur eine Gestattungswirkung für den Genehmigungsinhaber, sie gestaltet auch – nach Eintritt ihrer Unanfechtbarkeit – sein privatrechtliches Verhältnis zu Nachbarn, so dass diese indirekt angehalten sind, sich um ihre Rechtswahrung bereits im Genehmigungsverfahren zu bemühen. Eine immissionsschutzrechtliche Genehmigung kann unter Umständen, auch auf Betreiben Dritter, später eine Umgestaltung erfahren oder ganz wieder beseitigt werden. Beides ist nur unter im Gesetz näher umschriebenen, das *Bestandsinteresse* der Genehmigungsinhaber wahrenden Voraussetzungen möglich.

Nicht-genehmigungsbedürftige Anlagen sind solche, die keiner Genehmigung bedürfen, so dass sich hier allein die Möglichkeit „nachträglichen" behördlichen Einschreitens ergibt. Solches Einschreiten dient der Einhaltung der auch hier bestehenden Betreiberpflichten zur Verhinderung schädlicher Umwelteinwirkungen, die nach dem Stand der Technik vermeidbar sind, zur Beschränkung nach diesem Stand unvermeidbarer schädlicher Umwelteinwirkungen auf ein Mindestmaß und schließlich zur ordnungsgemäßen Beseitigung beim Betrieb der Anlage entstehender Abfälle. Weitere Anforderungen an den Betrieb nicht-genehmigungsbedürftiger Anlagen ergeben sich aus verschiedenen Rechtsverordnungen; solche bestehen etwa für Kleinfeuerungsanlagen, für Sportanlagen, für die Begrenzung von Kohlenwasserstoffemissionen bei der Kraftfahrzeugbetankung und hinsichtlich elektromagnetischer Felder. Einzelfallbezogene Anordnungen bezüglich der Einhaltung solcher Anforderungen können bis zur Untersagung des Anlagenbetriebes führen.

Abbildung 38: *Genehmigungswirkungen bei genehmigungsbedürftigen Anlagen*

Genehmigungswirkungen bei genehmigungsbedürftigen Anlagen

① **Gestattungswirkung**:
(zum Inhalt der Genehmigung vgl. § 21 der 9. BImSchV)
Genehmigung gestattet die Ausführung des genehmigten Vorhabens (z.B. Errichtung und Betrieb)
im Umfang der erteilten Teil- bzw. Vollgenehmigung

② **Konzentrationswirkung** (§ 13 BImSchG):
Einschluß anderer behördlicher Entscheidungen
(Ausnahme: Planfeststellungen, berg-, atom- und
wasserrechtliche Genehmigungen)

③ **formelle und materielle Präklusion** im förmlichen
Genehmigungsverfahren (§ 10 Abs. 3 Satz 3 BImSchG)

④ **privatrechtsgestaltende Wirkung** (§ 14 BImSchG)

Die *überwachungsbezogenen Vorschriften* des Bundesimmissionsschutzrechts differenzieren teilweise danach, ob es sich um eine genehmigungsbedürftige oder eine nicht-genehmigungsbedürftige Anlage handelt. Zu unterscheiden sind die behördliche Überwachung und die Eigenüberwachung der Betreiber von der sogenannten Ermittlung von Emissionen und Immissionen, wozu die Abgabe von Emissionserklärungen durch den Betreiber zählt. Insbesondere in jüngerer Zeit hat sich der Gesetzgeber bemüht, in diesem Bereich dem Kooperationsprinzip durch zunehmende Regelungen zur gemeinsamen Aufgabenbewältigung durch Behörden und Betreiber Rechnung zu tragen. Der Eigenüberwachung zuzuordnen ist auch die gesetzliche Vorgabe, einen Betriebsbeauftragten und unter bestimmten Voraussetzungen zusätzlich einen Störfallbeauftragten einzusetzen. Neben spezifischen immissionsschutzrechtlichen Überwachungsinstrumenten wird auch hier nach wie vor die gewissermaßen klassische Überwachungsform der Betretung einer Anlage durch behördliche Bedienstete eingesetzt, verbunden mit Ermächtigungen, Auskünfte zu verlangen, Unterlagen einzusehen oder Stichproben zu nehmen.

Die künftige Entwicklung des Immissionsschutzrechts wird einerseits dem Klimaschutz größere Bedeutung verschaffen müssen, andererseits den gebietsbezogenen Immissionsschutz auszubauen haben, etwa für Maßnahmen bei austauscharmen Wetterlagen und bei erhöhten Ozonkonzentrationen. Insgesamt verbesserungsbedürftig sind teils noch unabgestimmte Vorschriften zur gebietsbezogenen Messung des Standes und der Entwicklung der Luftverunreinigung. Erneut im Sinne einer Verbesserung des Klimaschutzes erscheint eine Harmonisierung emissionsschutzbezogener Anforderungen mit dem Recht der Energieversorgung als Zukunftsaufgabe.

4.2 Abfallrecht und Kreislaufwirtschaft

Abfall entsteht, seit es Menschen gibt. Lange konnte man sich darauf beschränken, verdorbene, nutzlos gewordene oder unerwünschte Sachen zu vernichten. Vor allem im Bereich der Landwirtschaft kam es aber auch zu Verwertungsmaßnahmen, in Häufigkeit und Art allerdings allein dem ökonomischen Kalkül des Landwirts überlassen. Für in Haushaltungen anfallende Abfälle bildete sich ein Organisationsrecht heraus, das zunächst als Angelegenheit der örtlichen Gemeinschaft geordnet wurde. Die deutschen Gemeinden errichteten Beseitigungssysteme als Infrastrukturleistung. Das führte zu einer zersplitterten Beseitigungsstruktur mit einer Vielzahl der Abfallbeseitigung dienender Anlagen, insbesondere Deponien. Diese Struktur war für die Aufnahme bei industrieller Produktion anfallenden Abfalls nicht geeignet. Deshalb bildete sich eine private Beseitigungswirtschaft aus (zur Entwicklung *Kunig 1998*).

Das *Abfallbeseitigungsgesetz von 1972* als erstes einschlägiges Bundesgesetz suchte eine großräumigere Beseitigungsordnung zu erreichen („Hochzonung" der Beseitigungsaufgabe von den Gemeinden auf die Kreise). Grundsätzlich traf den Besitzer von Abfällen die Pflicht, diese der jeweiligen zuständigen beseitigungspflichtigen Körperschaft zu überlassen, verbunden mit dem Anspruch auf Abnahme des Abfalls durch diese Körperschaft. Was sich mit üblicherweise in Haushaltungen anfallendem Abfall nicht gemeinsam entsorgen ließ, blieb in der Verantwortung des Abfallbesitzers. Da die Beseitigung von Abfällen nur im Rahmen hierfür zugelassener Anlagen zulässig war, dies aber erhebliche Kosten verursachen konnte, kam es auch zu ungeordneten und umweltbeeinträchtigenden Schritten. Das Abfallbeseitigungsgesetz von 1972 befasste sich übrigens nicht mit vor seinem Inkrafttreten bewirkten Altlasten, seien sie durch „wilde" Deponierung entstanden oder auch durch die Kontamination industriell genutzten Geländes.

Wegen der zunehmenden Erkenntnis weiterer Regelungsbedarfe wurde das genannte Gesetz mehrfach geändert und *1986* in ein Gesetz über die *Vermeidung und Entsorgung von Abfällen* (AbfG) verwandelt, das auch durch terminologische Veränderungen einen Wechsel der Grundkonzeption andeutete: An die Stelle des Begriffs der Abfallbeseitigung trat derjenige der Abfallentsorgung, welcher über die Beseitigung hinaus die Abfallverwertung als das Gewinnen von Stoffen oder Energie aus Abfällen miteinschließt und Maßnahmen der Abfallvermeidung jedenfalls ermöglichte. Auf dieser Grundlage entstand 1991 eine erste *Verpackungsverordnung* mit dem Versuch, durch Vermeidungs- und Verwertungsgebote die Verpackungsflut abzubauen (zur neuen Verpackungsverordnung aus dem Jahre 1998 s. *Koch 1998*). An die Stelle des AbfG trat mit Wirkung teils 1994, teils 1996 das *Gesetz zur Förderung der Kreislaufwirtschaft und Sicherung der umweltverträglichen Beseitigung von Abfällen* (Kreislaufwirtschafts- und Abfallgesetz, *KrW-/AbfG*), das einen weiteren Paradigmenwechsel bedeutet. Dieses Gesetz möchte „Kreisläufe" im Wirtschaftssystem derart anleiten, dass Stoffe möglichst lange im Wirtschaftsgeschehen verbleiben, also der Zeitpunkt der Erlangung der Abfallqualität hinausgeschoben wird. Dieses Gesetz war das Ergebnis einer weiter ausgreifenden, langjährigen Diskussion um die Sinnhaftigkeit eines *„stoffstromrechtlichen"* Ansatzes, geprägt von den Zielen der Ressourcenschonung und der Umweltverträglichkeit der Beseitigung solcher Stoffe, deren Gefahrenpotenzial nicht anders als durch Beseitigung als ultima ratio bewältigt werden kann.

Das KrW-/AbfG ist in wesentlichen Teilen Ausdruck europarechtlicher Vorgaben und dient insoweit der Umsetzung verschiedener Richtlinien. Hinzu tritt eine Verordnung des Rates der EG zur Überwachung und Kontrolle der Verbringung von Abfällen in der, in die und aus der EG, welche wiederum im Zusammenhang mit völkerrechtlichen Verträgen über die Zulässigkeit und Kontrolle von Abfalltransporten steht.

Abbildung 39: *Abfallverwertung und Kreislaufwirtschaft*

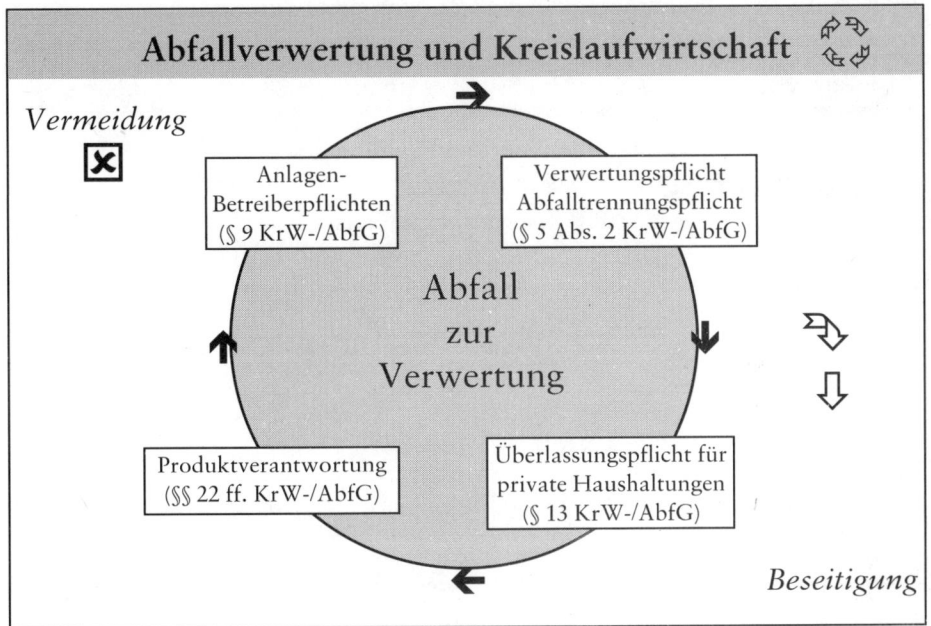

Aus einem ursprünglich allein an der Gefahrenabwehr orientierten, dann zunehmend auch von Vorsorgegedanken bestimmten Rechtsgebiet wurde ein solches zur „Förderung der Kreislaufwirtschaft zur Schonung der natürlichen Ressourcen" und der „Sicherung der umweltverträglichen Beseitigung von Abfällen" (diese Worte entnommen aus dem den Gesetzeszweck umschreibenden § 1 KrW-/AbfG). Der „stoffrechtliche" Ansatz ist hier vornehmlich auf *Verwertung* im Sinne einer (veränderten) Fortsetzung einer Nutzung, nicht also auf Abfallvermeidung gerichtet. Dennoch enthält das Gesetz auch Instrumente, die *Vermeidungseffekte* hervorrufen sollen. Das findet sich einerseits programmatisch in dem Gesetz ausgeführt, dann auch als sogenannte Grundpflicht, im Ergebnis allerdings im wesentlichen beschränkt auf eine Verweisung auf schon geltendes Immissionsschutzrecht sowie – darüber hinaus – in dem Sinne, dass Ermächtigungen zum Erlass von Rechtsverordnungen bereitgestellt werden, welche sodann Vorschriften namentlich im Sinne der Begründung von *„Produktverantwortung"* ermöglichen. Davon ist teilweise Gebrauch gemacht worden (s. zur Umsetzung der Intentionen des KrW-/AbfG im übrigen *IV 2.1*).

Abbildung 40: *Elemente und Grundsätze der Kreislaufwirtschaft*

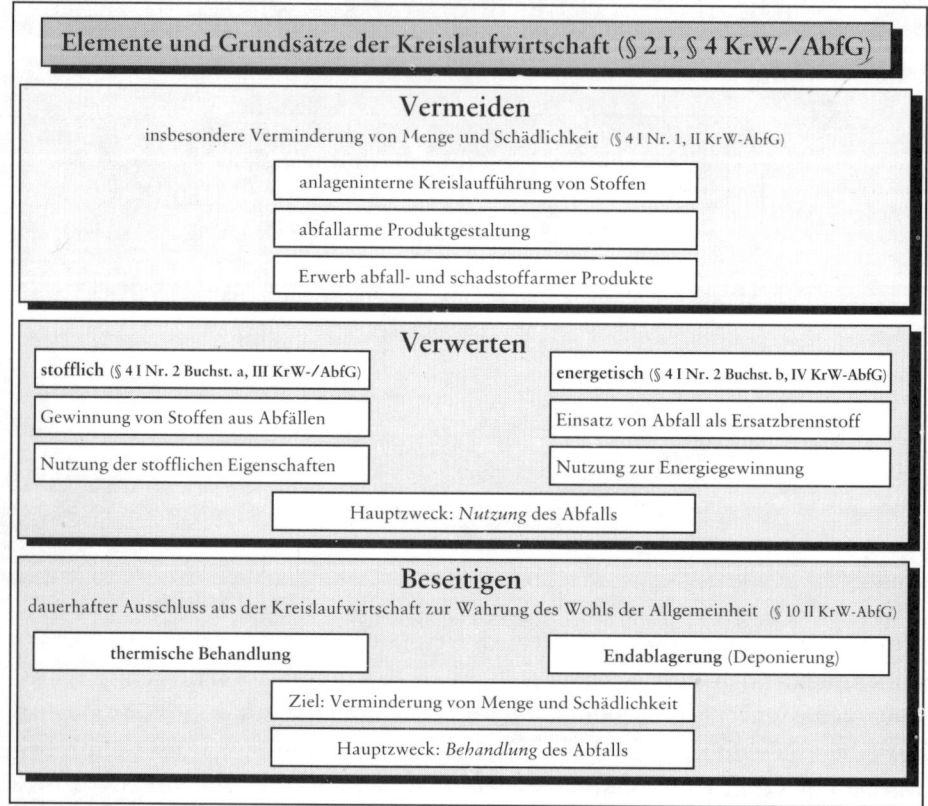

Von besonderer Bedeutung sind die Veränderungen hinsichtlich des *Abfallbegriffs*. Das ist keineswegs eine formale oder terminologische Frage. Vielmehr steuert die Reichweite des Abfallbegriffs wesentlich den Anwendungsbereich des gesamten Gesetzes, nämlich überall dort, wo das Gesetz im Tatbestand seiner Vorschriften den Begriff Abfall verwendet; der Eintritt der Rechtsfolge setzt dann voraus, dass Abfall im Sinne des Gesetzes vorliegt (näher *Kunig 1997*).

Abbildung 41: *Abfallrecht und Kreislaufwirtschaft*

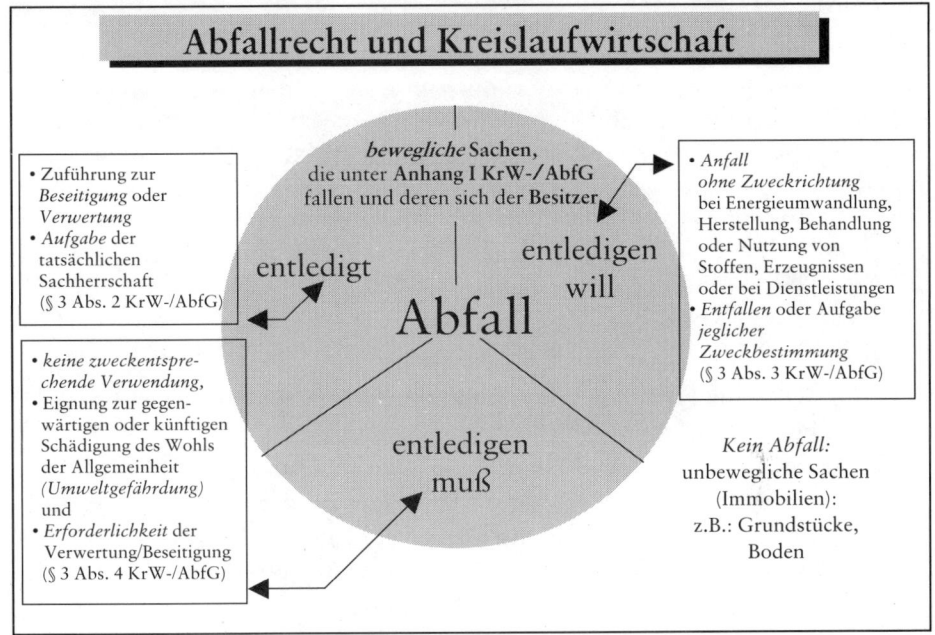

Der Abfallbegriff des KrW-/AbfG ist außerordentlich kompliziert. Nach wie vor wird sein Verständnis erleichtert durch einen Blick auf den Vorgängerbegriff in § 1 AbfG 1986. Danach war zwischen einem subjektiven Abfallbegriff (der Besitzer „erklärt" eine Sache in eigener Willkür zu Abfall oder verhält sich in einer Weise, aus der auf seine Entledigungsabsicht geschlossen werden kann) und dem objektiven Abfallbegriff zu unterscheiden; letzteres bedeutet, dass Sachen, deren geordnete Entsorgung aus Gründen des Gemeinwohls geboten ist, bereits aus diesem Grunde als Abfall zu qualifizieren sind. Dieser zweigleisige Abfallbegriff bereitete erhebliche Vollzugsschwierigkeiten, weil es oft nicht gelang, Abfall von sogenannten Wirtschaftsgütern abzugrenzen, nämlich solchen, bei denen ihr Besitzer eine Weiterverwendungsabsicht (lediglich) behauptete. Auch hatte sich der Abfallbegriff des Gemeinschaftsrechts differenzierter entwickelt, so dass Anpassungsanlass gesehen wurde.

§ 3 KrW-/AbfG Begriffsbestimungen

(1) Abfälle im Sinne dieses Gesetzes sind alle beweglichen Sachen, die unter die in Anhang I aufgeführten Gruppen fallen und deren sich ihr Besitzer entledigt, entledigen will oder entledigen muss. Abfälle zur Verwertung sind Abfälle, die verwertet werden; Abfälle, die nicht verwertet werden, sind Abfälle zur Beseitigung.

(2) Die Entledigung im Sinne des Absatzes 1 liegt vor, wenn der Besitzer bewegliche Sachen einer Verwertung im Sinne des Anhangs II B oder einer Beseitigung im Sinne des Anhangs II A zuführt oder die tatsächliche Sachherrschaft über sie unter Wegfall jeder weiteren Zweckbestimmung aufgibt.

(3) Der Wille zur Entledigung im Sinne des Absatzes 1 ist hinsichtlich solcher Sachen anzunehmen
1. die bei der Energieumwandlung, Herstellung, Behandlung oder Nutzung von Stoffen oder Erzeugnissen oder bei Dienstleistungen anfallen, ohne dass der Zweck der jeweiligen Handlung hierauf gerichtet ist, oder
2. deren ursprüngliche Zweckbestimmung entfällt oder aufgegeben wird, ohne dass ein neuer Verwendungszweck unmittelbar an deren Stelle tritt.

Für die Beurteilung der Zweckbestimmung ist die Auffassung des Erzeugers oder Besitzers unter Berücksichtigung der Verkehrsanschauung zugrunde zu legen.

(4) Der Besitzer muss sich beweglicher Sachen im Sinne des Absatzes 1 entledigen, wenn diese entsprechend ihrer ursprünglichen Zweckbestimmung nicht mehr verwendet werden, aufgrund ihres konkreten Zustandes geeignet sind, gegenwärtig oder künftig das Wohl der Allgemeinheit, insbesondere die Umwelt zu gefährden, und deren Gefährdungspotenzial nur durch eine ordnungsgemäße und schadlose Verwertung oder gemeinwohlverträgliche Beseitigung nach den Vorschriften dieses Gesetzes und der auf Grund dieses Gesetzes erlassenen Rechtsverordnungen ausgeschlossen werden kann.

(5) ...

(6) Besitzer von Abfällen im Sinne dieses Gesetzes ist jede natürliche oder juristische Person, die die tatsächliche Sachherrschaft über Abfälle hat.

(7) Abfallentsorgung umfasst die Verwertung und Beseitigung von Abfällen.

(8) ...

(9) ...

(10) Deponien im Sinne dieses Gesetzes sind Beseitigungsanlagen zur Ablagerung von Abfällen oberhalb der Erdoberfläche (oberirdische Deponien) oder unterhalb der Erdoberfläche (Unertagedeponien). Zu den Deponien zählen auch betriebsinterne Abfallbeseitigungsanlagen für die Ablagerung von Abfällen, in denen ein Abfallerzeuger die Abfallbeseitigung am Erzeugungsort vornimmt.

(11) Inertabfälle sind mineralische Abfälle, die keinen wesenlichen physikalischen, chemischen oder biologischen Veränderungen unterliegen, sich nicht auflösen, nicht brennen und nicht in anderer Weise physikalisch oder chemisch reagieren, sich nich biologisch abbauen und andere Materialien, mit denen sie in Konakt kommen, nicht in einer Weise beeinträchtigen, die zu nachteiligen Auswirkungen auf die Umwelt oder die menschliche Gesundheit führen könnte. Die gesamte Auslaugbarkeit und der Schadstoffgehalt der Abfälle und die Ökotoxizität des Sickerwassers müssen unerheblich sein und dürfen insbesondere nicht die Qualität von Oberflächen- oder Grundwasser gefährden. Die Bundesregierung wird ermächtigt, nach Anhörung der beeiligten Kreise (§ 60) durch Rechtsverordnung mit Zustimmung des Bundesrates Inertabfälle zu bestimmen.

(12) Stand der Technik im Sinne dieses Gesetzes ist der Entwicklungsstand fortschrittlicher Verfahren, Einrichtungen oder Betriebsweisen, der die praktische Eignung einer Maßnahme zur Begrenzung von Emissionen in Luft, Wasser und Boden, zur Gewährleistung einer umweltverträglichen Abfallentsorgung oder sonst zur Vermeidung oder Verminderung von Auswirkungen auf die Umweltt zur Erreichung eines allgemein hohen Schutzniveaus für die Umwelt insgesamt gesichert erscheinen lässt. Bei der Bestimmung des Standes der Technik sind innsbesondere die in Anhang III aufgeführten Kriterien zu berücksichtigen.

Nach § 3 KrW-/AbfG sind Abfälle bewegliche Sachen (nicht also nicht gefasste gasförmige Stoffe oder auch fließende Gewässer), welche unter in einem Anhang I zu dem Gesetz aufgeführte Gruppen fallen und – weitere Voraussetzung – derer sich ihr Besitzer entledigt, entledigen will oder entledigen muss. In dieser Trias sind die zwei genannten Alternativen (subjektiv, objektiv) des früheren Abfallbegriffs aufgegangen, wobei sich etwas vereinfachend sagen lässt, dass „Entledigung" und „Entledigungswille" nunmehr für die subjektive Seite stehen, „Entledigenmüssen" für den objektiven Abfallbegriff. Das Gesetz umschreibt weiterhin Alternativen für die Feststellung einer Entledigung. Darunter wird auch jede Zuführung einer Sache zur Verwertung genannt. Die Folge ist, dass nach der gesetzlichen Definition des Abfallbegriffs nunmehr die Anzahl von Sachen, die als Abfall zu qualifizieren sind und demzufolge dem Regelungszugriff des Abfallrechts unterfallen, ganz erheblich angestiegen ist.

Das Gesetz objektiviert den „subjektiven" Abfallbegriff in dem Sinn, dass Kriterien bestimmt werden, nach denen ein Entledigungswille ungeachtet der erklärten Willensrichtung des Abfallbesitzers gleichwohl fingiert werden darf (in Reaktion auf die angesprochene Schwierigkeit der Abgrenzung von Abfall und „Wirtschaftsgut"). Eine Sache ist auch Abfall bei Wegfall oder Aufgabe ihrer ursprünglichen Zweckbestimmung, wenn kein neuer Verwendungszweck unmittelbar an deren Stelle tritt. Hinsichtlich der Beurteilung von Zweck und Zweckbestimmung wird zwar die Auffassung des Erzeugers oder Besitzers zugrunde gelegt, doch unterliegt dies dem Korrektiv der Verkehrsanschauung, so dass der Berechtigte der eine Sache als Abfall einstufenden Behörde entgegenhalten kann, er verfolge keinen Entledigungswillen, sofern dies am Maßstab der Verkehrsanschauung als plausibel erscheint.

Die Neuregelung hat zur Folge, dass ein Schwergewicht künftiger Abgrenzungsfragen nun bei der Suche nach der *Grenzlinie zwischen Abfall einerseits, „Produkt" andererseits liegt.* Zum Produktbegriff rechnet man dabei auch Erzeugnisse, die im Sinne eines unter- oder nebengeordneten Zwecks anfallen und nützlich verwendet oder jedenfalls vermarktet werden können.

Neben diesem komplexen „subjektiven" Abfallbegriff steht weiterhin eine objektive Variante („entledigen muss"). Sie meint Sachen, die nicht mehr entsprechend ihrer ursprünglichen Zweckbestimmung verwendet werden, aufgrund ihres konkreten Zustands geeignet sind, gegenwärtig oder künftig die Umwelt zu gefährden (oder auch andere Gemeinwohlinteressen) *und* deren Gefährdungspotenzial nur durch eine ordnungsgemäße und schadlose Verwertung oder aber eine gemeinwohlverträgliche Beseitigung nach Maßgabe der Rechtsordnung ausgeschlossen werden kann.

In Aufnahme der Regelungsansätze „Verwertung" und „Beseitigung" unterscheidet das Gesetz, sprachlich ungewöhnlich, zwischen *„Abfällen zur Verwertung"* und *„Abfällen zur Beseitigung"* und bestimmt, dass die *Verwertung Vorrang* vor der Beseitigung hat, sofern das Gesetz selbst keine andere Entscheidung vorgibt. Auch dieses ist im einzelnen unübersichtlich geregelt, u.a. wird zum Ausdruck gebracht, dass die thermische Behandlung von Beseitigungsabfällen vom Vorrang energetischer Verwertung unberührt bleibe. Im übrigen kommt es auch auf die wirtschaftliche Zumutbarkeit der Verwertung an, wobei die Marktgängigkeit eines durch Verwertung zu gewinnenden Stoffes (oder zu gewinnender Energie) eine Rolle spielt.

Die Entsorgungsverantwortung hat ebenfalls eine neue Regelung erfahren. Grundsätzlich wurde die Entsorgung privatisiert, bildet eine Entsorgungspflicht öffentlich-rechtlicher Körperschaften nicht mehr die Regel, als deren Ausnahme sich die Verpflichtung zur Eigenentsorgung darstellen würde. Wer über Abfälle verfügt, hat sie (selbst) zu verwerten oder – sofern der grundsätzliche Verwertungsvorrang dies gestattet – gemeinwohlverträglich zu beseitigen, so dass eine Pflicht zur Abfallüberlassung die Ausnahme von der Regel bildet. Dennoch gibt es nach wie vor zahlreiche *Überlassungspflichten*, wobei die Unterscheidung zwischen Abfällen aus privaten Haushaltungen und solchen aus anderen Herkunftsbereichen die entscheidende Rolle spielt. Mit den Vorschriften des KrW-/AbfG zu den Überlassungspflichten bzw. allgemein zur Verteilung von Entsorgungsverantwortung sind zahlreiche Streitfragen verbunden, die in den nächsten Jahren höchstrichterlicher Klärung zugeführt werden müssen, weil das Gesetz selbst in hohem Maße mehrdeutig ist. Die unterschiedlichen Interessen – etwa – privater Entsorgungsunternehmen und der Gebietskörperschaften, welche an der Rentabilität ihrer oftmals erst in den letzten Jahren mit beträchtlichem Investitionsvolumen ausgebauten Entsorgungskapazitäten interessiert sind, prägen eine an Dissonanzen reiche Diskussion (s. *Petersen 1998 und 2001 sowie Kunig 2001*).

4.3 Schutz von Natur und Landschaft

Handelt es sich beim Immissionsschutzrecht *(4.1)* um auf den Schutz eines Umweltmediums (der Luft) zielenden, im Abfallrecht *(4.2)* hingegen um einen stoffbezogenen Ansatz (zu solchen Einordnungen *s.o. 1.2)*, so geht es dem Naturschutzrecht im Ausgangspunkt um *Gebiete und Lebewesen*. Das Naturschutzrecht zählt zu den älteren Teilgebieten des Umweltrechts, wurde historisch der Kulturpolitik zugerechnet (erkennbar an entsprechenden ministeriellen Zuständigkeiten, auch am Begriff des „Naturdenkmals"; von „Landeskultur" – statt Umweltschutz – sprach übrigens noch die einschlägige Gesetzgebung der Deutschen Demokratischen Republik).

Das in der Bundesrepublik zunächst weitergeltende Reichsnaturschutzgesetz von 1935 wurde erst im Jahre 1976 durch ein *Bundesnaturschutzgesetz* (BNatSchG) abgelöst. Es gründet auf einer Rahmengesetzgebungskompetenz (Art. 75 I Nr. 3 GG), so dass der Bund hier über geringere Regelungsspielräume verfügt als – etwa – im Bereich des Immissionsschutzes (vgl. zur Kompetenzlage im Bundesstaat *o. 2.1)*. Das BNatSchG ist mehrfach verändert worden, vor allem zunächst durch die Einfügung zuvor an anderer Stelle geregelter Artenschutzvorschriften und in Reaktion auf völkerrechtliche und EG-rechtliche Vorgaben. Rechtspolitischer Streit hat die Geschichte des Naturschutzrechts in Deutschland immer begleitet. Angesichts des rahmenrechtlichen Charakters des BNatSchG kommt den Naturschutzgesetzen der Länder (die unterschiedliche Bezeichnungen tragen, oft ist auch von „Landschaftspflege" die Rede) eine erhebliche und ungleich größere Bedeutung zu als etwa den Landesgesetzen zum Immissionsschutz. Zu den Naturschutzgesetzen in Bund und Ländern treten noch weitere Rechtsgrundlagen, wie ein Bundeswaldgesetz, das u.a. auch die Förderung der Forstwirtschaft zum Gegenstand hat, dazu jagd- und fischereirechtliche Bestimmungen sowie Vorschriften über Abgrabungen.

Zu Beginn des Jahres 2002 is ein neues BNatSchG erlassen worden, das erheblichen Anpassungsbedarf auf Länderebene ausgelöst hat. Die Länder sollen dem grundsätzlich binnen drei Jahren Rechnung tragen. Das Gesetz ist – von zahlreichen Klarstellungen und Präzisierungen abgesehen – vor allem bemüht um eine Förderung umweltverträglicher Landwirtschaft, die Sicherung biologischer Vielfalt (s.u. 5.3) durch die Schaffung eines Biotopverbundes und die Stärkung von Verbandspartizipation. Es baut ferner den Meeresnaturschutz aus. Im Folgenden wird bereits auf die neuen Vorschriften Bezug genommen.

Naturschutzrecht beschränkte sich anfangs im wesentlichen auf die Ausweisung bestimmter Schutzgebiete und das Verbot, sich als besonders *schützenswert empfundener Pflanzen und Tierarten* zu bemächtigen. Das *moderne Naturschutzrecht* ist über solche Grenzen weit hinausgegangen. Es zielt – beispielhaft seien hier in § 1 BNatSchG formulierte Anliegen aufgegriffen – auf die Leistungs- und Funktionsfähigkeit des Naturhaushaltes, die Regenerationsfähigkeit und nachhaltige Nutzungsfähigkeit der Naturgüter, den Schutz der Pflanzen- und Tierwelt einschließlich ihrer Lebensstätten und -räume, die Vielfalt, Eigenart und Schönheit sowie den Erholungswert von Natur und Landschaften. Das Gesetz sprach in diesem Zusammenhang zuvor ausdrücklich von Schutz, Pflege und Entwicklung im Interesse einer Bewahrung der Lebensgrundlagen des Menschen. Daran ließ sich eine *anthropozentrische Ausrichtung* erkennen, die nunmehr in den Hintergrund getreten ist. Die Umformulierung der Zielbestimmung des BNatSchG in Hinsicht auf einen Eigenwert belebter Natur könnte eine Tendenzwende bedeuten, die allerdings ausweislich der Gesetzesmaterialien wohl so nicht beabsichtigt war.

Die Zielvorgaben des Naturschutzrechts machen auch deutlich, dass es nicht primär um die Erhaltung schutzwürdiger Gebiete geht, sondern um einen *räumlich umfassenden Ansatz*, der im übrigen nicht strikt zwischen besiedelten und anderen Bereichen unterscheidet bzw. sich auf die letzteren beschränken würde. Auch sachlich ist der Naturschutz umfassend ausgerichtet, nämlich nicht auf einzelne Naturgüter beschränkt: Die Redeweise vom „*Naturhaushalt*" spricht Natur und Landschaft *als Wirkungsgefüge* an. Das „Funktionieren" dieser Wirkungsgefüge (so genannter funktioneller Naturschutz), aber auch „optische" Gesichtspunkte („Vielfalt, Eigenart und Schönheit") sind nach dem Gesetz zu verfolgende Anliegen. Die Handlungsmodalitäten des „Schützens, Pflegens und Entwickelns" sowie – nunmehr – „Wiederherzustellen, soweit erforderlich", zeigen an, dass es *nicht allein um Bewahrung* des Status quo gehen soll, sondern um die Berücksichtigung und Ermöglichung von Regeneration und die Offenhaltung von natürlichen Entwicklungswegen. Hier besteht ein Zusammenhang mit dem Leitgedanken der Nachhaltigkeit, wie er die internationale umweltpolitische Diskussion prägt und nun auch in § 1 Nr. 2 BNatSchG genannt wird.

In § 2 I lässt das BNatSchG erkennen, dass es die Belange des Naturschutzes und der Landschaftspflege als solche begreift, die bei Zielkonflikten mit anderen Belangen in eine *Abwägung* einzugehen haben. Was im Recht „abgewogen" wird, kann grundsätzlich „überwunden", hintangestellt werden. Ungeachtet dieser konzeptionellen Relativierung des Naturschutzes fügte § 1 BNatSchG bisher noch die Aussage an, dass eine ordnungsgemäße Land- und Forstwirtschaft den Zielen des Gesetzes regelmäßig diene, ein *Agrarprivileg*, das auch in einzelnen operativen Vorschriften des BNatSchG zum Ausdruck kommt und seit längerem in der Kritik steht

(s. dazu *Fischer-Hüftle 1981; Peine 1994*). Dass moderne Agrarwirtschaft ungeachtet aus ihr resultierender Beiträge in Richtung naturschutzrechtlicher Ziele auch gerade besondere Gefährdungen dieser Ziele mit sich bringt, etwa durch Überdüngung, Entwässerung von Feuchtgebieten, landschaftsbildverändernde Bewirtschaftung großer Flächen, liegt auf der Hand. Mit den land- und forstwirtschaftsbezogenen Vorschriften der Naturschutzgesetze sind zahlreiche Auslegungsstreitigkeiten, teils unterschiedliche Sichtweisen in Rechtsprechung und juristischem Schrifttum, verbunden, die aus dem genannten Widerspruch zwischen der gesetzlichen Regelformulierung und der Realität erwachsen sind. Mit einer komplexen Neuregelung für das Verhältnis von Land-, Forst- und Fischereiwirtschaft zum Naturschutz ist jetzt § 5 BNatSchG um eine ökologische Umsteuerung bemüht.

Abbildung 42: **Naturschutzrechtliche Instrumente**

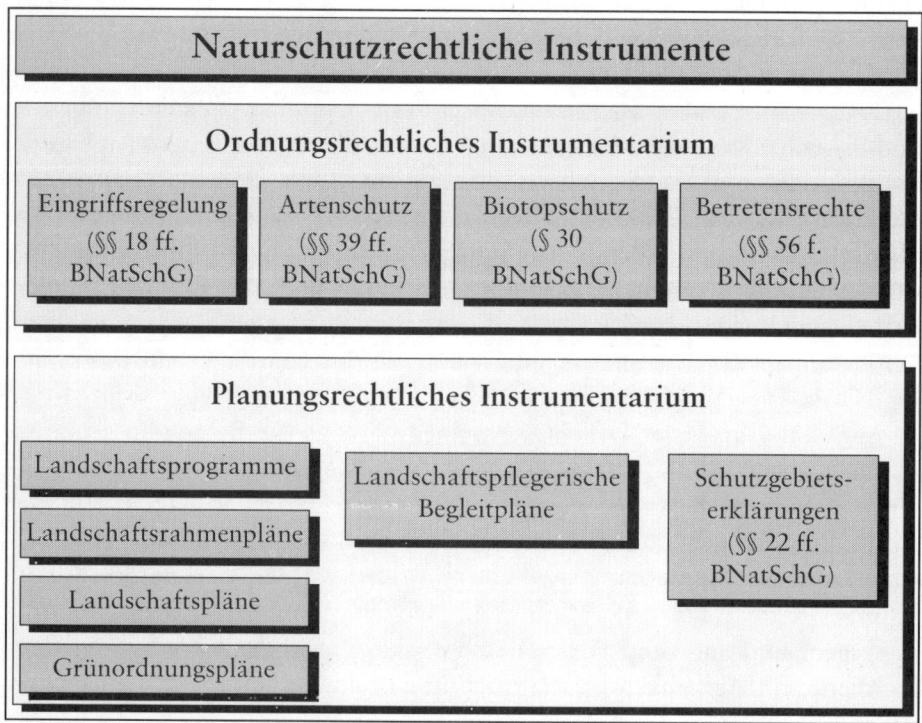

Das in zehn Abschnitte gegliederte BNatSchG kann hier nicht im einzelnen vorgestellt werden. Einige Kernbereiche sollen aber herausgegriffen werden.

Insofern sind zunächst *planerische Instrumente* zu erwähnen. Die in den §§ 12 ff. BNatSchG geregelte Landschaftsplanung ist eine naturschutzrechtliche Fachplanung mit drei Planungsstufen – Landschaftsprogramme, Landschaftsrahmenpläne, Landschaftspläne –, die gesondert neben der Raumplanung besteht und mit dieser zu koordinieren ist. Landschaftsprogramme sind solche für den Bereich eines ganzen Bundeslandes, Landschaftsrahmenpläne beziehen sich auf Teile eines Landes und stellen überörtliche Erfordernisse und Maßnahmen zur Verwirklichung der naturschutzrechtlichen Ziele dar, konkretisieren gleichsam auf regionaler Ebene das Landschaftsprogramm. Landschaftspläne betreffen demgegenüber die örtliche Ebene, wobei die Landesnaturschutzgesetze teilweise weiter differenzieren, etwa den Landschaftsplan und den Grünordnungsplan unterscheiden und damit eine Parallele zu den bauplanungsrechtlichen Erscheinungen des (auf das Gemeindegebiet insgesamt bezogenen) Flächennutzungsplans und des Gemeindeteile betreffenden, aber bereits parzellenscharf das Baugeschehen erfassenden Bebauungsplans herbeiführen.

Die Koordination der Landschaftsplanung mit der Raumplanung erfolgt einerseits durch eine Berücksichtigung der Ziele und Grundsätze der letzteren bei der Landschaftsplanung, andererseits auch durch eine Übernahme von Landschaftsplänen in die Raumplanung, dies in im einzelnen geregelten Integrationsschritten. In die Raumplanung übernommene Landschaftsplanung teilt deren rechtliche Wirkungen, während Landschaftsprogramme und Landschaftsrahmenpläne grundsätzlich allein gegenüber Behörden Wirkung entfalten, aufgrund bauplanungsrechtlicher Vorgaben auch gegenüber den Gemeinden. In der Form einer Satzung oder Rechtsverordnung erlassene Landschaftspläne entfalten indessen Außenwirkung und Allgemeinverbindlichkeit.

Eine zentrale Vorschrift des BNatSchG ist dessen § 18, eine in sich komplizierte Regelung über *„Eingriffe" in Natur und Landschaft.* Damit sind Veränderungen der Gestalt oder Nutzung von Grundflächen und Veränderungen des Grundwasserspiegels gemeint, die die Leistungsfähigkeit des Naturhaushalts oder das Landschaftsbild erheblich beeinträchtigen können (weiterhin mit einer Privilegierung land-, forst- und fischereiwirtschaftlicher Nutzung, neuerdings aber in stärkerem Maße beschränkt i.S. „guter fachlicher Praxis", die durch verschiedene Regelwerke konkretisiert ist. Durch Landesgesetz ist weithin bestimmt worden, welche Maßnahmen als naturschutzrechtliche Eingriffe zu gelten haben, etwa die Durchführung von Aufschüttungen in bestimmter Höhe und auf größenmäßig näher bestimmter Fläche, die Errichtung von Verkehrswegen oder Gebäuden im sogenannten Außenbereich (also außerhalb in Zusammenhang bebauter Ortsteile und außerhalb der durch Bebauungspläne erfassten Gebiete), die oberirdische Gewinnung von Bodenschätzen, Gewässerausbau und Entwässerung, Umwandlung oder Beseitigung von Wäldern oder Hecken.

Lässt sich von einem naturschutzrechtlichen Eingriff sprechen, so sieht das Gesetz zunächst die Verpflichtung des Verursachers des Eingriffs vor, vermeidbare Beeinträchtigungen von Natur und Landschaft zu unterlassen. Diese Formulierung ist etwas sibyllinisch, kann doch kein Zweifel daran bestehen, dass jeder Eingriff unterlassen und also „vermieden" werden kann. Da es andererseits erkennbar nicht der Regelungsintention des Gesetzgebers entsprochen haben wird, kategorisch zur Unterlassung der vorbezeichneten Eingriffe in Natur und Landschaft zu verpflichten, wird die Klausel in dem Sinne verstanden, dass ein nach anderen Gesetzen als den naturschutzrechtlichen Bestimmungen grundsätzlich zulässiges Vorhaben als im naturschutzrechtlichen Sinne „unvermeidbar" anzusprechen ist und der Verursacher sodann gehalten (bzw. dazu anzuhalten) ist, naturschutzrechtlich unerwünschte Konsequenzen soweit wie möglich zu begrenzen.

Unvermeidbare „Beeinträchtigungen" in diesem Sinne bedürfen nach § 19 II BNatSchG vorrangig des *Ausgleichs*. Von „Ausgleich" wird ausgegangen, wenn nach der Beendigung eines Eingriffs keine erhebliche Beeinträchtigung des Naturhaushalts verbleibt und das Landschaftsbild landschaftsgerecht wiederhergestellt oder neu gestaltet ist – womit nicht klar geregelt ist, ob eine Ausgleichsmaßnahme zwingend auch am Ort des Eingriffs durchgeführt werden muss. Dies wird der landesgesetzlichen Regelung überlassen. Überwiegend wird es als hinreichend angesehen, wenn der Ausgleich in demselben Landschaftsraum erfolgt und auch einen gewissen Zusammenhang mit dem Eingriff aufweist. Dies reicht allerdings nur dann, wenn die Wiederherstellung des vor dem Eingriff bestehenden Zustandes an dessen Ort von vornherein nicht oder nur mit einem unverhältnismäßigen Aufwand möglich ist.

Abbildung 43: *Rechtsfolgen von Eingriffen für den Verursacher*

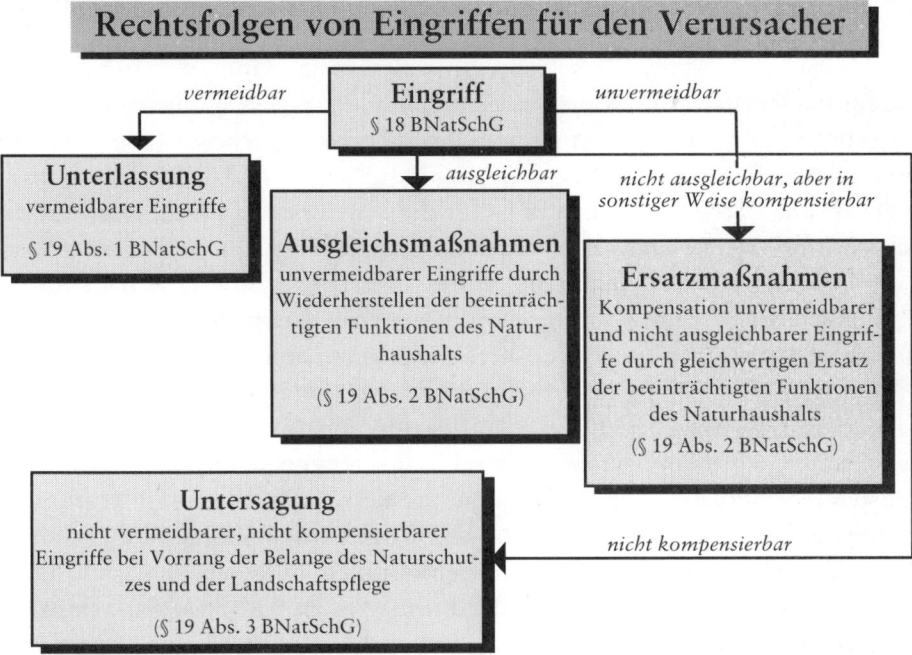

Erweist sich ein Eingriff als „unvermeidbar" und „nicht ausgleichbar", so ist er in sonstiger Weise zu kompensieren. Durch eine solche Ersatzmaßnahme kompensiert ist eine Beeinträchtigung, wenn und sobald die beeinträchtigten Funktionen des Naturhaushalts in gleichwertiger Weise ersetzt sind oder das Landschaftsbild landschaftsgerecht neu gestaltet ist. Die Länder können gesetzlich auch vorsehen, dass ohne rechtliche Verpflichtung geschaffene sog. „Ökokonten" oder „Flächenpoole" als Kompensationsmaßnahmen anerkannt werden. Für den Fall, dass Beeinträchtigungen weder vermeidbar noch in angemessener Frist ausgleichbar oder in sonstiger Weise kompensierbar sind, sieht das Gesetz eine Abwägung vor, aufgrund derer zu entscheiden ist, ob die Belange des Naturschutzes und der Landschaftspflege dem jeweiligen Vorhaben vorgehen; in diesem Fall ist das Vorhaben zu untersagen. Landesrechtlich ist vielfach vorgesehen, dass solche Eingriffe, die angesichts der erwähnten Interessenabwägung als hinnehmbar erscheinen, Ersatzpflichten auslösen, naturschutzrechtliche *Kompensation*. Einzelheiten ergeben sich hierzu erst aus den sich voneinander unterscheidenden landesrechtlichen Vorgaben, die oft als Ersatzzahlung das Instrument der „naturschutzrechtlichen Ausgleichsabgabe" einsetzen, deren Aufkommen zweckgebunden eingesetzt werden muss.

Zu den gesetzlichen Ausgleichs- und Ersatzmaßnahmen tritt noch die Gestaltungsform des verwaltungsrechtlichen Vertrages (s. allgemein o. 3.1) zwischen Behörde und den an einem Grundstück Berechtigten, so genannter *Vertragsnaturschutz*. In den Ländern bestehen Förderprogramme, wonach finanzieller Ausgleich etwa für die Unterlassung bestimmter naturschutzrechtliche Belange beeinträchtigender (aber nicht verbotener oder verbietbarer) Handlungen vorgesehen ist. Die Landesgesetze kennen schließlich auch spezielle *Eingriffsverbote*, etwa für bedeutsame Biotope, die im Ergebnis auf weitgehende Veränderungsverbote hinauslaufen.

Die §§ 22 ff. BNatSchG regeln die *Unterschutzstellung* als besonders schutzwürdig angesehener Teile von Natur und Landschaft, dies in verschiedenen Formen, namentlich Naturschutzgebiete, Nationalparke, Biosphärenreservate, Landschaftsschutzgebiete, Naturparke, Naturdenkmale, geschützte Landschaftsbestandteile, gesetzlich geschützte Biotope, Gewässer, Uferzonen. Diese Schutzgebietstypen unterscheiden sich nach ihrer Zielsetzung und der Intensität des mit ihnen verbundenen Schutzes. Darüber hinaus sehen die §§ 32 ff. BNatSchG das Instrumentarium zur Ausweisung von Schutzgebieten im Zuge der Umsetzung der Verpflichtungen aus der europäischen Fauna-Flora-Habitat-Richtlinie (92/43/EWG) und der Vogelschutzrichtlinie (79/409/EWG) vor: Gebiete von gemeinschaftlicher Bedeutung, Konzertierungsgebiete, Europäische Vogelschutzgebiete, prioritäre Biotope und Arten. Außerdem sehen (einige) Länder zusätzliche Schutzformen vor. Insbesondere haben sie aber lange vor dem Bund – auch in Wahrung der im Einigungsvertrag anerkannten, vor dem Beitritt der östlichen Länder ausgewiesenen Schutzgebiete – Biosphärenreservate als großflächig ansetzende, internationale Verbundsysteme vorgesehen, nicht zuletzt auch in Reaktion auf zwischenstaatliche und im Rahmen internationaler Organisationen betriebene Programme. Erst nach der Umsetzung auch der jüngsten Änderungen des Bundesnaturschutzgesetzes in den Landesnaturschutzgesetzen wird sich erweisen, ob die innerstaatlichen naturschutzrechtlichen Regelungen des Bundes und der Länder den Umsetzungsverpflichtungen der genannten europarechtlichen Richtlinien auch materiell genügen.

Das Naturschutzrecht unterscheidet sich von den anderen Teilgebieten des deutschen Umweltverwaltungsrechts nachhaltig durch eine besondere Partizipationsform, nämlich die Mitwirkung von Vereinen, die *Vereinsbeteiligung*. Bundesrechtlich wie landesrechtlich bestehen seit längerer Zeit besondere Vorschriften hinsichtlich privat organisierter, kollektiver Interessenvertretung für staatliche Entscheidungen auf dem Gebiet des Naturschutzes. Während es im übrigen einem Grundzug des deutschen Rechts entspricht, die Rechtsverfolgung der Initiative des einzelnen zu überlassen, treten hier auch insoweit Kollektive auf den Plan. Das hat auch zum Hintergrund, dass individuelle Rechtsverfolgungschancen im Bereich des Naturschutzes kaum bestehen, also anders als etwa im Immissionsschutzrecht (s.o.) oder auch im Gewässerschutzrecht, wo behördliche Entscheidungen, die Umweltbelastungen gestatten, häufig auf subjektive Rechte Dritter, etwa Nachbarn, treffen, welche dann von diesen ggf. eingeklagt werden können. Das findet im Naturschutzrecht so keine Parallele. Daher gestattet das Recht die Partizipation von Vereinen und räumt ihnen auch Klagerechte ein (s. *Kunig 1996*, im einzelnen *Balleis 1996*).

Verlässt man die allein umweltschutzbezogene Perspektive, so ist hier zugleich die auch allgemeiner sich stellende Frage angesprochen, welche Rolle in Verbänden organisierten Interessen in Staat und Gesellschaft zukommen soll. „Verbandsbeteiligung" ist vor allem für verschiedene Wirtschaftsbereiche teils ebenfalls formalisiert und dient dort der Wahrnehmung partikularer Interessen, so etwa im Bereich des Güterkraftverkehrs. „Umweltverbände" sind demgegenüber solche, die sich den Schutz aller oder einzelner Umweltgüter zur Aufgabe machen. Das Naturschutzrecht gibt ihrer Aktivität Raum, weil „der Natur" eine eigene Artikulationsmöglichkeit nicht zukommt und es darüber hinaus, wie gesagt, naheliegt, wegen des weithin fehlenden individuellen Klagepotenzials zusätzliche Partizipationsmöglichkeiten zu eröffnen, um Vollzugsdefiziten Vorschub zu leisten.

Den gem. §§ 58-60 BNatSchG anerkannten Naturschutzvereinen stehen *Äußerungs- und Einsichtsrechte* zu, soweit diese Vereine, früher wurde im Gesetz der Begriff Verbände gebraucht, in ihrem satzungsgemäßen Aufgabenbereich berührt sind. Es betrifft dies die Vorbereitung von Verordnungen und anderen untergesetzlichen Rechtsvorschriften der Naturschutzbehörden, die Vorbereitung von Landschaftsplanungen, soweit sie dem einzelnen gegenüber verbindlich sind, Entscheidungen über die Befreiung von

Verboten und Geboten in Naturschutzgebieten und Nationalparks, schließlich Planfeststellungsverfahren über Vorhaben, die mit „Eingriffen" in Natur und Landschaft, wie sie o. behandelt wurden, verbunden sind.

Die Anerkennung als Naturschutzverein setzt die Erfüllung verschiedener, in §§ 58 ff. BNatSchG und in den Landesnaturschutzgesetzen geregelter Kriterien voraus. Danach muss es sich um einen rechtsfähigen Verein handeln, der nach Maßgabe seiner Satzung und nicht nur vorübergehend vorwiegend ideelle Ziele des Naturschutzes und der Landschaftspflege fördert, dabei einen Tätigkeitsbereich aufweist, der mindestens das Gebiet eines Landes umfasst, die Gewähr für sachgerechte Aufgabenerfüllung bietet, wegen „Gemeinnützigkeit" nach dem Körperschaftssteuergesetz von der Körperschaftssteuer befreit ist und schließlich jedermann den Eintritt ermöglicht, welcher die Vereinsziele unterstützt. Die Anerkennung ist im Sinne einer gebundenen Erlaubnis *(s.o. 3.1)* ausgestaltet, so dass bei Erfüllung der Kriterien ein *Anerkennungsanspruch* gegenüber der nach dem jeweiligen Landesrecht zuständigen Behörde besteht. Etwa der BUND, der Naturschutzbund Deutschlands, die Schutzgemeinschaft Deutscher Wald und der Deutsche Naturschutzring sind derartige Verbände.

Die *Länder* haben die Mitwirkung von Naturschutzvereinen teils über das bundesrechtliche Bild hinausgeführt und im übrigen auch seit langem in unterschiedlichen Formen so genannte *Vereinsklagen* eingeführt. Das Bundesrecht sieht die Vereinsklage hingegen erst seit 2002 vor (§ 61 BNatSchG). Zuvor waren die Klagemöglichkeiten der Verbände im Bundesrecht auf die Einforderung ihrer Mitwirkungsrechte beschränkt. Hier geht es nicht um eine eigenständige Rechtsposition betreffend die Wahrung von Naturschutzbelangen, sondern um die Durchsetzung von Verfahrensrecht.

Bisher haben derzeit 13 von 16 Ländern Klagen von anerkannten Naturschutzvereinen ermöglicht, ohne dass diese dabei allein eigene (Mitwirkungs-)Rechte geltend machen müssten. In Brandenburg und Sachsen ist die dort sog. Verbandsklage sogar (landes-)verfassungsrechtlich verankert. Die Regelungen im Bundesnaturschutzgesetz legen fest, dass nur anerkannte Vereine klagen können und jeweils auch eine Berührung der satzungsmäßigen Ziele des Vereines in Rede stehen muss. Sie setzen ferner voraus, dass ein Verein im konkreten Fall zuvor von seinen Mitwirkungsrechten Gebrauch gemacht haben muss, wobei Klagen auch zulässig sind, wenn dem Verein von vornherein keine Mitwirkungsgelegenheit gegeben wurde.

Der Prüfungsmaßstab ist auf das Naturschutzrecht im engeren Sinne, d.h. auf Vorschriften des BNatSchG, des jeweiligen Landesnaturschutzgesetzes und aufgrund dieser Gesetze erlassene Vorschriften und auf Rechtsvorschriften, die dem Naturschutz zu dienen bestimmt sind, beschränkt.

Literatur

1. Kommentare zu den drei vorstehend behandelten Rechtsgebieten

Jarass, H.D.: Bundes-Immissionsschutzgesetz, 4. Aufl., München 1999.

Kunig, Ph./Paetow, St./Versteyl, L.-A.: Kreislaufwirtschafts- und Abfallgesetz, 2. Aufl., München 2003.

Meßerschmidt, K. (Hrsg.):, Bundesnaturschutzrecht, Loseblattausgabe, Stand: Februar, Heidelberg 1998.

2. Beiträge zum Immissionsschutzrecht

Beaucamp, G.: Das „Ozongesetz" vor den Verwaltungsgerichten, JA 1999, S. 170.

Hansmann, K.: Beschleunigung und Vereinfachung immissionsschutzrechtlicher Genehmigungsverfahren, NVwZ 1997, S. 105.

Hansmann, K.: Rechtsprobleme bei der Bewertung von Geruchsimmissionen, NVwZ 1999, S. 1158.

Jarass, H.D.: Zur Systematik des Immissionsschutzrechts, in: Dolde, K.-P. (Hrsg.), Umweltrecht im Wandel. Bilanz und Perspektiven aus Anlaß des 25-jährigen Bestehens der Gesellschaft für Umweltrecht, Berlin 2001, S. 381.

Krings, M.: Klagbarkeit europäischer Umweltstandards im Immissionsschutzrecht, UPR 1996, S. 89.

Kunig, Ph.: Dritte und Nachbarn im Immissionsschutzrecht, Gedächtnisschrift für Wolfgang Martens, Berlin, New York 1987, S. 599.

Kunig, Ph.: Entwicklungslinien des Immissionsschutzrechts, NJ 1992, S. 55.

Lübbe-Wolff, G.: Ist das Umweltrecht zu technikorientiert?, Bielefeld 2000.

Lühle, St.: Beschränkungen und Verbote des Kraftfahrzeugverkehrs zur Verminderung der Luftbelastung, Berllin 1998.

Schröder, R.: Aktuelle Rechtsprobleme des kommunalen Verkehrsimmissionsschutzes, SächsVBl. 2001, S. 208.

Sellner, D.: Änderungen im Grundpflichtenkatalog des § 5 BImSchG, in: Sonderheft zur Vollendung des 65. Lebensjahres von H. Weber, 2001, S. 62.

3. Beiträge zu Abfallrecht und Kreislaufwirtschaft

Beckmann, M.: Produktverantwortung, UPR 1996, S. 41.

Beckmann, M./Krekeler, N.: Andienungspflichten für Abfälle zur Verwertung unter dem Kreislaufwirtschafts- und Abfallgesetz, UPR 1997, S. 214.

Brandt, E.: Konzeption für ein Stoffstromrecht, Berin 2000.

Dolde, K.-P./Vetter, A.: Abgrenzung von Abfallverwertung und Abfallbeseitigung nach dem Kreislaufwirtschafts-/Abfallgesetz, NVwZ 1997, S. 938.

Dolde, K.-P./Vetter, A.: Abfallwirtschaftsplanung nach dem Kreislaufwirtschafs- und Abfallgesetz, NVwZ 2001, S. 1103.

Gassner, U.M.: Von der Abfallwirtschaft zur Kreislaufwirtschaft, Archiv des öffentlichen Rechts 123 (1998), S. 201.

Kainer, M./Schade, D. (Hrsg.): Bewerten von thermischen Abfallbehandlungsanlagen. Planung, Genehmigung, Konzept und Betrieb, Berlin 1999.

Klages, Chr.: Praktisch bedeutsame Entwicklungen im Abfallrecht einschließlich des Abfallgebührenrechts, ZfW 2001, S. 1.

Koch, H.-J.: Die neue Verpackungsverordnung, NVwZ 1998, S. 1155.

Kopp, A.: Die Altauto-Verordnung und die Freiwillige Selbstverpflichtung der Wirtschaft, NJW 1997, S. 3292.

Kunig, Ph.: Der Abfall und die Grundrechte, Festschrift für W. Thieme, Köln, Berlin u.a. 1993, S. 979.

Kunig, Ph.: Von der Wegwerfgesellschaft zur Kreislaufwirtschaft: Überlegungen zum Stoffstromrecht, Umwelt und Technikrecht (UTR) 1994, S. 277.

Kunig, Ph.: Rechtliche Ansätze zur Regulierung von Stoffströmen, in: Jänicke, M./Bolle, H.-J./Carius, A. (Hrsg.): Umwelt Global, Berlin, Heidelberg u.a. 1994, S. 85.

Kunig, Ph.: Der Abfallbegriff, NVwZ 1997, S. 209.

Kunig, Ph.: Abfall im Kreislauf, Jura 1997, S. 9.

Kunig, Ph.: Abfallwirtschaft, in: Korff, W./Beck, L./Mikat, P. (Hrsg. i.A. der Görres-Gesellschaft): Lexikon der Bioethik, Gütersloh 1998, S. 56 ff.

Kunig, Ph.: Das Abfallrecht zwischen den Gewalten, in: Dolde, K.-P. (Hrsg.), Umweltrecht im Wandel. Bilanz und Perspektive aus Anlaß des 25-jährigen Bestehens der Gesellschaft für Umweltrecht, Berlin 2001, S. 559.

Lübbe-Wolff, G. (Hrsg.): Umweltverträgliche Abfallverwertung, Baden-Baden 2001.

Petersen, F.: Kreislaufwirtschafts- und Abfallgesetz – quo vadis?, NVwZ 1998, S. 1113.

Petersen, F.: Die kommunale Abfallentsorgung – Auf der Gratwanderung zwischen Daseinsvorsorge und Liberalisierung, in: Dolde, K.-P. (Hrsg.), Umweltrecht im Wandel. Bilanz und Perspektive aus Anlaß des 25-jährigen Bestehens der Gesellschaft für Umweltrecht, Berlin 2001, S. 575.

Reese, M.: Kreislaufwirtschaft im integrierten Umweltrecht, Baden-Baden 2000.

Scharf, B.: Abfallwirtschaftskonzepte und Abfallbilanzen, Baden-Baden 1998.

Schink, A.: Öffentliche und private Entsorgung, NVwZ 1997, S. 435.

Schrader, Ch.: Produktverantwortung, Ordnungsrecht und Selbstverpflichtungen am Beispiel der Altautoentsorgung, NVwZ 1997, S. 943.

Thomsen, S.: Produktverantwortung. Rechtliche Möglichkeiten und Grenzen einer Kreislaufwirtschaft, Baden-Baden 1998.

Versteyl, L.-A.: Bergversatz als Abfallbeseitigungsmaßnahme, NVwZ 2000, S. 1009.

Weidemann, C.: Umweltschutz durch Abfallrecht. Eine kritische Betrachtung des neuen Kreislaufwirtschafts- und Abfallgesetzes, NVwZ 1995, S. 631.

4. Beiträge zum Naturschutzrecht

Balleis, K.: Mitwirkungs- und Klagerechte anerkannter Naturschutzverbände, Frankfurt a.M. 1996.

Bundesamt für Naturschutz: Rote Liste gefährdeter Tiere Deutschlands, Greven 1998.

Dieffenbach, W.: Klagemöglichkeiten der Naturschutzverbände auf dem Gebiet der Verkehrswegeplanung nach der Rechtsprechung des Bundesverwaltungsgerichts, NuR 1997, S. 573.

Durner, W.: Kompensation für Eingriffe in Natur und Landschaft nach deutschem und europäischem Recht, NuR 2001, S. 601.

Fisahn, A.: Kampf um Windmühlen? Überlegungen zur Bedeutung der Bürgerbeteiligung für den Umweltschutz anläßlich der Beschleunigungsnovellen, NJ 1996, S. 63.

Fisahn, A./Cremer, W.: Ausweisungspflicht und Schutzregime nach Fauna-Flora-Habitat- und der Vogelschutzrichtlinie, NuR 1997, S. 268.

Groß, Th.: Neue Entwicklungen in der Zuordnung zwischen Landschaftsplanung und Raumplanung, NuR 1998, S. 123.

Halama, G.: Die FFH-Richtlinie – unmittelbare Auswirkungen auf das Planungs- und Zulassungsrecht, NVwZ 2001, S. 506.

Harings, L.: Die Stellung der anerkannten Naturschutzverbände im verwaltungsgerichtlichen Verfahren, NVwZ 1997, S. 538.

Krautzberger, M.: Naturschutzrechtliche Eingriffsregelung und Städtebaurecht – Zur Neuregelung im Bau- und Raumordnungsgesetz 1998, NuR 1998, S. 455.

Kunig, Ph.: Verbandsklage im Naturschutz, Jura 1996, S. 493.

Kuschnerus, U.: Die naturschutzrechtliche Eingriffsregelung, NVwZ 1996, S. 235.

Loibl, H.: Naturschutzrechtliche Eingriffsregelung und Baurecht im Wandel der Zeit, ZUR 1997, S. 243.

Louis, H.W.: Das Gesetz zur Neuregelung des Rechtes des Naturschutzes und der Landschaftspflege (BNatSchNeuregG), NuR 2002, S. 385.

Louis, H.W.: Die Vogelschutz-Richtlinie, UPR 1997, S. 301.

Müller-Terpitz, R.: Aus eins mach zwei – Zur Novellierung des Bundesnaturschutzgesetzes, NVwZ 1999, S. 26.

Peine, F.J.: Landwirtschaft und Umweltrecht in Deutschland, Agrarrecht 1994, S. 385.

Scholten, Ch.: Integrierte Vorhabengenehmigung und naturschutzrechtliche Eingriffsregelung, DÖV 1997, S. 701.

Wagner, J.: Das neue Bauplanungsrecht – zu seiner Verknüpfung mit dem Bauordnungs-, Fach- und Umweltplanungsrecht, UPR 1997, S. 387.

Wilrich, Th.: Verbandsbeteiligung in der Raumplanung, VPR 2000, S. 366.

Wilrich, Th.: Vereinsbeteiligung und Vereinsklage im neuen Bundesnaturschutzgesetz, DVBl. 2002, S. 872.

Wolf, R.: Perspektiven der naturschutzrechtlichen Eingriffsregelung, ZUR 1998, S. 183.

Ziekow, J./Siegel, Th.: Anerkannte Naturschutzverbände als ‚Anwälte der Natur‘, Berlin 2000.

5. Völkerrecht als Rahmen internationaler Umweltpolitik

Schon zu Beginn dieses Teils, als zu umreißen war, was „Recht" im Staat, zwischen Staaten und in der europäischen Integrationsgemeinschaft bedeutet, wurde kurz angesprochen, dass das Teilgebiet Völkerrecht – als (vorwiegend) „zwischenstaatliches" Recht – signifikante Unterschiede zu anderen Teilbereichen der (Gesamt-)Rechtsordnung aufweist. Das ist an dieser Stelle wiederaufzunehmen (5.1), um im Anschluss daran die bisherige Entwicklung des Umweltvölkerrechts und sodann einige seiner heute global gesehen wichtigsten Teilgebiete besser skizzieren zu können (5.2, 5.3). Ein Grundverständnis der Besonderheiten des Völkerrechts als Rechtsordnung ist Voraussetzung dafür, seine Schwächen und Stärken einschätzen zu können. Auf dem Wege zu größerer Effizienz ist gerade das Umweltrecht ein Teilgebiet des Völkerrechts geworden, das neuartige Instrumente und Strukturen herausgebildet hat. Das soll besonders hinsichtlich des Klimaschutzes, des Regelungsziels einer Erhaltung natürlicher Vielfalt und auch für den maritimen Umweltschutz gezeigt werden.

5.1 Besonderheiten des Völkerrechts als Rechtsordnung: Seine Quellen, seine Akteure, sein Vollzug

Das Völkerrecht akzeptiert als *Rechtssubjekte* in allererster Linie die *Staaten*, früher und für lange Zeit allein die Staaten. Derzeit sind im Rahmen der Vereinten Nationen, die sich – vor allem durch ihr United Nations Environmental Programme (UNEP) – zunehmend um das Umweltthema bemühen, 189 Staaten organisiert; einige wenige Staaten, so die Schweiz, stehen (noch) außerhalb der Vereinten Nationen. Etwa seit der Mitte des letzten Jahrhunderts spielen *internationale Organisationen* in der Völkerrechtsgemeinschaft eine zunehmend prägende Rolle. Internationale Organisationen sind durch Staaten geschaffene juristische Personen, deren jeweiliges Aufgabenfeld in ihrer Satzung (einem völkerrechtlichen Vertrag) festgelegt und deren Rechtssubjektivität auf dieses Aufgabenfeld beschränkt ist. Anders als Staaten können sie keine Allzuständigkeit für sich in Anspruch nehmen. Wichtig ist die Unterscheidung zwischen staatlichen internationalen Organisationen und sogenannten Non-governmental Organisations (INGOs), die keine Völkerrechtssubjekte, aber in die internationale Politikbildung, gerade im Umweltsektor, vielfach miteinbezogen sind, etwa durch einen Beobachterstatus bei Konferenzen, wo sie auch Fakten einbringen oder durch die Vorlage von Normierungsentwürfen mitwirken. Jüngst haben sie etwa bei dem Ringen um die angemessenen Instrumente für die Erhaltung natürlicher Vielfalt (s. 5.3) eine besonders wichtige Rolle gespielt.

Die Staaten standen und stehen also im Vordergrund (auch) des Umweltvölkerrechts. Das Völkerrecht behandelt Staaten als *rechtlich gleich*, auch wenn sie geographisch, ökonomisch, quantitativ und militärisch höchst unterschiedlich situiert sein mögen. Das Völkerrecht ist auf Koordination angelegt, hat begonnen als ein Koexistenzrecht und sich zunehmend fortgebildet zu einem solchen der Kooperation. Es war im Ausgangspunkt angelegt auf die Bewahrung eines Status quo, sollte den Staaten ihre jeweiligen Handlungsspielräume nach innen sichern, interessierte sich demzufolge weder für die Strukturen der jeweiligen innerstaatlichen Systeme noch für „Innenpolitik". Es unterschied demzufolge strikt zwischen inneren und äußeren Angelegenheiten. Die Verflechtungen der letzten Jahrzehnte und maßgeblich auch die Erkenntnis, dass bestimmte *globale Problemfelder*, gerade auch im Bereich der Umweltpolitik, einzelstaatlich oder auch regional nicht zu bewältigen sind, haben die genannten Ausgangspunkte in Frage und das Völkerrecht vor bisher unbekannte Herausforderungen gestellt. Ausdruck dessen sind strukturelle Umbildungen im Bereich des völkerrechtlichen Menschenrechtsschutzes, die Aktivierung seit 1945 bereitliegender Instrumente zur Friedenssicherung (dies erst seit Beginn der 90er Jahre und zunehmend in einem Sinne, der Frieden nicht mehr lediglich als Abwesenheit *zwischenstaatlicher* Gewalt begreift) und die Entstehung von über eine bilaterale oder multilaterale, zunächst punktuell ansetzende Problembewältigung hinausreichenden Regelungsmechanismen (dazu im einzelnen 5.3).

Festzuhalten ist aber, dass den als prinzipiell „gleich" erachteten Staaten als den wichtigsten Rechtssubjekten des Völkerrechts *keine übergeordnete Instanz* gegenübersteht, jedenfalls nicht derart, dass es der Rechtsunterworfenheit der Rechtssubjekte im Staat vergleichbar wäre. Die Rechtssubjekte des Völkerrechts erfahren das Recht nicht in einem hoheitlichen Verhältnis, sondern sie *erzeugen es selbst*. Sie schaffen also nicht „lediglich", wie innerstaatlich das wählende Rechtssubjekt, Legitimationsvoraussetzungen für die Rechtserzeugung, sondern sie schließen selbst Verträge ab (Vertragsvölkerrecht), bzw. es lässt sich aus ihrem Verhalten, namentlich ihrer Kommunikation in Ansehung von Streitfällen oder sonstigen Problemen, auf ungeschriebenes Recht rückschließen, das so genannte Völkergewohnheitsrecht. Wie im innerstaatlichen Recht das Gesetzesrecht, so nimmt im Völkerrecht das Vertragsrecht bisher immer weiter zu, vergrößert sich also die Regelungsdichte. Dennoch spielt das – ungeschriebene – Völkergewohnheitsrecht nach wie vor eine unvergleichlich größere Rolle als in jeder innerstaatlichen Rechtsordnung.

Prägend für das derzeitige Völkerrecht sind schließlich seine *schwachen Durchsetzungsmechanismen*. Das insofern potentiell wirksamste Organ, der Sicherheitsrat der Vereinten Nationen, bildet weder eine Institution, die einer Regierung (als Verwaltungsspitze) vergleichbar wäre, noch ist das vielfach gebrauchte Bild angemessen, das ihn für den Bereich der Friedenssicherung als eine Art Polizei einordnen möchte. Auch eine verlässliche Verwaltungsvollstreckung existiert im Völkerrecht nicht, ebensowenig Justizstrukturen, die der innerstaatlichen Justiz vergleichbar wären. Der Internationale Gerichtshof in Den Haag darf zwar als Gericht angesprochen werden, doch sind seine Zuständigkeiten begrenzt und seine Spruchpraxis spielt demzufolge nur eine Nebenrolle.

Es sind also die Rechtsunterworfenen selbst, die das Recht setzen. Sie entscheiden weitgehend auch selbst darüber, ob sie das von ihnen erzeugte *Recht im Einzelfall einhalten*. Bei einer solchen Entscheidung wird der den Rechtsbruch erwägende Staat sich vor allem fragen, ob er im internationalen politischen Prozess als ein Rechtsbrecher dastehen will. Er wird die politischen Kosten entsprechender Brandmarkung abwägen gegen die Nutzenmehrung, die er im Einzelfall von einer Nichteinhaltung des Rechts erwartet. Staaten werden aus den genannten Gründen zunächst bemüht sein, Rechtsbrüche unerkannt zu halten. Da oft andere Staaten ihrerseits die Aufdeckung von Defiziten befürchten können, kommt den bereits angesprochenen Verbänden, den unabhängigen internationalen Nichtregierungsorganisationen, besondere Bedeutung bei der Beurteilung der Umsetzungserfolge, der Identifizierung von Rechtsbrüchen und bei der Suche nach Auswegen aus wirklichen oder von den Staaten vorgetragenen Implementationsschwierigkeiten, insbesondere auch Konflikten zwischen wirtschaftlicher und sozialer Entwicklung und Umweltschutz zu. Nicht zuletzt ist im Medienzeitalter auch die Rolle einer informierten internationalen Öffentlichkeit in diesem Zusammenhang nicht gering einzuschätzen.

Es ist angesichts dieses Befundes schon immer die Frage gestellt worden, ob es sich denn bei einer solchen Ordnung überhaupt um eine *Rechts*ordnung handele. Dieser Frage kann hier nicht theoretisch nachgegangen werden. Zu Recht wird sie weithin bejaht. Dafür spricht vor allem, dass die Staaten auf Rechtsverstöße – im Unterschied zu Verstößen gegen allgemeine Wohlverhaltensnormen, die sich in der Völkerrechtsgemeinschaft ebenfalls herausgebildet haben – in spezifischer Weise reagieren, zu typisch juristischen Sanktionen greifen, etwa Verträge aufkündigen, Schadensersatz geltend machen, sogenannte Repressalien als Maßnahmen setzen, die an sich ihrerseits verboten sind, aber ausnahmsweise zulässig, sofern sie gerade als Reaktion auf rechtswidriges Vorverhalten erfolgen und mit dem Ziel, dessen Beendigung zu erreichen. Auch pflegen die Staaten, wird ihnen ein Rechtsverstoß vorgehalten, üblicherweise ähnlich zu reagieren, wie ein Rechtsbrecher im innerstaatlichen Rechtssystem: Sie bestreiten Fakten, anhand derer ihnen Rechtsverstöße nachgewiesen werden sollen. Sie bestreiten im Falle der Erweislichkeit solcher Fakten gelegentlich die Geltung der Rechtsnorm, deren Einhaltung angemahnt wird, oder postulieren, dass es ausnahmsweise an der Rechtswidrigkeit eines Normverstoßes fehle, weil es Gründe für eine Rechtfertigung gebe. Auffällig ist auch, dass die Staaten bei der Rechtserzeugung durch Vertrag oft zäh und über Jahre oder jahrzehntelang miteinander um Formulierungen ringen, es ihnen also offensichtlich wichtig ist, worauf sie sich völkerrechtlich einlassen. Es darf angenommen werden, dass die Befolgungsquote hinsichtlich völkerrechtlicher Regelungen sich kaum wesentlich von derjenigen im innerstaatlichen Recht unterscheidet. Auch wenn man sagen mag, dass das Völkerrecht im wesentlichen im Diskurs über sich selbst gründet, so ist es doch jedenfalls ein Wirkfaktor der internationalen Beziehungen von erheblichem Gewicht. Es existiert als Rechtsordnung auch ohne die Existenz übergeordneter Instanzen (s. dazu *Kunig* 1995).

5.2 Zur Entwicklung des Umweltvölkerrechts

Das Umweltvölkerrecht hat sich *in Stufen* entwickelt (dazu *Randelzhofer 1992, Bothe 2001*). Es begann mit bilateralen und multilateralen Verträgen, die zunächst das Umweltverhalten einander *benachbarter Staaten* regelten. Solche Verträge entstanden schon lange vor der Identifikation des Umweltschutzthemas und waren zunächst ökonomisch motiviert. Sie betrafen etwa die Gewässerbewirtschaftung und Gewässerreinhaltung an Grenzflüssen oder solche mit Ober- und Unterliegern, auch den Schutz wirtschaftlich für bedeutsam erachteter Tierarten. Gewohnheitsrechtlich, also in Herausbildung ungeschriebenen Rechts durch staatliche Interaktion, entstand völkerrechtliches Nachbarrecht insofern, als der Rechtssatz allgemeine Anerkennung fand, dass es verboten sei, fremde Umwelt, d.h. solche Umweltsegmente, die der Souveränität eines anderen Staates territorial zugeordnet sind, vom eigenen Territorium aus *erheblich zu schädigen*. Dieser Rechtssatz entstand zunächst als ein solcher des Haftungsrechts, weitete sich aber bald aus auch zu einem Unterlassungsanspruch: Ein Verhalten, das potentiell einen Effekt hervorrufen kann, für dessen Entstehung sodann Schadensersatz zu leisten wäre, ist nach allgemeinem ungeschriebenen Völkerrecht von vornherein unzulässig, seine Unterlassung kann eingefordert oder mit den angesprochenen Reaktionsmustern sanktioniert werden (näher *Kunig 1992*).

Es muss allerdings betont werden, dass dieser seit den 30er Jahren des vergangenen Jahrhunderts postulierte Rechtssatz, der allgemeine Zustimmung auf der ersten universellen Umweltkonferenz der Vereinten Nationen von 1972 in Stockholm gefunden hat, praktisch mehr verheißt als er einlösen kann. Er leidet erheblich an normativer Unschärfe, sofern Verantwortlichkeit allein für „erhebliche" Umweltschädigung eintreten soll. Seine Wirkkraft leidet ferner unter dem Erfordernis, den Nachweis der Monokausalität zu führen. Diffuse Umweltveränderungen, Summationsschäden und Synergieeffekte sind so nicht in den Griff zu bekommen. Im übrigen realisiert sich hier eine typische Schwäche von „Nachbarrecht" unter gleichgeordneten Rechtssubjekten: Der Geschädigte mag Anlass sehen, auf die Einforderung der Folgen einer ihm gegenüber verletzten Norm zu verzichten. Dazu mögen ihm politische Gründe im jeweiligen Verhältnis zum Schädiger den Anlass geben, eventuell auch die Aussichtslosigkeit einer Erzwingung etwa der Erfüllung eines Anspruchs auf Schadensersatz. So war der seinerzeitigen Sowjetunion in Ansehung des Reaktorunfalls in Tschernobyl eine Verletzung des Völkerrechts vorzuhalten, dennoch haben die Staaten etwa Mittel- und Nordeuropas, in welchen zweifelsfrei auf jene Ursache zurückzuführende Umweltschäden eingetreten sind, auf deren Bezifferung verzichtet.

Als eine weitere Stufe der Entwicklung des Umweltvölkerrechts lässt sich der von der angesprochenen Stockholmer Konferenz 1972 ausgelöste Prozess ansprechen, durch den auf internationalen Konferenzen die Voraussetzungen für ein *multilaterales Vertragssystem* zur Bewältigung solcher Umweltprobleme geschaffen werden sollen, die sich einer einzelstaatlichen Lösung offenkundig entziehen, aber dennoch möglichst zahlreiche einzelstaatliche Beiträge zu einer Problembewältigung voraussetzen. Insofern lässt sich eine Linie von Stockholm 1972 zu der *Konferenz von Rio de Janeiro im Jahre 1992* (zusammenfassend dazu *Hohmann 1993*, perspektivisch *Beyerlin 1994*) und den durch sie wiederum stimulierten Folgebemühungen ziehen. Wichtig ist in diesem Zusammenhang, dass der so genannte Rio-Prozess die Entwicklungsproblematik in einen engen Zusammenhang mit dem Umweltschutzthema gestellt hat, was jedenfalls terminologisch auch einen Anklang in der Formulierung von der „Nachhaltigkeit" als Qualität von Umweltpolitik gefunden hat (mit Konsequenzen auch für die innerstaatliche Umweltrechtsdiskussion, s. *Schröder 1995*).

Eine weitere Entwicklungsstufe des Umweltvölkerrechts wird erst in jüngster Zeit betreten. Hier geht es um das Ziel, Individualrechte, völkerrechtlich gesprochen also *Menschenrechte*, für den Umweltschutz zu aktivieren. Dies erfolgt teilweise durch die „Entdeckung" umweltschützenden Potenzials in Menschenrechtsverbürgungen traditioneller Gestalt, wie sie in jüngster Zeit der Europäische Gerichtshof für Menschenrechte geleistet hat, der im Jahre 1998 zu einem ständig tagenden Justizorgan mit erweiterten Zuständigkeiten ausgebaut worden ist. Auch wenn (wie im deutschen Verfassungsrecht, *s.o. 2.1)* die Europäische Menschenrechtskonvention kein „Grundrecht auf Umweltschutz" kennt, sah der Gerichtshof in klassischen Rechtspositionen zum Schutz der persönlichen Sphäre subjektiven Rechtsschutz verbürgt, welcher gegen staatliches Handeln in Vernachlässigung elementarer menschlicher Bedürfnisse an die Umwelt gerichtet werden kann. Das hat vor allem Bedeutung für solche Mitgliedsstaaten des Europarats, welche in geringerem Ausmaße individuelle Rechtsverfolgungschancen zur Geltendmachung von Umweltbelangen kennen als dies für das deutsche Recht festgestellt werden konnte (s. vor allem *3.1*). Des weiteren zielen völkerrechtliche Bemühungen auch darauf, Klagebefugnisse und Rechte auf Verfahrensbeteiligung jedenfalls für Umweltbelastungen mit grenzüberschreitender Konsequenz zu vereinheitlichen, woraus sich Reformansätze auch unabhängig von einem derartigen internationalen Element entwickeln können (*Kunig 1992*).

5.3 Einige internationale Agenden

Im folgenden werden drei Teilbereiche des Umweltvölkerrechts etwas näher dargestellt, nämlich diejenigen, die unter globalen Gesichtspunkten handgreiflich besonders wichtig sind und deren gegenwärtiger Zustand die Chancen und Grenzen des Rechts als Gestaltungsmittel internationaler Umweltpolitik deutlich hervortreten lässt. Ein weiterer bedeutsamer Teilbereich ist derjenige der grenzüberschreitenden Abfallverbringungsvorgänge.

Klimaschutz

Das im Zuge der Skizzierung der Umweltvölkerrechtsentwicklung erwähnte allgemeine nachbarliche Schädigungsverbot kann für den Klimaschutz kaum weiterhelfen. Das liegt vor allem daran, dass die Erdatmosphäre völkerrechtlich nicht dem Hoheitsbereich eines einzelnen Völkerrechtssubjekts zugeordnet ist. Sie befindet sich *außerhalb staatlicher Souveränität*. Es wird auch kaum gelingen, aus Veränderungen der Atmosphäre resultierende Einwirkungen auf Menschen und Sachen einzelnen Verursachungswegen zuzuordnen. Die Völkerrechtsgemeinschaft als Summe einzelner Staaten schädigt die Atmosphäre gemeinschaftlich. Das steht gegenüber individueller Verantwortung im Vordergrund, auch wenn die Intensität der Verursachungsbeiträge je nach Industrialisierungsstand der Staaten, aber auch innerhalb der Gruppen „entwickelter" und „weniger entwickelter" Staaten deutlich unterschiedlich ist.

Es hat nicht an Versuchen gefehlt, den völkerrechtlichen Klimaschutz durch Identifikation übergreifender Grundprinzipien, wie demjenigen des

Common Heritage of Mankind und anderer Leitbegriffe zu fördern, dies letztlich mit dem Ziel, solche Kategorien als völkergewohnheitsrechtliche Prinzipien zu etablieren. Doch erwies sich, dass Derartiges eher problembezeichnend als problemlösend ist und damit bestenfalls Lösungen vorbereitet. Die Problemlösung muss durch einen Ausbau einschlägigen multilateralen, möglichst die Universalität, also die Geltung für alle Beteiligten erreichendes Vertragsvölkerrecht versucht werden.

Erste Ansätze dazu fanden sich in dem Genfer Übereinkommen über weiträumige grenzüberschreitende Luftverunreinigung von 1979, einem auf den Kreis europäischer und nordamerikanischer Staaten beschränkten Regelwerk, das durch bezifferte Emissionsvorgaben um Reduktion des Ausstoßes bestimmter, im einzelnen festgelegter Stoffe bemüht ist. Im Jahre 1985 folgte die Wiener Konvention zum Schutz der stratosphärischen *Ozonschicht*, die besonders auf Verpflichtungen zu Kooperation und Forschung sowie auch darauf setzte, einen institutionellen Rahmen für weitere Verhandlungen vorzugeben. Dort entstand 1987 das Montrealer Protokoll, das die Halbierung der FCKW-Produktion bis zum Jahre 1999 anstrebte und sich dadurch auszeichnet, dass sachgerecht zwischen Anforderungen an entwickelte Staaten und anderen Staaten unterschieden wurde, was zu jeweils unterschiedlichen Fristsetzungen führte und auch dazu, dass zur Erleichterung der Einbeziehung von Entwicklungsstaaten ein Finanzierungsfonds eingerichtet und Technologietransfer zugesagt wurde. So wurde der Boden für ein *Ozonregime* bereitet, das sich insofern als neuartig und beispielgebend erwies, als die Errichtung eines institutionellen Kooperationsrahmens mit konkreten Ausstiegsverpflichtungen in Einzelschritten bei gleichzeitiger Privilegierung der Entwicklungsstaaten verbunden wurde – ein Modell für das danach umfassender ansetzende *Klimaschutzregime*. Dieses steht auch faktisch mit dem Ozonregime in einem Zusammenhang, da die meisten der die Ozonschicht angreifenden Stoffe zugleich Treibhausgase sind und die Ausdünnung der Ozonschicht als Ursache für die Erhöhung der Erdtemperatur durch Einstrahlung gelten muss, welche wiederum Auswirkungen auf das für die Sauerstoffentstehung bedeutsame Meeresplankton hat.

Das angesprochene Klimaschutzregime ist ein Ergebnis des erwähnten Umweltgipfels von Rio de Janeiro, der im übrigen auch für die Erhaltung der natürlichen Vielfalt von hervorgehobener Bedeutung ist. Der Begriff *Regime* deutet zunächst auf eine räumliche Determinierung des Regelungsproblems, wobei ein Unterschied zu den im Völkerrecht bisher bekannten „Raum-Regimen" (etwa auf internationale Flüsse bezogen oder auch auf die Antarktis) darin besteht, dass hier tendenziell eine universelle Regimebildung angestrebt wird.

Beim Ringen um die Konturen des Klimaschutzregimes erwiesen sich *unterschiedliche Interessenlagen.* So ließen sich eher reservierte von fördernden und schließlich eher neutralen Staaten unterscheiden. Zu den Bremsern gehörten die erdölproduzierenden und -exportierenden Staaten, ferner die USA, das heutige Russland. Skandinavische Staaten, Deutschland und etwa die Niederlande spielten demgegenüber eine fördernde Rolle, ebenso – selbstverständlich – diejenigen (immerhin 36) Inselstaaten, welche angesichts steigender Temperatur und steigenden Wasserständen länger- oder mittelfristig katastrophale Entwicklungen zu erwarten haben.

Dass Staaten, die im übrigen in der OECD eng verbunden sind, wie einerseits die USA, andererseits solche der Europäischen Union, sich hier in unterschiedlichen Lagern finden, erklärt sich aus der je unterschiedlichen Interessenlage in Ansehung von Kohleproduktion sowie Öl- und Erdgasförderung, auch aus unterschiedlichen Grundgestimmtheiten und Traditionen. Es bestehen verschiedene Vorstellungen hinsichtlich der Verfügbarkeit von Energie in der Zukunft. Allerdings finden sich auch innerhalb Europas deutliche Unterschiede. Die europäischen Staaten haben anlässlich der Ölkrise Mitte der 70er Jahre nicht einheitlich reagiert, sondern ihre Energieerzeugungssysteme nur teilweise umgestellt. Unterschiede bestehen namentlich zwischen den nördlichen Staaten Europas und jenen des weniger industrialisierten Südens, so dass der Ebene der Europäischen Gemeinschaft eine wichtige Schlichtungs- und Harmonisierungsrolle zukommt.

Entwicklungsstaaten waren in den Prozess der Herausbildung des Klimaschutzregimes von vornherein einbezogen, so dass die Verhandlungen von Beginn an auch vom Nord-Süd-Gegensatz mitgeprägt waren. Dabei betonten die Entwicklungsstaaten – historisch zutreffend – die Verantwortung von Industriestaaten für das Klimaproblem und machten immer wieder deutlich, dass Umweltschutzziele ihrer eigenen wirtschaftlichen Entwicklung nicht zuwiderlaufen dürften. Daher lehnten sie Reduktionsverpflichtungen ab, sahen eine Vereinbarung solcher Verpflichtungen ausschließlich für Industriestaaten – aber ebenfalls zunächst grundsätzlich zurückhaltend – in der wohl zutreffenden Einschätzung, dass zu einem späteren Zeitpunkt die Übernahme solcher Verpflichtungen auch von ihnen erwartet werden würde. Sie gingen außerdem auch davon aus, dass entsprechende Reduktionsverpflichtungen für Industriestaaten die Nachfrage nach aus Entwicklungsstaaten zu beziehenden Rohstoffen verringern werde.

Angesichts solcher Hintergründe musste das 1992 fixierte Klimaschutzrahmenübereinkommen sich als Ausgleich zwischen verschiedenen Interessen darstellen. In einem formalen Sinne erwies es sich zunächst insofern als Erfolg, als die für ein Inkrafttreten nötige Anzahl an Ratifikationen alsbald erreicht wurde, was im Völkerrecht bei multilateralen Verträgen mit weitreichenden Konsequenzen nicht selbstverständlich ist (heute: 186 Vertragsparteien).

Was sind nun die *wesentlichen Inhalte des Klimaschutzregimes?* Schon der Begriff *Rahmenkonvention* deutet darauf hin, dass es sich um ein Regelungswerk handelt, das von vornherein auf seine weitere Ausfüllung angelegt ist. Der Vertrag beschränkt sich aber nicht auf die Strukturierung eines Rahmens für weitere Kooperation, sondern gibt auch inhaltliche Ziele vor. Er formuliert verschiedene *Prinzipien*, in deren Befolgung das Ziel erreicht werden soll, die Treibhausgaskonzentrationen in der Atmosphäre auf einem Niveau zu stabilisieren, auf dem eine für den Menschen gefährliche Störung des Klimasystems verhindert wird. Unter diesen Prinzipien finden sich solche, die – wie das Vorsorgeprinzip, das Verursacherprinzip – aus der auf das innerstaatliche Recht bezogenen umweltpolitischen Diskussion bekannt sind (vgl. *o. 2.2).*

Ein weiterer wichtiger Ausgangspunkt besteht darin, dass die bei der Schilderung der Interessenlage angesprochenen Unterschiede in der Interessenlage der beteiligten Staaten sich in verschiedenen *Statusbeschreibungen* für einzelne Staatengruppen ausdrücken – und solche Interessengegensätze nicht allein mit vagen Formelkompromissen zu übertünchen versucht werden. So wird zwischen Entwicklungsstaaten und entwickelten Staaten unterschieden, dazu die Kategorie von „Vertragsparteien im Übergang zur Marktwirtschaft" und eine solche der „am wenigsten entwickelten Länder" gebildet. An diese Zuordnungen knüpfen die Vertragspflichten sodann mit Differenzierungen an, die naturgemäß die entwickelten Staaten am stärksten in die Pflicht nehmen wollen, dies auch mit Pflichten zur Leistung von Zahlungen und zum Technologietransfer. Etwa den Staaten „im Übergang" werden besondere Spielräume zugemessen.

Betrachtet man die erwähnten Prinzipien näher, so kann kein Zweifel sein, dass sie für sich genommen nicht für die dem Völkerrecht spezifische Art der juristischen Einforderung, gleichsam einen „Vollzug" geeignet sind. Sie gewinnen Bedeutung dadurch, dass sie für das Ringen um die weitere und konkretere Ausformung in institutioneller Kooperation, wie sie vor allem durch die Verständigung auf zeitliche Szenarien gefunden werden muss, gleichsam einen Argumentationshaushalt liefern.

Es geht hier also weniger um dasjenige, was im innerstaatlichen Recht ganz im Vordergrund steht, die Zuordnung eines Tatbestandes zu einer Norm und sodann die Ableitung von Rechtsfolgen hieraus. Vielmehr geht es um die Verständigung über die Legitimität und Illegitimität von Argumenten im politischen Streit, um die Errichtung von Werteskalen. Es lässt sich sagen: Der Form nach ist die Klimaschutzrahmenkonvention zweifelsfrei ein Vertrag, also eine Rechtsquelle, dem Inhalt nach bleibt sie dermaßen vage, dass diese formale Eigenschaft in den Hintergrund tritt. Dennoch wäre es verfehlt, hieran die Bewertung zu knüpfen, das Klimaregime müsse konsequenzenlos bleiben. Das ergibt sich aus dem Blick auf seine weiteren Regelungen und Instrumente.

In diesem Zusammenhang sind zunächst die *Berichtspflichten* zu erwähnen, welche die Vertragsparteien in die Pflicht nehmen, Daten über die Quellen und das Senken von Treibhausgasen zu übermitteln. Die Industriestaaten trifft darüber hinaus die Pflicht, über ihre Politiken und Maßnahmen zur Implementierung der Konvention sowie eine Abschätzung der Wirkungen auf die Emissionsgrade zu berichten. Damit wird internationale Evaluierung vorbereitet, ebenso die Dateninventarisierung als Grundlage späterer Reduktionsmaßnahmen. Es entsteht ein Forum, das die Beteiligten in kontinuierliche Diskurse zwingt und Rechtfertigungszwänge auslösen kann. Das Beispiel des internationalen Menschenrechtsschutzes, der auf universeller Ebene ebenfalls im wesentlichen damit begann, dass er Staaten zur Kommunikation veranlasste, zeigt an, dass derartige Strukturen nicht lediglich den Aufschub für Problemlösung bedeuten müssen, sondern sich als Vorstufe zur Problembewältigung darstellen können.

Wichtig ist weiterhin die Strukturierung der *finanziellen Verpflichtungen* und des *Technologietransfers*, welche durch das Klimaschutzregime erfolgt ist. Industriestaaten müssen sich an den Kosten von Entwicklungsstaaten für die Erfüllung von deren Berichtspflichten beteiligen. Institutionen sind gebildet worden, welche die Konferenz der Vertragsstaaten mit funktionell legislativen Aufgaben derart ausgestalten, dass hier Beschlüsse, Protokolle, Konventionsänderungen vorbereitet werden. Dem ist zur administrativen Problembewältigung ein Sekretariat (mit Sitz in Bonn) an die Seite gestellt, das die Aufgabe hat, Tagungen der Regimeorgane vorzubereiten und als Clearingstelle zu dienen. So erweist sich das Klimaschutzregime als Ausdruck und Beleg des Umstandes, dass umweltschützende völkerrechtliche Verträge heute auf *Institutionalisierung* setzen und hierdurch dasjenige zu erreichen suchen, was angesichts der Gegebenheiten auf völkerrechtlicher Ebene jedenfalls nicht sogleich erreicht werden kann – die materielle Festschreibung von Verhaltenspflichten. Dieser Befund muss jedenfalls in eine Gesamtbilanz des bisher verwirklichten völkerrechtlichen Klimaschutzes eingehen. Es ist als Fortschritt anzusprechen, wenn ein Rahmen entsteht, der die Staaten auf den Weg bringen kann auch durch die Beobachtung dessen, was andere tun, durch Definition von Vor- und Nachteilen im Prozess des Gebens und Nehmens, bestimmte Maßnahmen zu ergreifen. Zur Gesamtbilanz gehört freilich auch ein Blick darauf, was im Rahmen dieses auf Vervollkommnung angelegten Klimaschutzregimes bisher inhaltlich erreicht werden konnte.

Seit 1995 haben alljährlich *Vertragsstaatenkonferenzen* stattgefunden. Auf das so genannte Berliner Mandat hin, den Auftrag, Verhandlungen über ein Klimaprotokoll aufzunehmen, kam es im November 1997 in Kyoto zu einem *Protocol to the United Nations Framework Convention on Climate Change*, das bestimmten Industrieländern verbindlich eine Reduktion gewisser Emissionen um durchschnittlich 5,2 % gegenüber dem Niveau von 1990, teils von 1995, bis zum Zeitraum 2008/2012 abverlangen soll. Die Mitgliedsstaaten der Europäischen Union, dazu die Schweiz und osteuropäische Staaten sollen danach ihre Emissionen um 8 % verringern, die USA um 7 %, Japan und Kanada um 6 %. Russland muss (lediglich) stabilisieren, andere dürfen steigern, etwa Island um 10 %. Die Mitglieder der Europäischen Union können ihre Verpflichtungen einzeln oder gemeinsam erfüllen, was die deutschen Verpflichtungen hinsichtlich der Reduktion des Ausstoßes der sechs wichtigsten Treibhausgase bis 2012 auf 21 % (gegenüber 1990) gebracht hat; nach Angaben der Bundesregierung sollen 18,7 % allerdings bereits Ende 2000 erreicht gewesen sein (während südeuropäische Staaten dramatisch erhöhen dürfen). Wichtige Schwellenländer wie Indien und China bleiben ausgeklammert.

Das Klimaprotokoll sieht des weiteren so genannte flexible Instrumente vor, darunter den namentlich von den USA als intensivstem Emittenten von Treibhausgasen geforderten *Handel mit Emissionsrechten* (mit der Ermöglichung des Zukaufs als benötigt angesehener solcher Rechte), die Einbeziehung sogenannter Senken, d.h. die Aufrechnung von Emissionen gegenüber der Bindung von Treibhausgasen (z.B. in neu angelegten Wäldern), schließlich die als Joint Implementation bezeichnete Möglichkeit einer *internationalen Kompensation*, was eine Art Ablasshandel zwischen sich freikaufenden finanzstarken Staaten gegen Emissionsverzicht anderer Staaten hervorbringen kann – ein Emissionsverzicht, der vielleicht insofern kein solcher ist, als diese Staaten ohnehin teils nicht in der Lage sein dürften, die ihnen zustehenden Emissionsspielräume auf absehbare Zeit zu nutzen. Vor allem in diesem Bereich bleiben zahlreiche brisante Fragen offen, die auch auf den Folgekonferenzen (zuletzt im Juli 2001 in Bonn und im November 2001 in Marrakesch) noch nicht sämtlich einer befriedigenden Lösung zugeführt wurden, auch wenn inzwischen Voraussetzungen geschaffen wurden, die das Inkrafttreten des Protokolls als wahrscheinlich und die künftige einvernehmliche Lösung weiterer Problempunkte als möglich erscheinen lassen. Die deutsche Ratifizierung ist 2002 erfolgt. Zum Inkrafttreten bedarf es der Ratifizierung durch 55 Staaten, die mindestens 55 % der Kohlendioxid-Emissionen der Industriestaaten auf dem Stand von 1990 repräsentieren. Im September 2002 waren 95 Ratifikationen erfolgt, die jedoch nur 37,1 % der Emissionen repräsentieren.

Erhaltung natürlicher Vielfalt

Völkerrechtlicher „Naturschutz" (zum innerstaatlichen Verständnis des Begriffs *s.o. 4.3)* erfolgte zunächst vor allem als *Artenschutz*, zur Wildtiererhaltung, insbesondere durch Jagdbeschränkungen und Vorschriften über den Import und Export von Wildtiererzeugnissen, vor allem von Elfenbein. Im Jahre 1973 wurde das so genannte *Washingtoner Artenschutzübereinkommen* abgeschlossen, das mittlerweile institutionell und in seinen Sanktionsmöglichkeiten erheblich angereichert worden ist (s. dazu *Hammer 1997)*. Dem Übereinkommen gehören über 130 Vertragsstaaten an. Es ist auf die Reglementierung des grenzüberschreitenden Handels konzentriert, was zugleich bedeutet, dass angesichts der zunehmenden

Entstehung großräumiger Freihandelszonen (und des damit einhergehenden Abbaus von Binnengrenzkontrollen) weiterer Umgestaltungsbedarf besteht. Ungelöste Fragen stellen sich auch im Zusammenhang mit der Koordination des Washingtoner Artenschutzrechts und den seerechtlichen Vorschriften zum Schutz von Meereslebewesen. Schon vor Jahren ist von afrikanischen Staaten die Frage aufgeworfen worden, ob den besonderen Schutzmaßnahmen für den afrikanischen Elefanten nicht auch solche für den nordatlantischen Hering korrespondieren sollten. Das Beispiel dokumentiert die Argumentationslasten.

Konzeptionelle Schwierigkeiten des Austarierens bzw. der Integration von auf Erhaltung gerichtetem Naturschutz und wirtschaftlichem Nutzungsinteresse prägen auch das aus dem *Rio-Prozess* hervorgegangene modernste, aber auch noch in weiterem Ausbau befindliche Instrument völkerrechtlichen Naturschutzes, nämlich die *Konvention über die biologische Vielfalt* (umfassend *Henne 1998*). Sie wurde 1992 zur Unterzeichnung aufgelegt und trat nach ungewöhnlich kurzer Zeit, nämlich bereits am 29.12.1993, in Kraft. Ihr gehören nunmehr 186 Staaten an, so dass sie nahezu Universalität erreicht hat; allerdings ist die Konvention für die USA noch nicht verbindlich geworden.

Unter *biologischer Vielfalt* werden hier (in den Worten des Art. 2 II der Konvention) die Variabilität unter lebenden Organismen jeglicher Herkunft, darunter u.a. Land-, Meeres- und sonstige aquatische Ökosysteme und die ökologischen Komplexe, zu denen sie gehören, verstanden. Es geht also um die *gesamte belebte Natur*, die Vielfalt der Arten und Ökosysteme, aber auch die innerartliche (genetische) Vielfalt. Eingedämmt werden soll zunächst der Artenverlust, Schätzungen schwanken insoweit zwischen 3 bis 130 durchschnittlich pro Tag erlöschenden Arten. Ein Verlust an Biodiversität ist auch bei Populationen und Genen, hier insbesondere im agrarbiologischen Bereich (Kulturpflanzen, Nutztierrassen) zu verzeichnen. Die Gründe hierfür sind bekannt: Zerstörung von Lebensräumen durch Umwandlung für agrarische Nutzung, Flächenverbrauch durch Besiedlung; Rohstoffabbau; Verkehr, Tourismus; Überforderung von Ökosystemen durch übermäßige Nutzung; Destabilisierung durch Einbringen fremder Arten; Verschmutzungsvorgänge. Zunehmend wurde erkannt, dass biologische Vielfalt nicht nur wegen ihres Eigenwertes bewahrt werden muss (wie es teilweise den Artenschutz selektiv motiviert hat), sondern dass diese Vielfalt Voraussetzung der Erhaltung funktionsfähiger Ökosysteme und damit auch menschliche Lebensgrundlage ist. Handgreiflich ist dies insbesondere für einige Entwicklungsstaaten, namentlich für indigene Bevölkerungen. Biologische Vielfalt hat soziale, kulturelle, wissenschaftliche Bedeutung.

Im Vorfeld der Erarbeitung der Konvention von 1992 zeigten sich *unterschiedliche Interessenlagen*. Die Industriestaaten erstrebten in erster Linie Schutzmaßnahmen für wildlebende Arten „in situ", also „vor Ort", Ökosystemschutz und Populationserhaltung in derjenigen natürlichen Umgebung, in der Arten ihre besonderen Eigenschaften entwickelt haben. Unter „ex situ-Maßnahmen" versteht man demgegenüber die Vorhaltung von Genressourcen außerhalb solcher natürlichen Lebensräume (traditionell: botanische und zoologische Gärten, nunmehr auch: Genbanken). Vor allem lateinamerikanische Länder verfolgten das Verhandlungsziel, Regelungen auch über *Zugang zu Information und Technologie* zu erreichen; sie forderten ferner eine Einbeziehung der ökonomischen Nutzung von Biodiversität. Es wurde das Schlagwort von der „nationalen Souveränität" über genetische Ressourcen zum Leitbegriff. Die Katalogisierung besonders gefährdeter Arten oder auch Räume in „Listen" erschien als Souveränitätsbeeinträchtigung. Solcher Abschottungsbemühung stellten sich Zugangsforderungen nun seitens der Industriestaaten, gerichtet auf in Entwicklungsstaaten vorhandene genetische Ressourcen, gegenüber – und ebenso Abschottungsbemühung insofern, als hinsichtlich der Forderung nach Technologietransfer nachhaltig Eigentums- und Patentschutz reklamiert wurden. Es war wohl auch der Zeitdruck angesichts der Verkoppelung mit dem so genannten Erdgipfel von Rio, welcher ungeachtet der tiefgreifenden Konflikte letztlich die Fertigstellung der Konvention von 1992 dennoch ermöglichte.

Die Konvention nennt als ihre *Ziele* in Art. 1 die Erhaltung der biologischen Vielfalt, die nachhaltige Nutzung ihrer Bestandteile und die ausgewogene und gerechte Aufteilung der sich aus der Nutzung der genetischen Ressourcen ergebenden Vorteile, insbesondere durch angemessenen Zugang zu genetischen Ressourcen und angemessene Weitergabe der einschlägigen Technologien unter Berücksichtigung aller Rechte an diesen Ressourcen und Technologien sowie durch angemessene Finanzierung. „In situ" (s.o.) sollen für gefährdete Arten und Biotope die Ursachen der Gefährdung festgestellt und überwacht werden. Es ist die Einrichtung von Schutzgebieten vorgesehen, auch der Schutz von Ökosystemen außerhalb von Schutzgebieten. Es sollen Vorkehrungen getroffen werden, gefährdete

Arten nach ihrer Pflege und Vermehrung ex situ wieder in ihre natürlichen Lebensräume einzugliedern. Es finden sich Vorschriften über Forschung, Öffentlichkeitsarbeit, Informationsaustausch, technische und wissenschaftliche Zusammenarbeit. Haftungsregeln enthält die Konvention für biologische Vielfalt dagegen nicht.

Gänzlich umgestaltet wird durch die Konvention die Rechtslage hinsichtlich des *Zugriffs auf genetische Ressourcen*: Solche Staaten und private Unternehmen, die genetische Ressourcen nutzen, und die Herkunftsstaaten solcher Ressourcen werden in rechtlich geordnete Austauschverhältnisse gebracht, die auf eine Beteiligung der Herkunftsstaaten an den Vorteilen zielen, welche die Nutzerstaaten aus der Erleichterung des Zugangs ziehen. Das gilt allerdings nicht für die sogenannten ex situ-Sammlungen als Reservoirs genetischer Ressourcen, die vor dem Inkrafttreten der Konvention angelegt wurden. Teilweise kritisiert wird, dass die Konvention sich nur undeutlich der Interessen lokaler und indigener Bevölkerungsgruppen in Entwicklungsstaaten annimmt, es vielmehr insoweit bei einem Hinweis auf die Regelungszuständigkeit der nationalen Rechtsordnungen und die Aufnahme eines allgemeinen Förderziels belässt.

Bereits diese kurze Skizze zeigt, dass auch die Konvention über die biologische Vielfalt, insoweit der Lage beim Klimaschutz vergleichbar, im Kern eine Rahmenregelung, ein *Regime*, darstellt, das der weiteren Fortentwicklung bedarf. Hierfür sind institutionelle Vorkehrungen geschaffen worden, Entscheidungs- und Finanzierungsmechanismen sowie Gestaltungsinstrumente unterschiedlicher rechtlicher Qualität. Die bisher durchgeführten Vertragsstaatenkonferenzen haben u.a. erhebliche Einflussmöglichkeiten auch für Nicht-Regierungsorganisationen gezeigt. Derzeit befinden sich verschiedene Protokolle zur Konkretisierung des Abkommens in der Vorbereitung. Unabhängig von dabei zu erzielenden Erfolgen ist positiv zu bewerten, dass durch das Ringen um das Biodiversitätsregime ein Prozess angestoßen wurde, der zur Identifizierung einer Vielzahl von Problemen beigetragen und solchen Problemen auch eine früher ungekannte Publizität verschafft hat. Es ist andererseits mit Sorge zu betrachten, dass das Biodiversitätsregime durch die bloße Anzahl mittlerweile in den Blick gelangter Problemlagen überfordert sein könnte. Jedenfalls besteht hier erheblicher Koordinierungsbedarf mit anderen – insbesondere im Bereich der Vereinten Nationen – bereits auf den Weg gebrachten Bemühungen; hier bestehen derzeit unfruchtbare Überschneidungen.

Abzuwarten bleibt, inwieweit dem neuartigen Grundansatz der Konvention über die biologische Vielfalt Erfolg beschieden sein wird, über den klassischen naturschutzrechtlichen Ansatz der Eindämmung oder Unterbindung unerwünschter Verhaltensweisen im Umgang mit der Natur hinaus zu einer Struktur nachhaltiger Nutzung im Interessenausgleich verschiedener Staatengruppen zu gelangen. Auf einen solchen Ansatz hin ist die Konvention ausgelegt, und sie gibt ihm in der Breite ihres thematischen Zugriffs, der Offenheit ihres Vokabulars und der Vielgestaltigkeit ihrer institutionellen Ansätze durchaus einen Anschub; was letztlich daraus erwächst, hängt nicht entscheidend von diesen normativen Grundlagen, sondern – auch hier – von der Art und Weise ihrer fortentwickelnden Inanspruchnahme durch die Vertragsstaaten ab.

Reinhaltung der Meere

Das Völkerrecht ist auch eine *Raumordnung*. Als solches ordnet es die Gebiete der Erde einzelnen Hoheitsträgern zu. Hierfür kommen entweder die einzelnen Staaten oder die Staatengemeinschaft als Ganzes in Betracht; internationalen Organisationen sind indessen grundsätzlich keine Räume zugeordnet. Spricht man von Räumen, so sind Landgebiete und Meeresgebiete gemeint, auch der Luft- und Weltraum, von denen schon im Zusammenhang mit dem Klimaschutz die Rede war.

Die Zuordnung der Meere regelt das Völkerrecht in einem komplizierten System. Es lässt sich am ehesten begreifen in einem Vergleich mit der territorialen Souveränität, die den Staaten für die Landgebiete zukommt. Insofern besteht die Zuständigkeit zu umfassender Rechtsausübung. Das gilt für Land und (von Land umschlossene) innere Gewässer; auch das Küstenmeer unterliegt weitreichender staatlicher Hoheit. An seiner Grenze beginnen *nicht-staatliche Meeresgebiete*, die aber funktional begrenzten Zugriffsrechten der jeweiligen Küstenstaaten unterliegen, sofern es sich nicht um einen *Staatengemeinschaftsraum* handelt. Bei Letzteren ist zwischen der Hohen See einerseits und einem besonderen internationalisierten Regime für den Meeresuntergrund zu unterscheiden. Einen Sonderstatus hat schließlich die Antarktis.

Es liegt auf der Hand, dass die Zuständigkeit zur Schaffung und Durchsetzung auf Umweltschutz zielender Regelungen für den Bereich der Meere an die genannten Unterscheidungen anknüpfen muss. Diese Unterscheidungen sind allerdings Ausdruck *anderer Interessen* als solcher des Umweltschutzes: Sie haben sich herausgebildet zum Ausgleich der Interessen der Staaten an Meeresnutzung im Sinne zunächst der Schifffahrt, sei es zu wirtschaftlichen oder militärischen Zwecken, auch der Fischerei und später der Gewinnung nicht-lebender Ressourcen, wie insbesondere im Festlandsockelbereich, aber auch darüber hinaus im Meeresuntergrund. Zudem bestanden seit je besondere Sicherheitsinteressen der Meeresanrainerstaaten. Angesichts der Entwicklung der Schifffahrt lange vor der Herausbildung von anderen Verkehrstechniken vergleichbarer Reichweite zählt das Meeresvölkerrecht (oder internationale Seerecht) zu den ältesten Teilrechtsordnungen des Völkerrechts. Es wies eine hohe Regelungsdichte schon im 17. Jahrhundert auf und wurde im 20. Jahrhundert zum Gegenstand intensiver Kodifikationsbemühungen. Diese führten auf der *Seerechtskonferenz der Vereinten Nationen* von 1973 bis 1982 zu dem Ergebnis eines Seerechtsübereinkommens (SRÜ), das schließlich 1994 für eine erhebliche Anzahl von Staaten in Kraft getreten ist. Dieses Vertragswerk benötigte einen dermaßen langen Vorlauf insbesondere angesichts der widerstreitenden Tendenzen einerseits zur Bewahrung möglichst breiter von einzelstaatlichem Zugriff freier Räume, andererseits zu weitgehender „*Terranisierung*" der Meere durch Ausweitung küstenstaatlicher Rechte zur exklusiven Nutzung lebender und nicht-lebender Ressourcen. Überdies geriet das Seerecht in die vom Nord-Süd-Gegensatz geprägte Auseinandersetzung der 70er und 80er Jahre, welche unter dem Stichwort von der Neuen Weltwirtschaftsordnung ausgetragen wurde. Innerhalb dieser Kontexte war das in der früheren Entwicklung randständig gebliebene Umweltschutzthema auf der erwähnten Seerechtskonferenz aber ständig präsent, wie es zeitgleich auch in anderen Politikfeldern an Gewichtigkeit zunahm.

So heißt es nunmehr in Art. 192 SRÜ: „Die Staaten sind verpflichtet, die Meeresumwelt zu schützen und zu bewahren". Während die maritimen Teile des Staatsgebietes, einschließlich des Küstenmeeres, das ein Küstenstaat in einer Breite von maximal 12 Seemeilen für sich in Anspruch nehmen darf, einzelstaatlicher Gesetzgebung und Rechtsdurchsetzung (wenn auch im Küstenmeer begrenzt durch Vorschriften zur Sicherung der Durchfahrt anderer) unterliegen, lässt die Regelungsintensität seitens des Küstenstaates für die Gebiete jenseits des Küstenmeeres nach. In verschiedenen sich anschließenden Zonen bestehen allerdings küstenstaatliche Präferenzrechte (Fischerei, Bergbau), denen umweltrelevante Kontrollbefugnisse, aber auch Schutzverpflichtungen korrespondieren. Für die staatsfreie Hohe See und den Meeresboden seewärts des Festlandsockels bestehen exklusive Zuständigkeiten der Einzelstaaten hingegen nicht. Die umweltschutzbezogenen Vorgaben des SRÜ bilden gleichsam einen Rahmen, innerhalb dessen zahlreiche Vertragswerke ansetzen, die entweder einzelne Ursachen der Meeresverschmutzung angehen oder aber regional begrenzte Sondersysteme, etwa für die Ostsee, die Nordsee, das Mittelmeer errichten.

Auch die Entwicklung des maritimen Umweltschutzrechts ist zunächst von Reaktionen auf spektakuläre Vorfälle gekennzeichnet gewesen, ehe auch langfristig wirkende, nicht sogleich offenkundige Kausalketten thematisiert wurden. So ging es zunächst, schon in den 50er Jahren, um die Eindämmung der Verbringung radioaktiver Abfälle auf See und um Ölverschmutzung durch Tankerhavarien. Später wurde erkannt, dass auch unfallfreie Seeschiffahrt, zunächst aus technischen, später aus Kostengründen (Beseitigung verbrauchter Betriebsstoffe, Reinigung der Betriebssysteme) regelmäßig erhebliche Verschmutzungsfolgen mit sich bringt. Die Abfallverbringung auf See zur dortigen Versenkung (Ocean Dumping, Verklappung), etwa von Chemikalienabfällen, Plastikmüll, erschien zwischenzeitlich für einige industrialisierte Staaten als Ventil innerstaatlicher Entsorgungsnotstände, wurde aber nach handgreiflichen Erkenntnissen über die Verletzlichkeit maritimer Ökosyteme weitgehend reglementiert, was jedenfalls für einige Meeresbereiche zu einer deutlichen Verbesserung geführt hat. Die speziell auf die Unterbindung oder Begrenzung unmittelbar aus der Schiffahrt resultierender Verschmutzungsvorgänge zielenden völkerrechtlichen Bestimmungen haben ein zunehmend dichteres Netz gezogen, das sich auf Öl und weitere flüssige Substanzen als Massengut, auf den Transport von Schadstoffen in verpackter Form, auf Schiffsabwässer und Schiffsmüll bezieht. Insofern ist unter dem Dach der *Internationalen Seeschifffahrtsorganisation* (IMO) als Sonderorganisation der Vereinten Nationen ein „Regime" entstanden, das auch um eine Vereinheitlichung und Koordination des Vollzuges bemüht ist, welcher aber grundsätzlich einzelstaatliche Aufgabe bleibt.

Auch in einigen der genannten, eine beträchtliche Regelungsdichte aufweisenden Bereichen sind die Vollzugsdefizite nach wie vor erheblich. Bisher weltweit unbefriedigend, von Ansätzen in und um Europa abgesehen, ist der Entwicklungsstand hinsichtlich einer weiteren und erheblichen Ursache von Meeresverschmutzung, nämlich der landseitigen Verschmutzungsquellen, sei es durch Direkteinleitung oder auch durch Schadstofftransport über Flüsse (dazu *Koch/Caspers 1996*). Hier ist das Völkerrecht auf universeller Ebene noch kaum über allgemeine, steuerungsschwache und weitgehend vollzugsungeeignete Klauseln hinausgelangt.

Aufgabe der Zukunft wird es sein, im Recht des internationalen Meeresumweltschutzes einen umfassenden ökosystematischen Ansatz zu verwirklichen und namentlich Regionalabkommen zum Schutz der natürlichen Ressourcen weiter auszubauen und zu effektuieren, wie sie teilweise schon aus einschlägigen Bemühungen im Rahmen der Vereinten Nationen hervorgegangen sind.

Literatur

1. Völkerrecht und Umweltvölkerrecht allgemein

Beyerlin, U.: Rio-Konferenz 1992: Beginn einer neuen globalen Umweltrechtsordnung? ZaöRV 54 (1994), S. 124.

Beyerlin, U.: Umweltvölkerrecht, München 2000.

Bothe, M.: Die Entwicklung des Umweltvölkerrechts 1972/2002, in: Dolde, K.-P. (Hrsg.), Umweltrecht im Wandel. Bilanz und Perspektiven aus Anlaß des 25-jährigen Bestehens der Gesellschaft für Umweltrecht, Berlin 2001, S. 51.

Bryde, B.-O.: Grenzüberschreitende Umweltverantwortung und ökologische Leistungsfähigkeit der Demokratie, in: Lange, K. (Hrsg.): Gesamtverantwortung statt Verantwortungsparzellierung im Umweltrecht, Baden-Baden 1998, S. 75.

Ehrmann, M.: Erfüllungskontrolle im Umweltvölkerrecht, Diss., Baden-Baden 2000.

Epiney, A./Scheyli, M.: Umweltvölkerrecht, Bern 2000.

Gehring, Th./Oberthür, S. (Hrsg.): Internationale Umweltregime. Umweltschutz durch Verhandlungen und Verträge, Opladen 1997.

Kimminich, O.: Völkerrecht, 6. Aufl., Tübingen, Basel 1997.

Kunig, Ph.: Grenzüberschreitender Umweltschutz – Der Einzelne im Schnittpunkt von Verwaltungsrecht, Staatsrecht und Völkerrecht, in: Thieme, W. (Hrsg.): Umweltschutz im Recht, Köln, Berlin u.a. 1988, S. 213.

Kunig, Ph.: Deutsches Verwaltungshandeln und Empfehlungen internationaler Organisationen, in: Festschrift für Doehring, K., Berlin, Heidelberg u.a. 1989, S. 529.

Kunig, Ph.: Nachbarrechtliche Staatenverpflichtungen bei Gefährdungen und Schädigungen der Umwelt, in: Berichte der Deutschen Gesellschaft für Völkerrecht, 32, Heidelberg 1992, S. 9.

Kunig, Ph.: Völkerrecht und öffentliches Recht. Ein Glasperlenspiel?, in: Festschrift für Grabitz, E., München 1995, S. 325.

Kunig, Ph.: Völkerrecht und deutsches Recht, in: Graf Vitzthum, W. (Hrsg.): Völkerrecht, 2. Aufl., Berlin, New York 2001, Abschnitt II.

Kunig, Ph.: Reform der Charta der Vereinten Nationen aus völkerrechtlicher Sicht – Bestandsaufnahme und einige Utopien, in: Albrecht, K. (Hrsg.): Die Vereinten Nationen am Scheideweg, Hamburg 1998, S. 137.

Menzel, H.-J.: Das Konzept der „nachhaltigen Entwicklung" – Herausforderung an Rechtssetzung und Rechtsanwendung, ZRP 2001, S. 221.

Neumann, M.: Die Durchsetzung internationaler Umweltschutzpflichten, Baden-Baden 2000.

Odendahl, K.: Die Umweltpflichtigkeit der Souveränität, Berlin 1998.

Ott, H.E.: Umweltregime im Völkerrecht. Eine Untersuchung zu neuen Formen internationaler institutionalisierter Kooperationen am Beispiel der Verträge zum Schutz der Ozonschicht und zur Kontrolle grenzüberschreitender Abfallverbringung, Baden-Baden 1998.

Randelzhofer, A.: Umweltschutz im Völkerrecht, Jura 1992, S. 1.

Riedel, E.: Paradigmenwechsel im internationalen Umweltrecht, in: Festschrift für Roellecke, G., Stuttgart, Berlin u.a. 1997, S. 245.

Rublack, S.: Der grenzüberschreitende Transfer von Umweltrisiken im Völkerrecht. Möglichkeiten und Grenzen der Zuweisung von Umweltverantwortung am Beispiel der grenzüberschreitenden Abfallentsorgung, der internationalen Vermarktung von Chemikalien und des Transfers umweltgefährdender Technologie, Baden-Baden 1993.

Senti, R.: Die wachsende Bedeutung des Umweltschutzes im Welthandel und die Macht des Stärkeren, Die Friedenswarte 1998, S. 63.

Stoll, P.-T./Schillhorn, K.: Das völkerrechtliche Instrumentarium und transnationale Anstöße im Recht der natürlichen Lebenswelt, NuR 1998, S. 625.

Vöneky, S.: Die Fortgeltung des Umweltvölkerrechts in internationalen bewaffneten Konflikten, Berlin, Heidelberg, New York u.a. 2001.

Zschiesche, M.: Die Aarhus-Konvention – mehr Bürgerbeteiligung durch umweltrechtliche Standards, ZUR 2001, S. 177.

2. Klimaschutz

Biermann, F.: Saving the Atmosphäre. International Law, Developing Countries and Air Pollution, Frankfurt a.M. 1995.

Bail, C.: Das Klimaschutzregime nach Kyoto, EuZW 1998, S. 457.

Breidenich, C./Magraw, D. u.a.: The Kyoto Protocol to the United Nations Framework Convention on Climate Change, in: American Journal of International Law 92 (1998), S. 315.

Köck, W.: Klimaschutz durch Emissionshandel, ZUR 2001, S. 353.

Lübbe-Wolff, G.: Der britische Emissionshandel – Vorbild für Deutschland?, et 2001, S. 342.

Ott, H.E.: Völkerrechtliche Aspekte der Klimarahmenkonvention, in: Brauch, H.G. (Hrsg.): Klimapolitik, Berlin u.a. 1996, S. 61.

Randelzhofer, A.: Auf dem Weg zu einer Weltklimakonvention, in: Festschrift für Sendler, H., München 1991, S. 465.

3. Erhaltung natürlicher Vielfalt

Emonds, G./Emonds, St.: Komplexität des Artenschutzrechts am Beispiel des Elefanten-schutzes, NuR 1997, S. 26.

Fisahn, A.: Internationale Anforderungen an den deutschen Naturschutz, ZUR 1996, S. 3.

Hammer, W.: 20 Jahre im Irrgarten des Artenschutzrechts, DVBl. 1997, S. 401.

Henne, G.: Genetische Vielfalt als Ressource. Die Regelung ihrer Nutzung, Baden-Baden 1998.

Marzik, U.: Völkerrechtlicher Naturschutz und nachhaltige Entwicklung in Übersee, in: VRÜ 30 (1997), S. 545.

Schmidt-Räntsch, A.: Leitfaden zum Artenschutzrecht, Köln 1990.

4. Reinhaltung der Meere

Bussek, A.: Schutz der Meere vor Verschmutzung, Baden-Baden 1993.

Beckert, E./Breuer, G.: Öffentliches Seerecht, Berlin 1991.

Ehlers, P.: Der Schutz der Ostsee – Ein Beitrag zur regionalen Zusammenarbeit, NuR 2001, S. 661.

Hohmann, H.: Weltweiter Schutz der Meeresumwelt unter besonderer Berücksichtigung des Schutzes von Nord- und Ostsee (einschließlich des Wattenmeeres), in: Dolde, K.-P. (Hrsg.), Umweltrecht im Wandel. Bilanz und Perspektiven aus Anlaß des 25-jährigen Bestehens der Gesellschaft für Umweltrecht, Berlin 2001, S. 99.

Jenisch, V.: Bibliographie des deutschen Schrifttums zum Internationalen Seerecht 1982-1996, Baden-Baden 1998.

Koch, H.-J./Caspar, J.: Das nationale Umweltrecht und die landseitige Meeresverschmut-zung, ZUR 1996, S. 113.

Koch, H.-J./Lagoni, R. (Hrsg.): Meeresumweltschutz für die Nord- und Ostsee, Baden-Baden 1996.

6. Schlussbemerkung: Zu den Chancen und Grenzen des Rechts im Umweltmanagement

Der Abschnitt über das Umweltrecht sollte u.a. zeigen, dass die Rechtsordnung der Bewahrung einer lebensfähigen Umwelt und auch der Verbesserung einer aktuell gegebenen Umweltsituation Chancen bietet. Sie legitimiert und schützt die individuelle Verfolgung solcher Ziele durch einzelne Bürger und von ihnen gebildete Verbände und hält Unternehmen direkt oder indirekt zur Beachtung von Umweltinteressen an. Auf der Ebene des Völkerrechts gilt entsprechendes für dessen (Haupt-)Akteure, die Staaten. Der Interessenverfolgung durch den einzelnen bietet das Völkerrecht (noch) wenig Handlungsspielräume, wobei wir erwähnten, dass nichtstaatliche Organisationen allerdings erheblich an Gewicht gewinnen.

Das Recht bietet aber nicht nur Chancen „für" die Umwelt, sondern es gestattet und schützt auch die individuelle Interessenverfolgung, welche zur Umweltbelastung führt. Schon hieran zeigen sich seine Grenzen für den Umweltschutz. Weitere solche Grenzen sind gleichsam rechtsimmanent, sind durch die Rolle bedingt, welche das Recht in der staatlichen und gesellschaftlichen Ordnung spielt.

So ist das Recht ein *reaktives* Phänomen: Recht entsteht erst, wenn Bedarf dazu gesehen wird und sich politischer Wille zur Rechtsetzung einstellt. Das Recht hängt naturwissenschaftlicher Erkenntnis daher oft hinterher. Es braucht Zeit, bis solche Erkenntnis zu Gestaltungswillen führt. Das Recht kann auch *nur in Grenzen „zwingen"*. Sein Vollzug ist defizitär, wenn menschliche oder finanzielle Ressourcen fehlen, um rechtswidriges Verhalten zu sanktionieren. Demzufolge gewinnen diejenigen Instrumente des Rechts, die zum Ordnungsrecht (und zum von vornherein hier nur begrenzt wirksamen Strafrecht) hinzugetreten sind, eine immer stärkere Bedeutung. Recht realisiert sich erst dann effizient, wenn seine Befolgung regelmäßig auf dem *Befolgungswillen der Rechtsunterworfenen* beruht und nicht „erst" auf der Erwartung einer Sanktion.

Solche strukturellen Grenzen der Zielverfolgung durch Recht sind unabhängig von der Frage der Qualität einer Rechtsordnung oder einer konkreten Norm. Qualitätsfragen stellen sich hier in zweierlei Hinsicht. Zum einen gibt es gleichsam *allgemeine Qualitätsanforderungen,* solche der Übersichtlichkeit, der Handhabbarkeit, der Einsichtigkeit. Daran fehlt es in der überbordenden Rechtsmasse des heutigen Umweltrechts oft, so dass die (in Abschnitt 2.3 behandelte) Frage nach der vereinfachenden, systematisierenden Harmonisierung des Umweltrechts durch Kodifikation aufgekommen ist. Auch Einzelvorschriften, denen es an der Qualität der Klarheit mangelt, finden sich häufig.

Eine weitere Qualitätsanforderung an das Umweltrecht betrifft sein umweltschützendes Potenzial, den Grad seiner *Umweltschutzintensität und -wirksamkeit* also. Er kann jeweils nur soweit reichen, wie es dem Regelungswillen der jeweiligen Rechtsetzer entspricht, da die behördlichen oder gerichtlichen Anwender von Recht jenen Regelungswillen lediglich einzelfallbezogen umsetzen, ihn nicht etwa durch eine eigene Willensentscheidung ersetzen dürfen. Es sind also wesentlich die Gesetzgeber, realiter verwiesen auf den Gestaltungswillen der Regierungen (bzw. dasjenige, was sich an solchem Willen innerhalb vielfältiger Interessengeflechte realisieren kann), welche darüber entscheiden, ob die Rechtsordnung Umweltgerechtigkeit erzielt oder jedenfalls ermöglicht (vgl. dazu bereits Einleitung, *3).*

Der Begriff der *Umweltgerechtigkeit* (s. auch *IV 1.2* Umweltethik) meint hier einen Umgang mit der natürlichen Umwelt, der deren Regenerationsfähigkeit und Regenerationsbedürftigkeit gerecht wird und stetig den Ausgleich mit menschlichem Bedürfnis sucht, ohne dabei letzterem grundsätzlich den Vorrang einzuräumen. Umweltgerechte Politik und Rechtssetzung kann nur solche sein, die Ergebnisse zeitigt, welche die Frage nach dem Ausgleich ökologischer und ökonomischer Interessen auf mutmaßlich unbegrenzte Zeit auf der Tagesordnung hält. Die Anforderung der Umweltgerechtigkeit von Politik bedeutet auch, das Verhältnis von Umweltnutzung durch Umweltbelastung und solcher durch Umweltgenuss stets neu zu bedenken und somit entwicklungsbedingt zu definieren, was angemessene menschliche Bedürfnisse „in" der Umwelt sind.

Es bedarf wohl zur Ermöglichung umweltgerechter Politik nicht des konzeptionellen Umbaues der staatlichen Ordnung zum „Umweltstaat" (*Kloepfer 1989*) oder zum „ökologischen Rechtsstaat" (*Steinberg 1998,* beide Nachweise s.o. nach Abschnitt 1 unter *1.4).* Die erstgenannte Begriffsprägung begegnet Bedenken, weil sie ihre Ambition zu verabsolutieren scheint, in Opposition bringt zu anderen (Sozialstaat, Kulturstaat) und so die gebotene Integration nicht leistet. Die Redeweise vom ökologischen

Rechtsstaat droht unzuträglich das Demokratieprinzip in den Hintergrund zu drängen. Die grundgesetzliche Ordnung, demokratisch, rechtsstaatlich, auf soziale und Umweltgerechtigkeit verpflichtet, bietet jedenfalls Formen und Strukturen an, innerhalb derer gerechte und effiziente Umweltpolitik möglich erscheint. Ob dies wahrgenommen wird, kann sie nicht garantieren.

So richtig es demzufolge ist, dass das Niveau der Umweltbewahrung, das von der Rechtsordnung wesentlich mitbestimmt wird, ohne dass diese aber selbst ein bestimmtes Niveau garantieren könnte, wesentlich abhängt von Bürgern und vor allem Unternehmen, so wichtig bleibt es andererseits, *staatliche Verantwortlichkeit* anzumahnen. Es ist derzeit ein Zug der Zeit, dass der Staat nach einer Periode der intensiven administrativen Durchdringung des umweltrelevanten Unternehmensgeschehens dazu tendiert, sich auf ein bloßes Wächteramt zu beschränken. Einige der in diesem Abschnitt behandelten Phänomene ließen dies erkennen; die Umweltauditierung, die Verhandlungslösungen, die „Absprachen" sind ungeachtet ihrer umweltschützenden Potenziale auch risikobehaftet. Ihrer Grundidee nach sollen sie gesellschaftliche Stärken nutzen, doch hat der „privatisierende" Staat auch Anlass, seine Handlungsfähigkeit zu sichern, wo private Verantwortlichkeit sich als nicht ausreichend erweisen sollte. Das nächste, dem Umweltmanagement der Unternehmen gewidmete Kapitel dieses Buches wird in diesem Zusammenhang ebenfalls „Grenzen" erweisen, nämlich diejenigen der umweltschützenden Wirkungen unternehmerischer Tätigkeit – ebenso aber wird es nach der Verbesserung entsprechender „Chancen" fragen. Das sich dort ergebende Gesamtbild wird mitbedenken müssen, wer den derzeitigen Zustand des Umweltrechts bewerten und über seine weiterentwickelnde Veränderung nachdenken möchte.

Teil IV

Das Umweltmanagement des Unternehmens

1. Das Verhältnis des Unternehmens zu seiner natürlichen und politischen Umwelt[1]

Im Zentrum dieses vierten und letzten Teiles des Buches stehen die Unternehmen. Es wird der Frage nachgegangen, auf welche Weise und inwieweit die Unternehmen bei der Verfolgung ihrer wirtschaftlichen Ziele Umweltbeeinträchtigungen vermeiden bzw. zumindest auf ein akzeptables Ausmaß reduzieren können. In vielfältiger Form wird dabei auf die in den beiden vorangegangenen Teilen dargestellten umweltpolitischen und umweltrechtlichen Erkenntnisse zurückgegriffen bzw. verwiesen. Diese Orientierung an Umweltpolitik und Umweltrecht entspricht der unternehmerischen Realität: Politik und Recht geben den Rahmen vor, innerhalb dessen die Unternehmen als autonome Akteure ihre Ziele verfolgen.

Kurz zum Gang der betriebswirtschaftlichen Überlegungen: Nach einigen grundlegenden Bemerkungen zur Einbindung der Unternehmen in Umweltpolitik und Umweltrecht wird im ersten Kapitel dargestellt, auf welche Weise und warum die Unternehmen der natürlichen Umwelt Schäden zufügen, welches Interesse sie aber gleichzeitig an Verminderung bzw. Vermeidung dieser Beeinträchtigungen haben können. Das zweite Kapitel bezieht sich auf die betrieblichen Funktionen, in denen konkret in Form von Ressourcenverzehr und Emissionen Umweltbeeinträchtigungen erfolgen, also auf Logistik, Produktion und Absatz (Marketing). Erkenntnisziel ist die Identifizierung von umweltschützenden Maßnahmen in diesen Funktionen. Im dritten Teil geht es um informationsbezogene und organisatorische sowie personelle Voraussetzungen für ein umweltorientiertes Unternehmenshandeln. Angesprochen werden dabei z.B. die Öko-Bilanz, aber auch die Förderung des Umweltbewusstseins der Mitarbeiter. Im abschließenden vierten Kapitel wird schließlich eine auf das gesamte Unternehmen bezogene Konzeption eines strategischen Umweltmanagements entworfen, das kurz- und langfristige Aspekte des Unternehmenserfolges mit einer an Nachhaltigkeit ausgerichteten Umweltorientierung des Unternehmens zu verbinden versucht. Diese strategische Komponente führt zu einem Wech-

---

1 Für diesen betriebswirtschaftlichen Teil des Buches war Dipl.-Kaufmann Steffen Hermann ein unermüdlicher Quellensucher, Überarbeiter, Diskussionspartner und Anreger.

sel der Sichtweise: Die Unternehmen passen sich nicht mehr ausschließlich reaktiv an unumgängliche Umweltschutzanforderungen an, sondern können selbst Promotoren umweltverträglichen Wirschaftens werden. Hingewiesen wird dabei speziell auf den immer wichtigeren Aspekt der zwischenbetrieblichen Kooperation zur Verbesserung der Umweltsituation.

1.1 Unternehmen[2] im Rahmen von Umweltpolitik und Umweltrecht

Umweltrelevantes Handeln von Unternehmen wird immer von den politischen und rechtlichen Gegebenheiten, also vom Akteur „Staat" beeinflusst *(Kunig 1997, Witte 1997)*. Die staatlichen Rahmenbedingungen können für die Unternehmen sehr stark verhaltensdeterminierend sein, so insbesondere in ihrer Form als hoheitlich gesetzte und vollzogene Gesetze. Dennoch sind diese Rahmenbedingungen nicht ausschließlich als Einengung unternehmerischer Autonomie zu begreifen, vielmehr bestehen wechselseitige Einflussmechanismen zwischen den übergeordneten staatlichen Interessen und den einzelwirtschaftlichen Strategien der Unternehmen. Die Unternehmen sind nicht willenlose Objekte staatlicher Vorgaben, sie versuchen im Gegenteil dem Staat entsprechend ihrem Interesse ihren Stempel aufzudrücken bzw. vorgegebene Rahmenbedingungen im Sinne ihrer Ziele (aus) zu nutzen.

Die *staatliche Umweltpolitik* beeinflusst durch die Themen des Agenda Setting, durch die Instrumentenwahl, durch die Schwerpunkte sowie Inhalte der Gesetzgebung und durch die Vollzugsaktivitäten das Handeln der Unternehmen *(aus betriebswirtschaftlicher Sicht Terhart 1986)*. An die Vorgaben des hoheitlichen Staats müssen sie sich anpassen − es sei denn, sie missachten unter Sanktionsgefährdung Gesetze oder sie verlassen im Rahmen einer Standortverlagerung den Einflussbereich des sie reglementierenden Staates. Andererseits streben die Unternehmen bzw. ihre Interes-

---

2 Im weiteren werden die umgangssprachlich häufig Betriebe genannten wirtschaftlichen Institutionen, die autonom und auf eigenes Risiko in Marktwirtschaften Güter bzw. Dienste herstellen und zum Kauf anbieten, entsprechend dem üblichen wirtschaftlichen und wirtschaftswissenschaftlichen Sprachgebrauch als *„Unternehmen"* bezeichnet. *Betrieb* ist demgegenüber der technisch-organisatorische Aspekt des Unternehmens. Deswegen wird vom „Umweltmanagement des Unternehmens" gesprochen, aber von den Umweltwirkungen der „betrieblichen Funktion Produktion".

senverbände im Rahmen des policy cycle *(II 2.2)* danach, ihre *eigenen Interessen* einzubringen und durchzusetzen, indem sie sich z.B. bemühen, dass bestimmte Vorhaben wieder von der Agenda gestrichen werden (z.B. lange Zeit mit Erfolg den politisch und öffentlich massiv geforderten Ausstieg aus der Atomenergie) oder indem sie darauf hinwirken, dass Gesetze und Vorschriften, wenn sie schon nicht verhinderbar sind, ihren Handlungsbedingungen entsprechen (z.B. weniger strenge Grenzwerte für Emissionen). Das sind Vorgehensweisen, z.B. in Form von Lobbyaktivitäten, die in einer pluralistischen Demokratie grundsätzlich legal und legitim sind.

Umstritten ist, wie wirksam der Einfluss der Unternehmen auf die Umweltpolitik und die Ausgestaltung des Umweltrechts ist. In der öffentlichen Meinung und auch in der politologischen Analyse wird die Position der Unternehmen als relativ stark eingeschätzt; gesprochen wird sogar von der *„Ohnmacht des Staates gegenüber den organisierten wirtschaftlichen Interessen"*. Aus betriebswirtschaftlicher Sicht spricht weniger für eine derartige Abhängigkeit des Staates von den Unternehmen *(Ortmann/Zimmer, 1998)*. Unternehmen – so die Hypothese – sind sehr viel mehr konkurrenz- als kooperationsorientiert, d.h. sie verlegen sich eher darauf, durch eine optimale Anpassung an vorgegebene Rahmenbedingungen Vorteile gegenüber den Mitbewerbern zu erzielen als durch gemeinsame Aktionen staatliches Handeln zu beeinflussen. Das schließt nicht aus, dass sie in Einzelfällen in Form kollektiver Interessenvertretung massiv auf den Staat im Sinne ihrer Ziele einzuwirken versuchen *(schon Stitzel 1977)*.

Ähnlich dualistisch sind die Beziehungen zwischen Unternehmen und *Umweltrecht*. Umweltrecht begrenzt direkt bzw. indirekt die den Unternehmen zur Verfügung stehenden Handlungsmöglichkeiten bei umweltrelevanten Entscheidungen. Andererseits gewährt die Rechtsordnung Freiräume für individuelle und damit auch unternehmerische Interessenrealisation, durch die Umweltbeeinträchtigungen verursacht werden, es gibt also Rechte, die Umwelt zu beeinträchtigen *(III 6)*. Zu hören ist allerdings von Unternehmen eher die Klage, das Umweltrecht sei, insbesondere in Relation zum Umweltrecht konkurrierender Volkswirtschaften, zu rigide und damit wettbewerbs- sowie standortschädigend. Unzufrieden sind die Unternehmen auch mit der Zersplitterung und Überkomplexität des Umweltrechts *(z.B. ASU/UNI, 1997, S. 53 ff.)*

Innerhalb des Geflechts von Umweltpolitik, Umweltrecht und eigenen wirtschaftlichen Interessen realisieren die Unternehmen sehr unterschiedliche Formen des Umgangs mit der natürlichen Umwelt. Es gibt Unternehmen, die unter massiven Verstößen gegen umweltrechtliche Vorschriften die Umwelt schwerwiegend schädigen; gleichzeitig ist zu beobachten, dass andere Unternehmen als Umweltpioniere umweltverträgliche Handlungsweisen generieren, die über die Lösungen, die von der Umweltpolitik entwickelt werden, deutlich hinausgehen *(Beispiele z.B. Schmidheiny/BCSD, 1992).*

Damit stellt sich die Frage nach den Handlungsbedingungen von *Unternehmen* angesichts der Umweltproblematik, denen im weiteren nachgegangen wird. Ausgangspunkt sind die folgenden drei Thesen:

1. Die Qualität der natürlichen Umwelt hängt in erheblichem Ausmaß von den Aktivitäten der Unternehmen ab.

2. Unternehmen sind primär ihrem wirtschaftlichen Erfolg verpflichtet.

3. Unternehmen können – intelligente Lösungen vorausgesetzt – gleichzeitig wirtschaftlich erfolgreich sein *und* umweltverträglich handeln.

Die erste These bezieht sich auf den Tatbestand, dass die Produktion von Gütern und Diensten sowie deren Nutzung die *stofflichen und energetischen* Wirkungen schaffen, die die natürliche Umwelt schädigen. Zwar wird durch Umweltpolitik und Umweltrecht die Richtung vorgegeben, in der die Unternehmen agieren, aber letztendlich sind es die Unternehmen bzw. deren Lieferanten und Kunden, die *konkret und real* auf die Umwelt einwirken, die also die faktischen Verursacher von Umweltproblemen sind.

Die zweite These beschreibt den Tatbestand, dass Unternehmen gegründet und betrieben werden, um *wirtschaftlichen Erfolg* (Gewinn/Einkommen) zu erzielen. Unternehmen, die wirtschaftlich nicht erfolgreich sind, die also nicht im Durchschnitt mehrerer Rechnungsperioden einen angemessenen Gewinn erwirtschaften können, sind nicht existenzfähig. Aus dieser Sicht ist Umweltschutz eine Neben- bzw. Zusatzaufgabe von Unternehmen; Unternehmen sind a priori keine umweltschützenden Institutionen *(pointiert Staehle/Nork, 1992, S. 78 f.).*

Die dritte These stellt das Kernstück des betriebswirtschaftlichen Teils dieses Buches dar. Es geht darum, Wege und Möglichkeiten zu finden, die sicherstellen, dass wirtschaftlich erfolgreiche Unternehmen nur in geringem

Maße – im anzustrebenden Grenzfall überhaupt nicht – die natürliche Umwelt schädigen. Derartige Möglichkeiten gibt es, sie erfordern allerdings die Generierung *intelligenter Lösungen* und damit auch die Aufgabe von tradierten Vorstellungen, z.B. von der Dominanz einer kurzfristigen Unternehmenspolitik *(s. 4.3)* oder dem Primat eines nachsorgenden Umweltschutzes *(II 5.1, IV 2.2)*.

Ausgangspunkt der Überlegungen zur möglichst effizienten Ausrichtung von Unternehmen auf umweltschonendes Verhalten ist die Festlegung auf einen Umweltmanagementbegriff, der als systemische und geschlossene Konzeption zu verstehen ist, die das *Unternehmen als Ganzes* zu einer möglichst hohen Umweltorientierung führt.

> *Umweltmanagement*[3] ist die planvolle, systematische Anwendung von Strategien und Instrumenten, mit deren Hilfe die umweltbeeinträchtigenden Wirkungen des Unternehmens möglichst weit vermindert werden, ohne dass dadurch der wirtschaftliche Erfolg des Unternehmens unvertretbar beeinträchtigt wird. Im Idealfall sichert ein effizientes Umweltmanagement, das ein Element der Gesamtheit des unternehmerischen Managements darstellt, die Unternehmensexistenz und fördert seinen wirtschaftlichen Erfolg.

Um ein derartiges Umweltmanagement realisieren zu können, sind zunächst folgende Fragen zu klären:
- Auf welche Weise beeinträchtigen die Unternehmen die natürliche Umwelt?
- Was sind die Gründe hierfür?
- In welchem Verhältnis stehen ökonomische Ziele des Unternehmens und Erfordernisse des Umweltschutzes zueinander?

und als letztlich entscheidende Frage:
- Was kann Unternehmen dazu motivieren bzw. ggf. auch dazu zwingen, ein (hoffentlich) effizientes Umweltmanagement zu realisieren?

---

3 In der Literatur wird Umweltmanagement synonym auch als ökologisch orientierte Unternehmensführung, ökologische Unternehmenspolitik o.ä. bezeichnet, ohne daß eine inhaltliche Differenzierung im Hinblick auf diese Label erkennbar ist; eine Zusammenstellung der wichtigsten Monographien zu diesem Themengebiet am Ende des *Kapitels IV 1*.

Wichtig für das Verständnis der folgenden Darstellung ist, dass sie ihre Basis nicht in Wunschvorstellungen oder Utopien hat, sondern dass von realen Gegebenheiten (marktwirtschaftliche Ordnung, Unternehmen als gewinnorientierte, also „egoistische" Institutionen) ausgegangen wird.

1.2 Unternehmen als Verursacher von Umweltbeeinträchtigungen

Ein großer Teil der bereits eingetretenen bzw. zu erwartenden Umweltbeeinträchtigungen ist durch die *Aktivitäten* von Unternehmen bedingt. Unternehmen schädigen die Umwelt nicht nur direkt im Rahmen der Produktion, z.B. durch produktionsbedingte Emissionen, sondern, und in der Regel noch viel stärker, indirekt, indem sie ökologisch knappe Rohstoffe, Energien und Vorprodukte verwenden (oder gar „verschwenden") und indem die von ihnen hergestellten Produkte bei Ge- und Verbrauch sowie bei der Entsorgung Umweltbelastungen verursachen *(genauer s. Schadschöpfungskette)*.

In der Frühphase der Umweltdiskussion wurden Unternehmen häufig als die einzigen oder zumindest doch als die schlimmsten Umweltschädiger gebrandmarkt, die angeblich in Verfolgung ihres hemmungslosen Strebens nach Gewinnmaximierung die natürliche Umwelt ohne Skrupel zerstören würden. Diese ideologisch geprägte Verurteilung ist einer differenzierteren Betrachtungsweise gewichen. Es ist belegt, und das wird auch weitgehend anerkannt, dass sich eine große Zahl von Unternehmen „nach Kräften", wenn auch häufig gezwungenermaßen (vor allem durch rechtliche Vorgaben), bemüht, die von ihnen ausgehenden Umweltbeeinträchtigungen zu vermindern – ohne, so die Hypothese, dass sie dabei in der Regel die Grenzen des ihnen Möglichen erreichen und ohne dass sichergestellt wäre, dass die derzeitigen Bemühungen der Unternehmen eine ausreichende Umweltqualität gewährleisten.

Zwei Bedingungen müssen erfüllt sein, damit die durch die Unternehmen insgesamt verursachten negativen Umweltauswirkungen so weit wie möglich minimiert werden:
• Die bislang in Wissenschaft und Praxis entwickelten *Strategien und Instrumente einer verstärkten Umweltorientierung* von Unternehmen

("Umweltmanagement") müssen in immer mehr Unternehmen Verbreitung finden und – z.B. im Rahmen von Öko-Audits *(Kap. 3.1)* – kontinuierlich verbessert werden. Noch immer realisieren zu wenige Unternehmen ein dem Stand des Wissens und der Technik entsprechendes Umweltmanagement; auch müssen die bisher entwickelten und eingesetzten Instrumente des Umweltmanagements effizienter gestaltet werden.

- *Das Zusammenwirken von Umweltpolitik, Umweltrecht und unternehmerischem Umweltmanagement muss verbessert werden.* Unternehmen agieren nicht im luftleeren Raum, vielmehr sind sie eingebettet in Staat und Gesellschaft, die ihrerseits in Form von Politik und Rechtsordnung Rahmenbedingungen als Anreize und Grenzen für unternehmerisches Handeln setzen *(durchgängig Teile II und III).* Je mehr diese Rahmenbedingungen die Unternehmen zu umweltverträglichem Handeln bringen, ohne dass ihre wirtschaftlichen Interessen beeinträchtigt oder deren Realisierung unmöglich gemacht werden, desto größere positive Wirkungen ergeben sich für die Umweltqualität. Umweltpolitik und Umweltrecht berücksichtigen bislang zu wenig die spezifischen Handlungsbedingungen von wirtschaftlichen Akteuren (z.B. zu geringer Einsatz marktwirtschaftlicher Steuerungsinstrumente im Vergleich zu nichtmarktkonformen Instrumenten, zu hohe Komplexität des Umweltrechts *II 4).* Andererseits betrachtet die Betriebswirtschaftslehre die politischen und rechtlichen Vorgaben herkömmlich als unumstößliche Daten *(Witte 1997)* und macht sich ihrerseits kaum Gedanken darüber, welche politischen und rechtlichen Rahmenbedingungen aus Unternehmenssicht günstige Voraussetzungen für ökonomischen Erfolg der Unternehmen bei gleichzeitiger geringer unternehmensbedingter Umweltbeeinträchtigung darstellen würden.

Um dem Ziel der Verbesserung des unternehmerischen Umweltmanagements näherzukommen, sind zunächst zwei grundlegende Fragen zu klären, zum ersten, auf welche Weise Unternehmen die Umwelt beeinträchtigen *(„Schadschöpfung"),* und zweitens, warum sie es tun *(„externe Effekte").*

Die Schadschöpfungskette

Art und Ausmaß der von einem Unternehmen verursachten Umweltschäden hängen von den Produktionsbedingungen des jeweiligen Unternehmens, seinen Produkten, seiner Größe und einer Reihe weiterer Parameter ab, wie z.B. dem Umweltbewusstsein des Managements, sie sind also unternehmensspezifisch zu betrachten. Dementsprechend differieren die Umweltschädigungen von Unternehmen zu Unternehmen. Es gibt Unternehmen, die in sehr umweltsensitiven Produktionsbereichen tätig sind, die also zumindest potentiell hohe und ggf. sehr heterogene Umweltschäden verursachen, wie z.B. Unternehmen in den Branchen Chemie, Energie, Verkehr und Metallurgie. Andere Produktionsunternehmen weisen demgegenüber ein deutlich niedrigeres Risikopotenzial im Umweltbereich auf, so z.B. Unternehmen im Bereich Kommunikations- und Informationstechnologien.

Generell sind Dienstleistungsunternehmen im geringeren Maße als produzierende Unternehmen („die Industrie") Verursacher von Umweltschäden, was im Hinblick auf die zunehmende Bedeutung des Dienstleistungssektors in entwickelten Volkswirtschaften positiv einzuschätzen ist. Eine Reihe wichtiger Branchen des Dienstleistungssektors scheint sogar von der Umweltproblematik (fast) nicht betroffen zu sein, so speziell die Banken und Versicherungen, was sich allerdings bei einer genaueren Betrachtung als Trugschluss herausstellt. Auch Banken und Versicherungen verbrauchen eine Menge knapper Umweltressourcen (Energie, Papier etc.). In noch höherem Maße haben sie aber durch unternehmerische Entscheidungen Einfluss auf die Umweltqualität; Banken z.B. durch die Entscheidung, entweder Kredite für eine Produktion mit hohem Umweltrisiko oder für die Entwicklung von umweltfreundlichen Technologien zu vergeben.

Die Tatsache, dass Unternehmen in unterschiedlicher Art und Intensität von der Umweltproblematik betroffen sind, bedeutet, dass der Stellenwert des Umweltmanagements und die Art, wie Umweltmanagement betrieben wird, von Unternehmen zu Unternehmen differieren wird – ein Chemieunternehmen benötigt ein intensiveres und technisch anspruchsvolleres Umweltmanagement als ein Software-Anbieter. Kein Unternehmen kann allerdings, wenn es, aus welchen Gründen auch immer, Umweltverantwortung akzeptiert, auf ein Umweltmanagement verzichten, da jedes Unternehmen in irgendeiner Form auf die Umwelt einwirkt und sie beeinträchtigt.

Auf welche Weise schädigen Unternehmen die Umwelt? Die negativen Einwirkungen lassen sich auf zwei Bereiche zurückführen:

- den *Verbrauch von ökologisch knappen Ressourcen* (z.B. Erdöl, Grundwasser, Boden);
- die *Abgabe von stofflichen bzw. energetischen Schädigungs-Emissionen an die Umweltmedien* Luft, Wasser, Boden in Form z.B. von ökotoxischen Substanzen, z.B. Quecksilber, atmosphärenschädigenden Stoffen wie CO_2 bzw. in Form von Lärm oder Abfall.

Beide Formen von Umweltschäden beinhalten aus der Sicht des Umweltmanagements eine Vielzahl von Definitions-, Mess- und Bewertungsproblemen (z.B.: Was alles ist eine „schädigende" Emission? Welches sind die Kriterien für „Schädigung"? Kann der auf das betrachtete Unternehmen entfallende Anteil mit vertretbarem Aufwand ausreichend genau gemessen werden? Wie groß ist die ökologische Relevanz einer bestimmten Emission?).

Die Schwierigkeiten der Erfassung und Bewertung unternehmensbedingter Umweltbeeinträchtigungen werden auch an der Festlegung dessen, was „ökologische Knappheit" *(dazu Bühl 1981, S. 41 ff., Müller-Wenk 1978, S. 35 ff.; Cansier 1996, S. 47 ff.)* ist, deutlich. Das Prinzip der ökologischen Knappheit orientiert sich an dem Postulat der *Nachhaltigkeit (siehe hierzu auch III 4)* bzw. der *intergenerationellen Verantwortung*[4]. Diese Prinzipien ermöglichen aber keine Aussage darüber, welches Ausmaß an Nutzung ökologisch knapper Ressourcen durch das Unternehmen „zulässig" ist *(dazu auch die Bewertungsprobleme in der Öko-Bilanz, Kap. 3.1)*. Dies bedarf politischer Definition bzw. Entscheidung und ggf. rechtlicher Umsetzung. Ein Unternehmen, das einen verbrauchsvermindernden Antriebsmotor herstellt, wird sicherlich der Anforderung eines schonenderen Umgangs mit knappen Ressourcen gerechter als ein Unternehmen, das einen konventionellen Antriebsmotor anbietet; es kann aber nicht abgelei-

---

4 *Nachhaltigkeit* wird dann realisiert, wenn die heute Lebenden auf solche Weise wirtschaften, daß späteren Generationen die gleichen ökonomischen, ökologischen und sozialen Chancen wie der jetzigen Generation zur Verfügung stehen *(vgl. z.B. BUND/Miseror 1995)*. Das *Nachhaltigkeitspostulat* ist eine Konkretisierung *intergenerationeller Verantwortung*, d.h. die jetzige Generation trägt Verantwortung für die folgenden (alle denkbaren?) Generationen. Abgesehen von erheblichen Operationalisierungs- und Umsetzungsproblemen dieser Postulate *(Huber 1995)* ist festzustellen, daß sie in der Umweltökonomie kaum eine Rolle spielen, in der Lehre vom Umweltmanagement, abgesehen von einigen Ethiküberlegungen, fast keine.

tet werden, um wieviel ökologischer sich ein derartiges Unternehmen verhält, und noch viel weniger, ob es damit dem Postulat der Nachhaltigkeit Genüge tut.

Abbildung 44: *Die Schadschöpfungskette des Unternehmens**

Stufen der Schadschöpfungskette	*Umweltschädigung* Ressourcenverzehr	Emissionen	*Management-Entscheidungen*
Inputfaktoren	...		...
durch Vorlieferanten verursachte Schäden	...		...
Transport zum Betrieb	Verbrauch fossiler Brennstoffe	NO_x, CO_2 Lärm, ...	Transportmittelwahl; Just in Time; Transportentfernung; Transporthäufigkeit
Produktion	...		...
Transport zum Kunden	...		...
Gebrauch/Verbrauch der Produkte	...		...
Abfallbeseitigung/ Entsorgung	Bodenverbrauch für Deponien; Energieverbrauch für Deponierung	schädigende Emissionen aus Deponien bzw. Verbrennung	Wahl des Entsorgungsverfahrens; ex ante-Vermeidung von Entsorgungs-erfordernissen

* In dieser Abbildung sind nur die Stufen „Transport zum Betrieb" und „Abfallbeseitigung/Entsorgung" beispielhaft ausgeführt. Detailliert zu den einzelnen Stufen s. *Kap. 2.*

Mit Hilfe einer vergleichsweise einfachen Modellbetrachtung, der *Schadschöpfungskette (s. Abbildung 44; ausführlich dazu Schaltegger, 1996),* können die von Produktionsbetrieben ausgehenden Umweltschäden differenziert ausgewiesen werden. Auch wenn die oben genannten Probleme damit nicht gelöst sind, verdeutlicht die Schadschöpfungskette *konkret,* durch welche Entscheidungen des Unternehmens welche Umweltschäden an welcher Stelle verursacht werden. Sie umfasst ausgehend von den Rohstoffen, die für die Güterproduktion benötigt werden, bis hin zur endgültigen Entsorgung der dann nicht mehr nutzbaren oder benötigten Güter alle Stufen des Prozesses der Leistungserstellung und -verwertung (mitunter auch als „Produktlinie" bezeichnet). Jeder Stufe der Schadschöpfungskette können, und zwar in der Regel eindeutig, die durch sie verursachten Umweltschäden zugeordnet werden, ebenso können die unternehmerischen Entscheidungen identifiziert werden, die zur jeweiligen konkreten Umweltschädigung bzw. ihrer Vermeidung führen.

Die Schadschöpfungskette ist das Gegenstück – besser: die Kehrtseite der Medaille – *zur üblichen Sichtweise des Unternehmens als einer wertschöpfenden Einheit.* Mit der Wertschöpfung, die in der Produktion von bedarfdeckenden Gütern bzw. Diensten und in der Erwirtschaftung von Einkommen besteht (letztendlich der Zweck allen Wirtschaftens), ist immer untrennbar und teilweise unvermeidbar auch Schadschöpfung verbunden. Überwiegend bezieht sich diese Schadschöpfung auf Umweltschäden, es gehören jedoch auch andere, hier nicht betrachtete negative Folgen unternehmerischen Handelns dazu, z.B. Arbeitsunfälle, berufsbedingte Krankheiten oder auch die Produktion von Arbeitslosigkeit.

Aus der Schadschöpfungskette sind einige für das Umweltmanagement wichtige Erkenntnisse ableitbar:

- Das Modell der Schadschöpfungskette ist ein *ganzheitlicher Ansatz,* d.h. sie erfasst die Gesamtheit der durch das Unternehmen *direkt bzw. indirekt* verursachten Umweltschäden und zeigt deren Verflechtungen und Abhängigkeiten auf. Gleichzeitig macht sie deutlich, dass nur ein relativ geringer Teil der durch das Unternehmen verursachten Schäden unmittelbar im Einflussbereich des Unternehmens selbst liegt, und zwar die Produktion, Teile der Entsorgung *(z.B. im Rahmen des Kreislaufwirtschafts- und Abfallgesetzes s. III 4.2)* sowie ggf. der Transport. Auf die umweltbezogenen Entscheidungen des Lieferbereiches sowie der Verbraucher bzw. Konsumenten hat das Unternehmen nur insoweit Einfluss, als es einerseits die Lieferanten auch an Hand des Kriteriums „Umweltfreundlichkeit" auswählen bzw. andererseits den Kunden umweltverträgliche Produkte (mit Hinweisen auf entsprechend umweltschonenden Ge- bzw. Verbrauch) anbieten kann. Ob und inwieweit Lieferanten und Kunden ihrerseits die umweltorientierten Anstöße tatsächlich umsetzen, liegt jedoch weitgehend außerhalb des Einflussbereiches des Unternehmens. Lieferanten sind allerdings durch Berücksichtigung des Umweltaspektes beim Einkauf unter der Voraussetzung entsprechender Abnehmermacht (große Abhängigkeit des Lieferanten vom Abnehmer) stärker beeinflussbar als Kunden *(empirische Befunde bei Walton u.a. 1998)*. Unabhängig von diesen Einschätzungen würde ein Umweltmanagement seine ganzheitliche Aufgabe verfehlen, wenn es sich auf den Binnenbereich des Unternehmens, also auf die Produktion, den innerbetrieblichen Transport und die Lagerhaltung beschränkte.

- Die Schadschöpfungskette macht die auch im Umweltsektor bestehende enge *Verflechtung von Unternehmen* deutlich. Lieferanten sind selbst Unternehmen mit einer eigenen Schadschöpfungskette (und ggf. existierenden Vorlieferanten), auch Kunden können Unternehmen sein, aus der Sicht von Herstellern z.B. Handelsbetriebe oder weiterverarbeitende Industrien. Insofern kann ein an der Schadschöpfungskette orientiertes Umweltmanagement Anstöße dafür geben, dass auf vor- und nachgelagerten Produktionsstufen umweltorientierter gewirtschaftet wird.

Externe Effekte als Erklärungsansatz für Umweltbeeinträchtigungen durch Unternehmen

Warum schädigen Unternehmen entlang den einzelnen Stufen der Schadschöpfungskette die Umwelt?

Dass sie es mutwillig tun, kann weitgehend ausgeschlossen werden, auch Unwissenheit oder Arglosigkeit dürften zwischenzeitlich kaum mehr eine Rolle spielen. Also muss es andere Gründe dafür geben. Nach der hier vertretenen Auffassung liegt der wichtigste dieser Gründe in der *Systemlogik des Wirtschaftens*[5] selbst. Die Wirtschaftstheorie erklärt das Entstehen

---

5 Wirtschaften wird im weiteren entsprechend den realen Gegebenheiten in entwickelten Volkswirtschaften als Handeln unter marktwirtschaftlichen Bedingungen verstanden,

von Umweltschäden mit dem Tatbestand, dass die Umwelt ein öffentliches Gut (s. unten) ist, und dass wirtschaftliche Akteure in der Lage sind, die Schäden, die sie bei der Nutzung dieses öffentlichen Gutes der Natur zufügen, zu externalisieren, d.h. auf Dritte überzuwälzen[6].

Für die spezifische Situation von Unternehmen ergibt sich folgendes: Unternehmen streben nach Gewinn, den sie dadurch erreichen und steigern können, dass sie möglichst hohe Erträge unter gleichzeitiger Beachtung des Kostenwirtschaftlichkeits-Kriteriums – also Kosten möglichst zu vermeiden bzw. zu minimieren – erzielen. Kosten entstehen ihnen durch den Bezug von Produktionsfaktoren (Einsatzgüter), also menschliche Arbeitskraft, Anlagegüter, Rohstoffe, Energien. Dafür müssen sie Marktpreise bezahlen, und der Zwang zur Leistung von Zahlungen führt dazu, dass sie mit diesen Produktionsfaktoren sparsam umgehen. Daneben benötigen und nutzen Unternehmen auch Einsatzfaktoren, für die kein Marktpreis existiert, sogenannte öffentliche Güter. Öffentliche Güter sind a priori vorhandene Güter (natürliche Umwelt) oder von staatlichen Institutionen zur Verfügung gestellte Güter (z.B. Infrastruktur, Bildungssystem), die Nutzen stiften, aber nicht mit Marktpreisen belegt sind. Eine direkte Geldzahlung des Unternehmens als Nutzungsvoraussetzung öffentlicher Güter ist also grundsätzlich nicht erforderlich[7]. Niemand kann somit von der Nutzung ausgeschlossen werden (Fehlen eines Preises als Ausschlusskriterium), außerdem steht die Nutzung grundsätzlich allen Nachfragern gleichzeitig offen (Nicht-Rivalität des Konsums). Für Unternehmen stiftet die Umwelt – ausdifferenziert in die unterschiedlichen Umweltmedien Luft, Wasser, Boden, Ökosysteme – einen hohen Nutzen. Sie benötigen die Umwelt als Ressourcenlieferant (z.B. Energien, Kühlwasser) bzw. als Aufnahmemedium oder als Deponie für von ihnen nicht mehr benötigte Stoffe (Emissionen, Abfälle). Solange Unternehmen für diese Nutzung zumindest idealtypisch und zumindest zum Zeitpunkt der Nutzung keinen Preis entrichten müssen, haben sie auch keinen Anlass, auf die Nutzung, wann immer sie ihnen vorteilhaft erscheint, zu verzichten oder sparsam mit dem Gut Um-

---

also als dezentrale Entscheidungsautonomie der Wirtschaftsakteure über Produktion und Konsum bei gleichzeitiger Verfügungsmacht über Privateigentum an Produktionsmitteln.

6 Ausführlich *Siebert 1992*; *Weimann 1992*; knapp und auch für Nicht-Ökonomen gut nachvollziehbar *Cansier 1996, S. 14-25*.

7 So die ideale Lehre; in der Realität haben viele Umweltgüter, die früher freie Güter waren, zwischenzeitlich einen Preis (z.B. Wasser [Gebühren, Abwasserabgaben, ...] und teilweise auch Luft [z.B. Emissionenvermeidungskosten]).

welt umzugehen. Sie können also der Umwelt so viele Ressourcen entnehmen bzw. sie in solchem Ausmaß als Deponie für ihre Schadstoffe nutzen, wie es für sie im Hinblick auf ihre individuellen Ziele jeweils gerade günstig erscheint. Es gibt also a prriori keinen ökonomischen Grund, auf eine bedenkenlose Nutzung der natürlichen Umwelt zu verzichten.

Was aus der *individuellen Rationalität* der Unternehmen positiv zu werten ist, hat aus übergeordneter *kollektiver Sichtweise* jedoch eindeutig negative Aspekte. Der Gebrauch der Umwelt verursacht durchaus Kosten in Form von Nutzenentgang bzw. Schädigung, nur werden die Kosten nicht denjenigen angelastet, die sie verursachen, hier den Unternehmen, sondern Dritten, die faktisch Nachteile erleiden: Der Verbrauch von Naturressourcen bedeutet, dass Dritte die Ressource nicht mehr oder nur zu erhöhten Knappheitsbedingungen nutzen können. Fossile Energien z.B. stehen späteren Generationen überhaupt nicht mehr oder nur in geringeren Mengen zur Verfügung. Die Emissionen haben zur Folge, dass andere die Umweltgüter, in die hinein emittiert wurde, nur noch in minderwertigerer, sie ggf. schädigender Form nutzen können; im Extremfall sind sie gar nicht in der Lage, einer Nutzung, die in Wirklichkeit eine Schädigung ist, auszuweichen: Anwohner einer Hauptverkehrsstraße leiden unter dem Lärm und den Abgasen der vorbeifahrenden Autos; Menschen, die der Strahlung eines atomaren Störfalles ausgesetzt sind, können lebensbedrohlich krank werden. Die Schädigung Dritter, ohne dass der Verursacher von dem von ihm verursachten Schaden negativ betroffen ist bzw. ihn zu tragen hat, bezeichnet man als *Externalisierung* (weitgehend synonym: *externe Effekte, externe Kosten).* Die Theorie der Externalisierung ist rein anthropozentrisch orientiert, d.h. die Natur hat, wie aus wirtschaftswissenschaftlicher Sicht üblich, keinen Eigenwert; ihren Wert erhält sie ausschließlich aus dem Nutzen für den Menschen *(s. auch III 6 und IV 1.2).*

Im Falle der Nutzung der Umwelt als öffentliches Gut kann sich diese Schädigung Dritter in fataler Weise akkumulieren, und zwar dann, wenn sehr viele (alle) Umweltnutzer in aus ihrer Sicht verständlicher Verfolgung ihrer individuellen ökonomischen Rationalität die von ihnen verursachten Umweltschäden externalisieren. Dann besteht die Gefahr, dass die Umwelt als Ressourcenlieferant und als Immissions- bzw. Deponiemedium derartig an Wert verliert, dass ihre Nutzung schädigend oder gar unmöglich wird, konkret: Die Lebensbedingungen aller Individuen werden massiv beeinträchtigt, im Extremfall die Lebensgrundlagen vernichtet. Die individuelle

Rationalität der vielen einzelnen Wirtschaftssubjekte und die kollektive Rationalität der Gesamtheit aller Wirtschaftssubjekte fallen auseinander. Oder anders ausgedrückt: *Aus der Summe der individuellen Rationalitäten erwächst eine kollektive Anti-Rationalität*, die letztlich, in der Regel allerdings erst mit zeitlicher Verzögerung, auf jeden einzelnen schädigend zurückwirkt.

Hardin (1968) hat in seiner Parabel *„The Tragedy of the Commons"* diesen zerstörerischen Prozess einprägsam beschrieben, einer Parabel, die trotz ihres bukolischen Charakters durchaus Erklärungs- und Symbolgehalt für das hat, was in modernen Industriegesellschaften im Hinblick auf die langfristige Entwicklung der Umwelt geschieht bzw. geschehen kann *(s. den folgenden Kasten: „Die Tragik der Allmende").*

Die Tragik der Allmende

Die Parabel beschreibt das Schicksal einer Viehzüchterpopulation, die in einem Wüstengebiet an einer Oase lebt. Der Weidegrund, der von den Viehzüchtern gemeinsam genutzt wird („Allmende"; die Tiere hingegen sind Eigentum der einzelnen Züchter), garantiert der Population einen bescheidenen, aber ausreichenden Lebensunterhalt. Um ihren Wohlstand, vielleicht auch ihre Macht zu vermehren, beginnen einige Viehzüchter damit, ihre Herden zu vergrößern; die zusätzlichen Tiere weiden natürlich auch auf der Allmende. Die Vergrößerung der Herde schafft für den einzelnen Viehzüchter einen individuellen Vorteil, für die Gesamtheit der Population aber einen Nachteil, weil die erosionsanfällige, nicht vergrößerbare Weide an Qualität verliert. Im Nutzenkalkül des Viehzüchters überwiegt der individuelle Vorteil die Beeinträchtigung, die er dadurch erleidet, dass ein Teil der von ihm verursachten Schäden (Verschlechterung der Weide, Verknappung von Wasser) auf ihn zurückfällt. Aus diesem Grund wird im Rahmen eines selbstzerstörerischen Prozesses der Viehbestand soweit vergrößert, bis die Weide zerstört ist bzw. die Brunnen versiegt sind: Die Population verhungert bzw. sie muss neue Weidegründe suchen (Migration, Gewaltanwendung als mögliche Folgen).

Aus der Vogelperspektive betrachtet kann man langfristig das Verhalten moderner Industriegesellschaften und der daraus entstehenden Wirkungen durchaus mit dem Allmendemechanismus erklären, wie z.B. die Szenarien der sogenannten „Grenzen des Wachstums" des Club of Rome (D. u. D. Meadows 1993) belegen. Begrenzte Ressourcen, Verschlechterung der Allmendegüter, progressives Fortschreiten der Übernutzung führen in diesen Szenarien zur Katastrophe. Die die Tragik der Allmende kennzeichnende Unfähigkeit, den kollektiven Schaden in seiner Tragweite zu erkennen und darauf kollektiv, d.h. politisch, mit angemessenen Strategien zu reagieren, ist, wenn auch in ganz anderen Dimensionen, ebenso für moderne Industriegesellschaften kennzeichnend (einen ersten ermutigenden Schritt zu einer kollektiven Rationalität stellen die Protokolle zur Reduktion der FCKW-Produktion und damit zum Schutz der Allmende „stratosphärische Ozonschicht" dar [Wissenschaftlicher Beirat, 1993]).

Zum Verständnis und zur Bewertung des Phänomens „externe Effekte" ist ein weiterer Aspekt von Bedeutung. Externe Effekte entstehen aus egoistischem und relativ kurzfristig orientiertem Handeln, das auf individuelle Nutzenmaximierung unter Vernachlässigung von Wirkungen auf Dritte und von Spätschäden für den Verursacher selbst ausgerichtet ist. Genau dieses Handeln ist nach den Vorstellungen der klassischen Wirtschaftstheorie Basis für kollektiven Nutzen in Form von gesellschaftlichem Wohlstand, indem die „unsichtbare Hand des Marktes" (Adam Smith) die individuellen Nutzenerträge zur kollektiven Nutzenmaximierung bündelt. Andererseits führt der gleiche Mechanismus über die durch externe Effekte bedingte Umweltschädigung, im Extremfall in Form von Umweltzerstörung, zur Wegnahme der Basis, die zur Nutzung von Wohlstand unverzichtbar ist, nämlich der Natur bzw. der Umwelt. Was ökonomisch Wohlstand schafft, kann ihn ökologisch auch wieder zerstören, ggf. mit zeitlicher Verzögerung, wobei es schwierig ist, Ausmaß und Zeitrahmen dieser Zerstörung exakt zu prognostizieren.

Möglichkeiten der Verringerung der externen Effekte

Was kann getan werden, um externe Effekte zu verhindern, um den verhängnisvollen Mechanismus der Allmendezerstörung zu durchbrechen? Die Wirtschaftstheorie geht überwiegend davon aus, dass die Verursacher der externen Effekte keine Veranlassung haben und auch nicht dazu motiviert sind, Strategien kollektiver Rationalität zu entwickeln. Das muss, so die dort vertretene Meinung, von dritter Seite erfolgen, durch den *„Staat"*. Typisch sind Formulierungen wie *„Für den Umweltschutz muss der Staat in Ausübung seines Gewaltmonopols sorgen. Bleibt die Wirtschaft sich selbst überlassen, kommt es zu einem ungezügelten Prozess der Umweltzerstörung" (Cansier 1996, S. 24).* Ob damit die Unternehmen nicht allzu früh und allzu leicht von der Verantwortung freigestellt werden, und der Staat nicht allzu sehr überfordert ist, wird kaum diskutiert *(s. Einleitung sowie II 2 und III 2.2 sowie III 6).*

An dieser Stelle ist es notwendig, auf einige Korrekturen an dem grundsätzlich erklärungskräftigen Modell der externen Effekte hinzuweisen, die auch für die Gestaltung des Umweltmanagements von Bedeutung sind.

- Das der Theorie der externen Effekte zugrundeliegende Menschenbild ist in seiner Einseitigkeit und Generalisierung nicht haltbar. Menschen sind nicht ausschließlich, wie es dort unterstellt wird, egoistisch, opportunistisch und myop (kurzsichtig), also unfähig, die Basis ihrer Existenz, die Umwelt, jetzt und langfristig angemessen in ihren Entscheidungen zu berücksichtigen. Sie sind durchaus *auch* in der Lage, einer kollektiven Rationalität zu folgen, sie handeln *auch* altruistisch (selbstlos), wenngleich in personell und situativ sehr unterschiedlichem Ausmaß, und sie entscheiden *auch* über ihren engen kurzfristigen Tageshorizont hinaus *(z.B. Steinmann/Löhr 1990; Apel, 1994, Jonas 1979).* Wäre das nicht so, gäbe es keine Umweltschutzorganisationen, keine staatliche Umweltadministration und es würde kein Unternehmen von sich aus Umweltmanagement betreiben.

- Der Verzicht auf ungehemmte Umweltnutzung und der Versuch, die von wirtschaftlichem Handeln ausgehenden Umweltschädigungen zu vermindern bzw. zu vermeiden, müssen nicht grundsätzlich und ausschließlich mit Nachteilen für die Unternehmen verbunden sein. Ganz abgesehen vom guten Gewissen, das die Akteure damit erwerben – was für sie ggf. auch einen, wenn auch nicht monetären Nutzen darstellt – kann es durchaus sein, dass aus dieser Schädigungsverhinderung auch individuelle Vorteile für die Unternehmen entstehen, sei es in Form erhöhter Nachfrage, in Form von Kostensenkungen oder als Anstoß für technische Innovationen *(s. Abschnitt 4.2: Umweltmanagement und Wettbewerbsfähigkeit).* Die in der Wirtschaftstheorie unterstellte monoton und progressiv steigende Schadensvermeidungsfunktion *(genauer Cansier 1996),* die postuliert, dass mit zunehmendem Bemühen um Umwelt-

306

schutz immer höhere Kosten anfallen, berücksichtigt die oben genannten wirtschaftlichen Erträge dieser Schadensvermeidung nicht.

Die Hoffnung, dass „der Staat" als Akteur allein in der Lage sei, die Umweltproblematik in den Griff zu bekommen, ist, wie theoretisch belegt werden kann und empirisch bestätigt ist, trügerisch. Das relative Staatsversagen im Hinblick auf die Erhaltung der natürlichen Umwelt kann zurückgeführt werden auf *(s. auch II 2)*:

- die heterogenen Interessenlagen der Politik, was sich ab Mitte der neunziger Jahre im Primat des Abbaus der Arbeitslosigkeit und der Konsolidierung der Sozialsysteme manifestiert; das hat die früher gegebene Spitzenstellung des Themas „Umwelt" im politischen Prozess aufgehoben;
- die mangelnde Flexibilität und Innovationsfähigkeit der staatlichen Institutionen *(s. die Diskussion um das New Public Management II 2.5)*;
- die Vollzugsdefizite, wie sie sich in unzureichender Durchsetzung und Kontrolle von staatlichen Umweltvorschriften äußern *(Mayntz u.a. 1978; Stitzel 1992)*.

Unabhängig davon steht den staatlichen Institutionen eine Vielzahl Möglichkeiten offen, das Entstehen von unternehmensbedingten externen Effekten zu verhindern bzw. zumindest in seinem Ausmaß einzudämmen *(s. II 4)*. Aus Unternehmenssicht sind als Konkretisierungen das Vorsorge- und Verursacherprinzip *(ausführlich III 2.2)* die wichtigsten Instrumente:

- Ge- und Verbote (Auflagen[8])
- marktwirtschaftliche Lenkungsinstrumente (Anreize/indirekte Sanktionen)

Ge- und Verbote (Auflagenpolitik)

Der Staat kann Ge- und Verbote für bestimmte Formen von externen Effekten erlassen, z.B. Unternehmen mit unvertretbaren Umweltbeeinträchtigungen die Betriebserlaubnis versagen oder entziehen, bestimmte Produk-

---

8 Der Begriff „Auflage" wird in der umweltökonomischen Literatur – juristisch unkorrekt – zur Kennzeichnung ordnungsrechtlicher Maßnahmen in Form von Ge- und Verboten verwendet *(z.B. Weimann, 1992, S. 185 ff., Wicke, 1996, S. 169 ff.)*. Demgegenüber bezeichnet dieser Begriff im juristischen Sprachgebrauch sogenannte Nebenbestimmungen zu Verwaltungsakten als einer spezifischen Form behördlichen Handelns *(s. dazu III 3.1)*.

tionsverfahren, Einsatzstoffe bzw. Produkte verbieten und Grenzwerte für Emissionen festlegen, die nicht überschritten werden dürfen *(genauer z.B. III 4.1)*. Unabhängig von der nur politisch zu handhabenden Frage, was verboten werden soll und wo Grenzwerte anzusetzen sind, ist es mit diesen Normierungen allein allerdings nicht getan: Der Staat muss auch die Einhaltung der Ge- und Verbote überwachen und bei Nichteinhaltung verhaltenslenkend eingreifen, d.h. entsprechend sanktionieren *(III 3.1)*. Aus ökonomischer Sicht werden Ver- und Gebote als zwar Sicherheit schaffende, aber auch als rigide und einschränkende Maßnahmen betrachtet. Sie gelten für den Regelfall als ökonomisch ineffizient, da der Einsatz der finanziellen Mittel nicht genau dort erfolgt, wo pro Geldeinheit die maximale Schadensvermeidung realisiert werden könnte *(genaue Erläuterung bei Wicke, 1996)*. Auch wird beklagt, dass diese Vorgehensweise zu Wettbewerbsverzerrungen zu Lasten von Klein- und Mittelbetrieben führt *(ebd.)*.

Aus Sicht von Unternehmen bedeuten Ge- und Verbote eine Einschränkung der verfügbaren Alternativen und damit auch von Ertragspotenzialen – Grund genug, dass sie sich häufig dagegen zu wehren versuchen. Auch kann nicht ausgeschlossen werden, dass Unternehmen gesetzwidrig handeln *(s. Umweltstrafrecht III 3.2; als unternehmensstrategisches Vorgehen 4.2)*. Aber auch dann, wenn sie sich an die Vorschriften halten, ist die Umweltwirkung nur so hoch, wie es die jeweilige Vorgabe vorschreibt: Es gibt keinen ökonomischen Anreiz, Grenzwerte überzuerfüllen, da eine Mehrleistung zum Nutzen der Umwelt ökonomisch nicht honoriert wird.

Marktwirtschaftliche Instrumente (Abgaben)

Die zweite Gruppe von Möglichkeiten des Staates, die Unternehmen zu umweltverträglichen Handeln zu bringen, besteht in marktwirtschaftlich ausgerichteten Instrumenten der Umweltpolitik, z.B. Öko-Steuern, Abgaben, Lizenzen bzw. Zertifikaten *(s. II 4.1; sehr detailliert Wicke 1989, S. 208 ff.; theoretisch gut fundiert Frey u.a. 1991, S. 89 ff.)*. Diese Instrumente sollen bewirken, dass die Unternehmen aus Eigeninteresse ansonsten externalisierte Kosten internalisieren. *Internalisierung (ausführlich Pearce/Turner 1990)* liegt dann vor, wenn die Schädigungen, die durch die Umweltnutzung des Unternehmens Dritten zugefügt werden, in die Erfolgsrechnung des Unternehmens als *reale Kosten* einfließen. Das geschieht dadurch, dass der Umweltverzehr mit einem Preis belegt ist, den das Unternehmen zu

entrichten hat. Dieser Preis wird für das Unternehmen unmittelbar ent-
scheidungsrelevant, weil sich die Gewinne genau in dem Ausmaß der er-
zwungenen Internalisierung verringern.

Das Unternehmen kann in unterschiedlicher Weise auf staatliche Inter-
nalisierungsvorgaben reagieren:

- Es kann die die Internalisierung auslösende Aktivität aufgeben, z.B.
  durch Produktelimination oder durch den Verzicht auf besonders emis-
  sionsträchtige Produktionsverfahren. Damit verbunden sind in der Regel
  Ertragseinbußen. Somit ist diese Alternative betriebswirtschaftlich eher
  ungünstig.
- Es kann versuchen, die Kostensteigerungen auf die Kunden abzuwälzen,
  was allerdings nur unter bestimmten Voraussetzungen möglich ist (die
  Abnehmer fragen das Gut auch bei höherem Preis in gleichem Ausmaß
  nach; Fehlen von Substitutionsprodukten konkurrierender Unternehmen).
- *Es kann versuchen, die faktisch zu internalisierenden Kosten zu vermindern* – und genau das ist der Sinn des Internalisierungskonzeptes, weil
  das realen Umweltschutz bedeutet. Die Verminderung kann dadurch erfolgen, dass Produktionsverfahren und Produkte entwickelt werden, die
  einen geringen Ressourcenverzehr aufweisen – das ist das Ziel der Öko-
  Steuer – oder die Emissionen verringern. Letzteres soll durch Abgaben,
  z.B. durch die Abwasserabgabe oder durch den Handel mit so genannten Verschmutzungsrechten in Form von Zertifikaten *(zu Anwendungs-
  voraussetzungen und -problemen s. Klepper 1998)*, erreicht werden.

Eine staatlich durchgesetzte konsequente Internalisierung externer Effekte
stellt eine Realisierung des *Verursacherprinzips (s. III 2.2)* dar; sie ist
grundsätzlich eine ökonomisch und ökologisch effiziente Maßnahme staatlicher Umweltpolitik in entwickelten Industriegesellschaften. Trotz ihrer
theoretisch und teilweise auch empirisch belegten Tauglichkeit sind diese
Instrumente bislang nur zurückhaltend (Öko-Steuern) bzw. nur in Aus-
nahmefällen (Zertifikate) realisiert worden *(zu den Akzeptanzproblemen
Gawel 1998)*.

Es gibt eine Reihe Stolpersteine für eine effiziente Anwendung von Instrumenten zur verursachungsgerechten Internalisierung externer Effekte.
Der vermutlich am schwierigsten zu überwindende ist die *politische Durchsetzung*. Für relevante Gruppen im politischen Prozess sind Ökosteuern
etc. wegen der mit ihnen verbundenen Einkommenseinbußen unpopulär,

so dass ihre Einführung immer wieder im politischen Raum hängenbleibt[9]. Auch muss man sich darüber im klaren sein, dass die faktische Höhe der externen Effekte in Geldeinheiten wegen des Fehlens eines durch Theorie und Empirie abgesicherten Vergleichsmaßstabs (*umweltbedingter Schaden versus monetärer Wert*) nicht bestimmt werden kann. Wenn internalisiert wird, dann wird zwar ceteris paribus (unter sonst gleichen Umständen) Umweltbeeinträchtigung vermindert; ob die Lenkungswirkung allerdings zur entscheidenden Verbesserung bzw. Erhaltung der Umwelt ausreicht, bleibt offen. Weitere Probleme resultieren daraus, dass eine verursachungsgerechte Zurechnung von Umweltschädigung auf einen bestimmten Schädiger oft nicht möglich ist („Wer verschmutzt in welchem Anteil das Meer"?) und dass auch die Geschädigten und die ihnen aufgebürdeten Schäden nicht identifiziert bzw. nicht bestimmt werden können – letzteres betrifft vor allem Schäden, die sich erst für die Nachwelt manifestieren. Trotz all dieser Probleme ist die Internalisierung wegen ihrer Marktkonformität ein sinnvolles Instrument des Umweltschutzes. Da sie am Eigeninteresse ansetzt, führt sie sowohl für die Unternehmung selbst als auch für die Umwelt zu effizienten Lösungen; insbesondere ist sie *ein Motor für Innovationen (s. 4.2)*, weil verbesserte Technologien die erforderlich werdenden Internalisierungen reduzieren (*z.B. geringerer Energieverbrauch; s. 2.2*).

Insgesamt belegen die Ausführungen zur Internalisierung das enge Geflecht von politischen Akteuren, Rechtsordnung und Unternehmen. Erfolgreich kann Internalisierung nur sein, wenn einerseits die staatlich vorgegebenen Internalisierungsregularien die ökonomische Situation der Unternehmen nicht unvertretbar verschlechtern und wenn andererseits die Unternehmen Internalisierung als systemkonforme Möglichkeit der Umweltbewahrung begreifen und darauf mit angemessenen Anpassungs- bzw., besser noch, mit Anzipationsstrategien *(s. 4.2)* reagieren.

---

9 Auch die sogenannte Öko-Steuer der rot-grünen Regierung (1998 ff.) belegt deutlich die Schwierigkeiten, die sich einer echten Internalisierung entgegenstellen. Die zusätzlichen wenigen Cent pro Liter Treibstoff sind natürlich kein Äquivalent für die realen Externalitäten des Autoverkehrs; Schätzungen über die faktischen externen Kosten des Autofahrens liegen deutlich höher. In Wahlkämpfen spielt das Argument einer Aussetzung bzw. sogar Abschaffung der Öko-Steuer durchaus eine Rolle.

1.3 Unternehmen als umweltorientierte Institutionen

Trotz der faktischen, im Rahmen der Schadschöpfungskette anfallenden Schäden, die die Unternehmen der Umwelt zufügen, und trotz des Mechanismus der Externalisierung sind Unternehmen keineswegs ausschließlich Umweltschädiger; vielmehr ist ihre Position zur Umwelt ambivalent: Es gibt auch für sie gute Gründe, die Umwelt möglichst zu schonen. Diese Gründe *(Pfriem 1995, S. 99 ff.*[10]*)* werden wesentlich dadurch bestimmt, wie sich eine Umweltorientierung des Unternehmens auf seinen ökonomischen Erfolg auswirkt *(s. im folgenden)*.

Das Verhältnis von ökonomischen Zielen und Umweltinteressen im Unternehmen

Die Ausführungen zu den externen Effekten könnten den pessimistischen Schluss nahelegen, dass jegliche Form von Internalisierung von unternehmensbedingten Umweltschädigungen den wirtschaftlichen Erfolg wegen der daraus resultierenden Kostensteigerungen vermindert, was bedeuten würde, dass ökonomische Interessen und Umweltbelange im Unternehmen nicht oder allenfalls auf sehr niedrigem Niveau harmonisierbar wären. Damit wäre dann auch die Zielsetzung des Umweltmanagements, wirksamen Umweltschutz bei gleichzeitiger unternehmerischer Prosperität zu realisieren, hinfällig. Eine Beantwortung der Frage, ob diese ungünstige Einschätzung realitätsentsprechend ist, macht zunächst eine differenzierte Auseinandersetzung mit dem Verhältnis von ökonomischen Zielen und Umwelt-interessen aus der Sicht des Unternehmens erforderlich. Hemmt ein konsequentes Umweltmanagement den wirtschaftlichen Erfolg des Unternehmens, fördert es ihn oder haben beide Zielkategorien nichts miteinander zu tun?

Wenn die Analyse der Beziehungen zwischen Umweltinteressen und wirtschaftlichen Zielen im Unternehmen empirische Relevanz haben soll, müssen zwei Voraussetzungen zur relativen Position dieser beiden Ziele akzeptiert werden, um unerfüllbare Erwartungen erst gar nicht aufkommen zu lassen:

---

10 *Pfriem* nennt drei Gruppen von Motiven: Kostensenkung, Ertragssteigerung und hohe Leistungsfähigkeit des Unternehmens.

- *Umweltziele des Unternehmens sind additive Ziele*, d.h. sie können, wenn überhaupt, nur nachträglich bzw. ergänzend als Handlungsleitlinie zu den primären ökonomischen Zielen hinzukommen. „*Unternehmen werden nicht gegründet, um Umweltschutzpreise zu gewinnen, sondern um nachhaltig ökonomische Erträge zu erwirtschaften*" (Staehle/Nork 1992, S. 80).
- *Die ökonomischen Ziele dominieren grundsätzlich die Umweltziele des Unternehmens.* Das ergibt sich aus der Interessenlage der Kapitaleigner und der Logik des Wirtschaftssystems, das nachhaltigen einzelwirtschaftlichen Misserfolg mit dem Entzug der Existenz (Konkurs) bestraft. Wenn umweltorientierte Maßnahmen eine derartige Existenzbedrohung auslösen (können), haben sie faktisch keine Chance auf Realisierung. Nicht so eindeutig ist die ökonomische Dominanz in den häufig vorkommenden Fällen, in denen die umweltfreundlichere Alternative die wirtschaftlich ungünstigere ist – z.B. wegen anfallender Schadensvermeidungskosten –, diese Kosten jedoch von dem Unternehmen getragen werden können. Die klassische gewinnmaximierende Unternehmensvorstellung würde dann die umweltfreundlichere Alternative verwerfen; in der Unternehmenspraxis wird jedoch – aus verschiedenen Gründen *(s. 1.2)* – häufig der umweltfreundlicheren, aber möglicherweise teureren Alternative der Vorzug gegeben. In diesem Zusammenhang könnte man Umweltmanagement als Kunst definieren, diesen Bereich begrenzter Konkurrenz zwischen ökonomischen und umweltorientierten Zielen im Unternehmen so zu gestalten, dass die umweltfreundlicheren Alternativen situativ die Oberhand behalten, ohne dass daraus wirtschaftliche Nachteile entstehen, die im Unternehmen nicht toleriert werden (können).

Um Aussagen über die Beziehungen von ökonomischen und umweltorientierten Zielen im Unternehmen zu machen, ist es erforderlich, sie konkret zu benennen. Vergleichsweise einfach ist das bei ökonomischen Zielen: *Unternehmen werden betrieben, um Einkommen zu erwirtschaften (und aus keinem anderen Grund, meint Schneider 1987)*, und zwar speziell für die Kapitaleigner in Form von ausgeschütteten Gewinnen bzw. in Form der Steigerung des in letzter Zeit verstärkt, aber etwas ungerechtfertigt in die Kritik geratenen *Shareholder Value (Überblick zu diesem Konzept Rapaport 1995; Hill 1996*[11]*).* Alle anderen Ziele, die Unternehmen zugeschrieben

---

11 Shareholder Value bezeichnet den Wert des Unternehmens für die Aktionäre, der sich in Dividenden sowie im Aktienkurs und damit in den langfristigen Gewinnerwartungen manifestiert.

werden, wie z.B. Wettbewerbsfähigkeit, Marktanteilssteigerung, positives Image, Kunden- bzw. Mitarbeiterzufriedenheit sind letztlich notwendige bzw. förderliche Voraussetzungen für die nachhaltige Gewinnerzielung, d.h. sie stehen in einer Mittel-Zweck-Relation zum Ziel des angemessenen oder auch möglichst hohen (maximalen) Gewinnes. Im Hinblick auf das Umweltmanagement ist die avisierte Fristigkeit des Einkommenszieles von erheblicher Bedeutung: Geht es dem Unternehmen nur darum, kurzfristig in der jeweiligen Abrechnungsperiode (z.B. Rechnungsjahr; so genanntes operatives Ergebnis) möglichst hohen Gewinn zu erwirtschaften, oder steht die Frage im Vordergrund, wie das Unternehmen langfristig erfolgreich sein kann? Einen je größeren Stellenwert die Langfristorientierung hat, desto größer sind die Chancen einer komplementären Beziehung von ökonomischen und Umweltinteressen im Unternehmen (*genauere Erläuterung s. 4.2, Umweltmanagement und Wettbewerbsfähigkeit*).

Wesentlich weniger präzis als die ökonomischen Ziele sind in aller Regel die Umweltinteressen im Unternehmen beschrieben bzw. definiert. Was als „Umweltschutzziel" (*z.B. Raffée/Fritz 1995; Meffert/Kirchgeorg 1998*) bezeichnet wird, ist zunächst weder bezüglich des *Zielinhaltes* (Welche Umweltschäden sollen vermieden werden?) noch des *Zielerreichungsgrades* (Was ist die Messlatte für ein befriedigendes bzw. optimales Zielerreichungsniveau?) noch des *zeitlichen Bezuges* (Wann bzw. bis wann soll das Ziel erreicht werden?) eindeutig gekennzeichnet. Betriebswirte nennen eine solche unpräzise Zielformulierung *inoperational:* Sie gilt als wenig nützlich, denn sie kann weder als Handlungsleitlinie dienen noch kann ex post ermittelt werden, ob das jeweilige Ziel tatsächlich erreicht wurde. Genau das aber wäre wichtig, um bei Zielverfehlungen Korrektur- bzw. Anpassungsentscheidungen treffen zu können. Die Bezeichnung „Umweltschutzziel des Unternehmens" heißt zunächst nur, dass sich das Unternehmen in irgendeiner Form bemüht, die von ihm ausgehenden Umweltschäden zu vermindern bzw. in (nicht näher definierten) Grenzen zu halten.

Die im Rahmen des Umweltmanagements erforderliche *operationale* Formulierung des Umweltzieles ist allerdings erheblich schwieriger als die Formulierung des Gewinnzieles, schon deshalb, weil letzteres in einem gut messbaren und vergleichbaren Geldmaßstab (Euro) erfolgen kann. Das Umweltziel hingegen findet seine inhaltliche Konkretisierung idealtypisch in der Berücksichtigung des Verzehrs *aller* ökologisch knappen Ressourcen sowie *aller* Emissionen, die das Unternehmen im Rahmen seiner Schadschöpfung verursacht: Es gibt also inhaltlich nicht *ein* Umweltziel sondern eine Vielzahl von Umwelt-Teilzielen, die wegen unterschiedlicher stofflicher und energetischer Dimensionen auch nicht unmittelbar miteinander vergleichbar sind und somit nicht zu *dem* Umweltziel des Unternehmens aggregiert werden können.

Ähnlich kompliziert ist die Bestimmung des Ausmaßes der angestrebten Zielerreichung. Denkbare Normierungspunkte sind *(Pfriem 1995, S. 28 f.)*:

- die gesetzlichen Umweltschutzvorschriften,
- über die gesetzlichen Vorschriften hinausgehende Bemühungen um Ressourcenschutz bzw. Emissionsminderung *(z.B. im Rahmen enger gefasster Grenzwerte bzw. in Form von Substitutionen ökologisch knapper Güter, s. 2.2)* und in Zusammenhang mit letzterem,
- das Umweltverhalten der Konkurrenten,
- Forderungen externer Anspruchsgruppen *(z.B. von Umweltschutzorganisationen oder auch von Kunden, s. 1.2 sowie 2.1).*

Alle diese Operationalisierungen weisen nicht unerhebliche Probleme auf. Schon die Erfüllung der gesetzlichen Standards – was auf den ersten Blick als selbstverständlich angesehen werden mag – kann angesichts der nur schwer überschaubaren Menge von Umweltschutzvorschriften *(s. III 1.2 u. 2.3)* sowie wegen ggf. fehlender technischer bzw. finanzieller Möglichkeiten vor allem für Klein- oder Mittelunternehmen eine kaum realisierbare Anforderung darstellen. Über die gesetzlichen Anforderungen hinausgehende Leistungen im Umweltschutzes sind aus Umweltsicht positiv zu werten, allerdings bleibt offen, welche Bereiche der Schadschöpfungskette in welcher Intensität als Zielbereiche ausgewählt werden sollen.[12] Die Berücksichtigung des Umweltniveaus der Konkurrenten und/oder der Forderungen externer Anspruchsgruppen konfrontiert das Unternehmen mit ggf. sehr heterogenen Standards, unter denen eine Auswahl getroffen werden muss.

Unabhängig von diesen Schwierigkeiten bleibt festzustellen, dass „das" Umweltziel immer einer Vielzahl von inhaltlichen, ausmaßbezogenen und zeitlichen Präzisierungen bedarf, um als Leitlinie für Umweltmanagement dienen zu können. In jedem Fall wird diese Präzisierung zu einer wesentlich komplexeren Zielformulierung führen als es bei den vergleichsweise einfach operationalisierbaren ökonomischen Zielen der Fall ist.

---

12 In Umweltberichten geben Unternehmen oft an, Umweltziele über die gesetzlichen Vorgaben hinaus erfüllen zu wollen; quantitative Angaben fehlen aber meistens.

Diese Unterschiedlichkeit erschwert auch die Beantwortung von zwei in diesem Zusammenhang interessierenden Fragen, und zwar die
- *nach dem konkreten Stellenwert des Umweltzieles in der Gesamtheit des Zielsystems des Unternehmens sowie*
- *nach der Verträglichkeit von Umweltzielen und wirtschaftlichen Zielen im Unternehmen.*

Zu beiden Fragen liegt ein Reihe von empirischen Untersuchungen vor *(referiert bei Raffée/Fritz 1995)*; die Befunde sind jedoch wenig ergiebig, teilweise sogar irreführend (was die Autoren dieser Untersuchungen natürlich anders sehen).

Stellenwert des Umweltzieles

Die relative Position des Umweltzieles in der unternehmerischen Zielhierarchie wird durch Befragung von Führungskräften in Rankings zu ermitteln versucht *(s. z.B. Abbildung 45)*.

Abbildung 45: *Zielhierarchie von Industrieunternehmen*

Rangordnung der Ziele des Unternehmens

1. Sicherung der Wettbewerbsfähigkeit
2. Langfristige Gewinnerzielung
3. Produktivitätssteigerung
4. Kosteneinsparung
5. Mitarbeitermotivation
6. Image
7. Erschließung neuer Märkte
8. **Umweltschutz**
9. Erhaltung von Arbeitsplätzen
   :
13. Kurzfristige Gewinnerzielung

Befragung von Führungskräften durch Meffert/Kirchgeorg 1989; zu ähnlichen Ergebnissen kommen Raffée/Fritz 1995, bei denen Umweltschutz an die 19. Stelle von 24 Zielen gesetzt wird.

Diese Untersuchungen sind mit den typischen Problemen behaftet, die bei derartigen Rankings auftreten, wie z.B. unklare Kategorien, nicht reflektierte Subjektivität der Einschätzungen, ungeklärte Skalenabstände, fehlende Repräsentativität der Auswahl der Befragten etc. Als Ergebnis kann allenfalls festgehalten werden, was die theoretische Analyse ohnehin als gesicherte Erkenntnis ausweist: Umweltziele spielen im Unternehmen eine deutlich geringere Rolle als Einkommensziele sowie die zu ihnen in positiver Mittel-Zweck-Relation stehenden ökonomischen Ziele wie Kostensenkung oder Umsatzsteigerung.

Beziehungen zwischen ökonomischen Zielen und Umweltzielen

Die empirischen Befunde zur Frage der Verträglichkeit bzw. Konkurrenz von Umweltzielen und ökonomischen Zielen im Unternehmen ergeben vor dem Hintergrund der Überlegungen zu den externen Effekten ein überraschendes Ergebnis: Es wurden nicht, wie zu erwarten gewesen wäre, deutliche Widersprüche, sondern ganz im Gegenteil eindeutig komplementäre Beziehungen durch die Befragung von Führungskräften ermittelt *(s. Abbildung 46)*: Während in der überaus optimistischen Studie von *Raffée/Förster/Fritz (1992)* alle (!) relevanten ökonomischen Ziele in positiver Relation zum nicht weiter spezifizierten Umweltziel stehen, konstatieren *Meffert/Kirchgeorg (1989)* zumindest im kurzfristigen Gewinn- sowie im Kostenbereich Konkurrenzpotenziale, sehen aber ansonsten komplementäre Beziehungen, speziell bei den strategisch wichtigen Zielkomponenten langfristiger Gewinn und Wettbewerbsfähigkeit.

Diese und vergleichbare Befunde sind mit erheblicher Vorsicht zu behandeln. Aus ihnen abzuleiten, man müsse im Rahmen des Umweltmanagements nur die Umweltschutzanstrengungen erheblich erhöhen, um den wirtschaftlichen Erfolg des Unternehmens zu steigern, wird dann zu erheblichen Enttäuschungen führen, wenn diese Erfolge, was häufig der Fall sein wird, nicht eintreten: Dann wird sich die Position des Umweltzieles vermutlich noch mehr verschlechtern.

Abbildung 46: *Zielbeziehungen zwischen Umweltschutz und ökonomischen Unternehmenszielen*

Erreichungsgrad der ökonomischen Ziele	Erreichungsgrad des Umweltschutzzieles		
	Meffert/Kirch-georg (1989):	Raffée/Förster/Fritz (1992):	Überein-stimmung
Kurzfristige Gewinnerzielung	–	(+)	nein
Langfristige Gewinnerzielung	+	+	ja
Umsatz	+	+	ja
Marktanteil	+	(+)	ja
Wettbewerbsfähigkeit	+	+	ja
Ansehen/Image in der Öffentlichkeit	+	+	ja
Kosteneinsparungen	–	+	nein
Produktivitätssteigerung	(–)	+	nein
Erhaltung/Schaffung von Arbeitsplätzen	+	+	ja
Mitarbeitermotivation	+	+	ja

+ = Zielkomplementarität; – = Zielkonkurrenz; (+/–) = annähernde Zielneutralität mit Tendenz zur Zielkomplementarität/Zielkonkurrenz. Es wurden nur jene Ziele berücksichtigt, die in beiden Untersuchungen erhoben wurden.

Ergebnisse zweier empirischer Studien, entnommen aus *Raffée/Fritz 1995, S. 346.*

Im Gegensatz zu den Befunden der zitierten Untersuchungen ist davon auszugehen, dass der Tatbestand, ob Umweltschutz und wirtschaftlicher Erfolg im Unternehmen zusammenfallen oder einander behindern, von einer Vielzahl von situativen Faktoren *(s. im Folgenden)* abhängt, die sich einerseits in der Art und Weise der Verfolgung des Umweltzieles und andererseits in den Bedingungen, unter den das Unternehmen arbeitet, manifestieren. Nur wenn diese situativen Faktoren identifiziert und deren Wirkung, und zwar möglichst konkret, theoriegestützt oder durch empirische Befunde geklärt sind, kann im Rahmen des Umweltmanagements fallbezogen entschieden werden, welche ökonomischen Auswirkungen sich aus verstärkten Umweltschutzanstrengungen ergeben.

Für den Einflussfaktor „konkretes Umweltziel bezüglich Inhalt und Ausmaß" kann die Hypothese aufgestellt werden, dass die *ökonomisch wichtigen Ziele* (Gewinn, Kosten, Wettbewerbsfähigkeit, Marktanteil ...) umso eher *ungünstig* beeinflusst werden,

- je umfangreicher die Umweltanstrengungen des Unternehmens gestaltet werden, je mehr sie sich also an der Gesamtheit der Schadschöpfungskette orientieren, und/oder
- je ehrgeiziger das Umweltziel angestrebt wird, also z.B. weitgehende, im Extremfall vollständige Emissionsvermeidung.

Der Grund für die vermutete, zumindest kurzfristige ökonomische Dysfunktionalität liegt in den hohen Kosten, die derartige Strategien verursachen. Für die ökonomischen Ziele günstig sind demgegenüber Umweltschutzbemühungen, die auf Ressourcenschonung ausgerichtet sind, weil dadurch Kosten vermindert bzw. vermieden werden. Förderlich für wirtschaftliche Ziele können auch Nischenstrategien im Marketing-Bereich sein, in deren Rahmen zusätzlich zum normalen Produktionsprogramm (besonders) umweltverträgliche Produkte in das Angebot aufgenommen werden und damit der Umsatz gesteigert wird *(genauer s. 2.3 und 4.2).*

Zahlreich sind die *situativen Faktoren,* die die Verträglichkeit bezüglich Konkurrenz von ökonomischen und umweltbezogenen Zielen beeinflussen. Sie reichen von der Verfügbarkeit und den Preisen von umweltverträglichen Vorprodukten bzw. Technologien (teuer?, nicht teuer?) bis zur Umweltorientierung der Konkurrenten (hoch?, niedrig?, falls letzteres: Es bestehen gute Chancen für die Realisierung von Pioniergewinnen) und zum Umweltverhalten der Nachfrager (Sind sie bereit, für höhere Umweltverträglichkeit ggf. auch höhere Preise zu zahlen?).

Insgesamt zeigen die Überlegungen, dass pauschale Aussagen zur Verträglichkeit bzw. Konkurrenz von ökonomischen und Umweltzielen nicht sinnvoll sind. Das gilt sogar für die vermutete positive Beziehung von Umweltzielen und *Mitarbeitermotivation.* Sollte die Umweltorientierung die Wirtschaftskraft des Unternehmens schwächen, droht die anfängliche Begeisterung der Mitarbeiter rasch ins Gegenteil umzuschlagen. Das gilt auch, wenn sich die Umweltorientierung als sehr arbeitsintensiv herausstellt, z.B. beim Aufbau eines umfassenden Umweltcontrolling *(s. 3.1).* Umweltmanagement muss also geplante umweltorientierte Maßnahmen immer unter den jeweils gegebenen Bedingungen des Unternehmens bewerten, um zu fundierten Aussagen über deren ökonomische Erfolgswirkungen und damit auch über deren Realisierungschancen zu kommen.

Motive des Unternehmens für Umweltorientierung

Angesichts der Ambivalenz von ökonomischen und umweltorientierten Zielen im Unternehmen ist zu fragen, was Unternehmen dazu veranlassen kann, Umweltmanagement zu betreiben. Drei Gründe bzw. Motive sind erkennbar:

- **ethische Motive:** Die Natur hat einen Eigenwert und muss um ihrer selbst willen geschützt werden;

- das Motiv, **wirtschaftlichen Schaden für das Unternehmen zu vermeiden:** Unternehmensexterne Anspruchsgruppen fordern um den Preis negativer Sanktionen Umweltverträglichkeit ein;

- das Motiv, **wirtschaftliche Vorteile zu gewinnen:** Umweltorientierung erhöht Erträge, senkt Kosten oder stärkt die Wettbewerbsfähigkeit.

Die in der unternehmerischen Praxis anzutreffenden Umweltmanagement-Systeme vereinigen vermutlich in den meisten Fällen alle drei Motivgruppen; allerdings kann davon ausgegangen werden, dass die wichtigste Antriebskraft letztendlich doch bzw. noch immer externer Druck ist. Begründet werden kann die Dominanz der Schadensvermeidung mit der begrenzten Wirksamkeit ethischer Orientierungen in den systembedingt ökonomisch ausgerichteten Unternehmen sowie mit den nur teilweise gegebenen Möglichkeiten, Umweltorientierung mit wirtschaftlichen Vorteilen zu verbinden.

Zur Ethik

Umweltethik *(vgl. auch den Begriff der Umweltgerechtigkeit III 6)* bedeutet, dass der Natur um ihrer selbst willen ein handlungsleitender Wert zugeschrieben wird *(Birnbacher 1980)* oder dass Natur im Sinne von Nachhaltigkeit als gemeinsames Gut aller Menschen *(Böhler u.a. 2000)* begriffen wird. Umweltethik als Maxime unternehmerischen Handelns *(dazu Pfriem 1995, S. 191 ff.; Steinmann/Wagner 1998; Stitzel 1987, ders. 2000)* wird in unternehmerischen Verlautbarungen zum Umweltschutz, z.B. im Rahmen von Unternehmensleitsätzen, häufig herausgestellt, aber man tut den Unternehmen wahrscheinlich nicht unrecht, wenn man vermutet, dass derartige Formulierungen überwiegend deklamatorischen Charakter haben oder dem Zweck dienen, als Public-Relations-Instrumente zu wirken. Darauf weist schon die völlige Inoperationalität des Umweltzieles in diesen Verlautbarungen hin. Andererseits kann nicht bestritten werden, dass viele Manager Umweltschutz als ethischen Gegenstand begreifen *(Beispiele bei Schmidheiny/BCSD 1992)* – sie leben ja schließlich selbst lieber in einer intakten als in einer zerstörten Umwelt – und dass sie deshalb versuchen werden, ihre wirtschaftlichen Entscheidungen *auch* auf die Umweltwirkungen auszurichten. Es ist auffallend – wenngleich nicht repräsentativ abgesichert –, dass in Fallschilderungen zur Realisierung von Umweltmanagementaktivitäten immer wieder davon berichtet wird, dass der Ausgangspunkt für die ökologische Umorientierung der ethische Impetus von Unternehmern bzw. Geschäftsführern gewesen sei.

Eine wichtige Grenze findet die Wirksamkeit von Umweltethik als Antrieb für eine Umweltorientierung der Unternehmung in der Tatsache, dass sie ganz überwiegend in sogenannten *Niedrigkosten-Situationen (dazu Osterloh/Löhr 1994)* zum Tragen kommt. Niedrigkostensituationen liegen dann vor, wenn die ethische Handlung für den Akteur mit keinen oder nur geringen ökonomischen bzw. persönlichen Nachteilen verbunden ist – im Umweltbereich z.B. im Bereich der Abfalltrennung von Hausmüll –, während der als schmerzlich empfundene und schon deshalb auch nicht realisierte Verzicht auf die Flugurlaubsreise in ferne Länder demgegenüber eine Hochkostensituation wäre. Auch im Unternehmen gibt es zahlreiche derartige Konstellationen: Der Einsatz von Recycling-Produkten (z.B. Öko-Papier) ist eine ausgesprochene Niedrigkostensituation, in der das ethische Handeln keine Probleme bereitet; das Herausnehmen eines zwar gewinnträchtigen, aber umweltschädigenden Produkts aus dem Sortiment wäre dagegen dann eine nicht realisierte Hochkostensituation[13], wobei deren Umweltwirksamkeit sehr viel größer wäre als die der umgesetzten Niedrigkostenalternative.

---

13 Als Beispiel: Ein Warenhauskonzern war zwar auf Grund seiner Zusammenarbeit mit dem BUND bereit, Weichspüler aus dem Sortiment zu nehmen, jedoch nicht Getränkedosen durch Flaschen zu ersetzen; letzteres wurde offenkundig als Hochkostensituation gesehen.

Vermeidung von Nachteilen für das Unternehmen

Häufig sehen sich Unternehmen gezwungen, umweltschützende Maßnahmen zu realisieren, um schwerwiegende, ggf. existenzbedrohende Nachteile bzw. Gefahren von Unternehmen abzuwenden. Das ist immer dann der Fall, wenn unternehmensexterne Institutionen bzw. Personen von Unternehmen Umweltschonung einfordern und bei Missachtung Sanktionen gegen das Unternehmen ergreifen (können). Derartige Institutionen bzw. Personen sind vor allem staatliche Organe, aber auch Anrainer *(welche ihrerseits staatliche Eingriffe initiieren können, s. III 3.1 sowie IV 4.3)*, Umweltschutzorganisationen, Bürgerinitiativen, sowie ganz allgemein „die öffentliche Meinung" *(s. Akteure der Umweltpolitik II 3.3).*

Beschrieben wird dieser Mechanismus mit dem sog. *Stakeholder-Modell* (von to have a stake in – an etwas Interesse haben). Jedes Unternehmen ist eingebunden in eine Vielzahl von Anspruchs- bzw. Bezugsgruppen *(s. Abbildung 47)*, die Interesse daran haben, das Handeln des Unternehmens in die von ihnen gewünschte Richtung zu lenken und auch Macht besitzen, ihren Willen (zumindest ansatz- bzw. teilweise) durchzusetzen *(Freemann 1984; in der deutschsprachigen Literatur z.B. Schaltegger 1999).*

Das Ausmaß des Einflusses der einzelnen Stakeholder auf das Unternehmen richtet sich nach deren Möglichkeit, dem Unternehmen zu nutzen oder ihm Schaden zuzufügen. In marktwirtschaftlichen Systemen spielen die Kapitaleigner, speziell Großaktionäre bzw. Inhaber großer Geschäftsanteile eine dominante Rolle: Sie können dem Management materielle bzw. immaterielle Gratifikationen zukommen lassen oder sie können es auswechseln, sie können im Extremfall ihr Kapital abziehen etc. Situativ sind aber auch andere Stakeholder für das Unternehmen von existenzieller Bedeutung, so z.B. staatliche Institutionen im Hinblick auf die Festlegung von Rahmenbedingungen bzw. auf die Erzwingung der Einhaltung von Rechtsvorschriften. Auch Umweltschutzorganisationen können situativ zu nicht vernachlässigbaren Stakeholdern werden *(s. z.B. Shell-Brent Spar im folgenden)*. Im Rahmen des Stakeholder-Modells kommt dem Unternehmensmanagement die Aufgabe zu, die verschiedenen, häufig zueinander konkurrierenden Ansprüche der Stakeholder in der Form zu realisieren, dass die Existenz des Unternehmens gesichert bleibt und das Unternehmen wirtschaftlich erfolgreich ist.

Abbildung 47: *Stakeholder-Modell des Unternehmens*

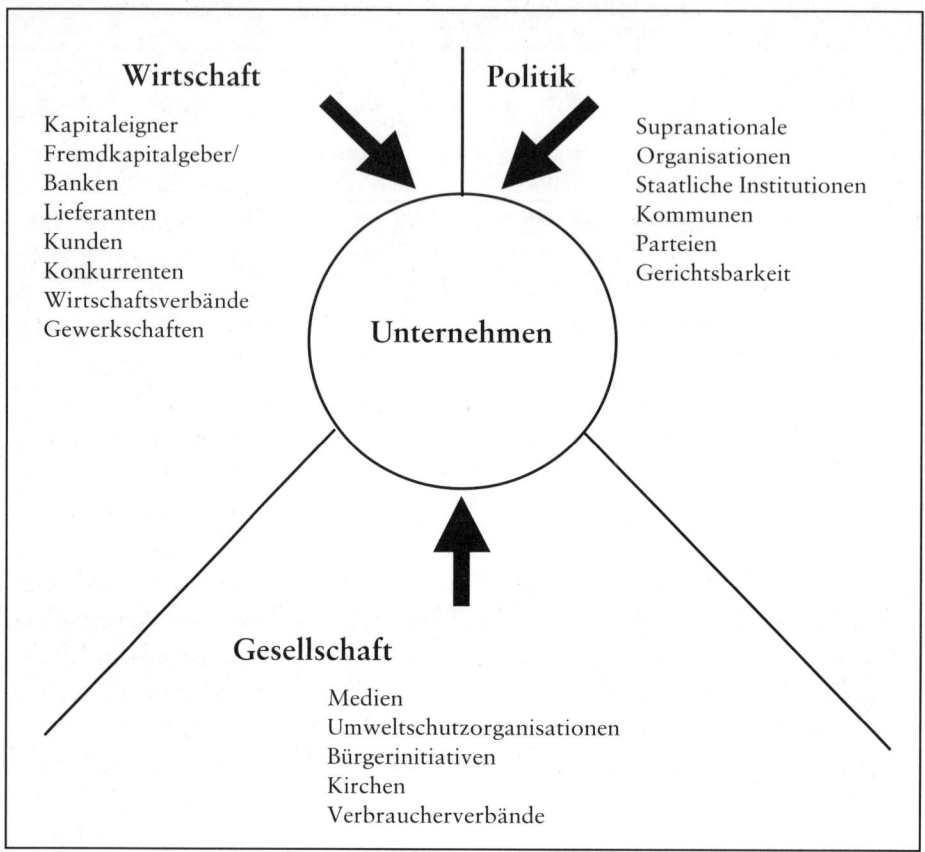

Folgende Stakeholder stellen mehr oder weniger sanktionsfähige Forderungen nach umweltverträglichen Verhalten an Unternehmen *(s. II 3.3)*:

- Der *Staat* als in diesem Zusammenhang wichtigster Stakeholder verlangt die Einhaltung von Gesetzen; bei Nichtbeachtung muss oder kann er die Gesetzeseinhaltung erzwingen (Vollstreckung) oder sanktionieren (Strafen, Bußgelder).
- *Umweltschutzorganisationen* konzentrieren sich in der Regel auf ganz bestimmte Formen von Umweltschädigungen und auf konkrete Unternehmen, wobei sie sich zur Durchsetzung ihrer Ziele häufig unkonventioneller, nicht dem üblichen Geschäftsleben entsprechender Methoden (emotionelle Mobilisierung, „Schornsteinbesetzung") bedienen, mit den umzugehen den Unternehmen mitunter schwerfällt.

- Die *Medien* werden insbesondere beim Auftreten von Störfällen oder der Entdeckung bislang unbekannter Schädigungen (z.B. Gesundheitsgefährdung durch bestimmte Produkte) als umweltorientierte Stakeholder von Unternehmen tätig. In Medienberichten werden die Umweltprobleme häufig verkürzt, mitunter auch sachlich unrichtig dargestellt, was wiederum die Frage einer angemessenen Reaktion von Unternehmensseite aufwirft. Die sanktionsfähige Wirkung von Medienberichten auf die Unternehmen resultiert aus ihrem Einfluss auf die öffentliche Meinung *(s. Stakeholder „Gesellschaft" im folgenden)*, ggf. auch auf staatliche Institutionen.
- Die *Gesellschaft* bzw. besonders artikulationsfähige oder einflussreiche Gruppen der Gesellschaft können durch Protestaktionen (häufig getragen von Medien oder Umweltschutzorganisationen) oder im Extremfall auch durch Boykottmaßnahmen im Rahmen der Kundenrolle massiven Druck auf Unternehmen ausüben. Allerdings sind derartige Einflussmaßnahmen im Zeitablauf wenig stabil. Zudem ist seit Beginn der neunziger Jahre eine deutliche Problemverschiebung zu beobachten: Die zuvor im Mittelpunkt stehende Umweltproblematik ist überlagert bzw. verdrängt worden von Fragen der sozialen Sicherung, des Erhalts von Arbeitsplätzen sowie der Globalisierungsfolgen. Dennoch können gesellschaftliche Kräfte unerwartet und gleichsam eruptiv Umweltforderungen stellen und dann auch durchsetzen (z.B. Anti-Atomproteste, Brent Spar).

Der Umgang mit Stakeholder-Forderungen nach umweltverträglichem Verhalten des Unternehmens ist eine schwierige Managementaufgabe. Mit Ausnahme der einigermaßen gut erkenn- und prognostizierbaren Anforderungen des Staates sind umweltbezogene Stakeholder-Ansprüche schwer voraussehbar sowie in ihrer zeitlichen Entwicklung und den mit ihnen verbundenen Machtpotenzialen nur mit hohen Unsicherheiten einschätzbar *(s. auch Abschnitt 4.1 und 4.3)*. Auch ist zu beachten, dass Stakeholder, für die das Umweltinteresse nicht vorrangig ist, an das Management u.U. die Forderung richten, zur Umweltorientierung konträre Ziele zu verfolgen (speziell die Kapitaleigner als mächtigste Stakeholder-Gruppe) und dass auch die Manager selbst ihre zentrale Aufgabe in der Regel gerade nicht im Umweltmanagement sehen. So überrascht es nicht, dass das umweltbezogene Stakeholder-Management (oder der Verzicht darauf) mitunter zu (ex post betrachtet) geradezu skurrilen Ergebnissen führt *(s. Fall Shell-Brent spar im Folgenden)*.

Shell-Brent spar: Ein Lehrstück für gescheitertes Stakeholder-Management

Die aufsehenerregende Affäre um die geplante Versenkung der Ölbohrinsel Brent Spar in der Nordsee durch Shell UK (1994 f.), die in der Öffentlichkeit und auch in der wissenschaftlichen Auseinandersetzung *(s. z.B. die Kontroverse von Osterloh/Tiemann und Ulrich 1995/96)* vor allem unter dem Aspekt der unverantwortlichen Umweltschädigung und der Umweltethik diskutiert wurde, ist, was bislang kaum thematisiert wurde, ebenso ein einprägsames Lehrstück für Stakeholder-Missmanagement. Shell UK wollte, weil außerordentlich kostengünstig, die nicht mehr benötigte Bohrinsel Brent Spar an ihrem Standplatz in der Nordsee versenken. Die zuständigen staatlichen Stellen stimmten zu; die geplante Aktion war rechtmäßig. Im Vertrauen auf die Rechtmäßigkeit missachtete Shell die aufkommenden gesellschaftlichen Widerstände, die zunehmend dramatischer wurden (Besetzung der Bohrinsel durch Greenpeace-Aktivisten) und schließlich in einem umfassenden Boykott von Shell-Tankstellen mündeten. Erst dann gab Shell nach; es bezahlte seine Widerstandsstrategie *(s. 4.2)* gegen Stakeholder-Forderungen mit hohen wirtschaftlichen Verlusten.

Was hat Shell im Hinblick auf sein Stakeholder-Management falsch gemacht?

- Die öffentliche Sensibilität speziell in Fragen der Meeresverschmutzung wurde falsch eingeschätzt (die Frage der zwischenzeitlich verbotenen Verklappung von Abfällen ins Meer hatte die Öffentlichkeit in den Jahren zuvor stark beschäftigt).

- Shell unterschätzte die Macht des Stakeholders Greenpeace.

- Shell übersah seine Boykott-Anfälligkeit, da mühelos an anderen Tankstellen getankt werden konnte; es handelte sich für die mit Shell unzufriedenen Konsumenten um eine typische Niedrigkostensituation.

Das Stakeholder-Modell erweckt den Eindruck, als sei das zentrale Motiv zu umweltorientiertem Handeln die Vermeidung negativer Sanktionen durch externe Anspruchsgruppen. Es gibt aber auch, und zwar vergleichsweise häufig, Situationen, in denen Umweltorientierung aus der *wirtschaftlichen Gewinnlogik* des Unternehmens angezeigt ist. Das ist immer der Fall, wenn

- Umweltorientierung hilft, *Kosten zu senken* (z.B. durch Einsparung von Ressourcen, *s. Kap. 2.1, Logistik*);
- durch Umweltorientierung *zusätzliche Erträge* erzielt werden können (z.B. durch Erschließung neuer Marktsegmente, *s. Kap. 2.3 Marketing*);
- die Umweltorientierung dazu führt, dass das Unternehmen neue, und zwar umweltverträgliche Produktionsverfahren und Produkte entwickelt, wodurch einerseits die Gewinne gesteigert werden können, andererseits wegen der damit verbundenen verbesserten Wettbewerbsfähigkeit der langfristige Shareholder Value wächst *(s. Kap. 4.2, Umweltmanagement und Wettbewerbsfähigkeit)*, was sich auf das langfristige Überlebensziel des Unternehmens positiv auswirkt.

Die wichtigsten *Monographien* zum Umweltmanagement:

Dyckhoff, H: Umweltmanagement. Zehn Lektionen in umweltorientierter Unternehmensführung, Berlin, u.a. 2000.
Freimann, J.: Betriebliche Umweltpolitik, Bern u.a. 1996.
Meffert, H./Kirchgeorg, M.: Marktorientiertes Umweltmanagement, 3. Aufl., Stuttgart 1998.
Pfriem, R.: Unternehmenspolitik in sozialökologischen Perspektiven, Marburg 1995.
Schaltegger, S. (Hrsg.): Studium der Umweltwissenschaften: Wirtschaftswissenschaften, Berlin u.a. 2000.
Steger, U.: Umweltmanagement 2. Aufl., Wiesbaden 1993.
Wagner, G. R.: Betriebswirtschaftliche Umweltökonomie, Stuttgart 1997.

Umfassende *Reader* mit Beiträgen aus den Einzelbereichen des Umweltmanagement:

Junkernheinrich, M. u.a. (Hrsg.): Handbuch zur Umweltökonomie, Berlin 1995.
Seidel, E. (Hrsg.): Betriebliches Umweltmanagement im 21. Jahrhundert, Berlin u.a. 1999.
Steger, U. (Hrsg.): Handbuch des Umweltmanagements, München 1992.
Steger, U. (Hrsg.): Handbuch des integrierten Umweltmanagements, München/Wien 1997.

Im Text *zitierte* Literatur:

Apel, K.-O.: Die ökologische Krise als Herausforderung für die Diskursethik, in: Böhler, D. (Hrsg.): Ethik für die Zukunft, München 1994.

ASU/UNI (Unternehmensinstitut e.V.): Öko-Audit in der mittelständischen Praxis, Bonn 1997.

Birnbacher, D. (Hrsg.): Ökologie und Ethik, Stuttgart 1980.

Böhler, D. und Co-Autoren: Zukunftsverantwortung und Marktwirtschaft, Münster 2000.

Bühl, W.L.: Ökologische Knappheit, Göttingen 1981.

BUND/Misereor: Zukunftsfähiges Deutschland, Basel u.a. 1995.

Cansier, D.: Umweltökonomie, 2. Aufl., Stuttgart 1996.

Freemann, R. E.: Strategic Management: A Stakeholder Approach, Boston u.a. 1984.

Frey, R. und Co-Autoren: Schützen oder Nutzen, Chur/Zürich 1991.

Gawel, E.: Akzeptanzprobleme von Zertifikaten, in: ZAU, 9/1998, S. 113-136.

Hardin, G.: The tragedy of the commons, in: Science, 1968, S. 1243-1248.

Hill, W.: Der Shareholder Value und die Stakeholder, in: Die Unternehmung, 9/1996, S. 411-420.

Huber, J.: Nachhaltige Entwicklung, Berlin 1995.

Jonas, H.: Das Prinzip Verantwortung, Frankfurt am Main 1979.

Klepper, G.: Anwendungspotentiale für Umwelt-Zertifikate, in: ZAU, 9/1998, S. 137-149.

Kunig, P.: Standort, Stellenwert und Perspektiven ökologischer Aspekte in der juristischen Forschung und Lehre – Konsequenzen für die Betriebswirtschaftslehre, in: Weber, J. (Hrsg.): Umweltmanagement, Stuttgart 1997, S. 445-465.

Mayntz, R. (Hrsg.) und Co-Autoren: Vollzugsprobleme der Umweltpolitik, Stuttgart u.a. 1978.

Meadows, D. u. D.: Die neuen Grenzen des Wachstums, Stuttgart 1993 (Beyond the Limits, Vermont 1992).

Meffert, H./Kirchgeorg, M.: Marktorientiertes Umweltmanagement, 3. Aufl., Stuttgart 1998.

Meffert, H./Kirchgeorg, M.: Umweltschutz als Unternehmensziel, in: Specht, G./Silberer, G./Engelhardt, W. H. (Hrsg.): Marketing-Schnittstellen, Stuttgart 1989.

Müller-Wenk, R.: Die ökologische Buchhaltung, Frankfurt u.a. 1978.

Ortmann, G./Zimmer, M.: Strategisches Management, Recht und Politik, in DBW (58) 1998, 6, S. 747-769.

Osterloh, M./Löhr, A.: Ökonomik oder Ethik als Grundlage der sozialen Ordnung?, in: WiSt, 8/1994, S. 401-406.

Osterloh, M./Tiemann, R.: Konzepte der Wirtschafts- und Unternehmensethik, in: Die Unternehmung, 5/1995, S. 321-338.

Pearce, D./Turner, R.: Economics of Natural Resources and the Environment, New York 1990.

Raffée, H./Förster, F./Fritz, W.: Umweltschutz im Zielsystem von Unternehmen, in: Steger, U. (Hrsg.) 1992, S. 241-256.

Raffée, H./Fritz, W.: Unternehmensziele und Umweltschutz, in: Junkernheinrich, M. u.a. (Hrsg.), 1995, S. 344-347.

Rapaport, A.: Shareholder Value, Stuttgart 1995.

Schaltegger, S.: Bildung und Durchsetzung von Interessen zwischen Stakeholdern der Unternehmung, in: Die Unternehmung 1/1999, S. 3-20.

Schaltegger, S. und Co-Autoren: Innovatives Management staatlicher Umweltpolitik, Basel u.a. 1996.

Schmidheiny, St./BCSD: Kurswechsel, München 1992.

Schneider, D.: Allgemeine Betriebswirtschaftslehre, 3. Aufl., München/Wien 1987.

Siebert, H.: Economics of the Environment, 3. rev. u. erw. Aufl., Berlin 1992.

Staehle, W. H./Nork, M. E.: Umweltschutz und Theorie der Unternehmung, in: Steger, U. (Hrsg.), München 1992.

Staehle, W. H.: Management, 8. Aufl., München 1999.

Steinmann, H./Löhr, A.: Grundfragen und Problembestände einer Unternehmensethik, in: Steinmann/Löhr (Hrsg.): Unternehmensethik, Stuttgart 1990.

Steinmann, H./Wagner G.R. (Hrsg.): Umwelt und Wirtschaftsethik, Stuttgart 1998.

Stitzel, M.: Das Umweltmanagement der öffentlichen Verwaltung, in: Steger, U. (Hrsg.), 1992, S. 783-796.

Stitzel, M.: Ökologische Ethik und wirtschaftliches Handeln, in: Schauenberg, B. (Hrsg.): Wirtschaftsethik, Wiesbaden 1987, S. 101-116.

Stitzel, M.: Unternehmerverhalten und Gesellschaftspolitik, Stuttgart 1977.

Stitzel, M.: Zukunftsverantwortung. Umweltethische Handlungsspielräume von Unternehmen, in: Böhler und Co-Autoren, Münster 2000, S. 392-408..

Terhart, K.: Die Befolgung von Umweltschutzauflagen als betriebswirtschaftliches Problem, Berlin 1986.

Ulrich, P.: Brent Spar und der „moral point of view", in: Die Unternehmung, 1/1996, S. 27-46.

Weimann, J.: Umweltökonomik, Berlin 1992.

Wicke, L.: Umweltökonomie, 2. Aufl., München 1989.

Wissenschaftlicher Beirat der Bundesregierung: Globale Umweltveränderungen: Welt im Wandel, Bonn 1993.

Witte, E.: Betriebswirtschaftslehre und Staat, in: ZfB, 67. Jg. (1997), H.1, S. 7-19.

2. Umweltorientierung der güterwirtschaftlichen Funktionen

Aufbauend auf den im vorangegangenen Kapitel gewonnenen Erkenntnissen darüber, auf welche Weise Unternehmen die Umwelt schädigen, warum sie das tun und was sie zu einer Veränderung dieses Verhaltens bewegen kann, wird in den beiden folgenden Kapiteln die *operative* Komponente des Umweltmanagements dargestellt. Es geht also darum, auf welche Weise in *konkreten Entscheidungen* im Unternehmen der Umweltaspekt berücksichtigt werden kann. Um ein hohes Maß an Praxisbezug sicherzustellen, wird jeweils immer auch das Problem der ökonomischen Verträglichkeit des umweltorientierten Vorgehens diskutiert. Die Vorgehensweise erfolgt zweistufig *(s. Abbildung 48)*.

- Im ersten Schritt *(Kap. 2)* werden die güterwirtschaftlichen Funktionen *Logistik, Produktion* und *Absatz bzw. Marketing* untersucht, also diejenigen Bereiche des Unternehmens, in denen *Materie und Energie* beschafft, in Produkte umgewandelt, vermarktet sowie entsorgt werden. Das sind diejenigen Funktionen, die Umweltschäden in Form von Ressourcenverbrauch, Emissionen und Deponierung verursachen.
- Im zweiten Schritt *(Kap. 3)* werden die *Unterstützungsfunktionen Controlling, Organisation* und *Personalmanagement* behandelt, die selbst nicht direkt auf die Umwelt einwirken, deren Umweltorientierung aber unerlässlich ist, damit in den güterwirtschaftlichen Funktionen die Umwelt möglichst wenig geschädigt wird, z.B. durch die Bereitstellung benötigter Informationen oder durch hohe Umweltmotivation der Mitarbeiter.

Die Aufteilung des Umweltmanagements in die einzelnen betrieblichen Funktionen stellt eine *Detailanalyse* dar, die dann im abschließenden Kapitel (4) synoptisch zu einer *Gesamtstrategie des Unternehmens* gebündelt wird.

Zum Verständnis der Darstellung der einzelnen Funktionen aus umweltorientierter Sicht sind folgende Aspekte von Bedeutung:

- Ein integriert und aufeinander abgestimmtes effizientes Umweltmanagement muss sich in *allen* genannten Funktionen realisieren: Nur so ist

Abbildung 48: *Die betrieblichen Funktionen des Umweltmanagements*

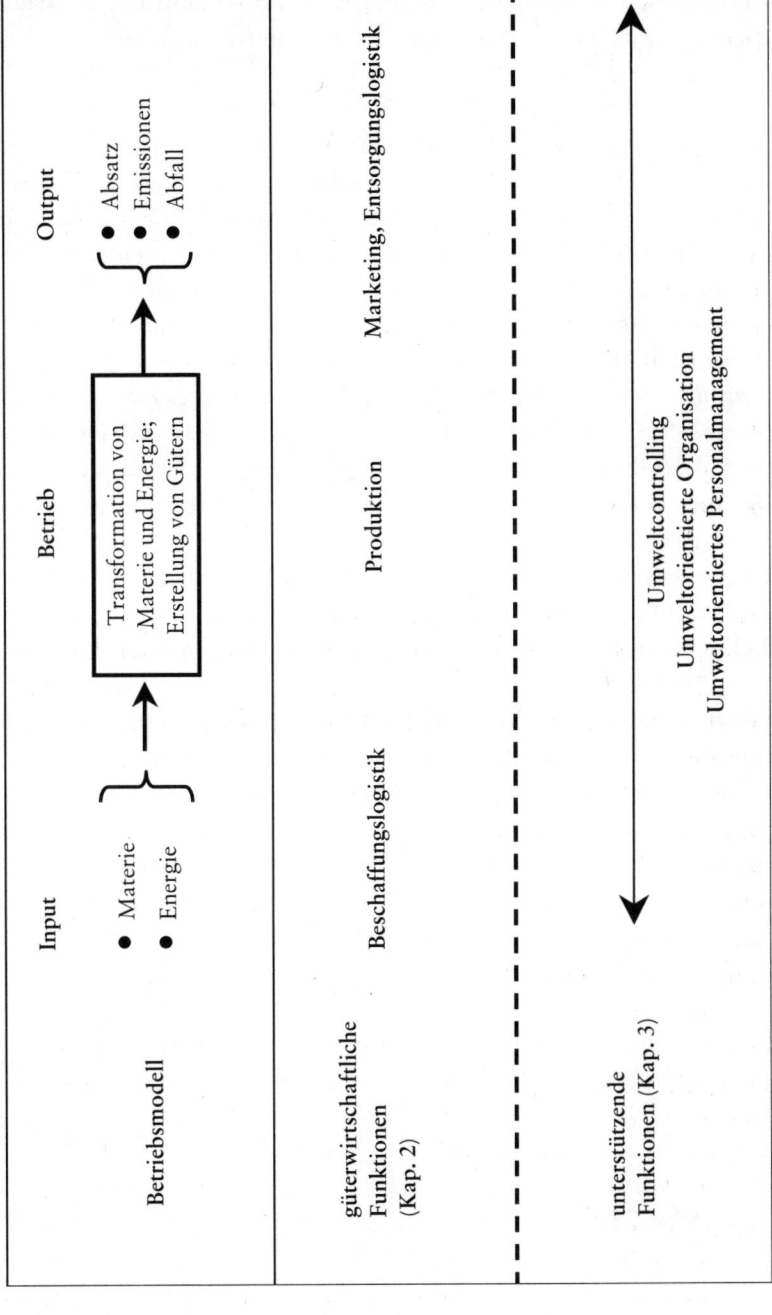

Betriebsmodell

Input	Betrieb	Output
• Materie	Transformation von Materie und Energie; Erstellung von Gütern	• Absatz
• Energie		• Emissionen
		• Abfall

güterwirtschaftliche Funktionen (Kap. 2)

Beschaffungslogistik   Produktion   Marketing, Entsorgungslogistik

unterstützende Funktionen (Kap. 3)

Umweltcontrolling
Umweltorientierte Organisation
Umweltorientiertes Personalmanagement

gewährleistet, dass das *ganze* Unternehmen sich in Richtung Umweltorientierung bewegt. Zu beachten sind insbesondere die Interdependenzen zwischen den einzelnen Funktionen. So kann eine umweltorientierte Organisation nur dann erfolgreich sein, wenn sie von motivierten und fähigen Mitarbeitern getragen ist, also von einem umwelteffizienten Personalmanagement. Umweltcontrolling stellt steuerungsgeeignete Informationen für *alle* güterwirtschaftlichen Funktionen zur Verfügung. Marketing und Produktion müssen aus Umweltsicht aufeinander abgestimmt werden.

- Angelpunkt der unternehmerischen Aktivitäten und damit auch für das Umweltmanagement ist das *Marketing (vgl. den programmatischen Monographie-Titel „Marktorientiertes Umweltmanagement", Meffert/ Kirchgeorg 1998).* Im Rahmen des Marketing fallen die Entscheidungen darüber, welche Produkte in welchen Mengen und Qualitäten unter welchen Konditionen (z.B. Preisen) auf welchen Märkten angeboten werden. Die Marketingentscheidungen determinieren damit im wesentlichen das, was in den Funktionen Beschaffung und Produktion geschieht; konkret: Welche Vorprodukte beschafft werden, richtet sich danach, was auf den Absatzmärkten verlangt wird, ähnliches gilt für die Produktion, speziell im Hinblick auf Produktionsverfahren.

- Eine Sonderstellung innerhalb der güterwirtschaftlichen Funktionen nimmt die *Logistik* ein, verstanden *als Steuerung* aller vom Unternehmen ausgelösten *Materialströme*, also Beschaffung, Transport, Lagerung, Entsorgung von Einsatzstoffen bzw. Produkten. Sie ist eine typische Querschnittsfunktion, die in allen betrieblichen Bereichen eine Rolle spielt. Gleichzeitig ist sie diejenige betriebliche Funktion, die am unmittelbarsten und am massivsten auf die Umwelt einwirkt *(s. im folgenden).*

2.1 Umweltorientierte Logistik

Entscheidungstatbestände und Ziele

Logistik *(Begriff und Überblick Diruf 1995)* ist die Steuerung von Material- und Produktflusssystemen des Unternehmens, beginnend bei den Lieferanten über in der Regel mehrere Produktions- und Distributionsstufen bis hin

Abbildung 49: *Phasen der betrieblichen Logistik*

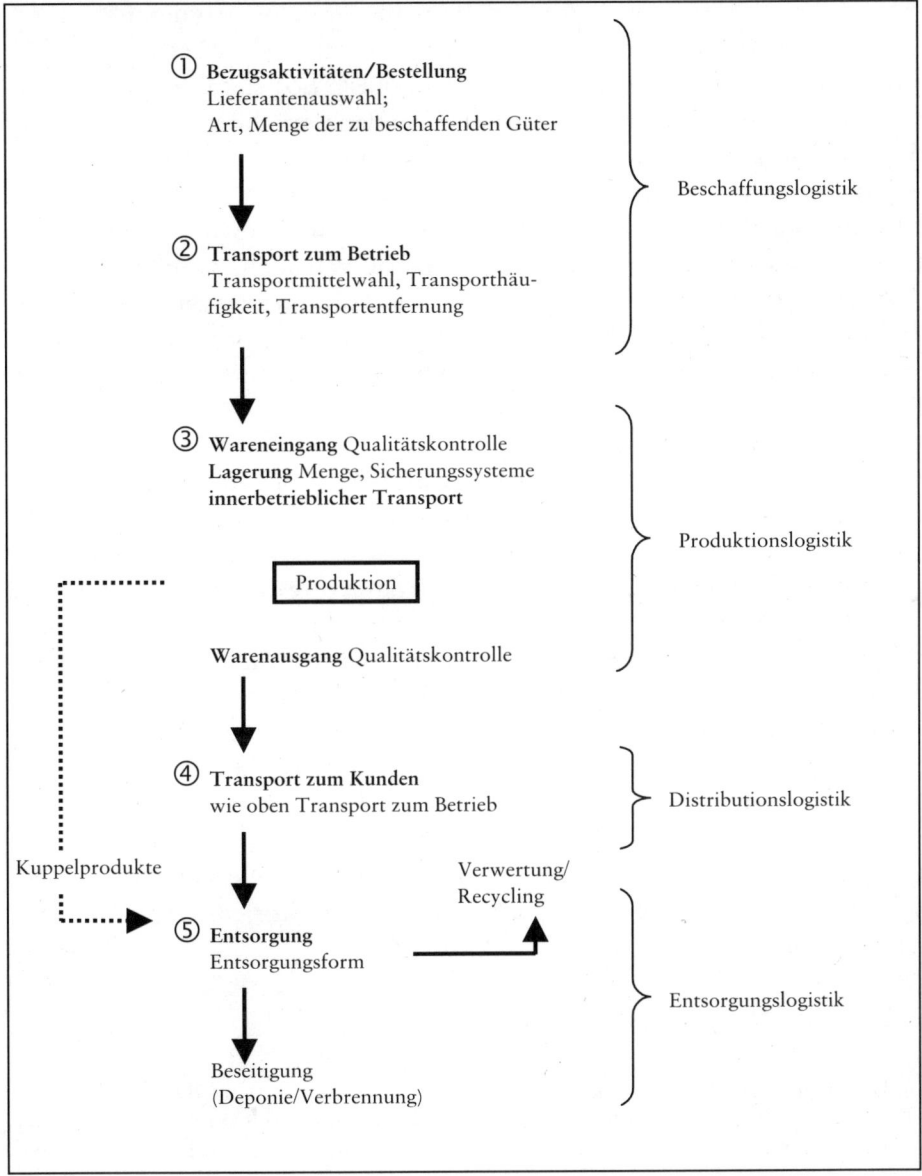

zum Verbraucher inkl. aller Entsorgungsvorgänge[14] (s. *Abbildung 49*). Die Gesamtheit der logistikbedingten Materialflusssysteme wird auch unter dem Begriff des umweltorientierten betrieblichen Stoffstrommanagements diskutiert. Da ein Großteil des betriebsbedingten Ressourcenverbrauchs sowie der Emissionen direkt bzw. indirekt durch Logistikaktivitäten verursacht wird, hat diese betriebliche Funktion ganz besondere Bedeutung für das Umweltmanagement.

Die einzelnen Stufen der Logistik bauen zwingend aufeinander auf, deshalb werden wesentliche Entscheidungen über die Umweltwirkungen der Logistik bereits am Beginn der Logistikkette getroffen, konkret: Mit der Auswahl der Lieferanten werden auch die Transportvorgänge festgelegt, mit der Entscheidung über die zu beschaffenden Vorprodukte werden zugleich die am Ende der Schadschöpfungskette erforderlich werdenden Entsorgungsaktivitäten determiniert.

Die Ziele der betriebswirtschaftlichen Logistik bestehen darin, die für die Produktion bzw. für den Absatz erforderlichen Materialien bzw. Produkte in der *erforderlichen Qualität und Menge zur rechten Zeit am richtigen Ort* bereitzustellen. Die zentrale ökonomische Komponente der Logistik ist dabei die *Kostenoptimierung*. Sie ist dann erreicht, wenn

• die Materialien unter Beachtung der erforderlichen Qualitätsstandards möglichst billig eingekauft, transportiert, gelagert und entsorgt werden,

sowie wenn

• sichergestellt ist, dass alle benötigten Materialien örtlich und zeitlich verfügbar sind, damit Kosten bzw. Ertragseinbußen durch Produktionsausfall, Konventionalstrafen, Verlust von Kunden etc. vermieden werden.

Die umweltbezogenen Ziele der Logistik liegen demgegenüber in völlig anderen Dimensionen. Eine Logistik ist dann umweltorientiert *(ausführlich dazu Stahlmann 1988)*, wenn der

---

14 Die Dominanz der Materie gegenüber der Energie in betriebswirtschaftlichen Überlegungen resultiert daraus, daß in den meisten Industrieunternehmen die Materialkosten höher sind als die Energiekosten; auch bereitet die Beschaffung von Energie und deren Entsorgung weitaus geringere Probleme als die Beschaffung und Entsorgung von Materialien. Die weiteren Überlegungen zur Logistik beziehen die Energie analog mit ein; auf energiewirtschaftliche Tatbestände wird nur dann hingewiesen, wenn sich gegenüber der Materie aus Umweltsicht Spezifika ergeben.

- *logistikbedingte Verbrauch ökologisch knapper Ressourcen* (z.B. nicht recycelfähige Vorprodukte, fossile Transportenergien) *minimiert* wird;

- die von den beschafften, transportierten, gelagerten, verbrauchten und entsorgten *Materialien ausgehenden Umweltschäden* (z.B. Abfallmengen, Toxizität von Produktkomponenten, die deponiert werden müssen) *möglichst gering sind.*

Die Heterogenität von ökonomischen und umweltbezogenen Zielen der Logistik kann eine Reihe von nur schwierig zu beherrschenden Ziel-Konkurrenzen verursachen.

Zum Verständnis der Realisierungschancen und -probleme der umweltorientierten Logistik ist es erforderlich, die tiefgreifenden Veränderungen zu berücksichtigen, die in den letzten Jahren im Logistikbereich erfolgt sind. Zum einen wurden in der Logistik erhebliche *Kostensenkungspotenziale* identifiziert, was dazu geführt hat, dass in effizienten Unternehmen die zuvor relativ unsystematisch betriebenen Logistikaktivitäten in integrierte und hochrationalisierte Logistiksysteme umgewandelt wurden. Wegen des damit verbundenen geringeren Ressourcenverzehrs ist das aus Umweltsicht grundsätzlich positiv einzuschätzen.

Die zweite zentrale Veränderung betrifft das sogenannte *Just in time-Konzept (z.B. Wildemann 1987).* Im Rahmen der Just in time-Logistik wird die Materialflusskette in der Form optimiert, dass jeweils nur die unmittelbar benötigten Materialien zum jeweils spätest zulässigen (damit aber zum genau richtigen!) Zeitpunkt am Ort der Produktion bzw. beim Kunden angeliefert werden (sogenannte produktionssynchrone Beschaffung). In konsequenter Form werden im Rahmen des *Just in time* Lager, die aus ökonomischer Sicht wegen der hohen Kosten ungünstig sind, überflüssig. Aus Umweltsicht wird *Just in time* meist negativ beurteilt, weil die Anforderung, die gerade jeweils erforderlichen Materialien (und nur diese!) zum jeweils erforderlichen Zeitpunkt zur Verfügung zu haben, die Zahl der Transportvorgänge erhöht. Eine differenzierte Analyse zeigt allerdings, dass *Just in time* durchaus auch positive Aspekte für die Umwelt haben kann, so die Tendenz zu genereller Transportrationalisierung, die Verminderung des innerbetrieblichen Transports sowie ggf. eine Verringerung der Lagerung von Gefahrgütern; *Just in time* ist aus Umweltsicht also als ambivalent einzustufen *(so auch Hennig 1994, speziell S. 291 ff)*. Ein effizientes Umweltmanagement wird sich also nicht gegen Just in time stellen, sondern es aus Umweltsicht zu optimieren versuchen.

Beschaffungs-, Transport- und Distributionslogik

Im folgenden werden Beschaffungs-, Lager- und Distributionslogistik einerseits sowie Entsorgungslogistik andererseits getrennt behandelt, weil sich diese beiden Logistikbereiche bezüglich der zu lösenden Entscheidungsprobleme und bezüglich der externen Vorgaben erheblich voneinander unterscheiden. Der zunächst betrachtete Logistikbereich betrifft die Logistikkette von der Beschaffung der benötigten Rohstoffe bzw. Vorprodukte bis zur Lieferung der Fertigprodukte an die Abnehmer. Die in den einzelnen Stufen dieses Prozesses herangezogenen Entscheidungskriterien beinhalten, wie *Abbildung 50* zeigt, erhebliche Konfliktpotenziale *(insgesamt dazu Stahlmann 1988)*. Lediglich im Bereich der Lagerhaltung liegt eine grundsätzlich komplementäre Zielbeziehung vor, da die Vermeidung von Lagerrisiken, z.B. des Austritts von ökotoxischen Substanzen, sowohl aus Kosten- als auch aus Umweltschutzgründen angestrebt wird.

Ob im Bereich der *Beschaffung von Rohstoffen bzw. von Vorprodukten* ökonomische und Umweltinteressen kompatibel sind, hängt von den jeweiligen situativen Bedingungen ab. Viele Unternehmen verlangen heute von ihren Lieferanten global „Umweltfreundlichkeit". Wenn Lieferanten, die ihre im Einzelfall dann näher zu konkretisierende Umweltfreundlichkeit belegen können, im Hinblick auf die ökonomischen Kriterien Preiswürdigkeit und Zuverlässigkeit konkurrenzfähig sind, ergeben sich keine Probleme. Wenn jedoch umweltfreundliche Lieferanten in wirtschaftlich wichtigen Kriterien, speziell in der *Preisgestaltung*, ungünstiger als die Konkurrenz abschneiden, wird der Umweltaspekt nur noch eine untergeordnete Rolle spielen. Andererseits ist davon auszugehen, dass Lieferfirmen, deren Produkte zu Umweltproblemen führen, z.B. wegen hoher Toxizität oder schwerer Entsorgbarkeit, eine ungünstige Ausgangsposition beim Wettbewerb um Lieferaufträge haben.

Ähnlich ist die Situation bei der Entscheidung über die konkret zu *beschaffenden Produkte*. Die Umweltfreundlichkeit als grundsätzlich nachrangiges Entscheidungskriterium wird sich dann nicht durchsetzen

Abbildung 50: *Entscheidungskriterien der Beschaffungs- und Distributionslogistik aus ökonomischer und umweltbezogener Sicht*

Entscheidungsbereiche	Ökonomische Kriterien	Umweltbezogene Kriterien
• **Beschaffung/Einkaufspolitik**		
– Lieferantenauswahl	angemessene Qualitäten und Preise; Zuverlässigkeit	Umweltorientierung als wichtiges Qualitätsmerkmal des Lieferanten
– zu beschaffende Rohstoffe/ Vorprodukte	günstiges Preis-/Leistungsverhältnis	Ressourcenschonung [z.B. Recyclingprodukte]; keine umweltschädigenden Wirkungen; gute Entsorgbarkeit (recycelfähig)
• **Transport** (zum Betrieb/vom Betrieb zum Kunden)	Pünktlichkeit/ Zuverlässigkeit; Schnelligkeit/Flexibilität; niedrige Transportkosten	Ressourcenschonung; Emissionsvermeidung (Schadstoffe, Lärm)
• **Lagerhaltung**	niedrige Lagerkosten; Vermeidung von Lagerrisiken	Emissionsverminderung; Vermeidung von Störfällen

↯ = Konkurrenzpotenziale

können, wenn das umweltfreundlichere Produkt teuerer und/oder qualitativ minderwertiger ist als weniger umweltfreundliche Produkte. Ein typisches Beispiel ist die – zwischenzeitlich allerdings deutlich rückläufige – Weigerung von Unternehmen, speziell für den externen Schriftverkehr Recyclingpapier zu benutzen, da es als zu wenig repräsentativ angesehen wurde bzw. wird.

Ein besonders umweltkritischer Bereich der Logistik ist der *Transport*. Die *Transportmittel*, die den ökonomisch orientierten Kriterien Schnelligkeit, Flexibilität und kundenorientierte Gesamtlösungen *(Antes/Steger 1992)* gerecht werden, sind genau diejenigen, die die Umwelt am meisten beeinträchtigen: Lkw und Flugzeug. Die strukturellen Nachteile der umweltfreundlicheren Verkehrsmittel Bahn und Schiff – zu geringe Netzdichte, zu zeitaufwendig und zu wenig kunden- bzw. marktorientiert – sind der Grund dafür, dass der relative Anteil dieser Verkehrsmittel am Gesamttransportaufkommen stagniert bzw. sinkt.

Ein wichtiger Indikator für die Umweltverträglichkeit des Transportes ist die *Transportentfernung*. Beobachtbar ist, dass Unternehmen ihre Vorprodukte häufig von weit entfernten Produktionsstandorten beziehen[15], was seinen Grund meist in den geringeren Einstandspreisen hat, die bereits in Europa, mehr aber noch weltweit durch sehr unterschiedliche Produktions-, speziell Arbeitskosten bedingt sind. Die *Transporthäufigkeit*, also die Zahl der Fahrten und damit auch die auf das einzelne Gut entfallende Umweltbeeinträchtigung, wird durch die Erfordernisse des *Just in time* vergrößert. Zusammenfassend kann also festgestellt werden, dass die aus ökonomischen, speziell Kostengründen, gewählten Transportmittel, die weiten Transportentfernungen und die große Häufigkeit der Transporte in ihrer Gesamtheit aus Umweltsicht sehr negativ einzuschätzen sind.

Angesichts der Dominanz des Kostenkriteriums ist es schwierig, dieses Übel an der Wurzel zu fassen. Denkbare Maßnahmen, mit deren Hilfe die von der Logistik ausgehenden Umweltbeeinträchtigungen reduziert werden können, sind

- Erhöhung der *Ressourceneffizienz*, d.h. das Produktionsprogramm wird mit einem pro Produkteinheit geringeren Einsatz an Materialien und

---

15 Bekannt geworden ist die sogenannte „Yoghurt-Studie" *(Böge 1992)*, in der differenziert empirisch belegt wurde, daß für in Stuttgart hergestelltes Fruchtyoghurt Vorprodukte aus ganz Deutschland sowie aus Polen, Österreich und Frankreich verwendet werden.

Energie hergestellt, wodurch der Ressourcenverbrauch sowie die Transportleistungen vermindert werden;

- bewusstes Einbringen des Kriteriums „Umweltverträglichkeit" in *Lieferverhandlungen*, womit insbesondere bei Abhängigkeit des Zulieferers auf den Zulieferer Druck zur Initiierung eines eigenen Umweltmanagements ausgeübt werden kann;
- Suche nach *umweltverträglicheren Alternativen* in Fällen besonders auffälliger umweltbeeinträchtigender Logistikaktivitäten, z.B. bei Lieferungen über sehr weite Entfernungen (können die Vorprodukte nicht auch in der näheren Umgebung bezogen werden?) oder beim Einsatz von nicht recycelfähigen Vorprodukten (gibt es nicht qualitativ und preislich vergleichbare Recycelprodukte?).
- Als optimaler Weg ist die Entwicklung von *Systemlösungen* zu sehen, die zu einer räumlichen und technischen Integration von Logistik und Produktion in dem Sinn führen, dass die Lieferbetriebe direkt am Produktionsstandort des beschaffenden Betriebes angesiedelt sind (realisiert z.B. im Rahmen der Smart-Produktion im lothringischen Hambach) – eine Lösung, die aus Kapazitäts- und Kostengründen allerdings nur für Großunternehmen infrage kommt.

Entsorgungslogistik

Gegenstand der betrieblichen *Entsorgungslogistik* ist der möglichst effiziente sowie umweltverträgliche Umgang mit *Abfällen (Abfallbegriff III 4.2)*, die sich im Rahmen der Gesamtheit der Schadschöpfungskette des Unternehmens ergeben. Bedingt durch die erhebliche Zunahme der Abfälle und durch die daraus resultierenden faktischen Umweltprobleme sowie wegen der markanten Verschärfung des Abfallrechts mit dem derzeitigen Kumulationspunkt des Kreislaufwirtschafts- und Abfallgesetzes *(1996, s. III 4.2)* ist die Bedeutung der betrieblichen Entsorgung auch aus betriebswirtschaftlicher Sicht deutlich gestiegen. Während früher das betriebswirtschaftliche Interesse an Stoffen und Produkten dann erloschen war, wenn diese den Betrieb verlassen hatten bzw. in die Hand des Kunden übergegangen waren, ist heute die Planung und Realisierung der Entsorgung der bei der Produktion anfallenden Abfallstoffe sowie der nicht mehr nutzbaren bzw. benötigten Endprodukte ein relevanter unternehmerischer Entschei-

dungstatbestand: Man spricht im Zusammenhang mit der Entsorgungslogistik (auch: *betriebliche Abfallwirtschaft*) bereits von der vierten güterwirtschaftlichen betrieblichen Funktion neben Beschaffung, Produktion
und Absatz, und zwar mit grundsätzlich vergleichbarer Bedeutung *(Überblick dazu Steven/Bruns 1998, Pfohl/Stölzle 1992).*

Für die effiziente und umweltverträgliche Gestaltung der Entsorgungslogistik sind zwei Grundtatbestände richtungweisend:

- Entsorgungslogistik ist eine betriebliche Querschnittsfunktion, d.h. in
  allen güterwirtschaftlichen Funktionen (Beschaffung, Transport, Produktion ...) fallen Abfälle an, die zu entsorgen sind. Bereits am Beginn
  der Schadschöpfungskette, also bei der Festlegung auf die zu beschaffenden Rohstoffe bzw. Vorprodukte werden wesentliche Entscheidungen
  über die spätere Art der Entsorgung und die daraus erwachsenden Probleme gefällt; konkret z.B.: Sind die Einsatzstoffe recycelbar? Enthalten
  oder entwickeln sie toxische Substanzen, die eine Sonderbehandlung erforderlich machen?
- Das Kreislaufwirtschafts- und Abfallgesetz *(KrW-/AbfG, s. III 4.2)* gibt
  eine eindeutige Präferenzreihung über den Umgang mit Abfällen vor:

1. *Vermeidung:* Wo kein Abfall entsteht – was im Rahmen betrieblicher Tätigkeiten nur begrenzt möglich ist, z. B. durch Verpackungs-
   verzicht – braucht er auch nicht entsorgt zu werden.

2. *Verwertung*, d. h. der Abfall wird einer nachfolgenden ökonomischen Nutzung unterzogen und wieder in einen Produktions- bzw.
   Konsumkreislauf zurückgeführt (Recycling, *s. unten*).

3. *Beseitigung*, d. h. der Abfall wird entweder durch (endgültige) Deponierung bzw. durch Verbrennung aus dem wirtschaftlichen Kreislauf entfernt (was natürlich nicht heißt, dass er nicht mehr existent
   wäre, er kann nur nicht mehr genutzt werden).

Zentrales Element dieser Entsorgungsalternativen ist entsprechend der
Intention des KrW-/AbfG die *Verwertung*. Verwertung bedeutet, dass im
Rahmen der ursprünglichen Verwendung nicht mehr benötigte bzw. nicht
mehr nutzbare Stoffe einer neuen Nutzung in Produktion oder Konsum
zugeführt werden, sie verbleiben also (zunächst) im Wirtschaftskreislauf.

Verwertung stellt somit Ressourcenschutz dar, weil neue Ressourcen im konkret betrachteten Verwertungsprozess nicht erforderlich sind. Der Verwertung (auch: Recycling) zuzuführende Stoffe werden als „Abfälle zur Verwertung", umgangssprachlich als *Reststoffe* bezeichnet: Sie sind entweder *Wertstoffe*, die ohne wesentliche Behandlung wiederverwendet werden können (z.B. Transportpaletten, Pfandflaschen), oder *Sekundärrohstoffe*, die für die neue Verwertung aufbereitet werden müssen (z.B. Dosenschrott zu Rohstahl). Diese Unterscheidung ist deshalb wichtig, weil sich daraus ggf. erhebliche Kostendifferenzen ergeben *(s. Ziele im folgenden)*.

Die ökonomischen und umweltbezogenen Ziele der Entsorgungslogistik sind zueinander ambivalent, allerdings ergeben sich wegen zunehmend begrenzt werdender Entsorgungsmöglichkeiten (knapper werdende Deponiestätten, öffentlicher Widerstand gegen neue Deponien und Verbrennungsanlagen, strengere Rechtsvorschriften) zunehmend Komplementaritäten. Aus Umweltsicht soll Entsorgung einen Beitrag zum Ressourcenschutz leisten, außerdem sollen schädliche Emissionen durch Deponierung oder Verbrennung möglichst vermieden werden. Zudem ist Abfall wegen seiner zu berücksichtigenden unästhetischen Komponente ein gesellschaftlich sensibler Faktor. Das alles weist in die Richtung von Verwertung, im Optimalfall Vermeidung. Unternehmen ihrerseits sind kurzfristig an möglichst kostengünstiger Entsorgung interessiert, langfristig daran, dass Entsorgungsmöglichkeiten erhalten bleiben, dass keine späteren Kostenfolgen auf sie zukommen (Altlasten!) und dass ihr Umgang mit Abfall nicht zu gesellschaftlichen Sanktionen führt – auch der vielzitierte Fall Shell-Brent Spar *(s. oben)* war schließlich ein Entsorgungsproblem.

Komplementaritäten zwischen ökonomischen und umweltbezogenen Zielen ergeben sich deshalb, weil wegen der Veränderung der Rahmenbedingungen die Verwertung häufig die kostengünstigere Alternative darstellt, mitunter sogar die einzig zulässige. Letzteres gilt insbesondere für den Bereich *Verpackung*. Die Verpackungsverordnung schreibt vor, dass derjenige, der Verpackungen in den Verkehr bringt (betriebswirtschaftlich also der Hersteller bzw. in zweiter Stufe der Händler), zur Rücknahme verpflichtet ist. Die Verursacher des Anfallens von Verpackungen können sich bei der Rücknahme eines Dritten bedienen, was faktisch zur Entstehung des *Dualen Systems Deutschland* (DSD) geführt hat. Das DSD ist ein von verpackungsverursachenden Industrieunternehmen getragenes flächendeckendes Entsorgungsunternehmen, das die Sammlung der Verpackung betreibt und Verpackungen der Verwertung zuführt (finanziert über den sogenannten Grünen Punkt[16]). Dem Konzept der DSD wird vorgeworfen, lediglich eine second-best-Lösung darzustellen, da dieses System keinen Anreiz zur *Verpackungsvermeidung* bietet, somit zum Ressourcenschutz und zur Emissionsverhinderung nur bedingt beiträgt.

Die Optimierung des Prozesses der Entsorgungslogistik setzt grundsätzlich an allen Stufen des Materialflusses im Unternehmen (Beschaffung, Produktion, Absatz) sowie an allen Stufen der Entsorgung (Sammeln, Sortieren ...) an.

Bereits bei der *Beschaffungsentscheidung*, also bei der Entscheidung über die bei der Produktion und für die Produkte genutzten Einsatzgüter, werden im erheblichen Ausmaß Art und Menge der über die gesamte Schadschöpfungskette anfallenden Abfälle determiniert. Als Beispiele: Nicht-recycelfähige Einsatzstoffe für Produkte machen nach Ende der Produktnutzung die Beseitigung notwendig; Stoffe mit toxischen Eigenschaften erfordern eine Sonderbehandlung. Generell kann im Rahmen der Beschaffung auf möglichst wenig und leicht entsorgbaren Abfall dadurch hingewirkt werden, dass

- recycelfähige Stoffe als Produkt-Komponenten ausgewählt werden,
- die Endprodukte so zusammengesetzt sind, dass sie als Gesamtprodukt recycelt werden können (Komponentenabstimmung),
- Einsatzstoffe, die nicht recycelfähig sind, zumindest so beschaffen sind, dass sie einfach und ohne schädigende Emissionen deponiert bzw. verbrannt werden können.

Im Rahmen der Produktion *(s. 2.2)* hängt die Art und Menge der sich ergebenden Abfälle vor allem von der verwendeten Technologie ab: Während *clean technologies* (saubere Technologien) idealtypisch (real allerdings schon deshalb nur als Grenzfall, weil auch *clean technology*-Aggregate nach dem Nutzungsende zu entsorgen sind) keine Abfälle verursachen, ergeben sich bei *end of pipe*-Technologien systembedingt Abfälle in Form von Stäuben, Schlämmen etc., die zwar meist nur geringes Volumen, aber ggf. hohe Toxizität aufweisen *(dazu ausführlich 2.2)*. Ein weiterer wichti-

---

16 Die Finanzierung des Grünen Punktes erfolgt durch einen Preisaufschlag auf die Produkte, die das Label „Grüner Punkt" tragen; somit wird die gesetzlich erzwungene Internalisierung auf die Nachfrager übergewälzt (die, da es sich um vergleichsweise geringe Beträge handelt, das nicht zur Kenntnis nehmen oder es als Niedrigkostensituation betrachten).

ger abfallrelevanter Entscheidungstatbestand im Rahmen der Produktion ist die Nutzung temporär geschlossener Kreisläufe, speziell für Mehrfachverwendung von Brauchwasser.

Die wichtigsten Entscheidungen über Art und Menge der von Unternehmen verursachten Abfälle ergeben sich im Rahmen der Produktplanung, also im Marketing *(s. 2.3)*. Dort wird, um hier nur einiges zu nennen, festgelegt,

- wie und mit welchen Problemen die Produkte am Nutzungsende entsorgbar sind;
- ob die einzelnen Komponenten der Produkte (z.B. Autos, Elektronikgeräte) integriert aufeinander abgestimmte Teillebensdauern haben und ob die Produkte insgesamt reparaturfreundlich sind (d.h. bei Teilschäden am Produkt braucht nicht das gesamte Produkt entsorgt zu werden);
- ob das Produkt selbst beim Gebrauch in hohem Maße Abfälle verursacht (z.B. häufiger Ölwechsel; Möglichkeit des Austritts von schädigenden Substanzen);
- in welchem Ausmaß produktbedingter Verpackungsmüll entsteht.

Der zweite wichtige Bereich des möglichst umweltverträglichen Umgangs mit Abfall ergibt sich im Rahmen der Gestaltung des vielstufigen *Entsorgungsvorgangs*. Abfall muss gesammelt, sortiert, transportiert, gelagert und schließlich behandelt werden *(ausführlich dazu Steven/Bruns 1998, S. 802-806)*. In allen diesen Stufen können durch unsachgemäßen oder unvorsichtigen Umgang mit Abfall erhebliche Umweltschäden (z.B. Austritt schädigender Emissionen) entstehen. In welchem Ausmaß gerade der Entsorgungsvorgang selbst problembehaftet sein kann, zeigt sich an verbotswidrigen, aber häufig vorkommenden wilden Deponierungen, am grenzüberschreitenden sogenannten „Mülltourismus", aber z.B. auch an den rechtmäßigen und „geordneten", wenn auch verständlicherweise extrem umstrittenen Entsorgungsprozessen von radioaktivem Abfall („Zwischenlagerung", „Endlagerung").

Eine wichtige, mitunter aber auch überschätzte Rolle spielt im Rahmen der Entsorgungslogistik das *Recycling* als genuine Strategie der Weiter- bzw. Wiederverwendung von Kuppelprodukten bzw. von nicht mehr benötigten Endprodukten. In keinem anderen Bereich des Umweltschutzes wird sowohl von Unternehmen als auch von Privaten so viel getan wie bei der Mülltrennung und Zuführung von Abfall zur Wiederaufbereitung.[17] So

---

17 Recyclingfreudiges Abfallverhalten stellt eine ausgesprochene Niedrigkostensituation *(s. 1.2)* dar, da man sich mit geringerem Aufwand ein gutes Umweltgewissen schaffen kann

wichtig und sinnvoll das im Hinblick auf Schonung von Materie-Ressourcen und Einsparung von Deponieraum ist, so wenig dürfen die Grenzen von Recycling übersehen werden *(s. Stumm/Davis 1991)*:

- Wegen der Entropiegesetzmäßigkeit *(dazu aus ökonomischer Sicht Georgescu-Roegen 1991)* haben die in Produktionskreisläufe zurückgeführten Abfälle schlechtere Materialeigenschaften als beim Ersteinsatz (z.B. Faserverkürzung bei Altpapier, sog. „downcycling"); nach einer bestimmten Anzahl von Recycling-Kreisläufen ist das Material endgültig unbrauchbar und muss dann letztendlich doch abschließend beseitigt werden. Das relativiert auch die Formulierung „Kreislaufwirtschaft" (z.B. im KrWAbfG). Industriewirtschaftliche Kreislaufprozesse simulieren das Kreislaufprinzip natürlicher Öko-Systeme, sie können jedoch deren Wirksamkeit und Geschlossenheit nicht erreichen.

- Auch Recycling verursacht Umweltbeeinträchtigungen: Um im Materiebereich Ressourcenschonung zu realisieren, werden Energie-Ressourcen für Sammeln, Trennen, Transport und Aufbereiten der Abfallprodukte benötigt; der Ressourcenverzehr wird also vom Materiebereich auf den Energiebereich verschoben. Idealerweise müsste aus Umweltsicht der Energieverbrauch dem Materiegewinn kalkulatorisch gegenübergestellt werden, um fallbezogen die Effizienz des Recyclings zu ermitteln. Wegen des Fehlens eines geeigneten, die jeweilige ökologische Knappheit repräsentierenden Vergleichmaßstabes Material – Energie *(s. Öko-Bilanz, 3.1)* ist eine eindeutige Antwort für die Entscheidung Recycling oder Rohmaterial häufig nicht möglich. In der Praxis wird, soweit es sich technisch realisieren lässt und es sich ökonomisch rechnet, in der Regel der Recycling-Alternative der Vorzug gegeben. Außerdem muss aus Umweltsicht berücksichtigt werden, dass der Recyclingprozess selbst Emissionen verursachen kann (Schmutzstoffe, giftige Gase).

Resümierend kann festgestellt werden, dass das gegenüber der Beseitigung grundsätzlich umweltverträglichere Recycling gegenüber der Abfallvermeidung nur eine second-best-Lösung darstellt und dass bei hohem Energieverbrauch für die Durchführung des Recyclings (z.B. weite Transportwege) ein Abwägen Energieverbrauch – Materiegewinn angezeigt ist.

– mit häufig geringem Nutzen für die Umwelt; z.B. ist es aus Umweltsicht unsinnig, mit dem Auto wegen einiger Flaschen zum Container zu fahren.

Wichtige *Überblicksliteratur zur Logistik* im Umweltmanagement:

- Dyckhoff: Umweltmanagement, Berlin u.a. 2000, S. 121-168.
- Pfohl, H.-Chr.: Ökologische Herausforderung an die Logistik in den 90er Jahren, Berlin 1993.
- Stahlmann, V.: Umweltorientierte Materialwirtschaft, Wiesbaden, 1988.
- Steven, M./Bruns, K.: Entsorgungslogistik I/II, in: WISU 6/1998 und 7/1998.
- Wagner, G.R.: Betriebswirtschaftliche Umweltökonomie, Stuttgart 1997, S. 126-144.

2.2 Umweltorientierte Produktion

Entscheidungstatbestände und Ziele

Industrielle Produktion, verstanden als Transformation von Materie und Energie zu marktfähigen Produkten *(Überblick, Heinen 1991)*, beeinträchtigt die Umwelt
- durch *Verursachung von Emissionen und Abfällen* (je nach Branche, Unternehmenstyp und Produktionsprogramm unterschiedliche gasförmige, flüssige und feste Schadstoffe; Lärm)
- durch den *Verbrauch ökologisch knapper Ressourcen*, speziell in Form von Energie, die für den Produktionsprozess benötigt werden.
Produktionsbedingte Umweltbeeinträchtigungen sind in besonderem Maße sichtbar und manifest, schon wegen der von ihnen ausgehenden unmittelbaren ästhetischen und ggf. auch gesundheitlichen Beeinträchtigungen. Auch die großen Umweltkatastrophen (z.B. Bhopal, Seveso, Tschernobyl) sind überwiegend produktionsverursacht. So überrascht es nicht, dass Umweltschutzbemühungen frühzeitig und intensiv gerade an der Produktion angesetzt haben *(„Blauer Himmel über der Ruhr"; Politik der Erhöhung von Schornsteinen)*; zwischenzeitlich sind auch erhebliche Erfolge erzielt worden, z.B. bei der Rauchgasentschwefelung von Kraftwerken, ohne dass allerdings die Wirkung der umweltorientierten Produktion als befriedigend bezeichnet werden könnte. Noch immer dominieren *end of pipe*-Technologien, ganz zu schweigen von den vielen Verstößen gegen umweltrechtliche Bestimmungen. Die unabhängig von dieser Kritik faktisch erreichten Erfolge sind wesentlich bedingt durch die gerade im Produktionsbereich besonders hohe und teilweise auch rigide Menge von

staatlichen Einflussnahmen, die sich überwiegend im Bereich von Ge- und Verboten, speziell in Form von Grenzwerten, teils auch mittels marktorientierter Vorgaben, z.B. in Form des Abwasserabgabengesetzes, realisieren *(zu den Instrumenten s. II 4.1)*.

Ähnlich wie bei der Logistik scheinen die *ökonomischen* und die *umweltbezogenen Ziele der Produktion*[18] unverbunden nebeneinander zu stehen. Aus Umweltsicht sollte Produktion darauf ausgerichtet sein,

- *möglichst wenig schädigende Emissionen* zu verursachen und besonders umweltbeeinträchtigende Emissionen völlig zu verhindern (letzteres z.B. durch Substitution bisher verwendeter emissionsträchtiger Produktionsverfahren bzw. toxischer Vorprodukte);
- den *Ressourcenverbrauch so weit wie möglich einzuschränken,* und zwar im Energiebereich durch möglichst verbrauchsarme Produktionsaggregate, im Materiebereich durch sparsamen Umgang mit Vor- und Endprodukten, realisiert z.B. in niedrigen Ausschussquoten.

Aus ökonomischer Sicht steht in der Produktion das *Kostenkriterium* im Vordergrund. Die auf das einzelne Produkt entfallenden Kosten sollen unter Beachtung der durch die marktlichen Erfordernisse bedingten qualitativen, räumlichen und zeitlichen Vorgaben so gering wie möglich sein.[19] Erreicht wird das vor allem durch kurze Produktionszeiten, einen störungsfreien Produktionsablauf sowie einen möglichst niedrigen Materie- und Energieeinsatz.

Die Beziehungen zwischen ökonomischen und umweltbezogenen Zielen der Produktion sind ambivalent. Grundsätzlich kompatibel zum Ziel der *Kostenminimierung* ist das Umweltinteresse an produktionsbedingtem *Ressourcenschutz.* Verminderungen von Ausschussquoten, also die Reduzierung der Anzahl mängelbehafteter Produkte, sowie sparsamer Einsatz von Produktionsfaktoren, insgesamt also hohe Ressourcenproduktivität,

---

18 Eine besonders widerwärtige Form anti-ökologischer Produktion ist die Massentierhaltung; widerwärtig deshalb, weil hier nicht gegen abstrakte Ressourcenerfordernisse verstoßen wird oder schwer einschätzbare Emissionen verursacht werden, sondern weil offenkundig und offensichtlich leidensfähige Lebewesen gequält werden. Natürlich ist betriebswirtschaftliches Kalkül (Kosten pro kg Fleisch) die Ursache dieses Verhaltens.

19 Entgegen der üblichen Formulierung „Kostenminimierung" müßte es besser „Kostenoptimierung" heißen. Produkte müssen bestimmte Qualitätserfordernisse erfüllen und zu bestimmten Zeiten verfügbar sein. Nur im Hinblick auf die Erfüllung dieser Voraussetzungen dürfen die Produktionskosten aus betriebswirtschaftlicher Sicht so gering wie möglich sein.

sind sowohl aus ökonomischer wie aus Umweltsicht positiv zu bewerten. Zielkonkurrenzen ergeben sich ceteris paribus dann, wenn die Verminderung der Umweltbeeinträchtigungen Kosten verursacht. Das ist regelmäßig im Bereich der produktionsabhängigen Emissionen der Fall. Emissionsreduktionen machen Veränderung bzw. Ergänzungen an Produktionsanlagen bzw. von Produktionsverfahren erforderlich; weitreichende Senkung von Emissionen oder gar völliges Ausschalten besonders schädigender Emissionen können ggf. nur über Neuinvestitionen bzw. völlig neue Produktionsverfahren realisiert werden. Allerdings sind die zunächst möglicherweise sehr schmerzhaften Zielkonkurrenzen nicht unüberwindbar, sei es, weil die aktuelle (oder auch eine zu erwartende) Rechtslage keine andere Wahl lässt, sei es, weil eine umfassend systemische und langfristig angelegte Strategie das kurzfristig orientierte Kostenkriterium in seiner Bedeutung relativiert (*s. im folgenden*).

Die aus Umweltsicht relevanten Entscheidungstatbestände lassen sich auf die *Wahl der Produktionsaggregate* (maschinelle Anlagen) sowie auf die *Wahl des Fertigungsverfahrens* reduzieren, wobei beide Komponenten eng miteinander zusammenhängen: Veränderte bzw. neuinvestierte Aggregate machen neue Fertigungsverfahren erforderlich, umweltfreundlichere Fertigungsverfahren sind häufig nur mit Hilfe neuer Aggregate realisierbar. Bei dem Bestreben der Ökologisierung der Produktion ist natürlich zu beachten, dass die Produktion selbst durch eine Vielzahl von Restriktionen aus anderen betrieblichen Bereichen eingeschränkt ist. Was und wie produziert wird, ist weitgehend durch die im Absatzplan festgelegten Produktarten und Produktqualitäten (*s. 2.3*) bestimmt; die von Vorprodukten ausgehenden Umweltbelastungen bei der Produktion werden durch Beschaffungsentscheidungen, also im Logistikbereich (*s. 2.1*), determiniert. Deshalb muss umweltorientierte Produktion, soll sie erfolgreich sein, eingebunden werden in eine das gesamte Unternehmen umfassende Umweltorientierung.

Integrierter versus nachgeschalteter Umweltschutz in der Produktion

Die Bemühungen um eine Verminderung produktionsbedingter Emissionen und des produktionsbedingten Ressourcenverbrauchs lassen sich auf die beiden in ihren Wirkungen sehr unterschiedlichen Grundformen *end of pipe technology* und *clean technology* zurückführen. Das Differenzierungskriterium der beiden Technologieformen ist der Ort innerhalb der Produktion, an dem die unweltschützende Maßnahme ansetzt *(s. Abbildung 51)*.

Abbildung 51: **Ansatzpunkte für Technologiewahl in der Produktion**

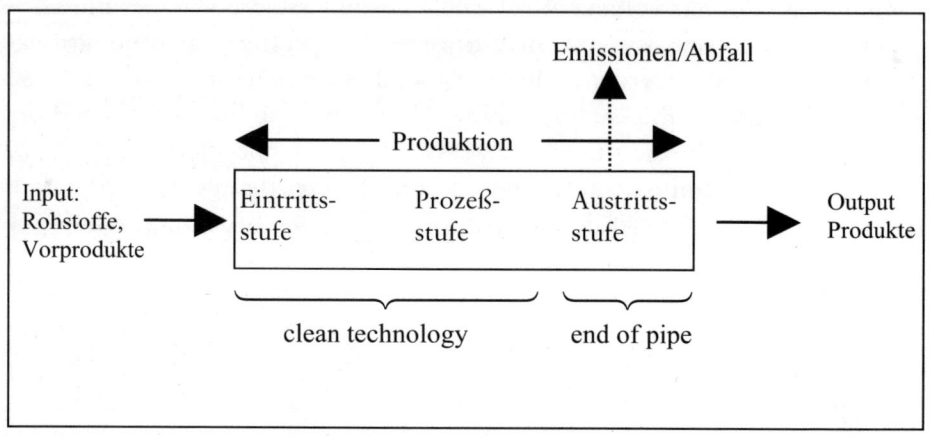

In Anlehnung an Fritz/Kern 1992, S. 22.

Clean technology bedeutet, dass bereits in der Eintrittsstufe der Produktion, z.B. durch vorgereinigte bzw. schadstoffarme Rohstoffe, oder in der eigentlichen Prozessstufe durch ein umweltfreundliches Produktionsverfahren die Entstehung von Emissionen verhindert wird. Werden entstandene Schadstoffe erst am Ende des Produktionsprozesses vermindert oder am Eintreten in die Umweltmedien gehindert, liegt eine *end of pipe technology* vor. In der betrieblichen Praxis sind die beiden Formen nicht als einander ausschließende Gegensätze zu sehen; vielmehr handelt es sich bei den realisierten umweltorientierten Produktionsstrukturen meist um Lösungen, die sich entweder mehr in Richtung end of pipe bzw. mehr in Richtung clean technology orientieren. Insofern ist die in *Abbildung 52* dargestellte Gegenüberstellung eine Extrembetrachtung *(s. auch die Darstellung aus der Sicht der Umweltpolitik II 5.2)*.

Abbildung 52: *Gegenüberstellung von end of pipe technology und clean technology*

	end of pipe technology	clean technology
Synonyme	nachgeschalteter Umweltschutz; additiver Umweltschutz	integrierter Umweltschutz, ökologische Modernisierung
Philosophie	Schadstoffbeseitigung am Ende des Produktionsprozesses; Entsorgungsorientierung; Symptombehandlung	Emissionsverminderung am Beginn bzw. während des Produktionsprozesses; Vermeidungsorientierung; Ursachenbeseitigung
Einfügung in die Produktionsstruktur	Umrüstung von vorhandenen Produktionsanlagen oder deren Zusatzausrüstung	in der Regel neue Aggregate sowie neue Produktionsverfahren und Einsatzstoffe erforderlich
Beispiele	Autokatalysator; Filter (z.B. Abgasentschwefelung); Lärmschutzwände	verbrauchs-, abgas- und geräuscharme Kfz; Solarenergie

Aus *umweltorientierter Sicht* ist *clean technologies* grundsätzlich der Vorzug zu geben. Einerseits lassen *clean technologies* als vermeidungsorientierte Verfahren Emissionen idealerweise gar nicht entstehen, womit das mit *end of pipe*-Lösungen häufig verbundene Entsorgungsproblem der zunächst zurückgehaltenen Reststoffe entfällt. Zum anderen dient der bei clean technology meist gegebene verminderte Ressourceneinsatz dem Nachhaltigkeitsziel. Allerdings ist völlige Emissionsfreiheit aus naturgesetzlichen Gründen (jede Transformation von Materie und Energie schafft Entropie) im Rahmen der Produktion nicht erreichbar; auch kann nicht ohne Ressourceneinsatz produziert werden. Beispiel: Auch Solarzellen verursachen bei ihrer Herstellung und ihrer Entsorgung Umweltprobleme. *Clean technology* kann also immer nur den Versuch darstellen, dem Ziel der Emissionsvermeidung und maximaler Ressourceneinsparung möglichst nahe zu kommen *(Georgescu-Roegen 1991)*. Eine Schwäche von end of pipe technologies ist darin zu sehen, dass sie oft nur einen Teil der Schadstoffe zurückhalten. So lassen z.B. Auto-Katalysatoren das Klimagift CO_2 passieren.

Weniger eindeutig ist die Frage nach der Priorität von *end of pipe* versus *clean technology* aus ökonomischer Sicht zu beantworten. Unter Zugrundelegung des im Bereich der Produktion dominanten *kurzfristigen Kostenkriteriums* ist tendenziell der *end of pipe-Lösung* der Vorzug zu geben *(Antes 1988, Steger 1991)*, während bei Berücksichtigung von langfristig orientierten Kriterien, wie z.B. Akzeptanz relevanter Stakeholder oder der Realisierung von technischem Fortschritt, *clean technologies* an Boden gewinnen *(Stitzel 1994, auch II 5.3)*.

Dass *end of pipe technologies* kurzfristig kostengünstiger sind, ist auf eine Reihe von sehr heterogenen Faktoren zurückzuführen.[20] Gegenüber *clean technologies*

- benötigen sie weniger (oder keinen) Forschungs- und Entwicklungsaufwand,
- sind die mit ihrer Investition verbundenen Kosten in der Regel niedriger,
- erfordern sie geringe Anlauf- und Anlernkosten,
- können sie meist mit relativ geringem Aufwand in vorhandene Produktanlagen integriert werden, während *clean technologies* in der Regel eine partielle, ggf. auch vollständige Erneuerung der Anlagen erforderlich machen (was bedeuten kann, dass noch funktionsfähige Aggregate aus der Produktion herausgenommen werden; betriebswirtschaftlich sind das „sunk costs", also nutzlos eingesetzte Ressourcen),
- sind die Genehmigungsverfahren einfacher und kürzer.

Mitunter wird argumentiert, dass wegen der höheren Ressourcenproduktivität von *clean technologies* und der damit geringeren variablen Kosten die Investitionskostennachteile unter langfristigem Aspekt kompensiert werden *(z.B. Stitzel 1994, S. 156 ff.)*; allerdings ist davon auszugehen, dass diese Amortisationszeiträume sehr lang sind und hohe produzierte Stückzahlen voraussetzen.

Bei der Ausweitung der Kriterien *über* den Kostenaspekt hinaus und bei der *Einbeziehung langfristiger Zeiträume* wendet sich allerdings das Blatt

---

20 Die relative Kostengünstigkeit von *end of pipe* versus *clean technologies* ist natürlich fallabhängig (Technologiepreise, Verfügbarkeit, Kompatibilität zur übrigen Produktionsausstattung); insofern bilden die genannten Kriterien nur ein grobes Beurteilungsraster.

zugunsten von clean technologies *(Steger 1991, Thoenes 1995)*. Die Umrüstung auf *clean technologies* bedeutet

- Partizipation am technischen Fortschritt (dem sich zu entziehen die langfristige Wettbewerbsfähigkeit bedrohen würde, *s. 4.3*);

- Vermeidung des Risikos, mit umweltorientierten Stakeholdern in Konflikt zu geraten (weil die ökologische Pionierrolle demonstriert wird);

- Verminderung der Gefahr, bei im Zeitablauf sich verschärfenden Umweltschutzbestimmungen erneut die zuvor installierte *end of pipe technology* zu ergänzen bzw. zu ersetzen (was mit hohen Kosten verbunden sein kann).

Zusammenfassend kann postuliert werden, dass der Umstieg auf *clean technologies* – unter der Voraussetzung, dass sie verfügbar sind bzw. mit vertretbarem Aufwand entwickelt werden können – vor allem angezeigt ist, wenn ohnehin Neuinvestitionen anstehen oder wenn die *end of pipe technology* entweder den erforderlichen Umweltstandard nur mühsam erreicht oder zu veralten droht. Es kann allerdings nicht davon ausgegangen werden, dass *clean technologies* sich in Unternehmen quasi automatisch durchsetzen; die faktischen Präferenzen für *end of pipe*-Lösungen entsprechen durchaus betriebswirtschaftlicher, d.h. vor allem an Kosten orientierter Rationalität.

Wichtige *Überblicksliteratur zur umweltorientierten Produktion*:

- Dyckhoff, H.: Produktion und Umwelt, in: Junkernheinrich u.a., 1995, S. 220-225.
- Kreikebaum, H.: Umweltgerechte Produktion, Wiesbaden 1992.
- Steger U., Integrierter Umweltschutz als Gegenstand eines Umweltmanagement, in: Kreikebaum, H. (Hrsg.), Integrierter Umweltschutz, 2. Aufl., Wiesbaden 1991.
- Strebel, H.: Umwelt und Betriebswirtschaft, Berlin 1980.

2.3 Umweltorientiertes Marketing[21]

Ausgangssituation, Ziele und Entscheidungstatbestände

In den Vorbemerkungen zu den güterwirtschaftlichen Funktionen des Umweltmanagements wurde dem Marketing die Schlüsselrolle zugewiesen. Das entspricht der heute in Theorie und Praxis ganz überwiegend vertretenen Marketingkonzeption, derzufolge Unternehmen vom Markt her zu führen sind (allgemein z.B. *Kotler 1982; Meffert 1998*), und zwar deshalb, weil der Erfolg von Unternehmen sich daran entscheidet, wie gut die erstellten Güter bzw. Dienste am Markt abgesetzt werden können. Leitlinie der Unternehmenspolitik werden damit die Bedürfnisse der Kunden. Die Erfordernisse der Kunden- und Marktorientierung legen gleichzeitig die Grenzen fest, innerhalb derer unternehmerisches Umweltmanagement realisiert werden kann. Diese Grenzen zeigen sich vor allem in zwei Aspekten:

- *Ein im Wettbewerb stehendes Unternehmen kann nur soviel Umweltorientierung verwirklichen, wie die Märkte zu honorieren bzw. zu akzeptieren bereit sind.*

- Die Entscheidungen der dem Marketing vorgelagerten materie- und energierelevanten Stufen Produktion und Logistik werden durch die Erfordernisse der Märkte bestimmt, d.h.: Welche Inputstoffe beschafft werden bzw. welche Produktionsverfahren eingesetzt werden, hängt davon ab, welche Produkte die Unternehmen an ihren Märkten erfolgreich absetzen können.[22]

---

21 Im weiteren werden die Begriffe Absatz und Marketing synonym verwendet. In der betriebswirtschaftlichen Terminologie steht Absatz üblicherweise für die entgeltliche Verwertung der Leistungen des Unternehmens am Markt, also die geldbezogene und physische Komponente der Marktbeziehungen. Marketing wird demgegenüber als die Menge der Entscheidungen über den Absatz verstanden; es kennzeichnet also die Management-Komponente. Moderne Marketing-Konzepte streben eine aktive Gestaltung der Märkte an, wobei die Bedürfnisse der Kunden im Vordergrund stehen.

22 Als Beispiel: Eine Luftverkehrsgesellschaft beliefert Märkte mit dem Produkt „Schneller Transport über große Entfernungen". Nur innerhalb dieses Produktprogramms kann das Unternehmen Ressourcenverzehr und Emissionen zu vermindern versuchen.

Wie schon bei den vorangegangenen Funktionen Logistik und Produktion sind auch beim *Marketing ökonomische und umweltbezogene Ziele* in unterschiedlichen Dimensionen angesiedelt. Aus ökonomischer Sicht steht *kurzfristig das Umsatzziel* im Vordergrund, *langfristig* das Ziel der Erhaltung bzw. der *Erhöhung des Marktanteiles*, im Einzelfall auch das Ziel der Marktführerschaft. Es handelt sich dabei immer um Mengenziele: Je mehr zu je höheren Preisen verkauft wird, desto erfolgreicher ist das Unternehmen. Die ökonomische Legitimation dieser Mengenorientierung liegt z.B. in den kostenorientierten Erfordernissen der Kapazitätsauslastung sowie im Streben nach Konkurrenzfähigkeit gegenüber den Wettbewerbern und im Streben nach Unternehmenswachstum. Alle diese Ziele dienen letztendlich dem Hauptziel der Gewinnoptimierung.

Demgegenüber stellt sich das *Umweltziel* des Marketing als Ressourcenschonung und Emissionsminderung *über die gesamte Schadschöpfungskette* bzw. Produktlinie dar. Speziell das Ziel der Ressourcenschonung ist tendenziell konkurrierend zur Mengen- bzw. Wachstumsorientierung der ökonomischen Seite des Marketing. Jedes zusätzlich verkaufte Stück erhöht den Umsatz, bedeutet aber auch weiteren Ressourcenverzehr.[23] Das sich daraus ergebene Dilemma *(ähnliche Sichtweise Freimann 1996, S. 287 f.)* lässt sich nur partiell auflösen: Umweltorientiertes Marketing kann nur eine *relative Problemlösung* bedeuten, und zwar in der Form, dass das Unternehmen Produkte anbietet, bei „deren Produktion, Konsum und Entsorgung geringere Umweltbelastungen als bei Konkurrenzprodukten mit vergleichbaren funktionalen Nutzen entstehen" *(Kaas 1995, S. 113)*:

Ein so verstandenes realitätsbezogenes Umweltmarketing *(z.B. Meffert/ Kirchgeorg 1995; Kaas 1995)* hat mehrere miteinander vernetzte Ansatzpunkte. Es kann in Form der absatzpolitischen Instrumente *(Meffert 1998)* versucht werden,

- möglichst umweltverträgliche Güter bzw. Dienste auf den Markt zu bringen *(Produktpolitik)*,
- diese Produkte zu Bedingungen anzubieten, die zum Kauf speziell umweltverträglicher Produkte animieren *(Preis- und Konditionenpolitik)*,

---

23 Vor dem Hintergrund dieser Überlegungen verbietet sich für die übliche industrielle Produktion wohl auch der häufig benutzte Begriff „Ökologisches Marketing" *(z.B. Bruhn 1992)*; mit Ökologie im eigentlichen Wortsinn hat das, was im Marketingbereich in Unternehmen üblicherweise getan wird, wenig oder nichts zu tun.

- die Verteilung dieser Produkte möglichst umweltverträglich zu gestalten *(Distributionspolitik)* und schließlich
- die Nachfrager davon zu überzeugen, die umweltverträglichen Produkte genau wegen ihrer Umweltverträglichkeit zu erwerben *(Kommunikationspolitik)*.

Von Bedeutung sind insbesondere die Produkt- und Kommunikationspolitik, auf die im folgenden ausführlicher eingegangen wird.

Instrumente des umweltorientierten Marketing

Produktpolitik

Die wichtigsten Entscheidungen über Art und Menge der unternehmensbedingten Umweltschäden fallen bei der Festlegung des Produktionsprogramms: Hier wird festgelegt, ob und in welchem Ausmaß das Unternehmen in umweltsensiblen Bereichen tätig ist. Außerdem werden, zumindest in groben Zügen, Einsatzfaktoren, Produktionsverfahren, verbrauchsbedingte Umweltbeeinträchtigungen und Entsorgungserfordernisse determiniert.

Produkten, die eine relativ geringe Umweltschädlichkeit aufweisen, wird mitunter das Attribut „Ökologisches Produkt" *(Türck 1990)* zugewiesen; wenn es sich dabei um unternehmensextern vorgegebene Standards handelt, können diese Produkte offizielle Öko-Label (z.B. „Blauer Engel" als Umweltzeichen des Umweltbundesamtes) erhalten. Eine derartige Kennzeichnung bedeutet allerdings immer nur eine *relative Umweltqualität*, und zwar relativ im Verhältnis zu weniger umweltfreundlichen Produkten gleicher Art und Funktion. Es gibt auch keinen objektiven Maßstab für einen Standard „Ökologisches Produkt".

Umweltverträgliche Produkte stehen grundsätzlich im Wettbewerb zu weniger umweltverträglichen, d.h. sie werden nur dann an den Märkten erfolgreich sein, wenn sie bezüglich relevanter Marketingkriterien, speziell Qualität, Funktionsnutzen und Preis, konkurrenzfähig sind *(s. Wettbewerbsfähigkeit des Umweltmanagements 4.3)*. Umweltverträgliche Produkte tun sich in dieser Hinsicht häufig schwer. Wegen höherer Herstellungskosten pro Stück[24] müssen sie in vielen Fällen teurer angeboten werden, ihr

---

24 Die höheren Herstellungskosten pro Stück resultieren aus den meist geringeren produzierten Stückzahlen, aus ggf. aufwendigeren Produktionsverfahren *(z.B. clean technologies, 2.2)* sowie teureren, weil umweltverträglicheren Einsatzfaktoren.

Grundnutzen liegt demgegenüber teilweise unter dem vergleichbarer Produkte, die eine höhere Umweltschädlichkeit aufweisen (z.B. geringere Reinigungskraft von Öko-Waschmitteln). Inwieweit derartige strukturelle Nachteile durch eine kaufkräftige Nachfrage speziell nach umweltverträglichen Produkten ausgeglichen werden, kann nur im Einzelfall entschieden werden. Immerhin hat z.B. der „Blaue Engel" zu erheblichen Nachfrageverschiebungen geführt *(Zielberg/Alversleben 1998)*.

Für eine Veränderung bestehender Absatzprogramme in Richtung einer erhöhten Umweltverträglichkeit bieten sich mehrere Wege an:

- Die *Umweltbeeinträchtigung* bislang angebotener Produkte *wird reduziert,* z.B. durch Verwendung recycelter bzw. recyclingfähiger Vorprodukte, durch Einbau von Antriebsaggregaten mit niedrigeren Energieverbrauch (z.B. „Öko"-Kühlschränke) oder durch besseren Schutz vor Emissionen (z.B. Katalysatoren).

- Das Produktionsprogramm wird durch einzelne besonders *umweltverträgliche Produkte ergänzt*. Beispiele dafür sind Öko-Kollektionen von Textilherstellern, Bio-Bereiche in Lebensmittelmärkten, Aufnahme von verbrauchsarmen Kraftfahrzeugen in die Modellpalette (Die Probleme bei der Integration des „Smart" in das Produktprogramm von Daimler Chrysler zeigen deutlich die Stolpersteine, die sich einer derartigen Produktpolitik entgegenstellen können).

- Eine weitreichende Variation stellt die *Entwicklung neuer Geschäftsfelder* dar, in denen die Umweltverträglichkeit ein dominantes Entscheidungskriterium ist (z.B. Energieversorgungsunternehmen weitet die Energiegewinnung auf regenerative Energien aus); analog dazu können besonders umweltschädigende Produkte aus dem Sortiment herausgenommen werden. Einen Schritt weiter gehen erste Versuche, *statt Produkten Nutzen zu verkaufen,* d.h. der Nachfrager erwirbt nicht das Produkt sondern nur die Nutzungsoption, womit ein und dasselbe Produkt mehreren Nutzern zur Verfügung steht. Öko-Leasing, car sharing etc. sind Beispiele derartiger Konzeptionen, die langfristig eine erhebliche Ressourcenschonung bewirken können.

Diese Veränderungen erfordern ggf. hohe Forschungs- und Entwicklungsaufwendungen, und sie setzen ein entsprechendes umweltorientiertes Nachfragepotenzial voraus; sie sind also aus betriebswirtschaftlicher Sicht risikobehaftet, was sicherlich einer der Gründe dafür ist, dass eine echte Umweltorientierung von Produktionsprogrammen bislang eher zögerlich erfolgt ist. Eine Ausnahme stellen Anbieter dar, deren Produkte insgesamt schwerpunktmäßig auf das Kriterium Umweltverträglichkeit ausgerichtet sind (z.B. Body Shop, Demeter).

Kommunikationspolitik

Im Rahmen einer umweltorientierten Kommunikationspolitik geht es darum, bei potentiellen Abnehmern das Umweltmotiv zu einem wichtigen, ggf. dem zentralen Kriterium der Kaufentscheidung zu machen. Klassische Instrumente der Kommunikationspolitik innerhalb des unternehmerischen Marketing sind *Public Relations*, also produkt-unspezifische Informationen über das Unternehmen als Ganzes (häufig in Form von *Umweltberichten, s. 3.1*), sowie die *Werbung*, also die direkte produktbezogene Information (letztere wird umgangssprachlich mitunter, allerdings zu Unrecht, als Öko-Marketing bezeichnet). Beide Instrumente müssen im Rahmen umweltorientierter Kommunikationspolitik zu verdeutlichen versuchen, dass es sich um ein Unternehmen mit hohem Umweltstandard bzw. um umweltverträgliche Produkte handelt *(allgemein Hopfenbeck/Jasch 1995; viele Beispiele für Umweltwerbung bei Hopfenbeck, 1991)* und dass gerade deshalb dieses Unternehmen und seine Produkte präferiert werden sollen.

Da entgegen landläufiger Meinung die manipulativen Möglichkeiten von Public Relations und Werbung relativ begrenzt sind – kaum jemand wird, abgesehen von Spontankäufen, durch Werbung „gegen seinen Willen" zum Kauf getrieben werden, schon gar nicht im Umweltbereich –, wird das faktisch vorhandene bzw. zumindest latente *Umweltbewusstsein* zur entscheidenden Begrenzung der Wirksamkeit von umweltorientierter Kommunikationspolitik.

Die empirischen Erhebungen zum Umweltbewusstsein weisen zwar günstige Werte aus *(Zusammenfassung bei Wimmer 1995)*, gleichzeitig wird aber kaum ernsthaft bezweifelt, dass zwischen der Absicht, sich umweltorientiert zu verhalten und dem tatsächlichen Handeln ein beträchtlicher Unterschied besteht: Umweltbewusstsein führt nicht unbedingt zu Umwelthandeln (sogenannte *ökologische Verhaltenslücke*, zur Erklärung z.B. *Preuss 1991*). Umweltorientierte Kommunikationspolitik wird umso eher erfolgreich sein, je mehr sie die Motivvielfalt der Nachfrager, die einer der Gründe für diese Verhaltenslücke darstellt, berücksichtigt, speziell dadurch, dass die Werbung nicht ausschließlich auf das Umweltmotiv abhebt, sondern die Umweltverträglichkeit als einen unter mehreren Nutzen herausstellt.

Umwelt-Public Relations und Umwelt-Werbung müssen sich grundsätzlich mit dem Problem der *Glaubwürdigkeit* auseinandersetzen. Nur wenn faktisches Unternehmenshandeln des Unternehmens bzw. die tatsächlichen Produkteigenschaften mit der Umwelt-Werbebotschaft zumindest in etwa übereinstimmen, ist ein Erfolg zu erwarten. Missbräuchliche Nutzung von „Öko"-Werbebotschaften, z.B. im Lebensmittelbereich, haben die umweltorientierte Kommunikationspolitik speziell bei kritischen Verbrauchern diskreditiert; mit Skepsis wird unter Glaubwürdigkeitsgesichtspunkten auch –mitunter allerdings zu Unrecht – Umweltwerbung von Unternehmen aus umweltkritischen Bereichen, z.B. Chemie bzw. Energie, betrachtet. Unsensible marktschreierische Werbung mit dem Odium der Vertuschung von Umweltbeeinträchtigungen können vor dem Hintergrund der Glaubwürdigkeitsproblematik das Gegenteil der intendierten Wirkung auslösen.

Der *Erfolg von umweltorientierter Kommunikationspolitik* ist, wie generell bei der Analyse von Werbeerfolgen, ex ante kaum zu prognostizieren und ex post nur schwer einer konkreten, hier umweltbezogenen Kommunikationspolitik zuzuordnen, so dass über den Erfolg umweltbezogener Werbung generelle Aussagen nicht möglich sind. Allerdings gibt es markante Erfolgsfälle, so z.B. das ethisch ausgerichtete Marketingkonzept des „Fairen Dritte-Welt-Handels", in dessen Rahmen relativ teuere Dritte-Welt-Produkte trotz ihres Preisnachteiles hohen Absatz realisiert haben (*Zielberg/Alversleben 1998*).

Wichtige *Überblicksliteratur zum Marketing* im Rahmen des Umweltmanagements:

- Kaas, K.P.: Marketing und Umwelt, in: Junkernheinrich u.a. (Hrsg.): Handbuch zur Umweltökonomie, Berlin 1995, S. 112-116.
- Meffert, H./Kirchgeorg, M.: Marktorientiertes Umweltmanagement, 3. Aufl., Stuttgart 1998.

In Kap. 2 *zitierte* Literatur:

Antes, R./Steger U.: Umweltschutz und Transportmittelwahl, in: Die Betriebswirtschaft, 1992, S. 735-759.

Antes, R.: Umweltschutzinnovationen als Chancen des aktiven Umweltschutzes für Unternehmen im sozialen Wandel, in: Schriftenreihe des Instituts für ökologische Wirtschaftsführung, 16/88, Berlin 1988.

Böge, S.: Die Auswirkungen des Straßengüterverkehrs auf den Raum. Diplomarbeit am Fachbereich Raumplanung der Universität Dortmund, 1992, beschrieben in: Psychologie heute, 5/1994, S. 30.

Bruhn, M.: Integration des Umweltschutzes in den Funktionsbereich Marketing, in: Steger, U. (Hrsg.): Handbuch des Umweltmanagements, München 1992, S. 537-556.

Diruf, G.: Logistik, in: Corsten, H.: Lexikon der Betriebswirtschaftslehre, 3. Aufl., München 1995, S. 588-592.

Freimann, J.: Betriebliche Umweltpolitik, Bern u.a. 1996.

Fritz, W./Kern, H.: Reinigung von Abgasen, 3. Aufl., Würzburg 1992.

Georgescu-Roegen, N.: Was geschieht mit der Materie im Wirtschaftsprozeß?, in: Seidel, E./Strebel, H.: Umwelt und Ökonomie, Wiesbaden 1991.

Heinen, E.: Industriebetriebslehre, 9. Aufl., Wiesbaden 1991.

Hennig, R.: Ökonomische und ökologische Effekte von „Just-in-Time"-Konzepten am Beispiel der deutschen Reifenindustrie, Frankfurt u.a. 1994.

Hopfenbeck, W./Jasch, Chr.: Öko Design, Landsberg am Lech 1995.

Hopfenbeck, W.: Umweltorientiertes Management und Marketing, 2. Aufl., Landsberg am Lech 1991.

Kaas, K. P.: Marketing und Umwelt, in: Junkernheinrich M. u.a. (Hrsg.): Handbuch zur Umweltökonomie, Berlin 1995, S. 112-116.

Kotler, P.: Marketing-Management, 4. Aufl., Stuttgart 1982.

Meffert, H.: Grundlagen marktorientierter Unternehmensführung, 8. Aufl., Wiesbaden 1998.

Pfohl, H.-C./Stölzle, W.: Entsorgungslogistik, in: Steger, U. (Hrsg.): Handbuch des Umweltmanagements, München 1992.

Preuss, S.: Umweltkatastrophe Mensch, Heidelberg 1991.

Stahlmann, V.: Umweltorientierte Materialwirtschaft, Wiesbaden 1988.

Steger, U.: Integrierter Umweltschutz als Gegenstand eines Umweltmanagements, in: Kreikebaum, H. (Hrsg.): Integrierter Umweltschutz, 2. Aufl., Wiesbaden 1991.

Steven, M./Bruns, K.: Entsorgungslogistik I und II, in: WISU, 6/1998, S. 695-700 und 7/1998, S. 802-806.

Stitzel, M.: Das Unternehmen als Initiator der ökologischen Umorientierung, in: Jänicke, M./Bolle, H.-J./Carius, A.: Umwelt global, Berlin u.a. 1994, S. 151-164.

Stumm, W./Davis, J.: Kann Recycling die Umweltbeeinträchtigung vermindern?, in: Seidel, E./Strebel, H.: Umwelt und Ökonomie, Wiesbaden 1991, S. 75-87.

Thoenes, H. W.: Technischer Umweltschutz, in: Junkernheinrich u.a. (Hrsg.): Handbuch zur Umweltökonomie, Berlin 1995, S. 241-245.

Türck, R.: Das ökologische Produkt, Ludwigsburg 1990.

Wildemann, H.: Just-in-Time Produktion, 3. Aufl., München 1987.

Wimmer, F.: Umweltbewußtsein, in: Junkernheinrich, M. u.a. (Hrsg.): Handbuch zur Umweltökonomie, Berlin 1995, S. 268-273.

Zielberg, R.v./Alversleben, R.V.: Die Bedeutung ethischer Motive beim Kauf von Lebensmitteln, in: Jahrbuch für Absatz- und Verbrauchsforschung (GfK), 2, 1998, S. 201-211.

3. Umweltorientierte Unterstützungsfunktionen im Unternehmen

Damit in den güterwirtschaftlichen Funktionen Logistik, Produktion und Absatz Umweltbeeinträchtigungen möglichst gering bleiben, muss eine Reihe weiterer betrieblicher Funktionen, die selbst unmittelbar keine Schadschöpfung verursachen, umweltorientiert gestaltet werden, so insbesondere

- Gewinnung und Nutzung umweltrelevanter Informationen (*Umweltcontrolling, 3.1*),
- Einbau des Umweltinteresses in die Unternehmensstrukturen und -prozesse (*umweltorientierte Organisation, 3.2*),
- Qualifizierung und Motivierung der Mitarbeiter im Hinblick auf umweltadäquates Verhalten (*Mitarbeiter im Umweltmanagement, 3.2*).

Ohne entsprechende Ausrichtung dieser deshalb hier auch als Unterstützungsfunktionen bezeichneten betrieblichen Bereiche sind Umweltaktivitäten in den güterwirtschaftlichen Funktionen wenig wirksam, weil weder eine informatorische, sachliche und personelle Fundierung gegeben noch eine Kontinuität dieser Aktivitäten gewährleistet ist.

3.1 Umweltcontrolling[25]

Für Umweltmanagemententscheidungen benötigt man eine Vielzahl von möglichst „harten", d.h. quantitativen Informationen, z.B. über den Ressourcenverbrauch, über die Art und Menge der Emissionen des Unternehmens oder über die Kosten der Umrüstung auf end of pipe-Technologien. Es ist Aufgabe des Umweltcontrolling diese Informationen bereitzustellen.

---

25 In keinem anderen Bereich des Umweltmanagements wird derzeit so viel publiziert wie im Bereich des Umweltcontrolling; allerdings sind die Redundanzen erheblich. Als führend kann derzeit *Hallay/Pfriem 1992* angesehen werden; für ausführliche Studien sind auch *Bleis 1994* sowie *Böning 1995* und *Freimann 1996, S. 397 ff.* empfehlenswert.

Gegenstand und Ziele des Umweltcontrolling

Umweltcontrolling ist eine in der Entscheidungsfreiheit des Unternehmens liegende Ergänzung des unternehmerischen Controlling. Das unternehmerische Controlling *(z.B. Horvath 1991)* – im weiteren, um Verwechslungen zu vermeiden, als *ökonomisches Controlling* bezeichnet – ist ein Management-Instrument, das mit Hilfe von quantitativen ökonomischen Informationen – z.B. Kosten-, Ertrags,- Gewinn-, Liquiditätsdaten – die Unternehmung zu wirtschaftlichem Erfolg führen soll. Im Vordergrund des Controlling steht die Steuerungsfunktion (entsprechend dem engl. to control = steuern, was über den deutschen Begriff „Kontrolle" deutlich hinausgeht).

Umweltcontrolling hat bei grundsätzlich gleichem Anspruch und analogem methodischen Vorgehen wie das ökonomische Controlling die Funktion, mit Hilfe von *quantitativen umweltrelevanten Informationen* die Umweltverträglichkeit des Unternehmens zu erhöhen. Im einzelnen soll das Umweltcontrolling

- exakte (und im Idealfall möglichst schonungslose) Informationen über die Gesamtheit der Umweltwirkungen des Unternehmens bereitstellen *(Dokumentationsfunktion);*
- die Ursachen von unternehmensbedingten Umweltbeeinträchtigungen identifizieren *(Analysefunktion);*
- die Umweltbeeinträchtigungen aus Umwelt- und ökonomischer Sicht bewertbar machen *(Bewertungsfunktion);*
- die Ableitung und Realisierung von Maßnahmen ermöglichen, die die Umweltverträglichkeit des Unternehmens verbessern *(Umwelt-Steuerungsfunktion).*

Bevor im weiteren die einzelnen Instrumente des Umweltcontrollings dargestellt werden, ist zu klären, in welchem Verhältnis das Umweltcontrolling zum ökonomischen Controlling steht und welche Anforderungen an die im Rahmen des Umweltcontrollings erhobenen Daten und an deren Nutzung zu stellen sind.

Das Umweltcontrolling ist in das ökonomische Controlling eingebunden und diesem grundsätzlich untergeordnet. Die Unterordnung unter das ökonomische Controlling resultiert aus der Dominanz der ökonomischen Ziele im Unternehmen *(s. 1.2)* und bedeutet, dass die Daten des Umweltcontrollings nur dann in umweltorientierte Entscheidungen umgesetzt werden können, wenn dies aus der Sicht des auf wirtschaftlichen

Erfolg ausgerichteten ökonomischen Controlling zulässig bzw. vertretbar ist.

Anforderungen an ein effizientes Umweltcontrolling sind darin zu sehen, dass die Informationen mit vertretbarem Aufwand gewonnen werden können, dass das Informationssystem gut handhabbar ist, dass die Informationen für die Nutzer verständlich sind und dass aus den gewonnenen Informationen konkrete Umweltaktivitäten abgeleitet werden können.

So einleuchtend diese Forderungen sind, so schwierig sind sie in der Praxis umzusetzen. Das resultiert aus der Komplexität der Umweltwirkungen des Unternehmens. So ist es in vielen Fällen kaum möglich, diese Wirkungen quantitativ zu erfassen und aus der Vielzahl der potentiellen Daten die wirklich wichtigen herauszufiltern (z.B. ganz besonders toxische Stoffe). Mangels geeigneter exakter Vergleichsmaßstäbe kann man bestenfalls näherungsweise eine umweltbezogene Bewertung der Schäden vornehmen *(s. Öko-Bilanz 3.1)*. Da bei Umweltwirkungen häufig keine Marktpreise existieren, fehlt analog dazu einer ökonomischen Bewertung die Basis. Wenn trotz all dieser Mängel Maßnahmen abgeleitet werden, stehen sie oft im Gegensatz zu den ökonomischen Interessen des Unternehmens, was eine Umsetzung erschwert oder unmöglich macht. Diese Probleme weisen darauf hin, dass die derzeit häufig beobachtbare „Öko-Controlling-Euphorie", derzufolge Umwelt-Controlling ein effizientes und bereits ausgereiftes Instrument zur Verbesserung der Umweltverträglichkeit des Unternehmens darstellt, sorgfältig zu hinterfragen ist.

Es existieren zwischenzeitlich mehrere Umweltcontrolling-Instrumente, die sich im Hinblick auf Zielsetzung, Adressaten und Vorgehensweise deutlich voneinander unterscheiden.
Die wichtigsten dieser Instrumente[26] sind:
- die *Ökobilanz* als überwiegend unternehmensintern orientiertes Informationsinstrument, das die Gesamtheit der Umweltwirkungen des Unternehmens erfassen und dokumentieren soll;
- das *Umweltaudit* als freiwilliges, aber durch rechtliche Regelungen ausgestaltetes, zertifizierungsfähiges Prüfverfahren des Umweltstandards und der Umweltaktivitäten des Unternehmens *(s. dazu auch III 3.1)*;

---

26 Im Weiteren werden nur die beiden wichtigsten Instrumente – Ökobilanz und Umweltaudit – dargestellt; für die übrigen Instrumente wird auf die genannte Literatur verwiesen.

- *Umweltkennzahlensysteme*, die die wichtigsten Einzelbefunde von Öko-bilanzen und Umweltaudits zusammenfassen und übersichtlich auswei-sen *(z.B. Seidel u.a. 1997)*;
- *Umweltberichte*, die Unternehmensexterne (Öffentlichkeit, Geschäfts-partner) über die Umweltaktivitäten des Unternehmens informieren sol-len *(Fichter/Clausen 1996; Beispiele für Umweltberichte großer deut-scher Unternehmen: Hopfenbeck/Jasch 1993)*;
- die *Umweltkostenrechnung,* die aufbauend auf Ökobilanz und Umwel-taudit ein Parallelsystem zur unternehmerischen Kosten- und Leis-tungsrechnung darstellt, mit dem Anspruch, die Gesamtheit der Um-weltwirkungen des Unternehmens sowohl in ökonomischen als auch in ökologischen Maßgrößen auszuweisen. Wegen derzeit noch ungelöster methodischer Probleme, insbesondere im Hinblick auf die parallele öko-nomische und ökologische Bewertung, befindet sich die Umweltkos-tenrechnung – im Gegensatz zu den anderen genannten Instrumenten – noch in der Frühphase ihrer Entwicklung und hat damit bislang nur ein-geschränkte reale Bedeutung für die Praxis des Umweltmanagements *(Überblick über den derzeitigen Stand: Fichter u.a. 1997)*.

Öko-Bilanz

Öko-Bilanz ist ein Sammelbegriff für quantitative Informationssysteme, mit deren Hilfe die Umweltwirkungen des Unternehmens erfasst, bewertet und für die Adressaten – überwiegend unternehmensinterne Entschei-dungsträger – nachvollziehbar ausgewiesen werden sollen. Dokumentiert werden, soweit dieses möglich ist, der Umweltverbrauch und die Schädi-gung von Umweltmedien. Der Begriff „Bilanz" darf nicht darüber hinweg-täuschen, dass die Öko-Bilanzen mit den klassischen betriebswirtschaftli-chen Bilanzen nur wenig Gemeinsamkeiten haben. Während betriebswirt-schaftliche Bilanzen ökonomisch relevante Tatbestände in Geldgrößen ausweisen, dokumentieren Ökobilanzen in standardisierter und quantitati-ver Form Umweltwirkungen des Unternehmens (bzw. sie versuchen es zumindest). Auch von der Vorgehensweise unterscheiden sich die beiden Bilanztypen sehr deutlich. Anders als die handels- bzw. steuerrechtlich vorgegebenen Bilanzen sind Ökobilanzen

- *nicht verpflichtend*, d.h. es steht dem Unternehmen frei, ob es eine Öko-Bilanz aufstellt (was ihr eine relative Beliebigkeit gibt);
- *nicht normiert*, d.h. das Unternehmen kann seine Öko-Bilanz gestalten, wie es ihm jeweils zweckmäßig erscheint (was die externe Beurteilung und zwischenbetriebliche Vergleichbarkeit einschränkt);
- *nicht an einem eindeutigen Wertmaßstab* (Geldgröße) *ausgerichtet*, vielmehr werden die Umweltbeeinträchtigungen in heterogenen physikalischen Größen, z.B. KWh, t, m^3, ausgewiesen (was eine Bewertung der Umweltwirkungen in hohem Maße erschwert).

Abbildung 53: *IÖW-Öko-Bilanzsystematik*

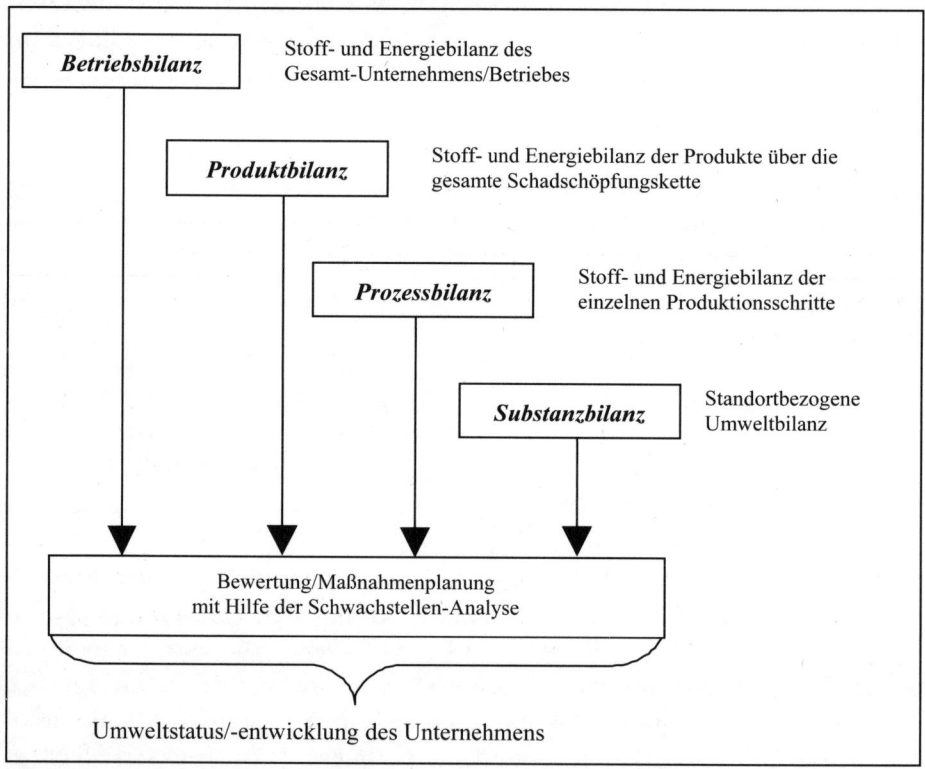

Quelle: IÖW Wien 1992, S. 7 modifiziert.

In der wissenschaftlichen Literatur und in der Unternehmenspraxis werden mehrere Öko-Bilanz-Konzeptionen beschrieben bzw. angewendet, die sich allerdings nicht fundamental voneinander unterscheiden *(Überblick Böning 1995)*. Das (vermutlich) am meisten in Unternehmen implementierte Öko-Bilanz-Konzept ist dasjenige des Instituts für Ökologische Wirtschaftsforschung [IÖW] *(IÖW 1992; Hallay/Pfriem 1992)*, das im folgenden wegen seiner Praxisrelevanz, aber auch wegen der Möglichkeit, die mit Ökobilanzen verbundenen Nutzen und Probleme deutlich machen zu können, dargestellt wird.

Die IÖW-Öko-Bilanz besteht aus vier Teilbilanzen, die in ihrer Gesamtheit – die allerdings bislang als Gesamtkonzeption in der unternehmerischen Praxis kaum realisiert wird – idealtypisch ein umfassendes Bild der Umweltwirkungen des Unternehmens zu geben vermögen *(Abbildung 53)*.

Die Basisbilanz ist die sogenannte *Betriebsbilanz*, in der im Rahmen einer black-box-Darstellung der Input an Umweltgütern und der Output an Umweltwirkungen gegenübergestellt werden *(s. Abbildung 54)*; realisierte Öko-Bilanzen beschränken sich meist auf diese Teilbilanz.

Abbildung 54: Grundstruktur einer Betriebsbilanz

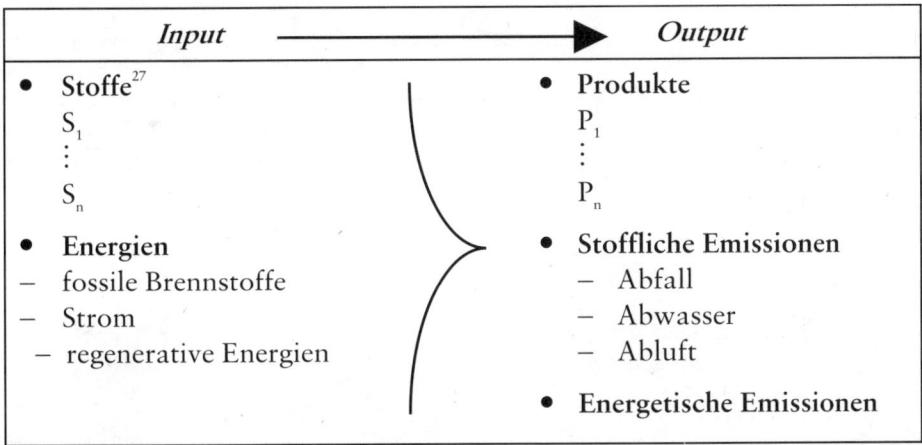

Nach Hallay/Priem 1992, S. 72 ff; modifiziert.

Ein Beispiel für eine Betriebsbilanz aus der Unternehmenspraxis (Reifenhersteller) zeigt *Abbildung 55*:

---

27 Alle Komponenten werden in den jeweiligen physikalischen Maßgrößen ausgewiesen, also in t, kg, kWh etc.

Abbildung 55: *Input-Output Analyse*

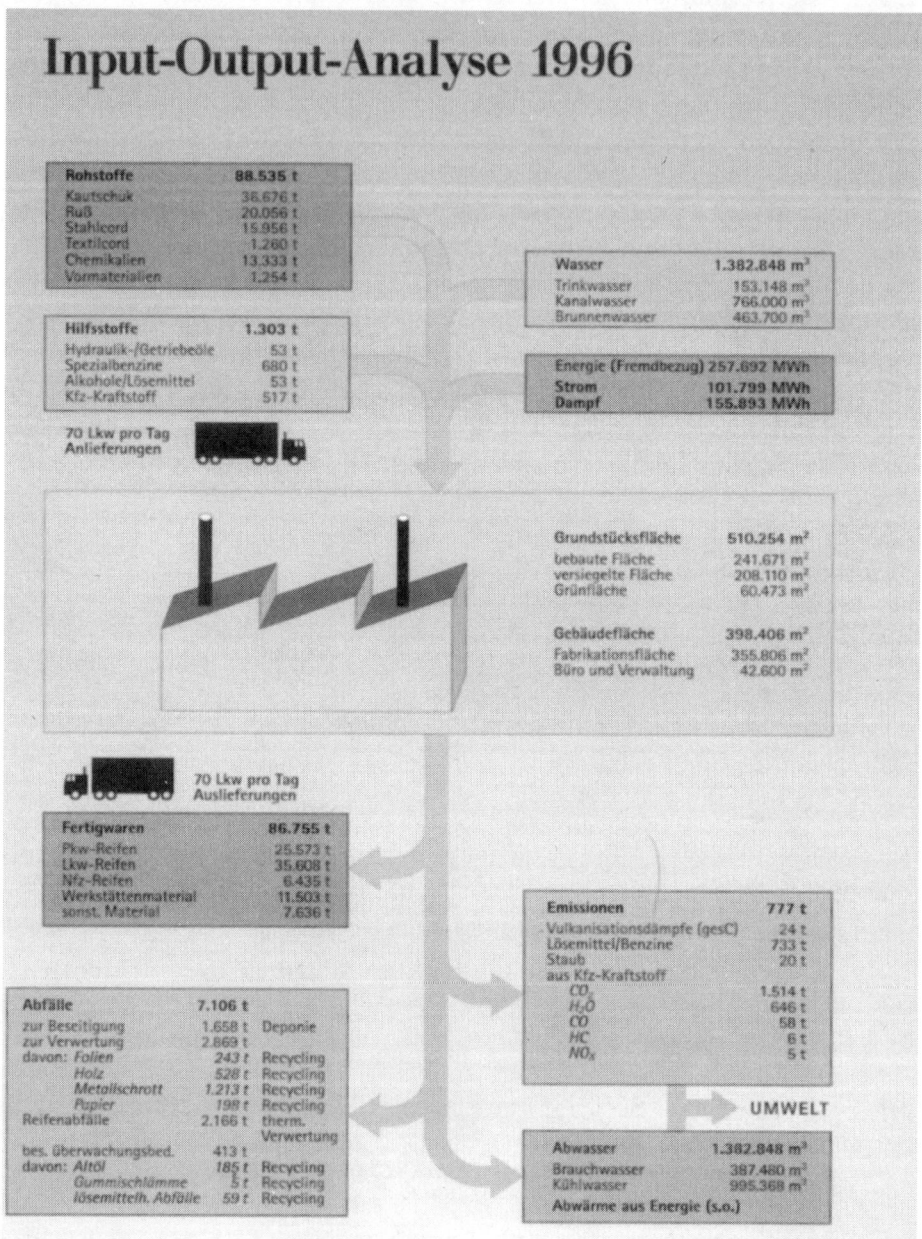

Isoliert ist die Betriebsbilanz wenig aussagekräftig, da sie in sehr hohem Maße aggregiert ist, und die Zuordnung des Umweltverbrauchs zu konkreten betrieblichen Entscheidungen und Prozessen nicht möglich ist. Sie ist demnach nur ein grober Rahmen, der, ohne ökologischen Bezug und ohne nach Verursachungen für den Umweltverbrauch zu fragen, die Gesamtheit der Umweltwirkungen eines Unternehmens dokumentiert. Anwendbar ist sie für Zeitvergleiche (Wie hat sich der Umweltverbrauch gegenüber dem Vorjahr verändert?) und zwischenbetriebliche Vergleiche (Benchmarking), wobei Störvariable (z.B. Zunahme des Umweltverbrauchs bei Ausweitung der Kapazitäten) zu berücksichtigen sind.

Abbildung 56: *Beispiel für eine Prozessbilanz (Druckerei)*

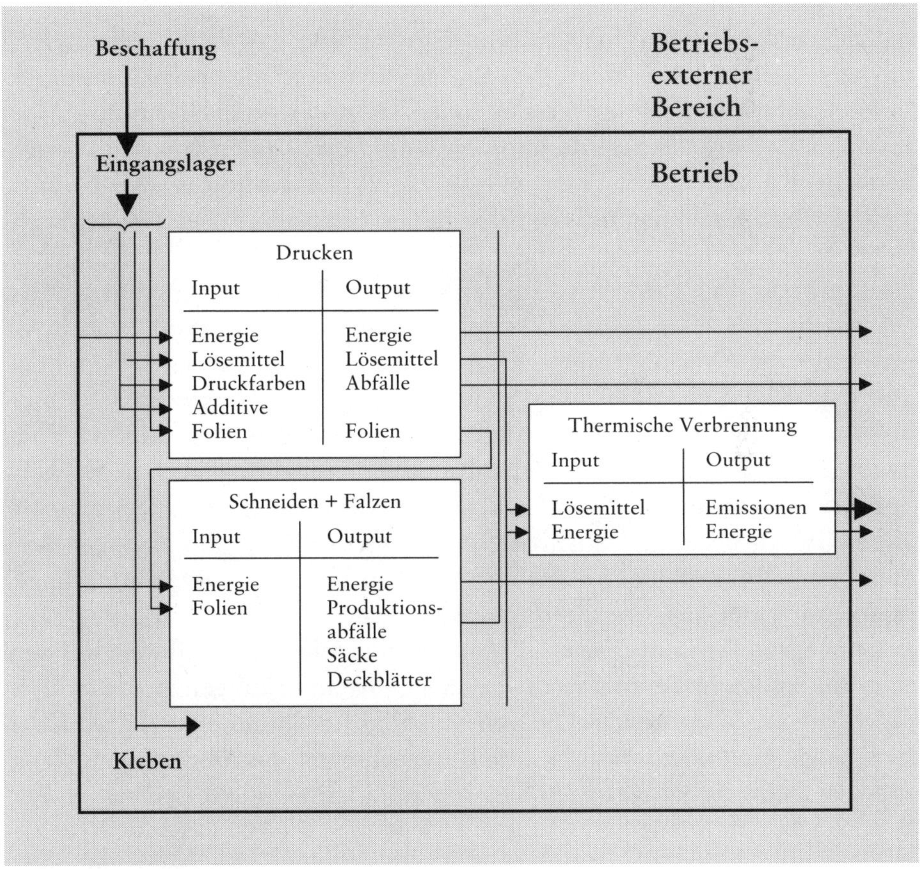

Ausschnitt, modifiziert nach Hallay/Pfriem 1992, S. 81.

Der Verursachungsaspekt wird in den beiden auf der Betriebsbilanz aufbauenden Teilbilanzen, der *Prozessbilanz* und der *Produktbilanz*, thematisiert; die black box der Betriebsbilanz wird durch diese beiden Bilanzen geöffnet.

Die *Prozessbilanz (Abbildung 56)* stellt den Stoff- und Energiefluss in den einzelnen Phasen des Produktionsprozesses dar.

Umweltschäden können mit ihrer Hilfe dem Entstehungsort innerhalb der Produktion zugerechnet werden, was einen Anhaltspunkt für konkrete Maßnahmenplanung darstellt. Geeignet ist die Prozessbilanz vor allem für das Auffinden und Beseitigen von Schwachstellen, z.B. Leckagen. *Abbildung 56* macht die zentralen Probleme der Prozessbilanz deutlich: Ihre Konzeption, die Messung selbst und die Auswertung der Messergebnisse sind sehr aufwendig.

Die zweite Ursache für Umweltverbrauch und Umweltschädigungen – die hergestellten Produkte – wird in der *Produktbilanz* erfasst und dargestellt. Idealerweise erfolgt die Dokumentation der Umweltwirkungen der Produkte entlang der Schadschöpfungskette *(s. 1.1)*, also von den verwendeten Rohstoffen über Transport- sowie Produktionsvorgänge bis zum Verbrauch und zur endgültigen Entsorgung. Genau in dieser von der Sache her richtigen Vorgehensweise liegt das Problem der Produktbilanz. Sichere Aussagen über die Umweltwirkungen sind nur über die relativ kurze Phase innerhalb der Schadschöpfungskette möglich, in der das Produkt sich voll im Einflussbereich des Unternehmens befindet, also während Produktion und Lagerung. Bei den vor der Produktion liegenden Phasen ist das Unternehmen auf die Informationen der Lieferanten angewiesen, bezüglich des Verbraucherverhaltens auf Statistiken bzw. Erfahrungswerte, teilweise auch auf Vermutungen. Dennoch erlaubt die Produktbilanz eine, wenn auch mitunter recht grobe Umwelt-Produktbeurteilung, die ihrerseits Ausgangspunkt für Produktweiterentwicklungen bzw. Produkteliminierungen sein kann *(s. ökologisches Produkt 2.3)*.

Die vierte Teilbilanz, die *Substanzbilanz*, steht außerhalb der Konzeption der anderen Teilbilanzen, die die Umweltwirkungen prozess- bzw. produktbezogen zuordnen. Die Substanzbilanz dokumentiert die *standortbezogenen Umweltwirkungen* des Unternehmens aus überwiegend langfristiger Sicht. Es können sehr heterogene Tatbestände ausgewiesen werden, so z.B. das Ausmaß der Bodenversiegelung, die Art der Infrastrukturnutzung (z.B. Verkehrsverhalten der Mitarbeiter), die Belästigung der

Anrainer, aber ggf. auch ökologische Faktoren, wie die Entwicklung der Artenvielfalt am Standort, oder ästhetische Komponenten, wie die Einbindung der Architektur in die Landschaft. Die Daten der Substanzbilanz sind eine wichtige Basis für ein Öko-Audit (s. im folgenden), das ebenfalls standortbezogen ist.

Der zentrale Schritt im Rahmen der Ökobilanz besteht in der *Bewertung der Vielzahl der erhobenen Daten*; diese Bewertung ist dann Ausgangspunkt für die *Entwicklung von Umweltschutzmaßnahmen*.

Die Ableitung von konkreten Maßnahmen ist deshalb schwierig, weil die in der Ökobilanz ausgewiesenen Daten (physikalische Maßgrößen) keinen unmittelbaren Indikator für die ökologische Dringlichkeit von Unternehmensaktivitäten darstellen. Die IÖW-Konzeption löst das daraus entstehende Dilemma – eine große Menge heterogener Daten mit relativ geringer ökologischer Aussagekraft – durch das Konzept der *Schwachstellen-Analyse (Hallay/Pfriem 1992, S. 92 ff.)*, die sich an der aus der betriebswirtschaftlichen Logistik bekannten ABC-Analyse[28] orientiert.

Die Vorgehensweise bei der Schwachstellen-Analyse ist folgende: Aus den vorliegenden Daten werden Risikofaktoren für Unternehmen und Umwelt abgeleitet, die sich bei ungünstigen Werten realisieren können. *IÖW (1992)* nennt als derartige Risikofaktoren

- Verstöße gegen das Umweltrecht,
- mögliche bzw. zu erwartende gesellschaftliche Sanktionen,
- Beeinträchtigung der Umwelt bei normalen Betriebsverlauf („Normalfallrisiko"),
- Beeinträchtigung der Umwelt bei Störfällen (Wahrscheinlichkeit, Schadenshöhe; „Störfallrisiko"),
- zu internalisierende Umweltkosten (z.B. Verpackungsrücknahme, Problemabfälle; erforderlich werdende end of pipe-Zusatzaggregate).

Die vorliegenden Öko-Bilanzen werden daraufhin bewertet, ob sie für einen oder mehrere dieser Faktoren ein besonders hohes (A-Einordnung), ein mittleres (B-Einordnung) oder ein geringes (C-Einordnung) Risiko (bzw. im günstigsten Fall: kein Risiko) beinhalten. Aus der jeweiligen Zuordnung kann dann, bezogen auf einen bestimmten Input bzw. Output

---

28 Die ABC-Analyse dient der Ermittlung besonders wichtiger bzw. weniger wichtiger Elemente oder Handlungserfordernisse in Entscheidungssituationen. Durch meist subjektive Einschätzung werden die wichtigsten Elemente (sog. A-Elemente) einer Entscheidungssituation identifiziert und in Angriff genommen.

(z.B. Lösungsmittel), ein Schwachstellen-Analyseraster abgeleitet werden (*s. Abbildung 57*).

Abbildung 57: *Beispiel für Schwachstellen-Analyse (Lösungsmittel X)*

Risiken	Einordnung		
	A hoch	B mittel	C gering
• Umweltgesetze		X	
• Gesellschaftliche Sanktionen		X	
• Normalfallrisiko			
– Luft			X
– Wasser	X		
⋮			
– Toxizität	X		
• Störfallrisiko		X	
• Internalisierungserfordernisse		X	

Nach Hallay/Pfriem 1992, S. 107, modifiziert.

Der in der Abbildung simulierte Fall zeigt, dass der in der Öko-Bilanz in bestimmten Mengen ausgewiesene Stoff erhebliche Risikopotenziale (toxische Wirkungen, speziell Wasser) aufweist (die ggf. noch genauer zu analysieren sind), woraus sich unmittelbarer Handlungsbedarf ergibt; im vorliegenden Fall wäre Stoffsubstitution bzw., falls das nicht möglich ist, sogar die Aufgabe der betroffenen Produktion angezeigt.

Die Schwachstellen-Analyse ist im Rahmen der Öko-Bilanz sicherlich der wichtigste und grundsätzlich auch ein funktionaler Schritt für die Entwicklung von Verbesserungsmaßnahmen der Umweltwirkungen des Unternehmens. Allerdings dürfen auch die mit ihr verbundenen Probleme nicht übersehen werden:

• Wie die Erstellung einer Öko-Bilanz insgesamt ist auch eine stoff- bzw. emissionsbezogene differenzierte Schwachstellen-Analyse sehr aufwendig, und sie verlangt umfassendes know how, was eine Konzentration auf die wirklich neuralgischen Punkte der Unternehmensaktivitäten erfordert (*genauer Hallay/Pfriem 1992, S. 113*).

- Die Einordnung in das ABC-Raster basiert mangels fundierter Informationen häufig auf Vermutungen bzw. unsicheren Prognosen, ist also nur in geringem Maße valide.

Auf der Basis der Schwachstellen-Analyse können dann konkrete Maßnahmen zur Verbesserung der Umweltwirkungen des Unternehmens abgeleitet und realisiert werden. Die dadurch sich ergebenden Veränderungen werden evaluiert und in der nächsten Öko-Bilanz bzw. in einem Öko-Audit *(s. im folgenden)* ausgewiesen.

Öko-Audit

Kein anderes Instrument des unternehmerischen Umweltmanagements ist in den letzten Jahren derartig intensiv diskutiert und derart häufig in Unternehmen umgesetzt worden wie das sogenannte „Öko-Audit". Unter Öko-Audit versteht man die auf den Vorgaben der EG-Verordnung 1836/93 (EMAS-Verordnung) auf freiwilliger Basis in Unternehmen der gewerblichen Wirtschaft standortbezogen installierten Umweltmanagement-Systeme[29] und deren Zertifizierung durch externe Gutachter *(aus juristischer Sicht III 3.1)*. Der relativ große Erfolg des Öko-Audit – geschätzt wird, dass bis 1998 ca. 1500 deutsche Unternehmen zertifiziert wurden *(Lange u.a. 1998)* – ist auf das Zusammenwirken mehrerer Komponenten dieses Audit zurückzuführen:

- Das Audit wirkt sowohl *unternehmensintern* als auch *unternehmensextern*. Es ist einerseits zur Steuerung des Unternehmens in Richtung erhöhter Umweltverträglichkeit und andererseits zur Förderung des Unternehmensimages im Hinblick auf Umweltorientierung geeignet.
- Die EMAS-Verordnung gibt *detaillierte Anweisungen zur Vorgehensweise* bei der Durchführung des Audit, was Sicherheit bei der Anwendung schafft; es besteht aber *Freiwilligkeit der Teilnahme*, so dass der Kooperationsaspekt an die Stelle des in der Umweltpolitik häufig dominierenden Zwanges tritt.

Mit der Durchführung des Öko-Audit werden folgende Ziele verbunden, die gleichzeitig die sachliche zeitliche Vorgehensweise bei der Durchfüh-

---

29 Der Umweltmanagement-Begriff der EMAS-Verordnung betont in Abweichung zum hier vorgelegten ganzheitlichen Umweltmanagement-Ansatz mehr den technisch-organisatorischen Bereich des betrieblichen Umweltschutzes.

rung des Audit festlegen *(im einzelnen genau z.B. Sietz/v. Saldern 1993, S. 20 ff.; auch Hopfenbeck u.a. 1995)*:

Kontinuierliche Verbesserung der Umweltwirkungen des Unternehmens durch

- Einführung von Umweltmanagement-Systemen,
- Ermittlung und Bewertung der Ergebnisse der Aktivitäten des Umweltmanagement sowie ggf. dessen Weiterentwicklung und
- Unterrichtung der Öffentlichkeit im Rahmen einer Umwelterklärung.

Das zentrale Element des Öko-Audit ist das zu installierende Umweltmanagement-System, das aus einer Vielzahl von sogenannten „guten" Managementpraktiken besteht. Diese Managementpraktiken reichen – allerdings vergleichsweise unsystematisch – von der Förderung des Umweltbewusstseins der Mitarbeiter bis zu Maßnahmen der Emissionsverminderung und zur Prävention von Störfällen. Die Praktiken sollen bewirken, dass, als Mindestanforderungen, die gesetzlich vorgegebenen Standards eingehalten werden. Auf längere Sicht soll sich das Unternehmen dem annähern, was in der hier vorliegenden Konzeption als ganzheitliches strategisches Umweltmanagement beschrieben ist.

Das EG-Öko-Audit ist ein grundsätzlich richtiger Schritt auf dem Weg zu einer höheren Umweltverträglichkeit des Unternehmenshandelns. Es ist der kooperativ ausgerichteten Umweltpolitik zuzuordnen, es ist ferner in der Lage, den Umweltschutz im Unternehmen verbindlich zu installieren, und es weist den Weg zu stetiger Verbesserung.[30]

Andererseits zeigen die ersten Erfahrungen und Evaluationen auch deutliche Schwächen der derzeitigen Konzeption. Kritisiert werden insbesondere (genauer ASU/UNI 1997):

- der Standortbezug, wodurch verhindert wird, dass das Audit ganzheitlich, d.h. auch produktbezogen und damit auf die gesamte Schadschöpfungskette, wirkt (hierin besteht auch die größte Divergenz zu dem hier vertretenen Umweltmanagement-Verständnis). Zudem ist die Möglich-

---

30 Insofern ist es vergleichbar den ISO-Auditierungen sowie der Konzeption des Total Quality Management (Töpfer/Mehdorn 1995), die in vielen Unternehmen bereits eine bewährte Tradition besitzen; das Öko-Audit stellt also nur inhaltlich, nicht jedoch prozessual ein neues und damit ungewohntes Aufgabenfeld dar.

keit gegeben, dass Unternehmen mit mehreren Standorten die aus Umweltsicht problemlosen Standorte zertifizieren lassen, die problematischen hingegen nicht;
- der verhältnismäßig hohe Formalisierungsgrad und der damit verbundene Realisierungsaufwand, der speziell für Klein- und Mittelbetriebe nur schwer tragbare Belastungen bedeutet. Zudem besteht unter diesem Aspekt die Gefahr, dass formale Richtigkeit über inhaltliche Wirksamkeit dominiert – eine Schwäche, die auch bei anderen Zertifizierungsverfahren beobachtet werden kann.

Unter Beachtung der Tatsache, dass das Öko-Audit erst seit einigen Jahren in der praktischen Bewährung steht, ist davon auszugehen, dass auch das Verfahren selbst den Prozess ständiger Verbesserungen durchlaufen wird. Eine an das Audit herangetragene Forderung sollte jedoch aus betriebswirtschaftlicher Sicht nicht erfüllt werden: die nach einer Verpflichtung für *alle* Unternehmen, ein Öko-Audit durchzuführen. Damit würde vermutlich der Formalisierungsgrad noch zunehmen, zudem würde der mit dem Audit verbundene ökonomische Anreiz einer Profilierung als umweltorientiertes Unternehmen wegfallen.

Zusammenfassende Beurteilung des Standes des Umweltcontrolling

Umweltcontrolling ist ein vergleichsweise junges Instrument im Rahmen des unternehmerischen Umweltmanagements, das in seiner teilweise stürmischen Entwicklung zu einer Reihe von sehr positiven Ergebnissen geführt hat, das aber andererseits noch einige ungelöste Probleme sowie strukturelle Schwächen aufweist.

Als positiv ist herauszustellen:
- Die Instrumente des Umweltcontrolling sind in der unternehmerischen Praxis gut anwendbar, entsprechend häufig sind sie unterdessen verbreitet (speziell das Öko-Audit).
- Die Instrumente sind grundsätzlich in der Lage, die Umweltorientierung des Unternehmens zu verbessern, und zwar entsprechend dem hier vertretenen Umweltmanagement-Verständnis über die gesamte Schadschöpfungskette hinweg.

- Das Umweltcontrolling ist gut als externes Informationsinstrument nutzbar und damit auch zur Selbstdarstellung des Unternehmens als umweltorientierte Institution geeignet.
- Das Umweltcontrolling ist in der Lage, Kosteneinsparpotenziale zu identifizieren, d.h. es besteht ein unmittelbarer wirtschaftlicher Anreiz für die Installation eines Umweltcontrolling.

Noch nicht oder nur unzureichend gelöste *Probleme des Umweltcontrolling* liegen vor allen Dingen im Bereich der Datengewinnung sowie der Datenbewertung und -nutzung.

- Ein umfassendes Umweltcontrolling verursacht einen sehr hohen Datenerfassungs- und -verarbeitungsaufwand, der insbesondere mittelständische Unternehmen, die auch ohne Umweltcontrolling bereits durch vielfältige Informations- und Dokumentationspflichten belastet sind, überfordern kann.
- Die grundsätzlich positiv einzuschätzende Möglichkeit, mit Hilfe von Umweltcontrolling Public Relations zu betreiben, kann auch zu einer Verschleierung von umweltschädigenden Aktivitäten von Unternehmen führen (gilt speziell für Umweltberichte).
- Das zentrale und nach wie vor ungelöste Problem des Umweltcontrolling liegt in der Bewertung der erhobenen Daten aus Umweltsicht. Die z.B. im Rahmen der Öko-Bilanz erhobenen quantitativen Daten (physikalische Maßgrößen) sagen über die Schwere der verursachten externen Effekte kaum etwas aus.

Schließlich haftet dem Umweltcontrolling noch ein gravierender struktureller Mangel an, der seine Wirksamkeit gegenüber dem hoch effizienten ökonomischen Controlling deutlich einschränkt. Jenes verfügt über eingebaute Sanktionsmechanismen: Negative Daten, z.B. ein schlechtes operatives Periodenergebnis, ungünstige Relation der Herstellungskosten zu den erzielbaren Verkaufspreisen oder Liquiditätsengpässe, führen, da wichtige ökonomische Ziele bedroht sind, fast zwangsläufig zu Reaktionen, z.B. zur Änderung der Unternehmenspolitik oder im Extremfall zum Auswechseln des Managements. Diese steuernde Wirkung besitzt das Umwelt-Controlling nicht. Im Umwelt-Controlling ausgewiesene negative Daten zu den Umweltwirkungen des Unternehmens bleiben zunächst einmal weitgehend folgenlos. Handlungskonsequenzen ergeben sich erst dann, wenn massive Interessen des Unternehmens bedroht sind, z.B. wenn Sanktionen wegen des Verstoßes gegen Umweltvorschriften drohen oder wenn das Management aus eigener Entscheidung Umweltnormen als verbindlich aufstellt und deren Nichteinhaltung entsprechend sanktioniert.

Basisliteratur zum Öko-Controlling:

- Bleis, C.: Öko-Controlling, Frankfurt a.M. 1995.
- Böning, J. A.: Methoden betrieblicher Ökobilanzierung, Marburg 1995.
- Bundesumweltministerium/Umweltbundesamt (Hrsg.): Umwelt-Controlling, München 1995.
- Freimann, J.: Werkzeuge erfolgreichen Umweltmanagements: ein Kompendium für die Wirtschaftspraxis, Wiesbaden 1999.
- Hallay, H./Pfriem, R.: Öko-Controlling, Frankfurt/New York 1992.

3.2 Umweltorientiertes Organisations- und Personalmanagement

Zusätzlich zu einem aussagekräftigen und steuerungsgeeigneten Umwelt-Controllingsystem benötigt ein effizientes Umweltmanagement auch *Organisationsstrukturen*, die die Realisierung von Umweltaktivitäten fördern, sowie *Mitarbeiter*, die in der Lage und motiviert sind, in ihren betrieblichen Tätigkeiten und Entscheidungen Umweltaspekte soweit es möglich ist zu berücksichtigen.

Umweltorientierte Organisationsgestaltung

Im Rahmen einer Ausrichtung der Organisation des Unternehmens auf das Umweltinteresse *(insgesamt dazu Schulz/Schulz 1994, S. 91-133; Freimann 1996, S. 477-501; Stitzel/Kirschten 1997)* sind folgende Bereiche von Bedeutung:
- Berücksichtigung des Umweltschutzes in der betrieblichen Organisationsstruktur („Umweltstellen"), wobei der ggf. gesetzlich vorgegebene Betriebsbeauftragte für Umweltschutz eine besonders zu beachtende Rolle spielt *(Aufbauorganisation),*
- Einbau von Umweltschutzaspekten in die betrieblichen Prozesse und Abläufe *(Ablauforganisation),*
- Förderung einer umweltorientierten *Organisationskultur.*

Es gibt mehrere Möglichkeiten, im Stellenplan des Unternehmens die Funktion Umweltschutz auszuweisen, wobei insbesondere die Betriebsgröße, der Differenzierungsgrad des Produktionsprogramms sowie dessen ökologische Sensibilität die zweckmäßige Stellengestaltung bestimmen.

Abbildung 58: *Organisatorische Verankerung des Umweltinteresses in Klein- und Mittelbetrieben*

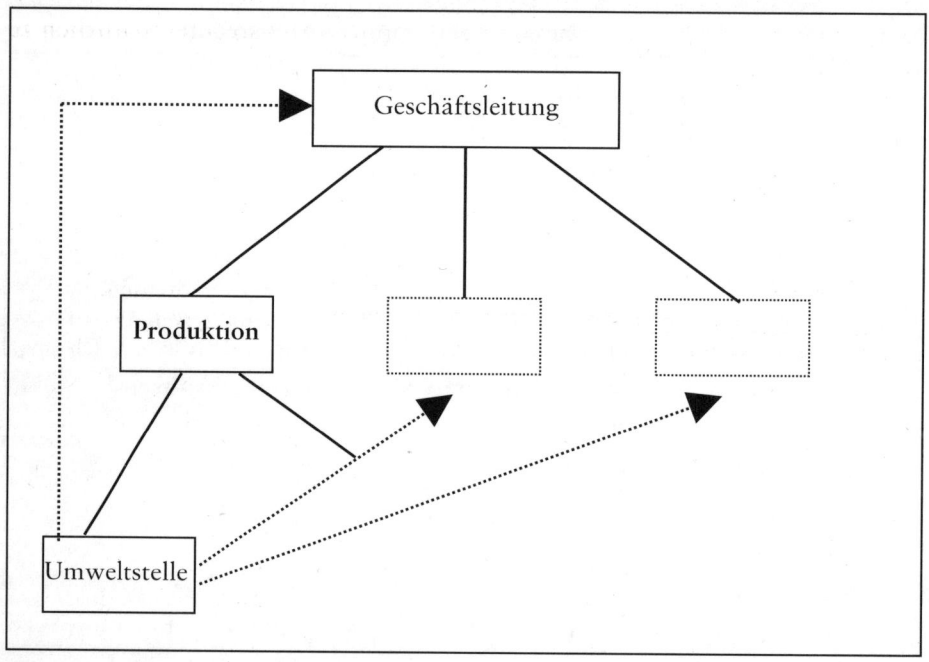

Nach Freimann 1996, S. 481; modifiziert.

In Kleinbetrieben mit geringen Umweltbeeinträchtigungspotenzialen reicht es aus, die Berücksichtigung des Umweltinteresses (speziell Einhaltung von gesetzlichen Vorgaben und von Informationspflichten etc.) einer geeigneten Stelle als zusätzliche Aufgabe zuzuordnen. Allerdings ist sicherzustellen, dass der Stelleninhaber die erforderliche Umweltqualifikation aufweist und dass er in Fragen des Umweltschutzes ungehinderten Zugang zur Geschäftsleitung hat.

Klein- und Mittelbetriebe mit höherem Umweltbeeinträchtigungspotenzial benötigen demgegenüber mindestens eine eigene Stelle „Umweltschutz", die zweckmäßigerweise in Form einer Stabs-, ggf. auch einer Linienstelle dem jeweils umweltkritischsten Bereich zugeordnet ist *(s. Abbildung 58)*.

Wichtig ist bei dieser Lösung das uneingeschränkte Zugangsrecht des Stelleninhabers zur Geschäftsleitung in allen Fragen des Umweltschutzes sowie die organisatorisch autorisierte Möglichkeit, sich mit anderen Stelleninhabern und Abteilungen, in denen ebenfalls Umweltprobleme anfallen (können), abzustimmen. Ob und inwieweit mit letzterem umweltbezogene Weisungsrechte verbunden sind, ist jeweils organisationsbezogen festzulegen – aus Umweltsicht ist das Vorliegen von Weisungsrechten natürlich zu begrüßen.

Abbildung 59: ***Differenzierte organisatorische Einbindung des Umweltschutzes***

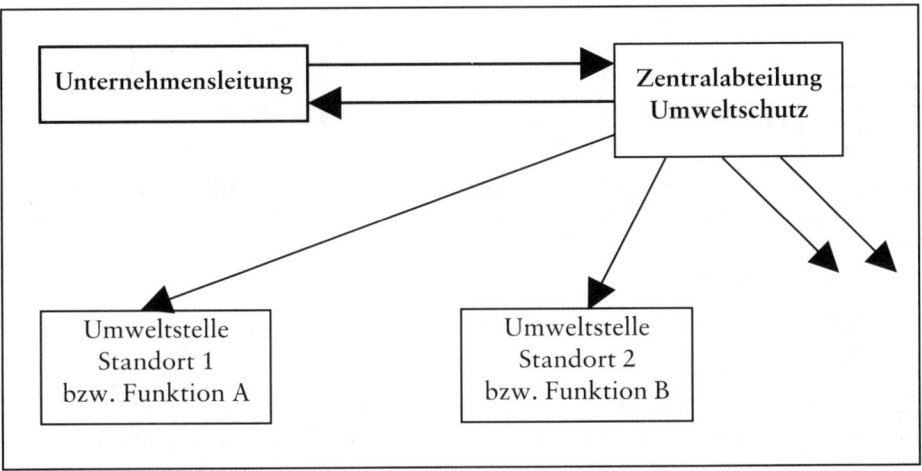

Nach Freimann 1996, S. 482, modifiziert.

Differenzierte (und effizientere) umweltbezogene Organisationsstrukturen sind in größeren bzw. Großunternehmen mit heterogenem Produktionsprogramm, ggf. mehreren Standorten sowie hohen Schädigungspotenzialen erforderlich. Hier ist es empfehlenswert, die Funktion Umweltschutz un-

mittelbar bei der Geschäftsführung, ggf. auch direkt im Geschäftsfüh-
rungsgremium[31] selbst, anzusiedeln.

Der Vorteil dieser Lösung besteht darin, dass einerseits das Umweltinteresse dort angebunden ist, wo die wichtigsten unternehmensstrategischen
Entscheidungen fallen, und dass andererseits Umweltschutz als betriebliche Querschnittsfunktion in allen relevanten Bereichen vertreten ist. Schwierigkeiten können sich ggf. aus der Abgrenzung der Zuständigkeiten ergeben.

Der betriebliche Umweltschutzbeauftragte

Eine wichtige Sonderrolle im Hinblick auf eine umweltorientierte Ausrichtung von Organisationsstrukturen nimmt, zumindest der Idee nach, der
Umweltschutzbeauftragte ein. Allerdings ist die gesetzliche Verankerung
des Umweltschutzinteresses in die Organisationsstruktur in Form von
Umweltschutzbeauftragten beschränkt, sie betreffen nur die Betreiber von
bestimmten *Anlagen (zu den rechtlichen Grundlagen siehe III 3.1)*. Ansonsten ist die Bestellung eines Umweltschutzbeauftragten freiwillig. Die Bezeichnung Umweltschutzbeauftragter, die sich in der wirtschaftswissenschaftlichen Literatur etabliert hat *(z.B. Theißen 1990, Föste 1997)* ist eine
Kurzform für die verschiedenen, gesetzlich medial unterschiedenen *Betriebsbeauftragten* im Bereich des Umweltschutzes (Immisionsschutz-,
Gewässerschutzbeauftragter, Beauftragter für Abfall etc.). Der Umweltschutzbeauftragte als solcher existiert als gesetzlich festgelegte Institution
nicht. Die unterschiedlichen Betriebsbeauftragten können aber in einer
Person vereint sein, was in der Praxis oft der Fall ist. Häufig ist der Umweltschutzbeauftragte nicht als eigenständige Stelle (mit dieser Bezeichnung) aufgeführt, sondern er ist in die Linienfunktion einer anderen Stelle
eingebunden und erfüllt die Funktion des Umweltschutzbeauftragten zusätzlich und damit „nebenbei" (vor allem in Klein- und mittelständischen
Unternehmen).

---

31 Das ist offensichtlich auch gemeint, wenn, insbesondere in praxisorientierten Abhand-
lungen, die Forderung aufgestellt wird: „Umweltschutz ist Chefsache". Das kann nicht
bedeuten, daß „der Chef" (Geschäftsführung, Vorstand) selbst umweltrelevante Einzel-
entscheidungen trifft; vielmehr sollte die Umweltfunktion in seinem unmittelbaren
Blickfeld sein, so daß er aus dieser Sicht die Basisentscheidungen bestimmt und ihm
letztlich damit die Umweltverantwortung zugeordnet werden kann.

Den Umweltschutzbeauftragten werden gesetzlich folgende Funktionen zugeschrieben:

- *Informationsfunktion,*
- *Kontroll- und Überwachungsfunktion,*
- *Innovationsfunktion.*

Darüber hinaus kann noch eine weitere relevante Funktion identifiziert werden, die zwar nicht gesetzlich verankert, aber in der betrieblichen Praxis bedeutsam ist. Hierbei handelt es sich um die *Repräsentationsfunktion,* worunter die Zusammenarbeit mit Behörden und die Repräsentation des Unternehmens gegenüber der Öffentlichkeit (externen Umwelt-Stakeholdern) bezogen auf Umweltfragen zu verstehen ist *(Föste 1997).* Dazu gehört auch die *umweltorientierte Kommunikationspolitik,* speziell in Form umweltorientierter Public Relations *(s. Instrumente des umweltorientierten Marketing, 2.3).* Ein weiteres mögliches Aufgabengebiet ist die Übernahme der Früherkennungsfunktion im Rahmen eines Früherkennungssystems *(s. 4.3).*

Ohne hier näher auf die vom Gesetzgeber vorgenommene Ausgestaltung dieser Funktionen einzugehen *(vgl. III 3.1)* sei angemerkt, dass der Umweltschutzbeauftragte zwar von Unternehmen, bei denen bestimmte Bedingungen vorliegen, ernannt werden müssen, aber in ihrer Aufgabenerfüllung nur dem Unternehmen und nicht (außer ggf. moralisch) der Allgemeinheit verpflichtet sind. Der Umweltschutzbeauftragte sieht sich soweit einer ambivalenten Aufgabenstellung gegenüber. Zum einen soll er Umweltschutz im Unternehmen überwachen, kontrollieren, initiieren, Umweltbewusstsein bei den Mitarbeitern schaffen und nach außen und innen über die Erfolge und Maßnahmen des Umweltmanagements informieren, zum anderen ist er als „Mann des Betriebes" *(Tettinger 1976)* und aufgrund der häufig fehlenden Kompetenzen und Weisungsbefugnisse kaum in der Lage, diese Aufgaben effektiv wahrzunehmen. Er muss sich u. U. seine Rechte im Betrieb erst erkämpfen *(Föste 1997).* Reale Determinanten seines Wirkungsgrades sind somit vor allem die Einstellung der Geschäftsleitung zum Umweltschutz (somit auch die *strategische Umweltausrichtung des Unternehmens, vgl. 4.3),* seine Position in der Organisationsstruktur mit den damit verbundenen Kompetenzen und nicht zuletzt seine persönliche sowie fachliche Qualifikation, Motivation und Durchsetzungsfähigkeit *(Theißen 1990; Föste 1997).* Als Qualifikationsanforderungen an einen Umweltschutzbeauftragten als generellen „Umwelt-Manager" eines Betriebes, der auch die bisher im Hintergrund stehende Innovationsfunktion ausfüllen soll, sind weitreichende, interdisziplinäre Fähigkeiten gefragt. Hierzu zählen technische (speziell umwelttechnische), ökonomische, juristische, publizistische, psychologische und kommunikative Fähigkeiten *(Hopfenbeck 1996).* In der Praxis überwiegt immer noch der technisch ausgebildete Umweltschutzbeauftragte, was auch erklären mag, dass in seiner Tätigkeit Kontroll- und Überwachungsfunktion dominieren. Insgesamt ist festzustellen, dass die Umweltpotenziale, die mit dem Institut „Umweltschutzbeauftragter" verbunden werden können, in der Praxis (noch) lange nicht ausgeschöpft sind.

Umlauforientierte Ablauforganisation

Zusätzlich zur Installation des Umweltschutzes in die betriebliche Aufbauorganisation (Umweltstellen) ist im Hinblick auf ein effizientes Umweltmanagement auch dafür Sorge zu tragen, dass im Rahmen der *Arbeitsabläufe* Umwelterfordernisse angemessen berücksichtigt werden. Wie das im einzelnen zweckmäßigerweise sichergestellt wird, ist vom Unternehmenstyp und Produktionsprogramm abhängig; hier folgen nur einige grundlegende Bemerkungen *(genauer z.B. Freimann 1996, S. 486 ff.).* Wichtig sind für umweltrelevante Tätigkeiten (z.B. Einkauf, Gefahrstoff- und Abfallbehandlung) exakte Arbeitsanweisungen, die häufig in Form schriftlich fixierter Ablauf- und Pflichtenkataloge, bei komplizierten Prozessen auch in Form von Handbüchern vorliegen. Derartige *Arbeitsanweisungen* können betreffen

- Tätigkeiten im engeren Bereich des Umweltschutzes (z.B. Betrieb einer Kläranlage),
- Tätigkeiten des normalen Betriebsablaufs, die Umweltbezug aufweisen (z.B. Lieferantenauswahl, Transportentscheidungen, Abfalltrennung),
- zu ergreifende Aktivitäten beim Auftreten von Störfällen (z.B. Abschalterfordernisse, Informationspflichten).

Die üblicherweise bei Arbeitsanweisungen zu berücksichtigenden Kriterien (Verständlichkeit der Anweisungen, Berücksichtigung von Effizienzgesichtspunkten, Kompetenzabgrenzungen, Verhalten in Ausnahmesituationen) sind natürlich auch in betrieblichen Umweltfragen von Bedeutung – ggf. in noch stärkerem Ausmaß als bei anderen Arbeitsanweisungen, da zum einen der Umweltbereich für die Mehrzahl der Mitarbeiter eine Zusatzaufgabe darstellt, sie sich somit in diesem Bereich nicht so genau auskennen, und da zum anderen hier bei Missachten oder Fehlinterpretation der Anweisungen hohe Schäden durch Haftungsansprüche bzw. Störfälle drohen.

Umweltorientierte Organisationskultur

Strukturelle und formalisierte Maßnahmen, also Installation von Umweltstellen und Vorgabe umweltbezogener Arbeitsanweisungen, sind notwendige, keineswegs aber hinreichende Bedingungen für eine erfolgreiche Umsetzung des Umweltmanagements. Erforderlich ist zusätzlich eine dem Umweltinteresse förderliche *Organisationskultur (allgemein Ebers 1995)*, sowie die Fähigkeit der Unternehmung, den Weg zu einer Umorientierung in Richtung höherer Umweltverträglichkeit einzuschlagen *(Organisationsentwicklung, allgemein Nieder 1995)*.

Unter *Organisationskultur* wird die Menge der von den Organisationsmitgliedern, also vom Management und den Mitarbeitern, gemeinsam geteilten und gelebten Werte verstanden. Sie stellt ein Set von „Vorstellungs- und Orientierungsmustern dar, die das Verhalten der Organisationsmitglieder nachhaltig prägen" *(Schreyögg 1998, S. 441)*, ohne dass diese Muster Teil des Arbeitsvertrages sind und ohne dass sie schriftlich kodifiziert sein müssten. Homogene Organisationskulturen, die auf einer positiven Einstellung zum arbeitgebenden Unternehmen – stärker: auf der Identifikation mit ihm – sowie auf dem begründeten Glauben an seinen Erfolg beruhen, gelten als günstige Voraussetzung für eine positive Entwicklung des Unternehmens (als Argumentation häufig in der wirtschaftspraktischen Literatur, *z.B. Peters/Waterman 1984)*.

Umweltorientierung ist grundsätzlich ein für die Organisationskultur gut zugängliches Objekt, da die Erhaltung der natürlichen Umwelt in hohem Maße wertbezogen ist und da viele Menschen sich mit diesem Wert identifizieren können und auch wollen *(s. die große Zahl der Mitglieder von Umweltschutzorganisationen, II 1.3)*. Eine Organisationskultur, in der Umweltschutz eine wichtige Rolle spielt, bietet günstige Voraussetzungen für ein erfolgreiches Umweltmanagement, da diese Wertorientierung große Kreativität und erhebliche Bereitschaft zum Einsatz für das Umweltziel freisetzen kann. Allerdings befinden sich auch im Wertesystem grundsätzlich umweltorientierter Unternehmen Elemente, die Umweltaktivitäten bremsen können, so. z.B. die immer gegebene primäre Ausrichtung auf wirtschaftlichen Erfolg und die Vermutung, zu extreme Bemühungen im Hinblick auf Umweltschutz könnten diesen Erfolg beeinträchtigen. Hier findet die Organisationskultur als Treibriemen für Umweltmanagement ihre Grenzen – ganz zu schweigen von Unternehmen mit schwachen oder inhomogenen Kulturen, in denen sich der mehrheitlich akzeptierte Wert „Schutz der Umwelt" kaum wird installieren können.

Umstritten ist, inwieweit Organisationskultur bewusst gestaltbar ist, inwieweit also im konkreten Fall Umweltorientierung als gemeinsam geteilter Wert in Unternehmen implementiert werden kann. Es liegt auf der Hand, dass eine umweltorientierte Organisationskultur nicht auf Anordnung von oben einführbar ist. Allerdings kann das Management Zeichen setzen, die sich auf eine derartige Kultur positiv auswirken, z.B. die glaubhafte Verankerung des Umweltzieles in den Unternehmensleitlinien, das Treffen konkreter umweltorientierter Entscheidungen (z.B. Präferenz für Recyclingprodukte) oder die Initiierung eines offiziellen Organisationsentwicklungsprozesses in Richtung höherer Umweltorientierung des Unternehmens. Auch ist es vorstellbar, dass mit unkonventionellen Mitteln gerade ein für Unternehmen neues Feld, wie es eine umweltorientierte Organisationskultur darstellt, positiv beeinflussbar ist. Ein derart unkonventionelles, in der Praxis – soweit bekannt – noch nicht anzutreffendes Element könnte der *Öko-Partisan (Stitzel/Wank 1990)* sein. Der Öko-Partisan ist ein hierarchieunabhängiges Organisationsmitglied, dessen einzige Aufgabe darin besteht, dem Unternehmen gleichsam seinen Umweltspiegel vorzuhalten, konkret: Umweltschwachstellen zu identifizieren, Veränderungen anzumahnen und Innovationen zu generieren. Weisungsrecht hat der Öko-Partisan nicht, aber er benötigt volles Informations- und Kommunikationsrecht. Das Unternehmen handelt sich mit der Installation dieses Partisans einen ggf. als lästig empfundenen Mahner ein, aber auch jemanden, der Früherkennungsfunktionen *(s. 4.3)* übernehmen kann und, wegen geringerer Betriebsblindheit und größerer Autonomie, besser als die in Hierarchien und Abhängigkeiten eingebundenen Mitarbeiter Chancen und Risiken im Zusammenhang mit Umweltfragen eher und realistischer wahrnimmt.[32]

---

32 Vermutlich hätte ein kundiger Öko-Partisan das Stakeholder-Mißmanagement im Fall Shell/Brent Spar *(1.3)* erkennen, vielleicht sogar verhindern können, womit sich seine Kosten um ein Vielfaches amortisiert hätten.

Umweltorientierte Organisationsentwicklung

Eine das ganze Unternehmen umfassende Integration des Umweltschutzes stellt einen tiefgreifenden Wandel von Strategien, operativem Vorgehen und Organisationskultur dar. Derartige Veränderungen ergeben sich nicht von selbst, sie müssen geplant, vorbereitet und mit geeigneten Instrumenten realisiert werden, wie sie in der Theorie und Technik der *Organisationsentwicklung (z.B. Staehle 1998, S. 898 ff.)* beschrieben sind und in unterschiedlichen Wandlungsprozessen erfolgreich eingesetzt werden.

Umweltorientierte Organisationsentwicklung *(ausführlich Pfriem 1995, S. 365 ff.)* beinhaltet die Veränderung von *Strukturen* (in Form von Zielen, Strategien, organisatorischen Gegebenheiten) und von *Einstellungen*, sie umfasst also immer technokratische und kognitive sowie emotionelle Elemente. Sie wird um so erfolgreicher sein,

- je größer das Umweltbewusstsein der an diesem Prozess Beteiligten ist (bzw. je mehr es durch die Veränderung generiert und gefördert wird);
- je mehr die Beteiligten (Mitarbeiter möglichst aller Hierarchiestufen) selbständig bzw. partizipativ diesen Prozess steuern können;
- je geeignetere Instrumente eingesetzt werden, z.B. Umwelt-Qualitätszirkel, Zukunftswerkstätten *(Jungk/Müllert 1981)* oder Umwelt-Projektmanagement zur Installierung umweltorientierter Strukturen (z.B. eines Öko-Controlling; *zu einem derartigen Vorgehen Kirschten 1998).*

Organisationsentwicklung ist ein sehr idealistisches Konzept, das auf der Prämisse der grundsätzlichen Veränderbarkeit und Veränderungswilligkeit von Menschen sowie von Organisationen aufbaut. In der Praxis der Unternehmen zeigt sich, dass derartige Veränderungsprozesse häufig versanden, abgebrochen werden oder gänzlich scheitern, z.B. weil überkommene Strukturen und Einstellungen eine nicht überwindbare Rigidität aufweisen oder weil auf Erhaltung des status quo ausgerichtete Interessen zu stark sind. Wegen der erheblichen Veränderungen, die speziell eine umweltorientierte Organisationsentwicklung im Hinblick auf Ziele, Strategien und Verhalten des Unternehmens bedeutet, können die *Widerstände* in Unternehmen gegen diese Entwicklung erheblich sein, z.B. von seiten der Produktion oder des Finanzbereiches. Neben einem behutsam Partizipationsräume eröffnenden Vorgehen *(Staehle 1998, S. 934 ff.)* wird häufig empfohlen, den Wandel durch externe Berater in Form von Moderation bzw. Mediation *(für den Umweltbereich Freimann 1996, S. 494 ff.)* begleiten zu lassen. Diese Aufgabe könnte gut auch von Öko-Partisanen übernommen werden, weil ihm einerseits die Bedingungen des Unternehmens vertraut sind, er andererseits wegen seiner Unabhängigkeit den Entwicklungsprozess aus übergeordneter Interessensicht begleiten und steuern kann.

Mitarbeiter im Umweltmanagement

Die Ausführung zur Organisationskultur und zur Organisationsentwicklung weisen darauf hin, dass es letztendlich die Menschen im Unternehmen sind, die Umweltmanagement erfolgreich machen (bzw. wenn sie es nicht wollen oder können, seinen Erfolg vereiteln). Umweltorientierte Organisationskulturen können die von ihnen erwartete umweltpositive Wirkung nur entfalten, wenn sie von denjenigen akzeptiert werden, ohne die Umweltverträglichkeit des Unternehmens nicht verwirklicht werden kann: vom Management[33] aller Hierarchieebenen und von den Mitarbeitern. Deshalb ist eine umweltorientierte Personalpolitik (synonym Personalmanagement) ein zentrales Aufgabenfeld im Rahmen des Umweltmanagements des Unternehmens – ein Aspekt, der angesichts der überwiegend technizistisch ausgerichteten Konzeptionen zum betrieblichen Umweltschutz häufig übersehen bzw. zu gering eingeschätzt wird *(als Positivbeispiel z.B. Freimann 1996, S. 502 ff.)*

Voraussetzungen dafür, dass Management und Mitarbeiter im möglichen bzw. erforderlichen Ausmaß Umweltschutzaspekte in ihr betriebliches Handeln einfließen lassen, sind:

---

33 Als Manager werden zusätzlich zu den Top-Managern (Geschäftsführung, Vorstand) alle Unternehmensangehörigen bezeichnet, die als Vorgesetzte Personalverantwortung tragen und/oder weitgehende Verantwortung für finanzielle bzw. materielle Ressourcen aufweisen: Ihre Entscheidungen haben in aller Regel auch Umweltwirkungen.

- Fähigkeit, Umweltaspekte im Rahmen von Entscheidungen und Handeln umzusetzen *(Wissen* und *Können)*;

- Bereitschaft, diese Fähigkeiten im Sinne verstärkter Umweltorientierung auch einzusetzen *(Wollen)*;

- Bedingungen im Unternehmen, die die Realisierung von Wissen, Können und Wollen in Richtung Umweltorientierung ermöglichen bzw. begünstigen *(Rahmenbedingungen, Anreize)*.

Alle drei Voraussetzungen müssen – möglichst aufeinander abgestimmt – im Unternehmen gegeben sein, damit die human resources ihren Beitrag zu einem umweltverträglichen Unternehmensverhalten leisten können, wobei sich eine Reihe von hemmenden Faktoren zeigt und die Steuerungsmöglichkeiten des Unternehmens begrenzt sind (zum umweltorientierten Personalmanagement als Überblick *Fichter 1992; Freimann 1996, S. 502 ff., Stitzel/Kirschten 1997).*

Wissen und *Können* betrifft vor allem jene, die entweder in Dauerfunktion oder im Rahmen von Projektarbeit (z.B. für die Entwicklung einer Öko-Bilanz oder im Rahmen der Öko-Auditierung) für Umweltbelange des Unternehmens zuständig sind. Neben technischer Sachkunde sind „Zuverlässigkeit", aber auch die Fähigkeit zum Überzeugen und – soweit möglich – Durchsetzen umweltbezogener Interessen erforderlich *(genauer Freimann 1996, S. 505 ff.).* Aber auch die nicht hauptamtlich oder temporär mit Umweltbelangen befassten Mitarbeiter benötigen Wissen über umweltrelevante Tatbestände (z.B. Einsparmöglichkeiten, sinnvolle Abfalltrennung), um innerhalb ihrer Möglichkeiten zur Umweltverträglichkeit des Unternehmens beitragen zu können. In der Regel kann nicht davon ausgegangen werden, dass die Mitarbeiter von sich aus über diese Potenziale verfügen, vielmehr muss das Unternehmen im Rahmen der Informationspolitik und – aufwendiger! – im Rahmen von Aus- und Weiterbildung dieses Umweltwissen und Umweltkönnen vermitteln bzw. vorhandene Lücken zu schließen versuchen.

Differenziert ist die Frage des Wollens, also der *Umweltmotivation* im Rahmen der betrieblichen Fähigkeit zu sehen. Sicherlich wird im Durchschnitt für Mitarbeiter in Unternehmen auch das gelten, was empirisch für die Gesamtheit der Bevölkerung festgestellt worden ist: Das Umweltbewusstsein ist relativ hoch *(Überblick Wimmer 1995; neuere, auch interna-tionale Befunde bei Meffert/Kirchgeorg 1998)*. Im gleichen Maße belegt ist allerdings der Tatbestand, dass aus hohem Umweltbewusstsein noch kei-neswegs notwendigerweise auch im konkreten Fall umweltorientiertes Handeln folgt (sogenannte *ökologische Verhaltenslücke*). Diese Verhal-tenslücke resultiert teilweise aus human-konstitutionellen Gegebenheiten, z.B. aus der Unfähigkeit, Umweltschäden angemessen wahrnehmen und beurteilen zu können *(Preuss 1991)*, teilweise wird sie aber auch durch situative Bedingungen bestimmt. Positiv wirkt sich wohl auch die heute überwiegend im Management vertretene Meinung aus, man müsse den Umwelt-aspekt Aufmerksamkeit schenken, aber es gibt auch eine Reihe hemmender Faktoren, so

- die hohe und noch zunehmende Rationalisierungstendenz in Unterneh-men, verbunden mit Arbeitsverdichtung, was keinen Raum für Umwelt-aktivitäten lässt;
- latente oder manifeste Arbeitsplatzunsicherheit, die alle anderen Motive und damit auch das Umweltmotiv dominiert;
- die möglicherweise karriereschädigenden Wirkungen von zu stark prä-sentierter Umweltorientierung.[34]

Die leichte Irritierbarkeit der Umweltmotivation bedeutet, dass ein effi-zientes Umweltmanagement bewusst Gegebenheiten herstellen muss, die die Bereitschaft der Mitarbeiter zu umweltorientiertem Handeln fördern, also einerseits die *Rahmenbedingungen* so zu gestalten, dass Umweltmoti-vation nicht behindert wird und andererseits *Anreize* für Umweltverhalten zu bieten.

   Als personalpolitische Anreize für hohe Umweltmotivation sind z.B. denkbar:

- Einbau des Umweltaspekts in das betriebliche *Vorschlagswesen* in dem Sinn, dass Vorschläge, die zu besserem Umweltschutz führen, entspre-chend, d.h. auch materiell entlohnt werden (was wegen häufig positiver Kostenwirkungen sich auch betriebswirtschaftlich rechnet): Das ist ins-besondere wichtig im Hinblick auf den Innovationsaspekt von Umwelt-management;

---

34 Siehe die Befunde von *Rosenstiel 1992*, daß ein hoher Prozentsatz von Führungsnach-wuchskräften, die vor Aufnahme der Berufstätigkeit als „alternativ-engagiert" (also umweltorientiert) einzuschätzen waren, relativ schnell nach dem Eintritt in die Organi-sation in die Gruppe der „Karriereorientierten" überwechselten.

- Berücksichtigung von Umweltverhalten im betrieblichen *Personalbeurteilungssystem* und damit als ggf. karriererelevanter, aber nicht mehr karrierehemmender Faktor;
- Anerkennung von Aktivitäten für Umweltschutz als betrieblich wertvolle Arbeit;
- informationelles Herausstellen des Umweltaspektes, z.B. in Form der Berücksichtigung in der Betriebszeitung und an Schwarzen Brettern etc.

Zusammenfassend sollen die Darstellungen zum umweltorientierten Organisations- und Personalmanagement deutlich machen, dass Umweltmanagement neben ökonomischen und technischen Lösungen auch eine Vielzahl von Maßnahmen erfordert, die es den Akteuren – Managern und Mitarbeitern – ermöglicht bzw. sie dazu anregt, Umweltaspekte in ihrer konkreten betrieblichen Tätigkeit zu berücksichtigen[35].

Basisliteratur zur umweltorientierten Organisation und zum umweltorientierten Personalmanagement:

- Birke, M./Burschel,C./Schwarz, M.: Handbuch Umweltschutz und Organisation: Ökologisierung, Organisationswandel, Mikropolitik, München/Wien 1997.
- Fichter, K.: Personalpolitik im Rahmen ökologischer Unternehmensführung, Bremen 1992.
- Freimann, J.: Betriebliche Umweltpolitik, Bern u.a. 1996, S. 477-529
- Freimann, J.: Werkzeuge erfolgreichen Umweltmanagements: ein Kompendium für die Unternehmenspraxis, Wiesbaden 1999.
- Hopfenbeck, W./Willig, M.: Umweltorientiertes Personalmanagement, Landsberg/Lech 1995.
- Meffert, H./Kirchgeorg, M.: Marktorientiertes Umweltmanagement, 3. Aufl., Stuttgart 1998, S. 395-433.
- Stitzel, M./Kirschten, U.: Best practice Organisationsgestaltung und Personalmanagement, in: Steger, U.: Handbuch des integrierten Umweltmanagements, München/Wien 1997.

---

35 Hier ergibt sich eine interessante Parallele zur Diskussion der umweltpolitischen Instrumente: Als ebenso wichtig für die Erreichung von Umweltzielen wie das jeweils eingesetzte Instrument als technizistische Komponente von Umweltpolitik wird der „weiche" Faktor Politikstil bzw. Politikklima eingeschätzt *(II 4.2; 4.3)*, analog dazu müssen im Unternehmen die weichen Faktoren Organisation und Personal die technischen Möglichkeiten des Umweltschutzes ergänzen.

In Kap. 3 *zitierte* Literatur:

ASU/UNI (Unternehmensinstitut e.V.): Öko-Audit in der mittelständischen Praxis, Bonn 1997.

Bleis, C.: Öko-Controlling, Frankfurt a.M. 1995.

Böning, J.A.: Methoden betrieblicher Ökobilanzierung, Marburg 1995.

Ebers, M.: Organisationskultur, Wiesbaden 1995.

Fichter, K./Clausen, J.: Umweltbericht – Umwelterklärung, München/Wien 1996.

Fichter, K./Loew, T./Seidel, E.: Betriebliche Umweltkostenrechnung, Berlin/Heidelberg 1997.

Föste, W.: Innovation und Kooperation: Neue Herausforderungen an Umweltschutzbeauftragte in Unternehmen, in: Birke, M. u.a. (Hrsg.): Handbuch Umweltschutz und Organisation, München/Wien 1997.

Freimann, J.: Betriebliche Umweltpolitik, Bern u.a. 1996.

Hallay, H./Pfriem, R.: Öko-Controlling, Frankfurt/New York 1992.

Hopfenbeck, W.: Betriebsbeauftragter. Umweltschutzbeauftragter, in: Hopfenbeck, W. u.a. (Hrsg.): Lexikon des Umweltmanagements, Landsberg/Lech 1996.

Hopfenbeck, W./Jasch, C.: Öko-Controlling, Landsberg/Lech 1993.

Hopfenbeck,W. und Co-Autoren: Öko-Audit, Landsberg/Lech 1995.

IÖW Wien: Methodenteil zum Forschungsprojekt Ökobilanzen, Schriftenreihe 13/1992, IÖW Wien 1992.

Jungk, R./Müllert, N.: Zukunftswerkstätten, Hamburg 1981.

Kirschten, U.: Einführung eines Öko-Controlling, Wiesbaden 1998.

Lange und Co-Autoren: EG-Öko-Audit-Verordnung, in: Die Betriebswirtschaft, 43/1998.

Nieder, P.: Organisationsentwicklung, in: Corsten, 1995, S. 697-700.

Peters, T. J./Watermann, R. H.: Auf der Suche nach Spitzenleistung, 6. Aufl., Landsberg/Lech 1984.

Pfriem, R.: Unternehmenspolitik in sozialökologischen Perspektiven, Marburg 1995.

Preuss, S.: Umweltkatastrophe Mensch, Heidelberg 1991.

Rosenstiel, L.v.: Der Führungsnachwuchs und die Umwelt, in: Steger, U. (Hrsg.): Handbuch des Umweltmanagements, 1992, S. 83-106.

Schreyögg, G.: Organisation, 2. Aufl., Wiesbaden 1998.

Schulz, E./Schulz, W.: Ökomanagement, München 1994.

Seidel, E./Clausen, J./Seifert, E. K.: Umweltkennzahlen, München 1998.

Sietz, M./v. Saldern, A.: Umweltschutz-Management und Öko-Auditing, Berlin u.a. 1993

Staehle, W. H.: Management, 7. Aufl., München 1994.

Stitzel. M./Wank, L.: Was kann die Lehre vom strategischen Management zur Entwicklung einer ökologisch orientierten Unternehmensführung beitragen?, in: Freimann, J.: Ökologische Herausforderung der Betriebswirtschaftslehre, Wiesbaden 1990.

Tettinger, P.: Der Immissionsschutzbeauftragte – ein Beliehener?, in: Deutsches Verwaltungsblatt vom 1./15.10.1976, S. 753-759.

Theißen, A.: Betriebliche Umweltschutzbeauftragte – Determinanten ihres Wirkungsgrades, Wiesbaden 1990.

Töpfer, A./Mehdorn, H.: Total Quality Management, 4. Aufl., Neuwied 1995.

Wimmer, F.: Umweltbewußtsein, in: Junkernheinrich, M. u.a. (Hrsg.): Handbuch zur Umweltökonomie, Berlin 1995, S:268-273.

4. Strategisches Umweltmanagement

Im abschließenden betriebswirtschaftlichen Teil werden die in Kapitel 2 und 3 dargestellten Einzelmaßnahmen und -instrumente zur Verminderung von unternehmensbedingten Umweltbeeinträchtigungen gebündelt, um Wege der dauerhaften Ausrichtung des *gesamten Unternehmens* auf eine höhere Umweltorientierung aufzuzeigen. Generelles Ziel ist dabei entsprechend der Definition von Umweltmanagement die Minimierung von Umweltschäden bei gleichzeitigem wirtschaftlichen Erfolg des Unternehmens. Leitlinie ist dabei eine auf die Unternehmensbedingungen bezogene Konzeption der ökologischen Modernisierung.

4.1 Vom strategischen Management zum strategischen Umweltmanagement

Spezifika des strategischen Umweltmanagements

Die bislang nur in Ansätzen in Wissenschaft und Unternehmenspraxis erfolgte Einbindung einer ganzheitlichen Umweltorientierung in die Unternehmenspolitik macht es erforderlich zu klären, welche Veränderungen sich in Hinblick auf das *strategische Management* ergeben, wenn es um den *Umweltaspekt* angereichert wird.

Strategisches Management[36] als heute allgemein anerkannte und zumindest in größeren Unternehmen überwiegend praktizierte Form der Unternehmenssteuerung hat die Sicherung und Förderung der langfristigen Unternehmensexistenz und den Aufbau von nachhaltig nutzbaren Erfolgspotenzialen zum Ziel. Ohne hier detailliert auf die Konzeption des strategischen Managements einzugehen, ist auf einige zentrale Charakteristika hinzuweisen:

---

36 Für Nicht-Betriebswirte kann als Überblicksliteratur empfohlen werden *Bea/Haas 1997* oder *Staehle 1998*.

- Unter *Erfolgspotenzialen* versteht man so genannte Produkt-Markt-Kombinationen, also Produkte, von denen man begründet annimmt, dass sie auf eindeutig definierten, z.B. regionen- oder käuferschichtbezogenen Märkten, wettbewerbsfähig sein werden. Sie werden zum Jetzt-Zeitpunkt geplant, ab diesem Zeitpunkt entwickelt und kommen dann innerhalb des Planungshorizontes (maximal 10 – 15 Jahre) auf die Märkte.
- Die Entscheidung über die zu entwickelnden Erfolgspotenziale, die auf unternehmensspezifischen *Kernkompetenzen* beruhen, wird bestimmt durch die *Stärken und Schwächen des Unternehmens* (Unternehmensanalyse, intern) sowie die *Chancen und Risiken, die von den Umsystemen*[37] des Unternehmens ausgehen. Strategisches Management hat eine sehr starke Außenorientierung, d.h. die zu entwickelnden Strategien werden immer auf die relevanten Umsysteme bezogen, so auf die Forderungen von Stakeholdern bzw. auf Veränderungen von Rahmenbedingungen, z.B. von rechtlichen Vorgaben.
- Strategisches Management stellt wegen der Orientierung an zunehmend unübersichtlicher und dynamischer werdenden Umsystemen hohe Anforderungen an die *Handhabung von Komplexität und Unsicherheit* und setzt damit die Fähigkeit zu ganzheitlichem vernetztem Denken voraus *(z.B. Probst/Gomez 1991; Dörner 1994)*.
- Im Gegensatz zur üblichen ökonomischen Betrachtungsweise von Unternehmen, die sich fast ausschließlich an hard facts wie Geld, Technologien etc. orientiert, wird im Rahmen des strategischen Managements die Rolle sogenannter *soft facts* wie z.B. Unternehmenskultur, Mitarbeitermotivation, Kreativität und Visionen zunehmend wichtiger. Die Einbeziehung dieser Faktoren macht deutlich, dass die Plan- und Steuerbarkeit des komplexen Systems „Unternehmen" schwieriger ist, als gemeinhin angenommen wird.
- Der *Zeitaspekt* spielt im strategischen Management eine herausragende Rolle. Im Mittelpunkt steht die Frage nach dem *langfristigen Unternehmenserfolg*, ohne dass dabei die kurzfristigen Überlebenserfordernisse, z.B. Erhaltung der Liquidität, aus den Augen verloren gehen dürfen. Da mit zunehmender zeitlicher Entfernung Prognosen immer unsicherer und

---

37 Im Sprachgebrauch dieses Buches wird Umwelt als „natürliche Umwelt" (entsprechend Öko-System) verstanden; als Umsysteme werden die gesellschaftlichen, damit politischen, ökonomischen und sozialen Umwelten bezeichnet – im Gegensatz zur Management-Literatur, die den gesamten unternehmensexternen Bereich als Umwelt bezeichnet.

Einflussmöglichkeiten immer geringer werden, ist der Zeitrahmen des strategischen Managements auf maximal 15 – 20 Jahre begrenzt; ein aus ökologischer Sicht vergleichsweise kurzer Zeithorizont.

Strategisches Umweltmanagement[38] (synonym auch als Öko-Strategisches Management, umweltorientierte bzw. ökologisch orientierte Unternehmensplanung oder -führung bezeichnet) weist grundsätzlich die gleichen Merkmale auf wie das strategische Management; die einzige, aber zentrale Ergänzung ist darin zu sehen, dass die Umweltwirkungen des Unternehmens in den strategischen Planungen und Aktivitäten permanent berücksichtigt werden bzw. einen zentralen Stellenwert einnehmen. Das bedeutet den Einbezug zusätzlicher Ziele, erhöhte Komplexität sowie erhöhte Risiken, ggf. aber auch neue Chancen: Insgesamt wird das strategische Management schwieriger.

Die Kernfragen des Strategischen Umweltmanagements lauten:

- Welche langfristig wirtschaftlich erfolgreichen Produkte sind umweltverträglich bzw. können umweltverträglich gemacht werden? D.h. also Anpassung der existierenden strategischen Ausrichtung an Umwelterfordernisse.
- Wie kann die Umweltverträglichkeit von Produkten und/oder der Leistungserstellungsprozesse (z.B. Produktion) genutzt werden, um den wirtschaftlichen Erfolg des Unternehmens zu sichern bzw. zu vergrößern? D.h. also Umweltorientierung als Instrument für die Verbesserung der Wettbewerbsfähigkeit.

Diese Programmatik weist umweltstrategisches Management als eine Konzeption aus, die im politischen Rahmen einer ökologischen Modernisierung *(II 6)* entspricht, also über Umwelt-Reparatur hinausgeht.

Die Entwicklung des umweltstrategischen Managements erfolgt zweckmäßigerweise in mehreren aufeinander aufbauenden Schritten, die gleichzeitig auch das Raster für den Aufbau dieses Kapitels abgeben:

- Als erstes sind die *Umweltziele* in das Zielsystem des Unternehmens zu integrieren.
- Simultan dazu werden im Rahmen der *Unternehmensanalyse* die Stärken und Schwächen des Unternehmens im Hinblick auf eine Umweltorientie-

---

38 Spezifisch managementorientierte Monographien zum Thema „Unternehmen und Umwelt" sind *Meffert/Kirchgeorg 1998 und Steger 1993.*

rung und die sich aus der *Umsystem-Analyse* ergebenden Chancen und Risiken einer derartigen Umweltorientierung identifiziert.

- Auf dieser Basis können dann die generellen umweltbezogenen strategischen Ausrichtungen *(Strategietypen*, z.B. offensiv/defensiv) bestimmt sowie deren Wirkungen auf die *Existenzsicherung* und die *Wettbewerbsfähigkeit* des Unternehmens prognostiziert werden *(s. 4.2)*.
- Der vierte Schritt beschäftigt sich mit den *Instrumenten* (z.B. Früherkennungssysteme), mit deren Hilfe die Strategien umgesetzt werden *(s. 4.3)*.
- In diesem Zusammenhang ist eine Reihe von Spezifika zu beleuchten, die für ein strategisches Umweltmanagement eine besondere Bedeutung haben:
  - die Frage, auf welche Weise umweltbezogene *Innovationen* positiv beeinflussbar sind;
  - das Problem, auf welche Weise die aus Umweltsicht drohenden *Risiken* (z.B. Störfälle, unerwartete Stakeholder-Forderungen) antizipiert und damit vermieden bzw. abgemildert werden können;
  - der Tatbestand, dass ein effektives strategisches Umweltmanagement eine Vielzahl von *überbetrieblichen Kooperationen* erforderlich macht, sei es innerhalb der Branche, sei es im Rahmen von branchenübergreifenden Unternehmensverbänden und vor allem mit staatlichen Institutionen *(ausführlich Longolius 1993, s. 4.4)*.

Umweltstrategische Zielbildung und Analyse

Ein strategisches Umweltmanagement bedarf einer eindeutigen Aussage darüber, welchen Stellenwert das Umweltziel in der Gesamtheit des unternehmerischen Zielsystems einnimmt.

Unter Berücksichtigung der Tatsache, dass Umweltziele grundsätzlich nachrangige Ziele des Unternehmens darstellen *(s. 1.2)*, ist im Rahmen des strategischen Umweltmanagements zu klären, in welcher operationalen Relation Umweltziele zu den ökonomischen Zielen des Unternehmens stehen. Die Antwort auf diese Frage bestimmt dann weitgehend die konkreten Umweltaktivitäten, wie sie im zweiten und dritten Kapitel beschrieben wurden, z.B. den Aufbau eines integrierten Entsorgungssystems, die Lösung des Entscheidungsproblems *end of pipe* versus *clean technology*, die Gestaltung des Umweltcontrollings etc.

Die Einbindung von Umweltzielen in das strategische Unternehmensmanagement ist aus der Zielpyramide ersichtlich *(s. Abbildung 60)*.

Abbildung 60: *Zielpyramide des strategischen Umweltmanagements*

Unternehmerische Zielpyramide	Konkretisierung von Umweltzielen in der Zielpyramide
Unternehmens-philosophie	„Wir bekennen uns zur ökologischen Verantwortung gegenüber Gesellschaft und künftigen Generationen"[39]
Unternehmensleitsätze	„Unser Ziel ist es, Ökologie und Ökonomie in Einklang zu bringen"[40]
Strategische Ziele	„Das umweltverträgliche Produkt y soll zum langfristigen Erfolgsfaktor ausgebaut werden"
Bereichs- und funktions-bezogene Ziele[41]	Z.B. „Senkung Energieverbrauch um 10 %; Erhöhung Recyclinganteil der Fertigprodukte um x %"

Zielentwicklung/-konkretisierung

An der Spitze der Pyramide steht die sehr allgemein formulierte *Unternehmensphilosophie*, die keine direkte verhaltensleitende Wirkung hat, die aber die Richtung vorgibt, in der das Unternehmen agiert und in die es sich entwickeln soll. Aus ihr werden die *Unternehmensleitsätze (siehe den folgenden Kasten)* abgeleitet, die Teil der offiziellen externen Unternehmenskommunikation sind, die also in PR-Veröffentlichungen, in Geschäftsberichten und in Umweltberichten veröffentlicht werden; wegen dieser Öffentlichkeitswirkung haben sie grundsätzlich einen orientierenden und begrenzt auch verpflichtenden Charakter. Sie sind allerdings relativ inoperational, weshalb konkretes Handeln aus ihnen nicht unmittelbar abgeleitet und eingefordert werden kann.

39/40 Entnommen aus dem Umweltbericht der Kunert AG 1996/97. Die Kunert AG ist ein europaweit tätiger Markenhersteller von Beinbekleidung.
41   Siehe Kap. 2.

Unternehmensleitsätze zum Umweltschutz
(entnommen dem Umweltbericht der Kunert AG 1997/98)

- Unser Ziel ist es, Ökonomie und Ökologie in Einklang zu bringen.
- Wir betreiben aktiv und freiwillig vorbeugenden Umweltschutz
  *(→ Normierung über gesetzliche Vorgaben)**
- Wir beziehen alle Produktionsstufen und Produkte in den Umweltschutz ein.
  *(→ Berücksichtigung der gesamten Schadschöpfungskette)**

* *Die kursiv gesetzten Anmerkungen kennzeichnen den Anspruch im Hinblick auf das Ausmaß der Umweltorientierung, sie sind nicht Teil der ausformulierten Unternehmensleitsätze der Kunert AG.*

Welche Rolle der Umweltaspekt bei konkreten strategischen Entscheidungen spielt, hängt ab von der *Formulierung und Position der Umweltziele im strategischen Zielsystem,* also der dritten Stufe der Pyramide. In diesem Bereich es geht um die langfristigen und verbindlichen Führungsentscheidungen des Unternehmens, so insbesondere darum,

- welche Produkte speziell im Hinblick auf ihre Umweltverträglichkeit als Erfolgspotenziale entwickelt werden sollen *(s. ökologisches Produkt, 2.3)* bzw. inwieweit das vorhandene Produktionsprogramm umweltfreundlicher gestaltet werden soll (z.B. Verbrauchsverminderungen, bessere Entsorgbarkeit);
- welcher Anteil des Investitionsvolumens für Umweltinvestitionen verwendet werden soll und welche Bedeutung der Umweltaspekt in der unternehmerischen Forschung und Entwicklung einnimmt;
- ob und in welchem Ausmaß über die rechtlichen Vorgaben hinausgehende Standards angestrebt werden;
- wie in situativ auftretenden Zielkonkurrenzen zwischen ökonomischer Effizienz (z.B. Kostenoptimierung) und Umwelterfordernissen (z.B. Emissionsvermeidung) entschieden werden soll.

Die strategische Zielformulierung ist dann Ausgangspunkt für die *Ableitung von konkreten bereichs- bzw. funktionsspezifischen Umweltzielen,* die sich in operationalen, d.h. inhaltlich, mengenmäßig und zeitlich eindeutig bestimmten Verhaltensvorgaben manifestieren *(z.B. Senkung des Energieverbrauchs um 10 % im kommenden Jahr; Ersatz bestimmter umweltbelastender Einsatzstoffe durch umweltverträgliche bis zum Jahr 2003).*

Wichtig ist, dass diese Bereichs- und Funktionsziele eingebunden sind in die übergeordneten umweltstrategischen Ziele, ansonsten wäre ihre Realisierung Umweltaktionismus, aber keine Ausrichtung des ganzen Unternehmens auf ein umweltorientiertes Unternehmenshandeln.

Parallel zur umweltbezogenen Zielfestlegung erfolgt die *strategische Analyse,* in der strategischen (englisch-sprachigen) Literatur als *SWOT-Analyse* (Strengths, Weaknesses, Opportunities, Threats) bezeichnet *(methodisches Vorgehen gut nachvollziehbar bei Staehle 1998, S. 624 ff.).*

Sie identifiziert im Hinblick auf eine angestrebte verstärkte Umweltorientierung die

- *Stärken* und *Schwächen* des Unternehmens im Rahmen der *Unternehmensanalyse* (auch Ressourcenanalyse genannt; häufig im Vergleich zu dem stärksten Konkurrenten)

sowie die

- von den Umsystemen ausgehenden *Chancen und Risiken* im Rahmen der *Umsystemanalyse*, wobei zwischen allgemeinen und speziellen (der jeweiligen Branche) Umsystemen unterschieden wird.

Die Analyse wird zweckmäßigerweise an Hand von Checklisten relevanter Parameter des strategischen Umweltmanagements durchgeführt, wobei diese Checklisten immer unternehmensspezifisch sind (Welche Branche? Welche Umweltprobleme sind aufgetreten bzw. zu erwarten?) und damit nicht normiert werden können.

Denkbare Fragestellungen im Bereich des *umweltbezogenen Stärken-/Schwächen-Profils* (auch als *Ressourcenprofil* bezeichnet) könnten sein:

- Inwieweit sind das Produktionsprogramm und die verwendeten Technologien (gemessen an den ökonomischen und technischen Möglichkeiten des Unternehmens) umweltverträglich?
- Welchen Stellenwert nimmt der Umweltaspekt in der Unternehmenskultur ein (z. B. Umweltmotivation und -verhalten der Mitarbeiter)?
- Welche Erfahrungen und welches Know how liegen im Hinblick auf Umweltorientierung vor?
- Gibt es ausreichende Sicherheitsstandards sowie Verhaltensvorgaben für Störfälle?

Gegenstände der umsystembezogenen *Chancen-/Risiken-Analyse* sind

- das *spezielle Umsystem* (Branche): *Märkte, Technologien, Konkurrenten* und *Kunden:*
  - In welcher Form und in welchem Ausmaß ist das Umweltmotiv Entscheidungskriterium für Kunden?
  - Welche Umweltorientierung weisen die Konkurrenten auf und wie stark ist die Wettbewerbsintensität (Risiko bei umweltsensibler Branche: Gibt es unter den Konkurrenten Umweltpioniere)?
  - Gibt es in der Branche Kooperationsmöglichkeiten und Kooperationsbereitschaft in Umweltfragen?
  - Wie groß ist das Marktpotenzial für ökologische Produkte?
  - Welche innovativen, für eine umweltorientierte Unternehmensausrichtung adaptierbaren Produktions-, Informations- und Logistiktechnologien gibt es? Sind diese im Hinblick auf die spezifische Unternehmenssituation relevant, einsetzbar und finanzierbar?
- die *allgemeinen Umsysteme*: die umweltrelevanten nicht-ökonomischen Stakeholder *(s. auch die Erörterungen zu den Akteuren der Umweltpolitik, II 3)*, speziell
  - der *Staat bzw. das Recht:* Welche Entwicklung ist im Bereich der Umweltgesetzgebung zu erwarten? Wie ist das Kooperationsklima zu den staatlichen Stellen, z.B. zu den Aufsichtsbehörden, Umweltschutzreferaten etc.?
  - die *Öffentlichkeit:* Welche Rolle spielt die Umweltproblematik in den Medien und in der öffentlichen Meinung? Wie ist das Umweltimage des Unternehmens?
  - die *Umweltschutzorganisationen:* Ist das Verhältnis durch Konfrontation oder Kooperationswilligkeit gekennzeichnet? Besteht das Risiko, dass das Unternehmen Objekt konkreter negativer Aktivitäten von Umweltschutzorganisationen wird (z.B. Extremfall Betriebsbesetzungen, Boykottaufruf)?
  - die *natürliche Umwelt:* Wie ist der aktuelle Grad der Umweltbelastung zu beurteilen? Sind negative oder positive Entwicklungen erkennbar?

Die Vielzahl der im Rahmen der Unternehmensanalyse erforderlichen Informationen setzt leistungsfähige Informationsgewinnungssysteme voraus, z.B. ein umfassendes Umweltcontrolling; auch muss sichergestellt sein, dass in die Strategie- und Instrumentenentwicklung *(s. im folgenden)* nur die jeweils relevanten Informationen einfließen, weil ansonsten die durch die große Menge der Daten entstehende Komplexität ggf. nicht mehr handhabbar ist. Des weiteren ist ein kontinuierlicher Prozess der Datensammlung und Informationsgewinnung (z.B. über die Konkurrenz) erforderlich, um eine entsprechende Datengüte und -dichte auch über langfristige Entwicklungen zu erhalten. Die Wahrnehmung und Interpretation der aus der strategischen Analyse gewonnenen Informationen ist ein subjektiver Prozess, der sich in Abhängigkeit von den Wertvorstellungen, Sichtweisen und Einstellungen der interpretierenden Manager vollzieht. So wird das eine Unternehmen die gleiche Situation als Chance, ein anderes als Bedrohung begreifen.

4.2 Strategische Ausrichtung und Wettbewerbswirkungen des Umweltmanagements

Basisstrategien des Umweltmanagements

Wie jede Form des strategischen Managements benötigt auch das Umweltmanagement eine grundlegende Ausrichtung, die im weiteren als Basisstrategie bezeichnet wird. In der Umweltmanagement-Literatur *(Über-blick bei Meffert/Kirchgeorg 1998, S. 198 f.)* wird eine Vielzahl von Klassifikationen diskutiert, die z.B. auf dem Aktivitätsniveau *(aktiv/passiv)*, auf der zeitlichen Orientierung *(pro-aktiv/reaktiv)* oder dem Strategieobjekt *(Unternehmen selbst/Umsysteme)* aufbauen. Für eine umfassende Charakterisierung des Umweltmanagements scheint die Klassifizierung am geeignetsten, die sich an der positiven bzw. negativen Grundeinstellung des Unternehmens gegenüber den Anforderungen eines verstärkten Umweltschutzes orientiert *(so schon Stitzel 1977; vielfältig modifiziert und erweitert, z.B. Dyllick 1989/98; Meffert/Kirchgeorg 1998)*. Als Basisstrategien sind aus dieser Sicht identifizierbar:

- *Widerstand* als aktive, umweltaversive Strategie, bei der das Unternehmen offen bzw. verdeckt versucht, Umweltschutzvorgaben zu unterlaufen und/oder eine Verschärfung der umweltrechtlichen Vorgaben zu verhindern;

Abbildung 61: *Ausprägungen von Basisstrategien des Umweltmanagements*

Strategie	intern	extern
Widerstand dern	bewusster Verstoß gegen Umweltschutzvorschriften *(ausführlich Terhart 1986)*	Versuch, geplante Umweltschutzvorschriften zu verwässern bzw. zu verhin- *(ausführlich Stitzel 1977)*
Passivität	(Befolgung von Umweltschutzvorschriften)	———
Rückzug	Aufgabe umweltsensibler Produktionsbereiche; Verlagerung von Produktionsstätten ins Ausland	nur unwillige bzw. restriktive Kooperation mit externen Umwelt-Stakeholdern
Anpassung	Befolgung vorgegebener Umweltschutzvorschriften; stufenweise Modernisierung/ Ökologisierung von Produktionsstrukturen/ Produkten	defensive Kooperation mit externen Umwelt-Stakeholdern
Antizipation	Entwicklung innovativer umweltverträglicher Produktionsstrukturen [z.B. clean technologies] und Produkt-Markt-Kombinationen [z.B. Öko-Kollektionen] *(ausführlich Porter/Linde 1995; viele Beispiele Schmidheiny 1992)*	konstruktive Mitarbeit an der Entwicklung von Umweltpolitik und Umweltschutzgesetzgebung; offensive Kooperation mit externen Umwelt-Stakeholdern, speziell Umweltschutzorganisationen

- *Passivität/Ignoranz* als „Nicht-Strategie", bei der das Unternehmen dem Umweltaspekt keine oder nur die absolut unumgängliche Beachtung schenkt (was nicht ausschließt, dass gesetzliche Vorgaben eingehalten werden, weil es eben „nicht anders geht").
- *Rückzug* als defensive Vermeidungsstrategie, bei der das Unternehmen sich aus sensiblen Bereichen der Umweltproblematik zurückzieht, sei es durch Aufgabe besonders umweltschädigender Produktlinien – was aus Umweltsicht positiv zu bewerten ist –, sei es durch die Verlagerung von

Produktionszweigen in Länder mit weniger strengen Umweltstandards, was aus Umweltsicht in höchstem Maße fragwürdig ist.[42]

- *Anpassung* als defensive und risikoscheue Strategie, bei der das Unternehmen gerade in solchem Maße Umweltaspekte berücksichtigt, wie es mit dem Blick auf die Forderungen der Stakeholder als erforderlich bzw. unumgänglich angesehen wird. Diese strategische Option umfasst die Befolgung der jeweils gerade gültigen Umweltvorschriften sowie den Versuch, Konflikte mit umweltorientierten Meinungsführern (z.B. Presse, Umweltschutzorganisationen) zu vermeiden.

- *Antizipation* als pro-aktive und innovative umweltorientierte Strategie der Suche nach Produktionsstrukturen und Produkten, die im Sinn der hier vertretenen Umweltmanagement-Philosophie sowohl neue Umweltstandards setzen (z.B. 3-Liter-Auto) als auch langfristige Erfolgspotenziale („Ökologisierung" des Produktionsprogramms) darstellen (ökologische Modernisierung).

Kombiniert man diese Basisstrategien mit den Bereichen, auf die die Strategien gerichtet sind, also einerseits das Unternehmen selbst, andererseits die Stakeholder als Umsysteme, so erhält man ein vollständiges Raster alternativer Handlungsmöglichkeiten des Umweltmanagements *(s. Abbildung 61)*.

Aus dieser Systematik leiten sich unmittelbar zwei Fragen ab:

- Welche Basisstrategien werden in der Unternehmenspraxis (überwiegend) realisiert?
- Welches ist die optimale Strategie?

Valide empirische Untersuchungen zu den faktisch realisierten Strategien liegen kaum vor *(Ausnahme: Kirchgeorg 1990)*, was angesichts der Operationalisierungsprobleme der Strategietypen sowie ihrer wenig eindeutigen Abgrenzungen nicht überrascht. Plausibel erscheint die Hypothese, dass die überwiegende Zahl der Unternehmen der *Anpassungsstrategie* – die sehr unterschiedliche Ausprägungen aufweisen kann – zuzuordnen ist. Dieser Strategietyp beinhaltet aus der Sicht der Unternehmen die geringsten Risiken, er erfordert einen niedrigeren Ressourcen-Einsatz als Widerstands- und Anitzipations-Strategien, und er bedeutet bei seiner Realisie-

---

42 Ob die vergleichsweise harten umweltrechtlichen Vorgaben in Deutschland ein entscheidendes Kriterium bei der Verlagerung von Produktionsstätten ins Ausland darstellen, ist umstritten *(s. auch II 6.6)*. Plausiblerweise haben die Arbeitskosten auf Entscheidungen der Standortverlagerung einen größeren Einfluß.

rung ein vergleichsweise geringes Komplexitätsausmaß, erscheint also insgesamt am leichtesten zu verwirklichen.

Widerstandsstrategien sind relativ häufig anzutreffen. Sie realisieren sich zum einen in bekanntgewordenen, teils auch strafrechtlich geahndeten Verstößen gegenüber Umweltschutzvorschriften – mit einer vermutlich hohen Dunkelziffer – und zum anderen in den offenkundigen Versuchen speziell der Unternehmensverbände, durch ihre Einflussnahme auf politische Institutionen geplante Verschärfungen des Umweltrechtes zu verhindern bzw. zumindest abzumildern *(s. II 1.2). Antizipationsstrategien* sind in ihrer Reinform am ehesten bei Klein- und Mittelbetrieben zu beobachten, die Marktnischen mit dominant umweltorientierter Nachfrage besetzen *(z.B. ökologischer Landbau; weitere Beispiele bei Keller 1992).* Bei Großunternehmen sind sie als gesamtunternehmerisches Vorgehen kaum festzustellen, sie werden aber realisiert in Teilbereichen der Produktion (z.B. Einführung von *clean technologies* in einzelnen Produktionsstufen) bzw. bei einzelnen Produkt-Markt-Kombinationen (z.B. 3-Liter-Auto bei einer ansonsten relativ verbrauchsintensiven Fahrzeugflotte).[43] Auch Unternehmen, die sich im Rahmen einer langfristig angelegten Öko-Audit-Teilnahme auf den Weg einer kontinuierlichen Verbesserung ihrer Umweltwirkungen begeben, können als antizipativ eingeordnet werden.

Schwierig ist die Frage nach der optimalen Strategie zu beantworten. Aus Umweltsicht ist natürlich die Antizipationsstrategie wünschenswert, eine Meinung, der sich auch die weit überwiegende Zahl der Umweltmanagement-Autoren anschließt.[44] Die Antizipationsstrategie muss, damit sie erfolgreich sein kann, langfristig angelegt sein, und sie benötigt für erforderlich werdende Technologie- bzw. Produktentwicklungen ggf. erhebliche Finanzmittel sowie viel Umwelt-Know-how *(s. auch im folgenden Wettbewerbswirkungen des Umweltmanagements).*

Dass umweltaversive Strategien unter dem Gesichtspunkt der kurzfristigen Nutzenmaximierung, also aus der üblichen betriebswirtschaftlichen Orientierung heraus „optimal" sein können, zeigt *Terhart (1986)* in bewusst provokativer Form auf: Nach dieser Sichtweise ist es aus Unterneh-

---

43 Insgesamt Beispiele von sog. „Erfolgsfällen", also Unternehmen, die in Teilbereichen innovative Lösungen im Umweltbereich realisiert haben, bei *Conrad 1996.*

44 Sehr deutlich *Porter/Linde 1995; Schmidheiny 1992*; differenzierter *Meffert/Kirchgeorg 1998*; skeptischer im Hinblick auf die Realisierungsmöglichkeiten *Freimann 1996; Steger 1993.*

mensinteressen ggf. günstiger, Umweltrechtsnormen *nicht* einzuhalten, dann nämlich, wenn der Erwartungswert aus Sanktion einerseits und Risiko, dass der Umweltverstoß aufgedeckt wird andererseits, geringer ist als die Aufwendungen, die für die Vermeidung des Umweltverstoßes (z.B. gesetzentsprechende Entsorgung von Problemabfällen) erforderlich wären. Angesichts der Vollzugsprobleme der staatlichen Umweltschutzbemühungen *(II 2.3)*, sowie der immer noch häufig vergleichsweise milden Strafen bei Umweltverstößen *(III 3.2)* kommt *Terhart* zu dem Ergebnis, dass in der Mehrzahl der Fälle der Umweltverstoß die ökonomisch günstigere Alternative darstellt. Dass Umweltnormen dennoch überwiegend eingehalten werden, liegt u.a. an der Angst vor Strafverfolgung und vor Imageschäden, möglicherweise aber auch an ethischen Motiven. Insgesamt gesehen hängt also die Antwort auf die Frage nach der optimalen Strategie davon ab,

- woran sich Optimalität orientiert (Vermeidung von Umweltschäden, kurzfristige Nutzenmaximierung);
- wie sich die situativen Bedingungen des Unternehmens darstellen (Finanz- und Wissensressourcen, strategische Ausrichtung, verfügbare Technologien, Branche, Konsumentenpräferenzen etc.).

Umweltmanagement und Wettbewerbsfähigkeit

Die Entscheidung für eine bestimmte Basisstrategie hängt auch davon ab, wie das Unternehmen die Auswirkungen einer Umweltorientierung in Form einer innovativen und pro-aktiven Strategie auf seine langfristige Wettbewerbsfähigkeit einschätzt. Wettbewerbsfähigkeit ist aus strategischer Sicht das zentrale Qualitätskriterium des Unternehmens. Ein Unternehmen ist dann wettbewerbsfähig, wenn es auf Dauer und damit auch unter ggf. veränderten Bedingungen (z.B. Globalisierung, Verschlechterung der Umweltsituation) Vorteile gegenüber Konkurrenten erringen kann, sich zumindest aber auf seinen Märkten behauptet *(allgemein dazu Porter 1985)*. Wichtigster Indikator für Wettbewerbsfähigkeit ist die Fähigkeit, nachhaltig Gewinne zu erzielen.

Ob sich Umweltmanagement im Sinn einer hier interessierenden Antizipationsstrategie positiv oder negativ auf die Wettbewerbsfähigkeit des Unternehmens auswirkt, wird sehr kontrovers diskutiert. Als Beispiel die antagonistischen Hypothesen zweier renommierter Fachvertreter:

> *Porter/Linde (1995, S. 120)*
> Entsprechend gestaltete Umweltrichtlinien lösen Innovationen aus, die die Gesamtkosten eines Produkts senken oder dessen Wert steigern ... Letztendlich steigert diese erhöhte Ressourcenproduktivität die Wettbewerbsfähigkeit von Unternehmen.
>
> *Staehle (1998, S. 623)*
> Die Frage bleibt (in der Umweltliteratur, d. V.) unbeantwortet, was das Management einer Unternehmung in einer kapitalistischen Wirtschaftsordnung veranlassen könnte, ökologische Forderungen bei der Formulierung der Unternehmensstrategie zu berücksichtigen. ... Für die Masse der Unternehmungen wird sich ... nach wie vor eine Verbesserung der ökonomischen Situation dadurch ergeben, dass auf teure Umweltschutzmaßnahmen verzichtet wird.

Hier wird demgegenüber die Meinung vertreten, dass die Frage der Wirkungen eines antizipativen Umweltmanagements nicht generalisierend beantwortet werden kann *(s. auch Abschnitt 1.2)*; die Antwort auf diese Frage hängt vielmehr von der konkreten Ausprägung einer Vielzahl von intervenierenden Variablen ab, von denen vermutlich die wichtigsten sind:

- die von Unternehmen realisierte Wettbewerbsstrategie,
- die vielfältigen Rahmenbedingungen (z.B. Umweltorientierung der Nachfrager, Konkurrentenverhalten, Stand der Technik ...) sowie
- die Art und Intensität der staatlichen Regulierung.

Den Unternehmen steht eine Reihe von Wettbewerbsstrategien zur Verfügung, die auch als umweltbezogene Strategien herangezogen werden können *(s. Kasten)*.

> Unterschieden werden im Rahmen des strategischen Managements folgende *Wettbewerbsstrategien (allgemein dazu Porter 1985)*:
>
> - *Kostenführerschaft*
>   (Vorteile gegenüber den Konkurrenten werden durch die niedrigeren Stückkosten erzielt),
> - *Qualitätsführerschaft (Differenzierung)*
>   (Vorteile gegenüber den Konkurrenten werden durch höheren Produktnutzen und Differenzierung erzielt),
> - *Nischenstrategie (Fokus)*
>   (das Unternehmen setzt seine Produkte in einem Segment des Marktes ab, das von der Konkurrenz [noch] nicht besetzt ist).

Jede dieser Strategien weist im Hinblick auf ein antizipatives Umweltmanagement spezifische Chancen, aber auch deutliche Grenzen auf.

Kostenführerschaft erfordert als notwendige Voraussetzung *niedrige Stückkosten* (Kosten pro produzierte Stückeinheit = fixe plus variable Kosten geteilt durch Stückzahl) und somit meist sehr *große Produktionsmengen*[45] (entsprechende Absatzmöglichkeiten müssen vorhanden sein!), damit sich Kostenvorteile im Wettbewerb realisieren lassen. Ob auch ein niedrigerer Preis erforderlich ist, hängt von der Konkurrenzsituation ab. Ein innovatives Umweltmanagement verringert die Produktionskosten, wenn es gelingt, die *Ressourcenproduktivität* zu erhöhen *(Schwerpunkt der Argumentation von Porter/Linde [1995])*. Ressourcenproduktivität, definiert als Rohstoffeinsatz und Energieverbrauch pro Produkteinheit, kann durch Umweltmanagement gesteigert werden, wenn es gelingt, den Energieverbrauch durch verbrauchsärmere Aggregate sowie den Materialeinsatz durch Verminderung der Ausschussquoten und Verwendung von Recyclingstoffen zu senken. Eine wichtige Rolle spielen in diesem Fall *clean technologies,* die wegen der geringeren Betriebskosten, vor allem durch Einsparung von Energie und menschlicher Arbeit, langfristig kostengünstiger sein können *(s. dazu ein positives Beispiel im folgenden Kasten; sowie 2.2 Produktion).*

Hinzuweisen ist allerdings auch auf die Grenzen der Strategie, Kostenführerschaft auf dem Weg über innovative Umwelttechnologien zu realisieren. Diese Technologien erfordern hohe Forschungs- und Entwicklungssowie Investitionsaufwendungen. Amortisiert werden können derartige, am Beginn der Technologierealisierung stehende Aufwendungen in der Regel nur über vergleichsweise lange Anwendungszeiträume und bei hohen produzierten Stückzahlen *(deshalb skeptischer zur Realisierung von Kostenführerschaft im Umweltmanagement Steger 1993; Stitzel 1995; Dyllick 1998).* Die Verwirklichung von Kostenführerschaft über umweltverträgliche Technologien setzt somit ein wirtschaftlich gesundes Unternehmen mit großen verfügbaren finanziellen Mitteln sowie hohes technologisches Know How, entsprechende Massenmärkte und offensives Marketing voraus.

---

45 Bei großen Produktionsmengen lassen sich sogenannte *economies of scale* realisieren, d.h. Betriebsgrößenersparnisse, hervorgerufen durch die Verteilung der Fixkosten auf sehr viele Produkte, durch Lern- sowie Erfahrungsprozesse und durch Rationalisierungen.

Innovativ, um wettbewerbsfähig zu sein:
Die holländische Blumenzuchtindustrie

(übersetzt und gekürzt übernommen aus Porter/van der Linde 1995, S. 120 f.)

Die holländische Blumenzuchtindustrie sah sich immensen ökologischen Problemen gegenüber. Die intensive Kultivierung von Blumen auf kleinen Flächen belastete den Boden und das Grundwasser mit Pestiziden, Herbiziden und Düngemitteln. Aufgrund der zunehmend strengeren Gesetzgebung hinsichtlich der Emission von Chemikalien erkannten die Züchter, dass der einzige effektive Weg, des Problems Herr zu werden, die Entwicklung eines geschlossenen Kreislaufsystems ist. In fortschrittlichen holländischen Gewächshäusern wachsen die Blumen nun in Wasser und auf Steinwolle und nicht mehr in Erde, was die Gefahr von Schädlingsbefall verringert und den Bedarf an Düngemitteln und Pestiziden reduziert. Das streng überwachte Kreislaufsystem reduziert überdies die Schwankungen der Wachstumsbedingungen und verbessert somit die Produktqualität. Die Bearbeitungskosten sind ebenso gesunken, da die Blumen auf speziell entwickelten Plattformen kultiviert werden. Somit haben die Züchter in einer Art und Weise innovativ auf ihre ökologischen Probleme reagiert, durch die sie zugleich die Produktivität vieler zur Blumenzucht benötigter Ressourcen erhöhten. Das Endergebnis sind nicht nur deutlich niedrigere Umweltbelastungen sondern auch niedrigere Kosten, bessere Produktqualität und gesteigerte internationale Wettbewerbsfähigkeit.

Der zweite Weg zur Erringung von Wettbewerbsvorteilen, die *Qualitätsführerschaft (Differenzierung)*, kann im Rahmen eines Umweltmanagements nur dann erfolgreich realisiert werden, wenn die Umweltverträglichkeit der Produkte für den Nachfrager einen relevanten Nutzen darstellt. Im Konsumgüterbereich kann zwar davon ausgegangen werden, dass in der Bevölkerung ein vergleichsweise hohes Umweltbewusstsein vorliegt, das allerdings nur begrenzt verhaltenswirksam ist *(Wimmer 1994)*; konkret: Nur relativ wenige Konsumenten sind bereit, für das Qualitätskriterium „Umweltverträglichkeit" Nachteile in Form höherer Preise (z.B. Bio-Nahrungsmittel aus Naturkostläden) bzw. ungünstigerer Gebrauchseigenschaften (z.B. geringere Reinigungskraft bei Reinigungsmitteln) in Kauf zu nehmen. Am ehesten kommt das Umweltmotiv zum Zuge, wenn sich Synergien zwischen Umweltverträglichkeit und anderen Nutzen für den Konsumenten ergeben, speziell wenn Einsparmöglichkeiten im Zusammenhang mit dem Umweltnutzen realisiert werden können (so insbesondere bei verbrauchsarmen Elektrogeräten und Automotoren – unter der Bedingung, dass diese Einsparungen nicht durch deutlich höhere Produktpreise überkompensiert werden). Etwas günstiger stellt sich die Chance der Qualitätsführerschaft im Investitionsgüterbereich dar. Da Aggregate mit moderner Technologie und damit besseren Produktionseigenschaften in der Regel umweltverträglicher sind als ältere Aggregate und da die nachfragenden Unternehmen wegen ggf. sich verschärfender Umweltschutzvorschriften umweltverträglichere Technologien grundsätzlich vorziehen, bestehen im Investitionsbereich erhebliche Spielräume für eine umweltorientierte Qualitätsführerschafts-Strategie. Voraussetzung ist allerdings auch hier wieder ein entsprechend hohes technisches Know How des Anbieters der Investitionsgüter.

Bei der Realisierung einer *Nischenstrategie (Fokus)* findet und besetzt das Unternehmen ein Marktsegment, in dem (noch) keine bzw. nur wenige Konkurrenten anzutreffen sind und konzentriert und spezialisiert sich auf dieses Segment. Damit hat das Unternehmen u.U. zumindest temporär die Stellung eines Quasi-Monopolisten inne, was ihm z.B. relativ hohe Autonomie bei der Preisgestaltung ermöglicht. Derartige Nischen sind gerade bei umweltverträglichen Produkten zu finden, speziell im Nahrungsmittelbereich (Öko-/Bioprodukte), aber auch im Rahmen sogenannter „sanfter" Chemie (z.B. naturnahe Pflanzenschutzmittel) und sogar im Hochtechnologiesektor (Hybridauto). Der Begriff „Nische" bezieht sich in diesen Fällen nicht darauf, dass gleiche oder vergleichbare Produkte nicht angeboten würden, sondern darauf, dass für ein spezielles Nachfragesegment die Umweltverträglichkeit – z.B. Produkte aus anerkanntem ökologischem Landbau – einen zentralen Produktnutzen darstellt, der faktisch als Marktabgrenzungskriterium wirkt (konsequente Verbraucher von ökologischen Lebensmitteln kaufen aus Prinzip keine Frischware im Supermarkt).

So günstig das Auffinden und Besetzen von Nischen wegen ihrer Monopolcharakteristik für die Wettbewerbsfähigkeit des Unternehmens sind, so deutlich sind auch die Grenzen der Nischenstrategie: Nischen gibt es nicht sehr viele, und sie sind in den meisten Fällen relativ klein. Die geringe

Marktgröße ist die Ursache für eine ungünstige Kostenstruktur (Größenvorteile, bei denen sich die fixen Kosten auf sehr viele Produkte verteilen, können nicht genutzt werden), was wiederum zu hohen Preisen führt und sich damit ggf. wettbewerbsschädigend auswirkt. Wegen der geringen Ausdehnung von Nischenmärkten sind sie meist Aktivitätsfelder hochspezialisierter Klein- und Mittelbetriebe sowie dezentral strukturierter Genossenschaften (z.B. Demeter). Deren Nischenvorteile sind allerdings dadurch bedroht, dass große Anbieter diese Nischen im Rahmen einer Differenzierungsstrategie (Ausweitung des Produktprogramms und der bearbeiteten Marktsegmente Richtung Umweltorientierung) zu besetzen versuchen; so haben viele Supermarktketten zwischenzeitlich auch „Bio-" bzw. „Öko-Ecken".

In der Praxis sind diese Wettbewerbsstrategien im Gegensatz zum ursprünglichen Ansatz von *Porter (1985)* häufig als Mischformen anzutreffen.

Ein hervorzuhebender Aspekt zur Erhöhung der Wettbewerbsfähigkeit im Rahmen des strategischen Umweltmanagements ist das sog. *timing*. So können sich Unternehmen, die aufgrund einer offensiven Umweltschutzorientierung *proaktiv* und *frühzeitig* auf sich abzeichnende Entwicklungen reagieren (z.B. auf drohende Verschärfung von Umweltgesetzen; *s. im Folgenden 4.3 Instrumente/Früherkennungssysteme)*, entscheidende Wettbewerbsvorteile durch Profilierung und Differenzierung gegenüber den Konkurrenten erzielen sowie eventuell sogar die Marktführerschaft in neuen Wettbewerbsfeldern übernehmen, also eine Pionierstrategie realisieren. Allerdings kann es unter den Gesichtspunkten der erst zu überwindenden hohen Innovationsinvestitionen und ggf. vorhandener Akzeptanzprobleme bei den Nachfragern auch durchaus sinnvoll sein, eher eine *Folgerstrategie*, also eine ökologieorientierte Profilierung erst zeitlich *nach* den Hauptwettbewerbern umzusetzen *(vgl. hierzu differenziert Meffert/Kirchgeorg 1998, S. 231 ff.)*.

Für international agierende Unternehmen stellt sich hinsichtlich der Wettbewerbsfähigkeit noch eine Reihe weiterer Probleme bzw. Chancen. So sehen sie sich international (noch) sehr unterschiedlichen Umweltschutzstandards gegenüber, auch sind die Konsumentenpräferenzen und somit die Absatz- und Profilierungschancen sehr unterschiedlich. Diese Aspekte sind bei der Strategiewahl zu berücksichtigen.

Zusammenfassend kann festgestellt werden, dass ein Urteil über die Wirkungen von antizipativem Umweltmanagement auf die Wettbewerbsfähigkeit nur unter Beachtung der jeweils realisierten Wettbewerbsstrategie sowie den strategischen Bedingungen, unter denen sie realisiert wird, möglich ist (und auch das meistens nur ex post). Das bedeutet, dass nicht nach dem Prinzip Hoffnung jede Form von proaktivem Umweltmanagement als wettbewerbsfördernd angesehen werden darf, ebenso unbegründet ist allerdings auch eine pessimistische Einstellung, derzufolge Umweltmanagement die Wettbewerbsposition des Unternehmens generell verschlechtern würde. Aus betriebswirtschaftlicher Sicht und damit unternehmensbezogen kann die im Rahmen der Policy-Analyse postulierte grundsätzlich für die Wettbewerbsfähigkeit positive Wirkung ökologischer Modernisierung (*Argumentation II 4 und II 6*) nur eingeschränkt akzeptiert werden.

4.3 Ausgewählte Instrumente des strategischen Umweltmanagements

Grundsätzlich ist es möglich, die vorhandenen Instrumente der strategischen Unternehmensplanung an die spezifischen Voraussetzungen und Erfordernisse des Umweltmanagements anzupassen. Es bestehen bereits konzeptionelle Ansätze für umweltstrategische Informations- und Planungsinstrumente, die sich allerdings in der praktischen Anwendung aufgrund bislang nur teilweise gelöster Probleme, wie z.B. der Abgrenzung, Erfassung und Bewertung umweltbezogener Informationen (*s. 3.1*), nur langsam durchsetzen (*Meffert/Kirchgeorg 1998*). Im folgenden werden zwei ausgewählte Gruppen etablierter Instrumente[46] zur Unterstützung des Strategischen Umweltmanagements vorgestellt, und zwar zum einen *Früherkennungssysteme*, hier anhand der Lebenszykluskurve gesellschaftlicher Anliegen, und zum anderen *analytische Instrumente,* speziell die *Portfolioanalyse*. Diese Instrumente dienen im allgemeinen zur besseren Handhabbarkeit von komplexen Zusammenhängen in den Phasen der strategischen Analyse, der Planung und des Entscheidungsprozesses. Die Aussagekraft, die funktionalen Zusammenhänge und die unterstellten Prämissen sind sorgfältig auf ihre Gültigkeit im spezifischen Fall zu untersuchen, da die

---

46 Zur Einarbeitung in die große Zahl weiterer Instrumente wird auf die Literatur verwiesen, wie: *Freimann 1989; Steger 1993; Meffert/Kirchgeorg 1998; Bea/Haas 1997; Hinterhuber 1996.*

Instrumente neben hoher Praktikabilität auch Schwächen, z.B. begrenzte Validität und Prognoseprobleme, aufweisen.

Umweltstrategische Früherkennungssysteme

Aufgrund der hohen Dynamik der Unternehmenssysteme und der weitreichenden Konsequenzen für Unternehmen, die aus den Ansprüchen externer Umwelt-Stakeholder resultieren können, ist es wichtig, Trends, sich abzeichnende Entwicklungen und Diskontinuitäten im Unternehmensumfeld möglichst frühzeitig zu erkennen. Hierdurch können schon am Beginn einer Entwicklung geeignete Maßnahmen ergriffen werden, um mögliche Chancen zu antizipieren bzw. Risiken zu entschärfen. Dadurch können gegenüber Konkurrenten Wettbewerbsvorteile geschaffen werden. Auch können frühzeitig drohende Umweltrisiken sichtbar werden. Der entscheidende Unterschied zu klassischen Kontrollsystemen liegt darin, dass hier nicht auf der Basis vergangenheitsbezogener, unternehmensinterner quantitativer Daten Entwicklungen für die Zukunft fortgeschrieben werden, sondern der Fokus prognostisch in die Zukunft gerichtet ist und externe sowie überwiegend qualitative Informationen berücksichtigt werden.

Ein Früherkennungssystem ist eine spezielle Form eines Informationssystems, dessen Ziel die möglichst frühzeitige Erkennung, Diagnose und Weitergabe von führungsrelevantem zukunftsorientiertem Wissen ist *(s. z.B. Bea/Haas 1997)*.

Vielfach werden solche Früherkennungssysteme in der Literatur auch bildhaft als *„Strategisches Radar"* bezeichnet. Voraussetzung ist die kontinuierliche Beobachtung der Unternehmensumsysteme *(„Scanning")* und die damit verbundene Daten- und Informationssammlung durch entsprechend sensibilisierte Mitarbeiter (z.B. durch den *Umweltschutzbeauftragten* oder den *Öko-Partisanen s. 3.2)*. Viele Entwicklungen und Diskontinuitäten sind im voraus absehbar und kündigen sich durch *„schwache Signale"* an *(Ansoff 1976, „weak signals"; Steger 1993)*. Ob ein solches „schwaches Signal" überhaupt für die Unternehmung von Bedeutung ist und ob es eine Chance oder ein Risiko darstellt, ist oftmals erst durch den Abgleich mit den unternehmensspezifischen Stärken und Schwächen *(s. 4.1)* zu bestimmen. Auch lässt sich verallgemeinernd nicht festlegen, was ein „schwaches Signal" genau ist.

Im Umweltbereich gilt dies in besonderem Maße, da hier die relevanten Informationen meist nicht in monetären Größen vorliegen, oft nicht einmal quantifizierbar sowie wegen ihrer hohen Komplexität schwer einschätzbar sind. Deutlich wird dieses Problem der Informationsqualität anhand der im weiteren dargestellten Entwicklungen des öffentlichen Interesses an spezifischen Umweltthemen und den daraus abgeleiteten Ansprüchen an die Unternehmen *(s. im folgenden)*.

Die Dynamik der öffentlichen Meinungs- und Anspruchsentwicklung

Eine große Zahl der unternehmensrelevanten Informationen zu Umweltfragen stammt nicht aus dem ökonomischen Bereich, sondern aus naturwissenschaftlichen Veröffentlichungen, der weiteren Verbreitung durch die Medien und im Zuge der Steigerung des öffentlichen Interesses auch aus politischen Diskussionen und den Forderungen von externen Umwelt-Stakeholdern *(siehe die Überlegungen zum Policy-Zyklus II 2)*. Für Unternehmen, die eine proaktive Strategie im Umweltbereich realisieren wollen *(s. 4.2)*, gilt es, Trends und Entwicklungen in der öffentlichen Meinung frühzeitig zu erkennen und entsprechende Maßnahmen *(z.B. Kommunikationspolitik, Änderung des Produktionsprogramms, s. 2.3)* einzuleiten, bevor sich massive Divergenzen zwischen externen Anforderungen und dem Unternehmen *(s. Shell/Brent Spar, 1.4)* ergeben oder die Ansprüche als gesetzliche Restriktionen an das Unternehmen herangetragen werden.

Es ist schwierig, aus der Fülle der vorliegenden Informationen die jeweils relevanten herauszufiltern. Eine hilfreiche Heuristik stellt der *Lebenszyklus gesellschaftlicher Ansprüche* dar, der die Entwicklung der öffentlichen Meinung beschreibt und dessen Kurve häufig den für Umweltprobleme typischen S-förmigen Verlauf aufweist. Sie ist gekennzeichnet durch ein zunächst langsames, dann progressiv ansteigendes öffentliches Interesse, dem ein Stagnieren auf hohem Niveau mit anschließendem in der Regel starkem Abfall folgt, nachdem (z.B. durch entsprechende Gesetze) Maßnahmen zur Lösung des Problems ergriffen worden sind *(s. Abbildung 62, ausführlich Dyllick 1989)*[47].

---

47 Neben dem typischen S-förmigen Verlauf sind – prognostisch schwierig zu handhaben – auch atypische Verläufe zu beobachten: Durch Katastrophenfälle *(wie z.B. der Störfall*

Abbildung 62: *Lebenszyklus gesellschaftlicher Ansprüche*

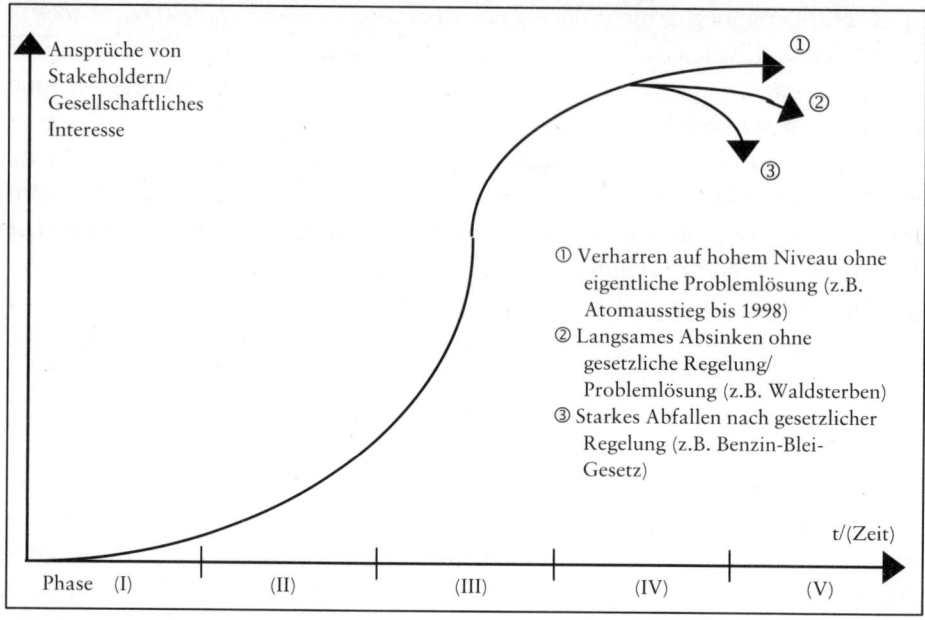

Ansprüche von
Stakeholdern/
Gesellschaftliches
Interesse

① Verharren auf hohem Niveau ohne
   eigentliche Problemlösung (z.B.
   Atomausstieg bis 1998)
② Langsames Absinken ohne
   gesetzliche Regelung/
   Problemlösung (z.B. Waldsterben)
③ Starkes Abfallen nach gesetzlicher
   Regelung (z.B. Benzin-Blei-
   Gesetz)

t/(Zeit)

Phase   (I)   (II)   (III)   (IV)   (V)

Modifiziert nach Dyllick 1989, S. 246; Pfeile 1-3 geben mögliche Weiterentwicklungen wieder.

Dyllick (1989) identifiziert als Regelfall fünf Phasen der Anspruchsentwicklung des Lebenszyklus gesellschaftlichen Interesses *(s. auch Phasen des Policy-Zyklus II 2).*

(1) Latenzphase: Erste Ereignisse

   Erste Umweltprobleme treten auf, Experten berichten darüber: **Problemgenese**

(2) Emergenzphase: Erwartungen

   Ereignisse häufen sich, Experten versuchen das Problem zu bestimmen und zu erklären, fachspezifische Medien veröffentlichen Berichte, Interessengruppen formieren sich, gesellschaftliche Erwartungen bilden sich: **Problemwahrnehmung und -definition**

---

im Atomkraftwerk Tschernobyl 1986) kann sich das öffentliche Interesse auch schlagartig entwickeln, allerdings dann auch schnell wieder abfallen. Des weiteren sind auch Umweltthemen bekannt, die sich durch eine eher schleichende nicht kumulierende Entwicklung charakterisieren lassen *(wie z.B. Sommersmog, flacher Kurvenverlauf).*

408

(3) Aufschwungphase: Politisierung

Interessengruppen bringen das Anliegen in den politischen Prozess, Massenmedien berichten zunehmend, Avantgarde der Politiker greift Anliegen auf, Einbettung in die „politische Landschaft": **Zielbildung, Agenda Setting**

(4) Reifephase: Regelung

Politische Akteure beziehen bei hoher Medienunterstützung Stellung, Regelung des Anliegens wird in Angriff genommen und z.B. gesetzlich realisiert: **Politikformulierung und Entscheidung**

(5) Abschwungphase: Sanktionierung

Durchsetzen der neuen Regelung, Verhalten wird überprüft und Verstöße werden sanktioniert, das öffentliche Interesse nimmt ab, neue Themen kommen hoch: **Implementation und Vollzug**

(in Anlehnung an Dyllick 1989, S. 245).

Jedes Unternehmen muss für sich eine Schwelle definieren, ab der es aktiv werden und Maßnahmen ergreifen will. Zeitpunkt und Strategiewahl ist abhängig von der befolgten Basisstrategie des Umweltmanagements (*vgl. hierzu 4.2*). Ein umweltorientierter proaktiver Innovator wird sich deutlich anders verhalten als ein Unternehmen, das eine defensive Umwelt-Strategie verfolgt. Der Innovator wird versuchen, möglichst frühzeitig zu reagieren, wohingegen der defensiv Agierende die Maßnahmen der Behörden abwarten wird (*Steger 1993*). Vorteile einer frühzeitigen Reaktion sind in der stärkeren Beeinflussbarkeit der Problemsituation sowie ggf. dem Erzielen von Pioniergewinnen zu sehen. Im Optimalfall gelingt es, in einer frühen Phase der Anspruchsentwicklung die Situation so weit zu verändern, dass den Ansprüchen der Boden entzogen wird (was Shell im *Fall Brent Spar* durch frühzeitiges Einlenken hätte erreichen können). Nachteilig ist bei einer frühen Reaktion die oft noch unsichere Informationslage. Spätere Reaktionen haben in der Regel eine sicherere Informationsbasis, allerdings sind die strategischen Optionen stark reduziert: Meist bleibt nur die Anpassung an externe Vorgaben.

Umweltportfolio

Ein nützliches Instrument für die Strategieentwicklung im Rahmen des Umweltmanagements ist die *Portfolio-Analyse*. Portfolios, ein im Strategischen Management häufig verwendetes Instrument (nicht zu verwechseln mit Aktien-Portfolios), charakterisieren den strategischen Status (Position) eines Unternehmens; aus dem ermittelten Status können dann geeignete Strategien (sog. *Normstrategien)* abgeleitet werden. Portfolios sind durch einen starken Bezug auf die *externen Chancen und Risiken* gekennzeichnet.

Die im einzelnen unterschiedlich ausgestalteten Portfolios *(s. z.B. Bea/Haas 1997, Hinterhuber 1996)* können auf eine gemeinsame Grundstruktur zurückgeführt werden. In Form einer Matrix werden *(s. Abbildung 63)* gegenübergestellt:

- *unternehmensexterne Zukunftsfaktoren (z.B. Marktchancen: hoch – niedrig),*
- *heutige unternehmensinterne Zustandsfaktoren (z.B. mit der Unternehmenstätigkeit verbundene Umweltgefährdung: hoch – niedrig).*

Ein auf das Umweltmanagement bezogenes Portfolio kann demnach z.B. charakterisiert werden *(s. unterschiedliche Umweltmanagement-Portfolios bei Meffert/Kirchgeorg 1998 und Steger 1993)* durch die beiden Komponenten

---

- ***Vorteile durch Umweltorientierung*** des Unternehmens *(z.B. Gewinnerhöhung, Steigerung des Marktanteiles, Imageverbesserung),*
- ***Umweltgefährdung*** durch das Unternehmen *(z.B. hohe Emissionen, Störfallrisiken).*

Betrachtungsebene können das Gesamtunternehmen, die Strategischen Geschäftseinheiten (SGE)[48] oder auch einzelne Produkte sein, deren strategische Positionen durch Einordnung in die Matrixfelder als Kreise dargestellt werden. Die Größe der Kreise verdeutlicht hierbei je nach betrachteter Ebene den Marktanteil oder den durch das jeweilige Produkt oder durch die jeweilige strategische Geschäftseinheit erzielten Ertrag. Die Einordnung anhand der Kriterien Umweltgefährdung/Vorteile durch Umwelt-

---

48 Als *Strategische Geschäftseinheit (SGE)* wird eine klar abgrenzbare, autonome Subeinheit einer Unternehmung bezeichnet, die ein bestimmtes Geschäftsfeld (= Produkt-Markt-Kombination) bearbeitet, eigene Chancen und Risiken aufweist, eine spezifische Wettbewerbsposition innehat und eine eigenständige Strategie zu realisieren vermag. *Ein Beispiel für eine SGE wäre für ein Chemieunternehmen der Bereich Pflanzenschutz, für einen Automobilkonzern der Bereich Geländefahrzeuge.*

orientierung beruht auf den aus der strategischen Analyse *(s. 4.1)* gewonnenen Informationen.

Das nachfolgend abgebildete Portfolio stellt den idealtypischen Fall eines Unternehmens mit vier Strategischen Geschäftseinheiten dar, die sich auf die vier Quadranten verteilen. Denkbar ist auch ein Unternehmen, dessen Strategische Geschäftseinheiten in einem Quadranten kumuliert sind, oder das nur eine einzige strategische Einheit darstellt, z.B. Klein- oder Nischenunternehmen. Auch einzelne Produkte oder Produktgruppen können in dem Portfolio positioniert werden *(s. Abbildung 63).*

Abbildung 63: ***Umweltportfolio – idealtypischer Fall***

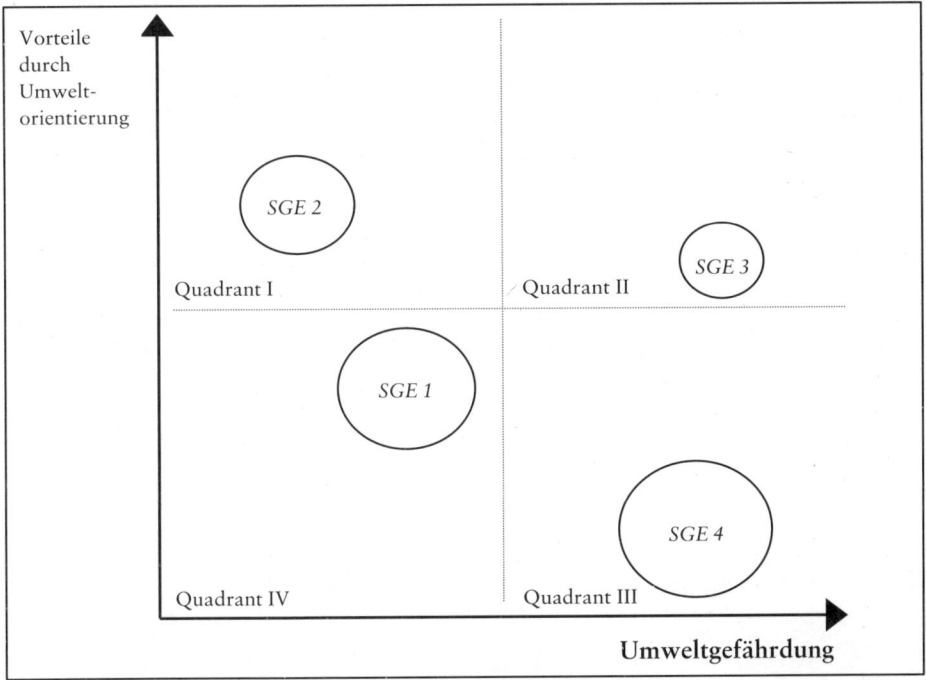

Unternehmen mit vier Strategischen Geschäftseinheiten *(SGE 1-4);* die unterschiedlichen Größen der Kreise visualisieren den jeweiligen Ertrag der Strategischen Geschäftseinheiten.[49]

---

49 Als Extrembeispiel für ein Umweltportfolio, das in *einem* Quadranten kumuliert: Ein Atomkraftwerk weist sehr hohe ökologische Risiken auf, besitzt aber – außer durch völlige Produktionsumstellung – kaum die Möglichkeit, Marktpotenziale durch Umweltverträglichkeit zu gewinnen; es wäre also insgesamt in Quadrant III einzuordnen.

Abbildung 64: *Aus dem Umweltportfolio (Abbildung 63)*
abgeleitete Normstrategien

Quadrant	Kennzeichnung des Geschäftsfeldes	Normstrategien
I (SGE 2)	*Umweltgefährdungspotenzial niedrig/* *Vorteile umweltorientierten Verhaltens* *hoch*: Produkte/Produktionsprogramm umweltverträglich; Umweltnutzen wichtiges Kaufmotiv; vermutlich steigende Chancenorientierung durch zusätzliche umweltorientierte Geschäftsfelder; *im Produktionsbereich in Reinform* *selten (Umweltschutzindustrie), im* *Dienstleistungsbereich z.B. Banken,* *Versicherungen,* *Unternehmensberatungen; Öko-Läden*	→ *Chancenorientierung* Profilierung/Differenzierung, evtl. Nischenstrategie; Produkt-/Programm- entwicklung konsequent an Umweltorientierung ausgerichtet
II (SGE 3)	*Umweltgefährdungspotenzial hoch/* *Vorteile umweltorientierten Verhaltens* *hoch*: als Ausgangsposition selten bzw. Grenzfall; *z.B. Automobilindustrie* *(Verbrauchsreduktion), Chemieindustrie* *(Stoffsubstitution), Fluglinien* *(Verbrauchs- / Lärmreduktion)*	→ *Innovationsorientierung* Intensivierung der Umweltschutzbemühungen zur Positionsabsicherung; langfristig orientierte Entwicklung neuer Produkt-Markt-Kombinationen mit möglichst geringen negativen Umweltwirkungen
III (SGE 4)	*Umweltgefährdungspotenzial hoch/* *Vorteile umweltorientierten Verhaltens* *gering*: negative Umweltwirkungen durch Produktion bzw. Produkte bekannt oder vermutet; staatliche Interventionen, Gesetzesverschärfungen, negative Reaktionen von Stakeholdern möglich; *im industriellen Bereich häufig,* *z.B. Energieversorgung (Extremfall* *Atomkraftwerk), Chlorchemie,* *Gefahrgütertransport/Schwertransport*	→ *Risikoorientierung:* Positionsabsicherung durch kostenoptimale Anpassung an Umweltbelange; Versuch, in umweltpositive innovative Geschäftsfelder zu expandieren *(SGE 3!)*; im Falle ertrags- schwacher Geschäftsfelder Rückzug bzw. Aufgabe der SGE. *Risikostrategien wie z.B.:* Vermeiden, Versichern möglich
IV (SGE 1)	*Umweltgefährdungspotenzial niedrig/* *Vorteile umweltorientierten Verhaltens* *gering:* indifferent *in Reinform selten bzw. Grenzfall*	→ *Kontinuität, Abwarten* Fortführung der bisherigen Unternehmenspolitik unter Anpassung an eventuelle gesetzliche Umweltschutz- anforderungen
SGE = Strategische Geschäftseinheit		

Je nach Positionierung der strategischen Geschäftseinheiten können aus dem Portfolio Normstrategien abgeleitet werden, die jedoch je nach vorliegender Situation individuell angepasst werden müssen (s. *Abbildung 64*). Problempunkte der Portfolioanalyse sind: die unscharfe und z.T. subjektive Zuordnung in die Quadranten und deren ungenaue Abgrenzung, die insgesamt qualitative Orientierung, die Datenbeschaffung und die schwere Operationalisierbarkeit z.B. des Kriteriums „Umweltgefährdung".

4.4. *Ökologische Modernisierung des Unternehmens und Umweltnetzwerke*

Zum Abschluss der Überlegungen zum unternehmerischen Umweltmanagement wird die betriebswirtschaftliche Konzeption ökologischer Modernisierung des Unternehmens als realisierbares, weil mit den Bedingungen marktwirtschaftlicher Strukturen vereinbares Konzept der unternehmerischen Umweltorientierung in Grundzügen entwickelt. (vgl. Jänicke 2001) Da unternehmensübergreifende Kooperationen in Form von Netzwerken eine besonders günstige Ausgangsbasis für eine ökologische Modernisierung darstellen, wird diese Form unternehmerischer Organisation in den Vordergrund gestellt.

Die Konzeption ökologischer Modernisierung aus Sicht des Unternehmens

In Weiterentwicklung des öko-strategischen Management wird unter ökologischer Modernisierung des Unternehmens die umfassende Nutzung aller technischen und organisatorischen Möglichkeiten zur Verminderung bzw. Vermeidung von unternehmensbedingten Umweltschädigungen verstanden, die im Hinblick auf die ökonomischen Basisziele des Unternehmens – Erzielung eines befriedigenden Gewinns, Erhaltung der Liquidität – vertretbar sind. Damit ist ökologische Modernisierung *(s. auch II. 5)* aus Unternehmenssicht anzusiedeln zwischen einer nachsorgenden end of pipe-Orientierung einerseits und einem auf Nachhaltigkeit ausgerichteten ökologischen Strukturwandel andererseits.

Ökologische Modernisierung kennzeichnet damit eine Unternehmensstrategie, die unter den gegebenen sozioökonomischen Strukturen westlicher Industriegesellschaften als befriedigende, ggf. auch als optimale Handhabungsmöglichkeit unternehmensbedingter Umweltschädigungen anzusehen ist. Die end of pipe-Konzeption ist aus Umweltsicht unzulänglich, da zum einen die Beseitigung von Umweltschäden in der Regel ökologisch ineffizienter ist als deren prophylaktische Vermeidung und da zum anderen end of pipe-technologies negative Umweltwirkungen nur teilweise verhindern können (so vermögen Auto-Katalysatoren CO_2 nicht zurückzuhalten); sie ist auch betriebswirtschaftlich fragwürdig, da das Unternehmen sich von der Spitze des technischen Fortschritts abkoppelt. Ein ökologischer Strukturwandel, verstanden als konsequent realisierte Dominanz ökologisch-nachhaltigen Lebens und Wirtschaftens unter bewusster Inkaufnahme kurzfristiger ökonomischer Nachteile (z.B. weitgehender Verzicht auf ressourcenverzehrenden Individualverkehr), ist – wenn überhaupt – nur im gesamtgesellschaftlichen Rahmen zu verwirklichen. Ein Unternehmen, das sich an dem Leitbild des ökologischen Strukturwandels orientieren würde, hätte unter den Bedingungen marktwirtschaftlich-wettbewerblicher Strukturen keine Überlebenschancen. So bleibt also für ein konsequent umweltorientiertes Umweltmanagement nur eine Strategie ökologischer Modernisierung, die zudem noch den Vorteil sehr variabler und damit an die spezifischen Unternehmensbedingungen anpassbarer Ausgestaltungsmöglichkeiten aufweist.

Aus Unternehmenssicht ist diese Konzeption deshalb attraktiv, weil sie am Eigeninteresse des Unternehmens ansetzt: Sie soll das Unternehmen wettbewerbsfähiger machen und seine Fähigkeit, langfristigen gesellschaftlichen Entwicklungen zu entsprechen, verbessern. Zentraler Ansatzpunkt dieser Konzeption ist die möglichst intensive Entwicklung und Nutzung umweltverträglicher Technologien. Die mitunter vorgenommene Eingrenzung auf den Technologieaspekt ist allerdings unzureichend, da die Nutzung derartiger Technologien notwendigerweise ökonomische Tragfähigkeit voraussetzt und da sie an bestimmte personelle und organisatorische Gegebenheiten des Unternehmens gebunden ist (s. die folgende Abbildung).

Abb. 65: *Komponenten der ökologischen Modernisierung*

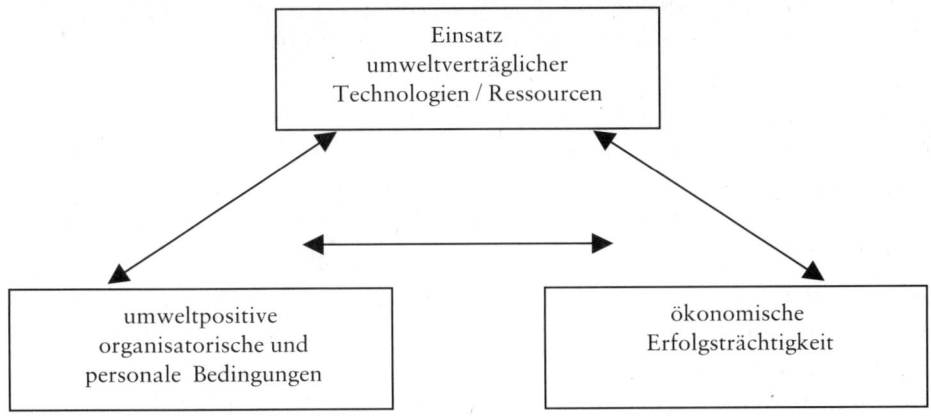

Die Komponenten der ökologischen Modernisierung machen die Voraussetzungen deutlich, die gemeinsam, und zwar alle gemeinsam, erforderlich sind, damit das Konzept die Chance der Realisierung besitzt:

- Es müssen in ausreichender Menge einsatzfähige Technologien bzw. Ressourcen zur Verfügung stehen, die im Vergleich zu herkömmlichen Verfahren einen deutlich höheren Umweltnutzen schaffen (was derzeit z.B. bei Solarenergie nur bedingt der Fall ist).
- Die An- bzw. Verwendung dieser Technologien und Ressourcen muss kompatibel sein mit den kurz- und langfristigen ökonomischen Zielen des Unternehmens (was wegen zu hoher Investitionskosten von clean technologies heute oft nicht gegeben ist).
- Ökologische Modernisierung wird in Unternehmen nur umgesetzt, wenn bestimmte organisatorische Strukturen, z.B. umweltorientierte Organisationskultur, und personale Voraussetzungen, speziell hohes Umweltwissen sowie hohe Umweltmotivation von Management und Mitarbeitern, vorhanden sind (was nicht generell vorausgesetzt werden kann).

Wenn es dem und im Unternehmen gelingt, die drei potenziell konfliktären Komponenten der ökologischen Modernisierung zu harmonisieren, dann kann sich diese Strategie konkret realisieren über die gesamte Schadschöpfungskette in

- Nutzung umweltverträglicher Ressourcen
- hoher Ressourcenproduktivität

- Einsatz von clean bzw. cleaner technologies im Rahmen von Produktion, Logistik und Entsorgung
- Entwicklung und Förderung von möglichst umweltverträglichen Produkt-Markt-Kombinationen
- Vermeidung von Störfällen.

Strategisch stellt ökologische Modernisierung eine Antizipation dar, in Bezug auf das Umweltportfolio ist sie je nach Ausgangssituation der Chancen- oder der Innovationsorientierung zuzurechnen. Dementsprechend weist sie aus Unternehmenssicht hohe Chancen, aber auch erhebliche Risiken auf. In der Regel wird der Einstieg in eine ökologische Modernisierung eine tiefgreifende Umorientierung der Unternehmenspolitik erforderlich machen. Das bedeutet den Einsatz erheblicher finanzieller Mittel, speziell für Forschung und Entwicklung, sowie den Einsatz entsprechender personeller Ressourcen. Notwendig ist eine Vielzahl produktionsprozess- und produktbezogener Umweltinnovationen. Unabdingbar ist außerdem eine Neuorientierung von Unternehmensvisionen und -leitbildern, mit den entsprechenden Veränderungswirkungen auf die Unternehmenskultur. Nur im Einzelfall kann entschieden werden, ob die Bereitschaft im Unternehmen vorhanden ist, sich dieser Herausforderung zu stellen, und ob die verfügbaren Ressourcen für die Umsetzung dieser Konzeption ausreichen.

Die betriebswirtschaftlichen Chancen der ökologischen Modernisierung aus Unternehmenssicht liegen in

- Vorreiterposition in der Technologieentwicklung
- neuen Produkt-/Marktkombinationen, die – bei entsprechender umweltorientierter Nachfrage – die Wettbewerbsfähigkeit verbessern bzw. sichern
- besserer Anpassungsfähigkeit an politische und rechtliche Veränderungen im Umweltbereich
- höherer gesellschaftlicher Akzeptanz.

Umweltorientierte Unternehmenskooperationen

Der Blick in die Empirie des unternehmerischen Umweltmanagement zeigt deutlich, dass die Unternehmen bei dem Versuch, mit Hilfe ökologischer Modernisierung ihre Umweltbeeinträchtigungen zu vermeiden, in immer stärkerem Maße mit anderen Unternehmen bzw. Institutionen kooperieren, um mit ihnen gemeinsam Umweltziele zu formulieren und umzusetzen; man spricht in diesem Zusammenhang von Unternehmenskooperationen (allgemein dazu Sydow 1992). Für diese Entwicklung gibt es eine Reihe von Gründen, so z.B.:

- Der Versuch, als Einzelkämpfer ökologische Modernisierung zu realisieren, droht für das Unternehmen leicht zu einer Überforderung zu werden, was sich auf verfügbare Finanzmittel, verfügbares know how oder verfügbare Input- bzw. Produktionsressourcen beziehen kann.
- Die Verteilung der mit der Realisierung ökologischer Modernisierung verbundenen Lasten auf mehrere Schultern mindert die Risiken des einzelnen Unternehmens für den Fall, dass die Modernisierungsstrategie scheitert oder nicht so ertragreich ist wie angestrebt.
- Die Kooperation vermindert für die kooperierenden Unternehmen bezüglich des Umweltaspekts den Wettbewerb, was die speziell im Umweltbereich wegen der häufig nicht vorhandenen Knappheitspreise von Umweltgütern gegebene Gefahr des Auftretens von Trittbrettfahrern deutlich vermindert.
- Unternehmenskooperationen verbessern die Machtposition der an den Kooperationen beteiligten Unternehmen im Vergleich zum allein agierenden Unternehmen, was sich günstig auf die Beziehungen zu umweltorientierten stakeholdern (z.B. Staat, Umweltschutzorganisationen) auswirken kann.

Umweltorientierte Unternehmenskooperationen können sich je nach Unternehmensbedingungen in sehr verschiedenartigen Formen mit unterschiedlichen Zielsetzungen realisieren (s. unten). In der unternehmerischen Praxis sind folgende Formen von Kooperationen beobachtbar (Überblick für den Bereich der ökologischen Modernisierung z.B. Hübner/Nill 2001; s.a. Aulinger 1996, S. 100 ff.):

- *Umweltorientierte Unternehmensinitiativen* wie z.B. „Bundesdeutscher Arbeitskreis für umweltbewusstes Management" (B.A.U.M.) e.V., „ICC-Charta für langfristig tragfähige Entwicklung" und „Forum Nachhaltige Entwicklung - econsense". (vgl. Lauff 1995; Schiegl/Thurm 2001) Die Teilnehmer dieser Initiativen kommen aus unterschiedlichen Branchen, sie konkurrieren also nicht miteinander. Im Rahmen dieser Initiativen werden in wenig formalisierter Form Informationen über Umweltfragen ausgetauscht, Konzepte für Unweltmanagementsysteme entwickelt, gemeinsame Projekte initiiert, Umweltbenchmarks durchgeführt etc. Neben Imagevorteilen versprechen sich die beteiligten Unternehmen eine verbesserte Informationsbasis über die Umweltsituation und mögliche Umweltstrategien.

- *Branchenkooperationen*, in deren Rahmen die in Verbänden organisierten Unternehmen (z.B. Verband der Chemischen Industrie [VCI]) in Umweltfragen ihre Standards aneinander angleichen und kollektive Strategien gegenüber Umweltstakeholdern entwickeln; der Umweltaspekt wird von diesen ansonsten miteinander konkurrierenden Unternehmen also aus dem Wettbewerb ausgeklammert. Häufig werden im Rahmen derartiger Kooperationen Branchenabkommen zur Verminderung von Umweltschäden abgeschlossen oder freiwillige Selbstverpflichtungen eingegangen. Letztere dienen in der Regel dazu, aus Unternehmenssicht ungünstigeren administrativen oder gesetzlichen Vorgaben zuvorzukommen.

- *Strategische Umweltallianzen*, in deren Rahmen die daran beteiligten Unternehmen gemeinsam Umweltinnovationen entwickeln (z.B. Motorantriebe auf der Basis uneingeschränkt vorhandener oder nachwachsender Rohstoffe). Derartige Projekte würden wegen des hohen finanziellen Aufwandes und des notwendigen know hows das einzelne Unternehmen überfordern.

- *Regionale Netzwerke*, bei denen räumlich nah beieinander liegende Unternehmen gemeinsam Umweltinnovationen realisieren (z.B. regionale Kooperation im Gütertransportbereich; s. Geelhaar/Muntwyler 1989). Vorteile derartiger regionaler Netzwerke sind darin zu sehen, dass die daran beteiligten Unternehmen übereinander und über die ökologische Situation der jeweiligen Region gut Bescheid wissen, dass die räumliche Nähe Transaktionskosten senkt und dass die Kooperation mit regionalen stakeholdern, z.B. Kommunen, effizient verwirklicht werden kann.

- *Stoffstrom- und recyclingbezogene Netzwerke*, bei denen die Rückstände des einen Unternehmens von anderen, meist räumlich benachbarten Unternehmen als Inputgüter genutzt werden (sog. Verwertungsnetze, s. Schwarz 1994). Bekanntgeworden ist insbesondere das Verwertungsnetzwerk in der dänischen Stadt Kalundborg, in dessen Rahmen Stoffströme von Kühlwasser, Wasserdampf, Gips, Schlamm u.a. zwischen den beteiligten Unternehmen ausgetauscht und verbraucht werden (beschrieben bei Schwarz, 1994, S. 98 ff.; ein ähnliches Netzwerk besteht seit längerem in der Steiermark; s.a. Kirchgeorg 1999, Liesegang u.a. 2000).

- *Kooperationen zwischen Unternehmen und Umweltschutzorganisationen*, in deren Rahmen das know how der Umweltverbände dazu benutzt wird, das unternehmerische Umweltmanagement zu verbessern oder gemeinsam Umweltsponsoring-Aktivitäten zu realisieren. Ein Beipspiel für eine gelungene Umweltinnovation bei dieser Form der Kooperation ist die Entwicklung und Vermarktung des ersten FCKW-freien Kühlschranks von FORON-Hausgeräte GmbH und Greenpeace (vgl. Einem/Helmstädter 1997). Ein Vorteil dieser Kooperation ist darin zu sehen, dass die häufig gegebene Konfrontation zwischen Unternehmen und Umweltverbänden in eine für die Umwelt förderliche Zusammenarbeit umgewandelt wird.

Alle aufgeführten Kooperationen können zu Umweltinnovationen anregen und damit eine ökologische Modernisierung des Unternehmens vorantreiben. Aus Umweltsicht sind vor allem strategische Umweltallianzen und stoffstrombezogene Netzwerke hervorzuheben. Es darf allerdings nicht übersehen werden, dass derartige Kooperationen auch mit erheblichen Risiken verbunden sein können, die sich im Scheitern der gesamten Kooperation – weil sich z.B. Umweltprojekte als nicht realisierbar erweisen – oder in Nachteilen für einzelne Netzwerkteilnehmer – weil z.B. Branchenstandards für ein Unternehmen zu hoch sind – manifestieren. Der Erfolg von Umweltkooperationen setzt wechselseitiges Vertrauen voraus sowie eine als angemessen empfundene Verteilung von finanziellen Lasten, Risiken und Erträgen. Unter den Bedingungen des Wettbewerbs sind diese Erfolgsfaktoren nicht einfach zu erreichen. Daran zeigt sich, dass die Orientierung des Unternehmens an unternehmensindividueller Nutzenerzielung einen hemmenden Faktor für ein ökostrategisches Management und ökologische Modernisierung darstellen kann – ein strukturelles Problem, das die grundsätzlichen Grenzen des unternehmerischen Umweltmanagement in Markt-wirtschaften aufzeigt.

Die Überlegungen zur ökologischen Modernisierung des Unternehmens schlagen wiederum den Bogen zur Umweltpolitik und zum Umweltrecht. Je mehr die politischen und rechtlichen Rahmenbedingungen eine ökologische Modernisierung der Unternehmen unterstützen, desto eher werden unternehmensbedingte Umweltschädigungen auf ein tolerierbares Maß abgesenkt werden. Derartige Rahmenbedingungen sind gekennzeichnet vor allem durch einen situationsangepassten Mix der Instrumente der Umwelt-politik, transparentes und effizient durchgesetztes Umweltrecht sowie eine im guten Sinne betriebswirtschaftliche Orientierung des staatlichen Um-welthandelns in Form des New Public Management.

Basisliteratur zum Strategischen Umweltmanagement:

- Bea, F. X./Haas, J.: Strategisches Management, 2. Aufl., Stuttgart 1997 (für allgemeine strategische Managementtheorie).
- Meffert, H./Kirchgeorg, M.: Marktorientiertes Umweltmanagement, 3. Aufl., Stutt-gart 1998, v.a. S. 181-270.
- Steger, U.: Umweltmanagement, 2. Aufl., Wiesbaden 1993.
- Stitzel, M.: Das Unternehmen als Initiator der ökologischen Umorientierung, in: Jä-nicke, M./Bothe, H.-J./Carius, A.: Umwelt Global, Berlin u.a. 1995, S. 151-164.

In Kap. 4 *zitierte* Literatur:

Ansoff, J.: Managing Surprise and Discontinuity – Strategic Response to Weak Signals, in: Zfbf, 38. Jg., 1976, S. 129.

Aulinger, A.: (Ko-)Operation Ökologie: Kooperationen im Rahmen ökologischer Unter-nehmenspolitik, Marburg 1996.

Conrad, J.: Successful Environmental Management in European Companies, in: FFU-Report, 1996 –3, FU Berlin 1996.

Dörner, D.: Die Logik des Mißlingens, Reinbek bei Hamburg 1994.

Dyllick, T.: Management der Umweltbeziehungen, Wiesbaden 1989.

Dyllick, T.: Ökologie und Wettbewerbsfähigkeit von Unternehmen, in: io management, Nr. 3/98, S. 48-53.

Einem, E.v./Helmstädter, H.G.: Neue Produkte durch Kooperation, Berlin 1997.

Freimann, J.: Betriebliche Umweltpolitik, Bern u.a. 1996.

Freimann, J.: Instrumente sozialökologischer Folgenabschätzung im Betrieb, Wiesbaden 1989.

Gelhaar, M. / Muntwyler, M.: Ökologische Innovationen in regionalen Akteurnetzen, Berlin 1998.

Hauschildt, J.: Innovationsmanagement, München 1993.

Hinterhuber, H. H.: Strategische Unternehmungsführung. I. Strategisches Denken u. II. Strategisches Handeln, 6. Aufl., Berlin/New York 1997.

Hübner, K. / Nill, J.: Nachhaltigkeit als Motivationsmotor, Berlin 2201.

Jänicke, M.: Ökologische Modernisierung als Innovation und Diffusion in Politik und Technik: Möglichkeiten und Grenzen eines Konzeptes, ffu-report 00-01, Berlin 2001.

Keller, A.: Ökologische Innovationspotenziale kleinerer und mittlerer Betriebe, Berlin 1992.

Kirchgeorg, M.: Marktstrategisches Kreislaufmanagement, Wiesbaden 1999.

Kirchgeorg, M.: Ökologieorientiertes Unternehmensverhalten, Wiesbaden 1990.

Lauff, R.J. (Hrsg.): Überzeugt vom Umweltschutz. Unternehmen berichten zur ICC-Charta für langfristig tragfähige Entwicklung, Bonn 1995.

Liesegang, D.G./Sterr, Th./Ott, Th. (Hrsg.): Aufbau und Gestaltung regionaler Stoffmanagementnetzwerke, Heidelberg 2000.

Longolius, S.: Eine Branche lernt Umweltschutz, Berlin 1993.

Meffert, H./Kirchgeorg, M.: Marktorientiertes Umweltmanagement, 3. Aufl., Stuttgart 1998.

Porter, M. E./van der Linde, C.: Green and Competitive, Ending the Stalemate, in: Havard Business Review, 1995, S. 120-134.

Porter, M. E.: Competitive Advantage, New York 1985, übersetzt von: Jäger, A.: Wettbewerbsvorteile; Spitzenleistungen erreichen und behaupten, Frankfurt am Main 1986.

Probst, G./Gomez, P.: Vernetztes Denken, 2. Aufl., Wiesbaden 1991.

Schiegl, W.E./Thurm, R.: Bekenntnis zur Nachhaltigkeit: Das Forum Nachhaltige Entwicklung der deutschen Wirtschaft. In: Ökologisches Wirtschaften 1/2001, S. 12-13.

Schmidheiny, S.: Kurswechsel, München 1992.

Schwarz, E.J.: Unternehmensnetzwerke im Recycling-Bereich, Wiesbaden 1995.

Staehle, W. H.: Management, 8. Aufl., München 1998.

Steger, U.: Umweltmanagement, 2. Aufl., Wiesbaden 1993.

Stitzel, M.: Das Unternehmen als Initiator der ökologischen Umorientierung, in: Jänicke, M./Bothe, H.-J./Carius, A.: Umwelt Global, Berlin u.a. 1995, S. 151-164.

Stitzel, M.: Unternehmerverhalten und Gesellschaftspolitik, Stuttgart 1977.

Sydow, J.: Strategische Netzwerke, - Evolution und Organisation, Wiesbaden 1992.

Terhart, K.: Die Befolgung von Umweltschutzauflagen als betriebswirtschaftliches Problem, Berlin 1986.

Umweltbericht der Kunert AG 1997/98, Immenstadt 1998.

Wimmer, F.: Umweltbewußtsein, in: Junkernheinrich, M. u. a. (Hrsg.): Handbuch zur Umweltökonomie, Berlin 1995, S. 268-273.

Anhang

Abkürzungsverzeichnis

AbfVerbrG	Abfallverbringungsgesetz
AbwAG	Abwasserabgabengesetz
AöR	Archiv des öffentlichen Rechts (Zeitschrift)
ASEAN	Association of Southeast Asian Nations (Verband südostasiatischer Staaten)
AtG	Atomgesetz
BAUM	Bundesdeutscher Arbeitskreis für Umweltbewusstes Management
BBodSchG	Bundesbodenschutzgesetz
BfN	Bundesamt für Naturschutz
BGB	Bürgerliches Gesetzbuch
BImSchG	Bundesimmissionsschutzgesetz
BImSchV	Verordnung zum BImSchG
BIP	Bruttoinlandsprodukt
BJU	Bundesverband Junger Unternehmer
BMU	Bundesministerium für Umweltschutz, Naturschutz und Reaktorsicherheit
BNatSchG	Bundesnaturschutzgesetz
BSP	Bruttosozialprodukt
BUND	Bund für Umwelt und Naturschutz Deutschlands
BzBlG	Benzinbleigesetz
ChemG	Chemikaliengesetz
CO_2	Kohlendioxid
DBW	Die Betriebswirtschaft (Zeitschrift)
DIN	Deutsches Institut für Normung
DÖV	Die Öffentliche Verwaltung (Zeitschrift)
DSD	Duales System Deutschland (Grüner Punkt)
DVBl.	Deutsches Verwaltungsblatt
ECE	Economic Commission for Europe, Regionale Wirtschaftskommission der UN für Europa
EGV	Vertrag zur Gründung der Europäischen Gemeinschaft
EMAS	Environmental Management and Audit Scheme
et	Energiewirtschaftliche Tagesfragen (Zeitschrift)

EU	Europäische Union
EWG	Europäische Wirtschaftsgemeinschaft
FCKW	Fluorchlorkohlenwasserstoff
GenTG	Gentechnikgesetz
GG	Grundgesetz
ICLEI	International Council for Local Environmental Initiatives (Internationaler Rat für Kommunale Umweltinitiativen)
IMO	International Maritime Organization
INGO	International Non-Governmental Organization
IÖW	Institut für ökologische Wirtschaftsforschung
ISO	International Organization for Standardisation
JA	Juristische Arbeitsblätter (Zeitschrift)
Jura	Juristische Ausbildung (Zeitschrift)
JuS	Juristische Schulung (Zeitschrift)
JZ	Juristenzeitung
KrW-/AbfG	Kreislaufwirtschafts- und Abfallgesetz
LKV	Landes- und Kommunalverwaltung (Zeitschrift)
NAFTA	Nordamerikanische Freihandelszone
NEAP	National Environmental Action Plan (Nationaler Umweltaktionsplan)
NJ	Neue Justiz (Zeitschrift)
NJW	Neue Juristische Wochenschrift
NOx	Stickoxide
NuR	Natur und Recht (Zeitschrift)
NVwZ	Neue Zeitschrift für Verwaltungsrecht
OECD	Organization for Economic Cooperation and Development (Organisation für wirtschaftliche Zusammenarbeit und Entwicklung)
ÖWAV	Schriftenreihe des Österreichischen Wasser- und Abfallwirtschaftsverbandes
PCB	Polychlorierte Biphenyle
PflSchG	Pflanzenschutzgesetz
RGW	Rat für gegenseitige Wirtschaftshilfe
RIVM	Rijksinstituut voor Volksgezondheid en Milieuhygiene, Nationales Institut für Öffentliche Gesundheit und Umweltschutz der Niederlande
ROG	Raumordnungsgesetz

SEPA	Swedish Environmental Protection Agency
SRÜ	Seerechtsübereinkommen
StGB	Strafgesetzbuch
StrVG	Strahlenschutzvorsorgegesetz
TA	Technische Anleitung
UAG	Umweltauditgesetz
UGB	Umweltgesetzbuch
UHG	Umwelthaftungsgesetz
UIG	Umweltinformationsgesetz
UMK	Umweltministerkonferenz
UNCED	UN-Konferenz für Umwelt und Entwicklung
UNEP	United Nations Environmental Programme
UPR	Umwelt- und Planungsrecht (Zeitschrift)
UVPG	Umweltverträglichkeitsprüfungsgesetz
VDI	Verein Deutscher Ingenieure
VO	Verordnung
VRÜ	Verfassung und Recht in Übersee (Zeitschrift)
VwGO	Verwaltungsgerichtsordnung
VwVfG	Verwaltungsverfahrensgesetz
WHG	Wasserhaushaltsgesetz
WiSt	Das wirtschaftswissenschaftliche Studium
WISU	Das Wirtschaftsstudium (Zeitschrift)
WRMG	Wasch- und Reinigungsmittelgesetz
WuV	Wirtschaft und Verwaltung (Zeitschrift)
ZaöRV	Zeitschrift für ausländisches öffentliches Recht und Völkerrecht
ZAU	Zeitschrift für angewandte Umweltforschung
ZfB	Zeitschrift für Betriebswirtschaft
ZfbF	Zeitschrift für betriebswirtschaftliche Forschung
ZfW	Zeitschrift für Wasserrecht
ZRP	Zeitschrift für Rechtspolitik
ZUR	Zeitschrift für Umweltrecht

Verzeichnis der Abbildungen

Umweltpolitisches Glossar

Agenda 21: Das auf der UN-Konferenz für Umwelt und Entwicklung (UNCED) in Rio 1992 beschlossene globale Programm nachhaltiger Entwicklung.

Agenda setting: Im Policy-Zyklus die Phase, in der ein Thema auf die Tagesordnung der politischen Entscheidungsinstanzen gesetzt wird.

Betriebsbeauftragter für Umweltschutz: → *Umweltschutzbeauftragter.*

Biodiversität: Leitbegriff der internationalen Konvention über die biologische Vielfalt von 1992 und damit Ausdruck modernen völkerrechtlichen Naturschutzes. Biodiversität bezeichnet die Variabilität unter lebenden Organismen jeglicher Herkunft und bezieht sich auf die Vielfalt von Arten und Ökosystemen, aber auch auf die innerartliche (genetische) Vielfalt *(s. III 5.3).*

Clean technology: Weitgehend synonym: Integrierte Umweltschutztechnologie. Darunter werden alle Technologien verstanden, die Umweltbelastungen bereits vor und während des Produktionsprozesses vermeiden. Ansatzpunkt sind hier die Entstehungsquellen von Umweltbelastungen mit dem Ziel, Emissionen und Abfälle gar nicht erst entstehen zu lassen. → *End of pipe technology (s. IV 2.2).*

Common Heritage of Mankind: Programmatischer Begriff der völkerrechtlichen Diskussion zur Bezeichnung solcher Güter und Räume, an denen entweder keine einzelstaatlichen Souveränitätsrechte bestehen oder die unabhängig davon jedenfalls eine besondere Bedeutung für die gesamte Menschheit unter Einschluss künftiger Generationen haben. Der Begriff wurde zunächst auf die Meeresbodenschätze bezogen, spielt aber auch im internationalen Kulturgüterschutz eine Rolle. Auch ein menschlichem Leben zuträglicher Zustand des Weltklimas kann als „gemeinsames Erbe" der Menschheit bezeichnet werden *(III 5.3).*

Duales System: Das Duale System Deutschland (DSD) ist ein von den durch die Verpackungsverordnung betroffenen Unternehmen getragenes deutschlandweites privates System zur Entsorgung und Verwertung des durch den „Grünen Punkt" gekennzeichneten Verpackungsabfalls. Die Finanzierung erfolgt über einen Preisaufschlag auf alle Produkte, die den „Grünen Punkt" tragen und wird somit von den Nachfragern geleistet *(s. IV 2.1)*. Kritisiert wird am DSD die → *end of pipe-Orientierung*, da kein Anreiz zur Abfallvermeidung gegeben ist.

End of pipe technology: Weitgehend synonym: Nachgeschaltete oder additive Umweltschutztechnologie. Hierunter werden alle Umweltschutztechnologien subsumiert, die der eigentlichen Entstehungsquelle von Umweltbelastungen (Emissionen und Abfälle) nachträglich angefügt sind, wie z.B. Filter und Auto-Katalysatoren. Es erfolgt in vielen Fällen eine mediale Verlagerung der Umweltbelastung, da nicht alle Emissionen zurückgehalten werden und Restabfälle entsorgt werden müssen → *Clean technology (s. IV 2.2)*.

Entropie: Begriff aus der Thermodynamik, der die Nicht-Umkehrbarkeit von Prozessen bei Veränderungen von Energienutzungspotenzialen beschreibt. In geschlossenen Systemen kann die Entropie in Form von nicht nutzbarer Energie nur zunehmen; Rückgängigmachung des Verlustes an nutzbarer Energie (Neg-Entropie) ist ausschließlich durch externe Energiezuführung möglich. Durch Analogieschluss wurde das Entropiephänomen in der ökonomischen Analyse auch auf Materie bezogen. Wirtschaftliches Handeln führt immer zu einer Erhöhung der Energie- und Materie-Entropie, also zu einer Entwertung des Gesamtsystems durch Reduktion der nutzbaren Energie und Materie. Aus der Sicht des Umweltmanagements spielt Entropie im Rahmen der Ressourcenproduktivität und des → *Recycling* eine wichtige Rolle *(s. IV 2.1)*.

Entsorgungslogistik: Synonym: betriebliche Abfallwirtschaft. Aufgabenfeld der Entsorgungslogistik sind die Transport-, Umschlags-, Lager- und schließlich Entsorgungs- bzw. Verwertungsprozesse aller entlang der betrieblichen → *Schadschöpfungskette* entstehenden Abfall-, Rest- und Schadstoffe sowie der nicht mehr nutzbaren bzw. benötigten Endprodukte und Anlagegüter. Hierbei ist der möglichst effiziente und umweltverträgliche Umgang mit diesen Stoffen und Materialien Gegenstand dieser betrieblichen Funktion, z.B. im Rahmen des → *Dualen Systems (s. IV 2.1)*.

Ermessen: Begriff des → *Ordnungsrechts* und des Planungsrechts. Ermessen bezeichnet eine Entscheidungssituation, in welcher verschiedene Entscheidungsalternativen gleichermaßen rechtmäßig sind, die entscheidende (Verwaltungs-)Stelle also über Handlungsalternativen verfügt. Im Falle des Ermessens unterliegt die Verwaltung nur begrenzter, nicht voller gerichtlicher Überprüfung. Die Ausübung von Ermessen ist allerdings am Zweck einer Ermessensermächtigung auszurichten und muss insbesondere auch den Grundsatz der → *Verhältnismäßigkeit* beachten. Ermessen bedeutet demzufolge keine Freistellung von rechtlicher Bindung, wohl aber ermöglicht es flexibles Verwaltungshandeln in Würdigung der Umstände des Einzelfalles *(s. III 1.1)*.

Eröffnungskontrollen: Sammelbegriff für verschiedene Formen und Verfahren der Überprüfung des (auch: potentiell umweltbelastenden) Verhaltens durch die Verwaltung, etwa durch das Erfordernis einer Genehmigung, Erlaubnis, Bewilligung, Anmeldung etc. Eröffnungskontrollen sind gesetzlich etwa für die Errichtung und den Betrieb von Bauwerken, Anlagen, die Benutzung von Gewässern, Eingriffe in die Natur, aber auch den Umgang mit gefährlichen Stoffen vorgesehen *(s. III 3.1)*.

Evaluation: Im allgemeinsten Verständnis der Policy-Analyse die Beurteilung, ob politische Maßnahmen ihre Ziele erreichen und was sie ggf. daran hindert *(→ Restriktion)*. Im strengen Sinne handelt es sich um die systematische empirische Prüfung, ob ergriffene Maßnahmen des politisch-administrativen Systems anerkannten Kriterien entsprechen, die die Policy-Evaluation explizit und in begründeter Weise zum Maßstab macht. Kriterien können die erklärten Ziele der Maßnahme (wenn es sie gibt) ebenso sein wie die Kosteneffizienz. Neben die ex-post-Evaluation und die parallele Begleitforschung tritt zunehmend die ex-ante-Evaluation politischer Maßnahmen *(II 2.2)*.

Externe Effekte: Weitgehend synonym: externe Kosten, Externalisierung. Hierin wird die Hauptursache für Umweltverschmutzung und den Verbrauch natürlicher Ressourcen durch Unternehmen gesehen. Bezeichnet wird dadurch der Sachverhalt, dass die Kosten für die Nutzung des → *öffentlichen Gutes* Umwelt überhaupt oder nicht angemessen in den Kalkulationen der Unternehmen Berücksichtigung finden und somit die eigentliche ökologische Knappheit nicht widergespiegelt wird. Die Kosten (vermin-derte Umweltqualität, Ressourcenknappheit) für den Umweltverbrauch (Emissionen, Ressourcenentnahme) werden somit auf die Allgemeinheit überwälzt, externalisiert. → *Internalisierung (s. IV 1.2)*.

Früherkennungssysteme: Weitgehend synonym: Frühwarnsysteme, strategisches Radar. Ein Früherkennungssystem ist eine spezielle Form eines betrieblichen Informationssystems, dessen Ziel die möglichst frühzeitige Erkennung, Diagnose und Weitergabe von führungsrelevantem, zukunftsorientiertem Wissen ist. Besonders für Unternehmen, die in umweltsensiblen Bereichen tätig sind, ist ein solches System wichtig, um Veränderungen im Umfeld (z.B. öffentliche Meinung, mögliche Gesetzesveränderungen) frühzeitig wahrzunehmen und darauf rechtzeitig reagieren zu können. Aufgabenträger eines solchen Systems ist die Geschäftsleitung und/oder der → *Umweltschutzbeauftragte.* Anwendung findet in diesem Rahmen bspw. der *Lebenszyklus gesellschaftlicher Ansprüche (s. IV 4.3).*

Gewinn: Gewinn ist das wichtigste Ziel des Unternehmens und damit Leitlinie unternehmerischen Handelns. Ermittelt wird Gewinn als Differenz von Erträgen (≈ Umsatz) und Aufwendungen (≈ Kosten). Eine unternehmerische Handlungsweise ist dann positiv zu bewerten, wenn die aus ihr resultierenden Erträge die Aufwendungen übersteigen, was bei umweltschützenden Maßnahmen oft nicht gegeben ist. Aus Umweltsicht wichtig ist die Unterscheidung in kurz- und langfristigen Gewinn. Kurzfristiger Gewinn bezieht sich auf eine Rechnungsperiode (z.B. Bilanzjahr), langfristiger Gewinn auf strategisch relevante Zeiträume (→ *Strategisches Management),* z.B. Gesamtgewinn in 10 bis 15 Jahren. Je langfristiger die Gewinnorientierung des Unternehmens ist, desto höher wird der Stellenwert des Umweltschutzes *(IV 4 durchgängig).*

Immissionsschutz: Wichtiges Teilgebiet des Umweltverwaltungsrechts, ausgerichtet in erster Linie auf die Reinhaltung der Luft und die Verminderung von Lärm. Das Immissionsschutzrecht ist vor allem im BImSchG geregelt, das das Herzstück des industriellen Anlagenzulassungsrechts darstellt *(s. III 4.1).*

Implementation *(Vollzug):* Im Policy-Zyklus die Phase der Umsetzung beschlossener politischer Maßnahmen. Vollzugsprobleme speziell in der Umweltpolitik haben zu einer breiten Implementationsforschung geführt *(II 2.2).*

Informelles Verwaltungshandeln: Handlungen der Verwaltung, die sich außerhalb gesetzlich förmlich geregelter Verwaltungsverfahren befinden bzw. weder einen → *Verwaltungsakt* noch einen verwaltungsrechtlichen

Vertrag darstellen. Dazu gehören unverbindliche Vorabklärungen, Absprachen und Verhandlungen zwischen Antragstellern und Behörden, oft unter Einbeziehung potentiell klageberechtigter Dritter. Informales Verwaltungshandeln dieser Art realisiert sich bei Großprojekten oft im Zuge sogenannter Mediation, womit die „Vermittlung" durch unbeteiligte Dritte gemeint ist *(s. III 3.1)*.

Institutionen der Politik sind stabile Regelsysteme, die in kalkulierbaren Verhaltens- und Erwartungsmustern zum Ausdruck kommen und insoweit das politische System strukturieren. Sie betreffen Handlungsabläufe (Beispiel: Wahl, Streik) ebenso wie organisierte Handlungssysteme (Verfassungsgericht, Ministerium). Bei differenzierterer Betrachtung lassen sich Institutionalisierungsgrade nach dem Ausmaß unterschieden, in dem politische Handlungsabläufe und Handlungssysteme die politischen Alltagsroutinen tatsächlich bestimmen.

Internalisierung: Durch Internalisierung wird versucht, ansonsten anfallende → *externe Effekte* den sie verursachenden Unternehmen unmittelbar zuzurechnen. Instrumente dafür sind Auflagen und Abgaben. Dadurch werden die externen Effekte zu direkt die Unternehmen belastenden Kosten, was bewirkt, dass die Unternehmen sich bemühen, die externen Effekte möglichst zu vermeiden, also Ressourcenverzehr bzw. Emissionen zu vermindern. Internalisierung wird dadurch erschwert, dass die Höhe der externen Effekte nicht exakt ermittelbar ist und ex ante nicht mit Sicherheit prognostiziert werden kann, inwieweit umweltpolitische Maßnahmen Internalisierungseffekte auslösen *(IV 1.2)*.

Kapazität: Im Laufe ihrer Entwicklung bilden politische Systeme unter Problemdruck ständig zusätzliche Handlungskapazitäten zur Bewältigung neuer Aufgaben aus. Der Kapazitätsbegriff thematisiert in der Politik-Analyse zugleich Handlungsgrenzen. Er lenkt den Blick von der Frage des richtigen Handelns und Entscheidens auf die Frage der Handlungsbedingungen und Handlungsfähigkeiten und damit auf die Notwendigkeit ihrer Erweiterung im Falle von Kapazitätsüberforderung *(s. II 4.5)*.

Kreislaufwirtschaft: Leitbegriff des modernen Abfallrechts, vor allem geregelt im KrW-/AbfG. Der Begriff Kreislaufwirtschaft bezeichnet das Ziel, Stoffe namentlich durch Abfallverwertung möglichst lange vor der Entsorgung durch umweltbelastende Beseitigung oder Vernichtung zu bewahren *(s. III 4.2)*.

Landesrecht: Im Unterschied zum Bundesrecht Gesetzgebung, die auf der Ebene der (16) deutschen Länder erfolgt. Auch wenn das Schwergewicht der umweltrechtlichen Gesetzgebung im deutschen Bundesstaat beim Bund liegt, kommt dem Landesrecht eine wichtige Ergänzungs- und Konkretisierungsfunktion zu. Das gilt vor allem für das → *Naturschutzrecht* und diejenigen Bereiche, die kommunaler Gestaltung unterliegen *(s. III 2.1)*.

Lead-Markt: der geographische Kern des Weltmarktes für ein Produkt bzw. die nationale Startbasis für dessen internationale Ausbreitung. In aller Regel liegen solche Märkte in hochentwickelten Ländern. Lead-Märkte für umweltfreundliche Technologien spielen für eine ökologische Modernisierung der internationalen Märkte eine wesentliche Rolle. Sie haben ihre Besonderheit darin, dass sie in hohem Maße auf politische bzw. gesellschaftliche Förderung angewiesen sind, zugleich aber globale Bedürfnislagen und damit auch potenzielle globale Märkte betreffen. Deutschland war beispielsweise Lead-Markt für FCKW-freie Kühlschränke, 3-Liter-Autos und Windenergie (gemeinsam mit Dänemark). Letztlich finanzieren auf Lead-Märkten für umweltfreundliche Technologien entwickelte Länder die teure und schwierige Startphase solcher Technologien bis zu dem Punkt, an dem ihre Kosten und ihre Qualität für eine breite internationale Marktdurchdringung attraktiv genug sind.

Management: Management bezeichnet aus funktionaler Sicht alle rational geplanten Maßnahmen der zielgerichteten Steuerung komplexer sozialer Systeme; institutionell bezeichnet es den Personenkreis der im Unternehmen diese Funktion ausübt, insbesondere das Top-Management. Der im vorliegenden Zusammenhang interessierende funktionale Aspekt des Managements umfasst die Bereiche Planung, Organisation, Personaleinsatz, Personalführung und Kontrolle. Der Anspruch der rationalen Steuerung mit maximaler Zielerreichung kann in der Regel nicht eingelöst werden, da die Komplexität der jeweiligen sozialen Systeme – Staat, Unternehmen – zu hoch ist und die Manager selbst nur über begrenzte Rationalität (z.B. Mangel an Informationen) verfügen. Im Rahmen des Managements ist die Variante des → *Strategischen Managements* als einer Langfristorientierung des Unternehmens von besonderer Bedeutung *(IV durchgängig, II 2)*.
Management by Objectives: Zielvereinbarung innerhalb einer Organisation, die die Zuständigkeiten, Fristen, Bedingungen und Kontrollen ihrer

Umsetzung detailliert regelt. Als Methode des Public Managements wurde dies von der Carter-Regierung in den USA (nach dem Vorbild des Xerox-Konzerns) eingeführt. In der modernen Umweltpolitik, speziell in der integrierten Umweltplanung wird dieser ziel- und ergebnisorientierte Politikansatz stark betont (→ *Management, s. II 2.4*).

Mediation: → *informales Verwaltungshandeln.*

Naturschutzrecht: Klassisches Teilgebiet des Umweltverwaltungsrechts, in welchem es nicht mehr nur um besonders schützenswerte Pflanzen und Tierarten geht, sondern mit einem räumlich umfassenden Ansatz um den Schutz von Natur und Landschaft als Wirkungsgefüge, dies auch hinsichtlich ihrer Vielfalt, Eigenart und Schönheit. Das Naturschutzrecht verlangt Abwägungsentscheidungen bei bestimmten Eingriffen und stellt verschiedene Flächen unter besonderen Schutz *(s. III 4.3)*.

Öffentliche Güter: Öffentliche Güter sind solche Güter, die für Nutzer einen Wert besitzen, für deren Nutzung jedoch kein Preis gezahlt werden muss (z.B. Luft). Niemand kann von ihrer Nutzung ausgeschlossen werden, die potentiellen Nutzer rivalisieren nicht um die Nutzung (Allmende). Anders als bei privaten Gütern, für die ein Preis zu zahlen ist, entfällt für die Nutzer öffentlicher Güter die Notwendigkeit, entsprechend deren realer Knappheit sorgsam mit ihnen umzugehen. Die natürliche Umwelt ist grundsätzlich ein derartiges öffentliches Gut, solange nicht Eigentumsrechte (z.B. Grundeigentum) zugeteilt werden oder der Staat Preise für die Nutzung verlangt (z.B. Abwasserabgabe, Zertifikate). Umweltschädigung ist auf die Eigenschaft „öffentliches Gut" zurückzuführen, da wegen des fehlenden Preismechanismus → *Externalisierung* möglich ist *(IV 1.1)*.

Ökologische Modernisierung: Anfang 1982 eingeführte Formel zur Unterstreichung der gemeinsamen Schnittmengen von Ökonomie und Ökologie. Sie zielt auf einen innovationsorientierten Umweltschutz ab, der den technischen Fortschritt vorrangig auf die Einsparung des Umweltverbrauchs (bei Schonung des Faktors Arbeit) konzentriert. Spätere Verwendungen des Begriffs beziehen auch nicht-technische Modernisierungen mit ein *(s. II 5)*.

Ordnungsrecht: Rechtliche Instrumente direkter Steuerung menschlichen Verhaltens, dies in Abgrenzung von der Planung als vorausschauende Problembewältigung und der indirekten Steuerung durch die Lenkung über die bloße Beeinflussung individueller Entscheidungen (etwa durch Inaussichtstellung von Vorteilen). Direkte Verhaltenssteuerung erfolgt etwa im Rahmen von → *Eröffnungskontrollen* und durch (verbindliche) behördliche Anordnungen im Einzelfall *(s. III 3.1)*.

Policy-Analyse: Im Gegensatz zur Betrachtung des Regierungssystems oder allgemeiner politischer Prozesse (Wahlen, Parteitage) behandelt die Policy- oder Politikfeldanalyse die konkreten Inhalte der Staats- und Verwaltungstätigkeit. Policy-Analyse kann auf einzelne Ressorts bezogen sein. Sie kann aber auch jede Art politischer Tätigkeiten in einem speziellen Problembereich betreffen, einschließlich derer, die sich institutionell erst herausbilden (Beispiele: Frauenpolitik, Klimaschutzpolitik).

Policy-Lernen (policy learning): Im engeren Sinne handelt es sich um die Anpassung der Ziele oder der Mittel einer politischen Regelung an neue Erkenntnisse, wie sie aus der Politik-Evaluation erwachsen. Im weiteren Sinne kann es sich um Erkenntnisse über neue Ziele und Problemlösungen (best practice) handeln, die auch außerhalb des Policy-Zyklus entstehen.

Policy-Netzwerk (policy network): Bezeichnet die Gesamtheit der an der Formulierung (meist auch Durchführung) einer bestimmten Policy tatsächlich und regelmäßig beteiligten Akteure sowie die Struktur ihrer gegenseitigen Beziehungen. Erfahrungsgemäß bilden sich Politiknetzwerke aus Entscheidungsinteressierten im Umfeld der zuständigen Fachverwaltungen. Für das Politikergebnis wie für das Demokratiepostulat wesentlich ist die (pluralistische) Offenheit oder (interessenhomogene) Geschlossenheit dieser insbesondere die politischen Vorentscheidungen prägenden Netzwerke *(s. II 2.3)*.

Policy-Zyklus (policy cycle): Der Begriff bezeichnet Phasen der Entstehung, Formulierung, Entscheidung, Durchsetzung, Evaluation und Beendigung bzw. Reformulierung von politischen Maßnahmen im politisch-administrativen System. Dabei geht es nicht so sehr um die regelmäßige Abfolge dieser Phasen als um die Hervorhebung kritischer Stufen, die ein politisches Thema bis zur Umsetzung beim Politikadressaten – auch in abweichender Abfolge – zu überwinden hat. Systemtheoretisch beschreibt der Politik-Zyklus einen Rückkopplungsmechanismus. Mit ihm wird implizit der Tatsache Rechnung getragen, dass präzise politische Steuerung im Sinne eines kalkulierbaren Ursache-Wirkungs-Zusammenhangs im Regelfall nicht möglich ist *(s. II 2.2)*.

Politikintegration: Zentrales Funktionsproblem des modernen Staates und seiner ausdifferenzierten Spezialverwaltungen. Sie betrifft die „vertikale" Mehr-Ebenen-Koordinationen des politisch-administrativen Systems (intra-policy coordination) und die „horizontalen" Koordinationen zwischen unterschiedlichen Politikfeldern (inter-policy coordination). In der modernen Umweltpolitik geht es vor allem um die horizontale Integration umweltpolitischer Belange in die Politik anderer Ressorts, die oft an Umweltschädigungen beteiligt sind („Querschnittspolitik"). Gerade in der Umweltpolitik ist aber auch die Aufgabe und Fähigkeit eines politischen Systems wesentlich, vielfältige, auch gegensätzliche Interessen (wie die des Umweltschutzes) zu berücksichtigen und auf einen gemeinsamen Nenner zu bringen. Die hierarchische Politikintegration von oben wird heute zunehmend überfordert und macht neue Integrationsformen erforderlich, wobei Verhandlungssysteme unterschiedlicher Prägung wesentliche Bedeutung haben *(s. II 3.4).*

Politikstil (policy style): Der Modus der Politikformulierung und des Politikvollzugs (→ *Implementation).* Der Politikstil eines Landes kann beispielsweise imperativ oder konsensorientiert sein, den Vollzug stark verrechtlichen oder das Ermessen vor Ort betonen. Der Stil des Instrumenteneinsatzes kann das Ergebnis stärker bestimmen als das Instrument selbst.

Portfolio-Analyse: Die P.-A. ist ein etabliertes analytisches Instrument des → *Strategischen Managements,* das zur Bestimmung der strategischen Position eines Unternehmens, seiner Strategischen Geschäftseinheiten (SGE) oder Produkte verwendet wird. Hierbei erfolgt die Positionsbestimmung durch Einordnung in eine Vier-Felder-Matrix, an deren Achsen unternehmensexterne Zukunftsfaktoren (wie z.B. Marktchancen) und heutige (unternehmensinterne) Zustandsfaktoren (z.B. Marktanteil, Umweltgefährdung) gegenübergestellt werden. Aus dem ermittelten Status können dann unter Berücksichtigung der unternehmensexternen Chancen strategische Stoßrichtungen, sogenannte Normstrategien, abgeleitet werden *(s. IV 4.3).*

Prinzipien des Umweltrechts: Zur Einordnung verschiedener umweltrechtlicher Ansätze gebildete Leitbegriffe, wie Verursacherprinzip, Kooperationsprinzip, Prinzip nachhaltiger Entwicklung etc. Umweltrechtliche Prinzipien sind regelmäßig selbst keine → *Rechtsnormen.* Ausnahme: Verpflichtung zur Beachtung des Vorsorgeprinzips als Voraussetzung der Genehmigung dem → *Immissionsschutzrecht* unterfallender Anlagen *(s. III 3.2).*

Rechtsanwendung: Umsetzung von → *Rechtsnormen* durch staatliche Stellen, d.h. namentlich Behörden und die sie kontrollierende Gerichtsbarkeit. Alle staatlichen Stellen unterliegen kraft verfassungsrechtlicher Vorgabe der Gesetzesbindung *(s. III 1.1).*

Rechtsnormen: Mit dem Anspruch auf Verbindlichkeit für staatliche Stellen und Bürger auf verschiedenen Ebenen der Rechtssetzung (EG, Bund, Länder) gesetzte abstrakt-generelle Regelungen. Regelmäßig sehen Rechtsnormen einen Tatbestand vor, d.h.: sie umschreiben ein Verhalten oder einen Zustand sprachlich, und knüpfen hieran eine Rechtsfolge, regeln also die Konsequenzen des Vorliegens des Tatbestandes *(s. III 1.1, 2.1).*

Recycling: Rückführung der bei der Güterherstellung anfallenden Produkte nach ihrer Nutzung in einen neuen Produktion-Konsum-Kreislauf, in Form von Wiederverwendung (Pfandsysteme) bzw. Aufbereitung und Weiterverwendung (z.B. Glas-/Papier-/Metallrecycling) i. S. einer Simulation von Kreisläufen in natürlichen Ökosystemen. Recycling bedeutet auch Weiterverwendung in einem anderen, weniger wertvollen Verwendungskreislauf (sogenanntes „downcycling"). Wegen der → *Entropie*-Gesetzmäßigkeiten ist Recycling nicht beliebig oft wiederholbar, nach einigen Durchläufen ist downgecyceltes Material endgültig nicht mehr nutzbar *(s. IV 2.1 u. 2.1).*

Regime: Im Umweltvölkerrecht ein Begriff zur Erfassung neuerer vertraglicher Gestaltungen, welche nicht mehr allein Verbote oder Gebote enthalten, sondern auf die prozesshafte Problembewältigung zielen und dafür einen institutionellen Rahmen vorgeben, ausgeprägt etwa in den Bereichen Klimaschutz und → *Biodiversität (s. III 5.3).*

Restriktion: Hemmnis oder Behinderung des Politikprozesses. Restriktionsanalyse bezieht sich im Rahmen der Evaluation auf alle wichtigen Phasen des Politikzyklus: Hindernisse, insbesondere interessenbedingte Widerstände, können bei der Thematisierung einer Problemlösung ebenso auftreten wie bei der Politikformulierung, beim Politikvollzug im Staatsapparat und vor allem beim Politikadressaten *(s. II 2, 4.5, 6.7).*

Richtlinie: Im Europarecht ein Begriff zur Bezeichnung derjenigen (im Umweltrecht im Vordergrund stehenden) Rechtsetzungsalternative, welche den Mitgliedsstaaten die Erreichung eines Ziels verbindlich vorgibt, ihnen aber die Auswahl hinsichtlich der gesetzlichen Wege zur Zielerreichung offenlässt. Für das innerstaatliche Verwaltungsrecht wird der Begriff oft auch verwendet, um Verwaltungsvorschriften zu bezeichnen, d.h. normative Vorgaben innerhalb der behördlichen Hierarchie, denen grundsätzlich keine Außenverbindlichkeit für den Bürger zukommt *(s. III 2.1)*.

Schadschöpfungskette: Die Schadschöpfungskette ist das Gegenstück zur sonst üblichen Betrachtung der → *Wertschöpfung* eines Unternehmens. Sie umfasst ausgehend von den Rohstoffen, die für die Güterproduktion benötigt werden, bis hin zur endgültigen Entsorgung der dann nicht mehr nutzbaren oder benötigten Güter alle Stufen des Prozesses der Leistungserstellung und -verwertung (mitunter auch als „Produktlinie" bezeichnet). Jeder Stufe der Schadschöpfungskette können, und zwar in der Regel eindeutig, die durch sie verursachten Umweltschäden zugeordnet werden, ebenso können die unternehmerischen Entscheidungen identifiziert werden, die zur jeweiligen konkreten Umweltschädigung führen *(s. IV 1.2)*.

Shareholder Value: Shareholder Value bezeichnet den Wert des Unternehmens für die Kapital- bzw. Anteilseigner. Er resultiert aus den aktuellen und erwarteten → *Gewinnen* sowie im Zusammenhang damit aus den prognostizierten Wertsteigerungen, speziell aus Kursgewinnen von Aktien. In Marktwirtschaften ist Shareholder Value ein wichtiges Kapitallenkungsinstrument, das frei verfügbares Kapital dorthin fließen lässt, wo es die höchste Rendite erwirtschaftet. Die Kritik am Sharehoder-Value-Prinzip speziell aus der Sicht der Umweltpolitik bezieht sich primär auf die Orientierung an einem sehr kurzfristigen Shareholder-Value-Verständnis, in dessen Rahmen Gewinne auch unter Inkaufnahme extremer → *externer Effekte* realisiert werden. Aus langfristiger Sicht führt Shareholder-Value nicht zwangsläufig zu erhöhter Umweltschädigung, da der Wert des Unternehmens auch von der Akzeptanz anderer → *Stakeholder,* z. B. des Staates oder von Umweltschutzorganisationen, abhängt *(z.B. IV 1.3)*.

Stakeholder: Sämtliche Personen und/oder Institutionen, die Ansprüche an ein Unternehmen haben können. Hierbei wird zwischen traditionellem Kreis, wie z.B. Kunden, Mitarbeitern, Wettbewerbern und Aktionären, und dem erweiterten Kreis, wie z.B. Behörden, Nachbarn, Umweltschutzorganisationen und Medien, unterschieden. Vor allem im Hinblick auf eine langfristige Unternehmensstrategie (→ *Strategisches Management*) ist die Erhaltung der gesellschaftlichen Akzeptanz eine sehr wichtige Aufgabe der unternehmerischen Zukunftssicherung. Deshalb ist es als Unternehmen erforderlich, sich an den Ansprüchen dieser Zielgruppen zu orientieren und die Unternehmenspolitik und -strategie darauf abzustimmen. Als Instrumente kommen bspw. → *Früherkennungssysteme* zum Einsatz *(s. IV 1.3).*

Strategie: Zunächst ein Sammelbegriff für Entwürfe planmäßiger Zielverfolgung, auch ein allgemeiner Gegenbegriff zu ungeplanten Vorgehensweisen, die nur punktuell ansetzen, Ziele und Mittel nicht systematisch aufeinander beziehen usw. Im engeren Verständnis verbinden Strategien – auf der Basis von Situationsdiagnosen – zentrale Zielvorgaben mit operativen Teilmaßnahmen und Wirkungskontrollen. Entwickelte Strategien sind auch auf die Verbesserung der eigenen Handlungskapazität gerichtet (→ *Strategiefähigkeit, s. II 3.6, 4, 5).*

Strategiefähigkeit: Bei politischen Systemen die Fähigkeit, umfassende Ziele planmäßig zu verfolgen, insbesondere die Fähigkeit, langfristige Allgemeininteressen gegen kurzfristige Teilinteressen durchzusetzen. Voraussetzung sind eine hohe Integrationsfähigkeit und ausreichende Handlungsressourcen.

Strategisches Management: Spezielle Ausprägung des → *Managements,* dessen Ziel in der Planung und Sicherung des langfristigen Unternehmenserfolges liegt. Hauptobjekt des Strategischen Managements sind sogenannte Produkt-Markt-Kombinationen, die innerhalb des strategischen Planungshorizontes (10-15 Jahre) dem Unternehmen die erforderlichen → *Gewinne* erbringen. Strategisches Management verfügt über eine Vielzahl von praxisorientierten Instrumenten, z.B. → *Früherkennungssysteme* und → *Portfolio-Analyse.* Angesichts unübersehbarer → *Stakeholder-*Forderungen nach umweltgerechtem Unternehmenshandeln ist die Einbeziehung des Umweltaspekts in das Strategische Management unverzichtbar *(s. IV 4).*

Subjektives Recht: Das Bestehen eines subjektiven Rechts ist regelmäßig Voraussetzung der Zulässigkeit individueller Rechtsverfolgung im Verwaltungsprozess. Subjektive Rechte dieser Art stehen denjenigen zu, an die sich Verwaltungshandeln unmittelbar richtet. Auch Drittbetroffene, etwa Nachbarn, sind aber durch die Rechtsordnung vielfach mit dem Recht zur Geltendmachung eigener Interessen ausgestattet *(s. III 3.1).*

Technikklauseln: In verschiedenen Varianten vorkommende Bezugnahmen in Gesetzen und Verwaltungsvorschriften (→ *Richtlinien)* auf den Stand der Wissenschaft und/oder Technik als Maßstab z.B. für → *Eröffnungskontrollen (s. III 2.1)* oder auch nachträgliches Einschreiten.

Umweltabgaben: Instrument indirekter Steuerung *(→ Ordnungsverwaltung)* in verschiedenen Formen mit dem Ziel insbesondere der Ressourcenschonung und der Realisierung des Verursacherprinzips *(→ Prinzipien des Umweltschutzes) (s. II 4.1, III 3.1, IV 1.2)*.

Umweltaudit: Synonym: Öko-Audit. Auf europarechtlicher Grundlage beruhendes System der freiwilligen Beteiligung gewerblicher Unternehmen an einem Verfahren zur Optimierung des Umweltmanagements und der Umweltbetriebsprüfung auf der Basis der Freiwilligkeit. Festlegung einer betrieblichen Umweltpolitik auf Ziele und Handlungsgrundsätze mit fortlaufender Selbstkontrolle unter Einbeziehung externer Gutachter. Anreiz zur Teilnahme durch Berechtigung des Unternehmens zur Verwendung eines Auditzeichens zur allgemeinen Imagewerbung (nicht: Produktwerbung) *(s. III 3.1 u. IV 3.1)*.

Umweltgerechtigkeit: Leitgedanke eines Umgangs mit der natürlichen Umwelt, der deren Regenerationsfähigkeit und Regenerationsbedürftigkeit gerecht wird, ohne diese dem menschlichen Bedürfnis von vornherein unterzuordnen *(s. III 6)*.

Umweltgesetzbuch: Ein umfassendes Umweltgesetzbuch gilt in Deutschland derzeit nicht. Seit Beginn der 90er Jahre setzen sich in Wissenschaft und Politik Bestrebungen durch, das gegenwärtig zersplittert geregelte deutsche Umweltrecht in einem Umweltgesetzbuch zu kodifizieren. Dazu liegen verschiedene Entwürfe vor *(s. III 2.2)*.

Umweltschutzbeauftragter: Die Bezeichnung Umweltschutzbeauftragter ist eine Kurzform für die verschiedenen, gesetzlich medial unterschiedenen Betriebsbeauftragten im Bereich des Umweltschutzes (Immissionsschutz-, Gewässerschutzbeauftragter, Beauftragter für Abfall etc.). Die gesetzliche Verankerung des Umweltschutzinteresses in die Organisationsstruktur in Form von Umweltschutzbeauftragten ist beschränkt, sie betreffen nur die Betreiber von bestimmten Anlagen. Ansonsten ist die Bestellung eines Umweltschutzbeauftragten freiwillig. Der Umweltschutzbeauftragte sieht sich einer ambivalenten Aufgabenstellung gegenüber. Zum einen soll er Umweltschutz im Unternehmen überwachen, kontrollieren, initiieren, Umweltbewusstsein bei den Mitarbeitern schaffen und nach außen und innen über die Erfolge und Maßnahmen des Umweltmanagements informieren, zum anderen ist er jedoch nur dem Betrieb und in keiner Weise (außer ggf. moralisch) der Allgemeinheit verpflichtet *(s. IV 3.2)*.

Umweltverträglichkeitsprüfung: Verfahrensvariante bei der → *Eröffnungskontrolle* bestimmter Vorhaben mit dem Ziel, Auswirkungen auf Umweltgüter umfassend und einschließlich von Wechselwirkungen zu ermitteln und in die behördliche Entscheidung einzubringen. Ausgeformt im UVPG in Umsetzung einer europäischen → *Richtlinie (s. III 1.2, 3.1)*.

Verbandsbeteiligung: Für das auf → *subjektive Rechte* ausgerichtete deutsche Umweltrecht atypisches Instrument kollektiver Interessendurchsetzung durch Beteiligung in Verwaltungsverfahren und durch Klagemöglichkeiten, bisher und in unterschiedlichem Ausmaß im → *Naturschutzrecht* verwirklicht *(s. III 4.3)*.

Verhältnismäßigkeit: Verfassungsrechtlich fundierter und in den Grundrechten der Bürger wurzelnder Grundsatz, wonach jedes staatliche Handeln zur Zielerreichung geeignet, erforderlich und angemessen/zumutbar sein muss, sich anderenfalls als rechtswidrig darstellt. Der Grundsatz der Verhältnismäßigkeit stellt Anforderungen bereits an die Beschaffenheit von → *Rechtsnormen,* begrenzt aber auch das behördliche Handeln im Einzelfall, namentlich bei der Wahrnehmung von → *Ermessen (s. III 2.1)*.

Verordnung: Im Europarecht neben der → *Richtlinie* wichtige Rechtsetzungskategorie, die im Unterschied zur Richtlinie unmittelbar und ohne Umsetzung gilt. Im deutschen Recht Bezeichnung für eine von der Verwaltung gesetzte Rechtsvorschrift mit Außenwirkung; dafür ist eine Ermächtigung durch Parlamentsgesetz vorausgesetzt *(s. III 2.1)*.

Verwaltungsakt: Gegenüber dem verwaltungsrechtlichen Vertrag praktisch im Vordergrund stehendes klassisches Instrument des → *Ordnungsrechts*. Ein Verwaltungsakt ist eine hoheitliche Maßnahme, die eine Behörde zur Regelung eines Einzelfalls mit unmittelbarer Rechtswirkung nach außen erlässt. Ein rechtswidriger Verwaltungsakt, der nicht an besonders schweren Fehlern leidet, ist rechtsbeständig, soweit er nicht innerhalb von Fristen erfolgreich mit Rechtsmitteln angegriffen wird. Er kann dann nur noch unter engen Voraussetzungen beseitigt werden *(s. III 2.1)*.

Völkerrecht: Kein Recht zwischen „Völkern", sondern dasjenige Recht, das zwischen Staaten und für internationale Organisationen gilt. Hinsichtlich Rechtserzeugung und Rechtsdurchsetzung bestehen zahlreiche Unterschiede zum innerstaatlichen Recht *(s. III 5.1, 2)*.

Wertschöpfung: Die Wertschöpfung eines Unternehmens ist als der Überschuss der (Brutto-)Produktionswerte über die von anderen Wirtschaftseinheiten bezogenen und verbrauchten Güter (= Vorleistungen) definiert. Sie ist ein Maßstab für die Beurteilung des Unternehmenswertes. Das Gegenstück zur Wertschöpfungs- stellt die → *Schadschöpfungskette* dar *(s. IV 1.2)*.

Weiterführende Basisliteratur

Altmann, J.: Umweltpolitik. Daten – Fakten – Konzepte für die Praxis, Stuttgart 1997.

Bartel, R./Hackl, F.: Einführung in die Umweltpolitik. WiSo Kurzlehrbücher, Reihe Volkswirtschaft, München 1994.

Birke, M./Burschel, C./Schwarz, M. (Hrsg.): Handbuch Umweltschutz und Organisation, München/Wien 1998.

Cansier, D.: Umweltökonomie, 2. Aufl., Stuttgart 1996.

Dolde, K.-P. (Hrsg.): Umweltrecht im Wandel. Bilanz und Perspektiven aus Anlaß des 25-jährigen Bestehens der Gesellschaft für Umweltrecht, Berlin 2001.

Fiorino, D. J.: Making Evironmental Policy, Berkeley, Los Angeles, London 1995.

Freimann, J.: Betriebliche Umweltpolitik, Bern u.a. 1996.

Huber, J.: Allgemeine Umweltsoziologie, Opladen 2001.

Jänicke, M. (Hrsg.): Umweltpolitik der Industrieländer, Berlin 1996.

Jordan, A. (Hrsg.): Environmental Policy in the European Union, London 2002.

Junkernheinrich, M. u.a. (Hrsg.): Handbuch zur Umweltökonomie, Berlin 1995.

Kahl, W./Voßkuhle, A. (Hrsg.): Grundkurs Umweltrecht. Einführung für Naturwissenschaftler und Ökonomen, 2. Aufl., Berlin 1998.

Kimminich, O.: Umweltschutz – Prüfstein der Rechtsstaatlichkeit, Linz 1987.

Kimminich, O./v. Lersner, H./Storm, P. Chr. (Hrsg.): Handwörterbuch des Umweltrechts, 2 Bde., 2. Aufl., Berlin 1994.

Kloepfer, M.: Umweltrecht, 2. Aufl., München 1998.

Meffert, H./Kirchgeorg, M.: Marktorientiertes Umweltmanagement, 3. Aufl., Stuttgart 1998.

OECD: Sustainable Development – Critical Issues, Paris 2001.

Pfriem, R.: Unternehmenspolitik in sozialökologischen Perspektiven, Marburg 1995.

Prittwitz, V. v. (Hrsg.): Umweltpolitik als Modernisierungsprozeß – Politikwissenschaftliche Umweltforschung und -lehre in der Bundesrepublik, Opladen 1993.

Schmidt, R./Müller, H.: Einführung in das Umweltrecht, 6. Aufl., München 2001.

Simonis, U. E. (Hrsg.): Präventive Umweltpolitik, Frankfurt, New York 1988.

Steger, U. (Hrsg.): Handbuch des integrierten Umweltmanagements, München, Wien 1997.

Storm, P.-Chr. (Hrsg.): Umweltrecht, 14. Aufl., Stand: 1. November 2001, München 2001.

Wagner, G. R.: Betriebwirtschaftliche Umweltökonomie, Stuttgart 1997.

Wallace, D.: Environmental Policy and Industrial Innovation. Strategies in Europe, USA and Japan, London 1995.

Wicke, L.: Umweltökonomie, 4. Aufl., München 1993.

Wolf, J.: Umweltrecht, München 2002.

Sachverzeichnis

Die Zahlen nach den Stichworten beziehen sich auf die Seiten. Kursiv gedruckte Seitenzahlen verweisen auf das umweltpolitische Glossar.

Über die Autoren

Martin Jänicke, geb. 1937, Dr.phil., Träger des Umweltpreises der Stiftung Naturschutz Berlin (1998), ist Professor für Vergleichende Politikwissenschaft an der Freien Universität Berlin und Leiter der Forschungsstelle für Umweltpolitik der FU Berlin. Seit 1999 ist er Mitglied des Sachverständigenrats für Umweltfragen.

Philip Kunig, geb. 1951, Dr.jur., von 1992 bis 2000 Richter am Verfassungsgerichtshof des Landes Berlin, Mitverfasser des Professorenentwurfs für ein Umweltgesetzbuch (1988-1994), ist Professor für Öffentliches Recht und Völkerrecht an der Freien Universität Berlin.

Michael Stitzel, geb. 1940, Dr.rer.pol., ist Professor für Allgemeine Betriebswirtschaftslehre, speziell Umweltmanagement, an der Freien Universität Berlin.